지구건강

Planetary Health: Protecting Nature to Protect Ourselves

Planetary Health: Protecting Nature to Protect Ourselves

Planetary Health: Protecting Nature to Protect Ourselves

지구건강

자연과 인간이 함께 잘 사는 길

새뮤얼 마이어스 · 하워드 프럼킨 지음
한국 지구건강연맹 창립준비모임 번역
김록호 총괄 감수 | 권호장 · 정해관 · 하미나 · 홍윤철 감수

한울
아카데미

추천사

우리나라를 포함해 전 세계는 감염병뿐만 아니라 만성질환, 환경오염, 기후위기, 건강 불평등 등 서로 얽힌 복합적인 건강 위기에 직면해 있습니다.

우리나라는 빠른 산업화를 통해 경제성장을 이루었지만, 그 과정에서 환경과 자연생태계는 톡톡한 대가를 치렀습니다. 온산공단 중금속 오염, 시화호 수질 악화, 낙동강 페놀 유출, 구미 불산 누출, 태안 기름 유출 등 대형 재난과 원진레이온 집단 직업병, 삼성반도체 백혈병, 가습기 살균제 참사 등이 있었습니다. 산업활동과 환경, 생태계와 인간 건강이 서로 불가분의 관계를 가지고 있음을 보여주는 사례들입니다. 더불어 최근 잦아지는 폭염과 산불의 피해는 기후 위기가 우리나라 국민 건강과 안녕에 심각한 영향을 미치며, 인류의 삶은 전 세계적 규모에서 상호 연결되어 있는 것을 확인해 줍니다.

코로나19 팬데믹은 이러한 상호 연결성을 전 지구적으로 극단적으로 보여준 사례입니다. 신종 바이러스가 도시화, 지구화 등의 영향으로 급속하게 확산되며 전 세계적으로 700만 명 이상의 생명을 앗아갔고, 우리나라에서도 3만 5000명 이상이 희생되었습니다. 코로나19 팬데믹 경험을 통해 앞으로 생길 수 있는 건강재난을 예방하기 위해서는 보건의료체계만으로는 위기를 막기에 충분하지 않으며, 질병관리와 건강 개념을 생태적, 사회적, 경제적 관점까지 확장해야 한다는 사실을 일깨워 주었습니다.

『지구건강』은 자연-인간의 상호 연결성을 바탕으로, 질병관리와 보건의 새로운 패러다임을 과학적이고 윤리적인 언어로 제시하는 책입니다. 팬데믹과 기후위기를 경험한 지금, 인간 건강을 지구 생태계의 건강과 통합적으로 이해하는 일은 선택이 아니라 필수입니다. 특히 기후 위기가 건강 위기로 이어진다는 과학적 증거가 쌓이면서, 보건의 정의 역시 생태계의 지속 가능성과 자연-인간의 공존을 지향해야 한다는 인식이 확산되고 있습니다.

이 책은 단순히 환경과 건강을 연결하는 데 그치지 않고, 우리의 일상적 선택이 미래 세대의 건강에 영향을 미친다는 점을 강조합니다. 생각과 행동의 전환, 그리고 정책 변화의 필요성을 요청하는 선언문이기도 합니다. 보건의료 종사자, 정책결정자, 교육자, 학부모, 청년, 그리고 기후, 생태, 건강에 관심 있는 모든 분들께 필독서로 권합니다.

건강을 지키는 일은 보건의료서비스만으로 가능하지 않습니다. 우리의 건강한 삶은 건강한 환경, 건강한 자연과 함께할 때만 지속가능합니다.『지구건강』은 자연-인간의 건강한 공존을 향한 담대한 전환의 출발점이 되어줄 것입니다.

2025년 7월

서울대학교 의과대학 교수/ 전 질병관리청장 정 은 경

차례

추천사 _4

번역·감수자 대표 서문 _13

번역·감수자 소개 _16

각 장별 번역자 서문 _18

한국어판 서문 _46

서문: 코로나19에 대한 주석 _49

감사의 글 _50

1부 기초

1. 지구건강 소개 _새뮤얼 마이어스·하워드 프럼킨 _ 54

책의 구성 59

가장 중요한 주제 60

2. 지구건강이 있기까지: 미래의 역사 _제임스 덩크·워릭 앤더슨 _ 71

지구적인 사고와 시스템생태학, 환경보건 76

반핵운동 84

지구건강의 출범 87

결론 90

3. 인구, 소비, 형평성 및 권리 _로버트 엥겔만·존 봉가츠·크리스틴 패터슨 _ 96

동인 97

정책 109

결론: 인구와 소비의 통합 130

4. 변화하는 지구 _ 136

기후변화 _크리스 필드 137
생지화학적 순환 _데이비드 틸먼 141
토지이용과 토지피복 변화 _루스 드프리즈 146
농경지와 토양 _데이비드 R. 몽고메리 153
물 부족 _피터 글레이크 159
생물다양성 소실 _데이비드 틸만·하워드 프럼킨 164
오염 _필립 랜드리건 168

2부 인구의 건강

5. 빠르게 변화하는 지구의 식량과 영양 _새뮤얼 마이어스 _ 184

영양 185
식품 생산이 자연계에 미치는 영향 188
자연계의 변화가 식량생산과 영양에 미치는 영향 189
세 가지 도전 과제 달성하기 200
식품 시스템 전환: 생산, 폐기, 소비 201
결론 212

6. 지구건강과 감염병 _리처드 S. 오스트펠드·펠리시아 키싱 _ 218

기후변화 222
생물다양성 소실 228
토지이용과 토지피복의 변경 233
오염과 변화된 생지화학적 순환 237
정책 및 관리에 대한 시사점 241
결론 243

7. **지구환경 변화와 비감염성질환 위험** _하워드 프럼킨·앤디 헤인즈 _ 250

지구환경 변화가 비감염성질환에 미치는 영향 252

결론 269

8. **환경 변화, 이주, 충돌과 건강** _로렌 허저 리시·캐롤라인 키하토·레베카 로렌젠·하워드 프럼킨·사라 반스 _ 280

환경 변화, 이주, 충돌: 과거 및 현재의 사례 281

환경 변화, 이주, 충돌: 핵심 개념 286

환경 변화와 충돌 298

이주와 충돌의 연관 302

이주와 충돌이 건강에 미치는 영향 303

해결방안 308

9. **변화하는 지구에서의 정신건강** _수전 클레이턴 _ 318

돌발적인 환경 재해 320

생활환경 조건 323

지구와 인간의 관계를 깨뜨리는 행위: 정신건강에 미치는 영향 330

불평등 333

인류세의 정신건강: 인간과 지구의 공존을 위한 관계 맺기 337

결론 340

10. **기후변화와 인류 건강** _하워드 프럼킨 _ 349

온도에 의한 영향 352

극한기상과 기상재해 353

공기 질 354

알레르기 354

감염병 356

영양 섭취 357

인구 이동 358

내전 359

정신건강에 미치는 영향 359
놀라운 일들 360
결론 360

11. 건강한 지구에서의 행복한 삶 _존 F. 헬리웰·존 홀 _ 368

행복의 정의와 측정 369
행복과 지구건강 375
결론 391

3부 위협에서 기회로 전환하기

12. 에너지와 지구건강 _에이제이 필라리세티·커크 R. 스미스 _ 398

모두를 위한 청정에너지에 대한 접근 보장 401
에너지가 건강에 미치는 영향 403
다양한 에너지원이 기후에 미치는 영향 412
새로운 문제들 429
에너지 효율 및 절약 431
지구건강을 위한 에너지를 향하여 431

13. 도시와 지구건강 _아나 V. 디에즈 루·아드리아나 C. 라인·이리나 드로노바·다니엘 A. 로드리게스·로지 매 헨슨·올가 사르미엔토 _ 444

도시공간과 지구의 미래 446
도시공간이 자연생태계에 주는 영향 447
환경 변화가 도시에 주는 영향 450
도시공간과 건강 453
우리 도시를 다시 상상하다: 지구건강을 증진할 기회 456
도시공간에 대한 지구적 건강 접근법 증진을 위한 도전과제 467
결론 471

14. 독성물질 노출 관리 _필립 란드리겐·테렌스 콜린스·존 피터슨 마이어스 _ 485

지구건강과 화학물질 오염 486

독성화학물질이 지구건강에 주요한 위협으로 자리 잡은 이유 501

화학물질에 대한 지구건강의 접근: 새로운 정책, 새로운 패러다임 507

근본적으로 새로운 화학물질 시험 패러다임 도입의 필요성 511

녹색화학: 기대와 도전 513

15. 지구건강을 위한 새로운 경제학 _윌 에비슨·샘 비커스테스 _ 523

경제 게임의 판도가 바뀌었으니 이젠 새로운 규칙이 필요할 때 523

지구건강의 성공을 측정하는 더 나은 방법 537

지구건강을 위한 다양한 경제적 아이디어 활용하기 543

사람과 지구의 관계를 개념화하기 549

결론 570

16. 지구건강의 비즈니스: 경제이론에서 정책과 실행까지 _윌 에비슨·샘 비커스테스 _ 573

경제이론을 활용한 더 나은 결과 달성 573

지구건강을 위한 거버넌스와 정책 574

지구건강을 위한 비즈니스 솔루션 582

사례 연구: 지구건강을 위해 기존 비즈니스 모델을 혁신하는 방법 595

예시: 지구건강을 위한 새로운 비즈니스 모델 개발 600

결론 602

4부 우리 자신을 구하고 지구를 구하기

17. 지구건강 윤리 _알렉산더 포스터·제니퍼 콜·이비차 페트리코바·앤드루 팔로우· 하워드 프럼킨 _ 608

지구건강 윤리의 기초 612
지구건강을 위한 윤리적 입장 613
결론 626

18. 지구건강을 위한 밝은 미래 _새뮤얼 마이어스·하워드 프럼킨 _ 635

바로 잡기 638
여기서부터 거기까지 642

후기: 코로나바이러스와 지구건강 _하워드 프럼킨·새뮤얼 마이어스 _ 650

새로운 코로나바이러스 650
지구건강 문제로서 코로나19 654

찾아보기 _662
편집자 소개 _679

〈글상자〉

글상자 3.1 왜 가족계획인가? 121
글상자 3.2 가족계획 사례 연구: 파키스탄과 방글라데시 123
글상자 3.3 총체적인 인구, 건강, 환경 접근 방식을 통한 회복탄력성 구축 126
글상자 4.1 물 취수량, 소비량 및 비 소비량 162
글상자 5.1 모든 유형의 영양 장애 186
글상자 5.2 이산화탄소 배출은 어떻게 우리 식품을 덜 건강하게 만드는가 195
글상자 6.1 감염병 관련 용어 및 정의 219
글상자 8.1 이재이주(displacement) 관련 용어 정의 292
글상자 8.2 충돌(conflict) 관련 용어 해설 297
글상자 8.3 난민 캠프의 여성 및 아동 건강 305
글상자 11.1 복지의 종합 측정지표와 비교했을 때 주관적 자가평가의 여섯 가지 개념적 장점 374
글상자 12.1 인도의 사회 투자에 대한 보조금: 건강 개입 409
글상자 12.2 석유 및 가스 개발의 환경보건 측면 418
글상자 14.1 시판 전 평가가 부재하거나 부실하게 시행된 상태에서 제품이 시판되어 환경에 유입된 경우. 최근 사례 504
글상자 14.2 녹색화학의 12가지 원칙 514
글상자 18.1 세계를 구하는 열 가지 길 637

〈표〉

표 4.1 전 세계 수자원 분포 및 염수/담수 비율 159
표 4.2 2010년 부문별 전 세계 담수 취수량 163
표 6.1 인간 감염병의 분류 221
표 8.1 세계 지역별 인구 대비 국제 이민자 수 및 이민 목적지 비율(2017) 289
표 15.1 경제활동, 오염, 자연자원 사용 통계의 과거와 현재 524
표 15.2 장기 가치평가에 있어서 할인율의 영향 565
표 16.1 지구건강을 위한 다양한 정책 수단의 장단점 581
표 18.1 지속가능한 미래에 대한 양질의 비전 기준 644

번역·감수자 대표 서문

"지구건강"은
산업화와 민주화를 넘어 자연과 공존하는 삶의 길이다

한국은 불과 한 세대 만에 경제성장과 민주화를 동시에 이룬 나라입니다. 1975년, 평균수명 61세에 1인당 국민소득 618달러에 머물렀던 한국은, 50년 후에는 평균수명 83세, 1인당 국민소득 3만 6000달러를 기록하며 회복력 있는 민주주의 체제 속에서 정치적 자유를 누리고 있습니다. 그러나 긴 노동시간, 높은 산재 사망률과 자살률, 낮은 출산율과 행복지수는 물질적 풍요에도 불구하고 삶의 질과 인간다운 삶의 조건이 충분히 확보되지 않았음을 보여줍니다. 이제 우리는 "어떻게 더 건강하고 지속가능한 삶을 살아갈 것인가"라는 본질적인 질문에 답해야 할 시점에 도달했습니다.

이 책『지구건강』은 그 질문에 대한 통합적이고 실천적인 해답을 제시합니다. 전 세계 보건, 환경, 농업, 도시계획, 경제 등 다양한 분야의 연구자들이 참여해 집필한 이 책은, 인간의 건강이 기후, 생물다양성, 물, 토양, 공기 등 지구 생태계의 건전성에 얼마나 깊이 의존하는지를 밝히고, 기후위기, 생태계 파괴, 오염 등 전 지구적 변화가 인류 건강에 미치는 영향을 통합적으로 조망합니다. 또한, 영양과 감염병, 만성질환, 정신건강, 이주와 갈등 등 보건 위기는 물론, 에너지 전환, 도시 설계, 독성물질 통제 등 구체적 대응 방안도 제시하며, 인간과 지구가 함께 건강해지는 새로운 실천 패러다임으로서 '지구건강'을 소개합니다.

'지구건강(Planetary Health)'은 2015년 록펠러재단-란셋위원회가 인류 건강과 지구 생태계의 지속가능성이 불가분의 관계임을 밝히며 제안한 학문 분야입니다. 하버드대학교에서 출발하여 존스홉킨스대학교에 자리 잡은 지구건강연맹(Planetary Health Alliance: PHA)의 활동을 통해 전 세계 유수 대학과 연구소에서 교육과 연구가 활발히 이루어지고 있습니다. 한국에서도 2025년 1월, 연세대학교에 지구건강연구소(소장 노진원 교수)가 설립되어 활동을 시작했습니다. 이 책은 한국 독자들이 지구건강을 하나의 융합 학문으로 이해하고, 국제 담론에 능동적으로 참여하는 데 기여할 뿐 아니라, 국내의 지구건강 연구와 실천을 한층 발전시키는 데 중요한 역할을 할 것입니다.

이 책이 가진 큰 장점은 위기를 경고하는 데 그치지 않고, 과학적 근거에 기반한 실천 가능한 희망을 함께 제시한다는 점입니다. 기후위기와 사회경제적 불안 속에서 미래를 고민하는 이들에게 이 책은 상황을 조망하고 나아갈 방향을 모색할 수 있는 이정표가 되어줄 것입니다. 지속가능한 식생활, 기후 회복력 있는 지역사회, 민주적 정책 참여 등 각자의 자리에서 시작할 수 있는 다양한 실천 사례가 구체적으로 소개되어 있습니다.

'지구건강'은 단지 환경을 보호하자는 주장이 아닙니다. 우리의 몸과 마음, 사회의 안전망, 국가의 회복력, 그리고 미래 세대의 삶이 자연 생태계의 건강성과 직결되어 있다는 인식의 전환이자, 삶의 조건을 재설계하는 새로운 접근입니다. 한국사회가 앞으로 추진할 정책, 교육, 기술, 경제 발전의 기반은 반드시 이와 같은 통합적 사고 위에 놓여야 할 것입니다. 최근 출범한 국민주권정부가 기후에너지를 담당할 중앙부처 신설, 개편을 선언하고 기후 완화 및 적응 정책을 본격화하는 것은 매우 고무적인 변화이며, 이 책이 학문과 시민 담론을 넘어 정책 전환에도 기여하길 기대합니다.

이번 한국어판 출간은 국내외 여러분의 헌신 덕분에 가능했습니다. 2023년 2월 시작된 지구건강 대면-비대면 책읽기 공부모임을 통해 발표와 토론에 함께해 준 참석자들, 각 장의 번역과 감수를 맡아 준 각계의 전문가들에게 깊이 감사드립니다. 특히 세계보건기구 공인식 과장은 번역 기획과 운영, 실무 조정, 색인 작성 등 출간 전 과정을 이끌며 결정적인 기여를 했습니다. 또한 원서의 의미를 한국어로 섬세하게 옮겨준 한울엠플러스 조수임 팀장과 관계자들에게도 깊은 감사를 전합니다. 이 책의 번역과 감수에 참여한 모든 이들은 지구건강 실천을 위한 연대의 의미로, 책의 인세 전액을 지구건강 활동에 기부하기로 뜻을 모았습니다.

저는 세계보건기구에서 20년 동안 일하며, 기후위기와 보건위기가 교차하는 현장을 수없이 목격했습니다. 병원이 침수되고, 아동들이 오염된 물로 인해 병들며, 수년에 걸친 보건 개발의 성과가 순식간에 무너지는 현장을 보며, 기후위기가 곧 보건위기임을 절감했습니다. 그러나 동시에 기후위기에 대한 대응은 국제보건이 나아가야 할 가장 큰 기회이기도 합니다. 이 책은 바로 그런 가능성과 함께, '연대'와 '희망'이라는 메시지를 담고 있습니다.

2024년 유엔개발계획(UNDP) 조사에 따르면, 한국인의 96%는 자연 복원이 필요하다고 응답했고, 88%는 기후변화 대응을 강화해야 한다고, 85%는 학교 교육에서 기후변화를 더 다뤄야 한다고 답했습니다. 이제는 개인의 노력만으로는 부족합니다. 사회 전체의 가치와 구조를 전환하려는 집단적 의지와 정치적 결단이 요구됩니다. 그런 점에서 지구건강은 "함께 어떻게 잘 살 것인가?"라는 질문에 대해 가장 근본적이고 실천적인 해답이 될 수 있습니다. 이 책을 읽고 난 후, 독자 여러분이 '나는 이웃과 함께 무엇을 할 수 있을까?'라는 질문을 품게 되기를 바랍니다. 그것이야말로 정의롭고 회복력 있는 '지구건강 사회'로 나아가는 첫걸음이 될 것입니다.

2025년 7월 번역 및 감수자를 대표해
연세대학교 지구건강연구소 객원교수, 전 세계보건기구 표준국장
김록호

번역·감수자 소개

감수

김록호 대표감수자 (직업환경의학, 가정의학) 현 연세대학교 지구건강연구소 객원교수, 전 세계보건기구 표준국장

권호장 (예방의학) 현 단국대학교 교수, 전 충청남도 감염병관리지원단 단장

정해관 (예방의학, 환경역학) 현 성균관대학교 의과대학 명예교수, 전 기후변화건강포럼 공동대표, 전 한국역학회 회장

홍윤철 (예방의학, 가정의학), 현 서울의대 교수, 전 대한예방의학회 이사장

하미나 (예방의학, 직업환경의학), 현 단국대학교 의과대학 교수, 전 환경부 환경보건정책관

번역

공인식 (가정의학, 공중보건학) 현 보건복지부 과장, 전 세계보건기구(WHO) 항균제내성 감시예방관리국 기술자문관

김록호 (직업환경의학, 가정의학) 현 연세대학교 지구건강연구소 객원교수, 전 세계보건기구 표준국장

김윤희 (공중보건학, 환경역학) 현 동경대학교 보건대학원 부교수

김현 (직업환경역학) 현 미네소타대학 보건대학원 부교수, 현 지역재난상해센터장, 전 세계보건기구 기후변화 자문관

김형태 (정치외교학, 국제관계학), 현 세계보건기구(WHO) 건강증진·질병예방관리실 건강 결정요인·증진·예방국 도시건강팀 기술자문관, 전 한국국제협력단(KOICA) 베트남 사무소 개발협력 코디네이터

김호 (보건통계학, 환경역학) 현 서울대학교 보건대학원 교수, 전 한국기후변화학회 회장, 전 한국보건정보통계학회 회장

신동호 (국제정치학) 현 보건복지부 사회서비스자원과장, 전 세계보건기구(WHO) 대외협력실 자원동원국 선임대외협력/자원동원관

원수경 (의학, 공중보건학) 일반의

윤창교 (예방의학) 현 일차진료 의사 겸 한국지역사회공중보건연구소 세계보건이사, 전 세계보건기구(WHO) 서태평양지역사무소 질병통제국 기술자문관

이동우 (신경과전문의, 공중보건학) 현 질병관리청 과장, 전 경제협력개발기구(OECD) 선임 보건이코노미스트/정책분석관

이연경 (공중보건학) 현 세계보건기구(WHO) 팬데믹 및 감염병 역학정보 허브 역학전문관, 전 질병관리청 과장

이지후 (내과학, 공중보건학) 현 서울대학교 의과대학 휴먼시스템의학과 박사과정생

정해관 (예방의학, 환경역학) 현 성균관대학교 의과대학 명예교수, 전 기후변화건강포럼 공동대표, 전 한국역학회 회장

하미나 (예방의학, 직업환경의학), 현 단국대학교 의과대학 교수, 전 환경부 환경보건정책관

하솔잎 (국제학(국제개발), 보건학(국제보건)) 현 부탄 백신시스템 디지털 헬스 개입사업 총괄연구책임자(PI, 독립 연구자로서 부탄 Institute of Health Partners 협력), 전 세계보건기구(WHO) 보건정책 및 시스템 연구팀 초급 전문관, 컨설턴트

각 장별 번역자 서문

제1장 지구건강 소개 김록호

이 장의 공동 저자인 새뮤얼 마이어스 박사는 지구건강연맹(Planetary Health Alliance)의 책임자로서 기후와 생태계 변화가 인류 건강에 미치는 영향을 연구해 왔다. 하워드 프럼킨 박사는 워싱턴대학교 보건대학원의 전 학장으로서 지구건강의 학술적 정립에 중추적 기여를 해왔다.

제1장은 인류의 전례 없는 발전과 동시에 지구 생태계의 심각한 훼손이라는 이중적 현실을 소개하며, 지구건강 개념의 필요성을 강조하면서 책의 구성과 주제에 관해 설명한다. 지난 70여 년 동안 기대수명은 늘어나고, 문해율과 빈곤은 감소하는 등 인류의 삶은 비약적으로 개선되었지만, 다른 한편으로는 생물다양성 소실, 기후변화, 해양오염 등이 심화되어 왔다. 자연계의 변화는 인간 건강에도 다양한 직간접적 영향을 미치는데, 특히 빈곤층과 미래 세대가 그 영향에 더 취약하다. 지구건강의 관점은 인간과 자연의 관계를 재정립하고, 시스템적 사고를 통해 복잡한 상호작용과 예기치 못한 건강 영향을 이해하며, 형평성과 윤리적 책임을 강조한다. 지구건강은 현실 문제의 심각성에 주목하면서도 절망에 머물지 않고, 미래에 대한 희망을 갖고 인류 문명이 지속가능한 경로로 빠르고 담대하게 전환할 수 있는 집단적 행동을 추구한다. 희망은 필수이다.

지구건강의 관점은 한국 사회가 겪어온 산업화와 국민 건강의 관계를 총체적으로 되돌아보게 한다. 한국은 지난 수십 년간 눈부신 경제성장을 이루며 국민소득과 기대수명을 크게 높였지만, 그와 동시에 미세먼지와 공기오염, 수질 및 토양 오염, 유해화학물질 노출, 생태계 파괴 등 심각한 환경보건 문제가 누적되었다. 최근 몇 년 동안은 극심한 혹염, 홍수, 태풍, 산불 등 기후 위기와 관련된 문제를 겪고 있다. 이러한 경험은 "자연을 아프게 하면 인간도 아프게 된다"는 지구건강의 핵심 주제를 그대로 반영한다. 환경위기와 기후 위기가 점차 국민 건강과 삶의 질에 주는 직간접적 충격이 점점 더 심각해지는 지금, 지구건강은 한국이 나아가야 할 정책적·윤리적 방향을 제시해 주는 중요한 철학이자 실천의 틀이 될 것이다.

제2장 지구건강이 있기까지 정해관

이 장의 저자인 워릭 앤더슨은 의사이자 과학사학자이다. 생물의학과 질병 생태학의 역사에 천착하고 있으며, 현재 시드니대학교와 멜버른대학교에서 활동 중이다. 공저자인 제임스 덩크는 의학 및 정신건강사, 지구 역사를 연구하는 문화역사학자이다. 생태위기 시대의 심리학과 정신과학에 주목하며, 시드니대학교 및 뉴캐슬대학교에서 연구 활동 중이다.

이 장은 '지구건강(Planetary Health)'이라는 새로운 융합 학문이 어떻게 탄생하게 되었는지를 역사적, 지적, 사회적 배경 속에서 설명한다. 지구건강은 단순히 환경문제와 공중보건을 연결하는 것을 넘어, 인간 건강이 지구 생태계와 긴밀하게 연결되어 있다는 사실을 중심에 두고 있다. 이 장에서는 역학자, 환경운동가, 의사, 생태학자 등 다양한 분야의 사상가들과 운동이 어떻게 이 개념에 영향을 주었는지를 추적하며, 그 과정에서 드러나는 철학적 전환과 과학적 통합의 흐름을 상세히 다룬다.

역사적으로는 히포크라테스 시대부터 환경과 건강의 연관성이 제기되어 왔으며, 제국주의 시대에는 의료지리학이 발전했다. 그러나 20세기 중후반에 이르러 환경파괴의 규모가 지구적 차원으로 확장되며, 기존의 지역 기반 공중보건 접근만으로는 대응이 어렵다는 인식이 퍼지게 되었다. 이에 따라 '시스템 생태학', '우주선 지구호' 개념, '기술중독', '문명의 질병' 등 다양한 개념이 제안되었고, 이는 궁극적으로 지구건강 개념으로 통합되었다.

냉전기의 반핵운동과 1970년대 환경 위기에 대한 국제회의, 생태 위기에 대한 정신의학적 접근 등도 지구건강의 지적 기반을 확장했다. 특히 1990년대 이후 하버드대학교, 랜싯, 록펠러재단 등의 학술 및 정책적 노력은 이 분야를 제도적으로 정착시키는 데 기여했다. 지구건강은 기존의 국제보건(global health)과는 달리 환경위기를 단순한 외부 요인이 아닌, 건강 자체를 구성하는 기반으로 바라본다는 점에서 독립적인 학문 분야로 자리 잡았다.

한편으로 지구건강의 역사가 선진국 백인 남성 중심으로 전개되었음을 지적하며, 향후 여성과 저소득국가, 소수민족의 관점을 적극 수용하는 방향으로 발전해야 함을 강조한다. 이는 단순히 보건의 기술적 접근을 넘어서, 보다 공정하고 포용적인 생태-건강 패러다임으로의 전환을 의미한다.

국내에서는 보건 및 의학 분야에서 환경의학에서 기후변화와 건강으로 주제를 넓혀왔으며 생태계 건강에 대한 의식이 높아지면서 주로 수의학과 생물학 분야에서 생태학과 원헬스(One Health)의 개념을 채택하고 확장해 왔다. 최근 지구건강과 관련한 학술적 활동과 연대활동이 활발해지고 있으며 지구건강연맹(Planetary Health Alliance)에 가입하는 단체와 개인이 늘고 있고 동아시아 지구건강네트워크에 주도적으로 참여하고 있다. 2025년에는 연세대학교 미래캠퍼스에 지구건강연구소가 개소되었다. (가칭)한국지구건강연맹의 창립이 준비되고 있다.

제3장 인구, 소비, 형평성 및 권리 하미나

로버트 엥겔만은 월드워치연구소 전 대표이자 인구연구소 선임연구원으로 인구, 환경, 여성의 삶 분야의 작가이다. 존 봉가츠는 인구위원회의 부회장이며 인구 예측과 정책 연구로 국제적 인정을 받은 학자이다. 크리스틴 패터슨은 인구참조국의 프로그램 디렉터로, 아프리카의 인구·환경 프로젝트와 지역사회 갈등 해소 연구에 참여한 경험을 가지고 있다.

인류는 역사적으로 그 어떤 종보다 빠르게 인구를 증가시키고 지구의 자원을 많이 소비하며 지구환경을 근본적으로 변화시켜 왔다. 인구 증가(P)와 개인의 소비 수준(A), 그리고 소비를 위한 기술(T)을 매개로 환경 영향(I)에 복합적으로 작용하며, I = PAT 등식은 이를 간략히 표현하고 있지만, 인구와 소비 간의 상호작용은 복잡하고 중요한 환경 문제의 핵심이다.

현재 세계 인구는 약 77억 명에서 2100년까지 109억 명으로 증가할 것으로 예상되며, 특히 사하라 이남 아프리카에서 인구 증가가 두드러질 전망이다. 한편 인구 증가율은 현대적 피임법의 확산으로 감소했지만, 여전히 매년 약 8000만 명씩 증가하고 있다. 이로 인해 젊은 인구가 많아져 향후 인구가 지속 증가하는 '인구 모멘텀' 현상이 나타나고 있다.

개인의 소비 증가 역시 심각한 환경적 영향을 미친다. 선진국의 높은 소비 수준은 물론, 개발도상국에서도 소득 증가로 소비가 확대되고 있다. 특히 소비 불평등이 심각하며, 부유한 국가와 빈곤한 국가 간의 1인당 에너지와 자원 소비 격차는 매우 크다. 이는 환경 문제를 더욱 복잡하게 만들고 있다.

인구와 소비 문제 해결을 위한 정책적 접근은 강압적인 인구 통제보다는 여성의 교육 향상, 자발적 가족계획 접근성 증진, 성 평등 촉진 등 인권과 개인의 선택권을 존중하는 방식이 되어야 한다. 소비 문제에 대해서는 환경 친화적 기술 개발 지원, 소비 억제를 위한 녹색세 도입, 지속가능한 생활 방식을 촉진하는 교육 등의 조치가 필요하다.

궁극적으로 인구와 소비 문제는 긴밀히 연결되어 있으며, 개인의 선택을 중심으로 환경과 인간의 복지를 함께 고려한 통합적 접근을 통해 지속가능성을 확보해야 한다. 이를 위해서는 교육, 정책, 의료 서비스를 효과적으로 결합하고 사회적 합의를 이루는 것이 중요하다.

한국은 인구가 줄어들고 있지만, 1인당 소비와 에너지 사용은 여전히 세계 상위권이다. 문제는 인구보다는 우리가 살아가는 방식이다. 인구가 감소해도 지금의 소비 패턴이 바뀌지 않는다면 환경 부담은 줄지 않는다. 정부는 에너지 효율을 높이고 녹색세 도입과 친환경 산업을 키우는 정책을 강화해야 한다. 동시에 개개인도 불필요한 소비를 줄이고, 재활용과 친환경 생활을 실천하는 노력이 필요하다. 결국 지속가능한 미래는 정책과 개인의 실천이 함께할 때 가능하다.

제4장 변화하는 지구 김현

본 장은 세계적인 지구환경 및 생태학 전문가들이 공동 집필했다. 스탠퍼드대학교의 크리스 필드는 기후변화에 관한 정부 간 협의체(Intergovernmental Panel on Climate Change, IPCC) 기후변화평가보고서의 주요 저자로서 기후변화 과학의 권위자이며, 미네소타대학교의 데이비드 틸만은 생물다양성 및 생태계 기능 연구의 선도자다. 컬럼비아대학교의 루스 드프리즈는 지속가능한 개발과 토지이용 변화 분야의 권위자이며, 데이비드 R. 몽고메리는 토양 및 지질 변화에 대한 연구로 저명하다. 피터 글레이크는 물 자원 정책 전문가로서 세계자원연구소 등에서 활동해 왔고, 하워드 프럼킨과 필립 랜드리건은 각각 보건학의 대가로서 지구환경 변화와 건강을 연결 짓는 연구를 다수 수행했다.

제4장 "변화하는 지구"는 지구 시스템의 주요 변화－기후변화, 생물지화학 순환, 토지이용 및 토지피복 변화, 토양 악화, 물 부족, 생물다양성 소실, 오염－를 과학적으로 설명하고, 이러한 변화가 인간 건강에 미치는 함의를 개괄한다. 산업화 이후 급격한 온실가스 배출로 인한 기온 상승, 생태계 교란, 질소·인 순환의 불균형, 농업·도시화로 인한 토지 피복 변화는 지구 한계를 넘어서는 인간 활동의 집합적 결과물임을 강조하며, 다수의 과학적 근거를 바탕으로 분석된다.

예를 들어, 질소비료 사용의 증가는 지표수 부영양화를 초래하고, 이는 어류 폐사, 유해 조류 번식, 인간 질병의 확산으로 이어진다. 토양 침식과 산성화는 식량 안보를 위협하며, 도시화는 비옥한 토지를 감소시켜 장기적인 식량 생산 기반을 약화시킨다. 이 모든 변화는 사회적 불평등을 심화시키며,

특히 기후에 취약한 계층(노인, 어린이, 빈곤층)에게 더 큰 피해를 유발한다.

한국은 세계에서 산업화 및 도시화 속도가 가장 빠른 국가로, 본 장에서 다룬 지구환경 변화의 대부분을 직접적으로 경험하고 있다. 미세먼지 문제, 도시열섬 현상, 홍수 및 가뭄의 반복은 기후변화 및 토지이용 변화의 결과로 해석될 수 있으며, 고령 인구 증가와 도농 격차 심화로 인해 기후 불평등 또한 가중되고 있다.

한국은 이미 높은 수준의 비료 사용과 도시화로 인한 농지 감소, 생물다양성 소실 문제를 겪고 있으며, 이는 식량 자립과 공중보건에 장기적 위협이 될 수 있다. 특히 수도권 중심의 도시 확장은 비옥한 토양의 소실을 동반하며, 도시 주변 농업의 지속 가능성을 위협한다.

이러한 상황에서 본 장은 우리 사회가 단순한 환경보호를 넘어 건강, 경제, 사회적 형평성을 통합하는 시스템적 접근이 필요함을 시사한다. 생태농업으로의 전환, 도시 농업 확대, 스마트 물 관리, 탄소중립을 위한 지역 단위 실행계획 수립 등은 정책적으로 구체화할 수 있는 대응 방향이다. 또한, 건강영향평가 및 지구건강지표 개발을 통해 과학적 기반의 정책 평가가 이루어져야 하며, 교육과정 내 지구건강학의 체계적 도입이 절실하다.

"변화하는 지구"는 단지 과학적 설명을 넘어서 우리가 직면한 현실과 미래를 통찰하게 해주는 중요한 통합적 지침이다. 본 번역이 한국 독자에게 지구건강 문제의 심각성과 행동의 시급성을 전달하고, 우리 사회의 전환을 위한 지적 토대가 되기를 기대한다.

제5장 빠르게 변화하는 지구의 식량과 영양 김윤희

이 장의 저자이자 책의 공동 편집자인 새뮤얼 마이어스 박사는, 집필 당시 하버드 T.H. 챈 보건대학원에서 수석 연구자로 재직하며 지구건강 분야의 선구자적 역할을 해왔다. 현재는 존스홉킨스대학교 교수로서 지구건강연구소 소장(Director)과 지구건강연맹 교수 책임자(Faculty Director)를 맡아 지구건강의 발전을 이끌고 있다.

이 장은 역사상 인류 생존에 중요한 역할을 해온 '영양(nutrition)' 이야기를 시작으로, 오늘날 인간 사회가 가동하고 있는 식품 시스템이 자연에 얼마나 큰 영향을 미칠 수 있는지를 설명한다. 이미 변화되었거나 앞으로 더 극심하게 변화될 수 있는 자연계의 물, 토양, 해양, 꽃가루 매개자 등 다양한 환경 요소는, 다시 식량 생산과 영양에 부정적인 영향을 미치며 악순환을 초래하게 된다. 지구를 보호하고 우리의 건강한 먹거리를 지속 가능하게 지키기 위한 유일한 방법은 식품 시스템의 근본적인 전환이다. 이를 위해 식품 생산, 소비, 폐기에 이르는 전 과정에 대한 재구성이 필요하며, 농업 기술의 혁신, 개인 인식의 변화와 사회적 공감대 형성, 그리고 국가 정책과 법률과 같은 제도적 지원이 반드시 병행되어야 한다.

한국에서도 기후변화의 심각성에 대한 인식이 점차 확산되면서, 환경 보호와 채식에 대한 관심과 실천이 서서히 늘어나는 추세다. 그러나 아직은 소수 개인의 양심적인 실천에 머무는 단계로, 지구의 건강과 인간의 지속가능한 먹거리를 위한 식품 시스템의 대전환으로 이어지기에는 갈 길이 멀어 보인다. 좀 더 급진적으로, 개인의 인식 변화와 식단 선택이 식품 수요와 공급의 전환을 이끌고, 나아가 기업과 정부의 정책 및 투자 방향에까지 영향을 줄 수 있을까? 다양한 이해관계자가 얽힌 복잡한 생태계를 전환하는 일은 매우 어려운 과제지만, 교육의 힘을 믿으며, 개개인의 행동이 모여 지구 건강을 위한 방향 전환과 그 가속화를 이루어낼 수 있기를 기대해 본다.

제6장 지구건강과 감염병 공인식

이 장의 저자 리처드 S. 오스트펠드와 펠리시아 키싱은 미국의 대표적인 질병 생태학자로, 생태계 변화가 인간 건강에 미치는 영향을 연구해 왔다. 이들은 2008년 『감염병 생태학: 질병과 생태계 간의 상호작용』을 공동 편집했고, 2016년부터 2021년까지 미국 질병통제예방센터(CDC)와 뉴욕주, 더치스 카운티의 지원을 받아 '틱 프로젝트(The Tick Project, https://www.tickproject.org/)'를 공동 주도했다. 이 연구는 진드기 매개 감염병인 라임병의 지역사회 환경 개입 효과를 과학적으로 평가한 선도적 사례로, 공중보건 정책과 예방 전략 수립에 중요한 생태학적 통찰을 제공*했다.

이 장은 지구건강 관점에서 감염병의 발생과 확산을 이해하기 위한 핵심 개념과 원리, 정책적 대응 방향을 제시하고 있다. 감염병은 병원체나 기생충이 숙주 간에 전파되어 발생하는 질환이며, 특히 인수공통감염병은 인간 외의 동물 병원소에서 유래해 전파된다. 기존의 보건 접근은 인간 위주의 전염경로 차단과 백신, 위생, 약물 치료에 초점을 맞추었으나, 오늘날의 신종 및 재출현 감염병의 적정한 예방관리를 위해서는 생태계 변화, 환경요인에 의한 인간 건강영향의 과학적인 측정, 분석과 예측이 필요하다. 이 장은 기후변화, 생물다양성 소실, 토지이용과 토지피복의 변경, 오염 및 생물지구화학적 주기 변화 같은 주요 환경 동인들이 병원체 노출, 매개체 생태변화, 감염병의 발생과 전파에 어떻게 영향을 미치는지를 다루고 있다. 예를 들어, 기후변화는 곤충·동물 매개체의 영향으로 말라리아와 라임병의 지리적 확산과 계절성을 변화시키며, 생물다양성 소실은 희석효과를 약화시켜 병원소 숙주(예: 흰발쥐)의 밀도와 병원체 감염률을 증가시킨다. 토지개발, 도시화 역시 매개체의 서식지를 변화시키고, 인간과 동물 간의 접촉을 증가시켜 감염병 위험을 높이는 경로로 작용한다. 결론적으로, 지구건강 관점의 감염병 예방관리 방안을 마련하기 위해서는 모델링, 역학, 실험 연구 등 과학적 방법을 결합해 감염병 위험을 예측하고 대응 전략을 마련해야 하며, 실제로 감염병 예방과 관리를

* Keesing, F., Mowry, S., Bremer, W., Duerr, S., Evans, A. S., Fischhoff, I. R....Ostfeld, R. S. (2022). Effects of Tick-Control Interventions on Tick Abundance, Human Encounters with Ticks, and Incidence of Tickborne Diseases in Residential Neighborhoods, New York, USA. *Emerging Infectious Diseases*, 28(5), 957-966. https://doi.org/10.3201/eid2805.211146

위해 환경보건 정책을 공중보건 전략의 핵심 요소로, 인간 건강과 생태계 건강을 동시에 고려하는 통합적 접근을 해야 함을 강조했다.

한국 역시 지구건강 관점에서 감염병 예방과 관리 정책을 마련하는 것이 시급한 과제이다. 인구와 물류의 이동 증가, 기후변화로 인한 모기와 진드기 서식지의 확장과 번식 환경 변화로 말라리아, 쯔쯔가무시병 등 곤충·동물 매개 감염병의 발생 양상이 달라지고 있다. 또한 해수 온도 상승, 가뭄과 홍수 같은 기후재난이 빈발하면서 콜레라균의 증식이 용이해지고, 오염된 식수에 대한 노출 위험도 증가하여 콜레라, 이질, 노로바이러스 감염증 등 수인성·식품매개 감염병의 발생도 늘어나고 있다. 다행히 2022년 질병관리청은 국내 최초로 기후보건영향평가를 실시해, '기후변화에 따른 감염병 영향'을 포함해 발표했다. 이를 바탕으로 2024년 기후보건 중장기계획을 수립해 병원체 및 매개체 감시체계를 강화하고, 기후변화에 취약한 집단의 건강을 보호하기 위한 중장기 계획과 예방·관리 대책도 마련해 시행하고 있다.

그럼에도 불구하고, 지구건강 분야에서 핵심적으로 다루는 생물다양성의 소실, 토지이용 및 피복의 변화, 오염, 생물지구화학적 주기 변화와 같은 환경 동인이 인간 감염병 발생에 어떤 영향을 미치는지에 대한 국내 분석과 정책 대응은 아직 미흡하다. 특히 기후변화와 토지 환경의 변화와 관련성이 밝혀지고 있는 진균성 감염병까지 포함하고, 임산부, 영유아, 고령자, 면역저하자, 이주노동자, 장애인, 노숙인 등 감염병 취약집단과 고위험군의 예방 가능한 감염, 피해를 줄이기 위한 보다 심층적인 분석이 요구된다. 이러한 과학에 기반한 영향 평가와 예측은 지구건강 관점에서 감염병의 근본 원인을 규명하고 보다 취약한 집단, 지역을 대상으로 국가가 과감히 개입할 수 있는 공공정책으로 확장하기 위한 출발점이 될 수 있다. 한국에서도 감염병 생태학자가 주거, 환경, 도시, 산림, 물 등 공공정책의 수립과 이행, 평가의 전 과정에 참여하는 시대가 곧 열리기를 상상하고 응원한다.

제7장 지구환경 변화와 비감염성질환 위험 정해관

이 장의 저자인 하워드 프럼킨 박사는 워싱턴대학교 보건대학원의 환경 및 산업보건학 명예 교수이며, 해당 분야의 세계적 권위자이다. 공저자인 앤디 헤인즈 경은 런던 위생 및 열대의학대학원의 교수로서, 기후변화와 지구건강 분야에서 국제적으로 중요한 역할을 해왔다. 그는 IPCC 위원과 록펠러 재단-랜싯 지구건강 위원회 의장을 역임했다.

이 장은 지구환경 변화(Global Environmental Changes)가 비감염성질환(Noncommunicable Diseases, NCD)에 어떻게 영향을 미치는지를 다룬다. NCD는 심혈관질환, 암, 당뇨병, 만성 호흡기질환, 정신질환 등을 포함하며 전 세계 사망의 70% 이상을 차지한다. 이들 질환의 질병부담은 중저소득 국가에서 가장 크며, 환경요인이 그 위험에 크게 기여한다.

지구환경 변화의 주요 경로는 에너지 사용과 공기오염, 기후변화, 도시화, 식량체계, 화학물질 노출, 생물다양성 소실 등이다. 화석연료 연소는 초미세먼지($PM_{2.5}$) 및 오존 등의 공기오염을 유발하며, 이는 심혈관·호흡기질환, 당뇨, 신경계 이상 등을 초래한다. 기후변화는 고온, 폭염, 해수면 상승 등으로 인해 의료서비스 중단, 식량 불안정, 질병 악화를 유발한다.

도시화는 공기오염, 운동량 부족, 소음, 스트레스, 불량 주거환경 등을 통해 NCD 위험을 높이며, 반대로 기후위기는 농촌에서 도시로의 인구이동을 가속화한다. 식단의 서구화는 비만과 심혈관질환을 증가시키고, 기후변화는 농업 생산성과 식품의 영양성분에 영향을 주어 영양실조와 대사질환의 위험을 높인다. 내분비교란물질, 중금속 등 화학물질도 다양한 경로로 NCD와 관련된다. 생물다양성 소실은 어류·과일·채소 섭취 감소로 이어져 심혈관질환 및 미량영양소 결핍을 초래한다.

결론적으로 지구환경 변화와 NCD는 긴밀히 얽혀 있으며, 환경보호 정책은 건강 개선에도 직접적으로 기여할 수 있다. 도시계획, 에너지 전환, 지속가능한 농업 등은 동반편익(co-benefit)을 창출할 수 있는 핵심 분야다.

국내에서는 기후변화와 관련한 건강영향을 모니터링하기 위해 보건의료기본법에 기후보건영향평가를 국가가 매 5년마다 시행하도록 되어 있으며 질병관리청을 비롯한 지자체에서는 이와 관련한 부서가 있다. 한편 각급 수준의 지자체를 중심으로 건강도시운동에 참여하는 지자체가 늘고 있으나 건강과 주거환경의 유기적인 관계에 대한 이해를 토대로 한 활동의 심화와 확대가 필요하다.

제8장 환경 변화, 이주, 충돌과 건강 이연경

이 장의 5명의 저자인 로렌 허저 리시, 캐롤라인 완지코 키하토, 레베카 로렌젠, 하워드 프럼킨, 사라 반스는 각기 다른 배경과 전문성을 가지고 환경 변화가 사회와 건강에 미치는 영향과 그 해결책에 대하여 공동집필했으며, 하워드 프럼킨은 새뮤얼 마이어스와 함께 이 책의 공동 편집자이기도 하다. 로렌 허저 리시와 사라 반스는 미국의 대표적 외교·안보 싱크 탱크인 윌슨 센터에서 각각 환경 변화와 보안 프로그램, 모성건강 이니셔브 프로그램의 책임자로, 환경 변화와 이주, 여성, 젠더 문제에 대해 공동 연구를 해왔다.* 사회학자인 캐롤라인 완지코 키하토는 특히, 아프리카 여성들이 이주에 직면한 어려움**에 대해 연구했으며, 레베카 로렌젠은 에너지해법을 위한 시민단체에서 청정 수소와 환경 정책***에 중점을 두고 있다

이 장은 환경 변화가 어떻게 인구 이동, 갈등과 충돌을 촉발하고, 건강에 영향을 미치는지를 역사적 사례와 연구를 통해 지구건강의 관점에서 통찰하며, 핵심 개념과 정의, 해결방안을 제시한다. 환경 변화가 단독으로 그러한

---

* Sarah B. Barnes, Clarie Doyle, Deekshita Ramanarayana, lauren Herzer Risi. Pioneering Solutions: Climate Finace, Gender Equity, and Sexual and Reproductive Health Services. *New Security Brief*, No. 6, Oct 2024

** Caroline Wanjiko Kihato. *Migrant Women of Johannesburg: Life in an in-between City*. Palgrave Macmillan & Wits University Press, 2013

*** Rebecca Lorenzen. Growing an Industry for Clean Hydrogen. CRES Forum, 2024

결과를 초래하지는 않지만, 급격한 사건(허리케인, 쓰나미, 산사태, 홍수 등)과 점진적인 사건(가뭄, 사막화, 해수면 상승, 침식, 토지 황폐화 등)을 통해 사람들의 생활환경을 불안정하게 만들며, 이로 인해 이주와 충돌이 발생할 수 있다. 이주는 경제적·정치적·사회적·인구학적·환경적 요인에 의해 복잡하게 영향을 받으며, 환경 변화는 이러한 요인들을 증폭시킬 수 있다. 환경 변화로 인한 이주와 충돌은 건강에 심각한 영향을 미치며, 특히 여성과 아동 등 취약 집단은 더욱 큰 피해를 입을 수 있다.

우리나라는 아직까지 환경 변화로 인한 직접적인 이주나 충돌 사례가 제한적으로, 그 심각성이 과소평가되는 경향이 있다. 그러나 최근 몇 년 간의 기록적 폭염, 집중 폭우, 미세먼지 악화 등은 건강을 직접적으로 위협하고 있고 장기적으로는 국내 이주와 사회적 불평등을 야기할 수 있으며, 국제적 환경 위기가 심화됨에 따라 한국이 환경 이주의 '수용국'이 될 가능성도 고려해야 한다. 기후변화와 관련하여, 환경부와 기상청은 기후변화 관측, 예측, 영향, 적응 자료*를 제시하고 있으며, 이와 더불어 질병관리청은 2017년 개정된 「보건의료기본법」에 따라 2021년 제1차 기후보건영향평가를 실시하여 기온(폭염·한파), 대기질, 감염병 등 3개 영역에서 건강 영향을 분석**했다. 다만, 전 지구적 환경 변화는 계속될 것으로 예상되므로, 이 장에서 제시한 바와 같이 환경 변화, 이주, 충돌, 건강 간의 경제적, 사회적, 정치적, 인구학적 복잡성을 이해하고, 다양한 전문가의 참여를 통해 지구건강 맥락에서 통합적·다층적 해결방안을 모색하기를 기대한다.

제9장 변화하는 지구의 정신건강 이지후

제9장은 미국 환경심리학 분야의 세계적 권위자이자 우스터 칼리지 심리

* 환경부. 대한민국 기후변화 적응보고서. 2023년; 국립기상과학원. 우리나라 109년 기후변화분석보고서. 2024년, 한반도의 기후변화 전망보고서. 2020년.

** 질병관리청. 제1차 기후보건영향평가보고서. 2022년.

학과 교수인 수잔 클레이턴 박사가 집필했다. 클레이턴 박사는 예일 대학교에서 심리학 박사학위를 취득한 후, '환경 정체성(environmental identity)' 개념을 도입하여 인간과 자연의 정서적·인지적 유대를 자아 개념의 일부로 정의했다. 그녀는 2003년 환경정체성 척도(Environmental Identity Scale)를 개발하고 2021년 개정을 통해 다양한 문화권에 적용 가능한 도구로 발전시켰으며, 이를 바탕으로 자연 보호가 개인의 정신건강을 지키는 자기 보전(self-preservation) 행위임을 과학적으로 입증해 왔다.

이 장은 기후변화와 환경 파괴가 인간의 정신건강에 미치는 복합적 영향 경로를 심층적으로 탐구한다. 먼저 폭염, 홍수, 산불 등 급격히 발생하는 자연재해와 공기오염·가뭄 같은 점진적 환경악화가 생리적 스트레스 반응을 촉발하여 불안, 우울, 외상 후 스트레스 증후군과 같은 정신건강 문제를 유발하고 심화시키는 과정을 설명했다. 이와 더불어 생태불안(ecological anxiety)과 기후 슬픔(climate grief)과 같은 기후 위기의 심리적 위협이 개인의 일상적 사고와 정서에 미묘하지만 지속적인 부정적 영향을 미치는 메커니즘을 제시했다. 반면, 녹지 공간과 물, 식생 환경 등 자연요소와의 접촉이 스트레스 호르몬 분비를 완화하고 자율신경계 균형을 회복시킴으로써 심리적 안정을 제공하는 과학적 근거를 제시하기도 했다. 연구 결과 자연 속에서의 신체 활동과 명상적 산책은 회복탄력성을 높여 일상적 스트레스 상황에도 보다 유연하게 대응할 수 있는 심리적 자원을 강화한다고 했다. 또한, 환경 보호 활동이 개인 간 협력과 지지를 증진하여 사회적 유대감을 형성하며, 이는 공동체 차원의 집단효능감을 고양시켜 참여자 모두의 정신적 안녕을 증진시키는 매개체로 작용함을 강조했다. 마지막으로 저자는 정책적·실천적 시사점을 다루며, 기후 위기 대응 전략에 정신건강 증진 요소를 통합해야 함을 역설했다. 구체적으로는 도시 녹지 확충, 재난 심리지원 서비스의 장기적·통합적 운영, 커뮤니티 주도의 환경 참여 프로그램 개발 등을 제안한다. 이를 통해 자연환경 보전이 단순한 생태학적 과제가 아니라 인간의 정신건강을 지키는 핵심 전략임을 분명히 밝히며, 기후 위기 시대에 필수적인 다차원적 대응 틀을 제시한다.

한국에서 이상 고온, 미세먼지 증가, 잦은 장마와 홍수 등 기후변화의 직접적 영향 속에서 기후불안과 우울·스트레스 증상이 확산되고 있다. 이는 9장에서 지적된 기후 스트레스 경로와 일치하며, 특히 도시화로 녹지 접근성이 낮은 환경이 회복탄력성 저하를 가중시키는 현상 또한 일맥상통한다. 국내 연구에서도 지역사회 숲 가꾸기나 환경 캠페인 참여가 사회적 연대를 강화하고 개인의 자기효능감을 높여 정신적 안녕을 증진한다는 긍정적 효과가 나타났다. 그러나 정책적으로 재난 심리지원 서비스가 초기 지원에만 치중되어 장기 회복에 한계가 있으며, 통합적·학제 간 협업과 지속가능한 커뮤니티 기반 개입의 필요성이 제기되고 있다. 이에 앞으로 우리나라의 기후변화 관련 정신건강 문제 해결을 위해서는 불안 관리에 그치지 않고 자연과의 유대 회복, 환경 보호 활동, 그리고 체계적인 장기 심리지원체계를 아우르는 통합적 접근이 필요하다.

제10장 기후변화와 인류 건강 윤창교

하워드 프럼킨은 환경 및 직업 보건학 분야를 연구하는 의사이며 역학자이다. 현재 워싱턴대학교 보건대학원의 명예교수이며, Trust for Public Land의 선임 부의장으로 활동 중이다. 그의 연구 분야는 환경 건강, 기후 변화, 자연 접촉과 인간 건강의 연관성 등으로, 미국 질병통제예방센터(CDC)에서 국립환경보건센터 소장(2005-2010)과 웰컴 트러스트의 "Our Planet, Our Health" 이니셔티브 책임자(2018-2019)를 역임했다. 또한, 2010~2016년 워싱턴대학교 보건대학원장을 지냈다. 최근에는 자연과 공원의 건강 혜택을 강조하는 연구와 정책 활동에 기여하고 있다.

하워드 프럼킨은 이 장에서 기후변화가 인류 건강에 미치는 영향을 다룬다. 화석연료 연소로 배출된 이산화탄소(CO_2)와 메탄, 아산화질소 등의 온실가스가 대기 중 복사 에너지를 가두어 지구 온난화를 초래하는 기후변화의 원인과 과정을 설명한다. 온난화는 폭염, 가뭄, 홍수, 산불, 해수면 상승, 바다 산성화, 강수 패턴 변화 등 다양한 환경 변화를 유발한다. 이러한 상황은 온도 관련 영향, 악천후 및 재해, 대기 질 저하, 알레르기, 감염병, 영양, 인구 이동, 내전, 정신건강 등 다양한 경로로 건강을 위협한다. 특히 기후변화로 인류 건강이 위협받는 상황에서는 가난한 국가, 빈곤층, 어린이, 노인, 만성질환자, 미래 세대가 특히 취약하며, 도시 열섬 효과와 사회적 요인(빈곤, 고립 등)은 위험을 가중시킨다.

이제 우리나라에서도 기록적인 폭염, 온도 상승과 더불어 태풍, 집중호우로 인한 사망자가 매년 늘어나는 추세이며, 특히 2025년 봄에는 의성, 산청을 중심으로 일어났던 최악의 산불로 인해 32명의 사망자가 발생했다. 이 산불은 실화가 원인으로 추정되지만, 건조한 봄 기후와 더불어 기후변화로 인해 산불의 규모가 기록적으로 커지게 된 것으로 분석된다. 자연재해로 인한 피해와 관련된 뉴스는 매년 반복적이고 점점 더 규모가 늘어나고 있다. 프럼킨의 연구는 한국의 도시화, 취약 계층, 농어촌이 입는 피해와 같은 맥락에 적용될 수 있으며, 인프라 개선, 조기 경보, 취약 계층 보호를 통해 피해를 줄일 수 있다. 장기적으로는 탄소 배출 감축을 통한 기후변화 완화가 근본적 해결책이다.

제11장 건강한 지구에서의 행복한 삶 김호

존 F. 헬리웰 박사는 캐나다 밴쿠버 브리티시컬럼비아 대학교 경제학과 소속으로 2012년부터 매년 유엔 지속가능발전해법네트워크에서 발간하는『세계 행복 보고서』의 공동 편집인을 맡고 있다. 공저자인 존 홀은 유엔개발계획에 근무하며 전 세계 사회가 경제 성장뿐만 아니라 지속 가능한 웰빙을 포괄하는 보다 폭넓은 국가 발전에 대한 대화를 나누도록 장려하는 데 힘써 왔다.

이 장은 인간의 행복과 지구건강 사이의 깊은 상호작용을 다루며, 지속가능한 복지로의 전환이 어떻게 가능하고 어떠한 측면에서 바람직한지를 제시한다. 기존의 GDP 중심 성장 지표는 인간 삶의 질을 온전히 반영하지 못하며, 오히려 잘못된 정책 방향을 유도할 수 있다. 반면, 주관적 삶의 평가를 중심으로 한 행복 지표는 개인의 웰빙, 사회적 신뢰, 건강, 자율성, 관용 등 다양한 요소를 통합적으로 반영하며 정책 설계의 새로운 기준이 될 수 있다.

세계 행복 보고서는 이러한 관점을 실천하는 대표적인 사례로, 건강수명, 소득, 신뢰, 자유, 관용, 사회적 지지 등을 통해 국가별 행복 수준을 비교하고 있다. 특히 신뢰, 관용, 자율성과 같은 사회적 요소는 경제적 자원을 거의 소모하지 않으면서도 행복에 큰 영향을 미치므로, 환경적 지속 가능성과 인간 발전 간의 긴장을 완화하는 데 기여할 수 있다.

자연환경 역시 인간의 행복에 중요한 역할을 한다. 도시 속 녹지나 숲과의 접촉은 정서적 안정과 삶의 만족도를 높이며, 이는 다양한 국가에서 반복적으로 확인되었다. 또한, 사람들은 타인을 돕는 행동에서 큰 행복을 느끼며, 친사회적 행동은 신뢰와 공동체 의식을 증진시켜 지속 가능한 사회 형성에 기여한다.

정책적으로는 공공 서비스의 방식과 공동체 기반 프로그램을 통해 포용성과 협력을 강화할 수 있다. 행복을 정책의 핵심 목표로 삼을 때, 인간은 더 건강하고 협력적으로 변화하며, 이는 곧 지구건강과도 맞닿게 된다. 요컨대, 지속가능한 미래를 위해서는 삶의 질과 행복을 중심에 둔 새로운 사회 지표와 정책 방향이 필요하다.

한국은 빠른 경제성장에도 불구하고 낮은 행복 수준과 높은 자살률, 정신건강 문제를 보여 GDP 중심 성장의 한계를 드러내는 대표적 사례라 할 수 있다. 특히 주거 불안정, 노동시장 경직성, 과도한 경쟁 구조로 인해 청년층의 삶의 만족도가 저하되고 있으며, 이는 장기적으로 사회적 자본과 신뢰의 약화로 이어질 수 있다. 환경적 측면에서도 한국은 미세먼지, 폭염, 홍수 등 기후위기의 영향을 직접적으로 경험하고 있으며, 도시 녹지 접근성과 같은 생태적 요인이 국민의 주관적 행복에 기여한다는 연구 결과는 이러한 연계를 뒷받침한다. 따라서 환경정책은 단순한 기후위기 대응을 넘어 행복 증진 정책으로 이해될 필요가 있다.

또한 한국 사회의 낮은 사회적 신뢰와 세대·계층 갈등은 행복을 저해하는 주요 요인으로, 공공서비스의 보편적 확대, 지역사회 기반의 포용적 프로그램, 사회적 약자 보호 정책이 필요하다. 결국 한국적 맥락에서 행복 지표의 도입은 GDP 중심의 발전 패러다임을 넘어 삶의 질과 사회적 신뢰를 회복하고, 나아가 지속가능성과 지구건강을 동시에 추구할 수 있는 핵심 전략적 전환으로 볼 수 있다.

제12장 에너지와 지구건강 원수경

이 장은 미국의 국제 환경보건학 전문가인 에이제이 필라리세티와 커크 R. 스미스가 공동집필했다. 필라리세티 박사는 특히 중저소득 국가에서의 가정용 에너지 사용과 이와 관련된 행동이 공기오염 노출, 건강, 및 기후 변화에 미치는 영향에 대해 연구하고 있다. 그는 아시아, 아프리카, 라틴 아메리카에서 광범위한 국제 환경 보건 연구 및 활동을 진행했다. 또 다른 저자 커크 R. 스미스 박사는 개발도상국의 실내 공기오염과 기후변화가 건강에 미치는 영향을 세계 최초로 조명한 환경보건 분야의 세계적인 석학으로, 생전 캘리포니아대학교 버클리 공중보건대학의 국제환경보건학 교수이자 인도의 청정대기정책 협력센터(Collaborative Clean Air Policy Center)의 소장이었다. 그는 1980년대부터 전통 조리 방식이 여성과 아동의 건강에 미치는 해악을 밝혀내고, 청정연료 보급과 오염 저감 정책의 과학적 근거를 마련해 수백만 명의 생명을 구하는 데 기여했다. 또한 UN IPCC 보고서 저자 및 노벨평화상 공동 수상자로 활약하며 기후 변화와 건강 사이의 연관성을 국제적으로 알렸으며, 후학 양성과 사회적 실천에 헌신한 연구자로 존경받았다.

제12장 에너지와 지구건강은 인류가 사용하는 다양한 에너지원이 건강, 환경, 기후에 미치는 영향을 다루며, 에너지 전환의 필요성과 앞으로의 인류

에게 주어진 과제에 대해 역설한다. 특히, 전통적인 바이오매스와 화석연료는 공기오염, 온실가스 배출, 직업적 위험, 생태계 파괴 등을 유발하며, 심각한 건강 부담을 주므로 청정한 가정용 에너지로의 전환에 대해 강조하고 있다. 이 장에서 저자들은 지구건강을 장기적으로 보호하기 위한 다양한 해결책과 고려 사항들을 제시하고 있다. 태양광, 풍력, 수력 등의 재생가능 에너지는 전반적으로 건강과 환경에 유익하지만, 에너지 저장 문제, 자원 채굴, 폐기물 관리 등 새로운 도전이 존재하며, 바이오연료는 기후 대응에 잠재력이 있으나 식량과의 경쟁, 토지 이용 변화 등 복잡한 문제를 수반한다. 이러한 배경 속에서 에너지 효율 향상, 스마트 그리드, 배터리 기술, 탄소 포집 등은 청정하고 지속가능한 미래를 위한 또 다른 전략이며, 이를 실현하기 위해서는 전 지구적 협력과 강력한 정치적 의지가 필요함을 강조하고 있다.

한국 역시 기후변화와 글로벌 경제·산업 구조 변화에 대응하기 위해 에너지 전환의 중요성을 인식하고, 2050년 탄소중립 목표를 선언한 뒤 다양한 정책을 추진해 오고 있다. 그러나 이러한 노력에도 불구하고, 2023년 기준 재생에너지가 전체 전력 생산에서 차지하는 비중은 약 9.6%로, OECD 평균 33.5%, 아시아 평균 26.73%에 비해 여전히 낮은 수준에 머물러 있다. 에너지 전환은 국가 차원의 산업 구조 변화와 장기적인 노력이 요구되는 쉽지 않은 과제이지만, 동시에 기후 위기를 미래 산업 경쟁력 강화로 연결할 수 있는 전략적 기회이기도 하다. 국가 차원에서 기후변화에 대한 국민 인식을 높이고, 기업과 정부의 적극적인 투자와 정책적 지원을 통해 재생에너지 산업을 육성함으로써, 한국이 이 분야의 선도국으로 자리매김하고 기후 대응과 지속가능한 성장이라는 두 가지 목표를 모두 달성하길 기대한다.

第13장 도시와 지구건강 김형태

이 장은 도시 환경, 사회적 불평등, 건강 간의 복잡한 연관성을 연구해 온

6명의 전문가들인 아나 V. 디에즈 루, 아드리아나 라인, 이리나 드로노바, 다니엘 로드리게스, 로지 매 헨슨, 올가 L. 사르미엔토가 공동집필했다. 아나는 드렉셀대학교 도른사이프 보건대학원의 학장이자 전염병학 석좌교수로, 도시 지역의 건강과 불평등 문제를 연구하고 있으며, 아드리아나는 워싱턴대학교 법학대학원의 법학박사 과정 연구원으로 사회정책과 건강 관련 법률에 주목하고 있다. 이리나는 캘리포니아대학교 버클리 조경 및 환경계획학과의 조교수로서 지리정보시스템과 원격 감지 기법을 활용해 도시 경관 변화를 분석하고, 다니엘은 캘리포니아대학교 버클리 도시 및 지역 계획학과의 총장 교수이자 교통연구소 부소장으로 건축 환경과 교통이 건강에 미치는 영향을 연구하고 있다. 로지는 드렉셀대학교 도른사이프 보건대학원 도시보건협력연구소의 박사과정 연구원으로 도시 건강 불평등 해소를 위한 정책적 접근을 모색하고 있으며, 올가는 콜롬비아 안데스대학교 의과대학 교수로 지역사회 기반 건강 행동 증진 전략을 개발하고 있다.

이 장은 지구건강 관점에서 도시화가 인간 건강과 지구환경에 미치는 상호작용을 설명하고, 지속가능한 도시 설계와 정책적 대응 방향을 논의한다. 도시는 경제 발전과 문화적 중심지로서 긍정적 기능을 수행하지만, 동시에 생물다양성 소실, 공기오염, 기후변화, 수자원 고갈, 폐기물 증가 등 다양한 환경 문제와 건강 불평등을 초래할 수 있다. 기존의 도시 개발은 경제성과 인프라 확충에 치중해왔으나, 건강과 환경을 통합적으로 고려하는 다분야적 접근이 요구된다. 이 장은 토지이용 변화, 교통 체계, 에너지 소비, 수자원 관리, 식품 시스템 등 도시공간의 다양한 요소들이 건강과 환경에 어떻게 영향을 미치는지를 다루고 있다. 예를 들어 도시 열섬 현상은 폭염을 심화시켜 온열질환의 위험을 증가시키고, 도시 확장은 생물다양성 파괴와 더불어 홍수 및 수인성 질병 위험을 높이며, 교통 중심 도시계획은 신체활동 감소, 공기오염 증가로 인한 호흡기 및 심혈관 질환 부담을 초래한다. 코펜하겐, 쿠리치바, 파리 등의 사례를 통해 대중교통 중심 개발, 녹지 확대, 도시 농업 등 건강과 환경을 동시에 고려한 실천 전략을 소개하며, 이러한 전략이 공동 편익을 창출할 수 있음을 강조한다. 결론적으로, 지구건강 관점에서 도시화의 부정적 영향을 최소화하고 지속가능한 미래를 구축하기 위해서는 시민참여, 형평성 강화, 다양한 이해관계자의 협력, 공간 기반 통합 정책이 필수적임을 제시하고 있다.

한국은 전국 도시화율이 90%를 넘어, 도시 환경이 한국인의 건강과 직결된다는 말이 결코 과장이 아니다. 이 장에서 논의된 도시와 지구건강 간의 밀접한 상호관계와 정책적 제안들은, 보다 건강한 대한민국의 미래를 설계하는 데 중요한 시사점을 제공한다. 현실적으로 국내 도시들은 농촌에 비해 의료 인프라와 서비스 수준이 높다는 것이 통설이다. 그러나 우리가 매일을 살아가는 도시라는 공간이 인간과 생태계의 건강을 지속적으로 위협한다면, 누구도 건강한 삶을 지속적으로 영위할 수 없다. 이처럼 도시 내 건강은 전통적인 보건·의료 분야 관계자들만의 전유물이 아니다. 보건 이외 분야의 역할 역시 매우 중요하다. 이 장에서 강조했듯이, 도시는 주거, 에너지, 폐기물 관리, 식수와 위생, 교통, 식품 체계 등 건강에 직·간접적으로 영향을 미치는 다양한 요소들이 복합적으로 얽혀 있는 공간이다. 다시 말해, 도시는 사회적, 경제적, 상업적, 환경적 보건 결정 요인들이 모두 교차하는 장소라 할 수 있다. 따라서 도시 내 건강을 증진하기 위해서는 민관, 시민사회, 학계 등 다양한 이해관계자들이(multi-stakeholder), 도시를 구성하는 여러 분야에 걸쳐(multi-sector), 국가와 지역을 아우르는 모든 수준에서(multi-level) 협력하는 통합적 도시건강(urban health) 접근이 필수적이다.

도시건강과 관련한 논의는 우리나라에서도 활발히 진행되고 있으며, 최근 몇 년 사이 괄목할 만한 성과를 이루어냈다. 2006년에는 지방자치단체들이 모여 '대한민국건강도시협의회'를 발족하여 도시민의 건강 증진과 삶의 질 향상을 위해 노력해 왔으며, 2022년에는 도시건강과 관련한 다학제적 연구와 학술 활동을 목적으로 '도시건강학회'가 설립되었다. 이어 2023년에는 국가와 지방자치단체가 건강도시 조성을 의무화하는 내용을 담은 '국민건강증진법'이 개정·시행되었다. 아울러 다양한 분야의 이해관계자들이 모이는 포럼으로서, 2023년 서울에서 '월드헬스시티포럼(World Health City Forum)'이 개최되어 도시화와 지구건강에 대한 심도 있는 논의가 있었다.

이번 번역서의 해당 장이 다양한 분야의 관계자들에게 도시건강과 지구건강 담론에 대한 깊은 관심을 불러일으키고, 향후 관련 논의에 보다 적극적으로 참여하는 계기가 되기를 기대한다. 아울러 도시건강과 지구건강이라는 불가분의 주제가 상호 보완적이고 호혜적인 방향으로 지속적으로 발전해 나가기를 기원한다.

제14장 독성물질 노출 관리 정해관

이 장의 저자인 필립 J. 란드리겐은 소아과 의사이자 역학자로, 납중독과 환경보건의 선구자이며 현재 보스턴칼리지 교수로 활동 중이다. 미국 의학학술원 회원이기도 하며, 랜싯 오염과 건강 위원회의 공동위원장을 역임했다. 공저자인 테렌스 J. 콜린스는 카네기멜론대학교의 녹색화학 교수로, TAML 촉매 개발을 통해 수질정화와 지속가능한 화학에 기여했다. 200편 이상의 논문과 600회 이상의 대중 강연을 진행했다. 다른 공저자인 존 피터슨 마이어스는 환경보건과학 재단 이사장으로, 『우리의 도둑맞은 미래』 공동 저자이며 내분비교란물질 연구와 정책적 개입에 중요한 기여를 해왔다.

현대 화학산업은 산업혁명 시기부터 급속히 발달하여 오늘날 14만 종 이상의 화학물질이 상업적으로 사용되고 있으며, 이는 식품, 건축, 전자기기, 의약품 등 일상생활 전반에 걸쳐 활용되고 있다. 이러한 화학물질의 도입은 수인성 질병의 예방, 감염병 치료, 에너지 생산 등 인류 건강과 문명에 크게 기여했으나, 그 부작용으로 광범위한 환경오염과 건강 문제를 야기하고 있다. 대표적 문제는 잔류성 유기오염물질(POPs), 내분비교란물질(EDCs), 미세플라스틱 등의 생물농축, 혼합물 독성, 저용량에서도 발현되는 비선형 독성 반응 등이다. 이로 인해 해양 식물플랑크톤부터 산호초, 곤충, 조류, 담수어류,

극지방 해양포유류, 인간에 이르기까지 생물계 전반에 영향을 미치며, 심지어 DNA 손상, 생식력 저하, 면역기능 저하 등 치명적인 결과를 초래한다. 특히 산호초에 포함된 옥시벤존, 네오니코티노이드 살충제에 의한 꿀벌 감소, 합성 에스트로겐에 의한 어류 개체 수 급감은 생태계 붕괴와 인간 건강에 경고를 보낸다.

또한 직업적 노출은 방광암, 백혈병, 석면 관련 암 등 산업계 노동자에게 명백한 위협이 되고, 어린이와 태아는 발달 시기 노출로 인해 지능 저하, 신경 발달 장애 등 장기적 피해를 입을 수 있다. 저소득국가에서는 석면, 납, 수은, 전자폐기물 등의 불법적 처리와 재활용 과정에서 지역사회 전체가 오염에 노출된다.

이러한 문제에도 불구하고 대다수 화학물질은 시판 전 독성 평가가 없거나 부실하며, 규제 기관의 시험도 대부분 고용량 기준에 머물러 있어 내분비 교란 등 저용량 독성을 반영하지 못한다. 이에 따라 저자들은 새로운 정책 패러다임을 제안한다. 기존 화학물질의 전수 독성 검토, 저용량 효과 반영 시험 설계, 시판 후 감시체계, 오염자 부담 원칙, 투명한 정보 공개와 알권리 보장, 그리고 녹색화학을 핵심으로 하는 정책 전환이 필요하다.

녹색화학은 설계 단계부터 유해성과 잔류성을 최소화하고, 재생 가능 자원 사용, 생물분해 가능성, 오염 예방까지 고려한 기술적 접근이다. 이는 단순한 기술 혁신이 아니라 사회문화적 전환을 요구하며, 화학자와 보건 전문가, 정책가 간의 협력이 필수적이다. 공공정책은 생산-소비-배출이라는 물질 흐름 전반에서 지속가능성을 확보해야 하며, 이를 통해 건강과 환경 재앙을 예방하고 지속가능한 문명을 유지할 수 있다.

　국내에서는 2011년 가습기살균제에 의한 건강피해가 밝혀지면서 현재까지 8000명이 넘는 피해자와 1900여 명에 달하는 사망자가 보고되면서 화학물질관리에 대한 패러다임 변화의 필요성이 대두되었다. 화학물질관리 및 등록에 관한 법령과 아울러 살생물제법 등의 법령을 통하여 화학물질의 유입을 관리하고 있으나 한편 가습기살균제 피해와 같이 기존 알려지지 않은 새로운 건강영향의 발현을 조기에 발견하기 위한 '원인미상 건강위해사건'에 대한 국가 및 지방차원의 감시 및 체계적 관리도 필요하다.

제15장 지구건강을 위한 새로운 경제학 이동우

이 장의 저자 윌 에비슨과 샘 비커스테스는 각각 경제 정책 및 기후/개발 정책 분야의 전문가이다. 흔히 지구건강적 관점 또는 생태학적 관점에서 접근을 하는 이들에게 경제적 관점을 얘기하려고 하면 우선 반감부터 드는 이들이 있을 법도 하다. 하지만 저자들은 경제적 관점을 갖추고 이러한 문제를 들여다보는 것이 매우 기본적인 접근 도구이자 동시에 중요한 요소임을 역설하면서, 결국 한정된 자원을 서로 나눠 써야 하는 우리 인류가 공존하기 위해서 경제적으로 사고하고 경제적 관점에서 이해관계를 조정하고 갈등을 풀어나가는 것이 매우 중요한 문제 해결의 실마리를 제공한다는 점을 역설한다.

이 장에서 저자들은 애덤 스미스의 '보이지 않는 손'으로 대표되는 고전적인 경제학 개념에서 출발하여 그러한 관점에서 그간 인류가 추구해 온 성장 위주의 정치경제체제 – 국내총생산(GDP) 위주로 측정되는 국가경제발전의 성과 – 가 빚어낸 문제점과 한계를 우선 지적한다. 해당 지표에 포함되지 않지만 인류의 웰빙에 중요한 눈에 보이지 않는 중요한 가치들에도 우리 인류의 삶을 영위하는 데 중요한 요소들이 깃들어 있음을 강조하면서 동시에, 이러한 요소들을 최대한 측정 가능하게 만들고, 이를 손에 잡히는 지표들을 형상화하는 것이 또 얼마나 중요한지를 강조하면서 이러한 노력들이 경제학 안에서도 어떻게 이루어져 왔는지에 대한 다양한 노력들을 대표적 사례들을 중심으로 소개해주고 있다.

저자들은 이 중, 지구건강의 목표를 인류 전체의 건강과 웰빙을 극대화한다는 가정하에 하나의 공식을 제시하고, 이를 완성하기 위해 필요한 각종 자료들을 어떻게 구성하고, 어떤 요소들을 어떻게 수집해야 하며, 어떻게 수치

화해야 하는지에 대한 나름의 생각들을 때론 포괄적으로 때론 구체적으로 제시하고 있다. 이러한 노력들은 아직까지 현재 진행형이기 때문에 아무래도 더 많은 연구와 노력들이 필요해 보이지만, 이러한 노력들이 경제학 분야에서도 분명히 가시적으로 이뤄지고 있으며, 또한 다양한 형태로 이뤄지고 있음을 저자들은 제시해 주고 있다. 실제 경제활동 영역에서의 움직임은 보다 가시적이다. 일례로 우리나라의 경우, 지난 수십 년간의 경제성장의 성과를 바탕으로 2000년대에 들어 지구환경과 함께 살아가는 건강한 삶에 대한 관심이 조금씩 커져가고 있다. 2008년, 한국 정부는 '저탄소 녹색성장'을 신성장동력으로 하자는 정책방향을 제시한 바가 있었고, 이를 통해 환경오염저감 외 신재생에너지 기술이나 에너지 효율화 기술 등에 대한 지원과 관심이 대폭 늘어났다. 또한 2012년엔 녹색기후기금(GCF)를 한국에 유치하는 등 국제적인 역할도 강화하고자 했다. 기업 현장에도 이른바 ESG경영 기조가 깃들면서 지구환경의 지속가능성을 경제활동 한가운데서 고민하는 물결도 일고 있다.

이 장에 있는 내용이 지구건강과 관련된 경제학의 모든 내용을 다 자세히 제시해 줄 수는 없겠지만, 지구건강과 관련된 경제 분야의 노력들을 폭넓고 개괄적으로 알아볼 수 있는 소중한 이정표가 될 수 있으리라는 점에 있어서는 믿어 의심치 않는다.

제16장 지구건강의 비즈니스: 경제이론에서 정책과 실행까지 신동호

이 장의 저자 윌 에비슨은 경제학과 지속 가능성 분야에서 탁월한 업적을 남긴 전문가로, 경제 정책과 환경 관리의 교차점에서 선구적인 역할을 해왔다. 세계적인 회계법인 PwC UK의 디렉터로서, 그는 자연 자본 회계의 새로운 지평을 연 Kering의 환경 손익(EP&L) 계산 방법론 개발에 중추적인 기여를 했다. 이 혁신적인 접근법은 기업의 환경 영향을 정량화하고 이를 비즈니스 의사결정에 통합하는 데 초점을 맞추며, 에비슨은 이를 통해 글로벌 기업들이 지속 가능성을 핵심 전략으로 삼도록 이끌어왔다. 그의 작업은 복잡한 환경 데이터를 비즈니스 리더들이 이해하고 실행할 수 있는 언어로 변환하는 데 탁월하며, 이는 그를 지구건강 운동의 선도적 인물로 자리 잡게 했다. 에비슨은 학문적 엄밀함과 실무적 통찰을 결합하여, 기업과 정부가 기후변화, 생물 다양성 손실, 자원 고갈과 같은 문제를 해결할 수 있는 실질적인 경제 프레임워크를 제시한다. 이 책에서 그는 이러한 풍부한 경험을 바탕으로, 지구건강을 위한 경제 이론의 적용과 비즈니스 모델의 혁신을 심도 있게 탐구하고 있다.

이 장의 또 한 명의 저자인 샘 비커스테스는 기후 및 개발 정책 분야에서 세계적으로 인정받는 리더로, 국제 협력과 정책 혁신을 통해 지속 가능한 발전을 추구해 온 인물이다. 기후 및 개발 지식 네트워크(CDKN)의 전 최고경영자로서, 그는 개발도상국과 선진국 정부, 그리고 기업들이 기후 회복력과 지속 가능성을 경제 및 사회 계획에 통합하도록 지원하는 데 주력해 왔다. 비커스테스는 특히 국경을 초월하는 환경 문제 – 예를 들어, 기후변화, 공기오염, 생태계 보존 – 에 대응하기 위해 다자간 거버넌스의 중요성을 강조하며, 이를 실현하기 위한 실용적인 정책 솔루션을 개발해 왔다. 그의 경력은 유엔기후변화협약(UNFCCC)과 같은 국제 프로세스에서 협상과 협력을 이끈 경험, 그리고 지역 및 글로벌 차원의 이해관계자들과의 협업을 포함하고 있다. 비커스테스의 접근법은 이상적인 비전과 현실적인 실행 가능성을 균형 있게 결합한 것으로, 이는 이 책에서 지구건강을 위한 글로벌 거버넌스와 정책 설계에 대한 그의 통찰에 잘 드러나고 있다. 그는 환경과 인간 복지의 상호작용을 강조하며, 장기적인 관점에서 경제와 사회 시스템을 재구성할 필요성을 역설한다.

에비슨과 비커스테스는 각자의 전문성을 바탕으로 경제 이론, 정책 설계, 비즈니스 혁신을 융합하여 지구건강의 실현 가능성을 탐구하고 있다. 이들의 공동 작업은 학문적 깊이와 실천적 통찰을 결합한 결과물로, 지속 가능한 미래를 위한 구체적인 로드맵을 제시하며 독자들에게 강력한 영감을 불러일으키고 있다. 본 번역자는 저자들이 제시하는 경제 시스템과 지구 및 인류 건강의 조화라는 비전에 깊은 공감을 표시하며, 이 장에 제시된 지구건강을 위한 경제정책 수단과 비즈니스 솔루션, 그리고 지구건강을 위해 기존 비즈니스 모델을 혁신한 사례들을 통해 한국에서도 지구건강을 고려한 보건환경정책과 비즈니스가 확산될 필요성을 다시 한번 느낄 수 있었다. 최근 보건과 환경 분야에서 다자주의가 위협받고 일방주의와 자국우선주의가 대두되는 우려스러운 국제적 흐름 속에서, 이 책이 한국 정부와 기업, 그리고 한국 사회 전반에 지속가능한 거버넌스와 비즈니스 실천에 대한 의미 있는 논의와 실천을 불러일으키는 계기가 되기를 바란다. 나아가 이러한 움직임이 한국을 넘어 동아시아와 전 세계로 확산되어 지구건강과 다자협력의 중요성을 다시금 일깨우는 전환점이 되기를 희망한다.

제17장 지구건강 윤리 하솔잎

이 장은 알렉산더 포스터, 제니퍼 콜, 이비카 페트리코바, 앤드루 팔로, 하워드 프럼킨 등 다양한 학문적 배경을 가진 지구건강 전문가들이 공동 집필했다. 포스터는 지속가능성 윤리와 생물다양성 정책에 정통한 연구자이며, 콜은 기후안보와 생물사회학을 접목한 글로벌 건강정책 전문가이다. 페트리코바는 개발협력과 환경정치의 교차지점에서 활동해 온 정치경제학자이고, 팔로는 공중보건 재정과 보건경제학을 통해 보건 불평등 문제에 접근해 왔다. 프럼킨은 지구건강 개념을 대중화한 환경보건학의 권위자로, 미국 질병통제예방센터(CDC)에서도 주요 보직을 역임했다. 이들은 생명윤리, 환경정책, 보건경제, 개발협력, 국제보건 등 다학제적 통합을 통해, 지구 시스템과 인간 사회 간의 윤리적 관계를 재정의하고 이를 공공정책과 교육, 사회 실천에 반영할 수 있는 구체적 기준을 제시한다.

제17장 "지구건강 윤리"는 인간 건강과 지구 생태계가 불가분의 관계에 있다는 인식을 바탕으로, 기존 생명윤리와 환경윤리를 넘어선 윤리적 패러다

임을 제안한다. 인류세(Anthropocene)라는 역사적·지질학적 전환기 속에서 우리는 기후위기와 생태계 붕괴, 자원 불평등이 연결된 윤리적 위기인 '완벽한 도덕적 폭풍(perfect moral storm)'을 맞이하고 있으며, 이에 대응하기 위한 새로운 윤리 체계가 절실하다는 문제의식을 담고 있다.

이 장에서 강조하는 다섯 가지 핵심 원칙은 다음과 같다:

① 세대 간 책임: 미래 세대의 건강과 환경을 고려한 윤리적 책임
② 비인간 존재의 권리: 생태계와 비인간 생명의 내재적·관계적 가치 인정
③ 분배 정의: 환경과 건강의 위기가 사회적 약자에게 집중된다는 구조적 불평등 인식
④ 사전예방 원칙: 불확실성 속에서도 예방을 우선시하는 책임 있는 선택
⑤ 알 권리: 보건·환경 결정 과정에서의 정보 접근성과 민주적 참여 보장.

지구건강 윤리는 단지 철학적 선언이 아니라 정책, 법, 교육, 시민 실천에 통합되어야 할 윤리적 프레임워크로 제안되며, 기후위기와 생태 붕괴, 자원 불평등이 교차하는 세계에서 공중보건의 재정립을 촉구한다.

지구건강 윤리는 현재 한국 사회가 직면한 복합적 위기 — 기후변화, 건강 불평등, 생태계 훼손 — 에 대응할 윤리적 나침반이 된다. 기후위기로 인한 폭염, 미세먼지, 도시 열섬, 감염병 확산 등은 특히 노인, 아동, 이주민, 저소득층 등 취약계층에게 불균형하게 영향을 미치고 있으며, 이는 단순한 환경 문제가 아닌 명백한 건강 불평등의 문제이자 윤리적 과제이다.

번역자의 시선에서 이 장은 한국 사회가 보건정책의 영역을 넘어 인간과 비인간, 현재와 미래를 아우르는 윤리적 전환을 시작해야 함을 강조한다. 이는 '지구를 살리는 건강', '공평함을 기반으로 한 회복력 있는 사회'라는 새로운 건강 정의를 구성하는 일이다. 앞으로 한국의 보건정책과 국제개발협력은 기후정의, 생태적 책임, 세대 간 형평성을 통합적으로 고려해야 하며, 교육과 시민 참여를 통해 '지구건강 시민성'을 키우는 장기 전략이 필요하다. 이 장이 그 변화의 사유 틀과 실천의 방향성을 제시할 수 있기를 기대한다.

제18장 지구건강을 위한 밝은 미래 김록호

이 장의 공동 저자인 새뮤얼 마이어스 박사는 지구건강연맹(Planetary Health Alliance)의 책임자로서 기후와 생태계 변화가 인류 건강에 미치는 영향을 연구해왔다. 하워드 프럼킨 박사는 워싱턴대학교 보건대학원의 전 학장으로서 지구건강의 학술적 정립에 중추적 기여를 해왔다.

이 장은『지구건강』의 대미를 장식하는 장으로, 인류가 맞이한 문명의 갈림길에서 우리가 어떤 미래를 선택할 것인지를 묻는다. 저자들은 파국적 생태 붕괴 시나리오를 넘어서, 실현 가능한 희망의 미래를 구체적인 정책과 사회적 상상력으로 제시한다. 인구 안정, 식량 시스템 전환, 재생에너지 확산, 건강도시 설계, 생물다양성 보존, 기업의 윤리적 재편, 그리고 GDP를 넘어서는 경제 패러다임의 전환 등은, 모두 지구와 인류의 동시적 번영을 가능하게 할 실천적 비전이다. 특히 저자들은 기술의 발전만이 아니라, 공유된 가치, 과학의 역할, 영적 유대, 시민 행동, 그리고 미래에 대한 '공유된 비전'이 지구건강의 전환을 촉진할 열쇠임을 강조한다. 툰베리의 외침처럼 "지금 여기서" 선을 긋고 행동하지 않으면, 우리의 선택이 결국 미래 세대의 고통으로 이어질 수 있다는 통찰이 이 장의 긴장과 희망을 함께 이끌어간다.

이러한 메시지는 한국 사회에도 깊은 울림을 준다. 빠른 산업화와 도시화, 높은 에너지 소비, 심각한 불평등, 기후재난의 일상화 등은 한국이 지구건강의 핵심 과제들을 고스란히 안고 있음을 보여준다. 특히 인구 감소가 본격화되고 있는 한국은 제18장에서 강조한 "인구 구조의 전환을 기회로 삼아 생태적 발자국을 줄이고 삶의 질을 높이는" 전략적 선택이 절실하다 할 것이다. 또한 서울을 비롯한 대도시들은 단순한 인프라 확장이 아닌 기후 회복력, 정신건강, 공동체성, 녹지 접근성을 통합한 도시 설계로 전환해야 하며, 이것이 바로 지구건강의 대전환을 통해 국민건강을 지키는 길이 될 것이다. 그런 면에서 이 장은 한국이 더 건강하고 더 지속가능하며 더 정의로운 사회로 나아가기 위해 필요한 지구건강의 철학과 이정표를 제공한다.

한국어판 서문

우리가 『지구건강: 자연과 인간이 함께 잘 사는 길』을 처음 구상했을 때, 이 책이 위기에 처한 세상을 위한 과학적 통합서이자 행동 촉구서가 되기를 바랐다. 지구건강의 핵심은 인간의 건강과 지구 생태계의 상태가 떼려야 뗄 수 없이 연결되어 있다는 인식이다. 기후변화, 생물다양성의 소실, 공기와 물의 오염 등 빠르게 진행되는 환경 변화는 더 이상 먼 미래의 생태적 위협이 아니라, 지금 이 순간 벌어지고 있는 공중보건 비상사태다. 전 세계 곳곳에서 산불, 홍수, 초강력 폭풍이 잇따르며 막대한 인명 피해와 생계 손실, 정신건강 위기를 낳고 있다. 이런 재난들은 인간 건강과 환경 간의 연관성을 비극적으로 명료하게 드러내고 있다.

이러한 상황에, 한국의 연구자, 실천가들로 구성된 헌신적인 공동체에 의해 이 책의 한국어판이 출간되는 것은 매우 반가운 일이다. 한국은 지구건강 운동에 있어 특별한 의미를 지닌다. 불과 몇 세대 만에 식민 피지배와 빈곤을 극복하고 세계적인 경제·기술 강국으로 도약한 한국은, 인류세가 던지는 기회와 도전을 동시에 상징하는 나라다. 식민 피지배의 역사적 경험은 한국의 학자들에게 지구건강의 탈식민화 — 즉, 유럽 중심의 지식 체계를 넘어 다양한 세계관과 가치, 자연과의 관계성을 존중하는 운동 — 에 고유한 통찰을 제공한다. 나아가 인류가 살아갈 수 있는 미래를 보장하려면, 식량·에너지·교통·제조 시스템과 도시 설계 및 운영 방식 전반에서 '대전환(Great Transition)'이라 불리는 빠른 변화가 필요한데, 이처럼 급격한 사회 전환을 그 어느 나라보다 성공적으로 경험한 한국은, 건강, 형평, 웰빙을 증진하면서 동시에 자연 생태계를 보호하고 회복시키는 새로운 전환의 길을 이끄는 데 핵심적인 역할을 할 수 있다.

책이 처음 출간된 이후, 지구건강은 하나의 개념적 틀을 넘어 전 세계적인 실천 운동으로 성장해 왔다. 현재 존스홉킨스대학교에서 운영 중인 지구건강연맹(PHA)은 80여 개국 530개 이상의 기관들이 참여하는 글로벌 네트워크로 자리 잡았다. 이 연맹은 학제 간 연구, 정규 교육과정, 시민사회 참여, 정책 실천 등을 세계 곳곳에서 촉진하는 데 큰 역할을 해왔다. 특히, 청년 기후 운동가, 일선 보건인력, 원주민 지식 보유자, 공공정책 혁신가 등 새로운 세대의 리더들이 정의롭고 회복력 있는 지속가능한 미래를 만들어가기 위해 힘을 모으고 있다.

무엇보다도, 한국이 지구건강 운동에 점차 활발히 참여하고 있다는 사실이 매우 고무적이다. 2025년, 연세대학교는 지구건강연구소를 설립하며 국내 지구건강 교육과 연구에 새로운 이정표를 세웠다. 또한 지구건강적 사고방식은 이제 한국의 대표적인 공공보건 정책 집행의 하나인 '건강도시' 운동과도 결합되고 있다. 세계에서 가장 도시화된 국가 중 하나인 한국은 지역 차원에서 지속가능성과 건강 회복력, 기후 형평성을 통합적으로 실현할 수 있는 '지구건강 도시' 모델을 통해 큰 변화를 일으킬 수 있다. 이런 지역 기반의 실천이야말로 지구건강의 비전을 사람과 생태계 모두를 위한 구체적 결과로 이어주는 핵심 경로다.

최근 한국은 민주주의의 회복력 또한 인상적으로 보여주었다. 2024년 말부터 2025년 초까지 진행된 평화롭고 참여적인 정권교체는 헌법에 기반한 민주적 제도가 견고하게 작동하고 있음을 확인시켜 주었다. 특히, 2025년 6월에 출범한 새 정부는 기후 대응을 국가적 최우선 과제로 설정했고, 그 일환으로 기후에너지를 담당하는 중앙부처를 신설 또는 개편하겠다고 선언했다고 들었다. 이러한 대담한 기구 개편은 생태·보건 위기에 대한 국민적 공감대를 반영하는 체계적인 변화를 위한 주춧돌이다. 이는 지구건강이 과학적 근거, 시민적 가치, 정치적 의지를 하나로 묶어주는 통합적 의제로 기능할 수 있음을 보여준다.

이 책은 학생, 전문가, 정책결정자, 그리고 모든 시민들에게 복잡한 세상을 체계적으로 이해하고 용기 있게 행동할 것을 제안한다. 지구건강은 단지 한 과학 분야에 그치지 않는다. 그것은 윤리적 책무이자 복잡성을 이해하는 관점이며, 지구를 치유함으로써 우리 스스로를 치유하겠다는 희망의 비전이다. 지금 우리는 중대한 갈림길에 서 있다. 현재의 경로는 인류와 지구 생명체 모두에게 지속가능한 미래를 보장하지 못한다. 인류는 생태 발자국을 줄이고 생명 유지 시스템을 회복시킬 수 있는 과학적 지식과 기술적 수단을 이미 충분히 갖추고 있다. 이제 필요한 것은 집단적 정치적 의지다. 우리는 한국의 학자, 지역 리더, 시민들이 이 공동 비전을 실현하는 데 중심적 역할을 할 것이라 믿는다. 전 세계 지구건강 공동체는 한국 독자들을 따뜻하게 환영한다.

이 책의 한국어판이 세상에 나올 수 있도록 헌신해 준 모든 이들에게 깊은 감사의 마음을 전한다. 지난 2년간 뛰어난 번역자, 감수자, 편집자들이 과학적 내용을 정확히 전달하면서도 한국 사회에 적합한 맥락을 반영해, 이 책을 명료하고 풍부하게 번역해 주었다. 이 번역은 단순한 언어 변환이 아니라, 개념적·실천적 전환이기도 하다.

특히 김록호 박사와 공인식 박사는 번역·감수와 편집 전 과정을 통찰력 있게 조율해 주었다. 초기 단계에서 함께 고민해 준 '지구건강 책읽기 공부모임'의 여러 구성원들, 각 장을 정성껏 검토해 준 전문가들에게도 감사하다. 조수임 팀장과 한울엠플러스의 전문적인 지원 또한 이 책의 출간에 있어 결정적이었다. 무엇보다도, 이 책의 인세 전액을 한국 및 국제 지구건강 활동에 기부하기로 한 한국 편집진의 결단은 이 운동이 지향하는 핵심 가치 — 연대, 책임, 긴급성, 희망 — 을 감동적으로 보여준다.

2025년 7월
『지구건강: 자연과 인간이 함께 잘 사는 길』 공동 편집자
새뮤얼 마이어스 & 하워드 프럼킨

서문
코로나19에 대한 주석

2019년 말 쯤, 이 책이 최종 교정 단계에 있을 때, 세상에서 가장 작은 생명체인 바이러스의 변종인 SARS-CoV-2가 인간 세계를 무릎 꿇게 했다. 돌연변이는 이 RNA 바이러스가 일차 숙주에서 인구 집단에게 옮겨갈 수 있게 하여, 거기서부터 빠르게 생명을 빼앗고 생활을 파괴했으며 이 글을 쓰는 동안에도 계속 진행되고 있다. 이 책은 코로나19 팬데믹 이전에 쓰였지만, 다루는 주제들은 그 어느 때보다도 시의적절하다. 사실, 다음 세 가지 까닭에서 코로나19는 전형적인 지구건강 이야기다. 첫째, 바이러스의 기원은 우리 인간의 자연 및 야생동물과의 상호작용, 우리의 식품 시스템, 인구 및 기술의 변화와 관련이 있다. 둘째, 팬데믹에 대항하면서 우리가 배운 것은 시스템 사고의 중요성, 집단행동의 필요성, 그리고 신속한 전 세계적 행동 변화의 가능성이다. 셋째, 전 세계적인 멈춤의 시간은 새로운 항로를 찾을 수 있는 전례 없는 기회를 제시한다.

이 책의 마지막에 있는 후기에서는 지구건강 문제의 사례로서 코로나19 팬데믹을 살펴보며 팬데믹이 이 책을 관통하는 많은 주제들을 얼마나 잘 보여주고 있는지를 강조한다. 만약 팬데믹의 사건들을 지구건강의 맥락에서 바로 이해하고 싶다면, 먼저 후기를 읽고 나서 처음으로 돌아오도록 권한다. 그렇지 않다면, 후기는 이 책이 다루는 많은 주제들을 요약하고 우리가 처해 있는 이 비상한 순간을 이해할 수 있도록 마지막에 읽는 것이 가장 좋다. 어느 쪽이든, 우리는 이 격동의 시기에 당신이 건강과 위안을 찾기를 바란다.

새뮤얼 마이어스와 하워드 프럼킨

감사의 글

많은 책에서 감사의 글은 전문가 동료들에게 감사를 표하는 것으로 시작해 저자나 편집자의 배우자로 끝나는 경우가 대부분입니다. 우리는 이 관례를 뒤집고자 합니다. 켈시(Kelsey, Sam)와 조앤(Joanne, Howie) 이 두 명에게 감사를 표합니다. 우리는 크레스티드 뷰트(Crested Butte)에서의 첫 번째 긴 회의(가족 휴가 중에 시간을 할애함)부터 이후 많은 저녁과 주말 동안 이 책을 작업하면서 지원해 준 그들의 도움에 대해 말로 다 할 수 없을 만큼 고마움을 표합니다. 더, 우리의 인생 여정에서 그들의 동지로서의 지지와 사랑에 감사드립니다. 켈시는 기후활동가이며, 조앤은 국제보건 저널리스트로서 두 명 모두 뚜렷한 가치관을 지니고 헌신적이며, 탁월한 역량과 따뜻한 마음을 가진 여성들입니다. 우리 두 사람은 그 곁에 함께할 수 있어 큰 행운이라 생각하며 이 사실을 잘 알고 있습니다.

우리 둘 다 의학과 보건학을 전공했지만, 지적 여정은 생태학에서 농학, 도시 및 교통 계획에서 지구과학에 이르기까지 멀리까지 이어졌습니다. 아무도 이러한 여정을 혼자서 할 수 없습니다. 수많은 친구들과 동료들이 우리를 가르치고 인도해 주었으며, 다양한 분야의 통찰력을 엮으면서 호사가가 되지 않도록 도와주었습니다. 여기에서 모든 분들의 이름을 거론할 수는 없지만, 여러분은 스스로 누군지 알겁니다. 물론, 이 책에 혹시 있을 수 있는 모든 오류에 대한 책임은 전적으로 우리에게 있습니다.

우리는 전 세계 구석구석에서 활기차고 빠르게 성장하는 네트워크인 지구건강 가족에게 감사드립니다. 다양한 배경, 학문, 기관 환경에서 온 우리는 사람과 지구를 보호하는 데 헌신하는 마음으로 하나가 되었습니다. 지구건강연맹(Planetary Health Alliance) 회의에서, 개인적인 대화에서, 그들의 논문을 읽으면서, 그들은 이 책에서 다루는 문제들에 대한 우리의 이해에 상당한 기여를 해주었습니다.

이 책의 장 저자들에게 감사드립니다. 우리는 일관된 비전과 목소리를 내기 위해 과도하게 간섭했던 편집자였습니다. 예외 없이, 저자들은 우리의 편집을 너그럽고 기꺼이 받아들였습니다. 그들은 각 장을 집필하는 데에 막대한 시간과 노력을 기울여 주었고, 우리는 그 성과를 진심으로 자랑스럽게 생각합니다. 모든 분들께 깊은 감사의 마음을 전합니다.

우리는 이 책이 발간되는 데 다양한 방식으로 도움을 준 보스턴 팀에게 감사드립니다. 하버드 T.H. 챈 보건대학원에서 지속가능성, 건강 및 국제 환경을 전공하는 대학원생인 엠마 폴락(Emma Pollack)은 이 책 작업을 제안하고, 교정에서 참고문헌 확인, 삽화 관리까지 필요한 모든 일을 해냈습니다. 지구건강연맹 팀의 아말리아 알마다(Amalia Almada), 페리 샤인바움(Perri Sheinbaum), 에리카 베이디스(Erika Veidis)와 맥스 짐버그(Max Zimberg)는 직간접적인 지원을 아끼지 않았습니다.

우리는 이 책 발간 준비를 위한 재정적 지원을 해준 윈슬로 재단(Winslow Foundation)과 책 작업하는 2년 동안 지구건강연맹(샘의 시간을 포함)을 지원해 준 록펠러 재단에게 감사드립니다.

우리는 아일랜드 프레스(Island Press)의 한결같이 좋은 사람들에게 감사드립니다. 설립된 지 35년 동안, "변화를 불러일으키는 해결책(Solutions that inspire change)"이라는 기치 아래 손꼽히는 환경 서적들을 출판해 온 이 비영리 출판사는 우리의 작업과정에 이 책 발간을 통해 그 저력을 고스란히 담아냈습니다. 그레첸 데일리·실비아 얼(Gretchen Daily and Sylvia Earle), 폴 에를리히·얀 게일(Paul Ehrlich and Jan Gehl), 하이메 러너·이안 맥하그(Jaime Lerner and Ian McHarg), 데이비드 오르 · E.O. 윌슨(David Orr and E.O. Wilson)과 같은 대가들과 같은 저자 명단에 있다는 것은 우리에게 큰 영광입니다. 데이비드 밀러(David Miller) 사장에게 찬사를 보내며, 우리의 편집자인

에밀리 터너(Emily Turner)에게 특별히 감사의 인사를 전합니다. 그녀는 판단력, 전문성, 헌신의 본보기였고, 동시에 저자나 편집자에게는 진중한 인내심을 지닌 편집자였습니다.

마지막으로 이 책을 읽을 학생들에게 감사드립니다. 우리는 여러분을 알지 못하지만, 이 책의 한줄 한줄은 여러분을 염두에 두고 쓰고 다듬어졌습니다. 이 책이 여러분의 호기심을 자극하고, 내면의 체계적 사고가 성장하며, 희망을 북돋고, 우리 지구를 치유하기 위해 나아가려는 여러분의 의지가 더욱 강해지길 바랍니다. 우리는 여러분이 필요합니다!

1부 기초

1. *지구건강 소개*
2. *지구건강이 있기까지: 미래의 역사*
3. *인구, 소비, 형평성 및 권리*
4. *변화하는 지구*

1 지구건강 소개*

새뮤얼 마이어스 · 하워드 프럼킨 지음
김록호 번역/ 하미나 감수

최고의 시절이었고, 최악의 시절이었다.
지혜의 시대였고, 어리석음의 시대였다. … 빛의 계절이었고,
어둠의 계절이었다. 희망의 봄이었고, 절망의 겨울이었다.

- 찰스 디킨스 『*두 도시 이야기*』

어느 모로 보나 인간이 살기에 이보다 더 좋은 시절은 없었다. 실제로 지난 70년 동안 전 세계 인간의 복지는 상상할 수 없을 정도로 향상되었다. 1940년부터 2015년까지 전 세계 성인의 문해율은 42%에서 86%로 두 배로 증가했다.[1] 1950년에는 16억 명이 극심한 빈곤상태에서 살았고 9억 2400만 명은 이 극심한 빈곤에서 벗어나 살았다. 2015년에는 극심한 빈곤상태에 처한 사람이 7억 3300만 명, 그렇지 않은 사람이 66억 명이었다.[2] 다시 말해, 65년 동안 세계인구가 거의 세 배로 증가했음에도 불구하고 극심한 빈곤상태에서 사는 사람의 비율은 63%에서 10%로 떨어졌다. 1950년 세계 평균 수명은 46세였으나 65년 후에는 72세였다.[3] 그리고 같은 기간 동안 아동 사망률은 1000명당 225명에서 45명으로 떨어졌다(**그림 1.1**).[4] 이는 인류 역사상 유례없는 성과들이다.

그러나 인간을 제외한 지구 생물권에게는, 적어도 인간이 지구를 걷기 시작한 이후부터는 최악의 시기일 수 있다. 2019년 3월 17일, 민부리고래 수컷

* 이 장은 새뮤얼 마이어스의 'Planetary health; protecting human health on a rapily changing planet. *Lancet* 2017'390(10114):2860-2868' 의 일부를 바탕으로 하고 있습니다.

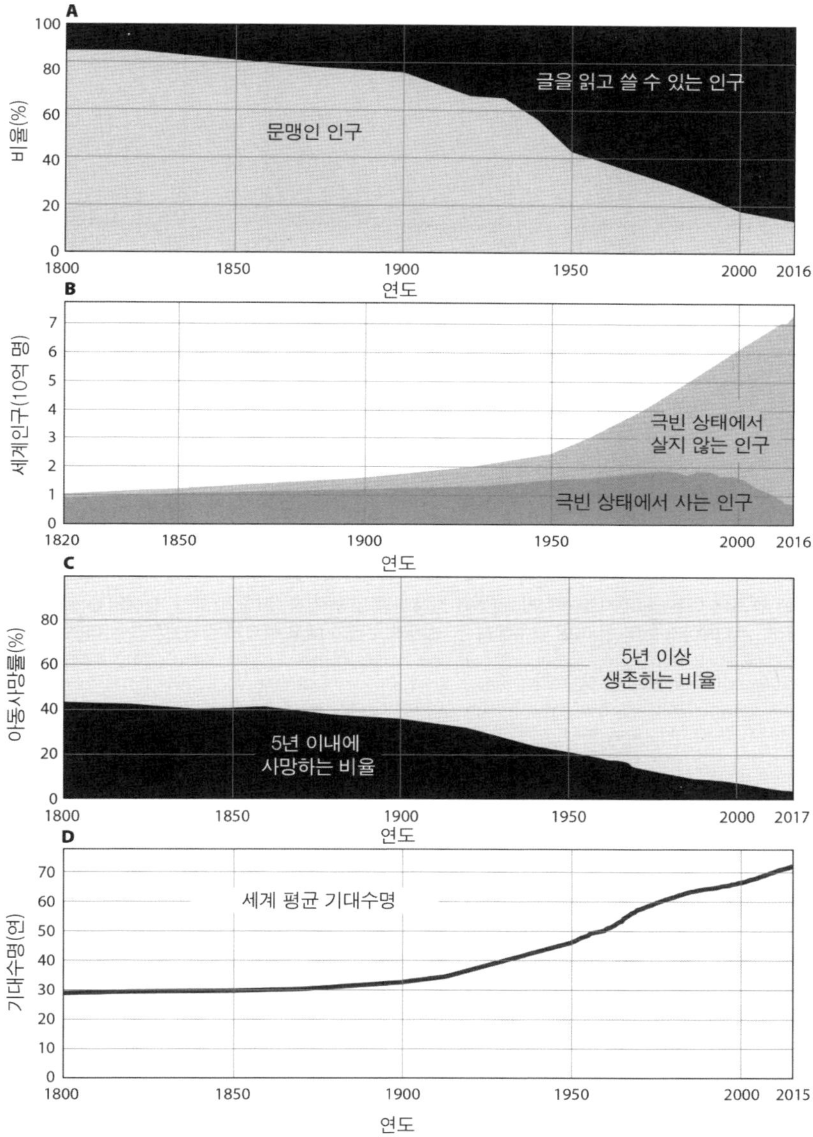

그림 1.1 시간 경과에 따른 인간 발전을 측정한 결과, 20세기 동안 (A) 문해력, (B) 부, (C) 아동 생존, (D) 기대수명에서 놀라운 개선이 이루어졌다.

Panel A: *Our World in Data*(https://ourworldindata.org/literacy), CC BY 4.0
Panel B: *Our World in Data*(https://ourworldindata.org/extreme-poverty), CC BY 4.0
Panel C: *Our World in Data*(https://ourworldindata.org/child-mortality), CC BY 4.0
Panel D: *Our World in Data*(https://ourworldindata.org/life-expectancy), CC BY 4.0

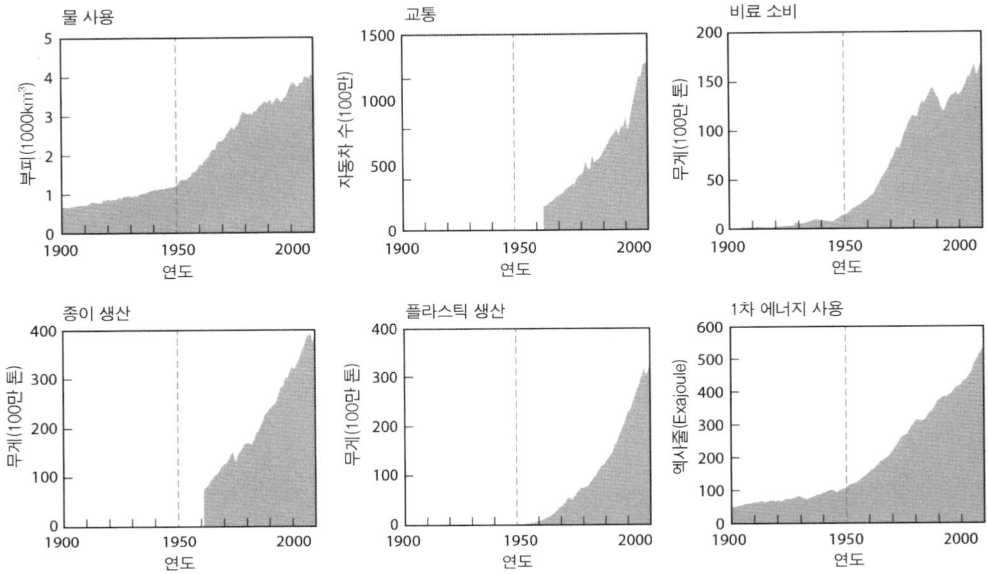

그림 1.2 시간 경과에 따른 소비 지표는 1950년부터 현재까지 담수 사용, 자동차 확산, 합성비료 생산 및 사용, 종이 및 플라스틱 생산, 1차 에너지 소비 등 여러 범주에서 전 세계의 소비가 매우 빠르게 증가했음을 보여준다.

자료: Myers SS. Planetary health: protecting human health on a rapidly changing planet. *Lancet.* 2017; 390(10114): 2860-2868. Data originally collected by Steffen W, Broadgate W, Deutsch L, Gaffney O, Ludwig C. The trajectory of the anthropocene: the great acceleration. *Anthropocene Rev.* 2015; 2:81-98; except global plastic production from Geyer R, Jambeck JR, Law KL. Production, use, and fate of all plastics ever made. *Sci Adv.* 2017; 3: e1700782.

한 마리가 죽은 채로 필리핀 해변에 밀려 왔다. 이 고래는 아직 다 자라지 않은 새끼였다. 과학자들은 거의 3000m 깊이까지 잠수할 수 있고 보통 60년까지 살 수 있는 이 놀라운 생물이 어떻게 죽었는지 궁금해하며 부검을 했다. 그들은 고래의 위와 장에서 약 40kg의 플라스틱 쓰레기를 발견했다. 2015년 기준으로, 192개 해안국가의 주민들은 매년 대략 800만 톤의 플라스틱 쓰레기를 전 세계 바다에 버리고 있다.[5]

인류를 빈곤에서 벗어나게 하고, 기대 수명을 늘리며, 한 세대도 채 되지 않는 시간 동안 유례없는 인류 발전의 성과를 이끌어낸 놀라운 과학 기술 발전은 인류의 생태발자국 또한 엄청나게 팽창시키고 있다. 빠른 인구 성장과 그보다도 더 가파른 1인당 소비의 증가는 자동차, 합성 비료, 종이, 플라스틱에서 물과 에너지 사용까지 인간이 생산하고 소비하는 모든 것에서 기하급수

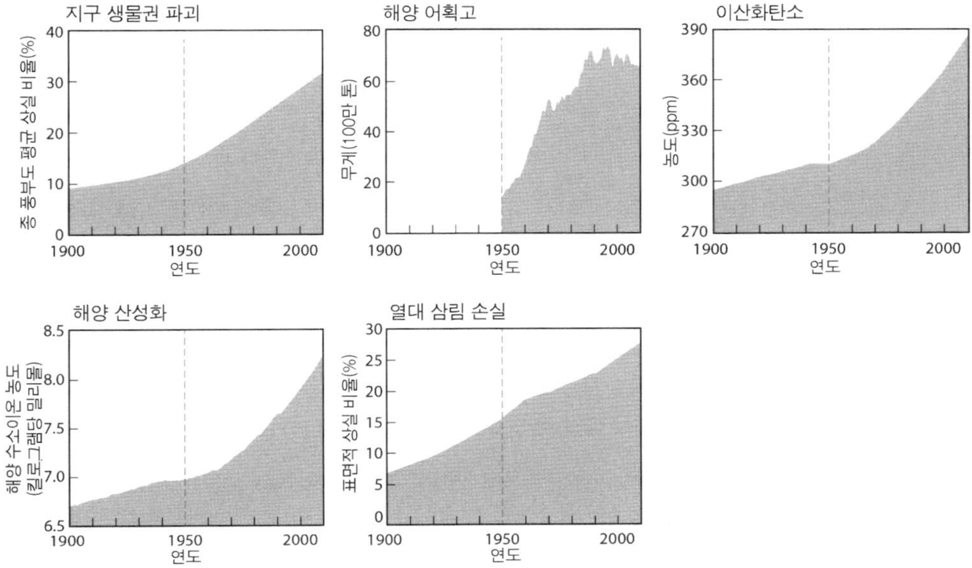

그림 1.3 지구 자연계에 대한 인간의 영향에 대한 지표는 1950년 이후 생물다양성 소실, 세계적인 과도한 어획, 대기 중 이산화탄소 증가, 해양 산성화, 열대 우림 손실 등 급속도로 심화되고 있는 것으로 나타났다.
자료: Myers SS. Planetary health: protecting human health on a rapidly changing planet. *Lancet*. 2017; 390(10114): 2860-2868. Data originally collected by Steffen W, Broadgate W, Deutsch L, Gaffney O, Ludwig C. The trajectory of the Anthropocene: the great acceleration. *Anthropocene Rev*. 2015; 2:81-98.

적인 성장을 이끌고 있다(**그림 1.2**).

이러한 인간의 소비가 폭발적으로 증가함으로 인해, 생물다양성 소실, 과도한 어획, 대기 중 이산화탄소 증가, 해양 산성화, 열대우림 손실 등 지구의 자연계에 미치는 영향을 측정한 결과, 1950년대와 1960년대 이후 비슷하게 가파른 증가를 보여주고 있다(**그림 1.3**).

오늘날 인류가 지구의 자연계에 미치는 영향은 엄청나다. 우리는 먹을 것을 얻기 위해 지구 육지 표면의 40%를 경작지와 목초지로 바꾸었다.[6] 우리는 지구상에서 접근 가능한 담수의 약 절반을 주로 농작물 생산에 사용하며,[7] 모니터링 대상 어업의 90%에서 지속가능한 한계를 넘어 과도하게 어획한다.[8] 우리는 지구상의 온대 및 열대림의 거의 절반을 벌채하고 전 세계 강의 60% 이상을 댐으로 막았다.[9] 그리고 우리는 지구상의 다른 생명체들을 밀어내고

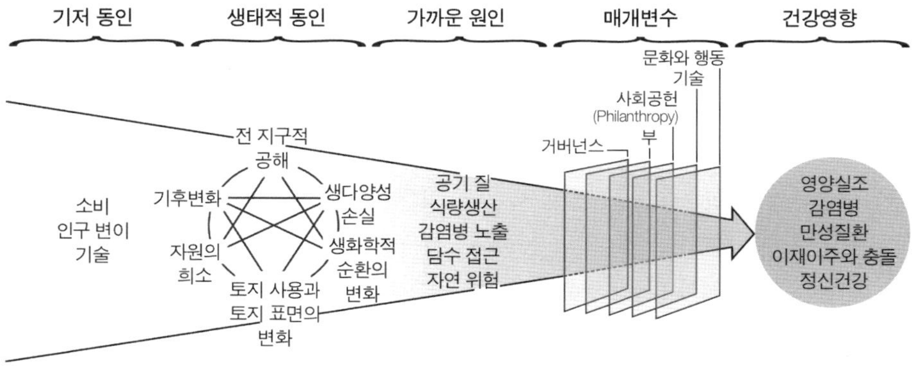

그림 1.4 인위적인 변화가 인간의 건강에 미치는 영향을 보여주는 도식. 급속한 인구 증가, 1인당 소비량의 가파른 증가, 환경에 큰 영향을 미치는 기술의 발달로 인해 인간 활동의 규모는 이제 지구가 폐기물을 흡수하거나 우리가 사용하는 자원을 공급할 수 있는 능력을 능가하고 있다. 그 결과, 우리는 지구의 자연계 대부분을 변화시키고 파괴하고 있다. 이러한 혼란은 복잡한 방식으로 서로 상호작용하여 인간의 건강과 웰빙을 위한 근본적인 조건을 변화시키고 궁극적으로 인간 건강의 거의 모든 차원에 영향을 미친다.

자료: Myers SS. Planetary health: protecting human health on a rapidly changing planet. *Lancet*. 2017; 390 (10114): 2860-2868.

있다. 2019년 5월, 50개국에서 온 145명의 과학자들이 생물다양성 및 생태계 서비스에 대한 정부 간 협의체의 글로벌 평가를 발표했다. 3년 동안 1만 5000편의 논문을 검토한 후, 그들은 대략 100만 종이 멸종 위기에 처해 있으며, 많은 생물종들이 수십 년 내에 멸종할 것이라는 결론을 내렸다.[10] 이미 우리는 1970년 이후 우리와 지구에서 함께 살아가는 조류, 포유류, 파충류, 양서류, 그리고 어류의 수를 50% 이상 줄였다.[11]

이건 정말 최고의 시절이자 최악의 시절이다. 하지만 지구건강 분야의 핵심은 인류의 복지와 나머지 생물권의 훼손이 더 이상 분리될 수 없다는 점을 인식하는 데에 있다. 인류의 활동 규모는 너무 커져, 인류가 배출한 폐기물을 흡수하고 인류가 이용하는 자원을 제공해 온 우리 행성의 능력은 이제 한계에 도달했다. 인간의 활동은 인류 역사에서 어느 때보다 가파른 속도로 근본적인 생물물리적 변화를 일으키고 있다(그림 1.3을 보라). 이러한 생물물리적 변화는 최소 여섯 가지 차원에서 일어나고 있다: 지구적 기후체계의 교란; 공기,

물, 그리고 토양의 광범위한 오염; 급속한 생물다양성 소실; 탄소, 질소, 인 등을 포함한 생물지구화학적 순환의 재구성; 토지 사용 및 지표면의 광범위한 변화; 그리고 담수와 경작지를 포함한 자원의 고갈이 그것이다. 이들 각각은 복잡한 방식으로 서로 상호작용하며, 숨 쉬는 공기의 질, 마시는 물 그리고 생산하는 식품 등 건강을 결정하는 핵심적 환경을 변화시킨다. 빠르게 변화하는 환경 조건은 또한 폭염, 가뭄, 홍수, 화재, 열대성 폭풍과 같은 자연재해와 감염병에 대한 노출 수준을 바꾼다. **그림 1.4**에서 보여주는 바와 같이, 생활환경에서 일어나는 이러한 변화는 궁극적으로 우리 건강과 복지의 모든 차원에 영향을 미친다. 지구건강은 이러한 전 지구적 환경 변화가 인간 건강에 미치는 영향을 이해하고 측정하며, 인간계와 상호작용하는 자연계가 현재와 미래에 우리의 삶과 함께 번영할 수 있도록 하는 해결책을 마련하는 데 초점을 맞춘다.

책의 구성

이 책의 첫 번째 부분은 **그림 1.4**의 흐름을 따른다. 2장에서는 지구건강이 어디에서 유래했는지, 그 역사에 대해 간략히 논의한 후, 3장에서는 인구 성장과 1인당 소비 증가가 환경 변화를 추동하는 중요한 역할을 다룬다. 그 다음 4장에서는 이러한 원인들이 위에서 설명한 여러 차원을 통해 우리 행성의 환경 조건을 어떻게 변화시키고 있는지 살펴본다. 이어지는 여러 장에서는 이러한 환경 파괴가 여러 경로로 사람의 건강을 어떻게 위협하는지를 영양, 감염병 노출, 비감염성질환, 인구 이동 및 갈등, 그리고 정신건강을 통해 살펴본다. 다음 장에서는 인류세를 상징하는 기후변화가 건강에 미치는 영향과 행복의 현상이라는 두 가지 특별한 주제를 살펴봄으로써, 인간의 웰빙은 생물의학적 건강 이상의 것이라는 더 폭넓은 관점이 지구건강과 밀접한 관련이 있음을 되짚어 본다. 우리가 마주하고 있는 건강 문제들을 파악한 후, 이 책은 풍부한 해결책을 제시하는 부분으로 옮겨간다. 에너지 시스템, 도시 형태, 화학 산업, 경제 이론, 그리고 민간 부문에 대한 장들은 인류의 활동이 심각한 환경 피해를 일으켰지만 인류가 지속가능한 궤도로 옮겨갈 수 있는 핵심적 이슈들을 살펴본다. 17장은 지구건강과 윤리의 교차점을 살펴보며, 마지막 장은 낙관적이고 야심 찬 미래를 그려보고 그곳에 다다르기 위한 단계적 방안의 윤곽을 제시한다. 이들 장에서 우리는 종종 『*지구건강 사례 연구: 해결방안 모음(Planetary Health Case Studies: An Anthology of Solutions)*』이라는 지구건강연맹(Planetary Health Alliance)이 제작한 오픈 액세스 전자책(https://islandpress.org/books/planetary-health)을 참조한다. 이 모음집은 전 세계에서 다양한 환경 원인, 건강 영향, 그리고 개입 접근법을 보여주는 10가지 지구건강 사례의 심층적 연구를 포함한다. 사례들은 모두 변화하는 환경 조건을 설명하는 것부터 인구집단에 대한 건강 영향 탐구, 지구건강 개입에 이르기까지 비슷한 흐름을 따른다. 이와 함께 이 책에서 다루는 많은 내용을 보완한다.

가장 중요한 주제

지구건강 분야에는 특징적으로 몇 가지 중요한 주제가 있으며 이 책 전체에서 반복되고 있다. 이 주제는 록펠러 재단-랜싯 지구건강위원회가 밝힌 세 가지 큰 과제인 개념과 공감 실패(상상력), 지식 실패(연구 및 정보), 그리고 실행 실패(거버넌스)와 밀접하게 관련되어 있다.[12] 쉽게 말하자면, 우리가 지구건강에 대해 어떻게 생각하고, 무엇을 알며, 무엇을 하는가에 대한 것이다.

인간과 자연의 관계

오랫동안 인간은 자연 세계를 착취의 대상으로 취급해 왔다 — 재화와 서비스의 원천이자 우리의 폐기물을 버리는 장소로. 인구의 규모가 작고 기술의 강도가 낮을 때는 전 지구적 영향이 대체로 미미했다. 하지만 산업혁명은 지구에 삼림 벌채, 강 변경, 생물 멸종과 같은 점점 더 큰 규모의 변화를 가져왔다. 비판적인 목소리는 낭만주의자들의 감동적인 시에서부터 허드슨 리버 스쿨의 그림, 존 뮤어(John Muir)와 헨리 데이비드 소로(Henry David Thoreau)의 환경 보호 옹호에 이르기까지 다양했다. 오늘날에는 여러 접근법이 등장했다. 하나는 사람들에게 자연이 제공하는 혜택, 즉 생태계 서비스를 정량화하여 경제 및 정책 결정에 적용하는 것이다.[13-15] 다른 하나는 인간의 이익과 상관없이 자연을 그 자체로 숭배하는 '심층생태학'이다.[16] 또 다른 것은 인간과 자연과의 관계를 강조하고 그 관계를 가치 있게 여기는 것이다.[17] 지구건강은 인간의 복지에 중심을 두므로, 첫 번째와 세 번째 접근법, 즉 '도구적' 접근과 '관계적' 접근에 특별히 잘 맞지만, 분명히 두 번째 접근법인 '내재적' 접근에도 여지가 있다.

시스템 사고

2장에 언급했듯이, 지구건강 분야는 지적으로 생태학에 큰 빚을 지고 있다. 그 빚의 한 형태는 시스템 사고에 기반하는 것이다. 제품의 전체 가치사슬을 고려하거나(16장 참조), 수백 킬로미터 상류의 농업 관행으로 촉발된 습지 생태계의 변화가 말라리아 노출을 어떻게 변화시키는지를 살펴보는(6장 참조) 경우라도, 지구건강은 행동이 복잡계(complex systems)를 통해 파동처럼 퍼져 나가 시간과 공간에 걸쳐 영향을 미칠 수 있는 방식을 강조한다. 환경 조건의 변화는 무수히 많은 행위자들의 다양한 행동의 총합을 반영하며, 이러한 변화는 다시 다양한 인구의 건강에 복잡한 결과를 초래할 수 있다. 따라서 시스템 전반에 걸친 사고와 복잡성을 포용하는 것이 지구건강의 핵심이다. 이러한 시스템 사고는 지구건강이 깊은 다학제적 성격이 있음을 부분적으로 설명한다. 보건 과학자들이 어류생태학자, 기후과학자, 식물생리학자,

경제학자, 공기오염물질 이동 연구자, 도시 계획가 또는 다양한 분야의 전문가들과 협력하여 지구건강 문제를 다루는 것은 이례적인 일이 아니다.

예상치 못한 상황과 뜻하지 않은 결과

복잡계의 한 특징은 예상치 못한 상황과 뜻밖의 결과를 초래한다는 것이다. 자연계 교란과 관련된 건강 영향은 때때로 직접적이고 직관적이다. 해수면 상승과 함께 더욱 극심한 폭풍이 발생하고 해안 방벽 시스템이 노후화되면 해안 지역 주민들은 홍수와 재해에 더욱 취약해질 수밖에 없다. 꽃가루를 옮기는 곤충이 줄어들면 꽃가루 매개자에 의존하는 작물의 수확량이 줄어든다(7장 참조). 하지만 지구건강 과학은 또한 많은 놀라운 사실을 밝혀내고 있다. 20년 전만 해도 인위적인 이산화탄소 배출로 인해 식량 작물의 영양가가 줄어들 것이라고는 예상하지 못했을 것이다(5장 참조). 우리는 방글라데시에서의 해수면 상승과 수자원 관리 결정이 지하수 염분 농도를 높이고 그로 인해 임신부의 임신성 고혈압과 전자간증의 위험이 증가할 것이라고 상상도 하지 못했을 것이다. 또 벨리즈의 한 고지대 농부는 자신의 비료 사용으로 습지 생태계가 복잡하게 변하고 이 때문에 저지대에 사는 동료들이 말라리아에 걸릴 위험이 높아졌다는 사실을 알고 놀랐을 것이다. 인류와 지구상의 모든 다른 생명체가 수백만 년에 걸쳐 적응해 온 대부분의 생물물리적 조건을 급속히 변화시키는 이 방대한 지구적 실험을 계속 진행한다면 예상치 못한 놀라운 일들은 앞으로 더 많이 발생할 것이다.

취약성을 줄이는 것이 중요하다

인간이 자연계를 교란하면 그 영향이 모든 사람들에게 똑같이 미치는 것은 아니다. 이는 부분적으로 환경적 조건이 장소에 따라 다르기 때문이기도 하지만, 환경 내 특정 생물물리적 변화에 대한 취약성이 인구 자체의 특성에

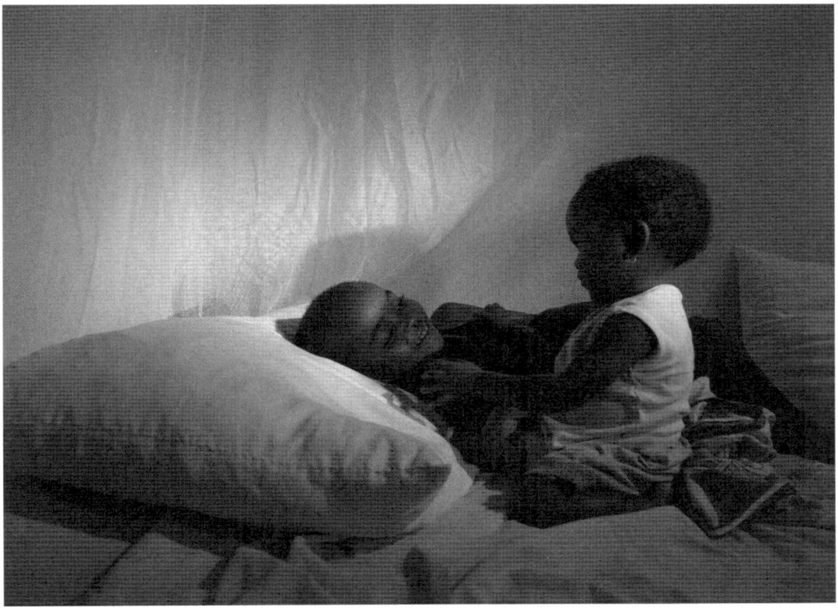

그림 1.5 마다가스카르의 한 침대망 안에 있는 아이들. 기후변화로 인해 아프리카의 특정 지역, 특히 고도가 높은 지역에서 말라리아 노출이 증가함에 따라 가족들은 기후변화를 완화하기 위해 할 수 있는 일은 거의 없지만, 예를 들어 침대망 등을 사용하여 적응할 수 있다.
자료: USAID(Flickr)

의해 결정되기 때문이다(**그림 1.4**). 우수한 거버넌스, 부, 탄탄한 기술과 인프라, 높은 수준의 사회 자본, 외부 지원에 대한 접근성, 그리고 문화와 행동 양상은 자연계의 붕괴로 인한 최악의 영향으로부터 사람들을 보호할 수 있다. 해수면 상승에 대응하여 해안 방파제를 짓거나 폭염에 대비해 에어컨을 가동할 수 있는 지역사회는 그렇지 못한 곳보다 상황이 훨씬 더 나은 편이다. 식품 무역은 지역의 농작물이 실패한 경우 지역사회를 보호할 수 있지만, 식품 시장에 접근할 수 있는 자원이 있을 때만 가능하다. 근본 원인이 환경 변화일지라도, 단기적으로는 종종 이러한 매개 요인들에 대한 관리가 건강 위험이 커지는 특정 인구의 취약성을 가장 효과적으로 줄일 수 있는 방안이 된다. 예를 들어, 사하라 이남 아프리카의 고지대 지역이 기후변화로 인해 말라리아 위험이 증가하는 경우, 모기장 보급을 늘리는 것이 기후변화를 늦추는 것보다

그림 1.6 세네갈 소녀가 빨래를 하고 있다. 하류 주민들은 댐에서 전기를 공급받거나 관개용수를 이용할 수 있는 반면, 상류 주민들은 주혈흡충증의 위험이 커진다. 이 소녀는 발가락이 나오는 신발과 얕은 고인 물과의 접촉으로 인해 위험에 처해 있다.
자료: Hilary Duff 제공

지역사회 수준에서 더 현실적이다(**그림 1.5**). 이 책을 통틀어 환경 변화 자체를 줄이는 완화 노력과 이미 진행 중인 환경 변화에 대한 취약성을 줄이는 적응 노력의 다른 점을 구분하는 것이 도움이 된다 — "관리할 수 없는 것을 피하는 것" 대 "피할 수 없는 것을 관리하는 것" 둘 다 중요하다.

승자와 패자가 있다

자연계를 교란하는 인간 활동은 대개 누군가에게 이익이 되지 않으면 일어나지 않는다. 우리는 강을 막아 전력을 생산하거나 농업용수를 공급한다. 화석연료를 태워 에너지를 생성한다. 숲을 베고 물을 사용해 작물을 재배한다. 광물을 채굴해 현대 생활의 편리함을 위한 제품을 만든다. 하지만 이러한 활동으로 혜택을 보는 이들과 건강 악화의 대가를 치르는 이들 사이에는 극명한 대조를 이루는 경우가 많다. 새 댐에서 나오는 청정에너지의 혜택을 누리는 도시나 마을이 있을 수 있지만, 근처 마을 사람들에서 주혈흡충증에 대한 노출이 급격히 증가할 수 있다(**그림 1.6**). 새로 건설된 석탄 발전소에서 생산된 에너지로 전체 지역이 혜택을 볼 수 있지만, 바람이 불어오는 지역의 주민들은 나빠진 공기오염을 경험할 것이며, 미래 세대는 파괴된 지구 기후의 피해를 고스란히 떠안게 될 것이다. 이러한 맥락에서, 선택의 상충관계를 명확히 하고 시간에 따른 다양한 집단의 비용과 혜택의 분배를 평가하며, 형평성을 명시적으로 다루는 건강 영향 평가가 필수적인 것이 된다.

새로운 윤리적 영역

17장에서 더 자세히 논의하겠지만, 지구건강의 과학은 우리를 새로운 윤리적 영역에 놓이게 한다. 이는 지구상의 모든 사람, 오늘 살아 있는 이들과 미래 세대의 사람들이 서로 연결되어 있음을 가르쳐준다. 우리가 무엇을 먹고, 어떻게 이동하며, 어디로 휴가를 가고, 무엇을 구매하며, 애완동물을 키우거나 심지어 아이를 가지는지에 대한 모든 결정은 우리 행성의 자연계에 영향을 미치며, 결과적으로 우리 동료 인류의 건강과 복지에 영향을 준다. 각 개인의 결정이 미치는 영향은 아주 미미하지만, 총합적으로는 엄청나다.

지구건강 과학은 또한 형평성과 밀접한 관련이 있는 문제를 강조한다. 대부분의 경우, 세계에서 가장 가난한 사람들은 제도, 문화, 정부, 후원 자원이 가장 적으며 급변하는 환경 조건에 가장 취약하다. 가난한 사람들은 기후변화에 의해 유발된 식량 부족에서 가장 고통 받을 것이며, 온실가스 농도 증가는 가장 적게 유발할 것이다. 미래 세대는 오늘날의 지속 불가능한 소비 패턴이 초래하는 결과로 고통을 겪게 될 것이다. 이익을 얻는 이들과 대가를 지불하는 이들이 다르다는 것은 매우 불공정한 것이다. 이러한 관점에서 볼 때, 인류가 자연계를 관리하는 새로운 궤도에 진입하기 위한 노력을 배가하는 것은 시급한 보건 우선순위일 뿐만 아니라 도덕적 의무가 된다.

외부효과의 정량화

지구건강 연구의 중요한 결과 중 하나는 이전에는 모호한 외부효과로만 여겨졌던 건강 비용을 정량화하는 것이다. 인간에 의한 자연계의 변화는 대부분 다양한 규모의 경제 활동의 결과지만, 이러한 활동의 비용과 이익을 평가할 때 환경 변화로 인한 건강 영향은 대부분 누락되었다. 탄소 배출의 사회적 비용, 인도네시아의 팜유 생산의 영향, 서아프리카의 댐 비용과 편익을 결정할 때 이러한 활동이 건강에 미치는 영향을 이해하고 정량화하면 종종 비용과 편익의 공식이 크게 달라진다. 팜유, 목재, 벌목, 농업 등 토지 개간을 위해 불을 사용하는 산업은 2015년 동남아시아에서 화재로 인한 공기오염으로 약 10만 명이 넘는 사망자가 발생했다는 사실이 알려지면서 쇠퇴하였다.[18]

정치권력의 역할

많은 경우, 우리가 직면한 문제들은 지식 부족이 아니라 특수 이해관계자들이 자신의 이익을 위해 고의로 환경 시스템을 훼손하고 다른 사람들에게는 빈 껍질만 남은 환경을 남겨둔 결과이다. 화석연료 회사들은 그들의 관행이 기후 교란을 초래한다는 사실을 알고 있지만, 인류의 장기적 이익을 위해 단기적 이익을 희생하는 것을 꺼려왔다. 인도네시아의 농업과 목재 산업은 그들이 땅을 개간하기 위해 일으킨 불이 공기를 오염시키고 하류 지역 주민들의 건강을 해치고 있음을 알고 있지만, 그들의 이익을 극대화하기 위해 그 관행을 계속한다. 이는 지식의 문제가 아닌 권력의 문제이며, 다른 해결책이 필요하다. 경우에 따라서는 법률, 새로운 정책, 보조금, 세금 등 정부에서 해결책을 찾을 수도 있다. 그러나 정부와 업계에 관행을 바꾸도록 압박하는 강력하고 목소리를 내는 유권자를 만들기 위해서는 집단적 사회 행동이나 운동을 조직하는 것이 필요하다.

스튜어드십(Stewardship)의 역할

지구건강에는 과학과 기술적 측면을 넘어서는 차원이 있다. 앞서 언급한 매우 중요한 윤리적 고려 사항 외에 영적인 차원도 있을 수 있다. 우리가 경험하고 있는 생태학적 위기와 그로 인해 위협받고 있는 공중보건의 위기 이면에는 영적 위기도 있을까? 어떻게 전 세계의 바다와 대기를 거대한 쓰레기장으로 취급하는 것이 용인되었나? 언제부터 우리는 이 지구를 공유하는 다른 종을 우리의 사촌으로, 우리의 연민과 존중을 받을 자격이 있는 존재로 생각하지 않게 되었을까? 아름다운 자연 환경에서 많은 사람들이 느끼는 경외감과 존경심이 언제부터 집단적 결정을 이끄는 권위를 잃게 되었을까? 이러한 질문들은 세상에서 우리의 위치, 자연과의 관계, 그리고 인간으로서 우리가 누구인지에 대해 묻는다. 과학자로서 우리는 이러한 질문을 자주 하지는 않지만, 이를 의식할 필요가 있다. 그리고 우리는 예술과 인문학 분야의 동료들과 전통 신앙과 원주민 공동체 구성원들을 참여시켜 이러한 문제를 해결하도록 도와야 할 것이다. 만약 우리의 자연 세계와의 관계가 이미 파괴된 것으로 보인다면, 과학만으로는 그것을 회복하기에 충분하지 않을 것이다.

희망

지구 시스템의 훼손은 참담할 정도로 충격적이다. 현실적인 측면에서는 인류 번영의 기반을 위협한다. 영적인 측면에서는 소중한 것, 심지어 신성한 것까지 잃을 수 있다고 위협한다. 이러한 상실감 앞에서 절망감을 느끼기 쉽다. 하지만 지구건강은 해결책에 전념한다. 이 책이 분명히 보여주듯이, 낙관할 이유가 충분히 있다: 누구도 생각하지 못한 속도로 발전하는 에너지 및 운송 기술, 토지와 물을 보존하고 화학물질 투입의 필요성을 줄이는 혁신적인 농업 기술, 많은 부유한 나라에서 지속가능한 식단을 향한 변화, 전 세계의 주목을 받고 있는 글로벌 청년 운동, 기업의 목적을 재정의하고 지속가능성을 향한 진정한 발걸음을 내딛는 기업 등 낙관할 이유가 많다. 지구위험한계(Planetary boundary) 내에서 살아가는 모두를 위한 건강과 복지를 기반으로 하는 더 나은 미래 세계를 상상하는 것은 어렵지 않으며, 그러한 세계로 가는 여러 가지 길이 잘 기술되어 있다.[19,20] 희망은 현실적이며, 희망은 동기를 부여한다. 그리고 환경주의자 데이비드 오어(David Orr)가 쓴 바와 같이, 다른 길은 없다: 희망은 우리에게 주어진 필연적 책무다.[21]

긴급성

이 책을 관통하는 또 다른 주제는 긴급성이다. 우리는 인류 역사상 위대한 드라마가 펼쳐지는 특별한 순간에 서 있다. 더 나은, 더 건강하고 편안한 삶이라는 훌륭한 목표를 추구하기 위해, 우리는 우리 지구의 자연계가 해체되기 시작하는 지점까지 인간의 영향력을 확장시켜 왔다. 최근에 와서야 우리는 현재의 궤도를 계속하여 미래 세대를 불확실한 미래로 내몰 것인가, 아니면 함께 힘을 모아 집단적 부흥을 통해 식량생산, 도시 설계, 에너지 생산, 화학 산업, 사업 방식, 심지어 거버넌스까지 인류 사회의 윤곽을 새롭게 만들어 인류를 다른 궤도로 이끌 것인가 하는 핵심 문제에 주목하게 되었다.

1967년 4월 4일, 마틴 루터 킹 주니어(Martin Luther King Jr.)는 "베트남을 넘어: 침묵을 깨뜨릴 시간"이라는 연설에서 "여러분, 우리는 이제 내일이 오늘이라는 사실에 직면하고 있습니다. 우리는 지금 치열한 긴급성에 직면해 있습니다. 여기 펼쳐지는 삶과 역사의 수수께끼 앞에서 이제 너무 늦었다는 것이 실제로 있을 수 있습니다"라고 했다.[22] 오늘날의 가장 시급한 문제는 우리의 방치로 인해 생물권이 무너지고 있는 것이며 그와 함께 우리의 생명 지지 체계도 무너지기 시작했다는 깨달음이 커지고 있다는 것이다. 우리 모두 손을 맞잡고, 공동체 안에서 서로를 찾고, 활기차고 긍정적인 행동으로 앞장서 나가자.

저자

새뮤얼 마이어스(Samuel Myers, MD, MPH)는 하버드 T.H. 챈 보건대학원의 주요 연구 과학자이자 지구건강연맹의 디렉터이다.

하워드 프럼킨(Howard Frumkin, MD, DrPH)은 환경 및 직업 보건 과학 명예 교수이자 워싱턴대학교 보건대학원의 전 학장이다.

참고문헌

1. Roser M, Ortiz-Ospina E. Literacy. *Our World in Data*. https://ourworldindata.org/literacy. Published September 20, 2018. Accessed September 2019.
2. Roser M, Ortiz-Ospina E. Global extreme poverty. *Our World in Data*. https://ourworldindata.org/extreme-poverty. Published March 27, 2017. Accessed September 2019.
3. Roser M. Life expectancy. *Our World in Data*. https://ourworldindata.org/life-expectancy. Accessed September 2019.
4. Roser M, Ritchie H. Child & infant mortality. *Our World in Data*. https://ourworldindata.org/child-mortality. Accessed September 2019.
5. Jambeck JR, Geyer R, Wilcox C, et al. Plastic waste inputs from land into the ocean. *Science*. 2015; 347(6223): 768-771.6. Foley JA, Defries R, Asner GP, et al. Global consequences of land use. Science. 2005; 309(5734): 570-574.
7. Postel SL, Daily GC, Ehrlich PR. Human appropriation of renewable fresh water.

Science. 1996; 271(5250): 785-788.
8. FAO. *The State of World Fisheries and Aquaculture—Opportunities and Challenges*. Rome, Italy: Food and Agriculture Organization; 2014. Available at: http://www.fao.org/3/a-i3720e.pdf.
9. *Dams and Development: A New Framework for Decision-Making*. London, England: World Commission on Dams; November 2000. Available at: http://staging.unep.org/dams/WCD/report.asp.
10. IPBES. *Summary for Policymakers of the Global Assessment Report on Biodiversity and Ecosystem Services of the Intergovernmental Science-Policy Platform on Biodiversity and Ecosystem Services*. Bonn, Germany: IPBES Secretariat; 2019.
11. WWF. WWF. *Living Planet Report 2014: Species and Spaces, People and Places*. Gland, Switzerland: World Wide Fund for Nature; 2014.
12. Whitmee S, Haines A, Beyrer C, et al. Safeguarding human health in the Anthropocene epoch: report of the Rockefeller Foundation–Lancet Commission on planetary health. *Lancet*. 2015; 386(10007): 1973-2028.
13. Costanza R, d'Arge R, de Groot R, et al. The value of the world's ecosystem services and natural capital. *Nature*. 1997; 387(6630): 253-260.
14. Daily GC, Soderqvist T, Aniyar S, et al. The value of nature and the nature of value. *Science*. 2000; 289(5478): 395.
15. Bayles BR, Brauman KA, Adkins JN, et al. Ecosystem services connect environmental change to human health outcomes. *EcoHealth*. 2016; 13(3): 443-449.
16. Devall B, Sessions G. *Deep Ecology: Living as if Nature Mattered*. Layton, Utah: Gibbs Smith; 2001.
17. Klain SC, Olmsted P, Chan KMA, Satterfield T. Relational values resonate broadly and differently than intrinsic or instrumental values, or the New Ecological Paradigm. *PLOS One*. 2017; 12(8): e0183962-e0183962.
18. Koplitz S, Mickley L, Marlier M, et al. Public health impacts of the severe haze in Equatorial Asia in September–October 2015: demonstration of a new framework for informing fire management strategies to reduce downwind smoke exposure. *Environ Res Lett*. 2016; 11(9): 1-10.
19. Tallis HM, Hawthorne PL, Polasky S, et al. An attainable global vision for conservation and human well-being. *Front Ecol Environ*. 2018; 16(10): 563-570.
20. Bennett EM, Solan M, Biggs R, et al. Bright spots: seeds of a good Anthropocene. *Front Ecol Environ*. 2016; 14(8): 441-448.
21. Orr DW. *Hope Is an Imperative*. Washington, DC: Island Press; 2011.
22. Martin Luther King Jr. "Beyond Vietnam: A Time to Break the Silence." Delivered on April 4, 1967. https://www.americanrhetoric.com/speeches/mlkatimetobreaksilence.htm

2 지구건강이 있기까지: 미래의 역사

제임스 딩크·워릭 앤더슨 지음
정해관 번역/ 권호장 감수

호주의 역학(疫學)자 앤서니 J. 맥마이클(Anthony J. McMichael)(**그림 2.1**)은 이미 삼십 년 전, 지구환경의 훼손은 궁극적으로 인류의 건강위해로 나타날 것이라고 예언한 바 있다.[1] 이 예언은 빠른 속도로 현실이 되고 있다. 앞서, 기후변화에 관한 정부 간 협의체(Intergovernmental Panel on Climate Change, IPCC)는 기후변화로 인해 초래될 제반 결과들에 대해 심층적인 분석을 내놓았고,[2] 세계보건기구[3]와 호주 국립건강 및 의학연구평의회[4]는 온실가스 배출이 건강에 미칠 결과에 대한 보고서를 발간하였다. 이러한 활동은 1987년 유엔 세계환경개발위원회의 보고서*의 영향을 받아 진행된 것으로 보인다.[5] 이들 보고서에서 공통으로 인류에게 고통을 가져다줄 수 있는 요인으로 전례 없는 수준으로 진행되는 지구온난화, 오존층 파괴, 토양 침식, 산성비, 생태다양성 소실과 대기, 수질, 토양의 질 악화 등을 들었다. 인구증가가

* 세계환경개발위원회(World Commission on Environment and Development, WCED)는 일명 브룬틀란트위원회(Brundtland Commission)라고도 불렸는데, 이 위원회의 보고서 '인류 공통의 미래(Our Common Future)'에서 처음으로 지속가능한 발전(sustainable development)이라는 패러다임이 제시되었다. _옮긴이 주

그림 2.1 앤서니(토니) 맥마이클. 맥마이클은 세계적인 수준의 환경 변화가 가속화되면서 인간의 건강에 미치는 영향에 대하여 공중보건 분야에 경종을 울린 선구자였다.
자료: 벨린다 프래턴의 사진

빠른 속도로 진행됨에 따라 기술 발전과 소비가 증가하여 지구의 생명 지지 체계의 한계를 넘어섰다. 이로 인한 피해는 지구상의 어떤 종도 피해 갈 수 없지만 이에 대한 실질적인 행동은 결국 인류의 생존에 위협이 가시화될 때에야 하게 된다. 이와 관련하여 세계적으로 보건 분야는 다음과 같은 새로운 역할을 수행하도록 요청받고 있다. 즉, 공중보건의 영역을 지구 차원으로 확장하고, 환경이 건강에 미치는 영향에 관한 새로운 지식을 건강 결정 요인에 추가하고, 생태 전문가나 기후과학자와 더욱 긴밀하게 협업하며, 그 무엇보다 중요한 것으로 모형화나 예측과 같은 과학적 근거를 기반으로 광범위하고 대담한 정책을 개발할 수 있어야 한다. 이제 공중보건 분야는 더 이상 책상 앞에 편안히 앉아 자료를 분석하는 역할에 머무를 수 없다. 맥마이클은 인간의 건강을 지키고자 하는 사람은 이제 "미래를 예측"해야 한다고 말했다.[1]

'지구건강(planetary health)'이라는 분야는 2010년경에 이르러서야 알려지기 시작했으므로 그 역사는 짧다고 할 수도 있겠지만 다른 한편으로는 매우 길기도 하다. 맥마이클 같은 역학자들이나 세계보건기구가 기후변화와 지구의 생명 지지 체계 파괴가 인간의 건강에 영향을 미친다는 사실을 1980년대에 이르러서야 알게 된 것을 보면 짧다. 지구의 건강에 대해 새로운 용어를 부여한 것이 1990년대였고 지구를 함부로 대한 결과가 인간에 미친 영향에 대해 새로운 이름을 붙인 것이 21세기에 들어와서도 10년이 더 지난 후에야 있었다는 점에서도 그 역사는 매우 짧다. 반면 다양한 형태와 수준의 지구환경이 인간의 건강과 질병의 수준에 영향을 미친 것을 기준으로 할 때는 매우 길다. 또한 의료에 있어 행동주의와 옹호 활동이 진료실의 문턱을 넘어 정치와 정책 입안에까지 이르렀던 역사를 생각하면 역시 짧지 않다. 이 장에서는 제2차 세계대전 이후 오늘날 지구건강(planetary health)이라고 불리는, 시스템생태학, 지구에 대한 생각, 건강 행동주의의 융합으로 탄생한 환경보건의 실체가 발전해 온 최근의 역사에 초점을 맞추어 기술하였다.[6] 이러한 독특한 기원과 영향력으로 인해 우리는 지구건강이 국제보건(global health)과는 다른 영역이며 환경 윤리가 지구적 규모에서 인류의 건강과 생산적으로 만난다는 점에서 차별점을 갖는다는 점을 강조할 것이다.

서양의학의 역사에서 환경의 역할에 대한 인식은 히포크라테스 시기로 거슬러 간다. 기원전 5세기에 저술된 히포크라테스의 저서 『*공기, 물, 장소에 대하여*』에서 그는 의사는 계절, 바람, 토양, 물을 포함하여 환자를 둘러싼 모든 환경요인에 대해 유의해야 한다고 기술하고 있다. 인체는 물리적으로 주변 환경과 맞닿아 있을 뿐 아니라 주변의 습도, 온도, 냉기, 바람과 계절적 변동에 매우 민감하여 끊이지 않고 이어져 있는 건강과 질병 사이를 오가고 있다. 지리적으로는 위도와 경도, 해안에서 떨어진 정도, 수목의 밀도와 같은 요인들이 질병의 발현에 영향을 미친다. 사는 장소와 그곳의 기후는 환자뿐만 아니라 환자를 보는 의사에게도 관련이 있다.[7] 이와 같은 의료지리학은 유럽인들이 항해와 장거리 이동을 통하여 전혀 새로운 환경으로 뛰어들면서 이전에 접하지 못한 새로운 질환에 걸릴 위험에 노출되면서 점차 그 중요성이

그림 2.2 1492년 10월 12일, 크리스토퍼 콜럼버스와 대원들이 서인도제도 해변에 상륙. 존 밴덜린의 그림. 유럽인들이 대양을 가로질러 이동하면서 새로운 질병에 노출되는 한편 그들의 질병을 이전에는 전혀 노출된 적 없던 선주민들에게 전파함에 따라 의지리학의 중요성이 더욱 커지게 되었다.
자료: 위키미디어 커먼스

커지게 되었다(**그림 2.2**). 이전에 접해보지 못한 많은 위험이 산재한 환경을 극복하고 길들여야만 했다. 이에 따라 식민지의 정복과 정착에 있어 의학은 빠질 수 없는 주요 담론 주제가 되었다.[8,9] 19세기 후반 세균설(germ theory)이 대두되고 기술적인 발달로 주변 환경에 대한 인체의 취약성을 극복할 수 있게 됨에 따라 의학에서 환경적 민감성에 관한 관심은 이전에 비하여 크게 줄어들었지만 그럼에도 완전히 사라진 것은 아니다. 이로부터 100년이 지나면서, 식민지 개척과 산업화, 경제성장과 발전과 같이 인류가 벌인 엄청난 활동의 결과로 대기와 해양뿐만 아니라 지각에 이르기까지 그 위해가 가해졌음이 확인되고 있다. 특정 지역의 발전을 도모하기 위해 환경을 바꾸거나 소위 '개선'하기 위해 행해지던 일들이 그 규모와 범위가 엄청나게 커지면서 이제는 지구를 생명체가 살아나갈 수 없는 곳으로 만들고 있다. 기존의 의료지리학은 건강하지 않은 지역을 더 건강에 이로운 지역으로 '개선'하는 것을 지향하였지만 단편화되고 좁은 시야로 접근하였다. 이제는 지구 수준에서 자연계 전체의 안정이 통제 불능 상태의 위협에 처했으며 건강한 곳이라고 할 수 있는 곳은 갈수록 보기 힘들어지고 있다.

이 시대의 당면한 생태적인 위기는 의료지리학 혹은 기후학과 같은 단편적인 접근으로는 대응하기 어렵고 특정 물질의 독성이나 위해성에 대응하는 데 초점을 맞춘 기존의 환경보건도 레이철 카슨이 『*침묵의 봄(Silent Spring)*』(1962)에서 제기했던 것과 같은 형태의 우려에 대응하는 데는 적절했을 수 있지만 지구 전체 수준에 걸쳐 있는 지금의 문제를 해결하는 데는 충분하지 않다. 그렇다면 이와 같은 훨씬 더 포괄적인 개념은 어디에서 도출할 수 있을까? 1940년대 후반부터 시작하여 냉전 시대에 걸쳐 인구학자들과 환경주의자들은 인구성장과 도시화, 과소비로 인한 위험에 대해 경고하였는데, 이들은 인류가 이러한 방향으로 계속 진행할 경우 장기적으로 지속가능성이 줄어들고 지구의 수용 한계를 넘어 과부하가 가해짐으로써 인류의 삶이 위협받을 것이라고 하였다. 이와 더불어 핵무기의 대량 확산은 지구상의 생명과 문명의 파괴를 예고하고 있었다. 이와 같은 암울한 미래에 대한 전망이 전후 세계가 지구적인 규모의 문제에 관심을 기울이게 하는 배경이 되었다. 이어서, 일부 생태학자들은 지구상의 생명체와 이를 싸고 있는 환경 간의 상호작용 모형의 구축이나 에너지의 흐름, 순환적인 인과체계, 되먹임 고리, 역치와 극적 전환점 등에 시스템 사고(systems thinking)를 적용하기 시작하였다. 맥마이클은 그의 저서 『*지구의 과부하(Planetary Overload)*』(1993)에서 지구 수준의 사고의 틀과 시스템생태학, 역학을 기반으로 논지를 펴나갔다.[10] 그는 인간의 생명을 보존하는 임무를 담당하는 사람들이 건강을 지구 수준의 파멸 위기라는 생태학적인 틀 안에서 재인식하게 하고 인간에게 미치는 건강 영향 또한 이미 과부하가 걸려 있는 시스템에 더 이상 무리를 가하지 않으면서 해결해야 함을 인식시켰다.[11]

이것은 이로부터 20여 년 후 《*랜싯*》과 록펠러재단의 후원으로 발족한 초학제적인 지구건강이라는 새로운 분야가 탄생하는 데 있어 핵심 원리로 자리 잡았다. 인간의 건강과 문명이 유지되기 위해서는 지구 자연계의 건강이 필수 불가결하며 이러한 시스템을 이해하기 위해서는 환경적 근거와 역학적 근거를 통합한 복합모형이 필요함을 이해하는 것이 필요하다고 천명하였다.[12] 이에 따라 지구건강은 건강과 질병이 병든 지구의 발현이라는 새롭고 더욱 복잡하지만, 현실적인 이해를 바탕으로 의학적 사고의 범주를 혁신적으로 확장하였다. 몇 년 전, 역사가 찰스 E. 로젠버그(Charles E. Rosenberg)는 의학과 보건학에서 구조와 연관성을 중심으로 하는 개념인 '구성(configuration)'을 단지 미생물을 소탕하거나 병원체를 추적하는 개념인 '오염(contamination)'과 구분하였다.[13] 지구의 생명 지지 체계가 붕괴하고 있다는 근거가 축적됨에 따라 공중보건 전문가들과 역학자들은 새로운 설명구조와 구성이 필요하게 되었고 이를 위해 이전의 환경적 위해 요인과 인식론적인 자원들을 한데 모아 지구건강이라는 새로운 분야를 구축하게 되었다.

지구적인 사고와 시스템생태학, 환경보건

지구건강의 탄생 과정을 이해하기 위해서는 우선 제2차 세계대전 이후 환경에 대한 사고의 변천 과정에 대해 고찰할 필요가 있다. 이 전쟁이, 적어도 그 일면에는 자연자원을 차지하기 위한 것이라는 점에 대해서는 이견이 없다. 전후 경제학자와 외교관들은 전후 복구를 위한 대규모의 투자를 부추겼지만, 점점 더 서로 연결되고 유한한 지구에서 이러한 자원의 한계에 대한 불안도 커졌다.[14] 뉴욕의 환경 보존론자 헨리 페어필드 오즈번 주니어(Henry Fairfield Osborn, Jr.)는 그의 책 『*약탈당한 지구(Our Plundered Planet)*』(1948)에서 "지구는 끝없이 작아지고 있다", "아니면 지구에 대한 우리의 지식이 지구를 빠른 속도로 작아지게 하고 있는지도 모른다"라고 기술하였다.[15] 같은 해에 미국의 조류학자인 윌리엄 보그트(William Vogt)는 인류의 생존을 뒷받침해 줄 수 있는 지구의 '수용능력'의 과부하가 임박했음을 경고하였다. 이 용

그림 2.3 달에서 바라본 지구. 1970년대 아폴로 탐사에서 얻어진 이러한 사진들은 지구의 아름다움에 대해 새로이 인식하게 해주었을 뿐 아니라 인간에 의한 지구환경의 파괴에 경종을 울려주었다.
자료: NASA

어는 원래 식민지 정착지에서 사육할 수 있는 가축의 규모를 추산하는 데 주로 쓰이던 것이었다. 세계의 지도자들은 지구를 서로 밀접하게 연결된 전체로서 생태학적인 시각에서 보지 못하고 지구의 물리적 환경과 여기에 의존해서 살아가고 있는 생물 종의 파괴를 조장함으로써 "생태학적인 덫"에 점점 더 깊이 빠져들게 하고 있었다. 보그트는 유독성 황무지가 되었고, 그로 인해 환경의 취약성에 대한 주의를 환기시키는 상징이 된 나가사키와 히로시마의 '극적이고 두려운 광경'의 그림자 속에서 이렇게 경고했다. "이대로 방치하면

우리 문명은 거의 확실하게 파괴될 것이다".[16]

이러한 경고는 일부 대중의 관심을 불러일으키기는 하였으나 이에 대한 관심이 커진 것은 환경주의가 본격적으로 대두된 1960년대에 들어서이다. 폴 R. 에를리히(Paul R. Ehrlich)는 『*인구 폭탄(The Population Bomb)*』에서 전후 시기, 훗날 "거대한 가속"이라고 불리는 생산과 소비, 인구의 급속한 성장으로 대표되는 이 시기의 지속적인 번영을 되돌아보면서 조만간 대규모의 기아와 참상이 벌어질 것이라고 예언하였다.[17] 경제학자 바버라 워드(Barbara Ward)[18]와 케니스 볼딩(Kenneth Boulding)[19]은 우주에서 본 작은 점에 불과한 우리 지구의 취약성을 기술하기 위해 냉전 시대의 우주개발 경쟁에서 아이디어를 얻어 '우주선 지구호'라는 새로운 용어를 만들었다(**그림 2.3**). 물론 지구의 규모는 우주로 쏘아 올린 우주선과는 비교할 바가 아니지만, 폐쇄되어 있고 상호 의존적이고 유한하다는 점에서 본질적으로는 다르지 않다. 지구로부터 약탈할 수 있는 자원이 유한할 뿐 아니라 약탈로 인해 생성된 폐기물들을 지구가 흡수할 수 있는 능력 또한 한계가 있다. 우주선에 탄 우주인이 항해를 마칠 때까지 충분한 수준으로 먹고 마시고 에너지를 사용할 수 있도록 계획해야 하는 것과 마찬가지로 '우주선 지구호'에 있는 인류가 삶을 지탱할 수 있도록 충분한 전략을 짜는 것이 필요하다. 일부에서는 '지속가능성'이 화두가 되었다. 생태학자인 배리 커머너(Barry Commoner)는 인구과잉이 문제가 아니라 선진 사회의 기술적인 구조와 소비 과잉이 재앙을 초래하는 요인이라고 주장했다. 그는 저서 『*원은 닫혀야 한다(The Closing Circle)*』(1971)에서 급진적인 경제학자들의 주장과 일치하는 일련의 근본적인 생태학적 법칙을 제시하였다. 모든 것은 서로 연결되어 있으며 각각은 행선지가 있다. "버려도 되는 것"은 아무것도 없는데, 인간의 활동으로 생성된 불필요한 부산물을 따로 모아둘 곳이 어디에도 없기 때문이다. 커머너는 자연은 상호작용과 연결성이 특징이라고 하였다.[20]

다른 분야의 지도자들 역시 경제성장에만 무한정한 노력을 기울이고 생태적인 면에는 주의는 기울이지 않는 국제적인 흐름에 대해 우려하게 되었다. 이런 지도자들을 때로는 의외의 곳에서 찾을 수 있는 경우도 있다. 예를 들어, 경제협력개발기구(OECD)의 과학업무를 담당하고 있는 알렉산더 킹(Alexander King)은 이탈리아의 기업가 아우렐리오 페체이(Aurelio Peccei)와 함께 1968년 과학자, 경제학자, 기업가들을 한자리에 모아 로마클럽을 만들었다. 실제에 있어 이 모임의 초기 지도자들은 대부분 경제협력개발기구의 과학분과 출신인데, 이들은 이 기구의 주도로 깊숙이 자리 잡은 전후 경제질서에 대해 지적인 반란을 도모한 것이다.[21] 경제발전은 세계적인 수준에서 그 복잡성과 상호 연계가 더 심화되고 있었는데, 이들은 각기 환경적인 영향을 끼치고 있었기에 그들은 미래를 예측하는 길을 개척하고 국가의 테두리를 넘어 엘리트와 전문가들의 네트워크가 세계적인 차원에서 이 문제에 개입할 수 있음을 드러내 보였다. 이들은 아직 초창기의 컴퓨터과학과 이 분야에서 사용되던 객관적인 알고리즘을 이용하여 현 세계를 엄습하고 있는 서로 맞물려 있는 문제를 분석했다. 이들이 1972년 낸 보고서 *『성장의 한계(Limits to Growth)』*는 엄청난 영향을 끼쳤으며 큰 반향을 일으켰다.[22]

*『성장의 한계』*는 지구가 처한 조건에 대한 우려를 크게 증폭시키는 신호탄의 역할을 했다. 이에 더하여 1972년에는 기념비적인 모임인 유엔인간환경회의(United Nations Conference on the Human Environment)가 스웨덴 스톡홀름에서 개최되었다. 이 회의를 준비하기 위하여 경제학자인 바버라 워드를 비롯하여 미생물학자, 환경주의자, 그리고 로마클럽 회원 중의 한 명인 르네 뒤보(René Dubos)(**그림 2.4**)가 주축이 되어 세계 여러 나라와 다양한 분야에서 환경적 위기에 대한 상세한 과학적인 근거를 취합하는 역할을 수행하였다. 이들은 책 *『하나뿐인 지구: 이 작은 행성을 어떻게 돌보고 유지할 것인가?(Only One Earth: The Care and Maintenance of a Small Planet)』*(1972)를 발간하고 세계적인 규모의 산업자본주의가 이 지구의 생명 지지시스템에 끼친 해악을 낱낱이 열거하였다. 지구는 갈수록 작아지고, 서로 연결되고, 착취되고, 고갈되어 가고 있었다.

1960년대와 1970년대, 지구환경 파괴에 대한 위기의식이 커지면서 생태

그림 2.4 르네 뒤보. 20세기 중반, 뒤보는 인간과 자연계의 관계에 대해 경종을 울린 선구자였다.
자료: 록펠러 사료센터

계에 대한 개념을 가지고 있던 의과학자들의 우려가 커지기 시작하였다. 뉴욕 록펠러대학교를 기반으로 뒤보는 의학적인 면을 접목한 새로운 환경주의의 선봉에 섰다. 뒤보는 1940년대 이래 상호 경쟁과 공생의 양상을 보이는 미생물과 숙주 간의 생태적인 상호작용에 깊이 매료되었다.[23] 전후, 그는 그가 가진 과학적 관심사를 과학과 생태학을 주제로 한 대중 서적을 통하여 소통하기 시작하였다. 이에 따라 1959년 출간한 『*건강의 신기루(Mirage of Health)*』를 통하여 인간과 미생물의 평화로운 공존을 찬양하였고,[24] 1965년에는 『*적응하는 인간(Man Adapting)*』에서 질병은 특정 유기체가 그를 둘러싼 환경에 대한 적응에 실패한 경우로 이해해야 한다고 하였다. 이와 같은 논리를 더 큰 규모로 적용할 수 있는데, 현대의 인간은 수렵채집 시대 조상의 생리학적 특성이 있기에 현대의 고도로 산업화하고 문명화된 물리적 환경은 생물학적으로 매우 다름에 눈을 떠야 한다고 하였다.[25] 『*인간, 의학, 환경(Man, Medicine, and Environment)*』(1968)에서 뒤보는 모든 자연적 현상은 상호관계의 복잡한 양상을 가지는 것과 같이 질병도 인간의 몸과 정신, 환경의 복합적인 관계에서 이해해야 한다고 하였다. 세계적으로 자본주의는 관련된 모든 주체, 특히 인간의 삶을 지탱하는 생태계에 극심한 손상을 끼치고 있다고 하였다.[26] 이와 같이 분핵화되고 자동화되고 기계화되어 석기시대 조상의 능동적 삶과는 극단적인 대조를 이루는 전후 인류의 삶의 조건에 대한 뒤보의 비판적 시각은 1960년대 저항운동에 활력을 불어넣는 역할을 수행하였다. 마침내 그는 국제적인 재계 대표와 정책입안자들에게 경종을 울리는 대항문화의 기수가 되었다.

뒤보를 선두로 하는 환경주의의 열풍은 면역학을 전공하는 스티븐 V. 보이던(Stephen V. Boyden)이라는 보다 젊은 동료에게 영감을 주었다. 보이던은 록펠러대학교에 몸담았던 동안 뒤보 부부와 함께 여러 차례 뉴욕시에서 북쪽으로 허드슨강 상류 푸킵시 근교 자택에서 주말을 보내곤 했다. 그들은 숲길을 따라 걸으며 종종 "현대의 환경에서 인간의 행동뿐만 아니라 건강과 질병을 이해하는 데 호모 사피엔스의 진화적인 배경을 적용하는 것의 타당성"에 대해 이야기하곤 했다.[27] 후에, 보이던은 레이철 카슨(Rachel Carson)의 『*침묵의 봄*』(**그림 2.5**)과 뒤보와의 대화의 영향을 받아 호주의 소박한 '자연의 수도' 캔버라에 있는 호주국립대학교로 옮긴 후 원래 전공하던 면역학을 떠나 인간생태학과 환경 연구 프로그램 개발에 몰두하였다. 그는 특히, 인간의 문화와 생물학적 특성 간의 괴리로 인해 물리적 환경이 황폐해지고 있는 것에 대해 우려하였다. 그는 "문명 그 자체가 생물학적 진화의 한 산물일 뿐 아니라 문명의 존속을 위해서는 생물학적인 과정에 의존해야 한다. 신석기시대 이래, 자연과 문명의 힘 사이에는 매우 복잡하고 의미 있는 상호작용이 있었다"라고 기술했다.[28] 1970년대, 홍콩의 도시생태학적 연구를 수행하면서 보이던은 진화와 인간의 건강 간의 관계에 대한 생각을 더욱 발전시켜, "계통발생학적 부적응의 원칙"을 제시하였는데, 이는 뒤보의 부적응과 스트레스 이론과 강한 유사성을 가지고 있었다. 뒤보의 발자취를 따라 보이던은 인간의

그림 2.5 레이철 카슨. 1962년 출간한 그녀의 책 『침묵의 봄』을 통하여 인간과 환경 간의 상호작용에 대한 인식에 큰 영향을 끼쳤으며 환경운동과 이 장에서 다루어진 많은 인물들에게 자극을 주었다.
자료: 미 어류 및 야생동물 관리국

기술적 진보가 가져오는 생물학적, 문화적 영향에 관하여 탐구하였다. 보이던은 '기술중독'이라는 개념을 창시했는데 이는 기술에 병적으로 의존하여 인류가 수렵채집을 하면서 진화해 오던 '적정수준의 건강'을 유지하는 데 필요한 생물학적 조건으로부터 멀어지는 것을 의미한다. 뒤보와 마찬가지로 보이던도 '문명의 질병'이라는 개념을 도입하여 발전과 진보로 인해 생긴 병리적 현상을 설명하였다.[29,30] 1972년, 그는 의학 학술지에서 공기오염, 수질오염, 농약오염, 도시공동체의 과밀 등의 "기술적-인구학적 발전의 발굽 소리가 지구생태계의 온전함을 위협한다"라고 하였다. "화석연료의 도입으로" 인류사회에 흐르는 에너지는 매우 빠른 속도로 가속화되어 "지구생태계 전체가 위협받는 상황에 이르렀다"라고 하였다.[31]

보이던은 새로이 대두된 지구건강을 20세기의 생태학적 사상, 특히 전후의 시스템생태학의 흐름과 명확히 연결하는 중요한 업적을 남겼다.[32] 영국의 식물생태학자이자 정신분석가인 아서 G. 탠슬리(Arthur G. Tansley)는 1935년 '생태계(ecosystem)'라는 용어를 처음 창시하였고 예일대학교의 호소생물학자(limnologist)인 G. 에블린 허친슨(G. Evelyn Hutchinson)은 10여 년 뒤 '순환적인 인과 시스템(circular causal systems)'이라는 용어를 도입했다.[33] 허친슨에 의하면 유기체는 "주어진 환경에서 제대로 작동할 수 있으며 또한 환경에 영향을 미치기도 한다"라고 하였다. 환경과 유기체 간의 이러한 관계는 서로 주고받으며 일정한 범위 안에서 유지되지만, 외부에서 새로운 종이 침입하거나 주어진 조건이 변할 경우, 와해될 수도 있다.[34] 그는 알프레드 J. 로트카(Alfred J. Lotka)의 수학적 모형을 적용했는데, 특히 그의 생인구학적 순환적 인과성 이론은 이를 잘 보여준다.[35] 허친슨은 일찍이 러시아의 지리화학자인 블라디미르 I. 베르나드스키(Vladimir I. Vernadsky)가 상상했던 것처럼 루트비히 폰 베르탈란피(Ludwig von Bertalanffy)의 일반 시스템이론[36]과 노르베르트 비이너(Norbert Wiener)의 인공두뇌학 이론[37]을 '생물권(biosphere)' 개념과 통합하려는 열망을 가지고 있었다. 베르나드스키에게는 생물권이란 존재하는 모든 생명체의 합으로, 생명이 없는 지리권(geosphere)을 변화시키는 것을 의미하였다.[38,39] 이처럼 허친슨은 시스템이론, 인공두뇌학 이론, 생물권 이론과 연계하여 생태학을 재구성하려고 노력하였으며 이는 그의 관심이 호수에서 벗어나 지구 전체에 이르렀음을 보여준다. 허친슨의 학생 중 하나인 레이먼드 L. 린더만(Raymond L. Lindeman)은 1942년 호수를 "에너지가 물리-화학-생물학적 과정에 따라 흐르는 생태계"로 기술하였다.[40] 1950년대에는 허친슨의 제자인 하워드 T. 오덤(Howard T. Odum)과 그의 형제 유진 P. 오덤(Eugene P. Odum)이 스승을 도와 새로운 시스템생태학을 개척하는 데 조력하였다. 이들은 거대한 순환적 구조를 가진 활력이 넘치는 시스템을 구상하고, 이를 지구 규모에 적용할 수 있도록 구조적으로 일반화하는 작업을 했다.[41] 이러한 접근방법은 시간이 지나 20세기 막바지로 가면서 점점 더 분명해진, 규모가 크고 광범위하며 상호 연결되어 있는 문제를 연구하고 궁극적으로 해결하는 데 필요한 정밀기술을 개발하는 데 기여할 수 있을 것으로 보인다.[42]

지구건강의 미래 선구자로 대두되는 맥마이클은 아델라이드대학교 의과대학 학생으로 있던 1960년대, 사회의학의 강력한 지지자였던 그의 스승 바질 헷첼(Basil Hetzel)로부터 보다 넓은 범위의 의학으로 사회와 환경이란 문제에 눈뜨게 되었다.[43] 맥마이클은 카슨이 침묵의 봄에서 기술한 살충제의 생리적, 환경적 영향에 대한 참혹한 묘사,[44] 에를리히의 인구폭발에 대한 맬서스적 저주,[17] 뒤보와 보이던이 제시한 인간이 지구상의 다른 종과 조화로운 관계를 맺고 공존하는 비전[25]에 이르기까지 기존의 업적을 빠짐없이 탐독하면서 급진적인 학생 지도자로 변신하였다. 맥마이클은 1972년 호주의 진보적인 잡지 ≪*리뷰(The Review)*≫에 실린 "우주선 지구호"란 제목의 칼럼에서 "전후의 풍요로움으로부터 벗어나 현대기술의 무제한적인 발전이 방사성 오염물질, 유독가스, 잔류성 살충제, 유해 금속 오염과 같이 새로운 생물학적 위해를 초래한다는 사실을 깨닫기 시작하고 있다"라고 기고했다.[45] 이 역학자는 이후 20세기 말, 인간이 초래한 기후변화가 인간의 건강에 미치는 복잡한 영향을 설명하기 위해 사전에 이미 준비되고 적응되어 있었다.

반핵운동

핵무기 실험에서 나온 섬뜩한 빛이 지구건강으로 가는 또 다른 길을 밝혔다. 1960년대 초반부터 보스턴을 중심으로 일단의 의사들은 핵 군비 경쟁이 지구 수준에서 환경의 황폐화를 가져올 것이라는 우려 속에서 세계적인 군비 축소와 핵무장 해제를 촉구하기 시작하였다. 이 운동을 주도한 심장병 전문의 버나드 론(Bernard Lown)은 1961년, 노벨 평화상 수상자인 필립 노엘베이커(Philip Noel-Baker)의 연설을 듣는 도중, 심정지가 아니라 핵전쟁이 인간의 건강에 가장 큰 현세의 위협이 되고 있는 사실을 깨달았다고 하였다.[46] 론과 동료들은 사회적 책임을 실천하는 의사회(Physicians for Social Responsibility, PSR)를 창립하고 ≪*뉴잉글랜드 의학저널(New England Journal of Medicine)*≫에 일련의 논문을 기고하였다. 이 저널의 편집장인 조지프 갈란드(Joseph

Garland)는 의사들의 핵 위협에 대한 반대운동이 인류의 생존을 위한 의사들의 헌신의 표현이라고 격려하였다.[47] 한 논문에서는 보스턴에 핵폭탄이 터질 경우 직접적인 사망자와 피폭 직후의 사망자 수뿐만 아니라 피폭 후 장기간에 걸친 생태학적, 경제적 손실을 추산하여 제시하였다. 이에 의하면 피폭 후 인간의 삶은 극도로 위태로울 것으로 추정되었다.[48]

냉전이 한창 진행되고 있을 동안 PSR은 활발하게 활동하였고 그 영향력은 세계로 뻗어 나갔다. 그러나 후에 미국과 소련 간에 화해 시대가 도래하면서 반핵 캠페인은 이전에 비해 그 시급성과 설득력이 떨어졌다. 일부 의사 활동가는 활동의 방향을 미국의 베트남 전쟁 참여에 항의하는 반전운동으로 옮겨갔다.[49] 십여 년간에 걸쳐 세력이 약화된 후 1978년 PSR은 강대국들이 여전히 핵무기를 비축하고 있다는 우려를 근거로 다시 활성화되었다. 이들은 여러 의과대학과 공공장소에서 '피폭 훈련'을 시행하여 그들이 사는 도시에 핵 공격이 있을 때 생길 일들을 생생하게 재현하였다.[50] 이 기간 중, 론은 미소 양국 의사들 간의 교류를 통하여 정부 간의 적대감과 완고함에 대항하고자 하였다. 1980년 말, 론을 비롯한 미국 의사들은 예프게니 차조프(Yevgeniy Chazov)가 이끄는 소련 의사들과 의기투합하여 핵전쟁 방지를 위한 국제 의사회(International Physicians for the Prevention of Nuclear War, IPPNW)를 결성하였고 이 단체는 1985년 노벨 평화상을 수상하게 된다. 한편, 활기를 되찾은 PSR은 이전의 반핵 캠페인 방식을 모델로 하면서도 의료 옹호 활동을 더 넓은 환경 문제로 확장하기로 결정했다.

PSR 회원 중 매사추세츠 종합병원의 의사로 하버드 예방의학 및 임상역학교실의 창설자인 알렉산더 리프(Alexander Leaf)는 인간의 건강에 영향을 미치는 보다 넓은 범위의 환경 위해에 대해 열정적으로 대처한 사람이었다.[51] 리프는 세계적인 수준의 생태계 파괴에 대한 근거가 쌓여가는 것을 모니터링하면서 이러한 환경 변화가 역학적으로 인간의 건강에도 영향을 미친다는 것을 분명히 인식했다. 1989년, 그는 이러한 우려를 ≪뉴잉글랜드 의학저널≫의 편집장인 아놀드 '버드' 렐만(Arnold S. "Bud" Relman)과 공유한 결과, 렐만은 이 주제로 논문을 작성하기를 요청하였다.[52] 리프는 최근 기후변화와 환경 변화에 관한 관심이 커졌음에도 불구하고 이들이 인간의 건강에 미치는 영향에 대해서는 널리 논의되지 못하고 있음에 주목하였다. 공기오염으로 인한 건강 영향은 매일 직접 경험을 통해 명백하게 인지할 수 있다. 마찬가지로 성층권 오존층 소실로 인해 태양 자외선에 과다하게 노출되면 피부암과 백내장의 발생률이 높아질 뿐 아니라 우울증과 면역계의 이상까지도 초래한다는 사실도 잘 알려져 있다. 인구의 '폭발'은 농업생산과 식량 공급에 커다란 부하를 초래한다. 지구온난화로 인한 건강 영향은 매우 심각할 것으로 우려되지만 이로 인한 건강 영향의 구체적인 양상은 잘 와닿지 않는다. 리프는 그럼에도 지구라는 행성의 생태계는 현재 벌어지고 있는 것과 같은 무지막지한 경제성장과 개발을 감내할 수 없다는 것은 명확하다고 하였다. 생물권은 이전에 한 번도 경험하지 못했던 위험에 처해 있으며 "환경 변화의 효과는 핵전쟁과 다르지 않을 것"으로 오랫동안 두려워하던 재앙이 임박했다고 하였다. 그는 "의사와 보건 전문가인 우리는 지구의 기후변화와 환경 변화에 맞서기 위해 무엇을 해야 하는가?"라는 질문을 던졌다.[53]

PSR과 하버드의 리프의 동료들은 이러한 문제 제기에 대해 적극 호응하였다. 1993년 정신과 의사인 에릭 치비안(Eric Chivian)은 하버드 의과대학에 건강과 지구환경센터를 설립하였다. 치비안은 IPPNW의 공동설립자이기도 한데 환경파괴와 생물의 멸종이 인구집단에 미칠 건강위해에 대해 명확하게 기술하였으며 부센터장인 폴 R. 엡스타인(Paul R. Epstein)은 행동주의와 사회변혁을 통한 환경보건의 시계를 넓히는 데 노력을 기울였다.[54] 하버드 핵 위협 시대의 정신건강연구센터는 PSR과 IPPNW의 회원이기도 한 정신과 의사인 존 맥(John Mack)에 의해 운영되고 있었는데 1992년 센터의 이름을 정신건강과 사회변혁센터로 고치면서 환경위기에 대한 정신건강에 큰 방점을 둔 보다 폭넓은 활동을 할 것을 천명하였다.[55] 강한 반향을 남겼던 로마클럽의 첫 보고서[56] 발간 20주년을 맞아 센터는 세미나를 개최하고 도넬라 미도즈(Donella Meadows)를 대표 저자로 하는 "성장의 한계를 넘어: 인간의 정신에 대한 환경의 도전"을 발간했다.[57] 그러나 기관 간에 연구주제가 충분히 조율되지 않았기에 공중보건과 지구환경의 변화를 엮으려는 하버드의 이러한 노력은 한동안 주춤거렸다. 21세기 초 하버드 보건대학원에 지구건강연맹이 결성되면서 지구환경보건에 관한 관심은 다시 큰 주목을 받게 되었다.

지구건강의 출범

21세기가 시작될 무렵을 전후하여 환경과학과 역학 분야에서 근거가 축적되면서 지구건강의 개념적인 틀도 형체를 갖추었다. 맥마이클은 1994년 런던 위생 및 열대의학 대학원의 역학교수로 임용되었는데 여기서 그는 IPPNW의 리더 그룹 중 한 명이기도 한 앤드루 헤인스(Andrew Haines)를 포함한 의과학자들과 만나 지구환경 파괴로 인해 초래된 다양한 결과에 대해 탐색하였다. 환경과학 분야 전문가들의 수많은 경고에 힘입어 헤인스는 1990년 지구온난화가 인간의 건강에 미치는 영향에 대해 주의를 환기하는 작업을 시작하였다. 지구 평균 기온의 상승은 해수면 상승과 경작할 수 있는 토지의 축소를 동반하는데, 이러한 환경 변화는 호흡기질환의 증가와 매개체 번식의 지리적 범위의 확대로 인해 감염병 전파의 확산을 가속할 것으로 예측했다.[58] 맥마이클과 헤인스는 같이 일하게 되었고 국제사회에 기후변화의 위험을 알리기 위해 왕성한 활동을 펼쳤다. "인간이 초래한 기후변화는 역사상 처음으로 인류의 지구환경에 미치는 집약적 영향이 생물권의 물리적, 생태학적 수용 한계를 넘어선다는 것을 의미한다"라고 1997년에 그들은 썼다. "독성물질이나 감염병 병원체에 지역적이고 즉각적인 노출에 대한 우리의 통상적인 우려의 범위를 시간적-공간적으로 훨씬 뛰어넘는다"라고 하였다.[59]

맥마이클은 런던에서 캔버라 호주국립대학으로 자리를 옮긴 후 국립 역학 및 인구 보건센터의 소장직을 맡았다. 2000년 그는 "우리는 새 천 년에 있을 뿐만 아니라, 중요한 갈림길에 서 있다"라고 하였다. 이제 인간으로 인해 초래된 세계적인 생태계 변화는 "생물권의 생명 지지 능력을 위협하고 있다"고 했다.[60] 이로부터 수년 후 그는 다시 한번 다음과 같이 경고하였다. "인구 증가와 소비와 배출이 더 증가함으로 인해 가해지는 압력은 지구의 다양한 환경 시스템에 손상을 가하고 있다. … 현대 인간사회가 환경에 가한 부정적 영향에 대해 면죄부를 주는 것은 뻔뻔하고 세상물정을 한참 모르는 것이다".[61] 맥마이클은 유엔의 체계 안에서 이러한 변화를 지원하였는데, 이를테면 세계보건기구와 세계기상기구, 유엔환경계획이 공동으로 주관한 지구환경의 변화가 인류의 건강에 미치는 위험을 평가하기 위한 워크숍이 그 한 예이다.[62] 맥마이클의 유고인 『*기후변화와 건강의 역사(Climate Change and the Health of Nations)*』는 그의 사후인 2017년 출간되었는데, 이 책은 기후변화, 환경파괴, 생태다양성 소실에 대처하기 위해 국제적인 협력에 기반한 노력이 시급하다는 호소를 담고 있다.[63] 그는 인류의 건강과 생존을 보장할 수 있다고 여겨지는 "안전한 활동 공간"을 둘러싸고 있는 9개의 "지구위험한계(Planetary boundary)에 대한 최근의 견해를 받아들였다.[64] 맥마이클은 일생을 생태적인 위기가 쌓여가는 현실에 직면한 인류 건강의 전망에 대한 비판적인 탐구에 바쳤다. 보이든은 고인에게 바친 추도사에서 맥마이클은 생태계의 건강이 인류 건강의 바탕을 이루며 인류의 건강을 확보하기 위해서는 생태계의 건강을 지켜야 한다는 것을 그 누구보다 앞서서 이해했던 사람이라고 하였다.[65]

21세기에 들어선 후 의학저널 ≪*랜싯(The Lancet)*≫의 편집장인 리처드 호턴(Richard Horton)은 헤인스와 맥마이클을 비롯한 전문가들이 세계적인 차원에서 체계적으로 지구를 압박해 오고 있는 환경 변화가 인간의 건강에 미치는 영향에 대해 작성한 일련의 논문을 게재하였다. 2010년, 록펠러재단은 랜싯과 연계하여 "건강의 새로운 분야 - 공중보건 2.0" 프로그램을 지원하였다. 이 운동의 초대 회장인 주디스 로딘(Judith Rodin)은 이 운동은 "기존의 국제보건의 틀 경계를 훨씬 넘어서서 인간의 건강이 자연계 시스템에 의존하고 있다는 인식을 바탕으로" 하고 있다고 하였다.[66] 랜싯은 고든과 베티 무어 재단과 함께 건강과 생태계: 그 연계성 분석(Health and Ecosystem: Analysis of

그림 2.6 이탈리아 벨라지오에서 있었던 록펠러재단과 랜싯 공동위원회의 지구건강 학술회의. 위원회는 2014년 7월 출범했고 다음해 『인류세 시대 인간의 건강 지키기』라는 제목으로 보고서를 발간했다.
자료: 록펠러재단 벨라지오센터 제공

Linkages, HEAL)이라는 프로그램을 설립하였는데 이는 이후 지구건강연맹(Planetary Health Alliance)으로 발전한 후 최종적으로 위원회(commission)를 발족시키게 된다. 이 위원회는 해인즈를 회장으로 하고 대규모의 영향력이 있는 연구자들로 팀을 꾸려 2014년 7월 이탈리아 벨라지오에서 모임을 했고 그 결과를 *『인류세 시대 인간의 건강 지키기(Safeguarding Human Health in the Anthropocene Epoch)』*라는 보고서로 출간하였다(**그림 2.6**).[12] 호튼은 이 모임에서 도전적인 새로운 이름으로 '지구건강(planetary health)'을 제안했고 참석자들의 즉각적인 지지를 얻어 채택되었다. 2015년에는 웰컴트러스트는 '우리의 지구, 우리의 건강'이란 주제 아래에 7500만 파운드(한화로 약 1300억원)를 투자했는데, 이를 통하여 기후변화의 건강 영향, 악화하는 도시환경, 세계적인 식량 공급체계에 대한 위협 등에 관한 실제적이고 새로운 연구와 활동을 구축하는 것을 목표로 했다. 국제 학술 저널 *≪랜싯 지구건강(Lancet Planetary Health)≫*과 미 지구물리학 연합의 *≪지오헬스(GeoHealth)≫*가

2017년 출범하였고 ≪*네이처 지속가능성(Nature Sustainability)*≫과 지구건강의 발전을 지원하기 위한 생체(inVivo) 네트워크와 연계하여 다학제 저널인 ≪*도전(Challenges)*≫도 2018년 출범하였다. 1990년대까지만 하더라도 새로운 지구건강을 뒷받침할 수 있는 학술 연구 프로그램과 구체적인 명제가 모양을 제대로 갖추지 못하였으나 이제 그 실체를 드러낼 수 있게 되었다.

결론

지금까지 여러 분야의 융합을 통하여 이루어진 새로운 현대 학문의 한 분야의 탄생을 계통적으로 추적하였다. 이 과정을 보면서 우리는 우리 자신과 우리를 둘러싼 세계를 어떻게 그려낼 것인지에 대해 이 분야의 창시자들이 지금에 이르기까지 미치고 있는 영향을 이해할 수 있을 것이다. 이를 통하여 우리는 우리가 사용하는 인지 도구들의 다양한 차원과 질적 특성, 그리고 그들의 상호 관계에 관해 알게 된다. 이는 심지어 우리가 지향하는 종착지가 필연적인 것임을 암시할 수도 있다. 반대로 무의식적인 저항과 놓쳐버린 기회를 나타내기도 하고, 개념적 결함과 한계를 드러내기도 하며, 주의를 끌지 못했을 수도 있는 장애를 드러내기도 한다.

여기서 우리는 기존의 '국제보건(global health)'과 지구건강의 관계에 대해 정리할 필요가 있다. 국제보건은 1990년대에 꽃피기 시작했는데, 신종 감염병에 대한 국내 및 국제적 보건 체계의 대응 실패가 그 배경의 일부를 이루었다.[67] 비정부기구와 인류애에 기반한 여러 재단들의 지원으로 국제보건 프로그램은 특정 질환의 관리에 초점을 맞추고 있으며 주로 기술적인 접근과 단순화된 측정 도구를 이용하여 정형화되고 하향적이고 수직적 구조를 가진 보건사업의 형태로 진행되는 경우가 많다.[68] 국제보건은, 때로는 인본주의에 기반한 예도 있고 생물학적 방호의 개념을 바탕으로 한 일도 있지만 그 기반이 신식민주의에 있다는 비판을 피하기 힘들다.[69] 지구건강은 국제보건과 같은 규모에서 진행하지만, 감염병 유행을 넘어서 생태계 파괴에 집중하여 작동하는, 국제보건을 보완하는 분야라고 평가절하할 수도 있다. 그러나 지구건강의 성립과정을 보면 이러한 시각은 타당하지 않다. 지구건강은 지금까지 우리가 본 것과 같이 환경보건의 긴 전통에 그 맥이 이어져 있으며 시스템생태학과 전후 지구에 대한 급진적인 사고를 포괄하고 있어 가끔 편의상 비슷한 계통으로 분류되기도 하지만 계통적으로 국제보건과는 명백히 구별되는 별도의 분야이다.

지구건강은 상당한 수준에서 지금까지 인류의 발전과 진보, 소위 "문명화 과정"이란 이름으로 지구의 생명 지지 체계를 끊임없이 망가뜨린 결과를 포장해 온 것에 대한 현재 수준에서 우리의 반응으로 볼 수 있다. 이것은 자연이 인류에게 되돌려주는 위협에 대한 우리의 자연적인 반응이기도 하다. 이런 면에서 지구건강의 융합이 미국이나 호주와 같은 신대륙의 식민 정착 사회와 런던과 같은 식민본국에서 가장 먼저 형성된 것은 놀라운 일이 아니다. 이들은 유럽인들의 신대륙에 대한 식민지 정복과 정착 과정과 외래종의 유입에 의한 환경파괴, 토지 개간, 빠르게 진행된 도시화, 광산개발, 지속가능성이 없는 농업 등의 생태계 파괴를 누구보다도 잘 경험하였기 때문이다.[70] 역사가들은 환경보존주의는 정교한 자연계를 개척하고 파괴하는 것에 반대해서 대영제국에서 처음 대두되었으며,[71] 마찬가지로 생태학도 그 기원은 넓은 의미의 '제국의 과학'에 속했다고 한다.[72] 지구건강 역시 식민주의와 "지속가능한 성장"이란 명제 아래 내재한 무분별한 경제성장에 대한 내부적인 비판을 포함하고 있다고 볼 수 있다. 세계환경개발위원회가 주장한 '지속가능한 성장'부터 국내총생산(GDP)은 경제의 건강을 제대로 측정하는 도구가 아니라고 하는 최근의 비판까지 포함되어 있다.[73]

마지막으로 지구건강의 역사를 통해 우리가 가진 인류와 지구의 생태계에 대한 지식의 지속성과 다양한 상호작용에 대해 다시 한번 생각해 볼 수 있다. 또 한 가지 짚고 넘어갈 사항으로 지금까지의 지구건강의 역사는 이 글의 저자와 같은 선진국의 백인 남성 전문가들에 집중되어 있다는 점이다. 예외적으로 바바라 워드, 도넬라 미도즈, 세계환경개발위원회의 의장 그로 브룬틀란트(Gro Brundtland)와 같은 분들을 거명할 수 있다. 그러나 향후 지구건강이 더 많은 여성과 중·저소득국가, 소수민족을 대표하는 지성의 참여로 그들의 생각을 담아낼 수 있도록 변신해 나갈 수 있을지 고민할 필요가 있다.

저자

워릭 앤더슨(Warwick Anderson, MD, PhD)은 생물학 및 생의학의 역사를 전공하는 역사학자로 최근 그의 주된 관심은 20세기 질병생태학의 발전에 집중해 있다. 현재 시드니대학교 철학 및 역사 대학과 찰스 퍼킨스 센터에서 정치, 거버넌스, 윤리학 교수로 재직하고 있다. 더불어 멜버른대학교 인구 및 국제보건대학의 명예교수로 재직하고 있다.

제임스 덩크(James Dunk, PhD)는 문화 역사학자로 의학과 정신건강의 역사와 지구역사를 주요 전공 분야로 하고 있다. 최근에는 20세기 후반 생태학적 위기 속에서 심리학 및 정신 과학을 재발견하는 데 노력을 집중하고 있다. 그는 현재 시드니의 오스트레일리아 원주민 거주지에 살면서 작업하고 있으며 시드니대학교 역사학과의 연구원과 뉴캐슬대학교 인문사회과학대학의 겸임펠로우로 재직하고 있다.

참고문헌

1. McMichael AJ. Global warming, ecological disruption and human health: the penny drops. *Med J Aust.* 1991; 154:499–501.
2. Houghton JT, Jenkins GJ, Ephraum JJ, eds. *Climate Change: The IPCC Assessment.* Cambridge, UK: Cambridge University Press; 1990.
3. World Health Organization. *Potential Health Effects of Climate Change. Report of a WHO Task Group.* Geneva, Switzerland: WHO; 1990.
4. Ewan C, Bryant EA, Calvert GD. *Health Implications of Long-Term Climate Change.* Discussion Document Commissioned by the NHMRC. Canberra, Australia: Department of Community Services and Health; 1990.
5. World Commission on Environment and Development. *Our Common Future.* Oxford, UK: Oxford University Press; 1987.
6. Dunk JH, Jones DS, Capon A, Anderson WH. Human health on an ailing planet: historical perspectives on our future. *N Engl J Med.* 2019; 381(8): 778–782.
7. Bashford A, Tracy SW. Introduction: modern airs, waters, and places. *Bull Hist Med.* 2012; 86(4): 495–514.
8. Anderson W. *The Cultivation of Whiteness: Science, Health, and Racial Destiny in*

Australia. Durham, NC: Duke University Press; 2006.
9. Valencius CB. *The Health of the Country: How American Settlers Understood Themselves and Their Land*. New York, NY: Basic Books; 2002.
10. McMichael AJ. *Planetary Overload: Global Environmental Change and the Health of the Human Species*. Cambridge, UK: Cambridge University Press; 1993.
11. McMichael AJ. Ecological disruption and human health: the next great challenge to human health. *Aust J. Public Health*. 1992; 16(1): 3–5.
12. Whitmee S, Haines A, Beyrer C, et al. Safeguarding human health in the Anthropocene epoch: report of The Rockefeller Foundation–Lancet Commission on Planetary Health. *The Lancet*. 2015; 386(10007): 1973–2028.
13. Rosenberg CE. Explaining epidemics. In: *Explaining Epidemics and Other Studies in the History of Medicine*. Cambridge, UK: Cambridge University Press; 1992:293–304.
14. Warde P, Robin L, Sörlin S. *The Environment: A History of the Idea*. Baltimore, MD: Johns Hopkins University Press; 2017.
15. Osborn HF Jr. *Our Plundered Planet*. New York, NY: Pyramid Publications; 1948:33.
16. Vogt W. *Road to Survival*. New York, NY: William Sloane; 1948:14–16, xiii.
17. Ehrlich PR. *The Population Bomb*. New York, NY: Ballantine Books; 1968.
18. Ward B. *Spaceship Earth*. New York, NY: Columbia University Press; 1966.
19. Boulding KE. The economics of the coming spaceship earth. In: Jarrett H, ed. *Environmental Quality: Issues in a Growing Economy*. Baltimore, MD: Johns Hopkins University Press; 1966:3–14.
20. Commoner B. *The Closing Circle: Nature, Man, and Technology*. New York, NY: Knopf; 1971.
21. Schmelzer M. "Born in the corridors of the OECD": the forgotten origins of the Club of Rome, transnational networks, and the 1970s in global history. *Journal of Global History* 2017; 12(01): 26–48.
22. Meadows DH, Meadows DL, Randers J, Behrens WW III. *The Limits to Growth: A Report for the Club of Rome's Project on the Predicament of Mankind*. New York, NY: Universe; 1972.
23. Dubos RJ. *The Bacterial Cell in Relation to Problems of Virulence, Immunity and Chemotherapy*. Cambridge, MA: Harvard University Press; 1945.
24. Dubos RJ. *Mirage of Health: Utopias, Progress, and Biological Change*. London, UK: George Allen & Unwin; 1959.
25. Dubos RJ. *Man Adapting*. New Haven, CT: Yale University Press; 1966.
26. Dubos RJ. *Man, Medicine, and Environment*. New York, NY: Praeger; 1968.
27. Boyden S, personal communication with James Dunk, December 2, 2018.
28. Boyden S. The impact of civilisation on human biology. *Aust J Exp Biol Med Sci*. 1969; 7:287–298.
29. Boyden S. Evolution and health. *The Ecologist*. 1973; 3:304–309.
30. Rosenberg CE. Pathologies of progress: the idea of civilization as risk. *Bull Hist Med*. 1998; 72:714–730.
31. Boyden S. The environment and human health. *Med J Aust*. 1972; i:1229–1234.

32. Anderson W. Natural histories of infectious disease: ecological vision in twentieth-century biomedical science. *Osiris*. 2004; 19:39–61.
33. Tansley AG. The use and abuse of vegetational concepts and terms. *Ecology*.1935; 16:284–307.
34. Hutchinson GE. Circular causal systems in ecology. *Ann N Y Acad Sci*.1948; 50:221–246.
35. Lotka AJ. *The Elements of Physical Biology*. Baltimore, MD: Williams and Wilkins; 1925.
36. Bertalanffy L. An outline of general systems theory. *Br J Philos Sci*. 1950; 1:139–164.
37. Wiener N. *Cybernetics, or Control and Communication in the Animal and the Machine*. Cambridge, MA: MIT Press; 1948.
38. Vernadsky VI. *La Biosphere*. Paris, France: Félix Alcan; 1929.
39. Vernadsky VI. Problems of biogeochemistry. II: the fundamental matter-energy difference between the living and inert natural bodies of the biosphere. *Trans Conn Acad Arts Sci*. 1944; 35:485–517.
40. Lindeman RL. The trophic-dynamic aspect of ecology. *Ecology*. 1942; 23:399–418.
41. Odum HT, Odum EP. *Fundamentals of Ecology*. Philadelphia, PA: W.S. Saunders; 1953.
42. Dyball R, Newall B. *Understanding Human Ecology: A Systems Approach to* Sustainability. Abingdon, UK: Routledge; 2014.
43. Hetzel B. *Chance and Commitment: Memoirs of a Medical Scientist*. Adelaide, Australia: Wakefield Press; 2006.
44. Carson R. *Silent Spring*. New York, NY: Houghton Mifflin; 1962.
45. McMichael T. Spaceship Earth. *The Review* 1972(April 8–14): 708.
46. Lown B. Medical internationalism and the "last epidemic." In: Brown TM, Birn A, eds. *Comrades in Health: U.S. Health Internationalists, Abroad and at Home*. New Brunswick, NJ: Rutgers University Press; 2013.
47. Garland J. The medical consequences of thermonuclear war—editor's note. *N Engl J Med*. 1962; 266(22): 1126.
48. Ervin FE, Glazer JB, Aronow S, et al. Thermonuclear attack on the United States. *N Engl J Med*. 1962; 266(22): 1127–1137.
49. Alexander S. The origins of Physicians for Social Responsibility (PSR) and International Physicians for the Prevention of Nuclear War (IPPNW). *Soc Med*. 2013; 7(3): 120–126.
50. Lifton RJ. *Witness to an Extreme Century: A Memoir*. New York, NY: Free Press; 2011:151.
51. Leaf A. Medicine or physiology: my personal mix. *Ann Rev Physiol*. 2001; 63(1): 11–14.
52. Alexander Leaf, M.D.: Autobiographical Memoir and Oral History Interview with Arnold S. Relman, Countway Library, R154.L53. 1996:545.
53. Leaf A. Potential health effects of global climatic and environmental changes. *N Engl J Med*. 1989; 321:1577–1583.
54. Chivian ES, McCarthy M, Hu H, Haines A, eds. *Critical Condition: Human Health and*

the Environment. Cambridge, MA: MIT Press; 1993.

55. Smith DM. The Center's transition: near and far. *Centre Review*. 1992; 6(2): 2.
56. Meadows DH, Meadows DL, Randers J. *Beyond the Limits: Global Collapse or a Sustainable Future*. London, UK: Earthscan Publications Ltd; 1992.
57. Center for Psychological Studies in the Nuclear Age. *Beyond the Limits: The Environment's Challenge to the Human Psyche*, April 7, 1992. John E. Mack Archives.
58. Haines A. The implications for health. In: Leggett J, ed. *Global Warming*. Oxford, UK: Oxford University Press; 1990:149–162.
59. McMichael AJ, Haines A. Global climate change: the potential effects on health. *BMJ*. 1997; 315:805–809.
60. McMichael AJ, Beaglehole R. The changing global context of public health. *The Lancet*. 2000; 356:495–499.
61. McMichael AJ. Population, environment, disease, and survival: past patterns, uncertain futures. *The Lancet*. 2002; 359:1145–1148.
62. McMichael AJ, Campbell-Lendrum DH, Corvalán CF, et al., eds. *Climate Change and Human Health: Risks and Responses*. Geneva, Switzerland: World Health Organization; 2003.
63. McMichael AJ, with Woodward A, Muir C. *Climate Change and the Health of Nations*. New York, NY: Oxford University Press; 2017.
64. Rockström R, Steffen W, Noone K, et al. A safe operating space for humanity. *Nature*. 2009; 461:472–475.
65. Boyden SV. Foreword. In: Butler CD, Dixon J, Capon A, eds. *Health of People, Places and Planet: Reflections Based on Tony McMichael's Four Decades of Contributions to Epidemiology Understanding*. Canberra, Australia: ANU Press; 2015:xilv–xlvii.
66. Rodin J. Planetary health: a new discipline in global health. 2015. https//www.rockefellerfoundation.org/blog/planetary-health-a-new-discipline-in-global-health/. Accessed November 9, 2018.
67. Brown TM, Cueto M, Fee F. The World Health Organization and the transition from "international" to "global" public health. *Am J Public Health*. 2006; 96:62–72.
68. Packard RM. *A History of Global Health: Interventions into the Lives of Other Peoples*. Baltimore, MD: Johns Hopkins University Press; 2016.
69. Lakoff A. Two regimes of global health. *Humanity*. 2010; 1(1): 59–79.
70. Anderson W. Nowhere to run, rabbit: the Cold-War calculus of disease ecology. *Hist Philos Life Sci*. 2017; 39(2): 13.
71. Grove RH. *Green Imperialism: Colonial Expansion, Tropical Island Edens, and the Origins of Environmentalism, 1600–1860*. Cambridge, UK: Cambridge University Press; 1995.
72. Robin L. Ecology: a science of empire? In: Griffiths T, Robin L, eds. *Ecology and Empire: Environmental History of Settler Societies*. Melbourne, Australia: Melbourne University Press; 1997:63–75.
73. Beaglehole R, Bonita R. Development with values: lessons from Bhutan. *The Lancet*. 2015; 385:848.

3 인구, 소비, 형평성 및 권리

로버트 엥겔만 · 존 봉가츠 · 크리스틴 패터슨 지음
하미나 번역/ 권호장 감수

인류는 예전부터 현재에 이르기까지 다른 어떤 종보다도 집단의 수가 크고, 급속하게 성장하며, 특히 지구의 모든 지역에 정착하여 지구 자원을 많이 사용한다. 인류는 활동 규모가 크고 기술을 개발하고 배포함으로써 지구와 지구상의 생명체를 근본적으로 바꾸었다. 이러한 환경 변화에 대해서는 다음 장에서 자세히 설명한다. 여기서는 인류의 인구 증가와 소비 패턴에 대해 살펴본다.

1971년 생물학자 폴 에를리히와 환경 과학자 존 P. 홀드런(Paul Ehrlich and John P. Holdren)은 환경 영향(I)이 인구(P)와 개인 소비(풍요로움, A)의 곱이며, 소비에 사용되는 기술(T)을 매개로 한다는 I = PAT 공식을 개발했다.[1] 비평가들은 I = PAT 등식이 지나치게 단순하다고 일축했다. 이 공식은 인구의 이질성, 환경의 회복력, 잠재적 티핑 포인트, 시간이 상호작용에 미치는 영향 등을 무시하기 때문이다. 그럼에도 불구하고 I = PAT 등식은 인구수가 결코 단독으로 작용하는 것이 아니라 개인의 행동 및 기타 요인과 결합하여 환경에 영향을 미친다는 점을 전달하는 데 중요한 교육적 기능을 한다.

인구와 1인당 소비가 환경에 영향을 미치는 데 있어 어느 것이 더 중요한 지에 대해서는 오랫동안 분명하지 않았고 논란의 여지가 있는 민감한 주제였다. 어떤 것이 환경에 정말 중요한 것일까? 확실한 것은 둘 중 하나가 아니라 둘 다라는 것이다. 이것을 부정하는 것은 직사각의 면적을 결정하는 것은 높이가 아니라 너비라고 주장하는 것과 비슷하다. 한 사람의 소비는 일반적으로 환경에 거의 영향을 미치지 않는다. 하지만 유사한 행동을 수백만 또는 수천만 번 반복하는 *누적* 소비는 환경에 큰 영향을 미친다. 수십억 명으로 구성되는 인구는 종종 환경에 직접적이고 강력한 영향을 미친다.[2] 정확한 상호작용을 파악하고 이해하기는 복잡하고 어렵지만, 기후변화와 환경파괴로 인해 현재의 지구건강이 처한 위험을 고려할 때 이러한 노력은 의미 있는 일이다.

동인

인구

인구는 약 30만 년 전 호모사피엔스가 출현한 이래로 끊임없이 변화해 왔다. 마지막 1만 년을 제외하고는 인구는 다른 대형 포유류와 비슷한 수준인 수백만 명에 불과했고, 지구환경에 인간이 미치는 영향력도 미미했다. 그러나 오늘날에 비하면 적은 인구수임에도 불구하고, 인간이 효과적으로 사냥하는 법을 배우고 점차 전 세계로 퍼져나가면서 인류는 많은 다른 생물종을 멸종시킬 수 있는 요인이 되었다.

선사시대 인구 규모는 때로 변동이 있었지만, 대부분의 수렵채집시대에는 인구가 매우 느리게 증가하였다. 그러다가 1만~1만 2000년 전 농업이 발달하면서 인구는 더 꾸준하고 빠르게 증가하기 시작했다. 정착생활을 함으로써 인구 증가의 두 가지 원동력인 출산율(여성 1인당 출생아 수)과 출생아의 생존율이 높아졌을 것이다. 역사인구학자들은 로마 제국 시대부터 중세 후기까지 전 세계 인구를 수억 명 초반으로 추정한다. 200여 년 전에 시작된 산업화

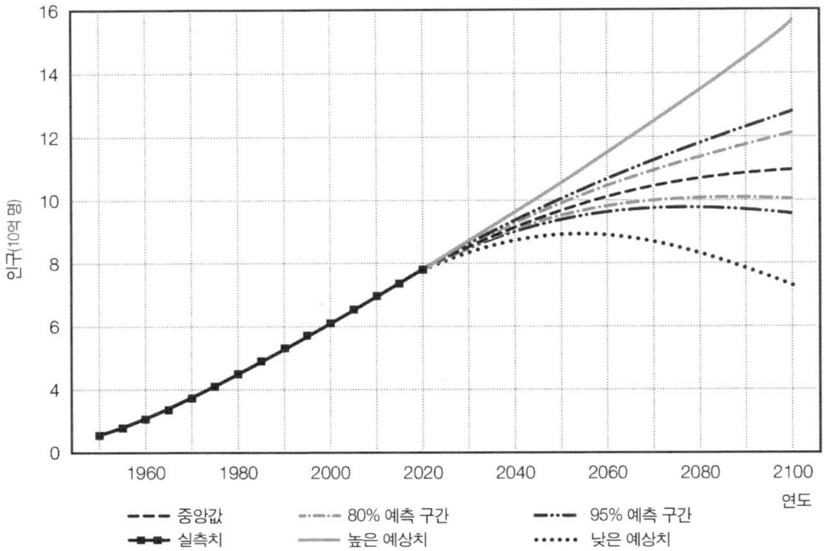

그림 3.1 세계인구, 1950~2100년.
자료: UN, DESA, Population Division. *World Population Prospects 2019*. http://population.un.org/wpp/, CC BY-3.0 IGO.

시대에는 식량생산, 위생, 건강이 개선되어 기대수명이 연장되면서 인구 증가가 가속화되었다. 인구는 1800년 10억 명에서 1950년 25억 명으로 증가했다. 가장 급속한 성장은 제2차 세계대전 이후에 이루어졌는데, 세계인구는 불과 70년 만에 약 25억 명에서 77억 명으로 세 배나 증가했다. 1970년대 이후 인구는 12년마다 10억 명씩 증가하고 있다(**그림 3.1**).

1960년대 후반 이후 연간 2%에서 약 1%로 성장률이 감소한 것은 효과적인 현대식 피임법이 광범위하게 보급되어 여성들과 커플들이 출산 시기와 횟수를 조절할 수 있었기 때문이다. 그러나 세계인구는, 낮은 성장률이라도 여전히 연간 약 8000만 명, 즉 매일 약 22만 명의 인구가 추가로 증가하고 있다. 과거의 높은 출산율 덕분에 젊은 인구가 많아졌고, 이 젊은이들이 평균 2명의 자녀만 낳아도 수십 년 동안 지속적으로 인구가 성장하게 된다. 이러한 '인구 모멘텀'은 미래의 인구 변화에 강력한 영향을 미친다. 예를 들어, 우간다 인구

그림 3.2 우간다 캄팔라. 세계에서 가장 빠르게 성장하는 도시들의 상당수가 아프리카에 있으며, 중앙아프리카 동부에 위치한 이곳도 그중 하나이다.
자료: 카를로스 펠리페 파르도(플리커), CC BY 2.0

의 절반이 15세 미만이며 대부분이 아직 가임기에 접어들지 않았다.

어린이 수에서는 작은 변화도 수십 년 후 전체 인구에서 큰 차이를 만들어 낸다. 여성 한 명당 한 명의 자녀가 얼마나 큰 차이를 만드는지 알 수 있다. 그림 3.1에서 높은 예상치는 중앙값보다 여성 1인당 자녀 수가 1/2 더 많은 경우이고, 낮은 예상치는 1/2 더 적은 경우다. 더 많은 경우는 2100년까지 현재 전 세계인구의 두 배 이상인 156억 명이 될 것으로 추정되는 반면, 더 적은 경우는 2019년 현재 인구인 77억 명보다 약간 적은 73억 명이 될 것으로 추정된다.

인구학자들이 이변이 거의 없는 미래를 가정하여 예측한 바에 의하면, 현재 세계인구는 2100년에 109억 명에 이를 것으로 예상된다.[3] 아시아와 유럽에서는 2050년 이후 인구가 감소하는 반면, 북미와 특히 아프리카는 계속 증가할 것으로 예상되는 등 지역별로는 크게 다르다. 사하라 이남 아프리카의 인구는 높은 성장률로 인해 현재 11억 명에서 2100년에는 38억 명으로 증가

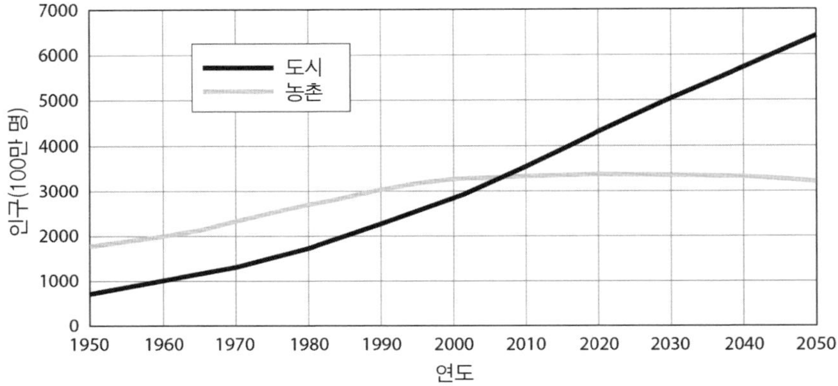

그림 3.3 2005년경 도시에 거주하는 인구가 농촌에 거주하는 인구를 넘어섰다. 향후 인구 증가의 대부분은 도시 환경에서 일어날 것으로 예상된다. 2014년까지의 데이터를 관찰하고 그 이후 연도를 예측했다.
자료: UN, DESA, Population Division. *World Population Prospects 2019*. http://population.un.org/wpp/, CC BY-3.0 IGO.

할 것으로 예상된다(**그림 3.2**).

지구건강에 영향을 미치는 또 다른 인구 추세는 세계인구의 점진적인 고령화와 도시지역 인구 밀도가 증가하는 것이다. 인구를 젊은 층과 노년층으로 균등하게 나눈 중위 연령은 2015년 29.6세였다. 2050년에 중위 연령은 36.2세로 증가할 것으로 예상되는데, 이는 고령 인구가 증가하여 의료 서비스 수요에 큰 변화가 있을 것임을 의미한다.[3] 2007년경 인류의 절반이 도시지역에 거주하게 되었고, 계속될 것으로 보이는 이 증가 추세가(**그림 3.3**) 환경과 인류 건강에 큰 영향을 미칠 것임을 시사한다(13장에서 논의). 과학자들은 인구 규모와 성장이 환경 변화에 큰 영향을 미친다는 사실을 대체로 인정한다. 월드워치 연구소가 최근 동료 검토를 거친 과학 문헌을 조사한 결과, 인구 증가가 환경 문제를 유발하거나 악화시킨다는 주장이 빈번했다.[4] 1993년, 전 세계 58개 국립 과학 아카데미가 발표한 공동 선언에서는 "인류가 사회적, 경제적, 환경적 문제에 성공적으로 대처하기 위해서는 우리 아이들의 생애 내에 인구 증가를 제로로 만들어야 한다"고 했다.[5] 다음 해 교황청 과학 아카데

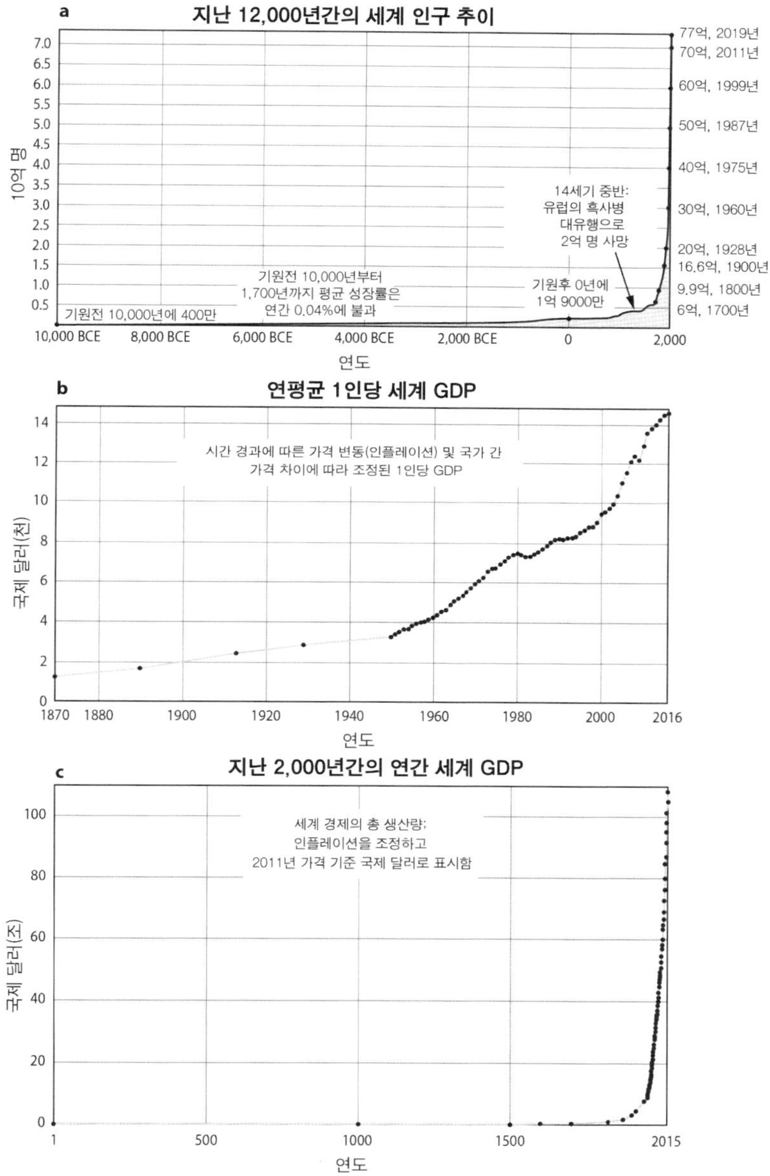

그림 3.4. 시간 경과에 따른 인구, 1인당 GDP, 총GDP의 성장률. 1870년 이후 인구는 약 7배 증가한 반면, 1인당 GDP는 11배 이상 증가했다. 가파른 인구 증가와 1인당 GDP의 더 가파른 증가가 합쳐져 인류의 총경제적(및 생태적) 발자국이 급격히 커졌다. 그래프의 각 점은 데이터 포인트를 나타낸다.

자료: (A) Max Roser(https://ourworldindata.org/world-population-growth), CC BY-SA
(B, C) *Our World in Data*(https://ourworldindata.org/economic-growth), CC BY 4.0

미도 세계 출산율이 여성 1인당 2명보다 훨씬 많은 상태가 오래 지속되는 것은 "생각할 수 없는 일"이라고 했다.[6]

개인의 소비

세계경제가 거의 일정한 수준으로 성장하고 있는 상황에서 전 세계 1인당 소비가 가파르게 늘어나고 대규모로 증가하는 많은 인구수가 가중되면 환경 영향은 엄청나게 커진다(**그림 3.4**).

환경에 명백한 영향을 미치는 소비 범주를 구체적으로 언급하자면 다음과 같다. 비재생 에너지와 자원은 환경으로부터 온 것이 틀림없고 어떤 형태로든 환경으로 되돌아가 오염을 유발한다. 바이오매스나 담수와 같은 재생 가능한 에너지와 자원도 오염을 유발하거나 오염될 수 있다. 더욱이 이러한 자원 남용으로 인해 미래 세대가 쓸 자원이 부족해질 수 있다.

세계경제는 2017년 연간 70조 달러 이상을 창출하여, 연간 3%의 성장을 한 것으로 추정되었고 이는 인구수를 보정하면 1인당 2% 성장에 해당한다.[7] 3%의 성장률은 빠르지 않을 수 있지만, 23년 만에 세계경제를 두 배로 성장시키고 금세기 말까지 16배로 늘릴 수 있는 수치다. 인간이 환경에 주는 압력이 비례해서 확대되지 않는다 하더라도, 이미 지속 불가능한 수준인 현재 상태가 유지되기는 어려울 것이다.

그러나 1인당 평균 소비가 인간이 환경에 주는 압력을 얼마나 증가시키는지를 파악하기가 쉽지는 않다. 세계의 불평등이 점점 심해지므로 1인당 평균 소비에 대한 데이터는 개인의 생활방식에 존재하는 상당한 차이를 감출 수 있다. 게다가 소비에 관한 데이터는 인구에 관한 데이터보다 더 분산되어 있고 신뢰도가 낮다. 하지만 몇 가지 분명한 윤곽을 잡을 수는 있다. 선진국의 1인당 에너지, 물, 식품, 물질의 소비율은 비교적 안정적이며 개발도상국에 비해서는 높은 수준이다. 중국과 인도처럼 빠르게 산업화되고 있는 국가에서는 1인당 소비가 비교적 적은 편이지만 빈곤 감소에 따라 빠르게 증가하고 있다.

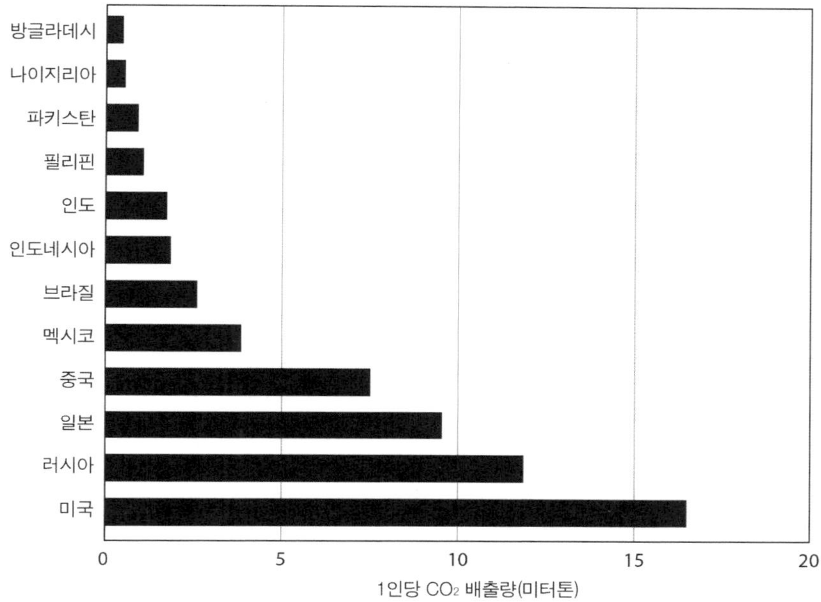

그림 3.5 인구 1억 명 이상의 일부 국가에서 2014년 1인당 CO_2 배출량.
자료: Carbon Dioxide Information Analysis Center, Environmental Sciences Division, Oak Ridge Natinal Laboratory, Tennessee, at World Bank development indicator database.
https://data.worldbank.org/indicator/EN.ATM.CO2E.PC 참조

아프가니스탄, 예멘, 아시아의 다른 국가들을 포함하여 사하라 이남의 아프리카에 있는 대부분의 최빈국들은 나라별 차이는 있으나 대체로 1인당 소비의 수준이 낮고 서서히 증가하는 추세이다.

인구 증가와 1인당 소비 증가의 복합적인 영향이 기술 혁신으로 인해 예전보다 억제된 경우는 있으나, 중요한 것은 1인당 소비 추세가 감소하고 있는 곳은 거의 없다는 것이다. 가장 중요한 온실가스인 화석연료에서 배출되는 이산화탄소(CO_2)의 1인당 배출량보다 국가별 편차가 더 큰 소비 지표는 드물다(**그림 3.5**).

데이터를 사용할 수 있는 가장 최근 연도인 2014년에 1인당 화석연료 CO_2의 최대 배출국은 최소 배출국보다 1인당 배출량이 1000배 이상 많았

다.[8] 이 수치에는 저소득국가에서 바이오매스 에너지의 사용과 농지 확장을 위한 삼림 벌채와 같은 비연료원에서 발생하는 상당량의 1인당 CO_2 배출량이 포함된 것은 아니다. 그럼에도 불구하고 화석연료 온실가스를 많이 배출하는 나라와 적게 배출하는 나라 간 격차는 매우 크며, 이는 소비 불평등을 가장 극적으로 보여주는 예다.

선진국과 개발도상국 간의 격차가 항상 예상과 같지는 않다. (물론 국가 내에서도 상당한 격차가 존재하며, 일반적으로 소득 및 부와 상관관계가 있지만 이러한 변동성에 대한 데이터는 부족하다.) 예를 들어, 2012년에 두 번째로 중요한 온실가스인 메탄의 1인당 배출량은 개발 수준이나 1인당 소득과 거의 상관관계가 없는 것으로 나타났다. 특히 중앙아프리카공화국과 수단에서 1인당 메탄 배출량이 높고, 미국과 대부분의 유럽 국가에서는 배출량이 적으며, 이탈리아와 일본에서는 배출량이 낮았다.[9–11]

세계화는 이러한 비교를 복잡하게 만든다. 북미의 쇠고기 소비가 브라질의 소 사육을 위한 삼림 벌채를 부추기는 것처럼, 저렴한 운송 수단과 전 세계를 아우르는 무역망은 고소득 국가가 전 세계에 환경 발자국을 남길 수 있다는 것을 의미한다. 마찬가지로, 한 나라의 국민은 자신이 소비하는 제품이 다른 국가에서 생산되면서 국경을 넘어서 배출되는 온실가스에 책임이 있을 수 있다. 또 오염 산업 시설이 저소득층의 거주 지역에 위치하거나 컴퓨터 폐기물이 개발도상국의 매립지에 버려지는 경우처럼, 부유층의 소비가 멀리 떨어진 가난한 지역에 직접적으로 오염을 유발할 수 있다. 저소득국가는 일반적으로 전기, 식품, 위생과 같은 중요한 재화와 서비스에 대한 접근성이 낮으므로 문제가 더욱 복잡해진다.

일반적으로 소득이 높을수록 1인당 소비량이 많은 상관관계는 환경과 가장 밀접한 관련이 있는 분야에서도 나타난다. 전 세계 1인당 소비 수준을 우려하는 사람들은 부유층의 소비를 줄이는 것이 중요하며, 이와 더불어 소비율이 높은 부유층의 인구가 여전히 증가하고 있다는 점에 주목한다.

빈곤층의 소비도 비록 영향력이 적다고 하더라도 환경과 지구의 건강에 영향을 미친다. 정착지의 확장은 종종 농지를 희생시키면서 이루어지며, 이는 식량 안보를 약화시킬 수 있다. 한때 삼림이었던 땅에서 사냥하고 농지를 확장하면 동식물의 숫자가 줄어들고 멸종을 초래할 수 있다. 잘못된 장소에서 대규모로 폐기물을 처리하면 인간뿐만 아니라 다른 종의 건강도 위협받을 수 있다. 지역적, 지구적 담수 부족은 점점 더 심각해지고 있다.

일반적으로 전 세계 빈곤층이 소득과 소비 패턴에서 부유층을 따라잡으려 하는 것은 당연한 일이다. 인구 예측과는 달리 주요 원자재와 에너지원의 미래 1인당 소비율을 통계적으로 확실하게 예측할 수 있는 방법은 없다. 그러나 21세기에 80억~110억 명이 될 것으로 예상되는 전 세계 인구가 오늘날 북미인처럼 생활하는 데 필요한 에너지와 물질적 자원을 지구가 공급해 줄 수 있을 가능성은 낮다. 하지만 오늘날 경제발전 모델은 미국과 다른 선진국에서 수십 년 동안 풍요로움을 누리며 진화한 고소비 라이프스타일을 장려하며 지속된다는 것을 가정하고 있다. 미국인들이 이런 삶의 방식을 얼마나 열렬히 추구하는지는 1992년 유엔환경정상회의에서 "미국인의 삶의 방식은 협상의 대상이 아니다"라는 조지 H.W. 부시 대통령의 발언에서 잘 드러난다.[12] 14년 후, 그의 아들인 조지 W. 부시 대통령은 다가오는 경기 침체를 막기 위해 미국인들에게 "쇼핑을 더 많이 하라"고 권고했다.[13]

소비에 기반한 라이프스타일이 전 세계적으로 확산된 데에는 소비주의를 성공적으로 마케팅하고 소비자 지위를 획득하려는 열망을 자극한 광고와 엔터테인먼트 미디어의 공이 크다. 몇몇 비교문화 연구에서는 광고와 소비주의가 정신건강과 행복에 영향을 미친다는 문제를 제기하였는데,[14] 이 주제는 11장에서 더 자세히 살펴본다. 신체건강에도 영향을 미칠 수 있다. 펜실베이니아주 로제토의 밀집된 이탈리아계 미국인 공동체에 대한 50년간의 연구에 따르면, 연구 시작 당시 이민자 지역사회의 심혈관 질환 발병률이 이웃한 두 도시보다 낮은 것으로 나타났다. 그러나 로제토가 미국화되면서 한때 강했던 사회적 유대가 약화되고 소비가 증가하면서 심혈관 질환 발병률도 증가했다. 연구 초기 심장 질환의 차이는 부분적으로는 세 지역사회 간의 문화와 사회적

결속력의 차이 때문일 수 있다.[15]

개발도상국은 선진국보다 더 빠른 속도로 경제가 성장함에 따라, 적어도 국가 간 비교에서는 1인당 소비의 격차가 좁혀지기 시작했으며, 특히 아시아에서 그렇다. 그러나 많은 국가에서 소득 불평등과 1인당 소비가 증가하고 있다.[16] 고급 소비자는 선진국에 국한되지 않는다. 개인의 부와 함께 소비도 증가한다. 제2차 세계대전 이후 급속하지만 여전히 불평등하게 소비가 증가하고 있으며, 이 추세는 계속될 것으로 보인다(일부 지역에서는 계속 소비가 증가할 필요가 있다). 인구 증가는 소비의 불평등을 더욱 악화시키고 있다. 어떻게 하면 경제발전을 촉진하여 빈곤을 완화함과 동시에 환경을 충분히 보존하여 인간과 비인간의 생명을 유지할 수 있을까? 과학이 기술 혁신을 통해 환경 친화적 소비가 가능하게 되지 않는 한, 전 세계 부유한 국가와 사람들의 에너지와 물질 소비를 크게 줄이지 않고는 이 두 가지 목표(빈곤 완화와 환경 보존)를 모두 달성하는 것은 불가능하다.

거의 모든 국가에서 영향력이 큰 소비가 여러 분야에서 증가하고 있다. 현재 지구상에는 12억 대의 경량자동차가 있으며,[17] 2017년에는 스포츠유틸리티(SUV)차량 판매량이 세계 자동차 판매량의 3분의 1 이상을 차지하며 기록을 경신했다.[18] 그 어느 때보다 많은 사람들이 상업적으로 비행기를 이용하고 있다. 주택의 평균 크기와 이에 따른 점유 토지, 사용되는 자재, 주택을 운영하는 데 필요한 에너지가 증가하는 추세다(인구 밀도가 특히 높은 도시에서는 이러한 추세가 역전될 수 있음). 육류 소비와 플라스틱 사용은 특히 개발도상국에서 빠르게 증가하고 있다. 물질 및 에너지의 1인당 소비량은 전 세계적으로 높은 수준으로 수렴하고 있는 것으로 보인다. 다른 쪽 끝(낮은 수준)으로 수렴하는 것이 지구의 건강을 위해 훨씬 바람직할 것이다.

기술

이론적으로는 1인당 소비와 인구가 안정 상태에 도달하더라도 경제성장

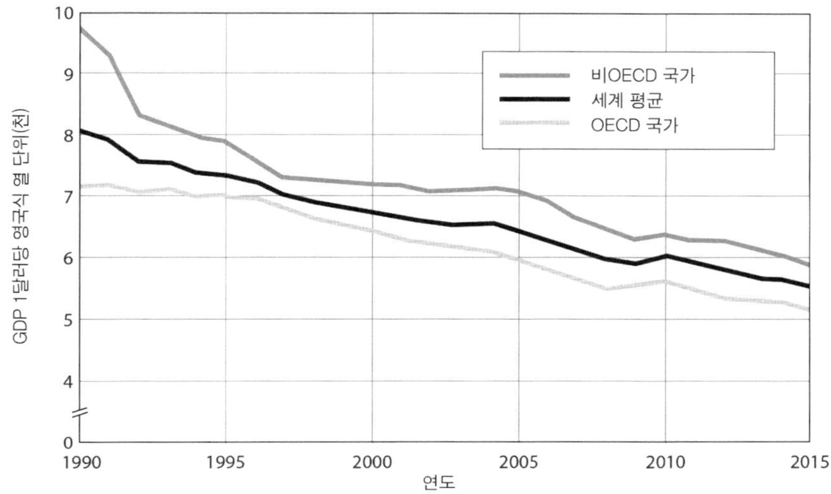

그림 3.6 세계경제의 에너지 집약도, 1990~2015년 GDP 1달러당 영국식 열 단위(Btu 천 단위). (에너지 집약도는 GDP 1달러를 생산하기 위해 필요한 에너지의 양이다.) 1990년과 2015년 사이에 경제협력개발기구(OECD) 국가, 비OECD 국가, 전 세계의 에너지 집약도는 각각 28%, 40%, 32% 감소했다. 이러한 감소 추세는 에너지 절약, 에너지 효율성, 산업이 에너지 집약도가 높은 부문(예: 중공업 및 제조업)에서 에너지 집약도가 낮은 부문(예: 서비스업, 소프트웨어업)으로 전환되었음을 반영한다. 이러한 에너지 집약도 개선을 가속화하는 동시에 탄소 배출이 없는 재생 에너지로 빠르게 전환하면 환경에 미치는 영향을 훨씬 줄이면서 생산성 향상을 지속할 수 있다.

자료: EIA, *International energy Outlook 2016*, International Energy Statistics and Oxford Economics. https://www.eia.gov/todayinenergy/detail.php?id=27032.

이 무한정 지속될 수 있는데, 특히 최근 현대 경제성장의 기반이 제조업에서 서비스업으로 기울고 있는 추세를 감안하면 더욱 그렇다. 그러나 이는 지구에서 물리적 자원 및 에너지 자원이 제거되고 쓰레기가 되어 환경으로 배출되는 과정에서, 국내총생산량(GDP)과 처리량 증가 사이의 효과적인 디커플링을 가정한다. 현재 디커플링의 예로는 연비를 높여 자동차의 효율성을 높이고, 전기 또는 하이브리드 차량으로 전환을 장려하며, 에너지 생산을 탄소 기반 연료에서 풍력 및 태양광과 같은 재생 가능 자원으로 전환하는 것 등이 있다. 이러한 움직임에도 불구하고 오늘날 처리량 증가세는 크게 둔화될 조짐이 보이지 않는다.

예를 들어 1990년부터 2015년까지 전 세계적으로 GDP 1달러당 에너지 사용량이 꾸준히 감소하는 등 최근 수십 년 동안 일부 디커플링이 발생했다(**그림 3.6**).[19] 그러나 지금까지 이러한 추세는 인구 증가 및 1인당 소비량 증가를 상쇄하지 못했다. 미국 에너지 정보국은 2040년까지 세계 에너지 소비가 현재 수준보다 48% 증가할 것이며, 그 증가분의 대부분은 탄소 기반 연료가 차지할 것으로 전망한다.[20] 2017년 전 세계 이산화탄소 배출량(CO_2)은 재생 에너지가 상당히 증가하였음에도 불구하고 3년간의 상대적 안정 이후 다시 증가세로 돌아섰다. 세계경제가 급성장하면서 에너지 생산의 81%를 탄소 집약적인 화석연료에 계속 의존하고 있다. 2017년에는 8000만 명이 추가된 것을 포함하여 세계인구 중 더 많은 비율이 상업용 에너지에 접근할 수 있게 되었다.[21]

디커플링은 이론적으로는 순환경제로 진화할 수 있다. 즉 모든 폐기물이 더 많이 사용할 수 있는 자원으로 경제에 환원되어 새로운 물질을 채굴하거나 수확할 필요가 없게 되는 것이다. 하지만 안타깝게도 오늘날의 세계경제는 순환경제와는 거리가 멀다. 유엔환경계획(UNEP)에 따르면 2017년 약 920억 톤의 물질 자원이 채굴되어 전 세계에서 소비되었는데 이것은 1970년 270억 톤의 3배가 넘는다.[22] 이 수치는 금세기 중반까지 다시 두 배가 될 것으로 예상된다. 유엔환경계획은 물질 자원을 식물, 화석연료, 금속, 그리고 모래와 자갈과 같은 비금속 광물로 정의한다. 더욱이 물질 사용의 흐름이 엄청나게 불평등하다는 사실은 문제 해결을 더욱 복잡하게 만든다. 평균적으로 고소득 국가의 주민들은 저소득국가의 주민들보다 무게 기준으로 10배 더 많은 물질을 사용한다.[23] 이 모든 것은 제조 및 에너지 경제에서 큰 변화가 없다면 경제 성장과 인구 및 소비 증가의 디커플링으로 지구건강을 보호하기 힘들다는 것을 시사한다.

정책

배경: 격렬한 논쟁

인구 증가와 이에 대한 대책은 오랫동안 논쟁과 분열의 대상이었다. 19세기에 접어들자 경제학자 토머스 맬서스는 인구 증가가 반드시 식량 공급을 추월할 것이라고 주장하여 지지와 반대를 동시에 불러일으켰다. 많은 나라에서 피임과 낙태를 사회적·법적으로 금지한 것의 간접적 결과로 인구가 증가하였지만, 20세기까지 인구의 변화(증가 또는 감소)나 분포와 관련된 정책을 명시적으로 시행한 정부는 없었다.

20세기 초에 우생학이라는 개념이 일부 유럽과 북미 국가의 정부 정책에 영향을 미치기 시작했다. 이 단어의 어원은 그리스어로 '잘 태어난 사람(well-born)'이라는 뜻으로, 우생학 옹호주의자들은 열등하다고 생각되는 집단의 번식을 막고 우월하다고 생각되는 집단의 번식을 장려하기 위한 조치를 강조했다. 20세기 전반기에 미국의 일부 주 정부와 나치 독일은 감옥과 정신병원에서 수만 명의 사람들을 강제로 불임수술했다.[24] 우생학은 인구 통제와 직접적인 관련이 거의 없었지만, 두 개념이 혼동됨으로써 인구의 추세에 영향을 미치고자 하는 정책에 대해서는 불편해하는 정서가 계속 남아 있다.

20세기 중반 이후 몇몇 국가에서 시도되었던 인구 통제의 역사는 생식권 침해로 얼룩져 있다. 가장 악명 높은 사례는 중국의 한 자녀 정책이다. 1980년경부터 정부 관리들은 중국 내 수억 명에 달하는 가임기 시민들의 생식 행동을 면밀히 감시하고, 허용된 출산 수(일반적으로 부부당 1명)를 초과한 사람들을 처벌했으며, 경우에 따라서는 정책 위반자에게 낙태를 강요했다.[25] 1975년과 1976년 인도 정부는 800만 명 이상을 불임수술 했는데 이들 중 대부분은 남성이었으며, 많은 부분 혹은 대부분에서 이러한 시술은 직접 강제하거나 강력한 인센티브를 제공했다. 중국과 인도 정부 모두 인구 과잉을 우려하여 출산율을 낮추려는 명백한 의도로 이러한 정책을 추진했다.[26] 최근에는 1996년부터 2000년까지 페루에서 알베르토 후지모리 대통령 정부가 인구 통제를 목적으로 (그리고 암묵적으로 우생학적 인구 '개선'을 위해) 20만 명 이상의 원주민 여성에게 동의 없이 불임 수술을 지휘한 것으로 알려졌다.[27]

인구 증가율을 높이기 위해 강압적인 인구 정책이 추진된 사례도 몇 가지 있다. 루마니아의 공산주의 정부인 니콜라 차우셰스쿠 정부는 1966년 2300만 명이었던 인구를 2000년 3000만 명으로 늘리기 위해 거의 모든 낙태와 피임을 금지했다. 독재자는 "아이를 낳지 않는 사람은 모두 탈영병"이라고 선언했다. 이 정책으로 출산율은 거의 두 배로 증가했다. 또한, 유아 사망률도 치솟았고, 불법 낙태, 산모 이환율, 주정부 고아원에서 양육되는 유기 아동의 수도 급증했다. 이 정책은 1989년 차우셰스쿠가 실각하고 처형되면서 막을 내렸다.[28,29]

이처럼 인구 통제라는 말에는 낙인과 강압의 의미가 따라오므로 대부분의 정부와 국제기구는 인구에 영향을 미치는 정책을 추진할 때 *인구 통제*라는 용어 대신 가족계획 서비스에 대한 접근성 향상, 교육 등록 및 성취도 향상, 양성 평등 증진에 초점을 맞추고 있다. 중국은 부부당 2자녀 이하 의무 정책을 여전히 공식적으로 시행하고 있으나 국가 평균 출산율을 감소시키려는 정부의 의지는 점차 약해지고 있다. 현대의 인구 정책은 인권, 개인의 자율성, 개인적 선택에 기초하고 있으며 출산율 목표치를 제시하는 것도 삼가고 있다.

과학계에서는 인구 증가가 환경 문제의 주요 원인이라는 주장이 받아들여지고 있지만, 다른 분야에서는 꼭 그렇지 않다. 이는 인간이 근본적으로 선하며 인구는 많을수록 좋은 것이라는 깊은 신념을 흔들기 때문이다. 좌파와 우파는 보통 정치적인 양극단에 있으나 인구에 대한 태도는 크게 다르다고 보기 어렵다. 그러나 인구의 증가 속도를 감소시키는 것에 반대하는 보수파는 인구 증가가 혁신, 경제성장, 번영을 추동한다고 생각하는 경향이 있다. 일부는 경전과 종교적 권위를 인용하며 오늘날의 피임법을 금지하거나 영구적인 인구 증가를 신성시하기도 한다.

일부 정치 진보주의자, 특히 여성과 소수자의 생식건강과 권리를 옹호하는 사람들의 반대도 만만치 않다. 진짜 문제는 소비라는 생각은 대체로 일부에서 인구가 문제라고 여기는 것에 대한 반작용으로 등장했다. 저자 나오미 클라인(Naomi Klein)은 인구 증가 둔화를 기후변화 대응책의 하나로 주목하는 것은 "정신 나간 도덕적 막장"이라며 "온실가스 배출량 증가의 가장 중요한 원인은 가난한 사람들의 생식 행동이 아니라 부자들의 소비 행동"이라고 주장했다.[30] 이 장에 제시된 인구통계학적 사실에 비추어볼 때 이 주장은 불완전한 추론임이 분명하나 그럼에도 불구하고 이 주장은 널리 퍼져 있고 영향력이 크다.

필자들은 이러한 주장에 대해 다음과 같이 반박한다. 자발적인 가족계획, 교육, 여성 역량 강화를 장려하는 정책은 개인과 가족에 대해 직접적인 혜택을 주므로 충분한 정당성이 있다. 이러한 정책의 부차적인 이점은 인류의 건강을 개선하고 환경의 지속가능성을 달성하기 위한 최선의 장기적 경로를 종합적으로 제공한다는 것인데 이것은 특히 환경 문제가 얼마나 어려운지를 고려할 때 매우 중요하다. 인권과 개인의 선택이라는 맥락에서 인구 문제를 적절히 해결한다는 것은 각 개인에게 부모가 될지, 된다면 언제, 몇 명의 자녀를, 누구를 배우자로 할지 등 인생에서 가장 중요한 결정을 내릴 수 있게 해주는 것이다.

인구에 비해 증가와 감소의 변동성이 큰 1인당 소비를 성공적으로 줄이는 정부 정책은 훨씬 덜 중요하게 취급되어 왔다. 이것은 말하자면 기회를 잃어버린 것이라 할 수 있는데, 왜냐하면 1인당 소비를 줄이는 것은 긴 과정이 필요한 인구정책, 즉 인구 증가 속도를 늦추다가 종국에는 인구 증가를 멈추게 하는 것보다 더 빠르게 환경적 혜택을 얻을 수 있기 때문이다. 그럼에도 불구하고 인구가 증가하면 소비자의 수도 많아지는 것이므로, 소비를 줄여 지속가능성을 확보함으로써 얻는 장기적인 이득을 위해서는 인구 문제를 성공적으로 해결하는 것이 필수적이다. 이러한 시너지 효과와 인권, 형평성, 개인 선택권에 대해 잘 인식하여야 지구건강 개선을 위한 강력한 수단을 활용할 수 있다.

전통 경제학에서는 소비가 인간의 필요와 욕구를 충족시키고 생활수준을 높여주는 경제성장의 원동력이라고 칭송한다(15장 참조). 대부분의 경제학자들은 경제성장이 환경이나 자연자원을 고갈시킬 것이라는 우려를 일축한다. 세계인구가 80억 명에 육박하는 상황에서도 세계경제가 계속 성장하고 있다는 사실은 이러한 견해를 뒷받침한다. 이와는 대조적으로, 소수의 생태경제학자들은 경제 활동에서 환경적 제약이 실제로 존재한다고 주장하며 빈곤 감소를 목표로 하는 경제발전을 우선순위에 두되 세계경제와 환경적 한계의 전반적인 조화를 추구한다.[31]

인간이 초래한 기후변화, 담수 부족, 토지 황폐화, 생물다양성의 지속적인 손실에서 소비의 역할에 대한 논의가 최근 몇 년 동안 활발해졌으며, 불평등 문제에서 벗어나는 것이 거의 불가능하다는 것이 입증되었다. 부부가 자녀의 터울과 수를 스스로 결정할 수 있는 권리가 수시로 재확인되는 것과는 달리, "소비할 권리"에 대해 합의된 것은 없다. 그럼에도 불구하고 저소득층도 중산층이나 부유층과 마찬가지로 소비할 권리가 있다는 것은 분명해 보인다. 부자들처럼 소비하고 싶은 가난한 사람들의 열망은 이해될 뿐만 아니라 정당한 것이다. 그러나 글로벌 생태발자국 네트워크(Global Footprint Network)가 (불완전하게) 산출한 바에 따르면, 오늘날의 세계인구가 모두 미국인처럼 소비한다면 지구 세 개 분량의 자연자원이 추가되지 않고는 유지될 수 없다.[32] 인구와 소비는 성장하는 것이 항상 바람직하다는 통상적 전제와는 달리, 두 유형의 성장이 행복과 밀접하게 상관관계를 가진다는 증거는 거의 없다. 11장에서는 이 주제를 더 자세히 살펴본다.

인구 증가와 소비 패턴이 환경 파괴를 동반한다는 점을 고려할 때, 그 속도를 늦출 수 있는 방안을 모색할 필요가 있다. 하지만 소비나 세계인구의 지속적인 증가와 같은 문제를 어떻게 해결할 수 있을까? 가장 큰 장애물 중 하나는 앞서 살펴본 바와 같이 부유층과 빈곤층 사이의 빈부 격차로 인해 인간이 온실가스를 배출하고, 중요한 자연자원을 소비하고, 비인간 서식지를 침범하고, 기타 환경에 영향을 미치는 방식에서도 큰 격차가 발생한다는 것이다. 모든 인간은 식량, 에너지, 토지, 주거지 등 어떤 것을 소비하거나 다른 방식으로 변형시켜야 하며, 이 과정에서 모두 환경에 개별적인 영향을 미친다. 그러나 부와 소득의 불평등 때문에 생태계의 안정성에 대한 인간의 간섭과 그 간섭을 줄이기 위해 무엇을 할 수 있는지를 이해하는 것이 어렵다. 분배 정의의 문제에 대해서는 17장에서 자세히 살펴본다. 인구 관련 정책을 인구 '통제'와 혼동하는 경우가 많기 때문에, 인구가 환경에 미치는 영향에 대한 과학적 토론에서도 이 주제에 대한 다양한 의견에 민감하게 주의를 기울여야 한다. 오늘날 다양한 의견을 폭넓게 경청하고 고려하기 위해서는 형평성을 존중하고 모든 인간의 근본적 존엄성과 권리를 인정하는 태도를 보여야 한다. 이는 어렵지 않다. 여성의 지위, 교육 수준, 피임 서비스에 대한 접근성이 향상되면 출산율과 인구 증가율이 감소한다는 것은 이제 널리 알려진 사실이다. 남성들이 가족계획에 건설적으로 참여하고 성 평등을 지지하는 것이 인구문제에서 긍정적인 성과를 낳고 이 성과를 증폭, 유지하는 데 도움이 된다.

사람들의 소비 방식에서 형평성과 지속가능성의 중요성을 균형 있게 고려하면 유한한 지구에서 미래 인류에게는 인구의 규모가 중요해진다. 예를 들어 모든 사람이 정확히 동일한 양의 온실가스를 배출한다면, 기후를 유지하는 데 허용되는 1인당 온실가스 배출량은 세계인구 증가에 정비례하여 줄어들 것이다. 1인당 배출량이 매우 불균등하기 때문에 인구 성장의 중요성이 잘 드러나지 않는다. 따라서 불평등한 세계의 안개 속에서 인구와 소비가 지구건강에 미치는 역할을 파악하고, 불평등을 확대하지 않으면서도 두 가지 문제를 모두 해결할 수 있는 방법을 마련해야 한다.

대중과 대부분의 정책 입안자들이 수용할 수 있으려면 인구 변화에 영향을 미치려는 전략은 전적으로 개인의 선택, 인권, 개발, 지구의 건강과 인류 복지의 개선에 기초해야 한다. 사회가 비효율을 과감히 줄이고 가능한 한 많은 폐기물을 자원으로 경제에 다시 순환시키는 진정한 순환경제를 발전시킬 수 있다면, 소비량과 소비의 자원 집약성을 모두 줄이는 일은 훨씬 수월해질 것이다. 그러나 경제 순환 구조가 획기적으로 개선되지 않은 경우는 소비 패턴에 영향을 미치기 위해 정부가 보다 더 직접적으로 조치할 필요가 있다. 환경적으로 '나쁜 것'에는 과세를 하고 환경적으로 '좋은 것'에는 인센티브를 부여하여 개인의 선택을 유도할 수 있다. 이렇게 하면 예를 들어, 자동차 연료나 항공 여행 비용이 지금보다 훨씬 더 비싸질 것이나, 어떤 사람은 여전히 추가 비용을 지출할 수 있을 것이다. 이는 가난한 사람들이 구매할 수 없는 것을 부유한 사람들은 소비할 수 있게 되어, 소비를 줄이는 것이 불평등을 심화하는 또 다른 도덕적 해이를 야기할 수 있다.

소비 문제 해결

많은 경제학자와 심지어 일부 환경운동가들조차도, 많은 사람들이 소유와 그것이 주는 흥분과 만족을 갈망하므로, 소비를 줄이는 것은 불가능한 목표라고 생각한다. 소비는 유사한 행동을 함으로써 자신이 속한 집단에 대한 소속감을 키울 수 있다. 사회적 지위나 성적 매력을 둘러싼 경쟁은 동료보다 더 많이 또는 다르게 소비하고 싶은 욕구를 불러일으킬 수 있다.[33] 광고와 그 효과를 연구한 저자 제임스 B. 트위첼(James B. Twitchell)은 "당신이 무엇을 사는지 알려주면 당신이 누구인지, 어떤 사람이 되고 싶은지 알려주겠다"라고 썼다.[34] 그러나 지구건강이나 미래에 영향을 주지 않으면서 무한히 즐길 수 있는 더 깊은 욕구와 욕망을 장려함으로써 소비를 줄일 수 있는 가능성이 있다. 담배 규제 혹은 동성애자 및 트랜스젠더를 공정하게 대우한 사례에서 보듯이, 여론이 때로는 지도자들을 이끌기도 한다. 그리고 여론이 보다 환경적으로 지속가능한 소비로 돌아설 수 있다는 희망의 빛이 보이기도 한다.

최근 몇 년 동안 소비와 소비주의(여기서는 소비 자체를 미화하는 것으로 정의)에 관한 상당한 양의 문헌이 발표되어, 개인적·문화적·정치적 변화를 위한 방안을 제시하고 있다. 앨런 더닝(Alan Durning)의 『*어느 정도면 충분할까(How Much Is Enough?)*』[35]와 줄리엣 쇼어(Juliet Schor)의 『*진정한 부(True Wealth)*』[36]와 같은 책은 과소비에 자연스레 끌리는 성향을 다음과 같은 것으로 대응할 수 있다고 주장한다. 즉 물질이나 에너지 소비가 따르지 않는 양질의 시간과 보람 있는 경험을 얻고 싶어 하는 보편적 갈망에 호소하는 것이다. 여기에는 가족 및 친구와의 시간, 신체 운동, 예술적 감상과 표현, 자연 속에서 보내는 시간, 명상이나 종교 참여와 같은 영적 추구, 자원봉사 활동이나 단순히 다른 사람을 돕는 일, 이웃과 유대감을 형성하는 커뮤니티 활동 등이 포함된다. 이러한 생각은 11장에서 더 자세히 살펴본다.

대중의 생각 혹은 생활 습관이 극적으로 변화되지 않는 상황에서도 정부는 정책을 통해 가장 해로운 유형의 소비를 줄일 수 있다. 나쁜 소비의 악영향을 완화하는 데는 무엇보다도 I = PAT 공식의 세 번째 요소인 기술이 중요하다. 정부는 보다 환경 친화적인 기술 개발 연구를 지원하고, 규제(예: 차량 연료 소비 제한)를 통해 이러한 기술이 채택될 수 있도록 장려할 수 있다. 또한, 대규모의 부유한 인구집단이 환경적으로 지속가능한 방법을 고민하도록 하는 교육을 강화할 수 있다. 정부는 또한 인간이 환경에 미치는 영향을 크게 줄일 수 있는 재생 에너지와 같은 기존 기술의 적용을 강화할 수 있다. 12장에서는 이러한 정책이 가져올 효과를 살펴본다.

'녹색세'는 환경에 해로운 다양한 소비를 억제할 수 있다. 배당금이나 리베이트—흔히 피베이트(feebate)로 불리는—로 보완되는, 녹색세 개념은 경제학자들이 선호하는 금전적 비용과 보상을 통해 소비가 환경 친화적 방향으로 전환되도록 유도하는 것이다. 그러나 이러한 정책적 전략이 제대로 실현되려면 환경 현황에 대한 대중과 정책 입안자의 관심이 크게 높아져야 한다.

녹색세와 더불어 전 세계와 국가 내 경제 관계의 근본적인 측면을 재구성하고자 하는 다양한 제안이 있는데, 예를 들어 금전적 가치보다는 인간의 행복과 성취에 더 초점을 맞춘 경제 지표를 설계하는 것이다. 부탄에서 사용하고 있는 국민총행복(GNH)지수가 잘 알려진 예다. 그러나 녹색 과세와 같은 지표는 아직 널리 확산되지 않았다.[37] (이에 대한 자세한 내용은 15장과 16장, 정책 및 11장 참조).

과도한 소비를 더욱 억제하기 위해 정부는 특히 어린이를 대상으로 한 광고를 더욱 적극적으로 규제할 수 있다. 건강과 환경에 미칠 수 있는 영향에 대한 제품 라벨링을 의무화할 수 있다. 환경적 위험과 피해가 극심한 경우, 정부는 해당 제품을 금지하거나 단계적으로 퇴출시킬 수 있다.

간접적인 정책으로도 과도한 소비를 억제할 수 있다. 주당 근무 시간이 짧아지면 노동자들이 보람 있고 비경제적인 일에 시간을 더 많이 할애할 수 있을 것이다. 이렇게 되면 노동자들이 대부분의 시간을 보내야 하는 고강도 직장 생활 후 얻은 소득으로 사치스러운 소비를 할 가능성이 줄어들 수 있다. 하지만 이 전략은 추측에 불과하다. 물론 근무 시간이 짧은 사람들은 그렇지 않은 사람들보다 지출할 수 있는 돈이 적다. 하지만 이들이 여가 시간을 어떻게 보내고 실제로 지출을 줄일 수 있을지는 불확실하다. 만일 정부가 자연 보존지역에 투자를 늘리면서 입장료 등 이를 즐기는 데 필요한 요금을 줄이거나 없앤다면 적어도 몇몇 사람들은 환경적으로 문제 있는 소비를 하지 않게 될 수도 있다.

궁극적으로 소비 억제를 위해 필요한 전략은 사람들이 실제로 원하는 것, 즉 자신의 삶을 더 잘 관리하고 건강과 삶의 질을 개선할 수 있는 옵션과 선택을 제공함으로써 집단적, 세계적 이익을 창출하는 것이다. 개인과 커플이 건강하고 효과적인 출산 결정을 내리는 것에 기반하여 세계인구가 안정화되거나 서서히 감소할 수 있으려면 이러한 접근 방식이 필요하다.

인구 증가 문제 해결

유엔의 추산에 따르면 1960년대 후반부터 2015년까지 여성 1인당 평균 출생아 수인 세계 출산율은 5명에서 2.5명으로 거의 50% 감소했다.[38] 2019년 현재 92개국의 여성은 순 이민을 제외하고 평균 2.1명 미만의 자녀를 낳고 있다. 이러한 출산율이 보편화된다면 결국 인구 증가는 멈추게 될 것이다.[38] 같은 기간 동안 어린이의 생존율과 기대수명이 크게 증가했음에도 불구하고 가족 규모의 감소로 인해 세계인구 증가율은 2015년까지 거의 절반으로 감소하였고, 1970년 연간 2%였던 것이 2019년에는 1%를 넘는 수준이 되었다. 만약 과거의 성장률이 꾸준히 유지되었다면 오늘날 세계인구는 96억 명에 육박했을 것이다.* 이 경우에는 높은 출산율이 건강에 미치는 부정적인 영향뿐 아니라, 지구 온난화와 인간 및 생태계의 건강을 해치는 다른 환경 문제를 해결하는 것이 훨씬 더 어려웠을 것이다.

최근 수십 년 동안 여러 가지 긍정적인 사회적 힘은 각각 그 자체로도 유익했지만 출산율 감소와 인구 증가 둔화에 기여했다. 여기에 들어가는 것이 특히 여아의 교육 성취도 상승, 영유아 사망률 감소, 여성의 지위 및 경제적 기회 향상 등이다. 또한, 많은 정부가 자발적 가족계획 프로그램에 투자했다. 출산율 감소와 인구 증가 둔화에 이들 각각의 기여도를 정확히 구별하여 파악하기는 어려운 문제라서 인구학자와 경제학자들 사이에서 논쟁의 대상이 되고 있다. 그럼에도 불구하고 특정 개입이 미친 영향에 대한 몇 가지 추정치가 있다. 예를 들어, 세계은행은 최근 18개 개발도상국을 대상으로 한 연구에서 보편적 중등교육이 총출산율을 1/3까지 감소시킬 수 있다고 추정했다.[39] 최근 다양한 개발도상국의 가족계획 프로그램을 조사한 결과, 강력한 프로그램이 피임 보급률을 20%에서 30%로 높이고 총 출산율을 평균 1.5명까지 감소시킬 수 있는 것으로 나타났다.[40]

출산율 감소에 미치는 다양한 동인의 상대적 영향이 무엇이든, 필수적인 요소는 안전하고 효과적인 피임법에 대한 접근성과 사용을 확대하는 것이다. 피임법이 없었다면 여성과 커플에게 아이를 낳을 것인지에 대한 선택권이 없었을 것이다. 1970년 이후 수억 쌍의 커플이 이러한 선택권을 가진 덕분에 선택권이 없었을 때보다 훨씬 적은 수의 인류가 에너지와 물질을 소비하고 있다. (조기 및 빈번한 임신이 영유아 및 산모 사망률을 높인다는 점을 고려하면, 이러한 선택권은 수없이 많은 어린이와 여성의 생명을 구한 셈이다.) 인구 증가를 늦추기 위한 목적이라면 효과와 윤리 사이에 충돌은 없다: 가족계획서비스, 교육(특

* 공동 저자인 엥겔만이 1970년 고정 인구 성장률을 기준으로 계산했다.

히 중등 교육), 여성의 경제적 및 관련 기회 확대는 그 자체로 정부가 저출산을 의무화하거나 장려하여 인구를 조절하려는 그 어떤 정책보다 더 많은 것을 달성할 수 있다.

일부 경제학자들은 출산율 감소를 위해 강력한 가족계획 프로그램이 필요하다는 견해에 의문을 제기한다. 전통적인 경제 이론에서는 출산을 새 차나 냉장고를 구입하는 것과 마찬가지로 부모가 내리는 효용 극대화 결정으로 보는 경향이 있다. 많은 경제학자들은 20세기 후반의 경제발전으로 인해 대가족의 경제적 효용성이 줄어든 것으로 부모들이 판단한 것으로 본다. 이러한 사고방식에 따르면 만일 가족의 크기가 여전히 크다면, 그것은 부모들이 경제적으로 대가족이 최적이라고 판단하였기 때문이다. 따라서 가족계획 프로그램의 가용성은 중요하지 않으며, 결정적인 것은 자녀를 얼마나 낳을 건지에 대한 부모의 관심이다.[41]

그러나 이론과 데이터 모두 이러한 추론을 뒷받침하지 않는다. 사람들은 출산을 원할 때만 성관계를 갖는 것이 아니며, 성관계가 임신으로 이어질 때와 그렇지 않을 때를 스스로 통제할 수 없다. 최근 추정에 따르면 2010년부터 2014년까지 전 세계적으로 의도하지 않은 임신이 44%에 달한다.[42] 이러한 출산을 예방하기 위해 적극적인 조치를 취하지 않는다면 성적 활동기에 있는 커플은 2년에 한 번씩 새 차나 냉장고가 문 앞에 도착하는 것과 비슷한 상황에 직면하게 된다. 대부분의 사람들은 임신 시기와 횟수를 관리하기 위해 노력하며, 임신과 출산이 가능한 대부분의 기간(일반적으로 여성의 경우 15세부터 49세까지) 동안 적극적인 예방 조치를 취한다. 세계 여성의 약 3분의 2(64%)가 피임을 하고 있으며, 대부분 효과적인 현대적 피임법을 쓰고 있다. 가임기 여성의 피임 사용률은 35%였던 1970년 이후로 거의 두 배로 증가했다.[43] 피임법을 사용하지 않는 36%의 여성 중 상당수는 성 경험이 없거나 임신 중이거나 임신을 시도 중이며, 성관계를 갖는 여성 중 원치 않는 임신을 피하고자 피임법을 사용하는 비율은 75%에 육박한다.

20세기 중반 이후 세계적으로 가족 크기가 절반으로 줄어든 것은 인류 역사상 가장 널리 퍼진 사회적 혁명 중 하나이다. 자발적 가족계획 서비스의 확산이 유일한 원인은 아니었지만, 분명 필수적인 요소였다. 이러한 확산은 재단, 정부, 기업, 비정부 보건 단체의 도움으로 1950년대부터 시작되었다. 하지만 대부분의 사람들이 자신들의 부모와 조부모보다 자녀를 적게 낳기를 원하지 않았다면 가족 크기가 지금처럼 급격히 줄지는 않았을 것이다.

의심할 여지없이 경제발전, 도시화, 대중매체, 특히 여성과 남성의 교육 수준 향상도 1970년 이후 희망 출산율과 실제 출산율의 하락에 기여하였다. 여성의 학교 교육 수준과 이후 출산율 사이의 밀접한 연관성은 거의 모든 인구집단에서 잘 나타난다. 국제응용시스템분석연구소에 따르면 아프리카에서 교육을 받지 않은 여성은 평균 5.4명의 자녀를 출산한다.[44] 초등학교를 졸업한 여성은 평균 4.3명을, 중등학교를 졸업한 여성은 2.7명을 출산한다. 고등교육을 받은 여성의 평균 출산율은 2.2명으로 떨어지는데, 이는 아프리카의 대체 출산율*보다 낮은 수치로 안타깝게도 상당수의 어린이가 여전히 가임 연령에 도달하기 전에 사망하기 때문이다.[45] 연구자들은 평균적으로 여아의 교육 수준이 1년 증가할 때마다 출산율이 0.3~0.5명씩 떨어진다는 것을 발견했다.[46] 그러나 교육만으로 출산율을 낮추기에는 불충분하다. 결국 박사 학위를 받은 여성도 스스로 안전하고 효과적인 피임약을 제조할 수는 없으므로 피임 서비스를 이용할 수 있어야 한다.

최근 수십 년 동안 개인의 효과적인 자녀 양육과 가족계획 프로그램이 확대되었음에도 불구하고, 최근 몇 년 동안 그 비율이 다소 감소하기는 했지만 세계 모든 지역에서 의도하지 않은 임신이 지속적으로 높은 수준으로 나타나고 있다.[42] 개발도상국에서만 약 2억 1400만 명의 여성이 임신을 원하지 않지만 현대적 피임법을 사용하지 않는 것으로 추정된다.[47] 선도적 시민-중심 싱크탱크인 구트마허 연구소(Guttmacher Institute)에 따르면 매년 발생하는 2억

* 대체출산율(replacement fertility rate)이란 한 국가가 인구가 감소하지 않고 유지하는 데 필요한 수준의 출산율을 말한다. 선진국의 경우 2.1명 수준이나 개발도상국의 경우는 유아사망률이 높고 기근과 전염병 등으로 사망자가 많아 대체로 3명 내외이다. _옮긴이 주

2700만 건의 임신 중 약 1억 건은 시기가 잘못되었거나 원치 않는 임신이다.[48] 이러한 의도하지 않은 임신의 약 절반은 낙태로 끝나고 나머지 대부분은 유산되는데, 이는 의도하지 않은 임신으로 인한 정신적, 육체적 피해를 보여주는 비율이라고 할 수 있다. 인구통계학적으로 볼 때, 커플이 효과적인 피임법을 사용할 수 있었다면 매년 3500만에서 4500만 건의 출산을 예방하거나 원하는 시기로 연기할 수 있었을 가능성이 높다. (가임기 내 더 늦게 출산할수록 출산하지 않는 것보다는 덜 하지만 세대 간 계승 기간을 늘려서 인구 증가를 둔화시키는 데 기여한다.)

원치 않는 임신의 비율은 라틴 아메리카와 다른 많은 개발도상국에서 특히 높다. 보건의료 서비스 분야가 발전된(고비용) 미국에서도 임신의 거의 절반이 의도하지 않은 임신이다. 더욱 놀라운 사실은 유럽의 출산율이 낮은 국가들에서 의도하지 않은 임신과 낙태가 상당한 수준이라는 점이다. 구트마허 연구소는 모든 임신이 양쪽 파트너가 원하고 적절한 시기에 이뤄진다면 자녀를 언제 얼마나 낳을지에 대한 부모의 뜻에 따라 이들 나라에서 출산율이 더 낮아질 수 있을 것으로 본다.

결론은 모든 사람들이 안전하고 건강하게 자녀를 양육할 수 있도록 돕는 것만으로도 크게 그리고 아마도 극적으로 인구 증가를 둔화시킬 수 있다는 것이다. (불임 부부의 출산을 돕는 것은 그 자체로 중요한 생식 보건 목표이며, 종합적으로 인구 전반의 출산율이나 성장에 큰 영향을 미칠 가능성은 적다.)

가족계획과 생식보건 분야에서 일하는 사람들은 가족계획에 대한 접근성과 이용 확대가 가져다주는 기폭제적이고 다각적인 이점을 오래전부터 잘 이해해 왔다(**글상자 3.1**). 그러나 정책 입안자, 언론인, 일반 대중은 이 사실을 잘 이해하지 못하고 있다. 25년 전 런던 왕립 학회와 미국 국립 과학 아카데미는 인구에 관한 공동 성명에서 "환경적 변화의 속도를 줄이기 위해 취할 수 있는 다른 많은 조치와 달리 인구 증가율 감소는 자발적인 조치를 통해 달성할 수 있다"고 밝혔다. "조사는 … 원치 않는 출산이 많다는 것을 반복적으로 보여주고 있다. 가족계획 프로그램은 사람들에게 스스로 출산을 조절할 수

글상자 3.1 왜 가족계획인가?

로버트 엥겔만, 존 봉가츠, 크리스틴 P. 패터슨

가족계획은 종종 인구 증가 둔화나 인구 분배 촉진과 관련하여 논의되지만, 개인과 그 가족에게 보다 즉각적인 혜택을 제공함으로써 지구건강에도 기여한다. 자발적인 피임은 임신과 출산으로 인한 산모와 아이의 건강 위험을 낮추어 생존율을 높이며, 개인의 자율성과 삶의 질을 증진한다. 대부분의 사람들은 의도치 않은 임신과 출산의 두려움 없이 자신이 원하는 때, 원하는 사람과 자유롭게 자신의 성을 표현하기를 원한다. 스스로 생식 활동을 건강하게 관리함으로써 사람들이 선택할 수 있는 범위와 누릴 수 있는 삶의 기회가 더 넓어질 수 있다.

최근 몇 년 동안 생식 규제를 완화하고 있는 중국 외의 국가에서는 임신·출산은 근본적으로 공동체나 국가가 아닌 개인의 결정이다. 모범 사례로서 가족계획 서비스 제공자는 인구 증가라는 큰 문제보다는 피임이 개인과 가족에게 주는 혜택에 초점을 맞추고 있다.

이러한 관점에서 볼 때, 피임은 건강과 행복을 증진하는 다른 행동과 마찬가지로 가임기의 성적으로 활동적인 사람들에게 합리적이다. 이러한 직접적인 혜택을 정량화하는 한 가지 방법으로, 구트마허 연구소는 개발도상국에 대한 미국의 가족계획 및 지원금 1000만 달러(2018 회계연도에는 총 6억 달러가 조금 넘음)가 가져오는 효과를 다음과 같이 추산했다:

- 41만 6000명의 여성과 커플에게 피임 서비스 및 용품 제공
- 12만 4000건의 의도치 않은 임신과 그로 인한 5만 4000건의 계획되지 않은 출산 예방
- 5만 3000건의 낙태(이 중 3만 5000건은 안전하지 않은 조건에서 낙태) 예방
- 임신 또는 출산 중 여성 240명의 사망을 예방[a]

피임은 영유아의 사망을 예방하는 데 특히 중요하다. 성적으로 활동적인 여성이 효과적인 피임법을 사용하지 않으면 흔히 출산 간격이 2년 미만이 되는데, 이때 영유아 사망 위험이 크게 높아진다. 출산 간격이 길어지고 의도하지 않은 임신이 줄어들면 산모의 생존 가능성은 높아진다. 임신과 출산 후 회복과 모유 수유에 더 많은 시간을 할애하면 산모의 건강에도 도움이 되고 아이의 생존, 건강, 발달에도 도움이 된다. 또한, 피임은 15~19세 청소년의 임신(20~24세에 비해 임신 또는 출산 합병증으로 사망할 가능성이 두 배 높음), 35세 이상이거나 이미 다산이거나 터울이 짧은 임신 경험이 있는 여성의 고위험 임신을 예방할 수 있다.[b]

피임은 낙태도 예방하는데, 전 세계 낙태의 45%가 안전하지 않은 환경에서 행해진다. 일부 최빈국에서는 이러한 안전하지 않은 낙태의 40%는 합병증으로 이어지고 개발도상국 전체에서 매년 약 690만 명의 여성이 이 때문에 치료받고 있다.[c] 남녀가 콘돔을 신중하게 사용하면 HIV/AIDS와 같은 성병 감염도 예방할 수 있다. 그러나 친밀한 파트너의 폭력 문제는 피임 사용을 복잡하게 만들 수 있다. 성 경험이 있는 전 세계 여성의 약 30%가 현재 또는 전 파트너로부터 폭력을 경험한 것으로 추정된다.[d] 여성이 피임을 하고 있다는 사실을 들키면 때때로 이러한 폭력이 촉발되어

피임 방법을 선택하지 못하거나 피임을 계속하지 못할 수 있다.[e] 피임이 명백하게 건강에 좋다는 점 외에도 병원이나 보건부에서는 완전히 파악할 수 없는 다른 이점이 있다. 각 사용자에게 적합한 피임법이 안전하고 효과적으로 사용되면 사람들은 의도하지 않은 임신 때문에 계획과 꿈이 좌절되거나 제한될 것이라는 두려움 없이 개인의 뜻과 포부를 펼칠 수 있다. 이는 여성과 일반적으로 성평등을 위해 특히 중요하다. 성평등의 실현은 남성이 요구해서가 아니라, 여성 자신이 원할 때 의도하지 않은 임신에 대한 두려움 없이 성관계를 가질 수 있는지에 달려 있다.

참고 자료

a. Guttmacher Institute. Just the numbers: the impact of U.S. international family planning assistance. 2018. https://www.guttmacher.org/article/2018/04/just-numbers-impact-us-international-family-planning-assistance. Accessed September 2019.

b. Smith R, Ashford L, Gribble J, Clifton D. *Family Planning Saves Lives.* 4th ed. Washington, DC: Population Reference Bureau; 2009. Available at: https://www.prb.org/wp-content/uploads/2010/10/familyplanningsaveslives.pdf.

c. Singh S, Remez L, Sedgh G, Kwok L, Onda T. *Abortion Worldwide 2017: Uneven Progress and Unequal Access.* New York, NY: Guttmacher Institute; 2018. Available at: https://www.guttmacher.org/report/abortion-worldwide-2017.

d. World Health Organization: Department of Reproductive Health and Research, London School of Hygiene and Tropical Medicine, Council SAMR. *Global and Regional Estimates of Violence Against Women: Prevalence and Health Effects of Intimate Partner Violence and Non-Partner Sexual Violence.* Geneva, Switzerland: World Health Organization; 2013. Available at: https://www.who.int/reproductivehealth/publications/violence/9789241564625/en/

e. Gilles K. *Intimate Partner Violence and Family Planning: Opportunities for Action.* Washington, DC: Population Reference Bureau; July 2015. Available at: https://assets.prb.org/pdf15/intimate-partner-violence-fp-brief.pdf

있는 수단을 제공함으로써 인구 증가율을 낮추고 이어서 환경 파괴를 막을 수 있는 중요한 기능을 가지고 있다."[49]

연령에 관계없이 모든 사람에게 최적의 생식보건 서비스를 제공하는 것이 얼마나 강력한 힘을 발휘하는지는 방글라데시(**글상자 3.2**), 이란, 태국과 같은 개발도상국에서 얻은 풍부한 근거에서 잘 나타내고 있다. 소규모 세계 일부 야생동물 보호 및 자연자원 관리 프로젝트는 가족계획 서비스에 대한 접근을 쉽게 해주며(**글상자 3.3**), 그에 상응하는 긍정적인 결과를 가져온다. 아프리카의 빅토리아 호수 주변에서 인구, 보건, 자연자원을 통합적으로 관리한 사례는 *『지구건강 사례 연구: 해결방안 모음』*(https://islandpress.org/books/planetary-health)에 자세히 설명되어 있다. 우수한 생식보건 서비스의

글상자 3.2 가족계획 사례 연구: 파키스탄과 방글라데시

존 봉가츠

지난 반세기 동안 많은 개발도상국 정부는 피임 방법에 대한 접근성과 정보를 제공하기 위해 가족계획 프로그램을 시행해 왔다. 이러한 프로그램이 시작되면 일반적으로 피임 사용률이 크게 증가하고 출산율이 감소한다. 안타깝게도 이러한 출산율 감소 추세에서 가족계획 프로그램이 어떻게 역할을 하였는지 정확히 판단하기는 어렵다. 왜냐하면 가족계획 프로그램이 없어도 피임 사용은 어느 정도 많아졌을 것이기 때문이다. 이러한 사실 때문에 프로그램의 순 영향을 추정하는 것은 어렵고 논란이 된다. 건강 개입의 영향을 평가하는 가장 좋은 방법은 실험을 하는 것이다. 불행히 가족계획 프로그램 평가를 위한 대규모 통제 시험은 비용이 많이 들고 시간이 오래 걸리기 때문에 드물게 수행되었다. 이러한 실험 중 가장 크고 영향력 있는 시험인 가족계획 및 보건 서비스 프로젝트(*FPHSP*)는 1970년대 후반 방글라데시 매틀랩에서 시작되었다. 당시 방글라데시는 세계에서 가장 가난하고 농업 비중이 높은 국가 중 하나였으며, 이러한 전통 사회에서 가족계획이 받아들여질 수 있을지 회의적인 시각이 팽배했다.

FPHSP는 1977년 인구 17만 3000명의 시골 매틀랩 지역을 거의 같은 규모로 실험 지역과 대조 지역으로 나누었다. 대조 지역에는 다른 지역과 같은(최소한의) 서비스를 제공한 반면, 실험 지역에는 피임에 따른 비용(금전적, 사회적, 심리적, 보건적) 절감을 목표로 포괄적인 양질의 가족계획 서비스를 제공했다. 실험 지역에서는 다양한 피임법(피임약, 콘돔, 주사제, IUD, 불임 치료)의 무료 서비스 및 물품, 교육을 받은 여성 가족계획 종사자의 가정 방문, 건강 문제를 해결하기 위한 정기적인 후속 조치, 포괄적인 멀티미디어 커뮤니케이션, 월경 조절* 서비스 등이 제공되었다. 남편, 가족 모임의 지도자, 종교 지도자를 대상으로 한 아웃리치를 통해 남성의 잠재적인 사회적, 가족적 반대에 대처했다. 이러한 집중적인 서비스가 생식 행동에 미치는 영향은 매우 컸고, 이를 매개하는 역할을 했다. 프로그램 시작 후 1년 만에 실험 지역에서 피임하는 여성의 비율이 5%에서 28%로 증가했다. 반면, 대조 지역이나 방글라데시의 다른 지역에서는 수년간 거의 변화가 없었다. 실험 지역은 피임율 증가로 인해 대조 지역보다 출산율이 약 25% 낮아졌다.[a]

매트랩 실험은 가족계획 프로그램이 전통 사회에서도 성공할 수 있다는 것을 보여 주었다. 이 프로그램의 성공으로 방글라데시 정부는 매트랩 모델을 국가 가족계획 전략으로 채택하게 되었다.

그림 3.2.1는 방글라데시와 파키스탄의 1970년부터 2010년까지의 출산율 추이를 나타낸다. 1970년대 말 두 나라의 출산율은 여성 1인당 6.8명으로 거의 비슷했지만, 이후 수십 년 동안 추세가 달라졌다. 1990년대 후반 방글라데시의 출산율은 여성 1인당 3.4명으로 감소한 반면, 파키스탄의 출산율은 여전히 5.0명에 머물렀다. 이러한 출산율 차이는 유지되어 방글라데시는 2010-

* 월경 조절은 진공 흡인 또는 미페프리스 톤과 미소프로스톨의 조합을 사용하여 월경이 단기간 지연될 때 월경을 유도하는 시술이다. 방글라데시에서 낙태는 불법이다.

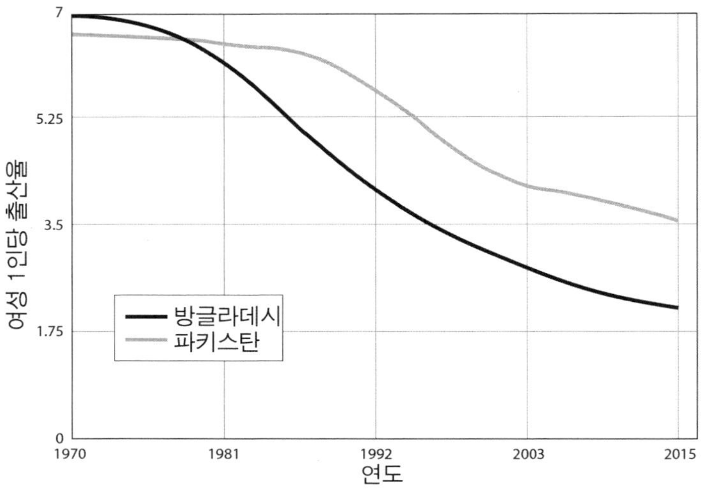

그림 3.2.1 1971년 분리 독립 이후 방글라데시와 파키스탄의 출산율 추정치.

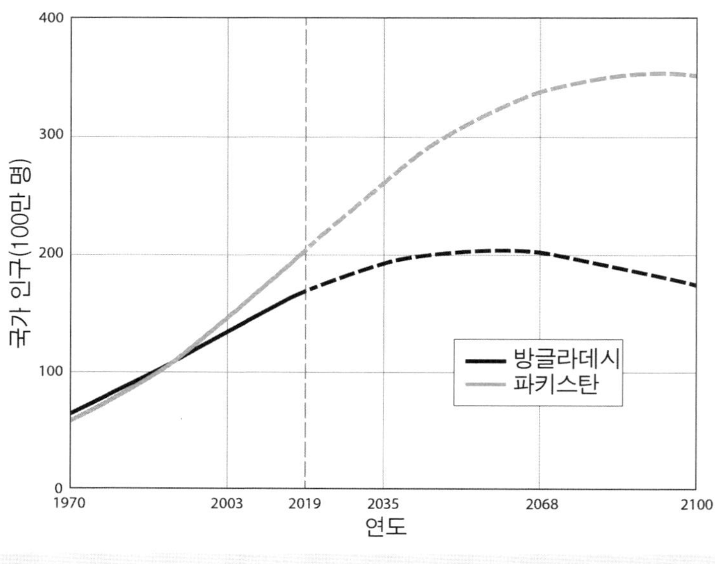

그림 3.2.2 1971년 분리 독립 이후 방글라데시와 파키스탄의 인구 추정치(실선)와 예상치(점선)

2015년 여성 1인당 출산율이 대체 출산율에 가까운 2.2명에 이르렀고 가난한 나라로서는 현저히 낮은 수준이다.[b]

이 두 나라의 대조적인 출산율 추세는 가족계획 프로그램의 차이에서 기인한 것으로 보인다. 파키스탄의 가족계획 프로그램은 시간이 지남에 따라 점차 개선되기는 했지만, 정부 자금과 의지가 부족하고 취약했다. 반면 방글라데시는 매트랩 실험의 경험과 교훈을 바탕으로 세계에서 가장 효과적인 자발적 가족계획 프로그램 중 하나를 시행하고 있다. 출산율과 인구 추세는 개발 수준과 사회-문화적 요인에도 영향을 받지만, 두 나라의 다른 궤적을 설명하는 중요한 요인이 되지는 못할 것으로 보인다. 인간개발지수로 측정한 개발수준지수는 방글라데시와 파키스탄이 거의 같다.[c] 또한 두 나라는 1947년부터 1971년 내전 후 방글라데시가 수립될 때까지 한 국가였기 때문에 문화적, 종교적, 정부적 전통을 공유하고 있다.

파키스탄은 1970년대와 1980년대에 가족계획을 소홀히 한 결과 방글라데시보다 훨씬 더 빠르게 인구가 증가했다(그림 3.2.2). 1980년 두 나라의 인구는 거의 비슷한 규모였지만, 2050년에는 파키스탄의 인구가 방글라데시보다 50% 더 많을 것으로 예상되며(3억 700만 대비 2억 200만 명), 2100년에는 파키스탄의 인구가 방글라데시의 2배가 될 것으로 예상된다(3억 5200만 대비 1억 7400만 명).[b] 인구가 빠르게 증가하는 상황에서 가족계획 프로그램의 시행이 지연되어 출산율이 더디게 감소하면 미래의 인구 동향과 관련 보건 및 환경은 중대한 영향을 받게 될 것이다.

참고 자료

a. Cleland J, Phillips J, Amin S, Kamal G. *The Determinants of Reproductive Change in Bangladesh: Success in a Challenging Environment.* Washington, DC: The World Bank; 1994.
b. United Nations Department of Economic and Social Affairs: Population Division. *World Population Prospects: The 2017 Revision.* New York, NY: United Nations Department of Economic and Social Affairs, Population Division; 2017.
c. United Nations Development Programme. *The Human Development Report 2016.* New York, NY: United Nations Development Programme; 2016

핵심은 남녀 모두에게 장기 지속형 가역적 피임약과 영구적 피임약을 포함한 다양한 피임 방법을 제공하는 것이다. 일반적으로 정부나 기관이 청소년과 성인의 성 및 생식요구를 포괄적으로 다루는 프로그램을 제공하면 출산율이 급격히 떨어진다. 이러한 프로그램은 개인과 커플이 건강하게 자녀를 가질 수 있도록 돕는 것을 목표로 한다. 특정 가족 규모 달성을 위해 압력을 가하지 않아도 시간이 흐르면 이러한 개인의 뜻에 따라 보편적으로 가족의 크기는 더 작아진다.

극적인 경제발전이 있어야만 출산율이 극적으로 감소하는 것은 아니다.

글상자 3.3 총체적인 인구, 건강, 환경 접근 방식을 통한 회복탄력성 구축

크리스틴 P. 패터슨

사회적, 환경적 문제를 모두 해결하기 위한 통합적 개발 프로그램은 적어도 1980년대 중반으로 거슬러 올라간다. 당시 야생동물 보호 단체들은 야생동물 보호라는 자신들의 사명을 생물다양성이 풍부한 개발도상국의 국립공원 및 기타 보호 지역에 인접한 농촌 지역의 경제 발전과 연계하기 시작했다. 1990년대 후반부터 농촌 지역의 보건 서비스 요청에 따라 보존 프로젝트에 생식 보건 및 젠더 요소를 추가하는 새로운 접근 방식이 개발되었고, 인구, 보건, 환경(PHE: Population, Health, and Environment)이라는 개념이 탄생했다.[a]

목표: 지역사회와 협력하여 가족계획 및 을 포함한 일차 의료 서비스에 대한 접근성을 개선하는 동시에 사람들이 보다 환경적으로 지속가능한 생계 수단을 개발하도록 돕고, 그 과정에서 지역사회가 의존하는 중요한 생태계와 천연 자원을 보존한다.

PHE 프로젝트에 대한 평가에 따르면 이질적으로 보이는 서비스를 통합하는 것이 단일 부문에 집중하는 것보다 더 효과적이고 효율적일 수 있다. 다음과 같은 이점이 기술되었다.[b]

- 개발 프로젝트에서 가족계획에 대한 접근성이 개선되어 피임의 접근성 및 사용 증가
- 특히 외딴 지역과 소외된 지역의 출산율 저하를 포함한 모자 보건의 성과 향상
- 단일 부문 프로젝트에서 달성한 성과를 넘어서는 환경 지표 개선 효과
- 지역사회의 열정과 신속한 노력 동원을 통한 혜택의 가속화
- 보건, 생계, 미소금융(마이크로크레딧) 요소와 연계하여 자연자원 관리에서 성과 향상
- 가족계획에 남성의 참여 확대, 자연보존 및 자연자원 관리에 여성의 참여 확대
- 프로그램 이행자와 지역사회 모두의 시간 및 비용 절감

또한, 최근 연구에 따르면 성 역할의 변화와 시간 절약, 여성의 소득 증가 등 부가가치 창출 효과도 입증되었다.[c]

PHE 프로젝트 보고서에 기술된 피임의 혜택은 대단했는데, 그것은 외딴 지역과 빈곤한 지역은 대부분 보건 서비스의 손길이 닿기 어렵기 때문이다. 세계의 많은 지역과 마찬가지로, 이러한 지역의 많은 여성들이 계획적인 출산과 터울을 두고픈 마음을 나타내고 있으며, 많은 경우 PHE 프로젝트를 통해 처음으로 이를 실현할 수 있게 되었다. 마다가스카르 남서부에서 활동하는 해양 보호단체인 블루 벤처스(Blue Ventures)가 2007년 프로젝트 시작 전 10%에 불과했던 현대식 피임법 사용률이 이니셔티브를 해양 보호 활동에 통합한 후 2013년 59%로 증가했다. 피임 사용이 증가함에 따라 출산율도 감소하여 일반 출산율(연간 평균 여성 1인당 출생아 수)이 절반으로 줄었다.[d] 필리핀 PATH 재단(PATH Foundation Philippines)이 지원하는 PHE 프로젝트에서도 비슷한 결과를 보고했는데, 단일 부문 서비스만 제공된 유사한 지역보다 생식 보건 서비스와 자연 자원 관리 서비스가 결합된 지역에서 피임 사용률이 일반적으로 더 높았다.[e] 2000년대 중반 에티오

피아의 구라게(Guraghe) 인민자조개발기구는 가족계획에 대한 지지를 표명한 남성의 수를 7%에서 30%로 늘렸다.[f]

지난 5년 동안 상당한 진전이 있었지만, 통합의 학제 간 특성과 PHE 개입이 범위가 넓고 규모가 다양하여 모니터링과 평가가 어렵다. 2005년부터 2015년까지 시행된 35개 PHE 프로젝트의 영향력에 대한 근거를 분석한 결과, 개발도상국의 지역에서 생식 보건과 환경 보존을 통합하면 두 영역 모두에서 다른 방법으로는 달성할 수 없는 성과를 내는 것으로 나타났다.[g]

최근의 연구는 농촌 가구의 회복탄력성 구축에 대한 PHE 프로젝트, 특히 가족계획의 기여도를 정의하고 측정하는 데 초점을 맞추고 있다.[h] 회복탄력성이란 학습, 유연성, 혁신적인 적응을 통해 위험한 변화를 견딜 수 있는 시스템과 공동체의 역량이며, 지속가능한 개발을 달성하는 데 있어 점점 더 중요한 관점이 되어가고 있다.[i] 2016년 탄자니아 서부의 한 프로젝트에서 실시한 가구 설문조사에 따르면 가족계획 및 의료 접근성과 회복탄력성의 여러 구성 요소 사이에 유의미한 연관성이 있는 것으로 나타났다.[j] 이 연구는 PHE 프로젝트의 일환으로 가족계획 및 모자보건 서비스에 대한 접근성을 개선하면 기후변화 및 기타 환경적 스트레스 요인에 대한 완충 장치로서 가구의 회복탄력성을 강화할 수 있다는 근거를 제시했다.

PHE 접근법을 더 많이 도입한다면 특히 열악한 보건 수준과 환경 파괴의 영향을 가장 많이 받는 개발도상국의 농촌 지역에서 지속가능개발 의제를 달성하는 데에 긍정적인 효과를 얻을 것이다.

참고 자료

a. Edmond J, Viernes M Jr., Send B, Zatovonirina N. *Healthy Families Healthy Forests: Improving Human Health and Biodiversity Conservation.* Arlington, VA: Conservation International Foundation; 2009.

b. Pielemeier J. Review of population-health-environment programs supported by the Packard Foundation and USAID. 2005. http://www.ehproject.org/PDF/phe/ll-packard2.pdf.

c. Sellers S. Does doing more result in doing better? Exploring synergies in an integrated population, health and environment project in East Africa. *Environ Conservation.* 2019;46(1):43-51.

d. Dr. Vik Mohan, medical director of Blue Ventures, to author Engelman, personal communication, May 14, 2018.

f. D'Agnes L, D'Agnes H, Schwartz JB, Amarillo M, Castro J. Integrated management of coastal resources and human health yields added value: a comparative study in Palawan (Philippines). *Environ Conservation.* 2010;37(4):398-409.

g. Yavinsky R, Lamere C, Patterson K, Bremner J. *The Impact of Population, Health, and Environment Projects: A Synthesis of Evidence* (Working paper). Washington, DC: Population Council, The Evidence Project; 2015.

h. Bremner J, Patterson K, Yavinsky R. *Building Resilience through Family Planning: A Transformative Approach for Women, Families, and Communities.* Washington, DC: Population Reference Bureau; August 2015.

i. Hardee K, Patterson K, Schenk-Fontaine A, et al. Family Planning and resilience: associations found in a population, health and environment (PHE) project in western Tanzania. *Popul Environ.* 2018;40(2):204-238.

j. Patterson K. *Changes in Household Well Being and Resilience: The Role of Population, Family Planning and Reproductive Health in the Tuungane Project.* Washington, DC: Population Co

오히려 그 반대의 경우인 출산율 하락 후에 강력한 경제성장이 이어지는 경우가 더 흔하다. 이는 부분적으로는 인구통계학적 배당으로 알려진 현상을 반영하는 것으로, 피부양 어린이 수 대비 일하는 성인 수의 비율이 커져 정부와 사회가 일반적으로 출산율 감소에 뒤따르는 경제 부양 효과를 기대할 수 있게 되는 것을 말한다. 정부와 시민 사회가 이러한 배당금을 교육과 의료 등 인적자본에 투자하면 '이자'는 극적으로 배가될 수 있다.

지난 반세기 동안의 발전에도 불구하고 전 세계적으로 가족계획의 발전을 가로막는 장벽은 여전히 많다. 성, 피임, 낙태는 여전히 민감한 주제이며 때로 세계 많은 지역에서 금기시되고 있다. 소득이 낮고 인구 증가율이 가장 높은 국가를 포함한 대부분의 나라에서 생식보건 프로그램은 여전히 우선순위가 낮다. 의료 시설이 부족할 수도 있다. 낮은 보수를 받는 직원들은 개인의 필요에 맞는 올바른 피임법을 포함해 세심한 상담과 개인별 맞춤 서비스를 제공하기 위한 시간과 교육이 부족할 수 있다. 선진국의 재단과 정부의 지원은 개발도상국에서 프로그램을 개발하고 확산하는 데 있어 매우 중요하다. 경제협력개발기구 회원국들은 현재 해외 개발 원조의 1%만 가족계획에 지출하고 있을 정도로 부유한 국가들의 빈곤 국가에 대한 원조는 미미하다.[50] 그리고 이러한 원조는 정치적 지형 변화에 취약하다. 예를 들어, 미국에서는 최근 공화당 정부가 생식보건 기금을 줄이고 낙태를 옹호하거나 낙태에 관한 정보를 제공하는 외국의 비정부기구에 대한 지원을 막고 있다.

구트마허 연구소는 전 세계 정부와 소비자들이 현대식 피임에 연간 1인당 약 1달러(약 63억 원)를 지출하는 것으로 추정한다. 개발도상국에서 현대식 피임에 대한 모든 여성의 요구를 충족시키려면 이 금액의 약 2배가 소요되지만, 모성 보호에 지출되는 1인당 1.79달러를 절약할 수 있다.[51] (대부분 민간에서 부담하는 선진국의 피임 비용을 비교할 수 있는 데이터는 없다.) 의도하지 않은 출산을 방지하면 미래의 교육과 인프라에 대한 지출도 줄어든다. 일반적으로 가족계획에 대한 전 세계 지출은 금세기 들어 지금까지 정체되어 있다. 한 가지 긍정적인 신호로, 2012년 빌&멜린다 게이츠 재단(Bill & Melinda Gates

Foundation)과 영국 정부는 저소득국가의 가족계획에 대한 글로벌 투자를 촉진하기 위한 주요 프로젝트를 시작했다.[52]

가족계획 서비스는 종종 제도적 지원이 변변치 않다는 점 외에도 임신 계획을 세우는 데 지역사회와 가족의 장벽을 극복해야만 한다. 설문조사에 따르면 임신을 피하고 싶지만 여성들이 피임하지 않는 이유로 가장 많이 꼽은 것은 피임약 부작용에 대한 두려움이었다. 성 파트너(때로는 폭력적으로 표현되기도 함), 시댁 식구 또는 또래 친구들의 가족계획에 대한 반대로 피임하지 않을 수 있다. 여성의 자율성 향상과 친밀한 파트너의 폭력을 예방하는 것은 가족계획 프로그램의 수용성을 높이는 데 필수적일 뿐 아니라, 여성 자신을 위해서도 중요하다. 종교 지도자들은 가족계획을 불안해하는 개인보다 소심한 정부 정책 입안자들을 더 효과적으로 설득하기 때문에 종교적 반대 또한 피임에 대한 접근성을 떨어뜨릴 수 있다.

가족계획 프로그램이 이러한 장벽들을 어떻게 극복해야 하는지는 민감한 문제다. 가족계획 수요를 증가시킨다는 개념을 일부 가족계획 전문가들은 단순히 접근성 개선을 통해 기존 수요를 충족시키는 방법과는 다르게 여성과 커플이 원하는 것보다 적은 수의 자녀를 갖도록 강압적으로 설득하거나 심지어 강요할 가능성이 너무 크다고 받아들인다. 그러나 여전히 대가족을 원하고 급격한 인구 증가로 건강, 환경, 사회적 부담이 큰 국가에서는 가족계획이 더 많이 활용될 수 있는 동기부여 방안을 쉽게 무시하기 어렵다. 이런 조건에서는 임신을 피하고자 하는 여성들의 피임을 가로막는 사회적, 경제적, 및 다른 장벽을 낮추는 프로그램을 시행하도록 장려해야 한다. 자발적 가족계획 프로그램을 이용할 수 있는 것만으로도 전통 사회에서 피임에 대한 수용성이 높아져 가족계획 서비스 수요가 증가하는 경향이 있다는 강력한 근거가 있다. 특히 여학생들의 진학을 장려하는 것도 분명 수요를 증가시키지만, 이때는 많은 국가에서 학교에 대한 투자가 수반되어야 한다. 포괄적인 성교육은 성관계 시작을 늦추는 효과가 있으나 피임 수요와 피임 사용 모두를 증가시키는 경향이 있다. 특히 학생들이 학교에서 서비스에 대해 배우고 접할 수 있는 성

교육이 서비스와 함께 제공될 때 더욱 그렇다. 일부 단체는 가상의 라디오 프로그램 스토리 라인에 생식건강 및 성 평등 메시지를 담았더니 청취자들의 가족계획에 대한 인식이 크게 개선되었음을 보였다.[53]

결론: 인구와 소비의 통합

궁극적으로 1인당 소비량과 인구를 모두 해결하는 접근법을 찾는 것이 가장 바람직할 것이다. 이 두 가지가 긴밀한 상호 연관되어 있음을 고려할 때, 이 둘을 동등한 과제로 보는 것이 가장 좋을 것이다. 적어도 이 두 가지 문제는 인류의 건강이 의존하는 생태계와 자연자원에 대해 인간 활동이 가하는 위험한 영향력이 점점 더 커지고 있다는 하나의 문제의 양면일 뿐이다. 기술 발전을 통해 언젠가 인간 활동이 증가하여도 환경 변화가 초래되지 않게 되는 가능성 낮은 선택지 너머에는 인류의 건강과 지구의 미래를 위해 탐구할 가치가 있는 소비와 인구에 대한 다양한 선택지가 있다.

예를 들어, 학교 커리큘럼 전반에 걸친 연령에 맞는 환경적, 인구학적, 그리고 성에 대한 교육, 모두에게 분산된 배당으로 균형 잡힌 친환경 과세, 서비스의 강력한 공공 지원, 이러한 조치들을 병합했을 때의 영향력을 생각해 보자. 기존 연구로는 각 조치가 달성할 수 있는 성과와 함께 적용했을 때 그 영향이 언제, 어떻게 확대될 수 있는지 정확하게 정량화할 수 없다. 그러나 논리적으로나 실증적으로나 각각의 조치가 인구와 소비에 중요한 영향을 미친다는 것을 시사한다. 이러한 정책적 조치를 위해서는 정부와 사회의 모든 수준에서 확고한 정치적 의지와 신념이 필요하다. 지속적으로 이행되는 데는 다양한 분야의 언론인과 전문 분석가들의 관심과 일반 대중의 지지가 필수적이다.

출산 포기, 입양, 무자녀 결정에 대해 개별 사람들이 더 관용적이고 받아들일 수 있도록 장려할 수 있다. 신앙을 가진 사람들은 더 훌륭한 지구 청지기가 됨으로써 얻을 수 있는 영적 혜택을 위해 소비와 생식 활동을 책임감 있게 할 수 있다. 이 문제에 관심을 가진 사람들은 모두 출산과 소비자 선택에 대한 조치가 강압적인지, 설득하는 과정에서 개인을 비방하거나 비인간화하는 지나침이 있는지 바짝 경계해야 할 것이다. 마찬가지로 생식과 소비를 지속가능한 것이 되도록 장려하는 것은 결코 적절한 방안이 될 수 없다고 보는 것은 개개인에게 자신의 삶, 가족, 공동체, 인류, 지구를 위해 자유롭고 책임감 있게 결정을 내릴 수 있는 지식과 정보평가 능력이 있음을 부정하는 것이 된다. 모든 사람의 권리를 보장하고 존엄성을 존중하면서도, 교육, 건전한 정책, 양질의 의료 서비스를 통합한 다각화된 전략을 쓴다면 인구와 소비를 진정 지속가능한 수준으로 획기적으로 빠르게 전환할 수 있다. 그 기저에 놓인 것은 자신의 삶을 주도하는 사람들이 어떤 선택을 하느냐이다. 제대로 된 선택의 결과라면 더 이상 커지지 않을 지구에서 제한 없이 건강, 행복, 의미, 만족을 누릴 수 있게 될 것이다.

저자

로버트 엥겔만(Robert Engelman, MSc)은 인구, 환경, 가족계획, 여성의 삶에 관한 책을 저술한 작가이자 연구자이다. 환경 관련 싱크탱크인 월드워치연구소의 전 대표였던 엥겔만은 지속가능한 소비를 장려하는 비영리단체인 새로운 아메리칸드림센터의 공동설립자이자 초대 이사회 의장을 역임했다. 현재 워싱턴 D.C.에 있는 인구연구소의 선임연구원으로 재직중이다.

존 봉가츠(John Bongaarts, PhD)는 인구위원회의 부회장 겸 저명한 학자이다. 그의 연구는 인구 예측, 출산율 및 사망률 추세의 결정 요인, 선진국과 개발도상국의 인구 정책 옵션, 인구와 환경 등 다양한 인구 및 건강 문제에 초점을 맞추고 있다. 그는 미국 국립과학원 및 네덜란드 왕립과학원 회원이며 국제인구과학연구연합의 수상자이다.

크리스틴 패터슨(Kristen P. Patterson, MPH, MSc)은 인구참조국의 '사람, 건강, 지구' 프로그램 디렉터이다. 크리스틴은 6년 동안 자연보호협회 아프리카 지역에서 근무하며 탄자니아 서부에서 인구, 건강, 환경 통합 프로젝트인 투웅가네(Tuungane)의 출범을 도왔다. 마다가스카르에서 2년간 USAID 인구-환경 연구원으로 일했으며, 니제르에서 농부와 목축업자 간의 갈등 해결에 관한 연구를 수행했다.

참고문헌

1. Ehrlich PR, Holdren JP. Impact of population growth. *Science*. 1971; 171(3977): 1212–1217.
2. Dauvergne P. *The Shadows of Consumption: Consequences for the Global Environment*. Cambridge, MA: MIT Press; 2010.
3. *World Population Prospects 2019*, online edition. New York, NY: UN Department of Economic and Social Affairs Population Division; 2019. https://population.un.org/wpp/Download/Standard/Population/.
4. Engelman R, Terefe YG, Gourmelon G, et al. *Family Planning and Environmental Sustainability: Assessing the Science*. Washington, DC: Wordwatch Institute; 2016.
5. "Science Summit" on World Population: A Joint Statement by 58 of the World's Scientific Academies. *Popul Dev Rev*. 1994; 20(1): 233–238.
6. Cowell A. scientists linked to the Vatican call for population curbs. *The New York Times*. 1994:A4. https://www.nytimes.com/1994/06/16/world/scientists-linked-to-the-vatican-call-for-population-curbs.html. Accessed July 2019.
7. World Bank. Global economy to edge up to 3.1 percent in 2018 but future potential growth a concern [press release]. 2018. http://www.worldbank.org/en/news/press-release/2018/01/09/global-economy-to-edge-up-to-3-1-percent-in-2018-but-future-potential-growth-a-concern. Accessed July 2019.
8. Ranking of the world's countries by 2014 per capita fossil-fuel CO_2 emission rates. Carbon Dioxide Information Analysis Center, Oak Ridge National Laboratory, and Research Institute for Environment, Energy and Economics, Appalachian State University. https://cdiac.ess-dive.lbl.gov/trends/emis/top2014.cap. Accessed July 2019.
9. Emission Database for Global Atmospheric Research(EDGAR). European Commission, Joint Research Centre (JRC), Netherlands Environmental Assessment Agency (PBL). 2019. edgar.jrc.ec.europa.eu. Accessed July 2019.
10. United Nations Population Division. WPP POP_F01_TOTAL POPULATION_BOTH_SEXES. *World Population Prospects: The 2019 Revision*. New York, NY: United Nations Population Division; 2019.
11. World Development Indicators. Methane emissions (kt of CO_2 equivalent). The World Bank; 2019. https://data.worldbank.org/indicator/EN.ATM.METH.KT.CE?view=chart.
12. Deen T. U.S. lifestyle is not up for negotiation. *Inter Press Service*. 2012. http://www.ipsnews.net/2012/05/us-lifestyle-is-not-up-for-negotiation/. Accessed July 2019.
13. C-SPAN. Clip of presidential news conference: Bush shopping quote. 2001. https://www.c-span.org/video/?c4552776/bush-shopping-quote. Accessed July 2019.
14. Kasser T. Values and the next generation. *Solutions*. 2012; 3(3): 119–124.

15. Egolf B, Lasker J, Wolf S, Potvin L. The Roseto effect: a 50-year comparison of mortality rates. *Am J Public Health*. 1992; 82(8): 1089–1092.
16. Qureshi Z. Trends in income inequality: global, inter-country, and within countries. 2017. ttps://www.brookings.edu/wp-content/uploads/2017/12/global-inequality.pdf
17. Voelcker J. 1.2 billion vehicles on world's roads now, 2 billion by 2035: report. *Green Car Rep*. 2014. https://www.greencarreports.com/news/1093560_1-2-billion-vehicles-on-worlds-roads-now-2-billion-by-2035-report. Accessed July 2019.
18. Del Bello L. SUV sales rise worldwide, despite their effect on climate. *Futurism*. 2018. https://futurism.com/suv-sales-rise-worldwide-despite-effect-climate. Accessed July 2019.
19. Kahan A. Global energy intensity continues to decline. *EIA: Today in Energy*. 2016 (July 12). https://www.eia.gov/todayinenergy/detail.php?id=27032.
20. Doman L. EIA projects 48% increase in world energy consumption by 2040. *EIA: Today in Energy*. 2016. https://www.eia.gov/todayinenergy/detail.php?id=26212. Accessed July 2019.
21. International Energy Agency. *Global Energy & CO_2 Status Report 2017*. 2018. Available at: https://www.iea.org/publications/freepublications/publication/GECO 2017.pdf.
22. International Resource Panel. *Global Resources Outlook 2019*: Natural Resources for the Future We Want. Nairobi, Kenya: United Nations Environment Program; 2019. Available at: https://www.resourcepanel.org/reports/global-resources-outlook.
23. International Resource Panel. *Assessing Global Resource Use: A Systems Approach to Resource Efficiency and Pollution Reduction*. Nairobi, Kenya: United Nations Environment Program; 2017. Available at: https://www.resourcepanel.org/reports/assessing-global-resource-use.
24. United States Holocaust Memorial Museum. Forced sterilization. https://www.ushmm.org/learn/students/learning-materials-and-resources/mentally-and-physically-handicapped-victims-of-the-nazi-era/forced-sterilization. Accessed July 2019.
25. Feng W, Cai Y, Gu B. Population, policy, and politics: how will history judge China's one-child policy? *Popul Dev Rev*. 2012; 38:115–129.
26. Harkavy O, Roy K. Emergence of the Indian National Family Planning Program. In: Robinson WC, Ross JA, eds. *The Global Family Planning Revolution: Three Decades of Population Policies and Programs*. Washington, DC: The World Bank; 2007.
27. Lizarzaburu J. Forced sterilisation haunts Peruvian women decades on. *BBC News*. 2015. https://www.bbc.com/news/world-latin-america-34855804. Accessed July 2019.
28. Breslau K. Overplanned parenthood: Ceausescu's cruel law. *Newsweek*. 1990:35. http://www.ceausescu.org/ceausescu_texts/overplanned_parenthood.htm. Accessed July 2019.
29. Bradatan C, Firebaugh G. History, population policies, and fertility decline in Eastern Europe: a case study. *J Fam Hist*. 2007; 32(2): 179–192.
30. Klein N. *This Changes Everything: Capitalism vs. the Climate*. New York, NY: Simon and Shuster; 2014:114n.

31. International Society for Ecological Economics. The ISEE. 2019. http://www.isecoeco.org/.
32. McDonald C. How many Earths do we need? *BBC News*. 2015. https://www.bbc.com/news/magazine-33133712. Accessed July 2019.
33. Miller D. *Consumption and Its Consequences*. Cambridge, UK: Polity; 2012.
34. Twitchell JB. L*ead Us into Temptation: The Triumph of American Materialism*. New York, NY: Columbia University Press; 2000.
35. Durning A. *How Much Is Enough? The Consumer Society and the Future of the Earth*. Washington, DC: Worldwatch Institute; 1992.
36. Schor J. True Wealth: *How and Why Millions of Americans Are Creating a Time-Rich, Ecologically Light, Small-Scale, High-Satisfaction Economy*. New York, NY: Penguin; 2011.
37. Oxford Poverty & Human Development Initiative. Bhutan's Gross National Happiness Index. n.d. https://ophi.org.uk/policy/national-policy/gross-national-happiness index/. Accessed July 2019.
38. United Nations Population Division. file FERT/4: Total fertility by region, subregion and country, 1950–2100. In: *World Population Prospects: The 2019 Revision*. New York, NY: United Nations Population Division; 2019.
39. Wodon QT, Montenegro CE, Nguyen H, Onagoruwa AO. *Missed Opportunities: The High Cost of Not Educating Girls*. Washington, DC: World Bank Group; 2018. https://www.worldbank.org/en/news/factsheet/2018/07/11/missed-opportunities-the-high-cost-of-not-educating-girls.
40. Bongaarts J. The impact of family planning programs on unmet need and demand for contraception. *stud Fam Plann*. 2014; 45(2): 247–262.
41. Pritchett L. Desired fertility and the impact of population policies. Popul Dev Rev. 1994; 20:1–55.
42. Guttmacher Institute. Unintended pregnancy rates declined globally from 1990 to 2014. 2018. https://www.guttmacher.org/news-release/2018/unintended-pregnancy-rates-declined-globally-1990-2014. Accessed July 2019.
43. United Nations Department of Economic and Social Affairs: Population Division. *World Family Planning 2017: Highlights*. New York, NY: UN; 2017. https://www.un.org/en/development/desa/population/publications/pdf/family/WFP2017_Highlights.pdf.
44. Engelman R. Six billion in Africa: Africa's population will soar dangerously unless women are more empowered. *Sci Am*. 2016; 314(2): 56–63 https://www.scientificamerican.com/article/africa-s-population-will-soar-dangerously-unless-women-are-more-empowered/. Accessed July 2019.
45. Engelman R, Leahy E. How many children does it take to replace their parents? Variation in replacement fertility as an indicator of child survival and gender status. Population Association of America 2006 Annual Meeting; 2006; Los Angeles, CA.
46. Abu-Ghaida D, Klasen S. *The Economic and Human Development Costs of Missing the Millennium Development Goals on Gender Equity*. Washington, DC: World Bank;

2004. http://documents.worldbank.org/curated/en/872151468779427043/The-economic-and-human-development-costs-of-missing-the-millennium-development-goal-on-gender-equity.

47. USAID. Family planning and reproductive health. 2019. https://www.usaid.gov/global-health/health-areas/family-planning. Accessed July 2019.
48. Singh S, Remez L, Sedgh G, Kwok L, Onda T. *Abortion Worldwide 2017: Uneven Progress and Unequal Access*. New York, NY: Guttmacher Institute; 2018. https://www.guttmacher.org/report/abortion-worldwide-2017
49. Royal Society of London, U.S. National Academy of Sciences. The Royal Society and the National Academy of Sciences on Population Growth and Sustainability. *Population and Development Review*. 1992; 18(2): 375–378.
50. Wexler A, Kate J, Lief E. *Donor Government Assistance for Family Planning in 2014*. San Francisco, CA: Kaiser Family Foundation; 2015. https://www.kff.org/global-health-policy/report/donor-government-assistance-for-family-planning-in-2014/.
51. Darroch JE, Audam S, Biddlecom A, et al. *Adding It Up: Investing in Contraception and Maternal and Newborn Health* [Fact sheet]. New York, NY: Guttmacher Institute; 2017. https://www.guttmacher.org/sites/default/files/factsheet/adding-it-up-contraceptionmnh-2017.pdf.
52. Family Planning 2020. 2019. http://www.familyplanning2020.org/. Accessed July 2019.
53. Population Media Center. About us. 2019. https://www.populationmedia.org/about-us/. Accessed July 2019.

4 변화하는 지구

크리스 필드 · 데이비드 틸만 · 루스 드프리즈 · 데이비드 R. 몽고메리 · 피터 글레이크 · 하워드 프럼킨 · 필립 랜드리건 지음
김현 번역/ 권호장 감수

우리는 100년 전 우리의 조상이 집이라고 불렀던 행성과는 다른 행성에서 살고 있다. 지금 지구는 더 따뜻하고, 더 혼잡하고, 더 적은 종이 살고 있으며, 광범위하게 오염되고 생지화학적 순환이 변화된 행성이다. 땅과 물은 예전과 같이 널리 이용 가능하지 않고 품질이 좋지 않다. 우리 대부분은 한 때는 시골 지역에 살았지만, 지금은 대부분의 사람들이 도시에서 살고 있다. 이러한 변화는 지질학적 시간으로는 숨이 멎을 듯이 빠른 속도로 발생했지만, 인간의 시각에서는 아주 서서히 일어났기 때문에 그중 많은 것들은 우리에게 거의 보이지 않는다. 사실, 각 세대는 자신들이 마주한 조건이 정상인 것으로 간주할 수 있다.[1]

그러나 이러한 지구적 변화는 너무 광범위하여 새로운 지질학적 시대인, 인류세로 불리게 되었다.[2] 과학자들은 우리가 불안정한 결과들과 함께 지구의 한계를 초과할 위험이 있다고 경고했다.[3] 우리는 지구적 변화가 인간의 건강과 복지에 광범위한 영향을 미친다는 것을 알고 있다. 몇 가지는 이미 잘 증명되어 있고, 다른 몇 가지는 우리의 과학이 발전하고 수십 년 후에 대한 예측과 모델링이 향상됨에 따라 점점 뚜렷해지고 있다.[4]

이 장은 이 책의 나머지 부분을 설명하기 위해 우리 행성이 변화하는 주요 방법 중 일부를 설명한다. 먼저 가장 잘 알려진 추세 중 하나인 기후변화로 시작한다. 거기서부터 생지화학적 순환, 토지이용과 지표면의 변화, 토양의 손실과 악화, 그리고 물 부족으로 이어진다. 그 다음은 생물다양성의 손실, 즉 종의 멸종과 개체수 감소에 대해 다룬다. 마지막으로, 오염물질에 의한 행성의 광범위한 오염 문제를 논의한다. 이어지는 장들은 이것을 기반으로 하여 이러한 지구적 변화가 인간 건강에 어떻게 영향을 미칠 수 있는지를 추적하며, 사람들과 우리 행성을 모두 보호하는 통합적 해결책으로 이어진다.

기후변화 크리스 필드

기후변화는 21세기의 냉혹한 현실이다(**그림 4.1**). 20세기 초부터 전 세계 평균 기온은 약 1℃ 상승했다. 역사적 기록상 가장 더운 해였던 2016년은 1850~1900년 평균보다 약 1.35℃ 높았다. 온실가스의 배출이 주요 원인으로, 아마도 유일한 원인으로 꼽힌다. 세계 각국 정부와 과학계의 협력체인 기후변화에 관한 정부 간 협의체(IPCC)의 최근 평가에 따르면, 인간의 행동이 1950년 이후의 기온 상승의 절반 이상을 설명한다는 확률이 98% 이상이라고 한다.[5] 관측된 기온 상승은 지난 1000년 동안 가장 큰 변화이며, 어떤 자연적 과정이나 과정들의 결합으로도 설명할 수 없을 만큼 많은 변화를 가져왔다. 인간의 행동이 없었다면, 지난 세기 동안 지구는 약간 냉각되었을 것이다.

이 온난화로 우리는 모든 대륙과 해양에서 영향을 경험했다. 더운 날과 폭염의 빈도와 강도가 증가하고, 가장 많은 비가 내리는 이벤트의 비율도 증가했다. 전 세계 해수면이 약 20cm 상승하여 연안 침수 위험이 증가했다. 온난화에 대한 대응으로 많은 식물과 동물이 더 시원한 위치로 이동했지만, 특히 따뜻한 물 산호초와 같이 이동할 수 없는 경우에는 상당한 수준의 죽음을 겪었다. 산불 철의 연장으로 산불 위험이 증가했으며, 특히 미국 서부, 호주

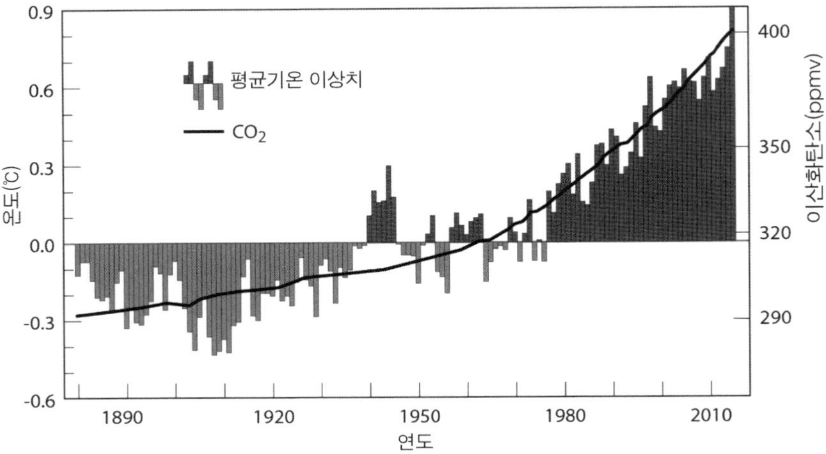

그림 4.1 전 세계 평균 기온 이상치(짙은 색과 연한 색 막대)와 마우나 로아에서 관측된 이산화탄소 농도(검은 선)의 연간 값의 시계열이다. 두 값 모두 미국 해양대기청(National Oceanic and Atmospheric Administration, NOAA)에서 가져왔다. 데이터는 20세기 평균 수준과 비교된다. 최신 값은 체적당 400ppm 이상을 초과한다. 기온의 경우, 2015년 값은 산업 시대 이전 수준보다 1℃ 이상 높다.
자료: NOAA, National Centers for Environmental Information, Climate at a Glance: Global Time Series, 2019. Available at https://www.ncdc.noaa.gov/cag/global/time-series

및 지중해 지역에서 뚜렷하게 나타났다. 재해 관련 사망에서 대규모 이주에 이르기까지 인간에 대한 영향에는 거의 항상 다양한 기여 요인이 있지만, 많은 경우 기후적 요인이 점점 더 두드러진다.

최근 기후변화가 개별 극단적 사건의 발생 가능성을 어떻게 변화시켰는지 양적으로 평가한 최근 연구들은, 인간의 영향으로 인한 기후변화가 2003년 유럽 폭염, 슈퍼스톰 샌디에 의한 홍수, 그리고 여러 재해와 같이 심각한 사건의 위험을 증폭시켰다는 것을 명확히 보여준다.[6,7]

지속적인 온난화는 심각하고 만연하며 되돌릴 수 없는 영향의 위험을 증가시킨다. 인간 활동이 온도에 민감하다는 대한 증거는 계속해서 늘어나고 있다. 농업, 노동자 생산성 및 경제성장 잠재력은 더위 조건에서 악화되며, 폭력적인 출동 위험이 증가한다. 온난화가 진행되면 더 많은 허리케인이 3~5등급의 파괴적 잠재력에 도달하며, 더 많은 식물과 동물 종들이 멸종 위험에

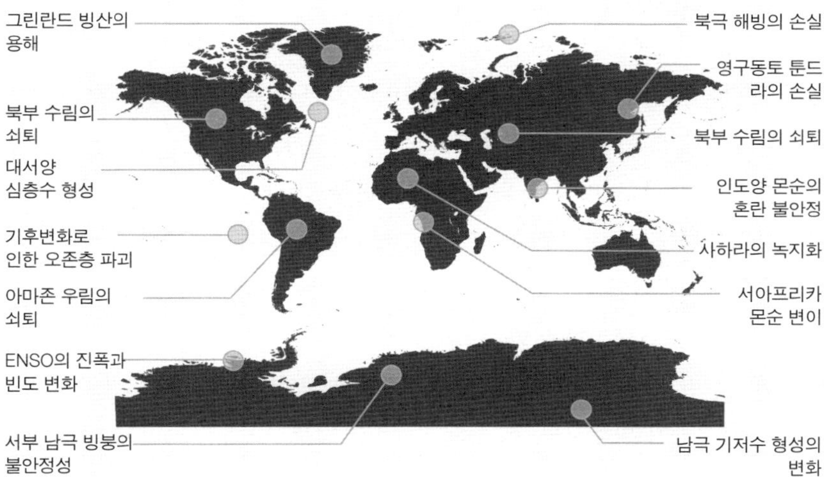

그림 4.2 잠재적 기후 티핑 포인트

자료: Adapted from Rockström J. Climate Tipping Points. Global Challenges, 2019. Available at https://globalchallenges.org/wp-content/uploads/2019/07/Global-Catastrophic-Risks-2017.pdf

직면하게 된다. 가장 취약한 사람들 – 고령자 및 영유아, 병든 사람, 장애인 또는 가난한 사람들 – 에게 끼치는 영향은 관리하기가 점점 더 어려워지며, 폭염, 가뭄, 농산물 부족 및 이주 등이 결합된 복잡하고 다요인적 영향의 위험도 커진다. 온난화가 계속 진행되면 우리는 장기적인 대규모 변화를 피할 수 없게 이끄는 임계점이나 티핑 포인트를 넘을 가능성도 증가한다(**그림 4.2**).[8,9] 특히 우려되는 한 가지 임계점은 주요 빙하의 붕괴로 인하여 몇 세기에 걸쳐 해수면이 5m 이상 상승하는 것이다. 또 다른 임계점은 자연 생물권에서의 온실가스 배출이, 특히 영구동토층 해빙과 산불로 인해 인간 배출이 제로로 감소하더라도 추가적인 온난화를 유발하는 정도로 커졌을 때이다.

이러한 임계점의 존재에 대한 증거는 뚜렷하지만, 각각을 유발하는 온난화 수준에 대한 지식은 제한적이다. 온난화가 적을수록 위험이 낮아지지만, 계속 고배출이 되면 이번 세기 후반에 도달할 것으로 예상되는 3℃ 이상의 온난화에서는 위험이 수용 범위를 넘어설 것이라는 높은 확신을 가지고 있다.

기후변화 대응은 두 가지 큰 접근 방법을 포함한다: 완화와 적응. 완화(공중보건 용어로는 일차 예방)는 기후변화를 막기 위한 단계를 의미하며, 그중에는 온실가스 배출과 삼림 남벌을 줄이는 것이 포함된다. 적응(공중보건 용어로는 재난 대비 및 회복력)은 우리가 직면한 변화에 대처하는 것을 의미한다. 이러한 접근 방법은 각각 "관리할 수 없는 것을 피하는 것"과 "피할 수 없는 것을 관리하는 것"으로 일컬어지기도 한다.

기후변화에 대한 적응은 다양한 도전을 수반하지만, 기후변화를 2℃ 미만으로 제한하는 선구적인 완화가 이루어진 세계에서 전망은 가장 좋다. 계획된 적응 및 비계획적 적응에 대한 경험은 급속히 증가하고 있다.[10] 극단적인 상황에 대처하기 위해서는, 예측 향상, 조기 경보 시스템, 그리고 인공 보호 장치(예: 해변 보호벽)와 자연적인 보호 장치(예: 맹그로브림)와 같은 것들이 손실을 제한할 수 있다. 교통, 통신 및 공중보건을 위한 우수한 인프라는 극단적인 상황을 더 관리하기 쉽게 만들 수 있으며, 정교한 보험 및 공급망은 위험을 분산하는 데 도움이 될 수 있다. 건물을 개선하고 물 요구량을 줄이거나 열 내성을 높이기 위해 작물을 육종하는 것은 큰 차이를 만들어낼 수 있다. 침수, 화재 또는 기타 극단적 상황의 위험이 너무 높은 지역에서는 산업, 지역사회 또는 인프라의 전략적 재배치가 적절할 수 있으며, 특히 재배치가 복지 향상에 초점을 맞춘 큰 계획의 일부인 경우에는 더욱 그렇다.

고 배출이 계속되는 세계에서는 많은 적응 전략이 한계에 도달한다.[11] 예를 들어, 폭염 조기 경보 시스템은 매일이 폭염인 경우에는 별 가치가 없다. 홍수나 화재와 같은 위험을 공유하기 위한 보험은 그 횟수가 너무 빈번하여 보험료가 너무 높아지면 유용한 도구가 아니다. 한 작물에서 다른 작물로 전환하는 것은 해당 지역이 어떤 형태의 농업에 적합한 충분한 물을 가지고 있을 때만 실현 가능한 선택지이다. 이주가 필요한 인구수가 받는 커뮤니티로부터 수용 가능한 수준을 초과할 때 이주는 선택 사항이 아니다.

기후변화를 멈추는 것 – 완화 – 는 이산화탄소 및 기타 장기적인 온실가스의 순 배출이 제로로 감소하고, 메탄 및 기타 단기체류 기후 오염물질의 배출이 상당히 감소해야 한다. 1.5℃로 온난화를 제한하기 위해서는, 이산화탄소 배출이 약 2040년까지 제로에 도달하게 하는 신속하고 급격한 조치가 필요하다. 덜 야심적인 온난화 목표는 순 배출이 제로에 도달하는 과정을 연장시키지만, 빠르게 증가하는 기후 영향을 동반한다. 기후 문제를 해결하는 스마트한 접근 방식은 탈탄소 속도를 극적으로 가속화하고, 재생 에너지 생산 기술, 에너지 효율 증대, 자연적인 탄소흡수지 보호 및 증대의 경제적 이점과 다양한 공헌을 최대한 활용하는 것이다. 과거에는 탄소 배출 감소, 적응, 경제발전이 동일한 자원을 놓고 경쟁한다는 것이 지배적 의견이었다. 점점 더 분명해지고 있는 것은 최상의 투자가 두 가지 또는 모두 동시에 세 가지 목표를 추진하는 데 도움이 된다는 것이다. 지속적인 기술 혁신과 사려 깊고 선견지명적인 정책의 결합은 기후변화 대응에 대한 진전 속도를 현격하게 높일 수 있으면서도 강건한 경제와 활기찬 지역사회를 유지할 수 있다.

생지화학적 순환 데이비드 틸먼

식물 성장, 특히 농작물의 경우, 종종 질소(N) 및 인(P)의 가용성에 의해 제한된다.[12] 질소는 생명에 필수적인데, 아미노산, DNA, 단백질 및 효소의 구성 요소로 질소를 함유해야 한다. 그러나 생명체의 진화 역사 전체에서 사용 가능한 질소 형태는 드물었다. 지구 토양을 형성하는 모래, 점토 및 암석 기질은 거의 질소를 포함하지 않는다. 질소가 N_2(질소 가스) 형태로 지구 대기의 약 80%를 차지하지만, N_2는 화학적으로 매우 안정적이어서 생물적으로 사용 가능한 질소의 원천으로는 적합하지 않다. 일부 식물 종(예: 콩과식물과 남세균)만이 N_2를 분해하여 아미노산과 단백질을 형성하는 데 사용되는 질산과 암모니아와 같은 생물학적으로 사용 가능한 형태를 만들어낸다. 질소고정 식물이 죽으면 그들의 조직에서 유래한 유기 질소의 다양한 형태가 토양에 축적되며, 그들이 분해되면 다른 식물이 질소를 사용할 수 있게 된다(**그림 4.3**).

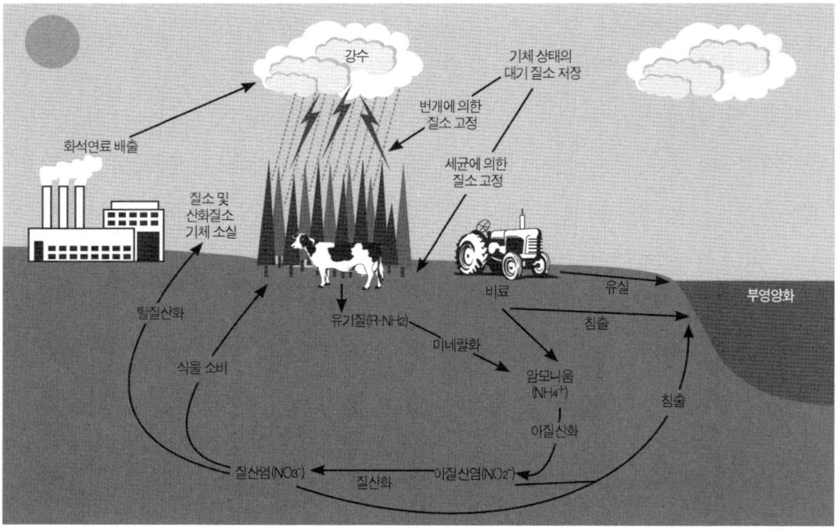

그림 4.3 질소 순환. 인간이 고정된 질소를 주로 비료로 투입하는데, 이제 이 양이 연간 기준으로 모든 자연적 원천에서 나오는 양을 초과한다. (Tilman D. Forecasting agriculturally driven global environmental change. Science 2001; 292(5515): 281-284)

자료: Adapted from Pidwirny M. The nitrogen cycle. In: *Fundamentals of Physical Geography*, 2nd ed. http://www.physicalgeography.net/fundamentals/9s.html

인산염(PO_4)은 식물과 동물이 필요로 하는 인의 화학적 형태이다. 인산염은 세포 에너지 전달 분자인 아데노신삼인산(adenosine triphosphate: ATP)의 필수 구성 요소이며, DNA의 필수 구성 요소이다. 그러나 인산염은 토양 입자에 화학적으로 긴밀하게 결합되어 있기 때문에 대부분의 인은 식물이 흡수할 수 있는 형태로 이용되지 않고 개울, 강 및 호수를 형성하는 지하수에는 거의 인이 용해되어 있지 않다. 최근까지 이러한 요소들은 질소와 인의 가용성이 대부분의 육상 및 수생 생태계의 구조와 기능을 결정하는 데 매우 중요했다.[13]

지난 세기에 이 모든 것이 획기적인 혁신 덕분에 바뀌었다: 20세기 초에 에너지 집약적인 산업 공정인 하버-보쉬 공정을 통해 질소를 고정할 수 있는 방법이 발견되었다. 인간들은 이제 생태계에서의 질소와 인의 흐름을 지배한다.[14-16] 일부 질소는 화석연료의 연소로부터 나온 것인데, 이것은 대기질소가스를 질소 산화물로 변화시켜 이를 수생 및 육상 생태계에 침전시킨다. 대부분의 질소와 인은 인간이 생산하는 질소와 인 비료에서 나온 것인데, 매년 비료로 투입되는 양이 비료가 발명되기 전의 모든 자연적 과정을 통해 육지 및 담수 생태계에 추가되는 양과 비슷하다. 그 이유는 무엇일까? 인구의 급속한 증가와 고기에 대한 수요가 가속화되면서, 가축과 우리 자신을 먹이기 위한 농작물에 대한 수요가 급증했다. 1960년에는 전 세계적으로 1000만 톤의 사용 가능한 형태의 질소가 비료로 사용되었다. 그러나 2015년에는 70억 명의 식량 수요를 충족시키기 위해 비료 질소 양이 연간 1억 1000만 톤으로 증가했다. 같은 기간 동안 연간 인산 비료 양은 500만 톤에서 1800만 톤으로 증가했다.[17]

이러한 영양소들은 수백만 년 동안 육지 및 담수 생태계를 제한하고 구조화했지만, 현재는 많은 곳에서 더 이상 제한요소가 되지 않고 있다. 질소 및 인의 수지균형의 붕괴는 많은 육지 및 담수 생태계에 심각한 피해를 초래했다.[14-16] 비료로 사용된 많은 질소와 인은 작물에 흡수되지 않고 다른 생태계로 새어 들어가 생태계를 해치고 있다. 일부 농업용 질소는 암모니아로 이루어져 있는데, 이것은 대기로 증발할 수 있고, 그 후 야생 육상 생태계에 내려와 일부 식물을 손상시키고 식물 다양성을 감소시킬 수 있다.[18] 질소 비료에서 나온 질산염(NO_3^-)은 빠르게 물에 용해되며, 작물에 흡수되지 않을 경우 지하수, 호수, 시냇물, 강 및 해양으로 들어간다. 인 비료 중 일부는 비슷한 경로를 따르지만, 대부분은 토양 입자에 결합되어 있어 평상시보다 강한 비가 농경지에서 토양을 침식시켜 호수, 시내, 강, 해양으로 운반될 수 있다. 또한 작물에 흡수되는 질소와 인은 작물의 식용 부분에 함유되며, 이후 이 작물을 먹는 가축이나 사람의 소변과 대변에 섞여 배출된다. 발전된 국가에서는 하수 처리장에서 인간 폐기물로부터 대부분의 인을 제거하지만, 대부분의 국가에서 하수 처리는 주로 질병 예방에 초점을 맞춘다. 대부분의 하수 처리는 질소와 인을 거의 제거하지 않고 강, 호수 및 해양으로 흐르게 한다. 동물 배설물은 종종 비료로 사용되며, 다른 비료와 마찬가지로 질소와 인을 환경에 방출한다.

농업 및 화석연료 연소로 인한 결과적인 영양소 오염인 부영양화는 수생 및 육상 생태계에 극적인 영향을 줄 수 있다.[14-16] 호수와 강은 전 세계적으로 마실 물의 주요 원천이며, 많은 국가에서 영양이 풍부한 식품을 제공하는 어업도 지원한다. 호수가 부영양화되면 조류 번식량이 100배 이상 증가할 수 있으며, 종래에는 희귀하고 종종 유독한 조류 종들이 수생 식물 먹이사슬의 기초를 형성하던 조류 종들을 대체한다. 미국의 이리호와 오키초비 호수와 중국의 수많은 강과 호수[19]와 같이 심각한 경우 조류들, 주로는 남세균이 방출하는 독소로 인해서 물이 인간이 마시기에 부적합해지고, 대규모 어류 폐사를 유발할 수 있다.

해양 연안 지역도 위협받고 있다. 조류의 폭발적인 증가, 흔히 적조 형태로 나타나며, 해산물을 오염시키고, 물놀이를 포함한 수영을 위험하게 만들며, 경우에 따라 보트 운항도 어렵게 만들 수 있다. 미국의 미시시피강과 같은 부영양화된 강이 근해 해양 생태계로 들어가면 조류의 빠른 증식이 일어나며, 그 후 죽음을 맞이한다. 세균들은 죽은 조류를 분해하면서 주변 물의 거의 모든 산소를 소비하며 생물이 살 수 없는 데드 존을 만들게 된다.[20] 2017년까지 미시시피강 유출 지역인 멕시코만의 데드 존은 약 2300km^2, 즉 뉴저지주와 거의 같은 면적에 달했다(**그림 4.4**).

생물들이 이용할 수 있는 질소를 생물권에 추가하면 토지 생태계에도 영향을 미쳐 식물 종 구성을 변화시키고 식물 다양성을 감소시킨다.[12,18,21] 네덜란드는 고도로 산업화되고 집약적인 농업 국가로, 질소 부영양화로 인해 대부분의 황야 생태계를 잃었다.[22] 수천 년 동안 질소를 효율적으로 이용하는 키가 작은 다양한 식물들의 혼합이 네덜란드의 모래토양을 지배해 왔다. 그러나 농업과 산업의 집약화로 인해 1950년부터 2000년까지 대기 질소 침전률은 약 20배 증가했다. 전례 없이 높은 수준의 유용성 질소는 황야종들의 경쟁 우위를 상쇄시켰고,[23] 이전에는 희귀했던 빠르게 자라는 큰 풀인 몰리니아가 침입하여 우세를 점하게 되었다. 질소 침전의 증가는 세계의 다른 토지 생

그림 4.4 2017년 미시시피 강 유출 지역인 멕시코만의 데드 존. 데드 존은 미시시피 강으로 유입되는 농업 폐수로 인해 발생하며, 해안 수역의 부영양화를 야기한다.
자료: Courtesy of N. N. Rabalais (LSU/LUMCON) and R. E. Turner (LSU), from National Oceanic and Atmospheric Administration, National Centers for Coastal Ocean Science.

태계에도 유사한 영향을 미친다.

일부 경우, 부영양화와 관련된 생태학적 변화는 감염성 질병 노출을 변경하는 방식으로 시스템 내의 종 구성을 변경할 수 있다. 이 현상은 질병생태학 분야에서 연구되며 이후 제6장에서 상세히 논의한다. 또한, 비료와 집약적인 가축 사육 시설에서 방출되는 암모니아는 주로 미세 입자로 형성되어 하풍 지역에 거주하는 사람들에게 심각한 건강 위험을 초래한다.

인류의 질소 순환에 대한 영향도 지구 온난화의 중요한 요인 중 하나이다.[24] 화석연료 연소로 생성되는 화합물 중 하나는 질소산화물로, 이산화탄소보다 약 300배 정도 더 강력한 온실가스이다. 작물에 질소 비료를 살포하면 대략 1%가 토양 미생물에 의해 질소산화물로 변환된다. 전 세계적으로 질소산화물은 현재 인간에 의한 연간 지구 온난화 잠재력 증가의 약 7%를 차지하고 있다.

지난 장에서 논의된 바와 같이, 인구는 2100년까지 약 40억 명 증가할 것으로 예상되며, 인당 구매력은 증가하는 번영과 함께 크게 증가할 것으로 예상된다. 전 세계적인 식량 수요는 다음 반세기에 약 두 배 증가할 것으로 예상되며, 현재의 관행이 계속된다면 질소와 인 비료 사용량이 급증할 것이다.[25] 앞으로 50년 동안 세계를 먹여 살리려면 질소와 인 비료 사용의 효율성을 극적으로 높여야 할 뿐만 아니라 땅, 물, 에너지 및 살충제의 더 효율적인 사용이 필요하다. 이러한 효율성을 달성하기 위한 혁신적인 방법은 5장에서 자세히 소개된다.

토지이용과 토지피복 변화 루스 드프리즈

지구 표면의 토지피복 유형 분포는 기후, 토양, 고도, 그리고 식량과 섬유를 재배하고 가축을 방목하며 도시 지역을 확장하기 위한 인간의 변형 등의 생물물리학적 특성의 조합을 반영한다. 연구자들은 다양한 토지피복 분류 체계를 개발하고 지구를 측정하는 위성 데이터에서 전 세계 토지피복을 정기적으로 매핑한다.[26,27] 분류 체계는 다양하지만, 전 세계 토지피복 지도는 일반적으로 초원, 활엽수림, 상록수림, 관목 지대, 사바나, 농지, 도시 지역 및 기타 카테고리의 공간 분포를 보여준다. 현재 전 세계적으로 가장 넓은 토지피복은 사바나이며 이어서 열대우림, 사막, 초원 및 스텝 순이다(**그림 4.5**).

토지이용은 토지피복과는 구별되며, 비료 살포, 관개, 불 사용, 다중작물 재배, 물을 저장하고 기타 토지에서 자원을 확보하기 위해 사람들이 하는 많은 활동들을 말한다. 토지피복과 토지이용의 변화는 질병 벡터의 서식지 변경, 공기 질에 영향을 주는 화재 배출, 집약적인 농업으로 인한 식품 공급 다양성의 손실, 폭풍을 막는 해안 식물의 손실로 인한 극단적 기후 사건에 대한 취약성 등을 통해 인간 건강에 상당한 영향을 미친다. 이 책의 후반부에서는 이러한 연결성을 논의한다.

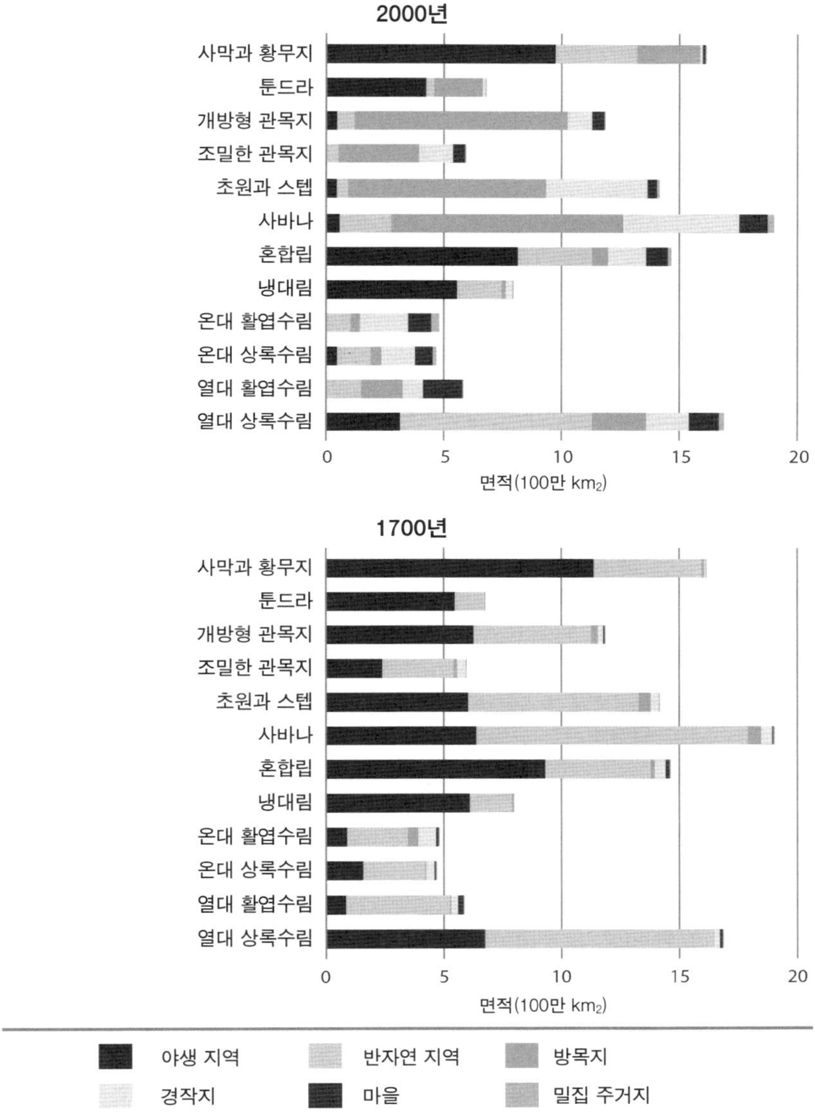

그림 4.5 1700년(아래)과 2000년(위)의 생물군계 분포별 전 세계 토지 면적 및 토지이용 현황을 나타낸 지도이다. 야생 지역 및 반자연적(seminatural) 지역은 비농업지역으로 각각 사람이 살지 않는 지역과 인구 밀도가 100명/km^2 미만인 지역을 나타낸다.

자료: Data from Appendix S5 in Ellis EC, Klein Goldewijk K, Siebert S, Lightman D, Ramankutty N. Anthropogenic transformation of the biomes, 1700 to 2000. *Global Ecol Biogeography*. 2010; 19(5): 589-606

전 세계적인 토지피복과 토지이용 변화의 전반적인 패턴

수천 년 동안 사람들은 농업을 지원하고 사냥을 개선하며 가축을 방목하고 도시를 건설하고 다른 자원을 확보하기 위해 생태계를 변화시켜 왔다. 토지피복과 토지이용의 변화는 문명이 이러한 필수적인 공급 서비스를 얻는 주요 방식이다.*

가장 눈에 띄는 토지이용 변화 유형은 북아메리카에서 대초원을 농지로 변환하는 것, 아마존에서 목초지를 위해 열대우림을 파괴하는 것, 도시 지역의 확장 등과 같이 한 생태계 유형을 다른 것으로 변환하는 것이다. 1700년에는 전 세계 토지 면적의 거의 절반이 황무지였다.[28] 2000년에는 인류가 지구의 얼음이 없는 토지 면적의 약 40%를 식량과 사료 생산을 위해 변환했다. 전 세계 토지의 추가 37%는 현재 반자연적(seminatural)으로, 즉 농업지역과 정착지 내에 상당한 인구가 살고 있는 지역으로 구성되어 있다. 토지 면적의 4분의 1 미만이 황무지로 남아 있다(그림 4.5 참조).

전 세계적으로 사바나, 초원, 관목지, 그리고 온대와 열대의 활엽수림이 가장 많은 변화를 겪었다. 이러한 생태구역의 4분의 3 이상이 1700년 이후 농업지역(목장지와 농지)으로 변환되었다. 남아 있는 황무지는 툰드라, 사막, 침엽수림, 열대 상록수림과 같은 경작이 어려운 생태구역에 나타난다(그림 4.5 참조).

토지 면적의 작은 부분에만 영향을 미치지만 생태계와 건강에 중대한 영향을 미치는 다른 종류의 토지이용 변화도 있다. 도시 지역은 토지 면적의 일부만을 차지하지만 전 세계 인구의 절반 이상을 수용한다. 이번 장의 다음 부분에서 설명되는 바와 같이 도시 토지이용은 종종 최상의 농지로 확장된다. 더 중요한 것은 도시 지역이 상업 농산물에 대한 수요를 촉진한다는 점이다.

---

* 공급 서비스는 생태계 서비스의 한 종류이고 나머지 범주로는 조절 서비스, 문화 서비스, 지원 서비스가 있다. 공급 서비스의 예로는 음식, 섬유, 연료가 있는데 생태계 서비스에 대한 자세한 내용은 제15장에서 다룬다.

지난 몇 10년 동안 가장 높은 속도의 도시 토지 확장은 인도, 중국, 아프리카에서 일어났으며, 북아메리카가 도시 범위에서 가장 큰 절대적인 변화를 보였다.[29]

대규모 댐 건설은 긍정적인 영향과 부정적인 영향을 동시에 미친다. 긍정적인 영향으로는 관개용 물의 안정적 제공, 수력 발전을 통한 전력 공급, 홍수 통제 등이 있다. 부정적인 영향으로는 물과 영양소의 흐름이 변화하여, 질병 매개체와 다른 종의 서식지에 광범위한 생태학적 결과를 초래할 수 있다. 댐을 만들어 물을 저장하는 행위는 인류 문명과 함께 시작되었지만, 강을 막기 위해 대규모 구조물을 건설하는 것은 1930년대에 시작되었다. 20세기 말까지 전 세계 지표수의 절반 이상이 바다에 도달하기 전에 댐을 통과했다. 대형 수력 댐의 수는 2030년까지 두 배로 증가할 것으로 예상되며, 지구에 있는 모든 주요 강의 흐름을 변경할 것으로 예상된다.[30]

연안 지역의 맹그로브 서식지와 이탄지를 포함한 습지는 또 다른 토지이용 변화의 중심지이다. 연안의 맹그로브 서식지는 생산성과 생물다양성이 뛰어난 생태계이다. 그들은 연안 지역을 폭풍으로부터 보호하고, 건강한 어류 개체에게 중요한 산란지를 제공하며, 식량, 연료 및 건축 재료로 지역 생계를 지원한다. 1990년부터 2000년까지 맹그로브 서식지의 손실률은 육상 우림에 비해 2배 높게 추정되며, 이는 주로 아시아-태평양 지역에서 농업의 확장으로 인한 것이다.[31] 전 세계적으로, 1980년 이후 맹그로브 지역의 20%에서 35%가 손실되었다.[32]

이탄지는 식물 생산이 분해를 초과하는 습한 지역에서 부분적으로 부패한 유기 물질이 두껍게 축적된 지역이다. 농업용지로 전환할 때 연소나 부패 과정을 통해 탄소가 대기 중으로 방출된다. 이탄지는 지구 표면의 2%에서 3%만을 차지하지만, 세계 토양 탄소의 1/4을 포함하고 있다.[33] 대부분의 이탄지는 북반구의 고위도 지역에 있어서, 농지로의 변환이 없었다. 하지만 열대 지역에서는 특히 동남아시아에서 오일 팜, 고무 및 기타 농업의 급속한 확장으로 인해 지난 몇 10년 동안 이탄지가 손실되었다.

그림 4.6 브라질의 세라도 생태 지역에 있는 콩밭(왼쪽)과 손상되지 않은 자연 숲이 함께 있는 모습.
자료: Photo by Marizilda Cruppe/Greenpeace

토지이용 변화의 주요 요인들

토지이용 변화의 가장 중요한 동인은 의심할 여지없이 농업이다(**그림 4.6**). 전형적인 농업 전환은 일반적으로 농업 이전 단계, 농업 단계, 도시 기반 경제로의 발전 과정을 따른다.[34] 농업 전환 과정에서는 소규모 농업이 주로 이루어지며, 넓은 면적의 초원과 숲이 개간되어 농지와 목초지로 변모된다. 소규모 농장은 일반적으로 비료, 관개, 농약의 투입이 적고 농업 다양성이 높다.[35] 산업화가 진행되면서 인구가 도시에 집중하면서 생산성이 낮은 땅이 버려진다. 생산성이 낮은 지역에서 숲이 재생되는 동안, 생산성이 높은 토양을 가진 저지대에서는 농업 다양성이 낮고 농업 투입이 높은 대규모 농업이 확대된다.

유럽에서는 수천 년 전, 북아메리카에서는 산업 혁명 이후인 19세기에 농업 확장을 위해 원시적인 생태계에서 농경지로의 토지 변환이 발생했다.[36] 고도로 산업화된 세계에서 최근의 농지 이용 변화는 농업의 강화(동일한 양의 토지에서 증가된 생산량)로 나타났으며, 이는 농업 화학물질, 기계화, 다양성이 적은 경작 시스템 사용을 포함한다.

유럽 일부 지역에서는 지난 2세기 동안에 그리고 북미지역에서는 지난 백 년간 숲을 벌채한 뒤 산업화와 도시화에 따라 숲 면적이 순증하는 '숲 전환'이 여러 시기에 발생했다.[37,38] 최근에는 중국, 인도, 베트남, 코스타리카를 포함한 일부 저개발국에서도 유사한 전환 현상이 관찰되었다.[39]

지난 몇 십 년 동안의 열대지방의 토지 변환의 주요 중심은 경제가 주로 채취 및 소규모 농업에서 수출 지향적인 상품 생산으로 이동함에 따라 발생했다. 지구 전체 및 새로 부상하는 경제의 도시 인구로부터 농산물에 대한 수요가 증가함에 따라, 산림 파괴의 주요 원인은 가축 사료, 동물성 식품 및 식용 식물유의 대규모 생산을 위한 것으로 변화했다. 2000년부터 2011년까지 세계적인 네 가지 상품인 대두, 팜유, 쇠고기 및 목재 제품에 대한 세계 시장 수요가 전체 열대 산림 파괴의 40%를 초래했다.[40]

동물성 식품과 식물성 기름에 대한 국제적 수요가 남아메리카와 동남아시아의 열대우림 파괴의 주요 동인이었다. 고가 상품의 세계적 공급망과 산림 파괴 사이의 연관성이 밝혀지면서 인증제도, 다국적 기업의 산림 파괴 방지 약속 및 기타 시장 기반 메커니즘을 통해 산림 파괴를 줄이는 노력이 가능해졌다.[41]

과거 몇 십 년간의 보존 노력으로 세계적인 보호 지역이 크게 확대되었다. 2018년까지 전 세계 땅 면적의 약 15%가 완전 보호부터 관리하의 사용까지 다양한 형태의 보호를 받고 있었다.[42] 또한 전 세계 육지 면적의 18%는 공식적으로 원주민과 지역 공동체가 소유하거나 이들을 위해 지정된 토지로 인정되고 있다.[43]

현재의 전 세계적인 땅 피복과 땅 이용 분포는 세계 각지의 다른 경제적 및 생물학적 조건을 반영한 모자이크이며, 인간 건강에 대한 다양한 영향을 미친다. 예를 들어, 역사적으로 농업 이전 단계에서 농경 지역으로의 전환은 역병 유행 및 감염성 질병의 발생과 영양 다양성의 상실과 함께 일어났다.[44] 현대에는 소규모 농업 이용에서 집중적인 농업을 하는 도시 사회로의 전환은 비만 및 기타 비감염성질환의 증가와 함께 이루어졌다.[45] 물론, 토지이용은 이러한 광범위한 변화의 한 측면에 불과하지만, 중요한 역할을 한다.

토지 경영의 변화

토지이용의 한 형태에서 다른 형태로의 전환만큼이나, 토지 관리 방식의 변화도 인간 건강과 생태계 과정에 중대한 영향을 미칠 수 있다.

불은 적은 비용으로 해충을 방재하고 불필요한 식생을 제거할 수 있는 관리방법이다. 화재에서 배출되는 물질은 넓은 지역으로 이동하여 공기 질을 악화시키고 풍하방향에 있는 사람들의 건강을 위협한다.[46] 인도네시아에서 이런 생물학적 연소로 인한 건강 영향에 대응하는 노력에 대한 상세한 기술은 『*지구건강 사례 연구: 해결방안 모음*』(https://islandpress.org/books/planetary-health)을 보라. 1998년부터 2015년 사이에 세계적으로 불에 타버린 면적이 4분의 1 가량 감소했는데 주로 남아메리카, 아프리카 사바나, 아시아 스텝 지역의 초원 등이다. 이는 고부가 농산물 생산과 관련이 있으며, 미래에는 사람들이 더 많은 농지를 고부가 농산물을 생산에 사용하면서 화재가 줄어들 수 있음을 시사한다.[47]

다중작물, 종자 다양성 향상, 기계화, 화학 비료 투입 등의 집약농업은 지난 50년간 농작물 생산량이 인구 증가를 능가하게 한 주요 수단이었다. 지난 50년 동안 농작물의 생산량은 3배 증가했지만 경작지 면적은 30%만 증가했다. 이러한 집약농업 없이는 동등한 양의 생산을 위해 추가로 2000만~2500만 헥타르가 필요했을 것이다.[48] 결과적으로 음식과 사료 가격이 하락하여 식량부족을 해소했지만, 이로 인해 곡물 사료를 이용한 가금류, 돼지, 소고기 생산 증가, 낮은 식품가격으로 인한 식품 과소비, 지역 품종의 손실과 함께 식단의 균일화 등 여러 가지 부작용이 발생했다.[49]

미래 토지이용

토지이용과 관련한 의사결정에 영향을 미치는 수많은 경제적·생물물리적 요인이 있기 때문에 미래를 예측하는 것은 매우 어려운 일이다. 그러나 앞으로 몇 십 년 동안 토지이용에 영향을 미칠 여러 가지 추세가 있다. 저개발국에서의 도로, 철도 및 기타 인프라의 확장은 토지이용 양상을 근본적으로 변화시킬 것으로 예상된다.[50] 특히 도시화되는 신흥 국가에서 시장 접근성이 증가함에 따라 농산물에 대한 수요는 소비지로부터 거리가 먼 지역에서도 토지이용 변화를 초래할 것으로 예상된다. 열대 숲이 유일하게 확장 가능한 토지 지역이기 때문에, 열대 숲을 제거하는 것은 통제가 없는 한 계속될 것으로 예상된다. 또한 소규모 농업인들이 성장하는 도시 중심지에서 기회를 찾게 되고, 수요가 증가함에 따라 소규모 농업이 보다 대규모의 집중생산 농업 체계로 전환될 가능성이 있다. 역사적인 숲 변화의 패턴을 따르면, 생산성이 낮은 농경지가 버려짐에 따라 숲 재생이 일어날 것으로 예상된다. 이러한 토지이용의 변화는 생태계를 더욱 변화시키고, 식습관과 생활방식, 오염물질 노출 및 감염병 확산 등의 건강 결과에 영향을 줄 것으로 예상된다.

농경지와 토양 데이비드 R. 몽고메리

이전 부분에서는 토지의 이용을 살펴보았으며, 이번 단락에서는 토양의 비옥성과 경작 가능한 땅의 가용성을 고려함으로써 그 토양의 질에 대해 논의한다. 비옥한 땅은 농업 문명의 기반이며, 토양의 손실과 황폐화는 역사적으로 전 세계에 걸쳐 사회 기반을 약화시켰다.[51] 토양 손실은 흐르는 물과 바람에 의한 침식과 같은 과정을 통해 자연적인 토양 형성이 손실을 채우는 속도보다 빠른 속도로 표토층이 이동되는 것을 의미한다. 토양 황폐화는 토양의 질이 떨어지는 것을 의미하는데 정상적으로 번성하던 미생물 생태계, 곤충 및 기타 종의 손상; 유기 물질의 상실; 산성화 및 염화와 같은 물리적 구조나 화학적 구성의 변화; 화학물질에 의한 오염 등이 포함된다.

토양의 손실과 토질 저하는 고대 역사뿐만 아니라 현대에도 계속된다. 1995년에 연구자들은 제2차 세계대전 이후 세계의 1/3에 달하는 경작지의 토질이 저하되었다고 추정했으며, 매년 0.5%에서 1%(약 1200만 헥타르)가 식량생산을 위해 소실되었다고 보고했다.[52] 20년이 지난 2015년, 유엔식량농업기구 보고서에 따르면, 토양 침식은 매년 0.3%의 글로벌 작물 수확량 감소를 야기하여 2050년까지 전 세계 수확량을 10% 줄일 수 있다.[53] 2018년 유엔 보고서는 전 세계적인 토질저하가 적어도 32억 명의 인류, 인류의 삼분의 일 이상에게 부정적인 영향을 미치고 있다고 보고했다.[54]

이 장의 앞 부분에서 설명했고 **그림 4.5**에서 보듯이 목초지와 경작지는 지구 표면의 삼분의 일 이상을 차지한다. 그러나 1960년에는 인구당 경작지가 0.45 헥타르였지만, 1980년에는 0.32 헥타르로 감소했으며, 2020년에는 0.22 헥타르로 감소할 것으로 예상된다.[53] 지속적인 토양 침식과 농지의 손실 그리고 인구 증가로 인해 이 핵심 통계치가 앞으로 몇 십 년 동안 계속 감소할 것으로 예상되어 전 세계에 식량을 공급하는 것이 점차 어려워질 것으로 예상된다.

경작 가능한 땅의 토질 저하의 주요 요인은 기후변화, 도시 확장, 토양 침식, 토양 생물 방해, 토양 유기물 분해 촉진 등을 가속화하는 농업 관행 등이 있다. 농업은 관개로 인한 염화, 경작, 장기간의 화학 비료 사용, 그리고 배설물 및 작물 잔재를 이용한 토양 영양분 반환을 하지 않음으로 인한 영양소 고갈 등을 통해 토양의 손실과 황폐화를 야기한다. 경작은 속 토양을 바람과 비의 작용에 노출시키고 공기를 공급하여 미생물에 의한 유기물 분해를 가속화시켜 토양 유기물을 저하시킴으로서 토양 침식을 일으킨다. 질소 비료의 장기 사용은 토양 산성화와 유기물의 미생물 분해를 통한 토양 유기물 고갈을 초래할 수 있다. 한 분석에 따르면, 관습적인 경작으로 처리된 농경지의 평균 침식 속도는 자연적인 토양 생성 속도의 10배에서 100배인데, 자연적 토양 생성 속도는 원래의 식생과 지질학적 시간에 걸친 토양 침식 속도에 근접한다.[55] 반면, 무경운 농업은 자연적인 토양 생성 속도에 근접한 침식 속도를 보인다. 경작과 강력한 화학 비료 사용의 결합은 지금까지 북아메리카 농경지 유기물의 절반 정도를 소비했다.[56]

도시화는 토양에 대한 다른 형태의 위협을 제공한다. 확장되는 도시 중심지는 일반적으로 지역의 가장 비옥한 땅 중 일부를 소비하며, 이것은 일반적으로 주민들을 그 지역으로 끌어들였던 자원이다. 도시화는 포장도로와 건물이 밭과 과수원을 대체함으로써 농경지의 토질을 심각하게 저하시킨다. 도시 확장은 2030년까지 전 세계 농경지의 약 2%를 상실하게 할 것으로 예상되며, 이 손실의 대부분은 인구가 가장 빠르게 증가하는 아프리카와 아시아 지역에서 발생할 것으로 예상된다. 도시 확장이 평균 이상의 농경지에 집중될 것으로 예상되므로 순 손실은 전 세계 농산물 생산량의 3~4%에 달할 수 있다.[57] 그러나 도시 농업을 통한 집중적인 생산은 도시 주변의 농경지 감소 일부를 상쇄할 수 있다.[58]

토양염류화는 메소포타미아 시대부터 농업의 문제였는데, 초기 기록은 반복되는 증발로 인해 관개된 밭의 염분이 천천히 쌓이면서 염분 불내성 작물에서 염분 내성 작물로의 변화가 문서화되어 있다.[51] 현재 전 세계적으로 약 8억 3000만 헥타르의 땅이 증가하는 토양 염분에 영향을 받고 있으며, 일부 추정에 따르면 2050년까지 모든 경지의 절반에서 생산성이 떨어질 것으로 예상된다.[59] 염류화는 아시아(1억 9400만 헥타르)와 아프리카(1억 2300만 헥타르)에서 더 많은 땅에 영향을 미치며, 유럽(700만 헥타르)과 북아메리카(600만 헥타르)에서는 훨씬 더 적다.[59] 염류화는 일차 및 이차 과정을 통해 발생한다: 일차 염류화는 지하수의 염분이 미세입자로 된 토양에 침투해서 생기고 이차 염류화는 노출된 관개 또는 정지된 물의 증발로 인해 염분이 축적되면서 발생한다. 염류화의 영향은 염분의 종류와 농도, 그리고 농작물의 특정 성장 단계에 따라 다르다. 해수면 상승은 저지대 연안 지역, 특히 삼각주 환경의 농지에서 특히 우려되는 문제인데, 연안의 대수층이 범람에 의해 염류화될 가능성이

있기 때문이다.[60]

질산 비료의 장기 사용으로 인한 토양 pH 변화는 전통적인 농경지에서 발생하는 또 다른 세계적 문제로 대두하고 있다.[61] 일부 토양 세균은 암모니아(NH_3)를 아질산염(NO_2-)으로 산화하고 다른 세균은 이 아질산염을 질산염(NO_3-)으로 산화할 수 있다. 이러한 각 단계는 토양을 산성화시키는 수소 이온(H^+)을 생성한다. 따라서 질산 비료(특히 암모니아)의 지속적인 사용으로 인해 토양 pH가 점차 감소하며, 가장 큰 감소는 세계의 초원 토양에서 발생했다.[61] pH가 5.5 이하로 감소하면 알루미늄 독성이 발생할 수 있으며, 이는 칼슘 및 마그네슘과 같은 중요한 영양소의 식물 흡수를 제한할 수 있다. 농경지의 산성화가 증가함에 따라 토양 생물, 특히 세균 군집에도 영향을 미치고 식물이 흡수할 수 있는 교환 가능한 양이온(예: Ca^{2+}, Mg^{2+}, K^+)의 가용성에도 영향을 줄 수 있다.[61]

토질 저하는 장기적인 사회적 영향을 미친다. 예를 들어 역사적 기록에 따르면 로마시대 시리아, 리비아 지역은 현재는 상상할 수 없을 정도로 생산성이 높은 토양이었다.[51] 1930년 미국 중서부의 모래태풍(Dust Bowl, 황진)으로 인한 재난(제8장에서 논의)이 토양 침식의 문제를 부각시키기는 했지만 그때까지 다른 광범위 북아메리카 토양이 얼마나 심각한 손상을 받았는지에 대해서는 잘 알려지지 않았다. 미국 남동부의 애틀랜틱 대륙사면의 피에드몬트 또는 구릉지대는 광범위한 농경지 침식이 표토층을 제거한 사례이다(**그림 4.7**). 대부분의 지역에서 19세기에 최고조에 달한 토양 침식으로 최소한 10cm 이상의 표토층이 소실되었다.[62] 오늘날에는 대부분의 이 지역 농부들이 심토를 경작하여 화학 비료를 이용하여 생산성을 유지한다. 이는 더 이상 생산하지 않는 농지만을 대상으로 하는 국제 평가에는 잡히지 않는 토질 저하의 예라고 할 수 있다.

세계의 얼마나 되는 농경 지역이 토질이 저하되었는가? 이 간단한 질문에 대한 답은 쉽지 않다. 추정치는 세계 총 150억 헥타르 중 10억 헥타르 미만부터 60억 헥타르 이상까지 다양하다.[63] 세계적으로나 개별 국가 내에서 토질

그림 4.7 미국 남동부 피에드몬트 지역의 토양 침식. 위의 이미지는 1930년대에 촬영된 것으로, 이전 도로가 있던 장소에서 광범위한 침식이 보이다. 새로운 도로는 위쪽 및 오른쪽에 보인다. 아래 이미지는 프로비던스 캐니언으로, 사실상 위의 과정의 거대한 버전이다. 조지아주립공원으로, 주의 일곱 경이 중 하나로 알려져 있다. 최대 깊이가 50m에 이르는 캐니언들은 19세기 초에 형성되기 시작했으며, 최종적으로 7000만 년 이상 된 지질 형성물을 드러냈다.

자료(아래): Courtesy of University of South Carolina Library

자료(위): Robbie Honerkamp, Wikimedia Commons, license CC BY-SA 3.0

저하의 정도에 대한 합의는 없으며, 이는 각각의 평가 방법과 가정이 다르기 때문이다. 세계적인 평가는 전문가의 의견, 순수 생산력의 위성 기반 추정치(식물이 바이오매스를 형성하는 속도), 생물물리학 시스템의 수치 모델, 역사적으로 포기된 경작지의 면적 추정치 등을 기반으로 한다.[63] 이러한 접근 방법 각각은 서로 다른 한계를 가지며, 다양한 정도의 토질 저하를 고려하며, 토양 저하에 대한 특정 시각을 제공한다.

기존의 세계적인 토질 저하에 대한 평가에는 보이지 않는 매우 중요한 요소가 있다. 바로 토양 생명과 토양 유기물질의 손실이다. 최근 몇 십 년 동안 토양생태학의 중요성을 인식하는 데 큰 발전이 있었다. 식물 뿌리계의 미생물(라이조스피어라고 불리는 영역)이 영양소 흡수, 화학신호 전달, 식물 방어에 영향을 미쳐 결국 작물 건강에 중요한 역할을 한다는 연구결과에 기반하고 있다.[64] 이러한 새로운 이해는 토양 유기물질의 중요성을 강조하며, 토양 유기물은 토양과 작물의 건강에 도움이 되는 대사산물을 생산하는 미생물의 먹이로 작용한다.

토양 건강을 증진하는 재생 농법 관행은 토질 저하를 빠르고 잠재적으로 수익성 있게 되돌릴 방법을 제공한다.[65] 2018년 유엔 보고서에 따르면, 토지 복원의 경제적 이점은 평균적으로 비용의 10배이다.[54] 이에 비해, 토질 저하를 되돌리기 위한 행동을 하지 않는 것의 비용은 일반적으로 문제를 해결하는 비용의 3배이다.[54] 비옥한 토양을 재건하는 것은 아프리카의 굶주림과 영양실조를 해결하는 가장 유망한 방법 중 하나이다.[66] 예를 들어, 에티오피아의 최근 현장 실험에서는 토양 유기물 함량이 높은 소규모 농가에서 밀을 재배하면 아연과 단백질 함량이 높아지는 것을 보여주었다. 이는 밀이 주요 식량작물로서의 중요성과 인류 전체의 아연과 단백질 결핍 문제를 감안할 때 중요한 결과이다.[67]

농민들은 토양의 비옥도를 회복하는 다양한 방법을 선택할 수 있다. 이러한 옵션은 토양에 질소와 유기물을 회복하는 데 도움이 되는 작물을 선택하는 것부터 토양 이동을 최소화하는 보전 관행, 집중적인 순환 방식 방목, 그리고 산림농업까지 다양하다.

전 세계적인 경지의 토질 저하 규모는 거대하고, 그 원인은 다양하며, 세계적으로 인간 영양에 미치는 영향은 우려된다. 농업 관행을 통해 건강하고 비옥한 토양을 재건하는 것은 21세기 지구건강을 위한 중요한 과제 중 하나이다.

물 부족 피터 글레이크

담수는 음식, 음료, 조리, 청소, 위생 등 기본적인 생활필수품부터 대규모 식품 및 산업 생산에 이르기까지 모든 인간 활동에 필수적이다. 지구상의 총

표 4.1 전 세계 수자원 분포 및 염수/담수 비율

염수 자원	부피(1000km^3)	염수 자원 비율
해양	1,338,000	99%
염수 및 기수 지하수	12,840	1.00%
염호	85	0.01%
염수 자원 총계	1,350,925	100%
담수 자원		담수 자원 비율
빙하 및 만년설	24,064	69%
지하수	10,530	30%
기타 담수 자원	435	1.20%
담수 자원 총계	35,029	100%
기타 담수 자원		기타 담수 자원 비율
얼음, 눈, 영구동토층	300	69%
호수	91	21%
토양 수분	17	4%
늪지 및 습지	12	3%
하천	2	0.50%
생물학적 수분(생체 내 수분 등)	1	0.30%
대기 중 수분	13	3%
기타 담수 자원 총계	436	100%

자료: Shiklomanov I. World Fresh Water Resources. In: Gleick PH, ed. *Water in Crisis: A Guide to the World's Fresh Water Resources*. Oxford University Press, 1993:13-24.

담수량은 많지만, 이는 공간적으로나 시간적으로 불균등하게 분포되어 있으며 종종 인간이 이용하기에는 접근하기 어렵거나 사용할 수 없는 곳에 있다. **표 4.1**에서는 염수와 담수의 재고가 전체 수자원 중 얼마나 되는지를 보여준다. 전체 담수 재고는 약 3500만 km^3로, 이는 지구상의 모든 물 중 2.5%에 불과하며, 이러한 대부분의 담수는 빙하, 만년설, 그리고 접근하기 어려운 지하수에 고정되어 있다.

이러한 제한된 양의 담수와 그 불균형한 분포는 인구와 경제가 성장하고 있는 세계에서 물 부족과 제한적 물 접근 문제를 제기한다. 지구 전체의 물 양이 매우 많기 때문에 물이 '부족'하다고 할 때는, 어떤 사용자(모든 종에 걸쳐)가 일시적이든 영구적이든 특정 수요를 충족시키기 위해 충분한 물에 접근할 수 없는 경우에만 해당한다. 따라서 부족은 물량적 이유(전체적인 적절한 공급 부족 또는 가뭄과 같은 극단적인 사건 중에), 경제적 이유(빈곤이나 인프라에 대한 충분한 투자 부족으로 인한 적절한 물 접근 불가능), 또는 제도적 이유(정부, 공공시설, 또는 지역사회가 특정 수요를 충족시키기 위해 충분한 물을 제공하지 못한 경우)로 인한 것일 수 있다. (오염된 물은 부가적인 물 부족의 형태이다 — 특정 목적을 위한 충분한 품질의 물 부족. 이는 이 장의 뒤에서 논의할 것이다.) 서로 다른 지역은 서로 다른 시기에 각각 이러한 물 부족의 형태로 고통 받을 수 있다. **그림 4.8**은 현재 지역별 물 부족을 나타내는 한 추정을 보여주며, 물의 이용 가능성에 대한 지리적 차이를 드러낸다.

물 부족은 '피크 워터(peak water)' 한계로도 정의될 수 있는데,[68] 이는 전 세계의 점점 더 많은 지역이 담수 이용에 제약을 겪고 있는 상황을 의미한다. 물은 재생 가능 자원과 비재생 가능 자원의 특성을 모두 가지고 있다. 재생 가능 자원은 유입에 한계가 있는 반면, 비재생 가능 자원은 재고에 한계가 있다. 강우와 강물은 재생 가능한 물의 유입으로, 이들의 사용은 해당 유입의 크기에 따라 제한된다. 한 번 강의 전체 유입량을 소비하면 더 이상 얻을 수 없다. 점점 더 많은 강들의 총 유입이 완전히 배분되어 있다. 지하수 시스템과 같은 일부 물 자원은 충전 속도가 매우 느린 재고로, 이러한 자원은 종종 '화석 수

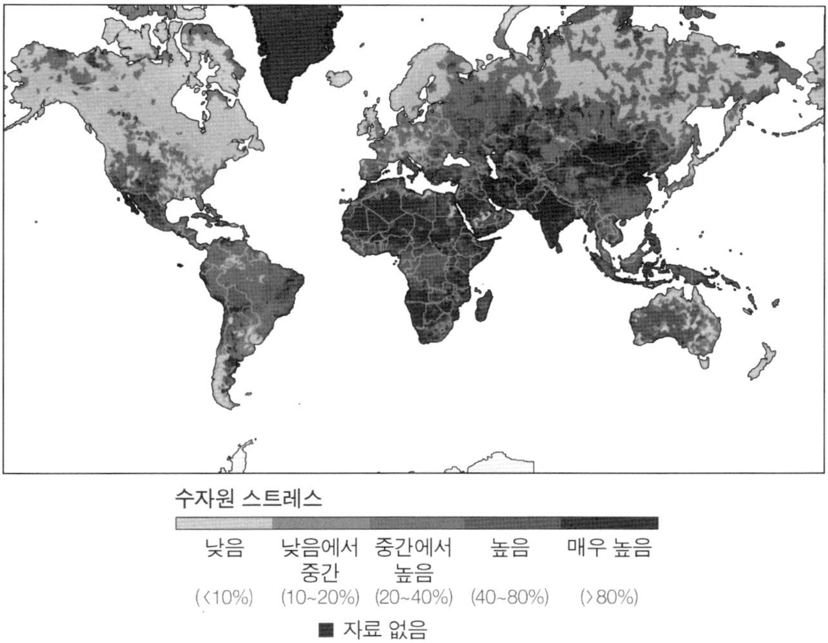

그림 4.8 2019년 전 세계적으로 추정된 수자원 스트레스
자료: WRI Aqueduct tool available at http://aqueduct.wri.org/, accessed on October 26, 2019, CC-BY

질층(fossil aquifers)'이라고 불리는데, 석유, 천연가스, 석탄 저장량과 비슷한 방식으로 작동한다. 이러한 자원은 재충전 속도보다 빠른 속도로 소비될 수 있다. 이 경우, 피크 워터 한계는 과다 채취로 인해 다음 단위의 물을 추출하는 것이 기술적으로나 경제적으로 더 어려워지는 시점을 가리킨다. 전 세계적으로, 총 인간 물 사용량 중 상당 부분인 20%에서 30%가 현재 재생 불가능한 지하수 재고에 의존하고 있다.[69,70]

전통적 가정에서 물 수요(그리고 일반적으로 자원 수요)는 인구와 경제가 확대됨에 따라 증가할 것으로 예상되어 왔으며, 이에 따라 전 세계적인 물 취수량 증가가 예상되어 왔다(**그림 4.9**). **글상자 4.1**은 수자원 사용과 관련된 주요 용어를 정의한다. 수요 증가에 가장 큰 영향을 미치는 부분은 농업 생산과 관련된 부분이다. 현재 농업 생산을 위한 물 수요는 총 인류의 물 취수량의 약

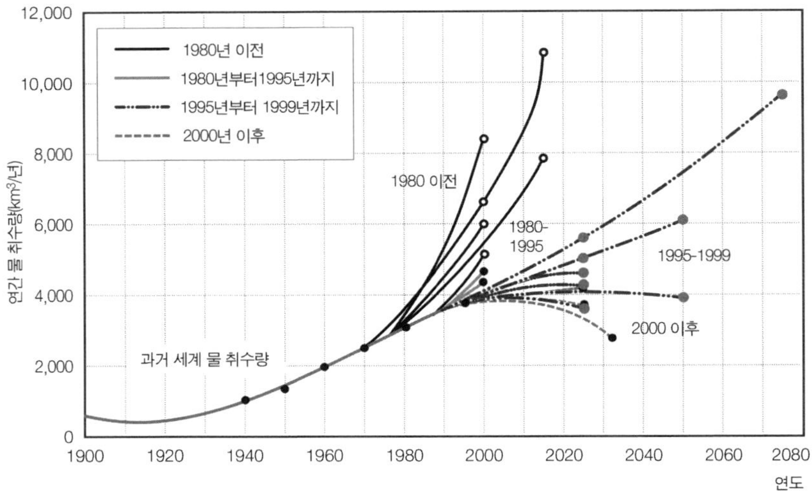

그림 4.9 과거의 세계적인 물 취수량(검은 실선)과 1980년 이전에 제작된 미래 수요 예측(검은 실선), 1980년부터 1995년까지(회색 실선), 1995년부터 2000년까지(검은 점선) 및 2000년 이후(회색 점선)의 예측을 보여준다. 시간이 흐름에 따라 물 사용의 효율성이 개선되면서 미래 수요에 대한 예측이 감소하고 있다.

자료: Gleick PH. Water projections and scenarios: thinking about our future. In: The Gulbenkian Thinktank on Water and the Future of Humanity, eds. *Water and the Future of Humanity: Revisiting Water Security*. New York, NY: Springer; 2014: 185-205.

글상자 4.1 물 취수량, 소비량 및 비 소비량

물 사용은 소비량 또는 비소비량으로 분류할 수 있다. 소비량은 일반적으로 증발, 식물 생체로의 흡수, 다른 분지로의 이동, 염분 침전지로의 스며들거나 오염으로 인해 해당 분지 내 재사용이 불가능한 물을 의미한다. 반면, 비소비량은 일반적으로 해당 분지 내에서 재사용 가능한 물을 의미한다. 총 인출량은 일반적으로 소비량과 비소비량 모두를 포함한 모든 사용된 물을 의미한다.

참고 자료

Gleick PH, Christian-Smith J, Cooley H. Water-use efficiency and productivity: rethinking the basin approach. *Water Int.* 2011; 36(7): 784-798.

표 4.2 2010년 부문별 전 세계 담수 취수량

부문	연간 취수량(km^3/년)	전체 담수 취수량 중 비율
생활용수(Municipal)	464	12%
산업용수(Industrial)	768	19%
농업용수(Agricultural)	2,769	69%

* 이 수치는 농업에서 직접 사용되는 강우량은 포함하지 않음.
자료: FAO, AQUASTAT: FAO Global Information System http://www.fao.org/nr/water/aquastat/main/index.stm

70%를 차지하고 있다(그리고 소비 용량의 더 높은 비율을 차지하고 있음)(**표 4.2**). 이는 식량생산을 위한 새로운 수요가 농업용 수자원에 대한 새로운 수요를 촉발할 것으로 우려되며, 이미 최대 수자원 한계와 지속 불가능한 지하수 사용을 경험하고 있는 지역에 특별한 도전을 제기한다.

그림 4.9에서 볼 수 있듯이, 미래의 물 수요 예측은 실제 수요 증가가 둔화되면서 감소하고 있다. 우리는 이제 전통적인 공급이 확장된다는 통상적인 가정에서 비전통적인 수원을 발견하고 물 수요를 관리하기 위한 통합된 노력으로의 전환 과정에 있다고 보인다. 이 새로운 노력의 주요 구성 요소 중 하나는 수요 관리로, 이는 물 사용 효율성과 물 보전을 포함한다.[71] 효율성 향상은 동일한 사회적 혜택(식량생산, 옷 세탁, 산업용품 제조 등)을 유지하면서 더 적은 물을 사용할 수 있도록 하는 기술이나 정책의 변경을 의미한다. 효율성 향상은 일반적으로 물을 더 적게 사용하는 것을 의미하는 기술의 변화를 포함한다. (예: 점목 관개 시스템, 고효율 세탁기 및 화장실 또는 시스템의 손실 및 누출을 찾아내고 제거하는 노력). 보존 전략은 물 사용을 줄이는 행동의 임시 또는 영구적인 변경을 의미한다. (예: 더 짧은 샤워, 화장실 물 내리기를 덜 함, 야외 조경의 물 사용에 대한 자발적인 제한 등). 물 공급 기업이나 지방정부는 가뭄이나 임시적인 물 부족 상황에서 효율성 향상과 행동 변경 모두를 요구할 수 있다.

최근 일부 지역에서는 총 사용량을 줄이거나 수요 증가 속도를 둔화시키는 데 성공했지만, 많은 지역에서 이미 물의 지속가능한 이용점을 지나쳤다. 초기 평가에 따르면 인류는 현재 모든 재생 가능하고 접근 가능한 담수 수량의 절반 이상을 독점하고 있다.[72] 최근 연구들은 지하수의 이용을 평가하고,

단기적인 농업 또는 경제 생산을 위해 화석 수질층을 소비하는 것이 지속가능하지 않다는 결론을 내렸다.[68,70,73] 많은 강들은 하구까지 도달하지 못하고 있으며, 한 해의 일부 또는 전체 동안 전체 유량이 소비되어 심각한 생태적 붕괴와 어업 파괴를 초래하고 있다.

물 부족 지역에서 물 접근성에 따른 긴장을 피하기 위해서는 지속가능한 물 공급을 위한 대안적인 옵션을 식별하고, 특히 농업 부문에서 물 사용 효율성을 향상시켜야 한다. 이를 통해 더 많은 수확량을 얻을 수 있다. 농업 부문의 물 사용 효율성 향상 및 기타 농업 부문 자원(예: 농약, 경지, 에너지)의 향상은 5장의 지속가능한 강화(sustainable intensification)에 대한 논의에서 보다 심층적으로 다루고 있다. 이는 관개 방법, 작물 종류 및 지역적 식물재배 결정의 변경(특히 기후변화에 대비하여)과 같은 방법을 통해 달성할 수 있다. 또한 음식 선택 및 음식물쓰레기 같은 글로벌 식량 도전의 다른 측면을 해결함으로써 이루어질 수 있다.

마지막으로, 장기적으로 보다 지속가능한 물 시스템으로의 전환 노력은 통합 물 전략으로의 이행을 포함한다. 통합 물 자원 관리(IWRM) 및 "물에 대한 부드러운 길"과 같은 다양한 접근 방법이 제안되었다.[74-77] 이러한 접근 방법의 요소에는 적절한 경우 처리된 하수 및 해수 담수화를 사용하는 대체 공급 옵션 추가, 수요를 관리하기 위한 물 사용 효율성 향상, 자연 생태계를 보호하는 관리 및 기관 정책 실행, 경제적 요금 체계 및 재정 도구 확대, 물, 에너지, 기후 및 식량 자원을 함께 관리하는 것이 포함된다(때로는 넥서스 전략이라고 함).[78,79]

생물다양성 소실 데이비드 틸만·하워드 프럼킨

생물다양성은 특정 생태계 내 또는 더 큰 공간적 규모에서의 생물의 종의 다양성 및 복잡성을 나타낸다. 이는 다양성의 기능적, 유전적 및 기타 측면을

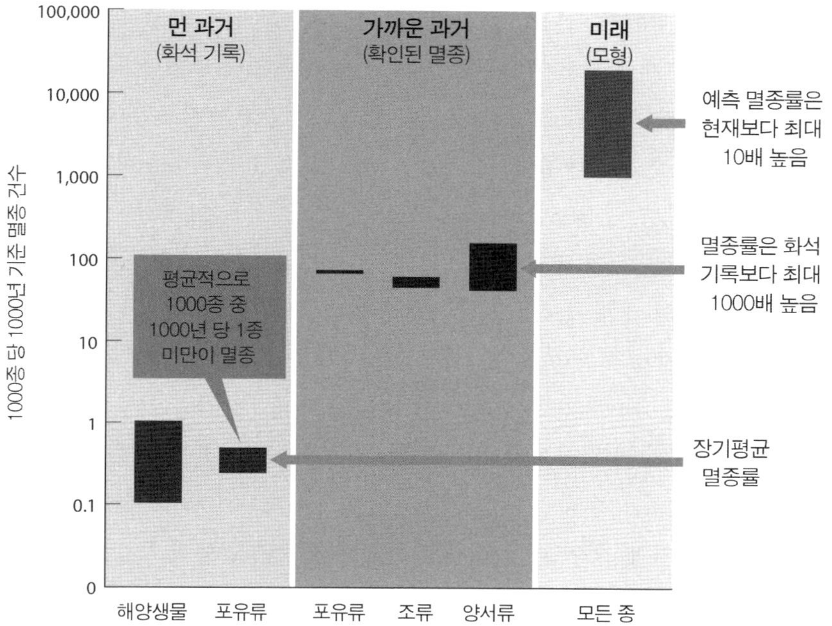

그림 4.10 생물종 멸종률, 1000종 당 1000년에 발생하는 멸종 수를 보여주는 그림. '최근'은 알려진 종 멸종에서 계산된 멸종률(하한 추정치)과 알려진 멸종과 '가능성 있는 멸종' 종을 포함한 것(상한치)을 나타낸다. '먼 과거'는 화석 기록에서 계산된 평균 멸종률을 의미한다. '미래' 멸종은 모델 파생 추정치이다. 이러한 추정치 주변의 확실성 수준은 다양하며(각 막대기의 높이로 표시됨), 알려진 멸종의 하한 추정치에 대한 것이 가장 높고, 화석 기록 및 모델링된 멸종에 대한 추정치에 대해 가장 낮다.
자료: Millennium Ecosystem Assessment. *Ecosystems and Human Well-being: Biodiversity Synthesis.* Washington, DC: World Resources Institute; 2005. https://www.millenniumassessment.org/documents/document.354.aspx.pdf

포함한 복합적인 개념이다.[80,81] 생물다양성은 건강한 생태계 기능에 필수적이며, 생물다양성이 감소하면 생태계가 퇴화하고,[82,83] 인간에게 제공하는 생태계 서비스도 악화된다.[81,84] 예를 들어, 식물 다양성의 감소는 생태계가 덜 생산적이고, 덜 안정적이며, 외래종의 침입에 더 취약해지고, 이산화탄소를 대기로부터 제거해 토양과 식물 생물량에 저장하는 능력이 감소하게 된다.[82,85]

생물다양성은 전 세계 생태계에서 감소하고 있다. 이러한 감소는 경작지와 목초지의 매우 단순화된 생태계, 깨끗하게 벌채된 온대 및 열대 숲, 오염된 호수와 강, 과잉 어업이 이루어지는 바다, 과잉 사냥이 이루어지는 숲 및 초원 등에서 가장 명확하게 나타난다.[86] 연구에 따르면, 포유류, 조류, 파충류, 양서류 및 어류의 개체 규모가 1970년 이후로 대략 60% 감소했다고 추정되고 있다.[87] 최근 독일의 63개 보호구역에서 실시된 한 연구에 따르면, 27년 동안 모든 날개가 있는 곤충의 총바이오매스가 76% 감소했다는 것을 나타내고 있다.[88] 국제자연보전연맹(International Union for Conservation of Nature: IUCN) 적색 목록에 따르면, 2019년 기준으로 양서류 종의 40%, 포유류 종의 25%, 조류 종의 14%의 개체 규모가 크게 감소하여 멸종 위기에 처해 있다.[89] 『*국제생물다양성과 생태계 서비스 협약의 글로벌 평가*』에서 50개국의 145명의 저자들이 3년 동안 1만 5000개의 논문을 검토한 결과, 2019년 기준 약 100만 종이 멸종 위기에 처해 있으며, 이 중 많은 종들이 수십 년 안에 멸종할 것으로 경고했다.[90] 최근 종의 멸종 속도는 배경 속도의 최대 1000배에 달할 수 있으며,[91] 이는 5억 년 동안 여섯 번째로 발생하는 대량 멸종의 시작을 나타낼 수 있으며, 지난 약 6600만 년 전에 공룡을 소멸시킨 소행성 이후 가장 파괴적인 사건이 될 수 있다(**그림 4.10**).[86,92,93]

생물다양성 소실의 가장 큰 원인은 새로운 경작지와 목초지가 만들어질 때 발생하는 서식지 파괴이다.[94,95] 기후변화,[96] 침입종, 과잉 사냥 및 과잉 어업도 멸종 위험에 기여한다. 보다 건강하고 저육식 식단의 대중화와 음식물 쓰레기의 감소가 큰 폭으로 이뤄지지 않는 한, 2060년까지 식량 및 사료작물 생산에 대한 세계적 수요가 70~100% 증가하여, 50억 헥타르 이상의 땅에서 생태계 파괴가 발생하고, 특히 열대 지역에서 멸종 위험이 크게 증가할 수 있다.[97,98] 2002년 국제적 합의로 채결된 생물다양성 협약도 종의 멸종 속도를 늦추지 못하고 있다.[99]

생물다양성은 다양한 방식으로 사람에게 이익을 제공하며,[100,101] 생물다양성 소실은 감염성 질병 전파,[102,103] 면역 조절의 장애(다양한 항원에 노출되면 면역 기능이 향상되기 때문일 수 있음),[104] 영양의 상실[105,106]을 통해 건강을 위협한다.[82] 생물다양성이 풍부한 자연 환경은 덜 다양한 환경보다 정신건강과 웰빙을 촉진할 수 있지만, 이러한 점은 아직 논란의 여지가 있다.[107] 6장에서 살펴본 것처럼 서식지가 파괴되고 다른 교란현상으로 생태계의 다양성이 감소하게 되면, 새로운 종의 조합은 인간이 감염병에 노출될 위험을 높이는 경향이 있다.

국제적 생물다양성 소실 중 전형적인 두 가지 예인 꽃가루 매개자와 어류는 특별히 언급할 필요가 있다. 곤충에 의한 꽃가루 매개는 연간 전 세계 식량 생산의 35% 이상을 담당하는 중요한 재생산 형태이다.[108] 최소한 87개의 주요 작물과 비타민 A 등 미량영양소의 전 세계 공급의 40%까지 곤충에 의한 꽃가루받이에 의존하고 있다.[109] 전 세계 여러 곳에서 서식지 파괴, 먹이감소, 기후변화, 살충제 사용, 기생충 등의 요인이 복합적으로 작용하여 꽃가루 매개자의 숫자가 감소하고 있다.[110] 꽃가루 매개자의 감소는 과일, 채소, 견과류, 곡물의 생산량을 감소시키고 비타민 A와 엽산 결핍에 기여하고 있다. 최근 연구에서는 꽃가루 매개가 50% 감소하면 매년 전 세계적으로 과일 및 채소 섭취 감소로 인한 허혈성심장질환과 뇌졸중으로 인한 70만 명의 추가 사망이 발생할 것으로 예측하고 있다.[111]

어업 고갈도 중요한 국제적 문제로 대두하고 있는데 90% 이상의 어장이 지속가능한 최대 수확량을 초과하고 있다.[112] 원인은 남획, 해양 산성화, 저산소증, 오염, 그리고 영양소 과잉 등이다. 여러 인구집단에서 어류는 단백질, 미량영양소(체내 흡수율이 높은 형태의), 오메가3(주로 생선 기름으로)의 주요 식이 공급원이다. 기후변화는 어장 고갈을 강화시키는데,[113] 한 연구에 따르면 향후 수십 년에 걸쳐 어류의 부족으로 적도 인근의 저중소득국가(LMICs) 중심으로 전 세계 인구의 10% 이상이 미량영양소와 지방산 부족에 직면할 것으로 예상하고 있다.[114]

생물다양성이 건강과 안녕에 기여하는 명백한 가치 이상으로 인간이 생물다양성으로 보존할 강한 도덕적 의무가 있다. 이는 모든 생물학적 존재가 인간에 대한 유용성과는 무관하게 내적 가치를 지니고 있기 때문이다.[115] 종교적 전통에서는 자연에서 신의 섭리에 대한 존경심이 근저에 있는데, 때로는 신의 '창조 보전'으로 부르기도 한다.[116]

오염 필립 랜드리건

오염은 인간 활동의 결과로 환경에 방출되는 해로운 불필요한 물질로, 지구건강에 대한 존재론적 위협이다. 환경오염은 조기 사망과 질병을 초래하여 매년 전체 세계 사망자 수의 16%에 해당하는 약 900만 명의 사망을 일으키는 것으로 추정된다.[117] 오염은 주로 지역적 발생원에서 배출되지만, 광범위하게 확산되며, 이 장에서 논의하는 다른 인류 환경 변화와 마찬가지로, 이는 지구의 지원 체계와 지속적인 인류 문명 생존을 위협하는 지구적인 문제이다.[118]

오염은 다양한 인간 활동으로 인해 발생한다. 주요 원인 중 하나는 화석연료와 바이오매스의 연소이다. 두 번째는 석면, 납, 비소를 포함한 자연에 존재하지만 위험한 물질의 이용이다. 세 번째는 농약, 가소제와 같이 자연적으로 존재하지 않는 위험한 물질의 제조이다. 마지막으로 인간 및 동물 배설물, 과다한 비료, 그리고 기타 오염물질의 안전하지 않은 처리이다. 물론 이러한 간단한 범주만으로 인간 활동이 지구를 오염시키는 모든 방법을 포착하지는 못한다. 예를 들어, 방글라데시에서 관정을 통해 지하수가 오염되어, 천연 발생하는 비소가 전국적으로 음용수를 오염시키는 사건이 발생했다.[119]

오염은 여러 원천에서 발생한다. 이는 실내 요리용 스토브와 배설물 방치 같은 전통적인 오염원은 각각 실내공기와 식수를 오염시킨다. 전통적인 오염원뿐만 아니라 석탄화력 발전소, 화학 공장, 가죽공장, 배터리 재활용 공정, 농지에 뿌리는 농약 및 제초제, 소규모 금 채굴에서 방출되는 수은, 석유 기반 차량의 배기가스 등과 같은 현대적인 오염원으로부터도 발생한다. 오염물질은 공기, 물, 토양뿐만 아니라 사람들이 살고 일하는 곳, 어린이가 배우고 놀고 있는 곳을 오염시킨다. 다음 단락에서는 오염이 공기, 물 및 토양에 어떻게 영향을 미치는지와 오염이 어떻게 지구건강 문제로 발전하게 되는지에 대한 과정을 이어서 설명한다.

공기오염

공기오염은 장소와 시간에 따라 농도와 구성이 다양한 가스와 입자의 복합물이다. 구성 요소에는 미세먼지(PM), 황산화물과 질소산화물(SO_X 및 NO_X), 오존, 메탄 및 기타 탄화수소와 수소화염화불화탄소(hydrofluorocarbons, HFCs)이 포함된다. 12장에서 논의된 대로 연료 연소가 공기오염의 주요 원천이며, 전 세계적으로 미세먼지의 85%와 거의 모든 SO_X와 NO_X의 오염이 연소 과정에서 발생한다. 연소는 또한 이산화탄소(CO_2) 및 블랙카본과 같은 단기체류 기후 오염물질과 같은 인위적인 지구 기후변화의 주요 물질의 발생원이다.[117]

고소득 국가 및 많은 중간소득 국가에서는 화석연료인 석탄, 석유 및 가스의 연소가 공기오염의 주요 원천이다. 주로 실외공기, 즉 공기오염이 주로 문제가 된다. 이러한 국가에서는 오염물질이 공장 및 발전소와 같은 정적 원천 및 자동차, 트럭 및 버스와 같은 이동 원천으로부터 대기 중에 배출된다. 중·저소득국가에서는 고체 연료인 나무, 숯, 짚 및 거름을 비효율적인 요리용 스토브와 노천에서 소각하는 것도 중요한 추가 원천이다. 농업 및 산림 소각 및 구식 벽돌 가마도 공기를 오염시킨다. 공기가 건물 안팎을 오가기 때문에 가정의 실내공기와 주변 공기오염은 서로 영향을 미친다. 중·저소득국가에서는 가정 내 공기가 주변 대기와 동등하게 오염되어 주변 공기오염에 상당한 기여를 할 수 있다.

가정 내 공기오염은 청정 연소 바이오매스 스토브와 액화 석유·가스 스토브의 대규모 도입 덕분에 전 세계적으로 감소하고 있다. 반면, 주변 공기오염은 특히 급속히 발전하는 중·저소득국가에서 증가하고 있다. 이는 도시의 무절제한 성장, 에너지 수요 증가, 채광, 제련 및 삼림 벌채의 증가, 유독 화학물질의 전 세계적 확산, 살충제 및 제초제의 점진적인 사용 증가, 그리고 석유 기반 차량, 트럭 및 버스의 증가 등이 주요 원인이다. 세계인구의 90% 이상이 건강한 대기를 위한 세계보건기구 기준치를 초과하는 지역에서 생활하고 있다.[120] 강력한 개입이 없으면 2050년까지 주변 공기오염으로 인한 사망자 수가 두 배로 증가할 것으로 예상된다.[121]

공기오염은 멀리 떨어진 국경, 대륙 및 해양을 가로질러 장기간 이동하여 생태계를 변화시키고 발생원에서 상당히 멀리 떨어진 지역 사람들의 건강을 위협할 수 있다. 한 연구에 따르면 강한 서풍이 불 때(중국에서 태평양을 가로지르는 바람) 미국 서부에서 감지된 황화물 농도의 12~24%, 오존의 2~5%, 일산화탄소의 4~6%, 그리고 블랙카본 오염의 최대 11%가 중국의 수출 지향 산업 활동에서 비롯되었다고 한다.[122] 비슷하게, 동유럽에서 배출된 공기오염은 서쪽으로 국경을 넘어가는데, 이는 서유럽 국가들이 세계보건기구 대기환경 기준치를 준수하는 데 어려움을 겪게 한다.[123]

수질오염

수질오염은 인간과 동물의 폐기물로 인한 수로의 생물학적 오염 및 산업 화학물질, 의약품 폐기물, 플라스틱, 중금속 및 농약으로 인한 강, 호수 및 해양의 오염으로 인해 발생한다. 세계에서 가장 심각하게 오염된 물은 급속한 도시화 산업화 과정에 있는 중·저소득국가에서 발견되는데, 이곳은 지표수와 지하수 모두 생물학적, 화학적 오염물질로 가득 차 있고 이를 대체할 다른 수원이 존재하지 않는다. 순수하고 마실 수 있는 물의 전 세계적 공급 감소는 지구건강과 세계적 안보에 대한 주요 위협이다.[124]

물 오염은 지역적인 현상으로 보일 수 있지만, 세계적인 규모로 일어나고 있다. 예를 들어, 세계의 바다와 많은 호수 및 강은 수은으로 오염되어 있다. 이 수은의 상당 부분은 먼 곳에서 사용되는 석탄을 태우면서 대기로 방출된 수은이 침적되면서 발생한 것이다.[125–127] 마찬가지로, 세계적인 플라스틱 생산량은 현재 연간 3억 톤을 넘어서며, 어린 아이를 포함하여 지구상 모든 인류 일인 당 약 40kg 정도이다(**그림 4.11**).[128] 이 플라스틱의 절반 이상이 폐기되고,[129] 그중 상당 부분이 해양에 도달하여 세계적으로 분포된다.[130] 플라스

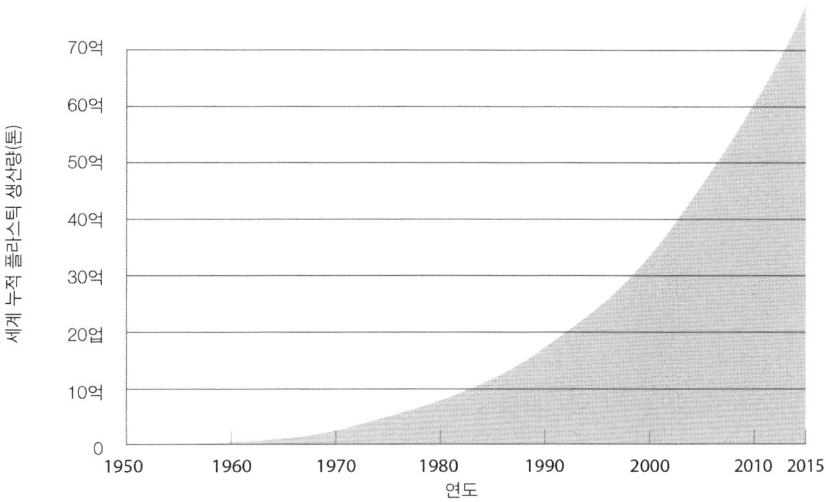

그림 4.11 제2차 세계대전 이후의 누적 플라스틱 생산량. 연간 전 세계 중합체 수지, 합성 섬유 및 플라스틱 첨가제 생산량의 합산으로 계산된 누적 생산량. 이 중 대부분의 플라스틱이 아직 존재한다.
자료: *Our World in Data* (https://ourworldindata.org/plastic-pollution), CC BY

틱은 깊은 해저 협곡, 외딴섬, 그리고 북극의 깊은 곳과 같은 생태계에서 발견되었다.[131,132] 플라스틱은 바닷새 약 90%에서 발견되며,[133] 해산물부터[134] 식염,[135] 생수부터[136] 맥주까지[137] 인간 식품 공급의 큰 부분에서 발견된다. 이러한 만성적인 오염의 건강 영향은 완전히 이해되지 않았지만,[138] 특히 7% 정도의 플라스틱은 플라스틱 가소제와 난연재 같은 화학 첨가제로 구성되어 있으며,[129] 플라스틱은 다른 유기 화합물을 효율적으로 흡착한다.[139] 이러한 화학물질 중 많은 것이 생물 활성을 가지고 있으며 인간 및 생태계 건강에 위협을 줄 수 있다.

토양오염

토양오염은 유해 물질을 땅 위나 지하에 처리함으로써 발생한다. 주요 원인은 가동 중이거나 폐쇄된 공장, 광산, 제련소, 군사 기지 및 이들과 관련된 유해 폐기물 처리장이다. 폐기된 전자 부품(e-폐기물)은 토양 오염을 더욱 악화시키며, 이러한 부품은 주로 중·저소득국가의 e-폐기물 재활용 센터에서 집중된다. 이러한 점 오염원은 유독 화학물질, 방사성 물질 및 중금속으로 오염된 핫스팟의 세계적 군도를 만들었다.[140] 살충제 사용은 토양 오염에도 기여한다.[141]

농경지와 초원의 토양에 있는 유독 물질은 식물에 흡수되어 사람과 동물에게 섭취될 수 있다. 다염화이중페닐(polychlorinated biphenyls, PCBs) 같은 토양의 휘발성 유독 물질은 대기 중으로 증발하여 멀리 떨어진 지역에서 오염을 일으킬 수 있다. 납 먼지와 같은 토양의 미세먼지는 바람에 실려 멀리 날아갈 수 있다. 유해 폐기물 매립지의 독성화학물질은 지표수와 지하수로 스며들어 음용수 공급원을 오염시키고 사람들에게 노출시키며 생태계를 파괴할 수 있다.

지구적 문제로서의 화학 오염물질

현대 화학 산업은 18세기 후반과 19세기 초반의 산업혁명 기간에 유럽에서 발생했다. 그 당시 개발된 많은 제품들은 현대산업에 기초를 제공하는데, 그중에는 황산(영국, 1736년), 표백제(염소산 칼슘; 스코틀랜드, 1799년), 그리고 상업적인 합성염료인 '모베인(Mauveine)'(영국, 1850년대) 등이 있다. 1859년, 펜실베이니아주 타이터스빌의 드레이크 유정에서 대규모 석유 생산이 시작되었는데, 이는 현재 가장 중요한 화학 원료로 사용되고 있다.

화학물질의 생산은 1950년대 이후 지수 함수적으로 증가해 왔다. 14만 개가 넘는 새로운 화학물질과 농약이 제조되어 상용 제품에 도입되었는데, 이 중에는 지구상에 이전에 존재하지 않았던 것들도 많이 있다. 화학물질은 현대 사회에서 만연하며, 오늘날 비누, 샴푸, 어린이 의류, 장난감, 차량용 시트, 제초제, 살충제, 담요, 젖병 등 수백만 가지의 소비자 제품에 사용된다. 이러한 대부분의 제조 화학물질은 안전성이나 잠재적인 독성에 대해 테스트된

적이 없다.[117] 1950년대 이후 화학물질 제조는 연평균 3.5%로 성장하고 있으며, 이러한 속도가 계속되면 25~30년 안에 화학물질 생산이 두 배로 증가할 것으로 예상된다.

오늘날 전 세계적으로 화학물질 제조의 2/3 이상이 저소득국가에서 이루어지고 있는데, 이는 많은 자원 부족 국가에서 환경 보호가 부족하고 공중보건 인프라가 취약하다는 중요한 함의를 가지고 있다. 통제되지 않는 독성화학물질의 방출과 규제되지 않은 노출은 너무 자주 발생하는 결과이다.

세계적으로 생태계에 유해한 화학 오염물질이 확산하고 계속 존재하면서 인구집단과 생태계의 건강에 잠재적 영향을 미치는 몇 가지 기전이 있다.[142] 여기에는 화학물질 생산의 규모와 복잡성이 급속하게 증가함에 따른 것, 특정 화학 오염물질이 물과 토양과 같은 환경 매체에서의 지속성, 식물과 동물의 사슬에서의 생물농축 및 생체농축, 장거리 이동, 그리고 기후변화와 같은 동시적인 지구 시스템 변화가 포함된다. 이러한 기전과 거의 모든 생태계가 다양한 화학 오염물질로 오염되어 있는 전 세계적인 상황의 보다 광범위한 영향은 14장에서 더 깊이 탐구된다.

저자

크리스 필드(Chris Field, PhD)는 스탠퍼드 우즈 환경 연구소의 페리 L. 맥카티 디렉터이자 멜빈 및 존 레인 학제 간 환경 연구 교수이다. 기후변화 영향 및 해결책에 관한 연구 외에도 필드는 카네기 연구소의 글로벌 생태학 부서 창립 디렉터(2002-2016)였으며 IPCC의 제2작업 그룹 공동 의장(2008-2015)을 역임했다.

데이비드 틸만(David Tilman, PhD)은 미네소타대학교 생태학 명예교수로서 실험 및 이론 생태학자로, 그의 연구는 생물다양성의 손실이 생태계 안정성, 생산성, 탄소 저장 및 침입에 대한 취약성에 미치는 영향을 보여주었다. 그는 미국 국립 과학 아카데미 회원이자 영국 왕립학회 외국인 회원이며, 국제 생물학상, 하이네켄상, 발잔상 및 BBVA 지식 프론티어상을 수상했다.

루스 드프리즈(Ruth DeFries, PhD)는 컬럼비아대학교 지속가능한 개발의 데닝대학 교수이다. 그녀는 위성 데이터와 현장 조사를 적용하여 열대지방의 토지이용 변화와 그로 인한 기후, 생물다양성 및 기타 생태계 서비스에 미치는 영향을 연구한다. 그녀는 미국 국립 과학 아카데미의 선출 회원이자 맥아더 펠로우이다.

데이비드 R. 몽고메리(David R. Montgomery, PhD)는 워싱턴대학교 지형학 교수이자 맥아더 펠로우이다. 그는 지형의 진화와 지질학적 및 생태학적 시스템, 인간 사회를 포함한 상호작용을 연구한다. 그의 저술로는 과학 문헌에서 200편 이상의 논문과 최근에는 『'혁명을 키우기: 우리의 토양을 되살리는 방법』 등 일반 대중을 위한 저서 5권을 출간하였다.

피터 H. 글레이크(Peter H. Gleick, PhD)는 퍼시픽 연구소의 공동 창립자이자 명예 회장이다. 그는 물, 에너지, 기후 및 안전 문제를 다루는 수문기후학자이며 맥아더 펠로우, 미국 과학진흥협회 펠로우, 미국 국립과학아카데미 선출 회원이자 과학 대중화에 대한 칼 세이건상 수상자이다.

하워드 프럼킨(Howard Frumkin, MD, DrPH)은 워싱턴대학교 공중보건학부 환경 및 직업 건강 과학 명예 교수이자 전 학장이다.

필립 J. 랜드리건(Philip J. Landrigan, MD, MSc)은 소아과 의사이자 역학자로, 보스턴 칼리지의 생물학 교수이자 글로벌 공중보건 및 공동선 프로그램 디렉터이다. 그는 미국 국립의학아카데미 회원이다. 랜드리건 박사는 40년간 환경 및 직업 건강 분야의 선구자였으며, 초기의 납 중독 연구는 어린이에게 매우 낮은 수준에서도 납이 독성을 나타낸다는 것을 증명하여 미국 정부가 페인트와 휘발유에서 납을 제거하는 결정을 내리는 데 기여했다. 2015년부터 2017년까지 랜드리건 박사는 오염 및 건강에 관한 랜싯 위원회의 공동 의장을 역임했으며, 그 보고서는 오염이 연간 900만 명의 사망을 초래하며 지구건강에 대한 실존적 위협이라는 결론을 내렸다.

참고문헌

1. Moore FC, Obradovich N, Lehner F, Baylis P. Rapidly declining remarkability of temperature anomalies may obscure public perception of climate change. *Proc Natl Acad Sci.* 2019; 116(11): 4905.
2. Steffen W, Crutzen PJ, McNeill JR. The Anthropocene: are humans now overwhelming the great forces of nature? *AMBIO.* 2007; 36(8): 614-621.
3. Steffen W, Richardson K, Rockstrom J, et al. Planetary boundaries: guiding human development on a changing planet. *Science.* 2015; 347(6223): 1259855.
4. Whitmee S, Haines A, Beyrer C, et al. Safeguarding human health in the Anthropocene

epoch: report of the Rockefeller Foundation–Lancet Commission on planetary health. *Lancet.* 2015; 386(10007): 1973–2028.

5. IPCC. *Climate Change 2013: The Physical Science Basis. Contribution of Working Group I to the Fifth Assessment Report of the Intergovernmental Panel on Climate Change.* In: Stocker TF, Qin D, Plattner GK, et al., eds. Cambridge, UK: Cambridge University Press; 2013. https://www.ipcc.ch/report/ar5/wg1/.
6. Committee on Extreme Weather Events and Climate Change Attribution. *Attribution of Extreme Weather Events in the Context of Climate Change.* Washington, DC: National Academies Press; 2016.
7. Diffenbaugh NS, Singh D, Mankin JS, et al. Quantifying the influence of global warming on unprecedented extreme climate events. *Proc Natl Acad Sci.* 2017; 114(19): 4881–4886.
8. Steffen W, Rockström J, Richardson K, et al. Trajectories of the Earth system in the Anthropocene. *Proc Natl Acad Sci.* 2018; 115(33): 8252–8259.
9. Barnosky AD, Hadly EA, Bascompte J, et al. Approaching a state shift in Earth's biosphere. *Nature.* 2012; 486(7401): 52–58.
10. IPCC. *Climate Change 2014. Impacts, Adaptation, and Vulnerability. Part A: Global and Sectoral Aspects. Working Group II Contribution to the Fifth Assessment Report of the Intergovernmental Panel on Climate Change.* In: Field CB, Barros VR, Dokken DJ, et al., eds. Cambridge, UK: Cambridge University Press; 2014. https://www.ipcc.ch/report/ar5/wg2/.
11. Klein RJT, Midgley GF, Preston BL, et al. Adaptation opportunities, constraints, and limits. In: Field CB, Barros VR, Dokken DJ, et al., eds. *Climate Change 2014: Impacts, Adaptation, and Vulnerability. Part A: Global and Sectoral Aspects. Contribution of Working Group II to the Fifth Assessment Report of the Intergovernmental Panel on Climate Change.* Cambridge, UK: Cambridge University Press; 2014:899–943.
12. Tilman D. *Resouce Competition and Community Structure.* Princeton, NJ: Princeton University Press; 1982.
13. Schindler DW. Evolution of phosphorus limitation in lakes. *Science.* 1977; 195 (4275): 260.
14. Smith VH, Tilman GD, Nekola JC. Eutrophication: impacts of excess nutrient inputs on freshwater, marine, and terrestrial ecosystems. *Environ Pollut.* 1999; 100(1–3): 179–196.
15. Vitousek PM, Aber JD, Howarth RW, et al. Human alteration of the global nitrogen cycle: sources and consequences. *Ecol Appl.* 1997; 7(3): 737–750.
16. Carpenter SR, Caraco NF, Correll DL, Howarth RW, Sharpley AN, Smith VH. Nonpoint pollution of surface waters with phosphorus and nitrogen. *Ecol Appl.* 1998; 8(3): 559–568.
17. Tilman D, Fargione J, Wolff B, et al. Forecasting agriculturally driven global environmental change. *Science.* 2001; 292(5515): 281–284.
18. Stevens CJ, Dise NB, Mountford JO, Gowing DJ. Impact of nitrogen deposition on the species richness of grasslands. *Science.* 2004; 303(5665): 1876–1879.

19. Han D, Currell MJ, Cao G. Deep challenges for China's war on water pollution. *Environ Pollut.* 2016; 218:1222–1233.
20. Rabalais NN, Turner RE, Wiseman WJ. Gulf of Mexico hypoxia, aka "the dead zone." *Annu Rev Ecol Syst.* 2002; 33(1): 235–263.
21. Bobbink R, Hicks K, Galloway J, et al. Global assessment of nitrogen deposition effects on terrestrial plant diversity: a synthesis. *Ecol Appl.* 2010; 20(1): 30–59.
22. Aerts R, Berendse F. The effect of increased nutrient availability on vegetation dynamics in wet heathlands. *Vegetatio.* 1988; 76(1): 63–69.
23. Berendse F, Aerts R. Competition between Erica Tetralix L. and Molinia Caerulea (L.) Moench. as affected by the availability of nutrients *Acta Oecologia/Oecologia Plantarum.* 1984; 5(1): 3–14.
24. Robertson GP, Paul EA, Harwood RR. Greenhouse gases in intensive agriculture: contributions of individual gases to the radiative forcing of the atmosphere. *Science.* 2000; 289 (5486): 1922–1925.
25. Tilman D, Balzer C, Hill J, Befort BL. Global food demand and the sustainable intensification of agriculture. *Proc Natl Acad Sci U S A.* 2011; 108(50): 20260–20264.
26. Congalton GR, Gu J, Yadav K, Thenkabail P, Ozdogan M. Global land cover mapping: a review and uncertainty analysis. *Remote Sensing.* 2014; 6(12): 12070–12093.
27. Belward AS, Skøien JO. Who launched what, when and why; trends in global landcover observation capacity from civilian earth observation satellites. *ISPRS J Photogramm Remote Sens.* 2015; 103:115–128.
28. Ellis EC, Goldewijk KK, Siebert S, Lightman D, Ramankutty N. Anthropogenic transformation of the biomes, 1700 to 2000. *Global Ecol Biogeogr.* 2010; 19(5): 589–606.
29. Seto KC, Fragkias M, Guneralp B, Reilly MK. A meta-analysis of global urban land expansion. *PLoS ONE.* 2011; 6(8): e23777.
30. Van Cappellen P, Maavara T. Rivers in the Anthropocene: global scale modifications of riverine nutrient fluxes by damming. *Ecohydrol Hydrobiol.* 2016; 16(2): 106–111.
31. Thomas N, Lucas R, Bunting P, Hardy A, Rosenqvist A, Simard M. Distribution and drivers of global mangrove forest change, 1996–2010. *PLoS One.* 2017; 12 (6): e0179302.
32. Polidoro BA, Carpenter KE, Collins L, et al. The loss of species: mangrove extinction risk and geographic areas of global concern. *PLoS One.* 2010; 5(4): e10095.
33. Turetsky MR, Benscoter B, Page S, Rein G, van der Werf GR, Watts A. Global vulnerability of peatlands to fire and carbon loss. *Nat Geosci.* 2014; 8:11–14.
34. DeFries RS, Foley JA, Asner GP. Land-use choices: balancing human needs and ecosystem function. *Front Ecol Environ.* 2004; 2(5): 249–257.
35. Herrero M, Thornton PK, Power B, et al. Farming and the geography of nutrient production for human use: a transdisciplinary analysis. *Lancet Planetary Health.* 2017; 1 (1): e33–e42.
36. Goldewijk KK, Beusen A, Doelman J, Stehfest E. Anthropogenic land use estimates for the Holocene: HYDE 3.2. *Earth Syst Sci Data.* 2017; 9(2): 927–953.

37. Rudel TK, Coomes OT, Moran E, et al. Forest transitions: towards a global understanding of land use change. *Global Environ Change.* 2005; 15(1): 23–31.
38. Mather AS. The forest transition. *Area.* 1992; 24(4): 367–379.
39. Lambin EF, Meyfroidt P. Land use transitions: socio-ecological feedback versus socioeconomic change. *Land Use Policy.* 2010; 27(2): 108–118.
40. Henders S, Persson UM, Kastner T. Trading forests: land-use change and carbon emissions embodied in production and exports of forest-risk commodities. *Environ Res Lett.* 2015; 10 (12): 125012.
41. Lambin EF, Meyfroidt P, Rueda X, et al. Effectiveness and synergies of policy instruments for land use governance in tropical regions. *Global Environ Change.* 2014; 28: 129–140.
42. IUCN. *Protected Planet Report 2018.* Cambridge UK; Gland, Switzerland; and Washington DC: UNEP-WCMC, IUCN, and NGS; 2018. https://protectedplanet.net/c/protected-planet-reports.
43. Coyle I, Springer J. *Who Owns the World's Land? A Global Baseline of Indigenous and Community Land Rights.* Washington, DC: Rights and Resources Initiative; 2015. https://rightsandresources.org/en/who-owns-the-worlds-land-a-global-baseline-of-indigenous-and-community-land-rights/#.XLtO6-i2mUk.
44. Diamond J. Evolution, consequences and future of plant and animal domestication. *ature.* 2002; 418(6898): 700–707.
45. Popkin BM. Nutrition transition and the global diabetes epidemic. *Curr Diab Rep.* 2015; 15(9): 64.
46. Koplitz SN, Mickley LJ, Marlier ME, et al. Public health impacts of the severe haze in Equatorial Asia in September–October 2015: demonstration of a new framework for informing fire management strategies to reduce downwind smoke exposure. *Environ Res Lett.* 2016; 11 (9): 094023.
47. Andela N, Morton DC, Giglio L, et al. A human-driven decline in global burned area. *Science.* 2017; 356(6345): 1356e1362.
48. Pingali PL. Green revolution: impacts, limits, and the path ahead. *Proc Natl Acad Sci.* 2012; 109 (31): 12302–12308.
49. Khoury CK, Bjorkman AD, Dempewolf H, et al. Increasing homogeneity in global food supplies and the implications for food security. *Proc Natl Acad Sci.* 2014; 111(11): 4001–4006.
50. Laurance WF, Arrea IB. Roads to riches or ruin? *Science.* 2017; 358(6362): 442–444.
51. Montgomery DR. *Dirt: The Erosion of Civilizations.* Berkeley: University of California Press; 2007.
52. Pimentel D, Harvey C, Resosudarmo P, et al. Environmental and economic costs of soil erosion and conservation benefits. *Science.* 1995; 267(5201): 1117–1123.
53. FAO and ITPS. *Status of the World's Soil Resources.* Rome, Italy: Food and Agriculture Organization of the United Nations and Intergovernmental Technical Panel on Soils; 2015. http://www.fao.org/documents/card/en/c/c6814873-efc3-41db-b7d3-2081a10ede50/.

54. Scholes RJ, Montanarella L, Brainich E, et al. *IPBES (2018): Summary for Policymakers of the Assessment Report on Land Degradation and Restoration of the Intergovernmental Science-Policy Platform on Biodiversity and Ecosystem Services.* Bonn, Germany: IPBES; 2018. https://www.ipbes.net/assessment-reports/ldr.
55. Montgomery DR. Soil erosion and agricultural sustainability. *Proc Natl Acad Sci.* 2007; 104 (33): 13268–13272.
56. Baumhardt RL, Stewart BA, Sainju UM. North American soil degradation: processes, practices, and mitigating strategies. *Sustainability.* 2015; 7 (3): 2936–2960.
57. Bren d'Amour C, Reitsma F, Baiocchi G, et al. Future urban land expansion and implications for global croplands. *Proc Natl Aca Sci.* 2017; 114 (34): 8939–8944.
58. Clinton N, Stuhlmacher M, Miles A, et al. A global geospatial ecosystem services estimate of urban agriculture. *Earth's Future.* 2018 ; 6 (1): 40–60.
59. Butcher K, Wick AF, DeSutter T, Chatterjee A, Harmon J. Soil salinity: a threat to global food security. *Agron J.* 2016; 108(6): 2189–2200.
60. Chen J, Mueller V. Coastal climate change, soil salinity and human migration in Bangladesh. *Nat Clim Change.* 2018; 8(11): 981–985.
61. Tian D, Niu S. A global analysis of soil acidification caused by nitrogen addition. *Environ Res Lett.* 2015; 10(2): 024019.
62. Meade RH. Sources, sinks, and storage of river sediment in the Atlantic drainage of the United States. *J Geol.* 1982; 90(3): 235–252.
63. Gibbs HK, Salmon JM. Mapping the world's degraded lands. *Appl Geogr.* 2015; 57:12–21.
64. Montgomery DR., Biklé A. *The Hidden Half of Nature: The Microbial Roots of Life and Health.* New York, NY: W.W. Norton & Company; 2016.
65. Montgomery DR. *Growing a Revolution: Bringing Our Soil Back to Life.* New York, NY: W.W. Norton & Company; 2017.
66. Sanchez PA. Soil fertility and hunger in Africa. *Science.* 2002; 295(5562): 2019.
67. Wood SA, Tirfessa D, Baudron F. Soil organic matter underlies crop nutritional quality and productivity in smallholder agriculture. *Agric Ecosyst Environ.* 2018; 266:100–108.
68. Gleick PH, Palaniappan M. Peak water limits to freshwater withdrawal and use. *Proc Natl Acad Sci.* 2010; 107(25): 11155–11162.
69. Wada Y, Bierkens MFP. Sustainability of global water use: past reconstruction and future projections. *Environ Res Lett.* 2014; 9(10): 104003.
70. Wada Y, van Beek LPH, Bierkens MFP. Nonsustainable groundwater sustaining irrigation: a global assessment. *Water Resour Res.* 2012; 48(6).
71. Gleick PH, Christian-Smith J, Cooley H. Water-use efficiency and productivity: rethinking the basin approach. *Water Int.* 2011; 36(7): 784–798.
72. Postel SL, Daily GC, Ehrlich PR. Human appropriation of renewable fresh water. *Science.* 1996; 271(5250): 785–788.
73. Famiglietti JS. The global groundwater crisis. *Nat Clim Change.* 2014; 4:945.
74. Gleick PH. Global freshwater resources: soft-path solutions for the 21st Century. *Science.* 2003; 302(5650): 1524.

75. Brooks DB, Brandes OM, Gurman S. *Making the Most of the Water We Have: The Soft Path Approach to Water Management.* London, UK: Earthscan; 2009.
76. Giordano M, Shah T. From IWRM back to integrated water resources management. *Int J Water Resour Dev.* 2014; 30(3): 364–376.
77. Gleick PH. Transitions to freshwater sustainability. *Proc Natl Acad Sci.* 2018; 115(36): 8863.
78. Allan T, Keulertz M, Woertz E. The water–food–energy nexus: an introduction to nexus concepts and some conceptual and operational problems. *Int J Water Resour Dev.* 2015; 31(3): 301–311.
79. Endo A, Tsurita I, Burnett K, Orencio PM. A review of the current state of research on the water, energy, and food nexus. *J Hydrol.* 2017; 11:20–30.
80. Naeem S, Prager C, Weeks B, et al. Biodiversity as a multidimensional construct: a review, framework and case study of herbivory's impact on plant biodiversity. *Proc R Soc B: Biol Sci.* 2016; 283(1844).
81. Mace GM, Norris K, Fitter AH. Biodiversity and ecosystem services: a multilayered relationship. *Trends Ecol Evol.* 2012; 27(1): 19–26.
82. Cardinale BJ, Duffy JE, Gonzalez A, et al. Biodiversity loss and its impact on humanity. *Nature.* 2012; 486(7401): 59–67.
83. Duffy JE, Godwin CM, Cardinale BJ. Biodiversity effects in the wild are common and as strong as key drivers of productivity. *Nature.* 2017; 549:261.
84. Balvanera P, Siddique I, Dee L, et al. Linking biodiversity and ecosystem services: current uncertainties and the necessary next steps. *BioScience.* 2014; 64(1): 49–57.
85. Tilman D, Isbell F, Cowles JM. Biodiversity and ecosystem functioning. *Annu Rev Ecol Evol Syst.* 2014; 45(1): 471-493.
86. Dirzo R, Young HS, Galetti M, Ceballos G, Isaac NJB, Collen B. Defaunation in the Anthropocene. *Science.* 2014; 345(6195): 401–406.
87. WWF. *Living Planet Report 2018: Aiming Higher.* Gland, Switzerland; 2018. https://wwf.panda.org/knowledge_hub/all_publications/living_planet_report_2018/.
88. Hallmann CA, Sorg M, Jongejans E, et al. More than 75 percent decline over 27 years in total flying insect biomass in protected areas. *PLoS One.* 2017; 12(10): e0185809.
89. International Union for Conversvation of Nature and Natural Resources. *The IUCN Red List of Threatened Species.* 2019. https://www.iucnredlist.org. Accessed August 2019.
90. IPBES. *Global Assessment Report on Biodiversity and Ecosystem Services.* Bonn, Germany: Intergovernmental Science-Policy Platform on Biodiversity and Ecosystem Services; 2019. https://www.ipbes.net/assessment-reports.
91. Pimm SL, Jenkins CN, Abell R, et al. The biodiversity of species and their rates of extinction, distribution, and protection. *Science.* 2014; 344(6187).
92. Kolbert E. *The Sixth Extinction: An Unnatural History.* New York, NY: Henry Holt and Company; 2014.
93. Ceballos G, Ehrlich PR, Barnosky AD, García A, Pringle RM, Palmer TM. Accelerated modern human-induced species losses: entering the sixth mass extinction. *Sci Adv.*

2015; 1(5).
94. Newbold T, Hudson LN, Hill SL, et al. Global effects of land use on local terrestrial biodiversity. *Nature.* 2015; 520(7545): 45–50.
95. Newbold T, Hudson LN, Arnell AP, et al. Has land use pushed terrestrial biodiversity beyond the planetary boundary? A global assessment. *Science.* 2016; 353(6296): 288–291.
96. Pecl GT, Araújo MB, Bell JD, et al. Biodiversity redistribution under climate change: impacts on ecosystems and human well-being. *Science.* 2017; 355(6332).
97. Tilman D, Clark M. Global diets link environmental sustainability and human health. *Nature.* 2014; 515(7528): 518–522.
98. Tilman D, Clark M, Williams DR, Kimmel K, Polasky S, Packer C. Future threats to biodiversity and pathways to their prevention. *Nature.* 2017; 546:73.
99. Butchart SHM, Walpole M, Collen B, et al. Global biodiversity: indicators of recent declines. *Science.* 2010; 328(5982): 1164–1168.
100. Bernstein AS. Biological diversity and public health. *Annu Rev Public Health.* 2014; 35(1): 153–167.
101. Harrison PA, Berry PM, Simpson G, et al. Linkages between biodiversity attributes and ecosystem services: a systematic review. *Ecosyst Serv.* 2014; 9:191–203.
102. Keesing F, Belden LK, Daszak P, et al. Impacts of biodiversity on the emergence and transmission of infectious diseases. *Nature.* 2010; 468(7324): 647–652.
103. Pongsiri MJ, Roman J, Ezenwa VO, et al. Biodiversity loss affects global disease ecology. *BioScience.* 2009; 59(11): 945–954.
104. Rook GA. Regulation of the immune system by biodiversity from the natural environment: an ecosystem service essential to health. *Proc Natl Acad Sci U S A.* 2013; 110(46): 18360–18367.
105. Kahane R, Hodgkin T, Jaenicke H, et al. Agrobiodiversity for food security, health and income. *Agron Sustain Dev.* 2013; 33(4): 671–693.
106. Penafiel D, Lachat C, Espinel R, Van Damme P, Kolsteren P. A systematic review on the contributions of edible plant and animal biodiversity to human diets. *EcoHealth.* 2011; 8(3): 381–399.
107. Aerts R, Honnay O, Van Nieuwenhuyse A. Biodiversity and human health: mechanisms and evidence of the positive health effects of diversity in nature and green spaces. *Br Med Bull.* 2018; 127(1): 5–22.
108. Klein A-M, Vaissière BE, Cane JH, et al. Importance of pollinators in changing landscapes for world crops. *Proc R Soc B.* 2007; 274(1608): 303–313.
109. Eilers EJ, Kremen C, Smith Greenleaf S, Garber AK, Klein AM. Contribution of pollinator-mediated crops to nutrients in the human food supply. *PLoS One.* 2011; 6(6): e21363.
110. Potts SG, Imperatriz-Fonseca VL, Ngo HT. *The Assessment Report of the Intergovernmental Science-Policy Platform on Biodiversity and Ecosystem Services on Pollinators, Pollination and Food Production.* Bonn, Germany: IPBES; 2016. https://www.ipbes.net/dataset/thematic-assessment-pollinators-pollination-and-

food-production.
111. Smith MR, Singh GM, Mozaffarian D, Myers SS. Effects of decreases of animal pollinators on human nutrition and global health: a modelling analysis. *Lancet.* 2015; 386(10007): 1964–1972.
112. FAO. *The State of World Fisheries and Aquaculture.* Rome, Italy: Food and Agriculture Organization; 2016. http://www.fao.org/fishery/sofia/en.
113. Comte L, Olden JD. Climatic vulnerability of the world's freshwater and marine fishes. *Nat Clim Change.* 2017; 7(10): 718–722.
114. Golden CD, Allison EH, Cheung WW, et al. Nutrition: fall in fish catch threatens human health. *Nature.* 2016; 534(7607): 317–320.
115. Sarkar S, Frank DM. Conservation biology: ethical foundations. *Nat Educ Knowledge.* 2012; 3(10).
116. O'Brien KJ. *An Ethics of Biodiversity: Christianity, Ecology, and the Variety of Life.* Washington, DC: Georgetown University Press; 2010.
117. Landrigan PJ, Fuller R, Acosta NJR, et al. The Lancet Commission on pollution and health. *Lancet.* 2018; 391:462–512.
118. Rockstrom J, Steffen W, Noone K, et al. A safe operating space for humanity. *Nature.* 2009; 461(7263): 472–475.
119. Smith AH, Lingas EO, Rahman M. Contamination of drinking-water by arsenic in Bangladesh: a public health emergency. *Bull World Health Organ.* 2000; 78(9): 1093–1103.
120. Health Effects Institute. *State of Global Air 2018. Special Report.* Boston, MA: Health Effects Institute; 2018.
121. Lelieveld J, Evans JS, Fnais M, Giannadaki D, Pozzer A. The contribution of outdoor air pollution sources to premature mortality on a global scale. *Nature.* 2015; 525 (7569): 367–371.
122. Lin J, Pan D, Davis SJ, et al. China's international trade and air pollution in the United States. *Proc Natl Acad Sci U S A.* 2014; 111(5): 1736–1741.
123. Zhang Q, Jiang X, Tong D, et al. Transboundary health impacts of transported global air pollution and international trade. *Nature.* 2017; 543(7647): 705–709.
124. Mekonnen MM, Hoekstra AY. Four billion people facing severe water scarcity. *Sci Adv.* 2016; 2(2): e1500323.
125. Obrist D, Kirk JL, Zhang L, Sunderland EM, Jiskra M, Selin NE. A review of global environmental mercury processes in response to human and natural perturbations: changes of emissions, climate, and land use. *Ambio.* 2018; 47(2): 116–140.
126. Streets DG, Horowitz HM, Jacob DJ, et al. Total mercury released to the environment by human activities. *Environ Sci Technol.* 2017; 51(11): 5969–5977.
127. Streets DG, Lu Z, Levin L, Ter Schure AFH, Sunderland EM. Historical releases of mercury to air, land, and water from coal combustion. *Sci Total Environ.* 2018; 615: 131–140.
128. Thompson RC, Moore CJ, vom Saal FS, Swan SH. Plastics, the environment and human health: current consensus and future trends. *Philos Trans R Soc B Biol Sci.* 2009; 364

(1526): 2153–2166.
129. Geyer R, Jambeck JR, Law KL. Production, use, and fate of all plastics ever made. *Sci Adv.* 2017; 3(7).
130. Jambeck JR, Geyer R, Wilcox C, et al. Plastic waste inputs from land into the ocean. *Science.* 2015; 347(6223): 768–771.
131. UNEP. *UNEP Frontiers 2016 Report: Emerging Issues of Environmental Concern. United Nations Environment Programme.* Nairobi, Kenya: United Nations Environment Programme; 2016.
132. Chiba S, Saito H, Fletcher R, et al. Human footprint in the abyss: 30 year records of deep-sea plastic debris. *Mar Policy.* 2018; 96:204–212.
133. Wilcox C, Van Sebille E, Hardesty BD. Threat of plastic pollution to seabirds is global, pervasive, and increasing. *Proc Natl Acad Sci.* 2015; 112(38): 11899–11904.
134. Lusher A, Hollman P, Mendoza-Hill J. *Microplastics in Fisheries and Aquaculture: Status of Knowledge on Their Occurrence and Implications for Aquatic Organisms and Food Safety.* Rome, Italy: FAO; 2017.
135. Yang D, Shi H, Li L, Li J, Jabeen K, Kolandhasamy P. Microplastic pollution in table salts from China. *Environ Sci Technol.* 2015; 49(22): 13622–13627.
136. Schymanski D, Goldbeck C, Humpf H-U, Fürst P. Analysis of microplastics in water by micro-Raman spectroscopy: release of plastic particles from different packaging into mineral water. *Water Res.* 2018; 129:154–162.
137. Liebezeit G, Liebezeit E. Synthetic particles as contaminants in German beers. *Food Addit Contam A.* 2014; 31(9): 1574–1578.
138. SAPEA. *A Scientific Perspective on Micro-Plastics in Nature and Society.* Berlin, Germany: SAPEA; 2019. https://www.sapea.info/topics/microplastics
139. Rochman CM, Hoh E, Hentschel BT, Kaye S. Long-term field measurement of sorption of organic contaminants to five types of plastic pellets: implications for plastic marine debris. *Environ Sci Technol.* 2013; 47(3): 1646–1654.
140. Ericson B, Caravanos J, Chatham-Stephens K, Landrigan P, Fuller R. Approaches to systematic assessment of environmental exposures posed at hazardous waste sites in the developing world: the Toxic Sites Identification Program. *Environ Monit Assess.* 2013; 185(2): 1755–1766.
141. Sun J, Pan L, Tsang DCW, Zhan Y, Zhu L, Li X. Organic contamination and remediation in the agricultural soils of China: a critical review. *Sci Total Environ.* 2018; 615:724–740.
142. Bernhardt ES, Rosi EJ, Gessner MO. Synthetic chemicals as agents of global change. *Front Ecol Environ.* 2017; 15(2): 84–90.

2부 인구의 건강

5. 빠르게 변화하는 지구의 식량과 영양

6. 지구건강과 감염병

7. 지구환경 변화와 비감염성질환 위험

8. 환경 변화, 이주, 충돌과 건강

9. 변화하는 지구에서의 정신건강

10. 기후변화와 인류 건강

11. 건강한 지구에서의 행복한 삶

5 빠르게 변화하는 지구의 식량과 영양

새뮤얼 마이어스 지음
김윤희 번역/ 정해관 감수

수천 년 동안 인류를 멀리서 지켜본 외계 관찰자가 있다고 가정해 보자. 그는 21세기 초 지구에서 여러 추세가 교차되는 매우 흥미로우면서도 걱정스러운 연결점을 발견했을 것이다. 인류 문명 초기부터 인구는 꾸준히 증가해 왔는데, 1700년대부터는 완만한 상승을 보이다가 1900년대부터 현재까지는 기하급수적으로 증가했다. 1798년 토머스 맬서스(Thomas Malthus)* 이후 많은 사람들의 경고와는 다르게, 1900년대에는 세계 총식량 생산량과 1인당 식량생산량이 늘어나는 수요를 따라잡기 위해 급격히 증가했고, 이는 인류 역사상 가장 위대한 공중보건 성과 중 하나로 여겨진다. 그 결과 기아와 미량 영양소 결핍으로 고통 받는 세계인구 비율이 감소하고, 20세기 후반에는 아동 사망률이 급격히 감소했으며, 세계적으로 평균 수명이 눈에 띄게 길어지게 되었다.

그러나 외계 관찰자가 이러한 성과에 대한 생태학적 비용을 추적했다면,

---

* 토머스 맬서스는 『인구론(An Essay on the Principle of Population)』에서 인구의 자연적 증가는 기하급수적이지만 식량은 산술급수적으로 증가하므로, 지속적인 인구 증가는 식량생산의 한계를 넘어설 것임을 주장하였다. _옮긴이 주

다른 종류의 추세선도 함께 관찰했을 것이다. 이는 농경지 확장을 위한 산림 벌목, 농업용 댐 건설 및 물 사용, 수용능력을 넘어서는 어장 개발, 대기 중 이산화탄소 증가, 합성 비료의 사용 증가와 세계적인 질소 및 인 순환의 변화, 멸종 위기에 처한 종 등을 포함한다. 아마도 가장 놀라운 점은 이 모든 변화의 속도가 인류 문명사에서 나타났던 어떠한 변화보다 빠르며, 현재에도 가속되고 있다는 것이다.

더 주의를 기울여 본다면, 이러한 생태학적 비용을 지불함에도 불구하고 10억 명에 가까운 사람들이 굶주리고 있고, 건강에 해로운 식습관으로 인해 비만과 당뇨, 고혈압, 심장병, 뇌졸중과 같은 대사성 질환이 증가하고 있음을 금세 알아차릴 수 있을 것이다. 이를 지켜본 관찰자가 내릴 수 있는 결론은 단 한 가지, 이 추세는 지속가능하지 않다는 것이다. 현재의 추세대로라면, 인류를 먹여 살리는 데 필요한 땅과 물, 물고기와 숲, 그리고 생물학적 다양성을 구성하는 대부분의 종은 지구상에서 고갈될 것이다. 우리에게는 다른 길이 필요하다.

이 장은 세계 인류의 현재 영양 상태와 미래 식량 수요 예측에 대한 개괄적 설명으로 시작한다. 식량생산과 지구환경 변화 사이의 양방향 관계, 즉 세계적으로 식량생산이 지구 자연계에 미치는 영향과, 그리고 식량생산의 근간을 이루는 생물물리학적 조건 변화가 가속화됨에 따라 세계 식량 공급망에 미칠 수 있는 위협에 대해 살펴본다. 또한, 앞서 언급한 추세가 세계적인 수준에서 영양에 어떤 영향을 미칠지, 누가 가장 취약해 질지에 대해 알아본다. 마지막으로, 여러 가지 해결책을 찾아보고, 다음의 핵심 질문에 대한 답을 얻기 위해 노력해 볼 것이다. 어떻게 하면 생물권을 파괴하지 않고, 100억~120억 명의 인류에게 영양가 있는 식단을 제공할 수 있을까?

영양

세계적으로 식량 가용성의 획기적인 증가와 더불어, 지난 수십 년 동안

글상자 5.1 모든 유형의 영양 장애

새뮤얼 마이어스

영양장애는 여러 가지 영양 관련 상태를 포괄하는 용어이다. 인류 역사상 세계인구에게 적절한 칼로리(에너지) 섭취를 제공하는 것은 가장 중요한 영양학적 과제였으며, 불충분한 칼로리 섭취(영양 부족이라고도 함)는 세계 질병부담의 주요 원인이었다. 영양 부족의 두 번째 형태는 철분, 아연, 비타민 A, 요오드 등 특정 미량 영양소의 섭취 부족인데, 이러한 상태는 미량 영양소 결핍이라고도 한다. 이는 여전히 흔하여 전 세계 수십억 명의 사람들이 이로 인해 고통 받고 있다. 이러한 영양소 결핍의 구체적 영향은 영양소에 따라 다르지만, 종합적으로는 감염병, 작업 능력 저하, 인지 기능 저하, 모성 사망률 증가, 발육부진, 총사망으로 인한 질병부담 증가로 이어진다.

영양장애의 세 번째 유형인 과체중과 비만은 세계적으로 가파르게 증가해 왔다. 과체중과 비만은 세계적으로 대유행하고 있는 당뇨, 고혈압, 이상지질혈증 등 대사질환의 중요한 요인이며, 심장병, 뇌졸중, 특정 암의 위험을 높이기도 한다. 과체중과 비만은 과도한 칼로리 섭취의 결과이며, 이를 촉진하는 다양한 요인이 있다. 주로 앉아서 생활하는 방식의 확대(이에 따른 칼로리 필요량 감소), 경제성장에 따른 식품에 대한 접근성 증가, 가공식품, 과도한 설탕 및 지방이 함유된 식단의 채택, 그리고 과소비를 장려하는 식품업계 등이 이에 해당한다.[a] 세계인구는 영양 결핍과 과도한 칼로리 섭취로 인한 비만 등 영양 불균형의 '이중 부담'으로 점점 더 많은 고통을 받고 있다.[b] 인류가 직면하고 있는 세계적인 영양 문제는, 단순히 적절한 칼로리를 제공하는 것뿐만 아니라(물론 칼로리가 부족한 사람들도 있지만) 모든 사람에게 영양가 있는 식단을 제공하는 것이다. 실제로, 최근 분석에 따르면 세계적으로 가장 큰 질병부담은 최적화되지 않은 식단으로 인한 것으로, 나트륨 과다 섭취와 통곡물, 과일, 견과류, 씨앗, 채소 섭취 부족 때문이다.[c]

참고 자료

a. Swinburn BA, Sacks G, Hall KD, et al. The global obesity pandemic: shaped by global drivers and local environments. *Lancet.* 2011; 378(9793): 804-814.

b. Abarca-Gómez L, Abdeen ZA, Hamid ZA, et al. Worldwide trends in body-mass index, underweight, overweight, and obesity from 1975 to 2016: a pooled analysis of 2416 population-based measurement studies in 128.9 million children, adolescents, and adults. *Lancet.* 2017; 390(10113): 2627-2642.

c. Afshin A, Sur PJ, Fay KA, et al. Health effects of dietary risks in 195 countries, 1990- 2017: a systematic analysis for the Global Burden of Disease Study 2017. *Lancet.* 2019; 393(10184): 1958-1972.

영양 부족으로 고통 받는 세계인구 비율이 줄어들었지만, 인류의 영양장애에 대한 건강 부담은 여전히 매우 크다(**글상자 5.1**). 약 20억 명의 인구가 철분, 아연, 비타민 A 등 미량 영양소 결핍을 겪고 있고, 5세 미만 어린이 1억 5100만 명이 나이에 비해 키가 너무 작으며, 5세 미만 어린이 5000만 명 이상이 심각하게 마른 상태이고, 8억 2100만 명이 충분한 양의 음식을 섭취하지 못하고 있다.[1] 2019년을 기준으로 볼 때, 이러한 수치는 최근 3년간 순차적으로 증가해 왔다. 매년 약 300만 명의 어린이가 영양실조로 사망하며, 이는 전 세계 어린이 사망의 절반에 가까운 수치이다.[2]

지난 수십 년 동안 세계적으로 기아는 줄어들었지만 일부 지역은 아직도 기아에 시달리고 있고, 반면 식습관 변화에 따른 비만 및 대사성 질환과 관련한 세계질병부담은 크게 늘어났다.[3] 경제적으로 부유해지고 도시화가 진행되면서 사람들의 식단은 동물성 식품, 설탕, 정제 곡물 및 기타 가공 식품, 포화지방이 다량 함유되는 것으로 전환해 왔는데, 이러한 식습관 변화는 좌식 생활방식과 결합하여 비만, 당뇨, 고혈압, 심장병, 뇌졸중 및 일부 암의 발생률을 높여 이들 질환이 세계질병부담에서 큰 부분을 차지하게 되었다.[4] 미래 식품 시스템에서 중요하게 고려해야 할 사항은, 인류가 충분한 식량을 섭취할 수 있도록 보장하는 동시에, 올바른 식품을 섭취할 수 있도록 해야 한다는 점이다.

미래에는 세 가지 요인, 즉 급속한 인구 증가, 더 많은 칼로리를 소비할 수 있게 하는 경제성장, 그리고 동물성 식품이 풍부한 서구식 식단으로의 지속적인 전환으로 인해, 세계적인 식량 수요는 역사상 가장 가파르게 증가할 것으로 예상된다. 이러한 추세는 1950년대부터 이미 관찰되어 왔다(**그림 5.1**).

그러나 1950년대와 달리, 증가하는 식량 수요를 충족하기 위해 필요한 새로운 토지와 새로운 수자원, 새로운 어장의 확보는 한계에 부딪히고 있다. 이에 더하여, 세계 식량생산의 기반이 되는 환경 조건이 인간 활동으로 인해 빠르게 변화하고 있다는 사실도 문제다.[5]

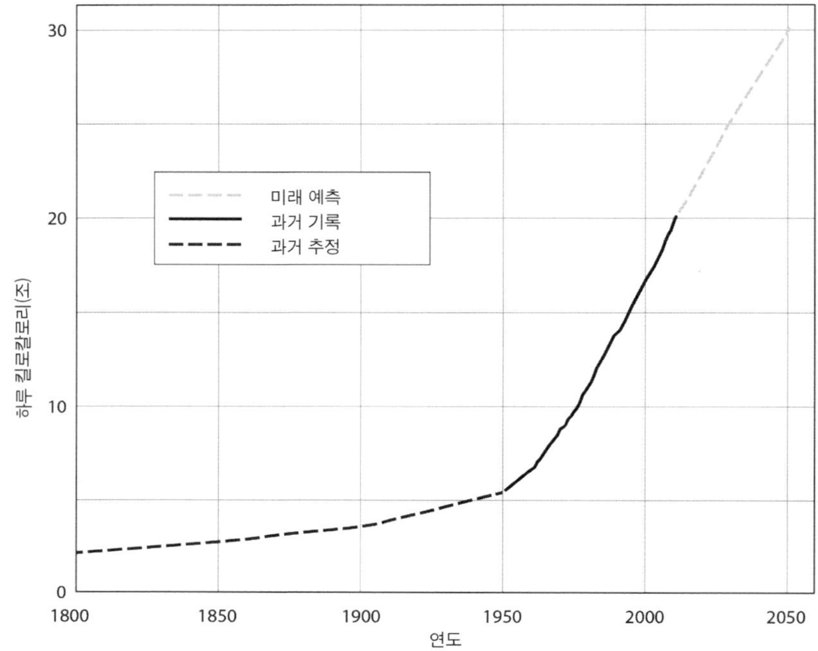

그림 5.1 세계 식이 에너지 공급량의 과거 및 미래 예측 추세. 과거 데이터는 유엔 식량 농업 기구(FAO)의 식량 대차 대조표에 보고된 1950년부터 2011년까지의 1인당 칼로리 공급량에 유엔 인구국의 세계 인구 추정치를 곱하여 계산되었다. 1950년 이전 추정치는 1947년부터 1948년까지 인구 가중치를 적용한 초기 1인당 칼로리 공급량 평균(1인당 하루 2150kcal)에 1800년, 1850년, 1900년의 세계 인구를 곱하여 산출되었다. 하루 칼로리 공급량의 미래 예측은 2015년부터 2050년까지 예상되는 세계 1인당 칼로리 공급량에 유엔의 인구 중간값을 곱하여 추정한다.

자료: Per capita caloric supplies: Data adapted from Food and Agriculture Organization. Food supply (kcal/capita/day). Rome, Italy: FAO; 2016.
Global population estimates: Data from: http://faostat3.fao.org/download/FB/CC/E and U.N. Department of Economic and Social Affairs, Population Division. Probabilistic population pro- jections based on the world population prospects: the 2015 revision, key findings and advance tables. Working Paper ESA/P/WP.241, New York, NY: United Nations; 2015.
Future global daily estimates of per capita caloric supplies: Data from Alexandratos N. World food and agriculture to 2030/2050 revisited. Highlights and views four years later. In: Conforti P, ed. *Looking Ahead in World Food and Agriculture: Perspectives to 2050*. Rome, Italy: FAO; 2011:11-56.

식품 생산이 자연계에 미치는 영향

이 장에서는 급변하는 자연계 안에서, 증가하는 인구집단에 영양가 있는 식단을 제공하는 것에 주안점을 두고 있다. 하지만 식량생산과 지구환경 변화 사이의 관계는 양방향으로 진행됨을 고려해야 한다. 세계 식량생산 시스템은 제4장에서 논의되었던 인위적인 환경 변화의 각 측면에 영향을 미친다. 온실가스 배출량의 약 4분의 1이 농업에서 발생하는데,[6] 농업은 비료, 살충제와 같은 농약을 산업적 규모로 사용함으로써 영양소 순환에 변동을 가져오고, 지하수 오염과 스모그를 발생시킨다. 이는 또한 대기, 수질 및 토지를 오염시키고, 직접적인 독성을 유발하기도 한다.[7] 식품 시스템은 지구의 질소 및 인 순환을 변동시키는 주요 부문이며, 현재 합성 비료는 모든 자연계에서 나온 것을 합친 것보다 더 많은 고정 질소를 생물권에 추가하고 있다.[8] 농업과 축산업을 위한 토지 전용은 대규모 서식지 손실과 분절화를 야기했으며, 생물다양성 소실, 토양 황폐화, 물 부족의 주요 원인이다.

오늘날 세계 식량생산 시스템의 규모를 고려할 때, 이 모든 것이 그리 놀라운 일은 아닐 것이다. 우리는 스스로를 먹여 살리기 위해, 얼음이 없는 지표면의 약 40%를 농경지와 목초지로 사용하고,[9] 가용한 담수의 약 절반을 주로 농작물 관개에 사용한다.[10] 세계적으로 모니터링되는 어업의 90%는 최대 지속가능 한도 또는 이 수준을 훨씬 넘어 어획하고 있으며, 그 결과 어획량은 1996년 이후 매년 약 1%씩 감소하고 있다.[11] 이와 동시에, 우리는 매년 세계 열대 및 온대림 700만~1100만km^2를 벌채하고[9] 흐르는 강물의 60% 이상을 댐으로 막고 있다.[12] 이처럼 엄청난 규모의 세계 식량생산이 지구의 자연계에 미치는 막대한 영향에 대한 인식을 바탕으로 다음과 같은 공감대가 커지고 있다. 우리는 식량생산의 '발자국을 동결'해야 한다(이상적으로는, 발자국을 줄여야 한다).

자연계의 변화가 식량생산과 영양에 미치는 영향

앞에서 살펴본 것과 같이, 식량생산은 지구환경을 변화시키고, 그로 인한 환경 조건의 변화로 영양가 있는 식량생산 능력이 점점 줄어들고 있다. 식량

생산을 위해 무엇이 필요한가? 경작 가능한 토지, 담수, 꽃가루 매개자, 해충 및 병원체와의 생물학적 관계의 유무, 건강한 어장, 오염의 부재, 안정적인 기후 조건 등이다. 인간의 활동은 이러한 조건을 변화시키고 있으며, 그중 상당수는 인류 역사를 통틀어 가장 빠른 속도로 변화하고 있다는 점을 인식한다면 놀라지 않을 수 없다. 이러한 급격한 변화는 우리가 생산할 수 있는 식량의 양과 질에 어떤 영향을 미치며, 이러한 변화가 인류의 영양과 건강에 어떤 의미를 가질까?

토양

제4장에서 다룬 내용에 따르면, 세계적으로 경작지의 약 3분의 1이 여러 요인으로 인해 줄어들었고, 매년 펜실베이니아주 또는 말라위 면적에 해당하는 약 1200만 헥타르가 식량생산을 하지 못하게 되었다.[13] 이러한 손실의 주요 요인으로는 오염, 침식, 염분화, 사막화, 토양 유기물 손실, 토양 영양소 손실, 토지 전환(도시화, 도로 건설 등) 등이 포함된다. 중국은 경작지의 약 20%가 심하게 오염되어 농업에 적합하지 않은 것으로 평가되고 있으며,[14] 토양 침식만으로도 2050년까지 전 세계 수확량 10%가 감소할 것으로 예상된다.[15] 아프리카 사하라 이남의 많은 지역에서는 토양 영양소 고갈로 인해 토양 비옥도가 감소하고, 따라서 작물 수확량도 감소하고 있다. 아프리카 37개국에서는 퇴비나 거름의 부적절한 보충으로 인해 평균적으로 30년 간 경작지 1헥타르당 질소(N) 22kg, 인(P) 2.5kg, 칼륨(K) 15kg에 달하는 영양소가 고갈되었다.[16] 긍정적인 면을 보자면, 아프리카 사하라 사막 이남 지역의 곡물 생산량은 지난 40년 동안 크게 증가하지 않았지만, 21세기 들어 개선되기 시작했고, 이는 비료 사용을 통한 토양 개선의 결과로 볼 수 있다(**그림 5.2**). 또한, 토양 유기물 유실 문제도 고려해 봐야 할 사항이다. 최근 보고에 따르면, 토양 유기물이 풍부한 지역에 위치한 에티오피아 소규모 농장에서 아연과 단백질 함량이 높은 밀이 생산되고 있는데, 이는 토지 황폐화가 작물 수확량의 양과 질에

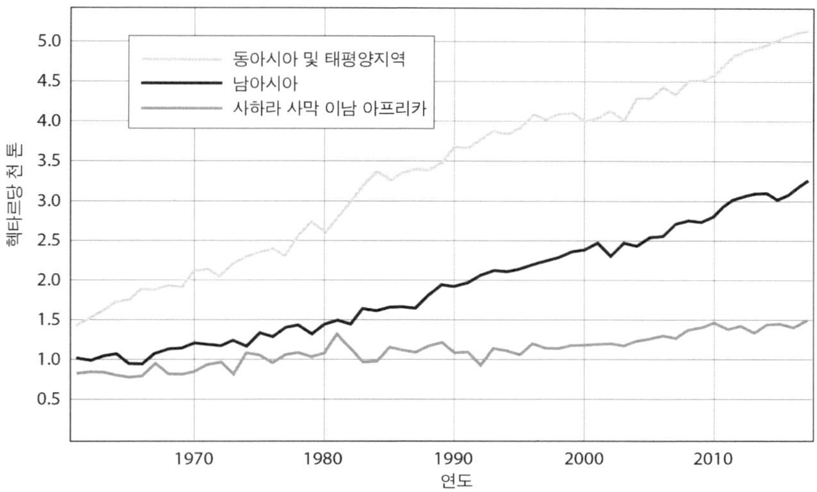

그림 5.2 1961년부터 2016년까지 세계 지역별 곡물 생산량(헥타르당 천 톤) 추이
자료: Data from Food and Agriculture Organization (https://data.worldbank.org/indicator/ag.yld.crel.kg), Creative Commons, license CC BY-4.0"

모두 영향을 미칠 수 있음을 시사한다.[17]

물

두 번째 장애 요소는 심각해지는 물 부족 문제이다. 경작지의 20%에 불과한 관개용지가 전체 농작물 생산의 40%를 담당하고 있으나,[18] 식량생산 증대를 위한 관개농업 규모를 늘리는 것은 물 부족으로 인해 제한될 가능성이 높다. 제4장에서 논의한 바와 같이, 이용 가능한 담수의 약 50%가 이미 인간에 의해 개발되어 주로 농작물 관개에 사용되고 있으며, 물 부족은 향후 수십 년 동안 계속 악화될 것으로 예상된다. 세계 주요 식량 생산지 대부분은 현재, 심부 대수층에서 물이 보충되는 속도보다 훨씬 빠른 속도로 물을 퍼 올려 사용하고 있다. 인도와 중국 인구 중 약 3억 명은, 새로 보충되지 않는 지속 불가능한 화석수*로 농사를 짓고 있다.[19] 향후 물 부족으로 인한 세계 농작물 수확이 얼마나 감소할지에 대한 신뢰할 만한 추정치는 없지만, 많은 지역에서 물 접근성의 제약이 커지고 있는 점은 분명하다.

생물학적 변화

생물 군집의 변화는 다양한 방식으로 식량생산과 영양에 영향을 준다. 직접적으로는 야생 어류와 육상 동물 포획량이 급격하게 줄어들었는데, 이는 남획, 서식지 손실, 기후변화와 해양 온난화, 오염 및 기타 요인으로 인한 결과이다. 세계적으로 야생 어획량은 1996년 정점에 도달한 이후 매년 약 1%씩 감소해 왔다.[11] 현재 식습관이 바뀌지 않는다면, 약 10억 명에게 철분, 아연, 비타민 A, 비타민 B_{12}, DHA 오메가-3 지방산 결핍이 생길 수 있다.[20] 해양 온난화는 어류의 개체수를 더욱 감소시키고, 이와 같은 결핍 위험 인구가 가장 많은 열대지방으로부터 극지방쪽으로 어류의 분포를 이동시킬 것이다.[21] 육상 야생동물(및 기타 야생에서 수확되는 식품)에 대한 접근성 또한 일부 인구의 영양 상태에 영향을 준다. 예를 들면, 마다가스카르의 연구에서는 야생동물 사냥을 전면 금지할 경우, 어린이 철결핍성 빈혈이 약 30% 증가할 것으로 예상하였다.[22] 채집되는 종의 개체수가 감소함에 따라 이러한 영양 자원은 급격히 줄어들고 있다.

그러나 생물은 우리가 먹는 것 그 이상의 역할을 한다. 해충, 병원체, 꽃가루 매개자의 존재 여부는 농작물 수확량을 결정하는 데 중요한 역할을 한다(**그림 5.3**). 즉, 이러한 유기체의 밀도, 먹이 행동, 지리적 분포, 생애주기가 변화하면 농작물 수확량과 인구집단의 영양상태가 큰 영향을 받는다. 곤충, 병원균, 곰팡이, 잡초는 농작물 생산량의 약 25~40%를 감소시킨다고 알려져 있지만,[23] 이에 대한 체계적인 국제적 데이터는 부족한 실정이다. 곰팡이 감염만으로도 세계 식용 에너지 가용성은 매년 약 8.5%씩 감소된다고 한다.[24] 생물물리학적 조건의 변화는 앞서 본 관계들을 변화시키고, 이는 세계 농작

---

* 화석수(fossil water): 대수층에 포함된 지하수 중 수천 년 동안 교란되지 않은 채로 유지된 고대 수역을 말한다. _옮긴이 주

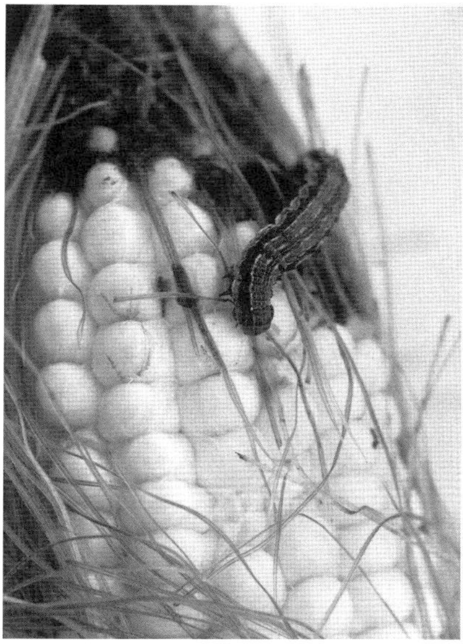

그림 5.3 기후변화의 결과로, 조명나방과 같은 해충이 농작물에 더 큰 피해를 줄 것으로 예상된다.
자료: Photo by Jack Dykinga(USDA)

물 생산에 큰 영향을 미친다.

기후변화는 이제 해충, 병원체, 식물 간의 관계를 변화시키고 있다. 온난화는 해충의 겨울 생존율을 높이는 동시에, 해충을 더 굶주리게 만들었다.[25] 모델링 연구에 따르면, 기온 섭씨 1도 상승 시마다 해충의 개체수와 대사율이 증가하여 쌀, 옥수수, 밀의 수확량 손실이 10~25% 증가한다고 한다.[26] 기온 변화는 농작물 해충과 병원체의 지리적 분포도 변화시킨다. 연구자들은 해충과 병원체 612종이, 1960년 이후 매년 평균 2.7km씩 극지방으로 이동했음을 관찰했다.[27] 농작물은 외부에서 유입된 해충과 병원체에 대한 방어력이 부족한 경우가 많기 때문에, 새로운 위협에 맞서기 위해서는 지속적인 육종 및 관리 노력이 필요하다. 또한, 해충과 천적 사이의 공간적 불일치 역시 생물학적 방제 시스템을 약화시킬 수 있다.[28]

제4장에서 언급했듯이, 곤충 꽃가루 매개자의 개체수 감소는 생물다양성 소실의 한 영역을 차지하며, 식량생산에 직접적인 영향을 줄 수 있다. 200개 국가를 대상으로 조사한 연구에서, 세계 주요 식량 작물 중 87개 작물이 과일, 채소 또는 종자 생산을 동물 꽃가루 매개자에 의존하고 있다고 보고하였다. 또한, 이 연구는 세계 칼로리 생산량의 약 35%가 동물에 의한 꽃가루받이를 필요로 하는 작물에서 나온다는 사실도 발견했다.[29] 그러나 이는 칼로리에 한정된 것이 아니며, 비타민 A, 엽산, 칼슘 등 주요 미량 영양소를 식단에 제공할 수 있는 작물 또한 부분적으로 꽃가루 매개자에 의존하고 있다.[30] 이러한 맥락에서, 세계적인 꽃가루 매개자 종의 감소 추세는 대단히 우려스럽다.

152개국의 식생활 패턴을 활용한 모델링 연구는, 꽃가루받이가 50% 감소하면, 미량 영양소 결핍으로 인한 추가 사망이 연간 70만 명에 달하고, 심장병, 뇌졸중, 특정 암으로 인한 사망 또한 증가할 것으로 보고하였다.[31]

우리는 꽃가루 매개자 개체수 감소로 인한 건강 영향을 이미 경험하고 있을지도 모른다. 아프리카, 아시아, 라틴아메리카의 크고 작은 규모 농장을 대상으로 한 조사에 따르면, 최대 잠재 수확량과 실제 수확량의 차이 중 약 4분의 1은 야생 꽃가루 매개자 부족으로 인해 발생한다고 한다. 이 연구에서 야생 꽃가루 매개자의 밀도와 종의 수(현존하는 종의 개수)를 실험적으로 증가시킨 결과, 앞서 언급한 수확량 격차를 평균 24%까지 줄일 수 있었다.[32] 이러한 결과는 다양한 작물 시스템과 지역에 걸쳐 일관되게 나타나는데, 이는 우리가 이미 '꽃가루 매개자 격차'로 인해 영양학적으로 중요한 농작물의 수확량 감소로 고통 받고 있음을 시사한다.

지구건강에서 다루는 또 다른 주제로, 인간에 의한 다수의 대규모 환경 변화가 복잡한 방식으로 상호작용하여 인간 건강에 영향을 줄 수 있다는 점을 들 수 있다. 꽃가루 매개자의 경우, 서식지와 먹이의 손실, 살충제의 사용 확산, 기생충 감염이 함께 작용하여 꽃가루 매개자의 개체수를 감소시킨다.[33] 기후변화는 꽃가루받이가 필요한 식물과 꽃가루 매개자 사이를 시간적, 지리적으로 단절시킬 수 있고, 기온이 상승하면서 식물의 개화 시기가 빨라지고 식물 군락이 극지방으로 이동하게 된다.[34] 이러한 변화는 상호적인 식물-꽃가루 매개자 사이의 불일치를 초래하여, 상호작용과 생태계 기능을 방해할 수 있다. 식물 개화와 꽃가루 매개자 출현 사이의 동시성이 줄어듦에 따라, 꽃가루 매개자의 먹이가 위협받고, 꽃가루 매개자의 수는 줄어들며, 이에 따라 식물과 꽃가루 매개자 모두의 멸종으로 이어질 수 있다.

또 다른 문제는 대기 중 이산화탄소 농도 증가로 인해, 다양한 식물의 영양소 프로필이 변화하고 있다는 점이다. 이는 인간의 영양 상태뿐만 아니라(**글상자 5.2**), 식물에 의존하여 영양소를 공급받는 곤충과 다른 동물의 건강에도 영향을 미칠 수 있다. 예를 들어, 골든로드 꽃가루는 1840년대 이후 단

글상자 5.2 이산화탄소 배출은 어떻게 우리 식품을 덜 건강하게 만드는가

매튜 스미스·새뮤얼 마이어스

이산화탄소(CO_2) 농도는 전 세계적으로 빠른 속도로 상승하고 있으며, 21세기 중반에는 550ppm을 넘어설 것으로 예상된다. 이산화탄소 농도 증가와 이로 인한 기후 영향이 세계 식량 시스템을 교란할 것으로 예상되는 여러 경로 중, 최근 또 다른 경로가 밝혀졌는데, 그것은 바로 높은 이산화탄소 농도에서 재배된 작물의 직접적 영양소 손실이다.

그림 5.2.1에서 볼 수 있듯이, 자유 대기 이산화탄소 농축(FACE) 실험을 통해 토양, 날씨, 생물학적 조건을 통제하면서 이산화탄소가 작물에 미치는 영향을 테스트할 수 있다. 이 실험은 이산화탄소를 방출하는 제트 고리를 설치하고 이 고리의 내부와 외부에서 동일한 작물의 동일 품종을 재배하여 비교한다. FACE 실험은 호주, 일본, 미국에서 주요 식량 작물인 밀, 쌀, 보리, 옥수수, 완두콩, 대두, 수수를 대상으로 수행되었다. 고농도 이산화탄소 조건에서 재배된 작물은 일반 대기 중 이산화탄소 수준에서 재배된 작물보다 주요 영양소(철, 아연, 단백질) 농도가 3~17% 낮았다.[a] 이 효과는 특정 작물(밀, 쌀, 보리)에서 더 두드러지고 다른 작물 (기장, 수수, 감자)에서는 약한 것으로 나타났다. 다른 작물(완두콩, 대두, 옥수수)에서는 전체 영양소 중 일부 영양소만 손실이 있는 혼합 반응을 보였다. 쌀만을 대상으로 한 후속 분석에서는, 단백질, 아연, 철분은 이전 연구와 일관성 있는 결과가 나타났지만, 비타민 B군(티아민, 리보플라빈, 판토텐산, 엽산)의 경우 13~30%의 큰 감소가 있었고, 반대로 비타민 E의 경우 14%의 증가가 확인되었다.[b]

실험에서 관찰된 작물의 영양소 함량 감소는 미미할 수 있지만, 이러한 영양소 손실이 세계적인 수준에서 인류의 건강에 미치는 영향은 심각할 수 있다. 세계인구는 영양소 대부분을 식물에서 섭취하는데, 평균적으로 총식이단백질의 63%, 아연 68%, 철분 81%가 포함된다.[c] 세계인구 상당수가 식물에서 영양을 섭취하기 때문에, 이산화탄소 배출로 인한 영양소의 침출을 막지 못한다면 2050년에는 세계 많은 지역의 사람들의 이들 영양소 섭취가 더 줄어들 것으로 예상된다. 영양 결핍, 특히 비타민 B군, 철, 아연 및 단백질의 부족은 태아 신경계 결함, 면역 기능 저하, 빈혈, 인지 발달 저하 및 신생아의 저체중을 포함한 다양한 건강 영향으로 이어질 수 있다. 또한, 최근 세계적인 감소 추세에도 불구하고 2015년 현재 철 및 아연 결핍은 사망이나 장애로 인한 전체 수명손실의 5.7%를 차지하는 것으로 추산되었다.[d] 단백질 결핍은 일반적으로 단독 추산되지는 않지만 전체 손실 수명 1.7%에 추가 기여하고 있다. 따라서 미량 영양소 상태를 지속적이고 형평성 있게 개선하는 것은 미래 세계인구의 건강을 증진하고 육성하는 데 매우 중요하다.

대기 중 이산화탄소 농도가 미래의 영양 결핍에 미치는 잠재적 효과를 확인하기 위해, 스미스 박사와 마이어스 박사는 각 국가의 식단과 영양 요구량을 비교하고, 각 주요 식품의 영양소 함량이 이산화탄소 상승에 어떻게 반응하는지 조사하여, 이산화탄소 550ppm 수준에서 영양 결핍 위험이 있을 인구 규모를 추정하였다.[e] 2050년에는 세계적으로 아연 결핍 위험 인구가 1억 7500만 명, 단백질 결핍 위험 인구는 1억 2200만 명 증가할 것으로 추정했다. 철분 결핍은 식이와 결핍

그림 5.2.1 자유 대기 이산화탄소 농축(FACE) 고리에서 자라는 대두. 이산화탄소 방출 제트 고리 내부와 외부에서 작물을 재배함으로써, 이산화탄소 농도에 따른 식량 작물의 생육 특성이나 영양 성분의 영향 연구가 가능하다. 고리 내부에서 재배되는 작물은 이산화탄소 농도를 제외하고는 고리 외부와 동일한 날씨, 토양, 병충해 및 기타 조건에 노출되는 방식으로, 농업 경제학자들은 현장에서 상승된 이산화탄소가 작물에 미치는 영향을 보통의 조건과 분리해 낼 수 있다.
자료: Bruce Kimball (USDA), Creative Commons, license CC BY-2.0

사이의 연관성이 낮기 때문에 동일한 방식으로 예측할 수 없지만, 대략 다음과 같은 추정이 가능하다. 철분 결핍의 부작용에 가장 취약한 14억 명의 여성과 5세 미만 어린이가 대기 중 이산화탄소 농도 상승으로 인한 철분 결핍 증가 위험이 가장 높은 국가에 살고 있다. 쌀에 함유된 비타민 B에 대한 별도 분석에서는, 이산화탄소 증가로 인해 21세기 중반까지 약 7000만 명이 추가로 티아민 결핍증에 걸리고 1억 3000만 명이 엽산 결핍증에 걸릴 것으로 예측된다.[f] 이러한 증가는 이미 한 가지 이상의 영양소 결핍을 겪고 있는 약 20억 명의 인구에 더해지므로, 이들의 상황은 적절한 개입 없이는 더욱 심각해질 수 있다. 영양 결핍 증가로 가장 큰 타격을 받을 지역은 이미 영양 결핍 인구가 많고, 이산화탄소 증가로 인해 영양소 손실이 큰 식품에 의존도가 높은 인도와 남아시아, 동남아시아, 중국, 중동, 그리고 북아프리카이다. 인도는 부담이 가장 큰 국가로 이산화탄소 농도 상승에 따라 5300만 명의 단백질 결핍과 4800만 명의 아연 결핍이 새로 발생할 것으로 예상된다.

그러나 이 국가들이 반드시 이산화탄소 증가에 따른 영양 결핍 증가를 겪을 것이라 단정할 수는 없다. 현재부터 2050년까지, 식단과 영양 상태는 소득 수준, 식단 선호도, 다양한 식품에 대한 접근성 등 식단 구성을 통제하는 다른 요인에 따라 변화할 수 있으며, 이에 따른 영양학적 영향은 완화되거나 악화될 수 있기 때문이다. 중요한 점은, 세계에서 가장 부유한 인구는 1인당 이산화탄소 배출량이 가장 많으나 위에서 언급된 영양 문제에는 가장 덜 취약한 반면 배출량이 훨씬 적은 최빈국 인구는 그 영양학적 영향에 가장 취약하다는 점이다. 이는 환경 정의 측면에서 매우 중요한 문제이다.

참고 자료

a. Myers SS, Kloog I, Huybers P, et al. Increasing CO_2 threatens human nutrition. *Nature*. 2014; 510(7503): 139-142.
b. Zhu C, Kobayashi K, Loladze I, et al. Carbon dioxide (CO_2) levels this century will alter the protein, micronutrients, and vitamin content of rice grains with potential health consequences for the poorest rice-dependent countries. *Sci Adv*. 2018; 4(5).
c. Smith MR, Micha R, Golden CD, Mozaffarian D, Myers SS. Global Expanded Nutrient Supply (GENuS) Model: a new method for estimating the global dietary supply of nutrients. *PLoS One*. 2016; 11(1): e0146976.
d. Afshin A, Sur PJ, Fay KA, et al. Health effects of dietary risks in 195 countries, 1990-2017: a systematic analysis for the Global Burden of Disease Study 2017. *Lancet*. 2019; 393(10184): 1958-1972.
e. Smith MR, Myers SS. Impact of anthropogenic CO_2 emissions on global human nutrition. *Nat Clim Change*. 2018; 8(9): 834-839.
f. Smith MR, Myers SS. Global health implications of nutrient changes in rice under high atmospheric carbon dioxide. *GeoHealth*. 2019; 3(7): 190-200.

백질 함량의 3분의 1이 줄어들었는데, 이는 이산화탄소 농도 상승으로 인한 결과이며 대부분 20세기 중반 이후에 나타난 것이다.[35] 골든로드 꽃가루, 그리고 비슷한 영향을 받을 수 있는 다른 식물을 섭취하는 꽃가루 매개자의 건강 영향은 현재 활발히 연구되고 있다. 이러한 상호작용의 복잡성과 식품 시스템에 대한 종합적인 영향을 정확하게 예측하는 것은 거의 불가능하나, 이는 지구건강의 핵심 주제이다. 우리는 이 과정에서 놀라운 사실과 불편한 진실을 마주할 것이지만, 한편 이러한 과정이 지구상의 자연계 대부분을 변화시켰음을 알아야 한다.

오염으로 인한 공기, 물, 토양의 질적 변화는 식량생산에 영향을 준다. 제4장과 제14장에서 논의한 바와 같이, 오염은 세계 많은 지역에서 점점 더 큰 문제로 대두되고 있으며, 막대한 질병부담과 더불어 식량의 양과 질 저하를 초래하고 있다. 유해금속, 잔류 농약, 병원성 미생물로 인한 토양과 수질 오염은 식품의 질을 떨어뜨리는데, 이는 물 부족으로 인해 불완전하게 처리된 하수로 관개를 해야 하는 지역에서 더 심각하다.[36] 메틸수은과 잔류성 화학물질은 해양 먹이사슬을 통해 더 많이 확산되어, 어류와 해양 포유류의 먹이 공급을 위협하고, 궁극적으로는 인간의 건강을 위협한다.[37,38] 공기오염은 농작물 수확량을 크게 감소시킬 수 있다. 특히, 대류권 오존, 즉 화석연료 연소로 인한 생성물이 햇빛과 정체된 공기와 결합하여 생성되는 오존은 강력한 식물 독소로, 여러 주요 식량 작물의 수확량을 감소시키는 것으로 보고되었다.[39] 오존의 영향은 작물마다 다르지만, 전체 식량생산에 대한 통합 평가에 따르면, 심각하지만 현실적인 기후변화 시나리오에서 오존 단일 노출만으로 2050년까지 세계 총작물 수확량이 약 3.6% 감소할 수 있는 것으로 추정되었다.[40]

기후변화는 오염으로 인한 세계 식량생산에 대해 추가적인 위협으로 작용한다. 기후변화가 세계적으로 식량생산과 영양 보장에 미치는 실질적 영향에 대해 여러 종합적인 평가가 있지만, 이 장에서는 피상적으로 요약한 내용만 제시한다.[41,42] 기후변화는 이 장에서 논의되었던 일부 동력학적 관계를 악화시킬 것이다. 습한 지역은 더 습해지고 건조한 지역은 더 건조해지는 극단적인 강수 패턴 변화로, 물 부족 현상이 더욱 심화될 것이다. 또한, 세계에서 가장 인구가 많은 일부 지역에서는 건기에도 유량을 제공하던 빙하가 빠르게 줄어들면서 사라질 가능성이 크고, 미국 로키산맥과 시에라네바다와 같은 산악 지역에서는 겨울철 만년설이 원래 계절보다 일찍 녹으면서 성장 절정시기와 유출량 최대시기가 어긋날 수 있다. 해양 온난화는 어류의 양과 분포를 변화시켜, 식단을 어류에 크게 의존하는 열대지방 인구의 어류에 대한 접근성이 낮아질 것으로 예상된다.[21] 해수면 상승과 극한의 해안 폭풍은 일부 해안 저지대를 침수시키고 경작지 황폐화 문제를 더욱 악화시킬 것이다.

이러한 변화 외에도, 기후변화로 인한 기온 상승이 농작물 수확량에 위협을 가하고 있다. 한 연구에 따르면, 1980년부터 2011년까지의 기후변화 추세가 없는 것으로 가정한 반사실적 시나리오에 비하여, 기온 상승이 세계 옥수수와 밀 생산량을 약 5% 감소시킨 것으로 추산되었다.[43] 강수량 변화, 기온 상승, 식물 성장에 미미한 긍정적 효과를 줄 수 있는 이산화탄소 상승이 고려된 복합 효과를 평가한 연구에 따르면, 2100년까지 지구 평균 기온이 섭씨 4도(화씨 7.2도) 상승하는 시나리오에서 열대지방의 옥수수 생산량은 약 25%, 밀 생산량은 15% 감소할 것으로 전망된다.[44] 이러한 연구는 해충, 꽃가루 매개자, 토양의 질, 대류권 오존, 기타 요인이 고려되지 않은 기온상승만을 고려한 보수적 전망을 바탕으로 한 것이다.

기후변화는 폭염, 가뭄, 열대성 폭풍, 홍수, 산불 등의 기상이변을 더 빈번하게 유발할 것으로 예상되며, 이는 현재 인류가 영양공급을 위해 크게 의존하고 있는 국제적인 식량 무역과 밀접하게 연관되어 있다. 역사적으로, 한 지역에서 발생하는 기후 충격은 식량 시장과 무역의 붕괴로 이어진 사례가 많았는데, 특히 대규모 식량생산국이 자국 내 식량 가격 안정화를 위해 수출을 금지할 경우, 지역적 식량 부족과 식량 가격 급등 악화를 초래하였다. 특히 세계 식량생산이 열대지방에서 극지방으로 이동하는 반면, 열대지방의 인구는 크게 증가할 것으로 예상됨에 따라, 이러한 기후 충격에 대한 취약성은 점점 커질 것으로 우려된다.

마지막으로, 기후변화는 국제 무역을 통해 생산되고 공급되는 식량의 양뿐만 아니라, 식량의 질에도 중요한 영향을 미친다. 최근 연구에 따르면, 대기 중 이산화탄소 농도 상승은 주요 작물의 영양소 함량을 낮추고, 많은 인구를 영양 결핍 위험에 처하게 한다(글상자 5.2 참조). 예를 들면, 이산화탄소 농도 상승이 작물 영양소에 주는 영향과 기후변화가 작물 수확량에 주는 영향이 결합할 경우 이러한 영향이 없는 시나리오에 비해, 식단의 중요 영양소인 철, 아연, 단백질의 가용성은 세계적으로 15~20% 감소할 것으로 예측되었다.[45]

글상자 5.2는 지구건강에 대한 두 가지 중요한 주제를 보여준다. 첫 번째는 인간 활동이 지구의 생물물리학적 조건을 변화시키는데, 그에 따른 우리의 건강수준의 변화는 예측하기 어렵고 종종 놀라운 결과를 초래할 가능성이 있다는 것이다. 두 번째 주제는 형평성이다. 환경 변화를 주도하는 책임이 가장 큰 인구 집단은 부와 잘 구축된 기반시설을 통해 그 영향으로부터 가장 잘 보호받는 반면, 빈곤층과 미래 세대는 불균형적으로 부담을 지고 있는 경우가 많다.

세 가지 도전 과제 달성하기

우리는 지금 세 가지 도전에 직면해 있다. 첫째, 인류 역사상 가장 빠른 속도로 식량 수요가 증가하고 영양 부족으로 이미 막대한 질병이 발생하는 상황에서, 급증하는 인구에게 영양가 있는 식단을 제공해야 한다. 둘째, 기후변화, 물 부족, 경작지 황폐화, 어류 및 꽃가루 매개자 감소, 기타 생물물리학적 변화에 직면한 상태에서, 식량 수요 증가 문제를 해결해야 한다. 셋째, 생물권 보존을 위해서는, 식량생산 시스템의 생태발자국을 동결하거나 가급적 줄이면서, 이 거대한 식량 수요 증가 도전 과제를 다루어야 한다. 우리가 가고 있는 현재 궤도는 계속 유지될 수 없다.

다행히 세계 식품 시스템의 근본적인 변화를 통해, 이 세 가지 과제를 해결할 수 있다는 근거가 늘어나고 있다. 단 하나의 '특효약'은 없겠지만, 정책과 기술의 변화, 농생태학적 접근법에서 행동 변화에 이르기까지 다양한 개입을 통해, 보다 나은 식품 시스템, 즉 에너지, 토지, 물, 농약 사용 효율의 획기적 개선과, 형평성이 보장되고 영양가 있는 식단을 제공함으로써 가능할 것이다. 이러한 개입은 크게 세 가지 영역, 식량생산, 식품 폐기, 식품 소비로 나뉜다.

구체적인 식량생산과 소비 방식 변화에 집중하기 전 우리가 주목해야 할 사항은, '모든 이'에게 식량을 제공한다는 점은 '모든 이'의 수가 적을 때 더 쉽게 달성할 수 있다는 사실이다. 제3장에서 논의한 바와 같이, 필요한 부부에게 가족계획에 대한 접근성을 확대하고 인구 증가율을 낮춤으로써, 여성과 아동의 건강을 증진시키고 수명을 연장시킬 수 있다. 가족계획에 대한 접근성을 확대함으로써, 연간 약 4000만 건(세계 총출생의 절반)의 출산을 예방하거나 지연시킬 수 있다.[46] 더 적은 수의 건강한 자녀를 가짐으로써, 식량 수요는 감소하게 되고, 이는 한정된 자원으로 인한 부담을 완화시키는 데 도움이 될 것이다.

두 번째로 중요한 근원적인 개입은 기후변화 완화이다. 이 책 전체, 특히

제10장에서 논의할 것과 같이, 기후변화는 앞서 논의된 식량생산에 대한 영향을 포함하여 인류의 건강과 복지에 큰 위협을 초래한다. 보다 회복탄력적인 농업으로 전환하기 위해 해야 할 일이 많지만, 가장 효과적인 개입은 1차 예방으로, 기후변화 자체를 최소화하려는 노력을 배가하는 것이다. 마찬가지로 생물다양성 소실, 물 부족, 경작지 황폐화, 지구 오염의 추세를 줄이려는 노력은, 모든 이에게 영양가 있는 식단을 제공하기 위해 수행할 수 있는 근원적인 개입이 될 것이다.

식품 시스템 전환: 생산, 폐기, 소비

식품 생산

세계 농업의 '발자국 동결'이 생태학적으로 긴요한 사항임은 모두가 동의하는 바이다. 산림이나 다른 유형의 토지피복을 농경지로 전환(확장이라고도 함)하는 것은, 기후 및 생물다양성에 매우 큰 비용을 발생시키기 때문이다. 대안으로는 집약화, 즉 동일한 땅에서 더 많은 식량을 생산하여 수확량을 늘리는 것이다. 기존의 수확량 증대 접근 방식은 합성 비료, 살충제, 제초제 등 합성화학물질에 의존하거나, 수확량이 높은 작물의 품종을 개발하고 관개를 통해 수확량을 늘리는 방식이었다. 그러나 최근에는 이러한 방식이 생태학적 비용 측면에서 장기적으로는 지속하기 어렵다는 인식이 확산됨에 따라 지속가능한 집약화가 강조되고 있다. 이는 같은 면적에서 더 많은 식량을 생산하면서 동시에 더 적은 에너지, 물, 농약을 사용하려는 시도를 의미한다. 다양한 분야에서의 혁신은 지속가능한 집약화의 가능성을 보여주며 이와 관련하여 많은 사례가 제시되고 있다.

혁신의 흥미로운 분야 중 하나는 정밀 농업이다. 오늘날 선진국 여러 지역의 농업 현장을 방문하면, 컴퓨터와 지리정보시스템을 장착한 무인 트랙터

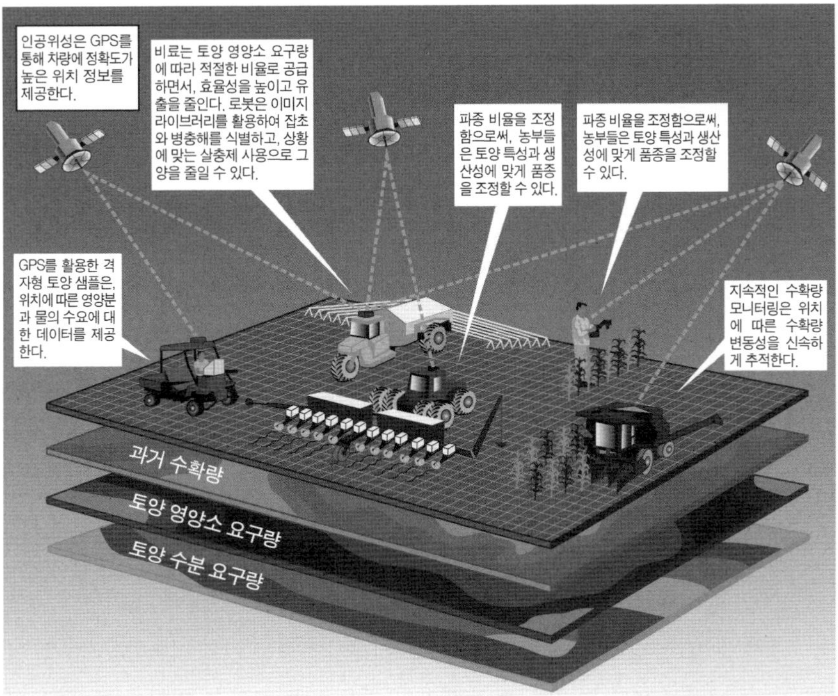

그림 5.4 정밀 농업에서의 '스마트' 트랙터는 토양의 지구 화학적 성질, 과거 작물 수확량, 작물 유형, 비료 및 관개 요건에 대한 상세한 지리공간 자료에 접근하고 지리정보시스템(GPS)의 안내를 받는다. 트랙터의 레이저는 경작지를 평평하게 만들어 유실을 줄이고, 트랙터에 장착된 로봇은 수십만 장의 농작물 및 잡초 이미지 라이브러리에 연결되어 잡초를 제거하고 농작물의 건강 상태를 평가할 수 있다. 이러한 접근 방식은 물과 농약 사용을 줄이면서, 수확량과 효율성을 높일 수 있다.

자료: Adapted from https://www.gps4us.com/

가 밭을 가로지르는 모습을 볼 수 있다. 무인 트랙터는 레이저 빔을 이용하여 밭을 평평하게 만들어 토양의 유실을 줄이고, 농부들은 토양 상태를 제곱미터 단위로 측정하여 트랙터의 데이터저장소에 입력한다. 트랙터는 씨앗을 심은 후 각 씨앗의 위치를 정확하게 기억하며, 각 성장 단계와 토양 유형에 맞게 필요한 물과 영양분을 공급한다. 최근에는 트랙터에 수십만 장의 농작물 및 잡초 이미지 라이브러리에 접근할 수 있는 로봇을 장착하여, 작물의 건강과 성장 단계 파악에 활용하고 있다. 이러한 로봇은 잡초를 인식하고 식물에 맞는 제초제 용량을 산출하여 투여한다. 또한 농작물의 감염이나 질병에 대한 징후를 인식하여 농부가 적절하게 개입할 수 있도록 돕는다. 이러한 발전은 살충제, 비료, 관개용수 사용에 엄청난 효율을 보장하며 매우 빠르게 진행되고 있다(**그림 5.4**).

그 밖에도 수많은 혁신이 진행 중이다. 점적 관개 시스템은 물 사용량을 50% 이상 줄이면서 농작물 수확량을 거의 두 배로 늘릴 수 있다. 이들 시스템의 비용을 절감하면서도 태양광 전력 사용으로 전기 공급 의존도를 낮추는, 소득이 낮은 조건에서도 접근성을 높일 수 있는 흥미로운 작업이 진행 중이다.[47] 또한, 토양에서 영양분을 더 효율적으로 동원하거나, 가뭄에 더 잘 견디는 토양 미생물을 발견하는 등 미생물학 분야에서도 혁신이 일어나고 있다. 이러한 미생물을 토양이나 씨앗에 접종하면 더 영양가 있고 가뭄에 강한 작물을 생산할 수 있다.[48]

새로운 유전자 기술을 통해 주식 작물인 밀, 감자, 옥수수 등의 야생 동종에서 질병 저항성 유전자를 식별할 수 있게 되었다. 유전자를 신속하게 검사한 후, 이미 길들여진 품종에 주입하여 해충과 병원체에 대한 저항성을 부여하고 작물 수확량 증대를 촉진할 수 있다. 이러한 연구에서는 유전자 식별이 시행된 이들 식물의 생물다양성 유지가 매우 중요하다. 농학자들은 수직 재배에 더 적합한 작물, 즉 키가 작고 성장기간이 짧으며, 연중 수확할 수 있는 작물을 재배하고 있다. 유전자 변형 작물에 대해서는 여전히 논란이 있고 신중한 규제가 필요하지만, 우리가 직면한 도전의 규모를 고려하면 유전자 변형 및 육종이라는 강력한 기술을 해결책에서 완전히 배제하기는 어려울 것이다.

마지막으로, 특히 농산물과 양식 어류에 대한 새로운 생산 방식이 빠르게 확대되고 있다. 수경 재배, 분무 수경 재배, 수직 재배를 통해 인구 밀집 지역이나 극지방 사람들도 다양한 종류의 과일과 채소를 대량으로 생산할 수 있게 되었다(**그림 5.5**). 이러한 접근 방식은 영양가 있는 식품에 대한 접근성을 높일 수 있으며, 전통적인 농업에 비해 물, 토지, 농약의 사용을 줄일 수 있다.

어류의 절반을 이미 인간이 직접 소비하고 있는 가운데, 양식업은 빠르게

그림 5.5 수직 재배 시스템. 이러한 시스템은 토지, 물, 농약이 적게 필요한 도심이나 도심 인근에서 대량의 신선한 농산물을 생산할 수 있다. 작물에 필요한 열과 빛을 재생 에너지로 얻을 수 있다면, 이러한 시스템은 지속가능한 농업을 강화시키는 한 요소로서 잠재력을 지닌다.
자료: Valcenteu(Wikimedia),CC BY-SA 3.0

성장하는 또 다른 식량생산 분야이다(**그림 5.6**). 야생 어획량은 이미 지속가능한 생산 수준을 넘어섰고, 그 결과 어획량이 감소하고 있어,[11] 증가하는 세계 어류 소비에 대응하기 위해서는 양식 어류를 통한 공급이 필요하다. 담수 양식과 해양 양식은 영양가 있는 식단의 핵심인 단백질, 미네랄, 비타민, 지방산 공급에 중요한 역할을 한다. 양식업의 혁신은 이러한 수요를 달성하기 위해 계속 중요시 되겠지만, 환경에 부정적인 영향을 제한시키는 방법도 고려되어야 한다. 양식업은 작은 물고기로 구성된 기존의 사료보다 해양 환경 영향이 적은 새로운 식물성 사료를 사용하면서 빠르게 발전하고 있다. 해조류, 굴과 같은 여과포식성 조개류, 어류 등 다양한 어종을 포함하는 혼합 양식 시스템은 단일 종 양식 시스템보다 생산성이 높고 어류 배설물로 인한 주변 수역의 오염을 줄일 수 있다.[49,50] 담수 양식과 농업을 결합하면, 어류는 농업 폐기물을 소비하면서 비료를 생산하여 작물 수확량을 증가시키는 시너지 효과를 창출할 수 있다. 이러한 시스템은 특히 아시아에서 널리 퍼져 있다. 양식 시스템을 개발할 때는, 누가 그 혜택을 누릴지에 대해서도 주의를 기울여야

그림 5.6 틸라피아를 생산하는 지속가능한 담수 양식 시스템.
자료: Courtesy of Regal Springs

한다. 현재까지, 양식 생산의 대부분을 차지하는 고부가가치 어종은 부유한 국가로 출하되는 반면, 영양학적으로 취약한 국가의 식단에 미치는 영향이 미미한 수준에 머물렀다. 저소득 국가에서도 영양 혜택을 받을 수 있도록 양식업을 발전시키는 것이 중요하다.[51]

기술 혁신뿐만 아니라, 기존 농업에 있어 생태학적 원칙을 활용하는 것도 식량생산 효율성을 높이고 환경 영향을 줄일 수 있는 엄청난 잠재력을 가지고 있다. 최근 주목받고 있는 분야 중 하나는 어떤 작물을 심고 어떻게 심을지에 대한 보다 신중한 접근이다. 간작법, 피복 작물, 작물 순환, 꽃가루 매개자 친화적 재배 방식 등은 신기술과는 거의 관련이 없으나, 많은 이점을 제공한다. 서로 다른 두 작물을 번갈아 가며 심어 재배하는 간작법은, 비료를 덜 사용하면서도 각 작물을 단독으로 재배할 때보다 수확량을 10~20% 늘릴 수 있다.[52] 가을과 겨울에 농지를 황무지로 두는 대신 피복 작물을 심으면 토양 영양분을 유지하는 데 도움이 되고, 봄철 작물을 심기 전에 피복 작물을 토양에 갈아 넣으면 토양에 유기물을 추가할 수 있다. 작물 순환은 동일한 토지에서 한 해에는 한 가지 작물을 재배하고 다음 해에는 다른 작물을 재배하는 방식인데, 적절한 작물 조합을 사용할 경우 많은 이점이 있다. 예를 들어, 미국에서는 농부들이 옥수수와 대두를 번갈아 가며 심는 경우가 많다. 대두는 질소를 고정하는 콩과 식물이고 옥수수는 높은 수준의 질소를 필요로 한다. 작물 순환으로 수확량을 유지하면서 질소 비료 사용량을 줄일 수 있다. 야생 꽃가루 매개자에게 먹이와 서식지를 제공하는 야생화 및 기타 식물로 울타리 경계를 만들면, 생물다양성을 지원하는 동시에 꽃가루 매개자도 증가시켜 작물 수확량을 크게 늘릴 수 있다.[32]

문제는 세계적으로 식량 작물이 동질화되고, 사람들이 먹는 음식의 다양성이 줄어들고 있다는 점이다.[53] 식용으로 재배할 수 있는 식물 종은 5000여 종에 달하며, 일부라도 식용 가능한 부분이 있는 식물은 이보다 최소 10배 이상이다. 그러나 세계 식량 공급의 3/4은 12개 작물과 다섯 가지 가축에 의존하고 있으며,[54] 콩, 밀, 쌀, 옥수수 등 4개 작물이 지구 농경지의 절반 가까이 차지하고 있다.[55] 세계적으로 많은 토종작물이 상품성 있는 작물에 밀려났지만, 비타민, 미량 영양소, 항산화제, 의약 성분 등은 토종작물에서 더 풍부할 수 있다. 또한, 농작물의 다양성은 식량 시스템의 회복력 향상에 도움이 된다. 아프리카 고아 작물 컨소시엄과 같은 기관의 '잊힌 작물'의 생산 증대를 위한 노력은 알란블라키아, 바오밥으로부터 야생 비파, 참마 등의 작물에 이르기까지 큰 가능성을 가지고 있다.

위에서 설명한 방법 외에도, 다른 농법을 사용하여 토양의 비옥도를 회복하면서 부가적인 서비스를 생산하는 것이 가능하다. 여기에는 무경운 농업,* 집중 순환 방목, 산림농업 등이 있다. 무경운 농업은 토양의 교란을 최소화하고, 침식으로 인한 토양 손실을 획기적으로 감소시켜 토양의 생산성을 유지한다. 집중 순환 방목은 밀집된 가축 무리를 자주 이동시키면서 목초지에는

* 무경운 농업(no-till agriculture): 경운(흙을 갈아엎는)을 하지 않는 방식. _옮긴이 주

긴 회복 시간을 갖게 하는 가축사육 방식이다. 산림농업은 나무 재배를 다작물 재배 시스템에 통합한다. 이러한 유형의 재생 농업은 많은 경우 투입 비용이 낮고 다년간의 전환기 이후에도 비슷한 수준의 수확량을 얻을 수 있기 때문에 기존 방식보다 수익성이 높다.[56,57] 또한 산림농업을 통해 추가로 사회적 편익을 얻을 수 있는데, 대기에서 탄소를 끌어내어 토양에 다시 돌려주고, 가뭄 회복력을 높이며, 농약 사용 감소로 환경 발자국을 줄일 뿐 아니라, 그 자체로 추가적인 식량 및 연료를 생산할 수 있다.[56] 혁신에 대한 기술적 접근 방식을 지지하는 사람들('마법사'라고 불림)과 전통적 농생태학적 원칙을 지지하는 사람들('선지자'라고 불림) 사이에는 때로 긴장이 있어 왔다. 그러나 두 접근법 모두 중요한 역할을 하고 있기 때문에 이러한 긴장은 불필요하며, 지속가능한 집약화를 위해 두 접근법을 통합하는 '제3의 길'이 주장되기도 한다.[14] 무경운 농업에 정밀 농업을 접목시키는 것은 두 가지 다른 접근법이 어떻게 결합될 수 있는지 보여주는 좋은 예이다. 무경운 농업의 어려움은 경운을 하지 않기 때문에 잡초 방제가 어렵다는 것이다. 하지만 잡초를 인식하여 제거할 수 있는 로봇이 장착된 트랙터를 사용하면, 무경운 농업이 더 경제적이고 효율적인 접근 방식이 될 수 있다. 종합하면, 토양 보존 및 복원 기술, 토양 미생물학의 발전, 농업 및 식량생산 방법의 기술 혁신, 농업생태학 및 산림농업의 핵심 원칙 등은 세계 식량생산의 생태발자국을 획기적으로 줄일 수 있는 엄청난 잠재력을 가지고 있다.

식량생산의 생태발자국을 줄이기 위해 혁신이 필요한 것처럼, 급변하는 환경 조건이 식량생산의 질과 양에 미치는 영향을 상쇄하기 위해 다른 방향의 혁신도 필요하다. 더위와 가뭄에 강하고, 염분에 잘 견디며, 이산화탄소 증가로 인한 영양소 저하가 최소화될 수 있는 작물 육종에 대한 노력이 필요하다. 꽃가루 매개자 친화적인 방식을 채택하여 농작물 수확량을 늘리고, 우리의 건강을 보호하는 동시에 다양한 종을 보호하는 것은 세계적으로 우선순위가 높은 사안이다. 기후변화로 인해 물 흐름의 변동이 심하고 중요한 시기에 물로 인한 문제가 야기되는 지역에서는 화석 대수층의 수량을 보충하거나 저수지를 만들어 물을 저장해야 할 것이다. 기후 충격에 대응하기 위해, 역사적으로 발생했던 무역 실패의 다양한 유형으로부터 가장 취약한 사람들을 보호하는 국제무역협정을 개발하는 것을 통해 많은 생명을 구할 수 있을 것이다. 각국 정부는 급변하는 환경에 적합한 작물 품종과 농법을 개발하고, 이러한 지식이 신속하게 실용화될 수 있도록 국제농업연구자 자문그룹(CGIAR)[58] 시스템과 같은 국제농업연구센터 네트워크에 참여하고 지원해야 한다.

식품 폐기

식량을 효율적으로 생산하는 것 외에도, 식품 시스템을 혁신하기 위한 또 다른 중요한 단계는 음식물 쓰레기를 획기적으로 줄이는 것이다. 매년 생산되는 식품의 약 3분의 1이 버려지거나 낭비되고 있다.[59] 음식물 쓰레기를 한 국가로 본다면, 이로 인한 온실가스 배출량은 중국과 미국에 이어 세계에서 세 번째로 높다.[60] 또한, 소비되지 않는 식품을 생산하기 위해 매년 막대한 양의 물, 토지, 농약이 낭비되고 있다. 식량 손실과 낭비의 원인은 국가마다 다르다. 저소득 국가에서는 식품 사슬의 초기 단계인 수확 및 가공 단계에서 많은 손실이 발생하는 반면, 고소득 국가에서는 소매 및 소비자 단계에서 손실이 발생하는 경향이 있다. 두 경우 모두 손실을 줄이기 위해 다양한 방법을 쓸 수 있다. 고소득 국가의 식료품점은 '유통기한이 지났다'는 이유로 버려지는 식품을 줄이기 위해 스마트 기술과 파트너십을 통한 적극적인 캠페인에 참여하고 있는데, 이는 다양한 방식을 통해 식품이 영양가 있는 식사로 재탄생할 수 있도록 돕는다. 예를 들어, 유럽에서는 소비자와 수천 개의 식료품점을 연결해 주는 Too Good To Go앱을 통해 식품 폐기 전 대폭 할인 알림을 전송한다.[61] 소비자는 식품을 저렴한 가격에 구매하고, 식료품점은 새로운 수입원을 확보하며, 환경은 안도의 한숨을 내쉴 수 있게 된다. 저소득 국가는 식품 보관 및 공급망의 혁신을 통해, 식품이 소매점에 도달하기 전에 폐기되는 것을 획기적으로 줄일 수 있다.

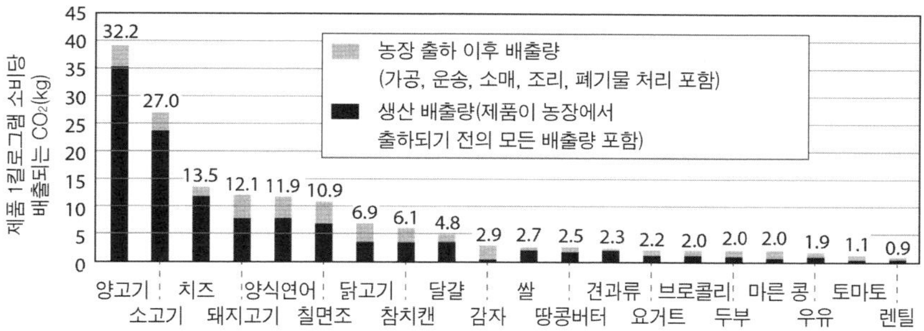

그림 5.7 **생산부터 소비, 폐기까지 전 과정에 걸친, 동물성 및 식물성 식품 관련 온실가스 배출량. 소비된 제품 킬로그램당 이산화탄소 환산량 킬로그램으로 표시된 총생애주기 온실가스 배출량을 나타냄.**

자료: Environmental Working Group, *Meat Eater's Guide to Climate Change and Health*, 2011. https://www.ewg.org/meateatersguide/a-meat-eaters-guide-to-climate-change-health-what-you-eat-matters/climate-and-environmental-impacts/

식량 수요

식품 생산 방식의 변경과 음식물 쓰레기 감축은 식품 시스템의 효율을 크게 높여줄 수 있겠지만, 우리가 먹는 음식의 소비 방식도 변경해야 한다는 공감대가 형성되어 있다. 2019년 지속가능 식품 시스템의 건강한 식단을 위한 EAT-랜싯(EAT-Lancet) 위원회는 「인류세의 식품」 제하의 보고서를 발간했다.[62] 저자들은 지구위험한계를 고려할 때, 세계 식품 시스템이 "안전한 운영공간" 안에 유지되기 위해서는 전 세계적인 식단 변화가 필요하다고 강조했다. 기후변화, 생물다양성 소실, 물 부족, 경작지 감소, 질소 및 인 등 환경 변화가 식단 선택에 미치는 영향을 평가한 결과, 현재의 추세를 유지한다면 2050년까지 모든 영역에서 한계를 초과하게 될 것이라는 결론을 내렸다. 그러나 육류, 특히 소고기를 멀리하고 대신 콩류, 견과류, 씨앗, 과일, 채소를 섭취하는 식습관으로 전환하면, 식품 시스템의 생태발자국을 크게 줄일 수 있다. 많은 농경지가 가축의 먹이 생산에 사용되고, 가축은 이 먹이를 육류로 변환하는 데 있어 효율적이지 못하다. 반추동물은 다량의 온실가스를 배출하기 때문에, 육류, 특히 소고기, 양고기와 (반추동물은 아니지만) 돼지고기의 생산과 소비는 식품 시스템의 다른 요소보다 환경 발자국이 훨씬 크다(**그림 5.7**).

현재 육류를 생산하는 산업 시스템에는 또 다른 주목할 만한 문제점이 있다. 많은 수의 동물이 비인도적으로 집중식 가축 사육장(CAFO)에 갇혀, 항생제가 대량 투입된 부자연스러운 식단과 환경에 견디도록 유도된다. 이는 항생제 내성의 세계적 대유행과[63] 심각한 항생제 오염 문제를[64] 일으키는 데 기여하며, 동물에 대한 비윤리적인 학대로 간주된다. 축산물 소비를 식물성 식단으로 전환함으로써 이와 같은 피해를 줄일 수 있다.

중요한 점은 EAT 위원회가 제안한 것과 같은 식단 전환으로, 세계인구에게 더 영양가 높은 식단을 제공하는 동시에 심장병, 뇌졸중, 당뇨병, 암을 비롯한 비감염성 질환을 크게 감소시킬 수 있다는 것이다. '지구건강 식단'을 채택할 경우, 연간 약 1100만 명의 사망을 예방하는 것이 가능한데, 이는 전체 성인 연간 사망률의 약 20%에 해당하는 수치로, 세계적으로 건강 증진에 크게 기여할 수 있다.[62]

부유한 인구 집단의 경우, 육류 소비 감소가 건강과 환경 모두에 분명한 이득이 있는 윈-윈 전략임이 확실하지만, 빈곤층에서는 상황이 좀 미묘하게 달라진다. 두 집단 모두 설탕, 소금, 포화지방이 첨가된 가공식품의 소비를 줄이는 것은 중요한 건강 우선순위에 해당한다. 그러나 빈곤층은 식단이 다양하지 않기 때문에, 식단의 다양성과 영양이 풍부한 식품을 늘리는 것이 가장 중요하며, 동물성 식품은 이들의 중요한 영양소 공급원이 될 수 있다. 빈곤층에게는, 과일, 채소, 견과류, 씨앗, 콩류가 풍부한 건강 식단의 환경 발자국이 전분이 주를 이루는 기존 식단보다 반드시 더 좋은 것은 아니다. 또 다른 우려는 영양가 높은 식품이 영양가가 낮고 칼로리 공급을 우선하는 식품보다 대체로 더 비싸기 때문에,[65] 빈곤층에게 부담이 될 수 있다는 점이다. 해로운 식습관으로 인한 질병부담과 이로 인한 의료비 지출이 매우 크다는 점을 고려할 때, 이러한 가격 책정은 시장 실패의 한 예라고 할 수 있다.

식습관의 변화와 더불어, 환경 영향이 적지만 기존 식품과 유사한 맛과 영양을 제공하는 대체 식품의 새로운 시대가 열리고 있다. 최근의 혁신적인 분야 중 하나는, 환경 영향이 적으면서도 고기와 유사한 맛과 식감을 제공하는 식물성 대체육의 생산이다. 2019년 기준으로, 대형 패스트푸드 체인점과 식료품점을 포함한 6만 8000여 곳에서 비욘드 미트(Beyond Meat)와 임파서블 버거(Impossible Burgers)와 같은 대체육 제품이 유통되었고 수천만 개의 식물성 버거가 판매되었다.[66] 어쩌면 이보다 더 혁신적일 수 있는, 세포 기반의 육류와 유제품, 대체 계란도 등장했다. 이 기술은 효모 변형을 통해 우유에 함유되어 있는 것과 동일한 단백질 혼합물을 생산하고, 동물성 우유와 비슷한 수준의 식물성 지방과 당분을 첨가한다. 비슷한 공정이 효모 기반 달걀흰자를 만들기 위해 적용된다. 일부 전문가들은 이런 유형의 단백질 발효가 널리 적용되면, 환경 발자국 감소에 기여하면서, 비용을 낮추고, 또한 건강에 이점을 제공하며, 동물 학대 없이 거의 모든 종류의 단백질을 생산할 수 있을 것이라고 믿고 있다. 그 결과로 향후 수십 년에 걸쳐 전통적인 축산업의 감소와 함께 막대한 면적의 농경지를 확보할 수 있을 것으로 보고 있다.[67,68] 혁신은 또한 환경 발자국이 훨씬 적다고 알려진 새로운 식재료를 활용하는 식품 생산에서도 일어나고 있는데, 수생식물인 개구리밥, 해조류, 균단백질, 심지어 곤충이나 곤충을 가공한 식품이 이에 포함된다.[14] 혁신적인 접근 방식의 예로, 음식물 쓰레기 줄이기, 곤충 또는 곤충가공식품 소비 장려, 학교 급식 프로그램을 통한 채소 기반 식단 교육 등에 대한 더 자세한 내용이, *『지구건강 사례 연구: 해결방안 모음』*(https://islandpress.org/books/planetary-health)에 소개되어 있다.

식생활 패턴의 변화는 교육, 행동 변화, 정부 정책, 기업의 책임 등 다양한 요인이 복합적으로 작용하는 복잡한 일이다. 최근 여러 선진국에서는 육류 소비가 감소하면서 생선과 가금류로 전환되는 추세이다.[69,70] 2018년 영국의 슈퍼마켓 설문조사에 따르면, 영국인 8명 중 1명은 채식주의자 또는 비건이라고 응답했으며, 21%는 반 채식주의자(채소 위주의 식단에 가끔 육류를 추가)였다. 하지만 식생활 패턴을 변경하는 것은 복잡한 일이다. 식습관의 결정에는 가족 및 전통, 집단 정체성, 건강, 환경, 동물 복지에 대한 신념 등이 관여되어 있다.[71,72] 가격 또한 중요한 요소이다.

정부는 영양가 낮은 식품에 세금을 부과하거나 영양가 높은 식품에 보조금을 지급함으로써, 건강한 식품이 더 비싸게 유통되는 현재의 시장 가격 문제를 해결할 수 있다. 또한 세계적으로 강력한 식품 기업의 로비, 특히 소고기, 유제품, 설탕, 초가공 식음료 산업이 의회에 미치는 영향을 차단함으로써, 국가 식생활 지침을 기반으로 영양 및 환경 지속가능성을 개선할 수 있다.[3] 민간 부문도 식생활 변화를 촉진하는 데 중요한 책임이 있다. 비욘드 미트와 임파서블버거와 같은 혁신적인 식품 기업은, 자사 제품이 건강과 환경에 이로운 선택임을 홍보하여, 식생활 변화를 촉진할 수 있다. 대형 농식품 기업은 제품 비용을 사회 전체에 전가하는 대신, 보다 건강하고 지구 친화적인 식품을 생산하고 마케팅하는 데 더 많은 책임을 지는 방향으로 가야 한다.

결론

이 책의 후반부에는 에너지 생산, 도시 개발, 사업 및 경제 모델, 화학물질 제조 등 현재 지구건강 위기를 초래하는 데 큰 역할을 했지만, 이 위기에서 보다 희망적인 미래로 나아가는 데 중요한 역할을 할 수 있는 다른 중추적인 문제들에 대해 강조하였다. 식품 시스템은 이러한 중추적인 문제 중 하나이다. 식품 산업은 세계적으로 엄청난 생태발자국을 남기고 있으며, 일반적으로 영양가 있고 건강한 식단을 제공하는 데 있어 그 역할을 제대로 수행하지 못하고 있다. 접근 가능한 일련의 혁신과 정책을 수용함으로써, 우리에게는 국제보건을 증진하는 동시에 생물권을 보호하는 방식으로 식품 시스템을 재구성할 수 있는 기회가 있다.

이 장의 처음으로 다시 돌아가서, 수천 년에 걸친 긴 안목을 가진 외계인 관찰자는 지금 이 순간을 역사상 가장 위대한 극적 순간 중 하나로 보고 있을 것이다. 인류는 식량 공급과 생물권 파괴 간의 상관관계를 끊어낼 수 있을까?

한쪽에서는 기아와 영양실조, 다른 한쪽에서는 점진적 환경 파괴가 존재한다. 그 사이의 균형을 맞출 수 있을까? 모든 훌륭한 드라마가 그렇듯, 이 모든 것은 바로 지금, 오늘 우리가 내리는 결정에 달려 있다. 그것은 우리가 개발하는 혁신, 우리가 수행하는 연구, 우리가 시행하는 정책, 우리가 투자하는 대상, 우리가 선택하는 식단, 그리고 근본적으로는 지속가능한 미래로 나아가기 위한 우리의 집단적 의지에 달려 있다.

저자

새뮤얼 마이어스(Samuel Myers, MD, MPH)는 하버드 T.H. 챈 보건대학원의 수석 연구자이자 지구건강연맹의 이사이다.

참고문헌

1. FAO, IFAD, UNICEF, WFP, WHO. *The State of Food Security and Nutrition in the World 2018*. Building Climate Resilience for Food Security and Nutrition. Rome, Italy: Food and Agriculture Association (FAO); 2018.
2. Black RE, Victora CG, Walker SP, et al. Maternal and child undernutrition and overweight in low-income and middle-income countries. *Lancet*. 2013; 382(9890): 427–451.
3. Swinburn BA, Kraak VI, Allender S, et al. The global syndemic of obesity, undernutrition, and climate change: the Lancet Commission report. *Lancet*. 2019; 393(10173): 791–846.
4. Lim SS, Vos T, Flaxman AD, et al. A comparative risk assessment of burden of disease and injury attributable to 67 risk factors and risk factor clusters in 21 regions, 1990–2010: a systematic analysis for the Global Burden of Disease Study 2010. *Lancet*. 2012; 380(9859): 2224–2260.
5. Whitmee S, Haines A, Beyrer C, et al. Safeguarding human health in the Anthropocene epoch: report of the Rockefeller Foundation Commission on planetary health. *Lancet*. 2015; 386(10007): 1973–2028.
6. Smith P, Bustamante M, Ahammad H, et al. Agriculture, forestry and other land use (AFOLU). In: Edenhofer O, Pichs-Madruga Y, Sokona E, et al., eds. *Climate Change 2014: Mitigation of Climate Change. Contribution of Working Group III to the Fifth Assessment Report of the Intergovernmental Panel on Climate Change*. Cambridge, UK: Cambridge Uni- versity Press; 2014.

7. Springmann M, Clark M, Mason-D'Croz D, et al. Options for keeping the food system within environmental limits. *Nature*. 2018; 562(7728): 519–525.
8. Vitousek PM, Mooney HA. Human domination of Earth's ecosystems. *Science*. 1997; 5325: 494–499.
9. Foley JA, Defries R, Asner GP, et al. Global consequences of land use. *Science*. 2005; 309(5734): 570–574.
10. Postel SL, Daily GC, Ehrlich PR. Human appropriation of renewable fresh water. *Science*. 1996; 271(5250): 785–788.
11. Pauly D, Zeller D. Catch reconstructions reveal that global marine fisheries catches are higher than reported and declining. *Nature*. 2016; 7: 10244.
12. *Dams and Development: A New Framework for Decision-Making*. London, UK: World Commission on Dams; November 2000. http://staging.unep.org/dams/WCD/report.asp.
13. Pimentel D, Harvey C, Resosudarmo P, et al. Environmental and economic costs of soil erosion and conservation benefits. *Science*. 1995; 267(5201): 1117–1123.
14. Little A. *The Fate of Food*. New York, NY: Harmony Books; 2019.
15. *Status of the World's Soil Resources*. Rome, Italy: Food and Agriculture Organization of the United Nations and Intergovernmental Technical Panel on Soils; 2015.
16. Sanchez PA. Soil fertility and hunger in Africa. *Science*. 2002; 295(5562): 2019.
17. Wood SA, Baudronc F. Soil organic matter underlies crop nutritional quality and productivity in smallholder agriculture. *Agric Ecosyst Environ*. 2018; 266: 100–108.
18. FAO. *Irrigated Crops Fact Sheet*. Rome, Italy: United Nations Food and Agriculture Organization; 2014. http://www.fao.org/nr/water/aquastat/infographics/Irrigated_eng.pdf.
19. Brown L. *Plan B 4.0 Mobilizing to Save Civilization*. New York, NY: W.W. Norton & Company; 2009.
20. Golden CD, Allison EH, Cheung WWL, et al. Fall in fish catch threatens human health. *Nature*. 2016; 534: 317–320.
21. Cheung WWL, Watson R, Pauly D. Signature of ocean warming in global fisheries catch. *Nature*. 2013; 497: 365.
22. Golden C, Fernald LCH, Brashares JS, Rasolofoniaina BJR, Kremen C. Benefits of wildlife consumption to child nutrition in a biodiversity hotspot. *Proc Natl Acad Sci U S A*. 2011; 108(49): 19653–19656.
23. Flood J. The importance of plant health to food security. *Food Secur*. 2010; 2: 215–231.
24. Fisher MC, Henk DA, Briggs CJ, et al. Emerging fungal threats to animal, plant and ecosystem health. *Nature*. 2012; 484: 186.
25. Bale J, Masters G, Hodkinson I, Awmack C, Bezemer T, Brown V. Herbivory in global climate change research: direct effects of rising temperature on insect herbivores. *Global Change Biology*. 2002; 8: 1–16.
26. Deutsch CA, Tewksbury JJ, Tigchelaar M, et al. Increase in crop losses to insect pests in a warming climate. *Science*. 2018; 361(6405): 916–919.
27. Bebber DP, Ramotowski MAT, Gurr SJ. Crop pests and pathogens move polewards in a

warming world. *Nat Clim Change.* 2013; 3: 985.
28. Selvaraj S, Ganeshamoorthi P, Pandiaraj T. Potential impacts of recent climate change on biological control agents in agro-ecosystem: a review. *Int J Biodivers Conserv.* 2013; 5: 845–852.
29. Klein A-M, Vaissiere BE, Cane JH, et al. Importance of pollinators in changing landscapes for world crops. *Proc R Soc B.* 2007; 274: 303–313.
30. Eilers EJ, Kremen C, Greenleaf SS, Garber AK, Klein A-M. Contribution of pollinator-mediated crops to nutrients in the human food supply. *PLoS One.* 2011; 6(6): 6.
31. Smith M, Ryan, Singh GM, Mozaffarian D, Myers SS. Effects of decreases of animal pollinators on human nutrition and global health: a modelling analysis. *Lancet.* 2015; 386(1007): 1964–1972.
32. Garibaldi L, Carvalheiro L, Vaissière B, et al. Mutually beneficial pollinator diversity and crop yield outcomes in small and large farms. *Science.* 2016; 351(6271): 388–391.
33. Potts S, Imperatriz-Fonseca V, Ngo H. *The Assessment Report of the Intergovernmental Science-Policy Platform on Biodiversity and Ecosystem Services on Pollinators, Pollination and Food Production.* Bonn, Germany: Intergovernmental Science-Policy Platform on Biodiversity and Ecosystem Services (IPBES); 2016.
34. Parmesan C, Yohe G. A globally coherent fingerprint of climate change impacts across natural systems. *Nature.* 2003; 421: 37–42.
35. Ziska L, Pettis J, Edwards J, Hancock J, Tomecek M. Rising atmospheric CO_2 is reducing the protein concentration of a floral pollen source essential for North American bees. *Proc R Soc B* 2016; 283(1828).
36. Lu Y, Song S, Wang R, et al. Impacts of soil and water pollution on food safety and health risks in China. *Environ Int.* 2015; 77: 5–15.
37. Sunderland E. M, Li M, Bullard K. Decadal changes in the edible supply of sea- food and methylmercury exposure in the United States. *Environ Health Perspect* 2018. 126(1): 017006.
38. von Stackelberg K, Li M, Sunderland E. Results of a national survey of high-frequency fish consumers in the United States. *Environ Res.* 2017; 158: 126–136.
39. Ainsworth EA, Yendrek CR, Sitch S, Collins WJ, Emberson LD. The effects of tropospheric ozone on net primary productivity and implications for climate change. *Annu Rev Plant Biol.* 2012; 63(1): 637–661.
40. Tai APK, Val Martin M, Heald CL. Threat to future global food security from climate change and ozone air pollution. *Nat Clim Change.* 2014; 4: 817–821.
41. Myers SS, Smith MR, Guth S, et al. Climate change and global food systems: potential impacts on food security and undernutrition. *Annu Rev Public Health.* 2017; 38(1): 259 – 277.
42. Porter J, Xie L, Challinor A, et al. Food security and food production systems. In: *Climate Change 2014: Impacts, Adaptation, and Vulnerability. Part A: Global and Sectoral Aspects. Contribution of Working Group II to the Fifth Assessment Report of the Intergovernmental Panel on Climate Change.* Cambridge, UK: Inter; 2014.

43. Lobell DB, Schlenker W, Costa-Roberts J. Climate trends and global crop production since 1980. *Science*. 2011: 1–5.
44. Rosenzweig C, Elliott J, Deryng D, et al. Assessing agricultural risks of climate change in the 21st century in a global gridded crop model intercomparison. *Proc Natl Acad Sci U S A*. 2014; 111(9): 3268–3273.
45. Beach RH, Sulser TB, Crimmins A, et al. Combining the effects of increased atmospheric carbon dioxide on protein, iron, and zinc availability and projected climate change on global diets: a modelling study. Lancet Planetary Health. 2019; 3(7): e307–e317.
46. Singh S, Remez L, Sedgh G, Kwok L, Onda T. *Abortion Worldwide 2017: Uneven Progress and Unequal Access*. New York, NY: Guttmacher Institute; 2018. https://www.guttm-acher.org/report/abortion-worldwide-2017.
47. Chu J. Watering the world. *MIT News*. 2017. http://news.mit.edu/2017/design-cuts-costs-energy-drip-irrigation-0420. Accessed April 7, 2020.
48. Kumar A, Verma JP. Does plant–microbe interaction confer stress tolerance in plants: A review? *Microbiol Res*. 2018; 207: 41–52.
49. Little DC, Newton RW, Beveridge MCM. Aquaculture: a rapidly growing and significant source of sustainable food? Status, transitions and potential. *Proc Nutr Soc*. 2016; 75(3): 274–286.
50. Halweil B. *Farming fish for the future*. Washington, DC: Worldwatch Institute; 2008.
51. Golden CD, Seto KL, Dey MM, et al. Does aquaculture support the needs of nutritionally vulnerable nations? *Front Mar Sci*. 2017; 4(159).
52. Himmelstein J, Ares A, Gallagher D, Myers J. A meta-analysis of intercropping in Africa: impacts on crop yield, farmer income, and integrated pest management effects. *Int J Agr Sustain*. 2017; 15(1): 1–10.
53. Khoury CK, Bjorkman AD, Dempewolf H, et al. Increasing homogeneity in global food supplies and the implications for food security. *Proc Natl Acad Sci*. 2014; 111(11): 4001–4006.
54. Bioversity International. *Mainstreaming Agrobiodiversity in Sustainable Food System: Scientific Foundations for an Agrobiodiversity Index*. Rome, Italy: Bioversity International; 2017.
55. Martin AR, Cadotte MW, Isaac ME, Milla R, Vile D, Violle C. Regional and global shifts in crop diversity through the Anthropocene. *PLoS One*. 2019; 14(2): e0209788.
56. Montgomery DR. *Growing a Revolution: Bringing Our Soil Back to Life*. New York, NY: W.W. Norton; 2017.
57. LaCanne CE, Lundgren JG. Regenerative agriculture: merging farming and natural resource conservation profitably. *PeerJ*. 2018; 6: e4428.
58. CGIAR. 2019. https://www.cgiar.org/. Accessed August 2019.
59. SAVE FOOD: Global Initiative on Food Loss and Waste Reduction. 2019. http://www.fao.org/save-food/resources/keyfindings/en/. Accessed March 13, 2019.
60. FAO. *Food Wastage Footprint: Impacts on Natural Resources*. Rome, Italy: Food and Agriculture Organization of the United Nations; 2013.

61. Too Good to Go. About us. 2019. https://toogoodtogo.co.uk/en-gb/about-us. Accessed August 2019.
62. Willett W, Rockström J, Loken B, et al. Food in the Anthropocene: the EAT-Lancet Commission on healthy diets from sustainable food systems. *Lancet*. 2019; 393(10170): 447–492.
63. Economou V, Gousia P. Agriculture and food animals as a source of antimicrobial-resistant bacteria. *Infect Drug Resist*. 2015; 8: 49–61.
64. Thorne PS. Environmental health impacts of concentrated animal feeding operations: anticipating hazards — searching for solutions. *Environ Health Perspect*. 2007; 115(2): 296–297.
65. Headey DD, Alderman HH. The relative caloric prices of healthy and unhealthy foods differ systematically across income levels and continents. *J Nutr*. 2019; 149(11): 2020–2033.
66. Shanker D. The hottest thing in food is made of peas, soy, and mung beans. *Bloomberg Businessweek*. 2019. https://www.bloomberg.com/news/features/2019-08-21/fake-meat-is-hot-led-by-impossible-foods-and-beyond-meat. Accessed September 2019.
67. Seba T, Tubb C. Disrupting the cow. *The Boston Globe*. 2019. https://www.bostonglobe.com/2019/11/29/opinion/disrupting-cow/. Accessed January 2020.
68. Mobiot G. Lab-grown food will soon destroy farming — and save the planet. *The Guardian*. 2020. https://www.theguardian.com/commentisfree/2020/jan/08/lab-grown-food-destroy-farming-save-planet. Accessed January 2020.
69. Neff RA, Edwards D, Palmer A, Ramsing R, Righter A, Wolfson J. Reducing meat consumption in the USA: a nationally representative survey of attitudes and behaviours. *Public Health Nutr*. 2018; 21(10): 1835–1844.
70. Smithers RJ. Third of Britons have stopped or reduced eating meat: report. *Guardian*. 2018. https://www.theguardian.com/business/2018/nov/01/third-of-britons-have-stopped-or-reduced-meat-eating-vegan-vegetarian-report. Accessed September 2019.
71. Perry BD, Grace DC. How growing complexity of consumer choices and drivers of consumption behaviour affect demand for animal source foods. *Ecohealth*. 2015; 12(4): 703–712.
72. O'Riordan T, Stoll-Kleemann S. The challenges of changing dietary behavior toward more sustainable consumption. *Environ Sci Policy Sustain Dev*. 2015; 57(5): 4–13.

6 지구건강과 감염병

리처드 S. 오스트펠드 · 펠리시아 키싱 지음
공인식 번역/ 정해관 감수

인류는 역사를 통해 감염병과 싸워왔고 그중 상당수는 매우 성공적이었다. 홍역, 볼거리, 풍진, 수두, 디프테리아, 간염, 백일해와 같은 일부 질병은 백신으로 예방할 수 있게 되었다. 백신을 접종한 사람은 병원체의 감염으로부터 보호되며, 감염된 사람이 유일한 전염원이기 때문에 면역력을 갖춘 인구 분율이 충분한 수준이 되면 백신을 접종하지 않은 사람이라도 감염위험을 피할 수 있다. 감기, 계절성 인플루엔자, 일부 유형의 폐렴과 같은 다른 질병의 경우 백신이 없거나 백신이 있더라도 부분적으로만 효과가 있다. 그러나 이러한 질병도 개인위생과 다른 행동 변화를 통해 여전히 예방할 수 있다. 역학적 관점에서 볼 때, 이러한 질병은 병원체가 인간에 특화되어 있고 감염된 사람으로부터 감수성 있는 사람들에게 전염되어 발생하는 전파경로를 가지고 있어 비교적 단순한 질병 체계이다. 수십 년간의 역학연구를 통해 접촉률과 감염 모두에 영향을 주는, 전파경로와 독성을 포함하는 병원체의 주요 특성과 저항성, 내성과 역치 인구밀도를 포함한 인간 숙주의 중요한 특징을 밝혀왔다. 이러한 병원체와 숙주의 특성에 따라 유행 예방에 가장 효과적일 가능성이 큰 전략을 결정하고 그에 따른 효과적인 예방대책을 유도해 왔다(**글상**

글상자 6.1 감염병 관련 용어 및 정의

감염병은 병원체 또는 기생충에 의해 발생하는 질병으로, 감염된 숙주에서 같은 종 또는 다른 종의 감수성이 있는 개체로 전파될 수 있다. *병원체(pathogen)*와 *기생충(parasite)*이라는 용어는 종종 같은 의미로 사용되기도 하지만 병원체는 세균, 바이러스, 일부 곰팡이(또한, 프리온이라는 비정상적인 전파 가능한 단백질도 포함)와 같은 미생물로 한정되지만, 기생충은 다른 유기체에서 자원을 추출해 그 유기체 위에 또는 그 안에서 생활하는 다세포 유기체 또는 원생동물을 말한다. 기생충이나 병원체가 서식하는 유기체를 숙주라고 한다. 말 그대로 기생충과 병원체는 숙주에게 해를 끼친다. 기생충과 병원체가 숙주에 침입해 성공적으로 집락을 형성하면 숙주가 감염된 것으로 본다. 때때로 *기생충 감염(infested)*이라는 용어는 기생충이 숙주에 부착되어 있지만, 외부에 남아 있을 때 적용된다. 일부 기생충과 병원체는 하나의 생활단계를 가지는 단일 생애주기를 가지고 있지만, 어떤 기생충과 병원체는 두 개 이상의 생활단계로 이루어진 복잡한 생애주기를 가지고 있으며, 각 생활단계마다 다른 종의 숙주를 감염시킬 수 있다. 복잡한 생애주기를 가진 기생충은 미성숙 단계에서 성숙을 위해 특정 숙주 종을 이용할 수 있고, 생식(또는 성체) 단계를 지원받기 위해 다른 숙주 종을 이용할 수 있다. 전자는 중간 숙주, 후자는 최종 숙주 또는 생식숙주라고 한다.

기생충과 병원체가 한 숙주에서 다른 숙주로 이동하는 것을 전파(transmission)라고 하며, 숙주 간에 이동하는 일반적 방식을 전파 방식(mode of transmission)이라고 한다. 기생충이나 병원체가 직접 접촉 또는 근접 접촉을 통해 숙주 간에 전염되는 경우, 이러한 전파 방식을 직접 전파라고 한다. 직접 전파의 하위 범주 중 하나는 성적 전파이다. 때때로 일부 기생충이나 병원체는 숙주를 떠났지만 즉시 다른 숙주를 감염시키지 않고 일정 기간 환경에 남아 자유 생활하는 단계에 머물기도 한다. 그러나 다른 기생충이나 병원체는 직접 전파되거나 자유 생활 형태로 계속 생존할 수 없는 대신 한 숙주에서 다른 숙주로 이동하기 위한 매개체가 있어야 한다. 일반적으로 매개체는 모기, 파리, 진드기, 벼룩, 또는 기타 절지동물이다.

기생충이나 병원체가 한 가지 숙주 종에만 감염되는 경향을 보이는 경우, 이를 전문 병원체 또는 단일 숙주 병원체라고 하지만, 두 가지 이상의 숙주를 감염시킬 수 있는 경우 이를 다중 숙주 병원체라고 한다. 다중 숙주 병원체의 경우 몇 가지 숙주 종을 통해 병원체가 복제되어 지속적으로 머무는 경우가 종종 있는데, 이를 병원소(reservoir) 숙주라고 한다. 일반적으로 병원소 숙주는 병원체의 영향을 상대적으로 덜 받으며, 감염이 오래 지속되는 경우(만성) 장기간에 걸쳐 많은 병원체를 확산시키거나 '흘릴(shed)' 수 있다. 병원소 숙주는 병원체가 숙주 집단이나 공동체에서 지속되어 확산하도록 하는 데 특히 중요하다. 다른 숙주는 병원체에 감염되었지만, 병원체가 숙주를 떠날 수 있을 만큼 감염이 오래 지속되지 않는다. 이를 최종숙주라고 한다. 최종숙주에서의 감염의 수명이 짧은 두 가지 이유는 숙주 면역 체계에 의한 빠른 감염 제거와 숙주의 빠른 사망 때문이다. 인간을 감염시키는 병원체의 병원소가 비인간 척추동물 종인 경우, 인수공통 병원체라고 하고 그에 따른 질병을 인수공통 감염병이라고 한다. 병원체 감염을 지원하고 환경, 매개체 또는 직접 다른 숙주로 전파하는 숙주의 능력을 병원소 역량이라고 하며, 이는 종종 숙주로부터의 전파 확률 또는 비율로 정량화할 수 있다. 인수공통 감염병 병원체의 가장 능력이 있는 병원소 숙주가 인간 거주지 또는 그 근처에 서식하는 종, 즉 공생 종일 때 전파 위험이 높을 수 있다.

자 6.1).

20~21세기에 인간에게 특화된 감염병들을 점점 더 효과적으로 통제하게 되었지만 이와 함께, 많은 다른 감염병들이 새로 등장하거나 재유행하는 현상이 나타나고 있다.[1,2] 이러한 소위 인간 신종 감염병의 대부분은 인수공통 감염병으로, 이는 한 종류 이상의 비인간 척추동물 숙주 안에서 병원체가 증식해 인간으로 전파된다는 것을 의미한다. 일부 인수공통 감염병 병원체와 인간에 특화된 감염병 병원체는 모기, 벼룩, 진드기 같은 절지동물 매개체를 통해 전파된다(**표 6.1**). 모든 인수공통 감염병 병원체는 인간이 아닌 다른 동물에 서식하는데, 인간으로의 전파는 병원체와 인간 숙주의 특성뿐만 아니라 인수공통 숙주와 매개체 감염병의 경우 매개체에 영향을 끼치는 환경 조건의 변화에 의해서도 영향을 받는다. 인수공통 감염병의 숙주 간, 숙주와 매개체 간 전파는 해당 종들이 서식하는 생태계에서 상호 영향을 받는다. 신종 감염병에 관여하는 수많은 종과 전파경로는 이러한 질병체계에 상당한 복잡성을 더해, 질병 예방 및 관리에 어려움을 주고 있다. 실제, 지난 50년 간 발생한 신종 감염병 중 제대로 관리된 사례는 거의 없고, 집단발병은 여전히 예측할 수 없는 상황이다.[3]

여러 측면에서 전통적인 보건과학은 신종 감염병이 증가하고 그 영향이 커지는 것에 대처하는 데 더 이상 적합하지 않다. 인간 노출의 위험은 사람의 위생이나 병원체의 고유 특성보다 일부 인수공통 숙주 또는 숨겨진 매개체의 집단 동태나 행동에 더 크게 좌우될 수 있다. 그리고 인수공통 숙주와 매개체의 동태는 환경 조건의 영향을 받으며, 그중 일부는 인간의 영향을 크게 받는다. 지구건강의 맥락에서 신종 감염병을 이해하기 위해서는 그림 1.4에서 도

표 6.1 인간 감염병의 분류

A. 매개체 매개, 병원체가 비인간 척추동물에서 인간으로 전파 (인수공통)	B. 매개체 매개, 병원체가 인간에서 인간으로 전파
C. 비 매개체 매개, 병원체가 비인간 척추동물에서 인간으로 전파 (인수공통)	D. 비 매개체 매개, 병원체가 인간에서 인간으로 전파

A에 속하는 질병의 예로는 진드기가 매개체이고 주요 감염원(병원소 숙주)이 소형 포유류인 라임병을 들 수 있다. B에 속하는 질병의 예로는 모기가 매개체이고 인간이 병원소이자 감염의 피해자인 말라리아를 들 수 있다. C에 속하는 질병의 예로는 렙토스피라증을 들 수 있는데, 이 질병은 매개체 개입 없이 병원소 숙주(설치류)에서 인간으로 전파된다. D에 속하는 질병의 예로는 백일해가 있으며, 이 질병은 매개체 없이 사람 간 전파만 이뤄진다. 특히 후천성면역결핍증, 중증급성호흡기증후군, 에볼라병과 같은 일부 질병은 C와 D에 모두 속할 수 있으며, 초기 인수공통 전파 후 사람 간 전파가 이루어진다.

식화한 동인, 원인, 매개 요인과 건강 영향의 흐름에 따른 모든 단계를 탐구해야 한다.

전통적인 보건과학과 마찬가지로 지구건강 분야의 과학적 탐구도 실험, 모델링, 역학연구에 의존하지만 각각에 대한 강조점은 약간씩 다르다. 생의학 분야에서 실험 연구가 표준으로 여겨지는 데에는 그럴 만한 이유가 있다. 예를 들어, 실험 연구는 인간 질병의 미생물학적 원인을 규명하는 데 있어 중요한 역할을 해왔고, 백신과 약물치료에 대한 실험 연구를 통해 그 효능을 엄격하게 평가할 수 있었다. 그러나 지구건강의 영역에서는 완벽한 실험의 현실 구현 가능성이 낮은 경우가 많다. 예를 들어, 지구의 기후변화가 말라리아에 감염될 위험이 있는 인구수를 증가시킨다는 가설을 검증하기 위해서는, 지구를 복제하여 지구온난화가 진행된 지구를 실험군으로, 온난화가 되지 않은 또 다른 복제 지구를 대조군으로 삼는 것과 같은 고전적인 실험 연구 설계가 필요하다. 이러한 대규모 실험이 불가능하므로 과학자들은 더 간소한 실험 연구(모기가 온도변화에 따라 생존율 또는 무는 비율이 어떻게 바뀌는지 측정하는 것과 같은)와 그 실험 결과 자료(예: 모기 개체수 및 행태의 기온에 따른 변화)를 인간의 노출 위험으로 전환하는 모델링연구를 결합하며, 또한 상관관계(예: 기온변화 정도에 따른 말라리아 발생률 변화) 연구 등 다른 방법에 의존해야 한다.

지구건강은 큰 규모의 큰 질문을 던지고 있으므로 우리는 단순하고 우아한 실험으로는 이에 적절히 답할 수 없다는 사실에 놀라지 말아야 한다.

아래에서 우리는 그림 1.4의 주요 생태학적 동인이 어떻게 인간의 감염병 노출에 영향을 미치는지를 알아보고 그리고 노출 위험이 감염별 발생으로 전환되는 과정을 매개하는 몇 가지 요인에 대해 살펴볼 것이다. 각 생태학적 동인에 대해 먼저 해당 동인과 노출 위험의 주요 결정 요인과 연관된 일반 원칙을 기술한 후, 신종 또는 재출현 감염병의 구체적인 사례를 통해 그 원칙을 설명하고 각 사례에서, 지식을 개발하는 데 사용된 연구 유형(실험, 모델링, 상관관계)을 강조할 것이다.

기후변화

병원체, 매개체, 병원소 숙주는 모두 날씨 유형과 전반적인 기후의 영향을 받을 수 있다. 일반적으로 기온, 강수량, 증기압의 조합에 따라 이러한 종의 대략의 지리적인 한계 범위가 결정된다. 연평균, 계절 평균 또는 계절별, 연중 변동 범위에 따라 해당 종의 특정 위치에서의 출현 가능 여부가 영향을 받을 수 있다. 기후조건이 복합적으로 작용하는 곳에서는 일별 및 계절 변화에 따라 해당 종의 출현, 개체수, 활동 수준의 변동을 볼 수 있다.

거의 모든 생물군에서 종의 다양성은 저위도 지역에서 가장 크고, 위도가 높아질수록 감소하는데 이는 병원체, 매개체 그리고 척추동물 숙주에서도 예외 없이 동일하다.[4] 변온동물(체온 조절을 위해 외부 열원을 사용하는 개체, 냉혈동물이라고도 함)은 일반적으로 기온이 높아질수록 발달, 생리 및 행동 속도가 증가한다. 이러한 날씨와 생물학적 유형(예: 종의 종류) 변화 정도 사이의 기본적인 상관관계를 통해, 다양성이 가장 높은 열대 및 아열대 지역의 병원체와 매개체는 고위도 지역의 기후가 따뜻해짐에 따라 더 높은 위도로 확장될 가능성이 있음을 예상할 수 있다. 또한, 변온동물군은 기온이 더 따뜻한 조건에서

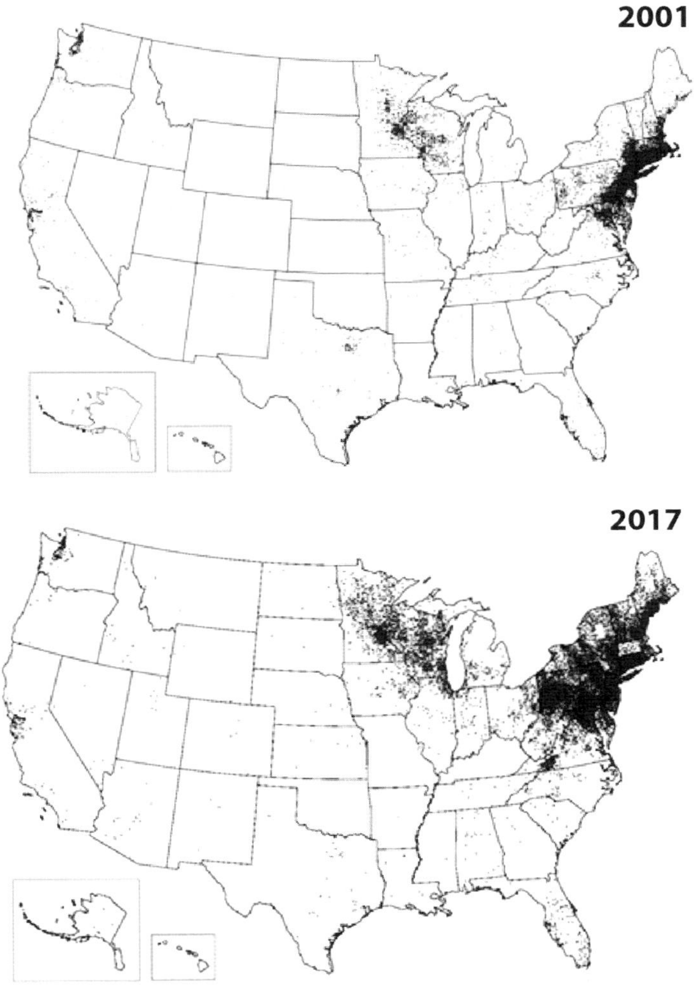

그림 6.1 2001년과 2017년에 미국에서 보고된 라임병 사례. 각 사례가 해당 거주 카운티마다 점 하나로 무작위로 찍혀 있다. 이 지도는 21세기 초 미국에서 발생한 라임병의 두드러진 충격적인 지리적 확산을 보여준다. 북동부와 중서부 지역에서의 북상 확산과 동부에서의 내륙 확산은 과거에는 진드기가 서식하기에는 너무 추웠던 지역이 기후 온난화로 인해 진드기 침입이 용이해진 것과 일치한다. 다른 생태학적 및 인구통계학적 요인도 확산에 영향을 미치는 중요한 요인일 수 있다. 이러한 요인으로는 숲의 파편화, 척추동물 숙주 공동체의 변화, 진드기 서식지를 따라 나란히 주택이 들어서는 교외화, 보건의료 기관의 보다 효율적인 보고 등이 있다.

자료: Centers for Disease Control and Prevention, https://www.cdc.gov/lyme/datasurveillance/index.html

더 빠른 개체수 증가와 더 많은 흡혈 활동을 할 것이라고 예상된다. 종합하면, 기후변화에 따라 생물군 종의 서식 범위가 확장될 것이고, 이에 따라 매개체와 숙주 간의 접촉 비율이 늘어나고, 병원체와 매개체의 성장속도가 빨라지고 개체수 증가율이 가속될 것이다. 이로 인해 병원체 전파위험이 커질 것이다. 이렇게 보았을 때, 세계가 더 따뜻해지면 질병도 더 많아질 것이라고 생각할 수 있다(**그림 6.1**). 그러나 이러한 *선험적*(*a priori*) 추정은 문제를 지나치게 단순화한 것일 수 있다.

실제에 있어 기후변화와 관련한 감염병의 양상은 보다 복잡한데, 종의 범위와 개체 인구동태는 기온뿐만 아니라 다른 비생물학적 및 생물학적 변수에 의해서도 영향을 받는다. 예를 들어, 더 따뜻해지고 더 건조해진 지역에서 특정 매개체 종은 더 이상 적합하지 않을 수 있다.[5] 마찬가지로, 지구 기후변화가 진행되면서 매개체 개체군은 극지방 방향으로 더 확장될 수 있지만 한편으로 더 낮은 위도지역에서는 축소되어 결과적으로 지리적 범위의 전체 면적은 큰 변화가 없을 수도 있다. 또한, 기온과 매개체 또는 병원체 개체수 증가 사이의 관계는 선형적이지 않을 수 있는데 기온이 임계치에 도달하기 전까지는 개체수가 증가하나, 이를 넘어가면 감소하고 이보다 더 더워지면 소멸될 수도 있다. 결국, 원칙적으로 비생물학적 조건의 변화로 인해 질병의 범위가 더 확장된다고 하더라도 매개체 관리, 서식지 변경과 인간의 기반시설 강화 등을 통하여 이를 방지할 수 있다.

말라리아 원충(*Plasmodium*속)에 의해 발생하고 *얼룩날개모기*(*Anopheles*)가 전파하는 말라리아는 현재 열대와 아열대 지역에서 가장 많이 유행하고 있는데, 공중보건 전문가들은 기후 온난화에 따라 더 따뜻해진 지역으로 확산할 가능성에 대해 우려하고 있다.[5-7] 세계보건기구는 세계적으로 매년 약 2억 1200만 건의 말라리아 사례가 발생해 그중 42만 9000명이 사망하는 것으로 추정하는데 사망 피해자는 주로 어린이이다.[8] 말라리아 발생 분포와 유행의 최근 변화를 설명하고 미래의 추세를 예측하는 것은 직관적인 예상과는 달리 복잡한 요인이 작용하므로 단순하지 않다. 말라리아는 19세기까지도 전 세계

온대 및 심지어 아한대까지 걸치는 광범위한 지역에서 계절성을 보이며 발생했기 때문에 더 서늘한 조건에서도 이 질병이 적응할 수 있다는 것을 알 수 있다.[7] 오늘날 대부분의 온대지역에 말라리아가 사라진 이유는 모기 번식지가 농경지로 대규모 전환되고 DDT(dichloro-diphenyl-trichloroethane) 살충제 사용에 의한 모기 개체수 급감과 항말라리아 약제의 광범위한 사용 때문이다. 그러나 역사적으로 효과가 있었던 이러한 개입의 효능이 앞으로도 지속될 것 같지는 않다. 이에 더해, 모기 번식지를 제거하기 위해 토지이용을 대규모로 전환하는 것은 불가능해 보이고, DDT와 기타 환경 위해 살충제는 전 세계 많은 지역에서 사용이 제한되거나 금지되어 있으며, 모기와 원충 모두 주요 화학적 중재방법에 대한 내성이 증가하고 있다.[9] 북방 온대지역 많은 곳의 기후가 말라리아 재침입에 적합한지 여부는 논란의 여지가 없다. 단지, 기후 온난화에 따라 이 지역이 말라리아의 번식에 더 적합해질 것인지, 그렇다면 얼마나 더 적합해질 것인지의 문제일 뿐이다.

기후변화에 따른 말라리아의 분포 변화를 예측하기 위해 두 가지 일반적인 방법이 사용되어 왔다. 첫 번째는 현재 말라리아의 분포와 기후, 기온 간의 상관관계를 파악하기 위한 통계학적 모형이다. 이 모형에서는 말라리아는 기후조건이 적합한 지리적 '범위(envelope)' 내에서 발생하고, 이 조건에 부합하지 않는 범위 밖에서는 발생하지 않는다. 대기대순환 모형을 사용하면, 현재 말라리아에 적합한 조건을 적용하여 미래에 말라리아가 발생할 지역과 분포를 예측해 지도를 그릴 수 있다.[10] 유감스럽게도 이 접근법은 기후만이 현재의 말라리아 분포를 결정한다고 가정한다. 그러나 이 가정은 타당하지 않다. 말라리아는 과거에도 현재 기후를 기반으로 도출한 지리적 범위를 벗어나 발생한 것에 비추어볼 때 기후와의 상관관계에만 근거해 말라리아의 미래 분포를 예측하는 것은 지나치게 보수적인 결과를 산출할 수밖에 없다. 기후 한계만을 근거로 예측한다면, 실제 말라리아가 발생할 수 있는 지역도 말라리아가 발생하지 않는 것으로 예측할 수 있다. 통계학적인 모형은 일련의 상관관계(이 경우 말라리아와 상관관계가 있는 기후조건)를 기반으로 하지만 이미 알고 있는 다른 결정 요인(이 경우 서식지 전환, 살충제, 화학요법)을 포함하지 않는 경우, 질병 유형을 설명하거나 예측하는 데 있어 제한적으로만 사용될 가능성이 크다.

실험과 모델링 방법을 조합하면 기후변화가 어떻게 미래의 말라리아 분포에 영향을 줄지를 평가하는 데 보다 확실한 접근방식을 제공할 수 있다. 실험실 및 현장 실험은 특정 날씨 매개변수와 특정 원충 또는 매개체의 생활사 변수를 연결하는 데이터를 제공할 수 있다. 예를 들어, 광범위한 주변 조건에서 기온 상승에 따라 말라리아 원충과 얼룩날개모기의 성장 속도는 증가한다. 모기는 기온 상승에 따라 더 자주 흡혈하기 때문에 매개체에서 숙주로, 숙주에서 매개체로의 전파속도가 모두 빨라진다. 그러나 성충 모기의 폐사율도 기온이 상승함에 따라 증가하므로 전파 기회가 줄어들 수 있다. 온난화가 원충과 매개체 생활사에 미치는 여러 가지 상호작용 효과로 인해, 온난화가 전파율에 끼치는 영향의 순 효과는 수학적 모형 없이는 파악이 어렵다. 이러한 모델은 기온에 따른 생존율 및 행동률을 총체적인 질병 위험으로 변환해 계산하는데, 그 결과 일반적으로 질병 위험은 가장 높은 위험도를 보이는 최적 온도까지는 선형적으로 증가하다가 그 이후에는 위험이 급격히 감소하는[11] 왼쪽으로 기울어진 곡선(최빈값의 왼쪽은 길고 얕은 양의 기울기, 최빈값의 오른쪽은 짧고 가파른 음의 기울기를 보이는 곡선)으로 나타난다(**그림 6.2**).[5] 이러한 모형을 통해 기저 기온 대비 온도 변화에 따른 질병 위험의 예상 변화를 계산한다. 이런 모형을 통한 예측은 기저 기온이 알려진 특정 지역을 대상으로 기후 온난화에 따라 질병 위험이 증가할 가능성이 있는지를 확인하는 데 유용하다. 이와 같은 방식의 예측은 특정 지역을 넘어 더 넓은 지역, 또는 전 세계 예측으로까지도 확장할 수 있다.

말라리아의 분포와 밀도 변화를 예측하는 데 내재한 복잡성을 설명하기 위해서는 평균 기온뿐만 아니라 일일 기온 변동이 전파 위험에 미치는 영향을 평가하는 실험,[12] 고도에 따른 인간 노출과 면역 역학을 통합하는 지역특화 모형 연구,[13] 기후변화와 1인당 국내총생산의 예상 성장이 위험에 노출되는

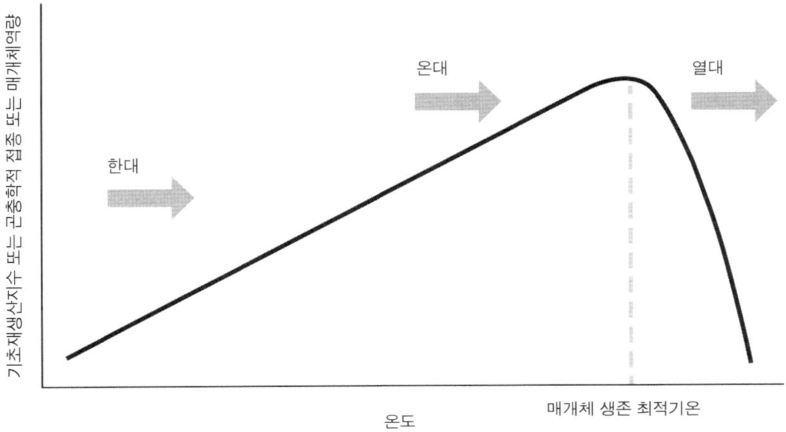

그림 6.2 **곤충학적 접종률(Entomological inoculation rate, EIR)과 매개체역량(Vectorial capacity)은 주변 기온에 따라 달라지며 처음에는 증가하다가 일정수준 이상으로 기온가 높아지면 급격히 감소한다. 둘 다 사람의 매개체 감염병 노출 위험에 영향을 준다. 서늘하고 온화한 기후 지대에서 기온이 상승하면 종종 노출 위험이 증가하나, 더운 기후지대에서 기온이 매개체 생존에 적합한 기온을 초과하면 위험 노출이 급격히 감소할 수 있다.**

자료: Adapted from Alitzer et al. Climate change and infectious diseases: from evidence to a predictive framework. *Science*. 2013; 341(6145): 514-519

사람들의 규모에 어떻게 각각, 상호 영향을 주는지를 규명하는 세계 모형 등 보다 정교한 접근법이 필요하다.[14] 전체적으로, 기후 온난화는 말라리아 분포의 지리적 이동을 초래하고, 위험에 노출되는 인구 규모는 불균등한 분포를 보이지만 전체적으로는 확장되는 방향으로 작용할 것으로 예측된다.[5,14] 말라리아는 온대지역과 전 세계 고지대 지역으로 크게 확장될 것이고, 저위도의 더 건조하고 더운 지역에서는 완만하게 감소할 것이다. 일인당 국내총생산의 실질 상승이 높은 지역에서는 지리적 확장이 느려지거나 심지어 중단될 수도 있는데, 이는 그림 1.4에 기술된 매개 요인 중 하나인 사회기반시설이 확충될 경우 전파 효율이 높아지더라도 질병 위험으로 전환되는 것을 막아줄 수 있기 때문이다.[14]

기후변화가 현재 말라리아 같은 매개체 매개 질병의 분포와 유병률에 어떤 영향을 미치는지 이해하고 미래의 위험 변화를 예측할 수 있는 역량을 향상시키는 일은 매우 중요한 과제다. 말라리아뿐만 아니라 뎅기열, 황열, 주혈흡충증, 리슈마니아증, 샤가스병, 라임병, 지카열 등 전 세계적으로 막대한 질병부담을 야기하는 매개체 매개 질병이 있다. 이러한 모든 질병에 대하여 병원체, 매개체, 숙주가 기후변화에 대응하는 방식에 대한 세부적인 연구가 진행 중이지만, 이들 질환은 기후변화에 반응한다는 데 공통의 특징을 가지고 있다. 질병 전파와 관련한 세부 사항을 이해하는 것은 미래의 질병 유행의 유형을 예측하는 데 필요하지만 이것만으로는 충분하지 않아서 이외에도 인간 행동, 제도 및 사회기반시설이 질병 노출에 어떤 영향을 미치는지, 기후변화가 인간의 적응 역량에 어떤 영향을 미치는지를 이해하는 것도 필요하다.

기후변화는 다른 경로를 통해서도 감염병에 영향을 미칠 수 있는데, 그중 일부는 매개체 또는 인수공통 병원소에는 영향을 주지 않으면서도 질병 발생에 관련되는 경우도 있다. 예를 들어, 기후변화로 인해 인구집단이 이주하거나 이민이 급격하게 증가할 경우 면역학적으로 질병에 대한 감수성이 있는 사람들이 질병 노출 위험이 높은 지역으로 대거 이동할 수 있다. 만약, 기후변화에 따른 인구 이동이 난민 캠프를 형성할 정도로 상당하다면 홍역, 콜레라와 같은 질병이 확산될 가능성이 높아진다. 또한 기후변화로 인해 식량의 양과 질이 감소하고 영양실조가 많아질 경우 각종 감염병에 대한 면역력이 떨어져 해당 질병에 의한 유병률과 사망률이 더 높아질 수 있다.

생물다양성 소실

인간 감염병에 대한 전통적인 접근방식은 인간에 특화되고 감염전파 경로가 단순한 병원체에 초점을 맞추는 경향이 있다. 그러나 대부분의 인간 감염병은 인수공통 감염병이기 때문에 병원체가 인체에서 감염이 유지되고 전파가 이루어지는 과정에 다른 종들이 관여한다. 일반적으로 인수공통 감염병 병원체는 여러 비인간 숙주와 상호작용하는데, 각 숙주는 병원체의 밀도와

그림 6.3 미 동부지역 숲에 주머니쥐가 살면 라임병 노출을 줄일 수 있는데, 주머니쥐는 유충 진드기의 96.5%를 제거하는 매우 효과적인 청소부이며, 또한 살아남은 소수의 진드기로는 다른 주머니쥐로 감염을 전파하는 데 비효율적이어서 숙주로서는 적합하지 않기 때문이다(Keesing et al. Hosts as ecological traps for the vector of Lyme disease. *Proc Biol Sci.* 2009; 276(1675):3911-3919).
자료: Pixabay

분포에 영향을 미치고 이에 따라 인간의 노출 위험이 달라진다. 질병 생물학자들은 병원체 증식과 전파 가속에 기여하는 감염의 주요 병원소 중 가장 작은 종에 초점을 맞추고 이들을 관리 또는 감시의 대상으로 삼는 경향이 있다. 그러나 주요 병원소와 공존하는 많은 다른 종들은 종종 그 병원체의 증식과 전파 속도를 줄일 수 있는데, 이러한 종들은 연구자들이 무시하는 경향이 있다. 이러한 인수공통 감염병의 주요 특징은 야생동물, 가축과 식물의 질병에서도 나타난다.[15]

숙주 종에 따라 병원체의 증식 또는 감소에 미치는 영향의 강도와 방향(증강 또는 감소)이 다를 경우, 숙주 집단의 종 구성에 변화가 생기면 병원체의 밀도와 전파 가능성도 달라질 수 있다(**그림 6.3**). 이 단순한 개념을 바탕으로 생물다양성과 감염병의 관계에 대한 이론이 개발되었고 풍부한 경험적 연구가 이루어졌다. 제4장에서 설명한 바와 같이, 인간은 지역수준에서부터 전 세계적 규모에 이르기까지 전례 없는 속도로 생물다양성을 변화시키고 있다.[16,17] 지역 수준의 절멸로부터 세계적인 멸종에 이르기까지 토착 종 소실의 주요 원인은 서식지 파괴와 파편화, 과도한 개발, 오염, 비토착성 병원체를 포함한 외래종에 의한 대체와 기후변화다.[18] 이들 중, 서식지 파괴와 파편화가 가장 중요하고 광범위하게 퍼져 있는 요인으로 보인다.[19]

인간에 의한 서식지 파괴와 파편화는 일부 종에 더 큰 영향을 끼친다. 일반적으로 몸집이 크고, 생활 속도가 느리며, 서식지의 특이성이 더 높고 더 많은 먹이가 필요할 경우, 동물성 먹이를 더 많이 섭취하는 종은 더 작고 보다 일반적인 종보다 서식지 파괴에 보다 민감하게 반응하는 경향이 있다. 식물에서도 비슷한 관계가 존재한다. 서식지가 파괴되거나 황폐화된 곳에서 번성하는 잡초 종은 감소하거나 퇴출되는 식물 종에 비해 더 작고, 어느 곳에서나 잘 자랄 뿐 아니라, 성장번식 주기가 더 빠르다.[20-22] 실제로 일부 종은 인간에 의한 서식지 교란과 파괴로 인해 부분적으로 포식자와 경쟁하던 동물들이 줄어들고 인간의 활동으로 인해 발생한 영양분의 유입으로 인해 개체수가 늘어나고 서식범위가 넓어지기도 한다.[23] 따라서 서식지 파괴에 대한 다양한 종의 민감도, 심지어 종 소실의 순서(생물다양성이 감소함에 따라 어떤 종이 먼저 사라지는지)도 각 종의 생활사 특성을 기반으로 예측할 수 있다.[24-26]

척추동물 중 도시화, 교외화, 농촌 환경 변화 등이 진행되어 생물상의 다른 구성 요소는 사라지는 경우에도 개체수가 줄지 않고 오히려 증식하는 종으로 여러 종류의 설치류와 일부 명금류 등을 들 수 있다.[27-29] 설치류는 인수공통 병원체의 병원소(증폭) 숙주 역할을 하는데 개체수가 늘어날 경우 다른 포유류보다 병원체를 더 많이 전파시킨다.[30] 설치류 중 생애주기가 가장 짧고 번식률이 가장 높은 종이 인수공통 감염병의 병원소 역할을 할 가능성이 매우 높다.[31] 이러한 관찰을 토대로 보았을 때 − 설치류는 종종 인수공통 병원체를 증폭시키고 생물다양성이 감소할 때 증식한다 − 생물다양성이 소실되면 인수공통 감염병 위험 또는 발생률이 증가할 것이라고 예상할 수 있다.

생물다양성 변화에 따른 질병 위험의 변화를 가장 잘 연구한 사례 중 하나는 라임병이다. 라임병은 진드기 매개 인수공통 감염병으로 나선상 세균인 보렐리아균(*Borrelia burgdorferi*)이 원인균이다. 북아메리카에서는 검은다리진드기(*Ixodes scapularis*)가 주요 매개체이며 유럽, 아시아, 북아프리카에서는 같은 속의 다른 종이 주요 매개체다. 검은다리 진드기 유충은 보렐리아균에 감염되지 않은 알에서 부화하는데, 어미 진드기는 이 병원체나 다른 대부분의 진드기 매개 인수공통 감염병 병원체를 새끼에게 직접 전파시킬 수 없기 때문이다. 검은다리 진드기 유충은 숙주를 찾을 때 우연히 마주치는 거의 모든 종류의 포유류, 지상에 사는 명금류나 도마뱀으로부터 단 한 번 흡혈한다. 기생하고 있는 진드기 유충으로 감염을 전파시킬 확률은 숙주 종에 따라 크게 다르다. 한쪽 극단에는 *흰다리쥐*(*Peromyscus leucopus*)가 있는데, 이 종은 기생하는 진드기의 약 90%가 감염된 반면, 다른 한쪽으로는 *주머니쥐*(*Didelphis virginiana*), *너구리*(*Procyon lotor*), *흰꼬리사슴*(*Odocoileus virginianus*) 같은 종은 기생하는 진드기 중 5% 미만이 감염된 것으로 보고되었다.[32,33] 흰다리쥐는 병원소로서 진드기에 의해 전파되는 인수공통 감염병 병원체를 가장 잘 전파할 뿐만 아니라 진드기 기생도 가장 잘 수용하는 숙주이다. 흰다리쥐에 기생하려는 진드기 유충의 절반이 생존해 번식하는 반면, 주머니쥐에서 기생하는 진드기의 경우 5% 미만으로 생존한다.[32] 서식지 파편화와 생물다양성 소실에 대한 척추동물 집단의 반응에 대한 다수의 현장 연구에 따르면 흰다리쥐는 가장 보편적인 종이고 일반적으로 산림이 파편화되고 훼손될수록 그 개체수가 증가하는 것으로 나타났다.[33] 그 결과, 파편화된 부지, 작은 손바닥 숲, 다양성이 낮은 섬 같은 곳에서는 감염된 검은다리 진드기의 밀도가 높은 것으로 여러 차례 보고되었다.[34-37] 또한 미국 내에서도 동물집단의 종 다양성이 낮은 주에서 종 다양성이 높은 주에 비해 인구집단의 라임병 발생률이 더 높았다.[38]

인위적인 교란으로 인해 개체수가 증가하거나 인간과 근접해서 살거나 함께 사는 (정기적으로 인간 주거지를 점유하는) 소형 포유류는 세계적으로 많은 인수공통 감염병의 가장 유능한 자연계 병원소이다. 예를 들어, 한타바이러스는 신증후군출혈열(대부분 아시아), 유행성 신장질환(유사하지만 독력이 약한 질병으로 북유럽 지역에 분포), 한타바이러스 호흡기 증후군(북미, 중남미 지역에 분포)을 포함해 신장, 심장과 폐에 중증 질병을 일으킬 수 있고 후자의 경우 치명률이 매우 높다. 생물다양성이 소실될 경우 감염된 설치류 개체수 증가, 설치류 배설물을 통해 인간에게 전파되는 바이러스의 노출 위험의 증가하는 것이 여러 보고를 통해 밝혀져 왔다.[39,40] 이와 유사하게, 신열대 지역의 설치류와 사람 주거지를 점유하는 소형 유대류는 샤가스병(Chagas disease)을 일으키는 *크루스파동편모충*(*Trypanosoma cruzi*)의 주된 병원소다. 이 질병은 아메리카대륙의 기생충 질병 중 장애보정 생존연수(disability-adjusted life-years, DALYs)로 산출한 질병부담이 가장 큰 질병으로,[41] 세계적으로 연간 72억 달러의 경제적 부담을 초래한다. 상관관계 연구에 따르면 포유류의 다양성이 감소하면 이러한 병원소 종과 크루스파동편모충의 매개체인 트리아토민흡충의 개체수가 증가하는 것으로 나타났다.[42,43] 동부 아프리카 사바나에서 야생동물 울타리 설치로 실험적으로 유도된 포유류의 다양성 소실은 가장 흔한 설치류인 *주머니쥐*(*Saccostomus mearnsi*) 개체수 증가와 관련이 있었으며,[2,44] 결과적으로 설치류에 기생하는 벼룩의 개체수가 전반적으로 증가해,[45] 결국 생물다양성 소실과 함께 벼룩매개 질병의 전파 가능성 증가를 초래했다. 벼룩은 인간에게 다양한 형태의 질병을 일으키는 *바르토넬라*(*Bartonella*)균[46]과 흑사병을 일으키는 *페스트균*(*Yersinia pestis*)의 중요한 매개체다.[47]

생물다양성 소실과 병원체 전파의 위험 증가 사이의 관계 일반성은 소형 포유류와 인수공통 감염병 병원체 범위를 훨씬 넘어 확장된다. 시비텔로 등(Civitello et al.)[48]의 체계적 문헌 고찰 및 메타분석에 따르면 숙주의 생물다양성 수준과 병원체 풍부도*는 반비례 관계를 보이는데, 이러한 관계는 야생동

* 병원체 풍부도(abundance or richness): 해당 지역에 서식하는 특정 병원체의 개체수. 풍부도 지수(richness index)는특정 생물의 분포의 균일한 정도를 나타내는 균등도(evenness)와 함께

물과 인간의 질병, 미세 기생충(예를 들면, 바이러스와 세균)과 거대 기생충(원충 및 기생충), 단순하고 복잡한 생활사를 가진 병원체 모두에서 강하게 나타났다. 흥미로운 점은 이러한 반비례 관계가 실험 연구와 비실험(상관관계) 연구에서 똑같이 강하게 나타났다는 것이다. 후앙 등(Huang et al.)[49]은 후속 메타분석을 통하여 동물과 식물 질병에서도 동일하게 강한 반비례 관계가 있음을 밝혔다. 일부 사례에서 생물학적 다양성 증가가 병원체 개체수 증가에 영향을 주지 않거나 오히려 비례 관계를 보이는 경우도 있었지만, 이는 예외적인 사례로 보인다.

토지이용과 토지피복의 변경

인간은 다양한 방식으로 자연 서식지를 변경시킨다(제4장 참고). 인간이 외래종을 들여와 토종 종의 상대적 풍부도에 영향을 주는 사례들을 통해 볼 수 있는 것처럼 종종 그 영향이 확산되어 미묘하게 나타나는 경우도 있다. 그러나 토종 산림이 도시, 교외 개발로 대체되거나 농경지로 전환되는 경우와 같이 그 영향이 더 극적인 경우도 많다. 이러한 토지이용과 토지피복(이하 토지이용)의 인위적인 변경 사례는 다양한 방식으로 감염성 병원체 전파의 유형에 영향을 미칠 수 있다.

토지이용의 변화가 질병 유형에 영향을 미치는 기전 중 하나로 병원체의 유지와 전파에 관여하는 종의 풍부도, 분포와 행태의 변화를 들 수 있다. 예를 들어, 생물다양성의 변화에 따라 질병 발생에 영향을 받는 경우는 대부분 토지이용의 변화에 기인한다. 병원체 전파를 증가시키는 토지이용 변화의 예로 열대지역에서 댐의 건설로 주혈흡충증의 원인이 되는 기생충의 중간 숙주 역할을 하는 달팽이가 증식하는 경우이다. 병원체 전파를 감소시키는 토지이용

생물 종 다양성을 표현하는 지수이다. _옮긴이 주

의 변화 예로 자연 습지를 농지로 전환함으로 인해 일부 얼룩날개모기를 포함한 기타 모기 매개체가 번식하는 서식지가 줄어드는 경우인데,[50] 경우에 따라서는 이로 인해 모기 매개 질병이 증가되기도 한다.[51] 토지이용 전환의 순 효과는 병원체 전파를 증폭하거나 희석시키는 데 관여하는 종의 전체 합산된 영향에 따라 결정된다. 병원체의 유지와 전파에 관여하는 여러 종이 영향을 받고 이러한 종들이 환경 변화에 따라 다양하게 영향을 받는 경우 순 효과를 예측하기 어려울 수 있다.

다른 주요 기전은 환경 변화에 따른 인간의 행태, 개체 풍부도, 분포 또는 생리적인 변화를 통해 작동한다. 토지이용의 변화가 숙주, 매개체와 병원체의 풍부도나 분포에 순 효과는 없다 하더라도 인간이 이러한 유기체와 상호작용하는 방식이 변화하면 그 결과 질병의 유형이 변화될 수 있다. 예를 들어, 열대림의 벌목은 감염된 모기가 많은 밀집 지역으로 인구를 끌어들여 말라리아 발생을 증가시킬 수 있다(이러한 삼림 벌채는 동시에 모기 개체수를 증가시킬 수 있다).[52] 반대로 도시화는 인간의 활동 영역을 건조 환경에 제한시킴으로 인해 병원체와 매개체가 많은 위험한 서식지에 인간의 접근을 줄일 수 있다. 도시화 자체는 인구 밀도를 증가시키므로 병원체 전파에 큰 영향을 줄 수 있으나 그 결과를 항상 예측할 수 있는 것은 아니다. 예를 들어, 많은 인간 병원체는 인구밀도가 높을 때 훨씬 더 높은 전파율을 보여 질병 발생률이 크게 증가한다. 그러나 인구밀도가 높은 도시인구는 인구밀도가 낮은 농촌인구에 비해 집단 면역 수준이 더 높기 때문에 심각한 감염병 유행에 대한 취약성이 더 낮다.[53] 마찬가지로, 자연 서식지를 농경지로 전환할 경우 영양 수준이 개선되어 일부 감염병에 대한 저항력을 높여줄 수 있다. 어떤 경우에는 토지이용이 변경됨으로 인해 일부 감염병의 전파를 억제하지만 동시에 다른 감염병의 전파는 증폭시키는 경우가 있고, 한 인구집단에는 질병을 증가시키고 다른 인구집단에는 감소시키는 경우도 있어 일률적이지 않다. 따라서 토지이용의 변화가 감염병에 미치는 영향을 평가하기 위해서는 질병과 인구집단 전반에 걸친 순 효과에 초점을 맞춰야 한다.[54]

아마존 분지의 주요 토지이용 변경 유형의 하나인 삼림 벌채가 말라리아 발생에 미치는 영향에 대해 일부 연구자들은 감소 효과를 주장하고[55] 다른 연구자들은 증가 영향을 주장하면서 논란이 있었다.[51] 이러한 논란은 적절한 시기에 같은 장소에서 산림 벌채와 질병 발생에 대한 데이터를 확보하기 어려운 것에 일부 기인한다. 예를 들어, 말라리아 발생률 데이터가 삼림 벌채 데이터보다 훨씬 더 긴 시간 단위에서만 가용한 경우 추정 원인과 이로 인한 영향 간의 시간적 불일치로 인해 실제 상관관계가 모호해질 수 있다. 이 문제를 극복하기 위해, 샤브스 등(Chaves et al.)[56]은 브라질 아마존에서 월평균 말라리아 사례 수와 2009년부터 2015년까지 이마존 벌채 경고시스템(Imazon Deforestration Alert System)의 월별 삼림 벌채 데이터와의 상관관계를 분석했다. 연구진은 매달 벌채 또는 황폐화되어 생기는 면적 5km^2 미만의 조각난 산림의 숫자와 해당 월의 말라리아 사례의 숫자 사이에 매우 강한 양의 상관관계가 있음을 발견했다. 또한 월별 삼림 벌채 면적과 말라리아 발생사례 숫자 간의 양의 상관관계가 있었는데, 삼림 벌채가 1km^2 증가할 때마다 매월 27건의 말라리아 사례가 추가로 발생하는 것으로 나타났다. 연구진은 주요 매개체 종인 *얼룩날개모기(Anopheles darlingi)*의 주서식지가 산림 가장자리이고 작은 조각 산림이 많은 경관에서 극대화된다는 관찰 결과에 따라 조각 산림의 크기를 5km^{2}로 기준을 삼았다.

삼림 벌채의 반대인 열대림의 보존과 감염병에 대해서도 조사되었다. 피엔코우스키 등(Pienkowski et al.)[57]은 캄보디아에서 사람이 거주하는 마을에서 15km 이내 법적으로 보호받는 산림 지역의 면적과 어린이들의 설사, 급성 호흡기 감염병과 발열 발생의 관련성에 대해 분석했다. 이 인상적인 데이터 세트는 1766개 지역사회를 대표하는 3만 5547가구의 건강, 사회경제적 데이터를 수집해 만들어졌다. 연구진은 지역사회 인근 보호구역 면적과 5세 미만의 어린이의 설사 및 급성 호흡기 감염병 발생 수준이 유의한 음의 상관관계가 있음을 확인했다. 또한 별도의 분석에서 울창한 산림(다른 산림 형태는 미해당)의 국지적인 손실은 설사, 발열과 급성 호흡기 감염병의 증가와 관련이 있다는 사실을 확인하였다. 연구자들은 지역사회 근처의 광범위한 보호림과 산림 손실률이 줄어드는 것이 이러한 감염병으로부터 어떻게 아이들을 보호하는지 정확한 기전에 대해서는 직접 조사하지 않았다. 그러나 연구자들은 보호구역이 인수공통 감염병 위험에 대한 노출을 줄일 뿐만이 아니라 지역사회의 산림 서식지, 생태계 서비스와 자연자원에 대한 접근을 쉽게 할 수 있을 것이라는 의견을 제시했다. 더 나아가 연구자들은 울창한 산림이 파괴될 경우 지표수와 지하수의 미생물 오염을 조절하는 지역 서식지의 능력이 저하될 수 있고 바이오매스 연소에 따라 지역 공기오염이 심해질 수 있다고 추론했다. 이 연구는 상관관계에 대한 분석이기 때문에 관찰된 유형의 관계에 대한 원인적 추론은 한계가 있다. 그럼에도 불구하고 이 연구는 대상 감염병의 범위, 참여 지역사회와 참여자 수의 규모와 더불어, 보호지역, 산림 피복, 삼림벌채와 인간 건강 사이의 연관성에 대한 상세한 개념적 모형 등의 측면에서 높은 평가를 받을 수 있다.

가장 빠르게 가속화되는 토지이용 변경 유형 중 하나인 도시화는 감염병에도 복잡한 방식으로 영향을 끼칠 수 있다. 도시화는 일반적으로 보건의료 기반 개선으로 감염병의 질병부담을 줄일 수 있다.[58] 그러나 최근 중국 일부 도시에서 나타난 것처럼 도시화는 일부 감염병 발생을 촉진시킬 수도 있다.[59] 유라시아와 아메리카 대륙에 서식하는 설치류 숙주로부터 전파되는 한타바이러스는 설치류의 배설물에 노출되어서 인간에게 감염되며 심각한 질병을 일으킬 수 있다. 중국에서는 1950년부터 2010년까지 두 가지 한타바이러스 균주에 의해 발생하는 신증후군출혈열로 인해 최소 140만 명이 병에 걸리고 최소 4만 5000명이 사망했으며, 12억 명 이상의 인구가 신증후군출혈열이 발생하는 지역에 거주하고 있었다. 티안 등(Tian et al.)[59]은 1963년부터 2010년 사이 신증후군출혈열 발생률과 도시화에 대한 데이터를 분석한 결과, 도시화가 급속히 진행된 지역에서 그렇지 않은 지역보다 감염병 유행이 더 오래 지속된다는 것을 발견했다. 연구진은 이를 설명하기 위해 두 가지 경로를 추정했다. 하나는 도시화에 따라 농촌에서 도시로의 급속한 이주로 인해 병원체 전파에 유리한 사회기반시설이 열악한 곳에서 거주하는 감염에 취약한 사람들의 수가 증가했다는 점이고, 다른 하나는 도시화를 통해 한타바이러스의 숙주인 두 가지 설치류 *시궁쥐*(*Rattus norvegicus*)와 *등줄쥐*(*Apodemus agrarius*)의 개체 풍부도가 증가하고 인간과의 접촉률도 증가할 수 있다는 점이다. 설치류 2종 모두 인간 거주지에 서식해 살고 있고 집쥐인 시궁쥐는 도시에서, 들쥐인 등줄쥐는 도시화 과정에서 벌채하여 농작지로 전환된 곳으로 이동하며 개체 풍부도가 증가한다.

도시화로 인한 다른 질병의 영향으로 *숲모기*(*Aedes*) 속의 모기가 전파하는 감염병 위험증가를 들 수 있다. *이집트숲모기*(*Aedes aegypti*)와 *흰줄숲모기*(*Aedes albopictus*) 두 종은 전 세계 거의 모든 열대와 아열대지역과 온대지역에 분포한다. 이 두 종은 인간이 지배하지 않는 '자연' 서식지에서도 발견되나, 작은 물웅덩이만 있어도 번식할 수 있어 폐타이어나 쓰레기가 산재하는 도시 지역에서도 가장 높은 개체 풍부도를 보일 수 있다. 도시화는 모기 매개체와 인간 숙주의 밀집된 개체 집단의 밀접한 접촉을 촉진해 뎅기열, 황열, 지카열, 치쿤구니야열 등의 감염병 위험을 악화시켜 막대한 피해를 초래할 수 있다. 일부 연구자들은 도시지역에서도 사회경제적 위치가 낮은 주민이 거주하는 지역이 사회경제적 위치가 높은 주민이 거주하는 이웃 지역에 비하여 모기 밀도가 더 높다고 보고하였다.[60]

오염과 변화된 생지화학적 순환

자연환경에 대한 인간의 영향은 전면적인 토지피복의 형태 전환이 아니더라도 감염병 동태에 영향을 미칠 수 있다. 비료와 살충제 같은 농약으로 인한 자연 생태계 오염이 중요한 예 중 하나다. 농경지에서는 질소와 인이 누출되어 다양한 수계를 오염시키는데, 이로 인해 매개체, 숙주, 기생충 종의 개체 수가 증가하면 병원체의 전파가 촉진될 수 있다. 이는 주로 초식성 또는 사체

그림 6.4 부들 식생. 이와 같은 습지 시스템은 영양분 유입에 따라 생물종 구성의 변화를 볼 수 있으며, 이는 질병을 옮기는 모기 및 기타 종의 서식지 변화로 이어진다. 이러한 방식으로 원거리의 농업 관행은 하류 인구의 질병 노출 위험을 변화시킬 수 있다.
자료: Courtesy of Thomas Schrider, University of Florida

포식성 종과 이들을 먹고 살아가는 기생충 또는 숙주일 경우에 해당한다. 농경지에서 인근 수로로 살충제가 유출되는 경우와 같은 살충제 오염이 있으면 살충제의 독성으로 매개체, 숙주와 기생충의 밀도가 감소하여 병원체의 전파가 줄어들 수 있다. 그러나 살충제가 매개체나 숙주에 치명적이지 않아 개체 수의 감소는 없이 기생충에 대한 저항력만 떨어진다면 병원체 전파는 증가할 수도 있다.[61] 벨리즈에서 말라리아원충은 주로 두 종류의 얼룩날개모기(*아노펠레스 베스티티페니스Anopheles vestitipennis, 아노펠레스 알비마누스Anopheles albimanus*)를 통해 인간에게 전파되는데, 전자가 매개체 능력이 더 높고 사람을 더 자주 물어 훨씬 많은 말라리아 사례에 관여하고 있다. 두 종 모두 늪지대와 기타 습지대에서 번식하나 습지를 지배하는 식물의 종류에 따라 구분된다. 두 종이 공존하는 곳에서는 유충 간의 종 간 경쟁이 치열할 수 있으며, 이로 인해 두 종의 번식 서식지가 분리되기도 한다. *아노펠레스 베스티티페니스*(*Anopheles vestitipennis*)는 *부들*(*Typha*)과 같은 키가 큰 대형 수생식물이 있는 습지와 침수된 숲에서 더 많이 서식하는 반면, *아노펠레스 알비마누스*(*Anopheles albimanus*)는 키가 작은 대형 수생식물이 있는 습지에서 번식하는 경향이 있다.[62] 상관관계 연구와 실험 연구에 의하면 인이 풍부하면 키가 작은 대형 수생식물은 억제되면서 부들의 성장은 촉진하고, 이에 따라 말라리아 매개에 더 중요한 *아노펠레스 베스티티페니스*의 서식에 유리한 환경이 조성됨을 보여준다(**그림 6.4**). 결과적으로 농경지 면적이 넓은 지역에서는 농경지에서 습지로 유입되는 인으로 인해 인간이 말라리아에 노출될 위험이 높아진다.[62] 벨리즈 고지대에서 농작물 수확량을 늘리기 위해 비료를 사용하고 있는 농부들은 자신들도 모르게 이웃한 저지대 주민들의 말라리아의 발생 위험을 높이고 있었다. 이는 인간이 환경을 조작함으로 인해 발생할 수 있는 의도하지 않은 (그리고 종종 감지되지 않은) 부정적인 건강 영향을 보여주는 사례로, 지구건강 연구의 주된 초점이다.

말라위 호수 주변 마을에서는 주민의 73%와 학생의 약 94%가 주혈흡충증을 일으키는 *주혈흡충*(*Schistosoma*)속에 감염되어 있는데, 주로 사하라 사막 이남 아프리카에서 약 2억 5000만 명이 이 질병으로 쇠약해진다(**그림 6.5**). 주혈흡충은 민물 달팽이를 중간 숙주로 삼고 인간을 최종숙주로 한다. 주혈흡충의 풍부도는 달팽이의 풍부도와 연관된다. 말라위 호수 근처의 중요한 달팽이는 *불리누스*(*Bulinus*)속 달팽이다. 최근 수십 년간 말라위 호수와 주변 지역에서 불리누스 개체 풍부도가 급격히 증가했으며, 이 중간 숙주의 증가와 함께 주혈흡충증의 유병률도 크게 높아졌다.[63] 달팽이 풍부도 증가는 연체동물을 잡아먹는 어류의 남획과 관련이 있으며 호수로 유입되는 영양분과 침전물 증가와도 연관되어 있다. 따라서 말라위 호수로 유입되는 유역에서 농업 활동이 강화되면 지역주민들에게 주혈흡충증 전파가 늘어나는 것으로 보인다.[63] 특히, 최근 호수의 수온이 상승하는 추세를 보이는데 이는 중간숙

그림 6.5 빅토리아호수 기슭을 맨발로 걷는 아이. 사람들은 민물 달팽이가 방출하는 유충 형태의 기생충으로 오염된 물과 접촉하는 동안 피부에 침투하여 주혈흡충증에 감염된다.
자료: Photo by Andrew Amiet

주 또는 자유생활 생애주기 단계에 있는 주혈흡충의 번식률을 높여 문제를 악화시키는 것으로 보인다.[63] 이 마지막 요인은 여러 인위적인 요인이 어떻게 상호작용하여 감염병의 전파에 영향을 미칠 수 있는지를 설명한다.

앞의 예와 마찬가지로, 환경에 대한 여러 형태의 인위적 교란의 순 효과는 가장 크게 영향을 미치는 종의 정체성과 특성, 그리고 병원체 전파에 있어 이들이 수행하는 역할에 따라 결정될 수 있다. 병원체 전파에 관여하는 주요 종의 오염물질 및 기타 우연적인 변화로 인한 영향은 실험을 통해 예측할 수 있는데, 이러한 예측은 실제 환경에서 모델링과 상관관계 분석을 통해 보다 정교하게 평가할 수 있다.

최근 연구에 따르면 인간의 의식적인 활동이 남획과 영양소 오염, 기후변화로 인해 의도하지 않게 생긴 열대 아프리카의 주혈흡충 위험의 악화를 보완하거나 심지어 원상으로 되돌려 놓을 수 있음을 시사한다. 일부 갑각류는 주혈흡충을 전파하는 달팽이를 잡아먹는데, 이를 통하여 특정 담수 수계 내에서 달팽이 개체수를 일정 수준 조절할 수 있다고 알려져 있다. 이러한 갑각류 중 하나는 미국 남동부와 멕시코 북부지역의 토종 가재인 루이지애나 붉은 늪 *가재(Procambarus clarkii)*이다. 이 가재를 일단 아프리카의 지역 수준에서 주혈흡충증의 부담을 줄이기 위한 생물학적 방제제로 사용하는 것이 제안되었다.[64] 안타깝게도 이 가재는 매우 공격성이 강해 이 가재가 도입된 유럽, 아시아, 아프리카, 북미, 남미 등의 일부 지역에서 토종가재, 거대식물, 일부 어종의 감소와 더불어 수질 저하를 초래하고 있다.[65] 다행히도 최근 아프리카 지역에 서식하는 토종 민물 새우(*Macrobrachium vollenhoveni*)가 주혈흡충의 중간숙주인 달팽이를 잡아먹어 인간으로의 주혈흡충 전파를 감소시키는 것으로 밝혀졌다.[66] 이 토종 포식자의 개체수를 적정한 수준으로 유지하도록 담수 생태계를 관리하면 주혈흡충증의 질병부담을 줄일 뿐만이 아니라 지역사회에 지속가능한 양질의 식량 자원을 제공할 수 있고 침입성 외래종의 방사나 확산의 위험을 감수하지 않아도 된다. 세네갈 사례의 자세한 내용은 『*지구건강 사례 연구: 해결방안 모음*』(https://islandpress.org/ books/planetary-health)을 참조하기 바란다.

정책 및 관리에 대한 시사점

인간의 감염병을 줄이기 위한 전통적인 접근방식에는 의약품(항균제 등)의 배포, 백신, 위생 및 청결, 그리고 때로는 매개체의 개체수 관리 등이 있다. 이는 그간의 접근법이 인간 숙주와 병원체를 명백한 표적으로 하는, 좁은 의미의 질병의 맥락에 치중해 왔다는 것을 반영한다. 인간에 병을 일으키는 많은 감염병은 그 노출에 있어 여러 요인의 영향을 받으므로 근접한 요인들에만 초점을 맞춰 탐색하면 그 원인을 제대로 파악하기 어렵다는 사실은 잘 알려져 있다. 더욱 광범위한 요인으로 기후변화와 생물다양성 소실, 토지이용 변경, 오염 및 이들 간의 상호작용을 들 수 있다. 이제 보건정책과 관리에서 환경정책과 관리를 필수적인 부분으로 고려해야 한다는 것은 분명해졌다.

환경정책은 많은 경우 자연자원, 유기체, 생태계 과정과 서식지를 보호하는 것을 목표로 해왔으나 한편으로 감염병으로부터 인간의 건강을 보호하는 효과도 기대할 수 있다. 이 책 전체에 걸쳐 논의된 바와 같이 생태계 서비스 보호는 이로 인해 발생하는 알려진 건강상의 이점과 더불어 인간 건강에 이러한 잠재적 편익이 수반될 수 있다. 특정 환경보호 정책과 관리를 시행함에 있어 이로 인해 얻어지는 건강상 편익의 시기와 양상을 예상해야 할 뿐 아니라, 위에서 설명한 일반적인 원칙에 대해 충분한 숙지가 필요하다. 인간 건강과 환경 건강에 동시에 이득을 제공하는 정책은 윈윈(win-win)할 수 있는 상황이므로 가능한 이를 적극적으로 모색해야 한다. 때에 따라서는 한 정책이 환경 비용이 들더라도 인간의 건강에 편익을 준다면 절충안이 존재할 수 있다. 예를 들어, 농경지 확장은 더 많은 사람에게 식량을 제공해 건강상의 큰 이득을 주지만, 이러한 이점은 종종 농경지로 인한 자연 서식지의 잠식, 생물과 생태계를 희생하는 대가로 요구한다. 그러나 많은 경우, 환경과 건강의 요구가 상반될 것이라는 사고에 기반한 이러한 절충이 반드시 필요한 것은 아니다.[54] 자연 서식지를 훼손하거나 파괴하는 개발 사업으로 인한 이득은 종종 이로 인해 부정적인 영향을 받는 집단과는 전혀 다른 집단에 돌아간다.[67] 편익은 단기적으로 나타나는 경우가 많지만, 반면 비용은 훨씬 오랜 기간에 걸쳐 발생한다.[68] 때로는 감염병 노출 측면에서 드는 비용이 계획 과정에서 전혀 고려되지 않는 경우도 있다. 분명한 것은 비용과 편익을 고려할 때 더 긴 시간 범위와 더 큰 공간적 범위를 포함할 때 인간 건강과 환경 건강 사이의 상충되는 지점이 사라질 수 있다는 것이다. 이와 같이 절충점이 공동의 편익으로 전환되는 공간적, 시간적 범위는 중요한 연구 분야다.

크고 작은 개발 프로젝트를 수행하는 데에는 일반적으로 환경영향평가가 포함되며, 이를 통해 개발을 시작하기 전에 잠재적인 환경 비용을 예측해 필요한 개선조치를 할 수 있다. 위에서 설명한 원칙과 사례를 바탕으로 환경영향평가에서 병원체 전파에 미치는 영향과 감염병 위험의 변화를 더 적극적으로 반영해야 한다. 이는 비록 인간의 질병에 초점을 맞췄지만 야생동물, 가축, 식물의 질병에도 동일한 원칙이 적용된다.[2]

결론

이 장에서는 특정 유형의 환경적 요인이 감염병에 대한 인체 노출 위험과 연결되는 일반적인 원칙과 더불어, 특정 매개 요인이 위험을 어떻게 실제 건강 영향으로 전환하는지에 관해 설명했다. 기후변화, 생물다양성 소실, 토지이용의 변경, 오염과 생지화학적 순환의 변화 같은 주요 환경요인은 인수공통 감염병 및 비인수공통 감염병 병원체가 인간에게 전파되는 데 관여하는 주요 매개체 종의 풍부도, 분포, 생리, 행동에 변화를 일으킨다.

병원체의 전파는 여러 종 또는 상당히 많은 종이 관여하여 영향을 미치는 경우가 많으며, 인위적 요인으로 인한 효과의 총화는 감염 과정에 관련된 종과 그 종이 환경 변화의 영향을 받는 방식에 따라 다르게 결정된다. 항상 그런 것은 아니지만, 환경적 요인은 종종 전파위험을 감소시키는 종보다 증폭시키는 종을 선호함으로써 직간접적으로 전파위험을 증가시킨다. 감염병 노출 위험의 변화가 인간 건강의 변화를 초래하는지와 그 방식은 인간의 행동과 사회기반시설에 기인하는 매개 요인에 따라 결정된다. 거버넌스(매개체 관리 정책 포함), 기술(습지대 배수 등), 행동(예시, 자연 서식지의 지역적 사용)과 기타 매개 요인에 따라 환경적 요인이 인간의 건강과 질병에 어느 정도의 강도로 영향을 미치는지를 결정될 수 있다.

인위적인 환경 요인이 언제, 어떻게 질병 위험에 영향을 미치는지, 거버넌스, 기술, 행동이 인간 건강에 끼치는 영향을 어떻게 매개하는지에 대한 평가는 매우 복잡하고 어렵다. 이러한 종류의 질문에 대한 해답을 과학적 문제를 해결하는 데 특화된 대규모 실험을 통해 얻기는 매우 힘들다. 감염병이 발생하는 자연계와 인간계는 서로 연결되어 있고 복잡하므로, 우리는 상관관계에 관한 연구와 모델링을 효과적이고 책임감 있게 사용하고 잘 통제된 체계하에서 소규모 실험을 통해 이에 대한 이해를 더욱 넓혀 나가야 한다. 이러한 도전에도 불구하고 지난 수십 년에 걸친 연구를 통해 지구의 생물물리적인 조건에 대한 인위적인 변화가 가속화되면 감염병에 대한 인간 노출이 계속 변화하며 새로운 질병의 출현과 확산이 더 빠른 속도로 진행될 것이라는 사실이 밝혀졌다. 이에 맞추어 질병생태학, 세계적인 수준의 질병 감시, 지구건강 영향평가에 관한 연구도 속도를 내야 한다. 이 분야는 매우 복잡하여 체계가 어떻게 작동하는지에 대해 우리가 알고자 하는 모든 것을 알 수 없으며, 우발적인 상황이 항상 발생할 수 있다. 우리의 과제 중 하나는 모든 것을 아는 것과 행동할 수 있을 만큼 아는 것 사이의 적절한 경계를 찾는 것이다.

저자

리처드 S. 오스트펠드(Richard S. Ostfeld, PhD)는 캐리생태계연구소(Cary Institute of Ecosystem Studies)의 저명한 선임 과학자다. 그는 240편 이상의 동료 심사 논문을 발표했고, 한 권의 책(『라임병: 복잡한 체계의 생태학』, 2011, 옥스퍼드대학 출판부)을 저술했으며, 5권의 책과 연례 발간하는 《생태 및 보존 생물학의 해(The Year in Ecology and Conservation Biology)》를 공동 편집했다. 오스트펠드는 최근 미국예술과학아카데미(American Academy of Arts and Sciences)(2019), 미국 생태학회(Ecological Society of America)(2014), 미국과학진흥협회(American Association for the Advancement of Science)(2013)의 정회원으로 선출되는 이외에도 다양한 수상 경력이 있다. 그의 연구는 라임병 및 기타 매개체 매개 감염을 중심으로 감염병에 노출될 위험에 대한 생태학적 결정 요인에 중점을 두고 있다.

펠리시아 키싱(Felicia Keesing, PhD)는 바드 칼리지(Bard College)의 생물학자로 생물다양성 소실에 따른 종 간 상호작용의 결과를 연구하고 있다. 약 100편의 논문과 책의 장을 저술했고 미국 내셔널 지오그래픽 협회(National Geographic Society), 국립

과학재단(National Science Foundation), 환경보호청(Environmental Protection Agency), 국립보건원(National Institutes of Health) 등으로부터 연구비를 지원받았다. 2000년에는 클린턴 대통령으로부터 미국 대통령 젊은 과학기술자상(U.S. Presidential Early Career Award for Scientists and Engineers)을 수상했으며, 2019년에는 미국 생태학회(Ecological Society of America) 정회원으로 선출되었다.

참고문헌

1. Jones KE, Patel NG, Levy MA, et al. Global trends in emerging infectious diseases. *Nature*. 2008; 451(7181): 990.
2. Keesing F, Belden LK, Daszak P, et al. Impacts of biodiversity on the emergence and transmission of infectious diseases. *Nature*. 2010; 468(7324): 647.
3. Han BA, Drake JM. Future directions in analytics for infectious disease intelligence: toward an integrated warning system for emerging pathogens. *EMBO Rep*. 2016; 17(6): 785–789.
4. Ostfeld RS, Keesing F. Is biodiversity bad for your health? *Ecosphere*. 2017; 8(3).
5. Altizer S, Ostfeld RS, Johnson PT, Kutz S, Harvell CD. Climate change and infectious diseases: from evidence to a predictive framework. *Science*. 2013; 341(6145): 514–519.
6. Harvell CD, Mitchell CE, Ward JR, et al. Climate warming and disease risks for terrestrial and marine biota. *Science*. 2002; 296(5576): 2158–2162.
7. Gething PW, Smith DL, Patil AP, Tatem AJ, Snow RW, Hay SI. Climate change and the global malaria recession. *Nature*. 2010; 465(7296): 342.
8. World Health Organization. Global Health Observatory(GHO) data: Malaria. https://www.who.int/gho/en/. Accessed June 2019.
9. Huijben S, Paaijmans KP. Putting evolution in elimination: winning our ongoing battle with evolving malaria mosquitoes and parasites. *Evol Appl*. 2018; 11(4): 415–430.
10. Rogers DJ, Randolph SE. The global spread of malaria in a future, warmer world. *Science*. 2000; 289(5485): 1763–1766.
11. Mordecai EA, Paaijmans KP, Johnson LR, et al. Optimal temperature for malaria transmission is dramatically lower than previously predicted. *Ecol Lett*. 2013; 16(1): 22–30.
12. Paaijmans KP, Blanford S, Bell AS, Blanford JI, Read AF, Thomas MB. Influence of climate on malaria transmission depends on daily temperature variation. *Proc Natl Acad Sci*. 2010; 107(34): 15135–15139.
13. Pascual M. Climate and population immunity in malaria dynamics: harnessing information from endemicity gradients. *Trends Parasitol*. 2015; 31(11): 532–534.
14. Beguin A, Hales S, Rocklov J, Astrom C, Louis VR, Sauerborn R. The opposing effects of climate change and socioeconomic development on the global distribution of malaria. *Global Environ Change*. 2011; 21(4): 1209–1214.
15. Ostfeld RS, Keesing F. Effects of host diversity on infectious disease. *Annu Rev Ecol*

Evol Syst. 2012; 43: 157–182.

16. Ripple WJ, Wolf C, Newsome TM, Hoffmann M, Wirsing AJ, McCauley DJ. Extinction risk is most acute for the world's largest and smallest vertebrates. *Proc Natl Acad Sci*. 2017; 114(40): 10678–10683.
17. Ripple WJ, Wolf C, Newsome TM, et al. World scientists' warning to humanity: a second notice. *BioScience*. 2017; 67(12): 1026–1028.
18. Ceballos G, Ehrlich PR, Dirzo R. Biological annihilation via the ongoing sixth mass extinction signaled by vertebrate population losses and declines. Proc Natl Acad Sci. 2017; 114(30): E6089–E6096.
19. Soule ME, Orians G. *Conservation Biology: Research Priorities for the Next Decade. Washington*, DC: Island Press; 2001.
20. Cronin JP, Welsh ME, Dekkers MG, Abercrombie ST, Mitchell CE. Host physiological phenotype explains pathogen reservoir potential. *Ecol Lett*. 2010; 13(10): 1221–1232.
21. Cronin JP, Rua MA, Mitchell CE. Why is living fast dangerous? Disentangling the roles of resistance and tolerance of disease. *Am Nat*. 2014; 184(2): 172–187.
22. Lacroix C, Jolles A, Seabloom EW, Power AG, Mitchell CE, Borer ET. Non-random biodiversity loss underlies predictable increases in viral disease prevalence. *J R Soc Interface*. 2014; 11(92): 20130947.
23. Becker DJ, Hall RJ, Forbes KM, Plowright RK, Altizer S. Anthropogenic resource subsidies and host–parasite dynamics in wildlife. *Philos Trans R Soc Lond B Biol Sci*. 2018; 373(1745).
24. Cardillo M, Mace GM, Jones KE, et al. Multiple causes of high extinction risk in large mammal species. *Science*. 2005; 309(5738): 1239–1241.
25. Guillemot N, Kulbicki M, Chabanet P, Vigliola L. Functional redundancy patterns reveal non-random assembly rules in a species-rich marine assemblage. *PloS One*. 2011; 6(10): e26735.
26. Jiguet F, Gadot AS, Julliard R, Newson SE, Couvet D. Climate envelope, life history traits and the resilience of birds facing global change. *Glob Change Biol*. 2007; 13(8): 1672–1684.
27. Julliard R, Jiguet F, Couvet D. Common birds facing global changes: what makes a species at risk? *Glob Change Biol*. 2004; 10(1): 148–154.
28. Nupp TE, Swihart RK. Landscape-level correlates of small-mammal assemblages in forest fragments of farmland. *J Mammal*. 2000; 81(2): 512–526.
29. Rosenblatt DL, Heske EJ, Nelson SL, Barber DM, Miller MA, MacAllister B. Forest fragments in east-central Illinois: islands or habitat patches for mammals? *Am Midl Nat*. 1999: 115–123.
30. Han BA, Kramer AM, Drake JM. Global patterns of zoonotic disease in mammals. *Trends Parasitol*. 2016; 32(7): 565–577.
31. Han BA, Schmidt JP, Bowden SE, Drake JM. Rodent reservoirs of future zoonotic diseases. *Proc Natl Acad Sci*. 2015; 112(22): 7039–7044.
32. Keesing F, Brunner J, Duerr S, et al. Hosts as ecological traps for the vector of Lyme disease. *Proc R Soc B Biol Sci*. 2009; 276(1675): 3911–3919.

33. Ostfeld R. *Lyme Disease: The Ecology of a Complex System*. New York, NY: Oxford University Press; 2011.
34. Allan BF, Keesing F, Ostfeld RS. Effect of forest fragmentation on Lyme disease risk. *Conserv Biol*. 2003; 17(1): 267–272.
35. LoGiudice K, Ostfeld RS, Schmidt KA, Keesing F. The ecology of infectious disease: effects of host diversity and community composition on Lyme disease risk. *Proc Natl Acad Sci*. 2003; 100(2): 567–571.
36. Brownstein JS, Skelly DK, Holford TR, Fish D. Forest fragmentation predicts local scale heterogeneity of Lyme disease risk. *Oecologia*. 2005; 146(3): 469–475.
37. Werden L, Barker IK, Bowman J, et al. Geography, deer, and host biodiversity shape the pattern of Lyme disease emergence in the Thousand Islands Archipelago of Ontario, Canada. PLoS One. 2014; 9(1): e85640.
38. Turney S, Gonzalez A, Millien V. The negative relationship between mammal host diversity and Lyme disease incidence strengthens through time. *Ecology*. 2014; 95(12): 3244–3250.
39. Khalil H, Hornfeldt B, Evander M, Magnusson M, Olsson G, Ecke F. Dynamics and drivers of hantavirus prevalence in rodent populations. *Vector-Borne Zoonotic Dis*. 2014; 14(8): 537–551.
40. Luis AD, Kuenzi AJ, Mills JN. Species diversity concurrently dilutes and amplifies transmission in a zoonotic host–pathogen system through competing mechanisms. *Proc Natl Acad Sci*. 2018; 115(31): 7979–7984.
41. World Health Organization. Chagas disease. https://www.who.int/chagas/en/. Accessed June 2019.
42. Gottdenker NL, Chaves LF, Calzada JE, Saldana A, Carroll CR. Host life history strategy, species diversity, and habitat influence Trypanosoma cruzi vector infection in changing landscapes. *PLoS Negl Trop Dis*. 2012; 6(11): e1884.
43. das Chagas Xavier SC, Roque ALR, dos Santos Lima V, et al. Lower richness of small wild mammal species and Chagas disease risk. *PLoS Negl Trop Dis*. 2012; 6(5): e1647.
44. Keesing F, Young TP. Cascading consequences of the loss of large mammals in an African savanna. *Bioscience*. 2014; 64(6): 487–495.
45. McCauley DJ, Keesing F, Young T, Dittmar K. Effects of the removal of large herbivores on fleas of small mammals. *J Vector Ecol*. 2008; 33(2): 263–269.
46. Gutierrez R, Vayssier-Taussat M, Buffet J-P, Harrus S. Guidelines for the isolation, molecular detection, and characterization of Bartonella species. *Vector-Borne Zoonotic Dis*. 2017; 17(1): 42–50.
47. Gratz NG. Emerging and resurging vector-borne diseases. *Annu Rev Entomol*. 1999; 44(1): 51–75.
48. Civitello DJ, Cohen J, Fatima H, et al. Biodiversity inhibits parasites: broad evidence for the dilution effect. *Proc Natl Acad Sci*. 2015; 112(28): 8667–8671.
49. Huang ZY, Yu Y, Van Langevelde F, De Boer WF. Does the dilution effect generally occur in animal diseases? *Parasitology*. 2017; 144(6): 823–826.
50. Service M. Agricultural development and arthropod-borne diseases: a review. *Rev*

Saude Publ. 1991; 25: 165–178.

51. Olson SH, Gangnon R, Silveira GA, Patz JA. Deforestation and malaria in Mancio Lima county, Brazil. *Emerg Infect Dis.* 2010; 16(7): 1108.
52. Patz JA, Graczyk TK, Geller N, Vittor AY. Effects of environmental change on emerging parasitic diseases. *Int J Parasitol.* 2000; 30(12–13): 1395–1405.
53. Diamond J. *Guns, Germs, and Steel.* Los Angeles: University of California Press; 1997.
54. Myers SS, Gaffikin L, Golden CD, et al. Human health impacts of ecosystem alteration. *Proc Natl Acad Sci.* 2013; 110(47): 18753–18760.
55. Valle D, Clark J. Conservation efforts may increase malaria burden in the Brazilian Amazon. *PLoS One.* 2013; 8(3): e57519.
56. Chaves LSM, Conn JE, Lopez RVM, Sallum MAM. Abundance of impacted forest patches less than 5 km^2 is a key driver of the incidence of malaria in Amazonian Brazil. *Sci Rep.* 2018; 8(1): 7077.
57. Pienkowski T, Dickens BL, Sun H, Carrasco LR. Empirical evidence of the public health benefits of tropical forest conservation in Cambodia: a generalised linear mixed-effects model analysis. *Lancet Planetary Health.* 2017; 1(5): e180–e187.
58. Dye C. Health and urban living. *Science.* 2008; 319(5864): 766–769.
59. Tian H, Hu S, Cazelles B, et al. Urbanization prolongs hantavirus epidemics in cities. *Proc Natl Acad Sci.* 2018; 115(18): 4707–4712.
60. LaDeau S, Leisnham P, Biehler D, Bodner D. Higher mosquito production in lowincome neighborhoods of Baltimore and Washington, DC: understanding ecological drivers and mosquito-borne disease risk in temperate cities. *Int J Environ Res Public Health.* 2013; 10(4): 1505–1526.
61. Rohr JR, Raffel TR, Halstead NT, et al. Early-life exposure to a herbicide has enduring effects on pathogen-induced mortality. *Proc R Soc B Biol Sci.* 2013; 280(1772): 20131502.
62. Rejmankova E, Grieco J, Achee N, et al. Freshwater community interactions and malaria. In: Collinge SK, Ray C, eds. *Disease Ecology: Community Structure and Pathogen Dynamics.* New York, NY: Oxford University Press; 2006: 90–104.
63. Van Bocxlaer B, Albrecht C, Stauffer JR Jr. Growing population and ecosystem change increase human schistosomiasis around Lake Malaŵi. *Trends Parasitol.* 2014; 30(5): 217–220.
64. Mkoji G, Hofkin B, Kuris A, et al. Impact of the crayfish Procambarus clarkii on Schistosoma haematobium transmission in Kenya. *Am J Trop Med Hyg.* 1999; 61(5): 751–759.
65. Global Invasive Species Database. 2015; http://www.iucngisd.org/gisd/. Accessed June 2019.
66. Sokolow SH, Huttinger E, Jouanard N, et al. Reduced transmission of human schistosomiasis after restoration of a native river prawn that preys on the snail intermediate host. *Proc Natl Acad Sci.* 2015; 112(31): 9650–9655.
67. Myers SS. Planetary health: protecting human health on a rapidly changing planet. *Lancet.* 2017; 390(10114): 2860–2868.

68. Whitmee S, Haines A, Beyrer C, et al. Safeguarding human health in the Anthropocene epoch: report of the Rockefeller Foundation–Lancet Commission on Planetary Health. *Lancet*. 2015; 386(10007): 1973–2028.

7 지구환경 변화와 비감염성질환 위험

하워드 프럼킨 · 앤디 헤인즈 지음
김록호·정해관 번역/ 정해관 감수

비감염성질환(Noncommunicable Disease, NCD)은 주로 심혈관질환, 암, 만성호흡기질환, 당뇨병, 정신질환을 일컬으며, 신경, 내분비, 위장관, 신장, 알레르기, 자가면역질환 등도 포함되는데 최근 몇 년 동안 점점 더 많은 관심을 받고 있다. 이들 질병으로 인해 매년 세계적으로 4000만 명 이상이 사망하는데, 이는 전 세계 사망자의 71%를 차지한다(**그림 7.1**).[1,2] 사망자 중에는 세계보건기구(WHO)의 표현에 따르면 "너무 젊은 나이에 죽는" 사람, 즉 30~70세 사이에 죽는 사람이 1400만 명 이상 포함되어 있다.[3] 또한 세계 질병부담 연구에 따르면 비감염성질환은 2016년 장애로 인한 손실년수(age-standardized years lived with disability, YLDs) 상위 30개 원인 중 21개, 즉 80.6%(95% 신뢰구간, 78.2~82.5%)를 차지했다.[4] 이 장에서는 지구건강의 관점에서 비감염성질환을 살펴본다.

비감염성질환은 세 가지의 특성이 있다. 첫째, 비감염성질환은 주로 부유한 국가에서만 일어나는 문제가 아니라는 것이다. 비감염성질환으로 인한 조기 사망 부담의 86%는 중저소득 국가(low- and middle-income countries, LMICs)에서 일어나는데,[3,5] 이는 지난 반세기 동안 '역학적 변천'이라고 알려

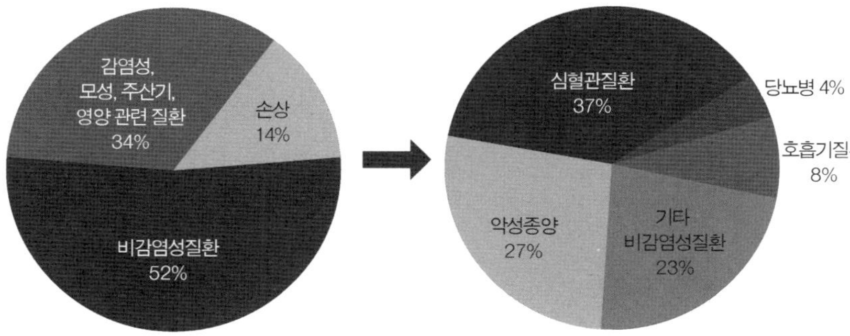

그림 7.1 2012년 전 세계 70세 미만 사망자 중 사망 원인별 분율(왼쪽) 및 질병 범주별 비감염성질환 사망자 분율(오른쪽).
자료: World Health Organization. Global Status Report on Non-Communicable Diseases, 2014. 2014. WHO/NMH/NVI/15.1. https://www.who.int/nmh/publications/ncd-status-report-2014/en/

져 온 현상을 반영한다.[6] 둘째, 비감염성질환의 경제적 영향은 상당하며, 향후 20년간 세계적으로 47조 달러의 비용이 발생할 것으로 예상된다.[7] 특히 저개발국에서는 비감염성질환이 경제발전을 저해하고 수백만 명을 빈곤에 빠뜨린다.[8,9] 셋째, 비감염성질환의 많은 위험 요인이 환경적 요인에 기인하거나 환경의 영향을 받을 수 있다. 예를 들어, 만성폐쇄성폐질환으로 인한 질병부담의 약 50%, 허혈성심장질환으로 인한 질병부담의 4분의 1은 환경적 요인, 특히 공기오염에 기인한다.[10-12] 그러나 비감염성질환의 예방 및 치료 전략에서 일반적으로는 환경적 요인을 무시하고 범위를 좁혀 담배, 식이, 신체활동 및 알코올과 관련된 임상적 개입이나 행동 변화에만 초점을 맞추고 있다. 이런 접근법이 필요한 것은 사실이지만 이것만으로는 충분하지 않으며, 비감염성질환을 초래하는 상류의 원인을 제거하지 않을 경우 하류에서 개입의 효과는 제한적일 수 있다.[13] 이러한 요인들로 인해 비감염성질환은 지구건강의 핵심적인 관심사이다.[14]

이 장에서는 이 책의 여러 장에 걸쳐 논의한 것을 바탕으로 지구환경 변화(global environmental changes, GECs)와 이를 초래하는 원동력이 어떤 경로를 통하여 비감염성질환의 위험에 영향을 미치는지에 대한 큰 그림을 제시한다. 에너지, 공기오염, 기후변화(제10장 및 제12장 참조), 도시화(제13장 참조), 식품, 영양, 농업(제5장 참조), 잔류성 화학물질(제14장 참조), 생물다양성 소실(어장 고갈 포함, 제4장 참조) 등 다섯 가지 경로를 고려한다. 이 장에서는 각 장의 내용을 반복하기보다는 비감염성질환과 관련된 이해를 넓힐 수 있는 통찰을 하고자 한다.

지구환경 변화가 비감염성질환에 미치는 영향

에너지, 공기오염 및 기후변화

지구환경 변화의 주요한 동인으로 석탄, 석유, 천연가스 등 화석연료의 연소를 들 수 있다. 이 중 석탄의 영향이 가장 크다. 주요한 에너지원을 화석연료에 의존하는 것이 공기오염의 가장 중요한 원인이다.[15] 이는 또한 기후변화의 가장 주요한 원인이기도 하다. 공기오염과 기후변화는 각각 에너지 사용으로부터 일련의 경로를 거쳐 비감염성질환의 발병에 이르게 된다.

공기오염

화석연료의 연소로 인해 발생하는 공기오염은 세계적으로 사망과 상병의 주요한 원인이다(**그림 7.2**).[11,12] 제12장에서 기술한 것과 같이 주요한 공기오염물질에는 미세먼지(PM), 오존, 질소산화물, 황산화물, 탄화수소, 이외에도 수은 등의 금속이 있는데 이들 중 상당수는 복잡한 대기화학적 과정으로 서로 연관되어 있다. 세계 질병부담 연구에 의하면 실내공기오염이 아닌 공기오염 중 초미세먼지($PM_{2.5}$)는 2015년을 기준으로 했을 때 세계적으로 사망원인 중 다섯 번째를 차지하며 연간 420만 명(연간 세계 전체 사망의 7.2%)이 이로 인해 사망하며 장애보정 생존연수(disability-adjusted life-years, DALYs)로는 1억 310만 DALY(연간 세계 총DALY의 4.2%)의 질병부담이 발생한다고 하였

그림 7.2 이 사진에서 보는 것과 같은 석탄발전소는 온실가스 배출과 공기오염의 가장 주요한 발생원이다. 이로 인해 발생하는 공기오염은 심혈관질환과 호흡기질환으로 큰 질병부담을 초래한다.
자료: Pixabay

다.[16,17] 그러나 이러한 사망은 균일하게 분포된 것이 아니다. 세계적으로 공기오염으로 인한 질병부담이 가장 큰 나라는 중국과 인도(각각 연간 110만 명 사망), 러시아(연간 13만 700명 사망), 파키스탄(연간 13만 5000명 사망), 방글라데시(연간 12만 2000명 사망)의 순이다. 세계보건기구는 좀 다른 방식으로 공기오염의 질병부담을 산출하였는데 세계질병부담 연구 결과에 비해 약간 낮은 값을 보여 연간 300만 명의 사망과 8500만 DALY로 추산하였다.[18] 깨끗하고 재생가능한 에너지원으로 조속히 옮겨가지 못할 경우 향후 수십 년간 아시아를 비롯한 일부 지역에서 경제성장이 가져온 공기오염으로 인한 질병부담은 더 커질 것으로 예상된다.[19]

앞에서 본 미세먼지로 인한 초과사망은 대부분 비감염성질환으로 인한 것인데 주요한 질환으로는 허혈성심장질환, 뇌혈관질환, 만성폐쇄성폐질환, 폐암 등이 있고 하기도감염은 10% 미만을 차지한다. 공기오염, 특히 미세먼지 노출은 심부정맥[20]과 심부전[21]을 악화시키고 제2형 당뇨병의 위험을 높인다.[22] 미세먼지 노출은 생애 전반에 걸쳐 신경독성을 초래할 수 있는데, 어린이에서는 신경발달을 지연시키고 노령층에서는 인지기능의 저하를 초래할 수 있다는 근거가 축적되고 있다.[23]

오존은 전구물질인 탄화수소(메탄과 휘발성 유기화합물질, VOCs)와 질소산화물로부터 생성되는데 이들은 대부분 연소부산물에서 나온다. 미세먼지와 마찬가지로 오존은 초과사망에 기여하지만 그 규모는 미세먼지에 비해서는 적다.[24] 세계 질병부담 연구에 의하면 오존 노출은 2015년 기준 만성폐쇄성폐질환으로 인해 25만 4000명(95% 신뢰구간[이하 생략] 9만 7000~42만 2000명)의 초과사망과 410만 DALY(160만~680만 DALY)의 질병부담을 추가적으로 초래하는 것으로 추산되었다.[16] 최근, 새로 얻어진 노출수준을 기반으로 산출한 결과 성인에서 오존의 장기노출로 인한 호흡기질환 사망은 100만 4000명~123만 명으로 기존 연구에 비해 최소 4배 이상 큰 것으로 추산되었다. 오존 노출로 인한 사망이 가장 많은 곳은 인도 북부, 중국 남부, 파키스탄 지역이었다.[25] 오존노출로 인한 사망은 단기노출과 장기노출 효과 양쪽 모두에 기인한다.[25,26] 오존에의 단기노출은 천식과 만성폐쇄성폐질환과 같은 기도질환의 악화를 촉발하는데 이로 인해 응급실 방문과 입원환자수가 늘어난다.[27]

2019년 세계 질병부담 연구에서는 화석연료 연소로 인한 전 세계 초과사망을 산출하였는데 이는 전 세계를 대상으로 한 대기화학-기후모형과 여러 나라에서 수행한 많은 코호트 연구 자료를 결합하여 산출한 것이다.[28] 이 연구에 의하면 화석연료 연소는 세계적으로 공기오염으로 연간 361만 명(296만~421만 명)의 초과사망에 기여한다. 여기에 화석연료 연소와 무관한 배출물(농업 및 가정에서 발생하는 오염물질)을 더 할 경우 초과사망 규모는 555만 명(452만~652만 명)에 달할 것으로 추산된다. 화석연료 연소를 줄여나갈 경우 이와 같은 초과사망을 줄이는 효과에 더하여 화석연료 연소에서 배출된 에어로졸은 물순환계에도 작용하기 때문에 인구밀집도가 높은 인도, 중국, 중앙아메리카, 서부 아프리카, 사헬 등 지역의 강수량이 정상적으로 회복되어 이 지역의 물과 식량 공급의 불안정이 개선되는 데도 기여할 것으로 기대된다. 이상이 재생가능에너지로 전환할 경우 얻어질 수 있는 건강편익을 요약한 것이다.

기후변화

기후변화는 공기오염과 다르지만 부분적으로 중복되는 경로를 취하면서 에너지 사용과 그로 인한 지구환경 변화로 인간의 건강,[29] 특히 비감염성질환의 발생에 영향을 미친다.[30] 제10장에서 이와 관련한 직접 및 간접 기전에 대해 기술되어 있다. 여기서는 비감염성질환의 발생과 관련한 몇 가지 추가적인 연계성에 대해 다루고자 한다.

기상 관련 재해가 발생할 경우 비감염성질환 관리에 필수적인 보건의료서비스의 연속성이 끊어지게 된다. 태풍, 홍수, 폭풍 등의 기상재해가 비감염성질환의 의료 관리에 미치는 영향에 대한 체계적 문헌고찰에 의하면 암, 당뇨병, 심혈관질환 환자들의 경우 이러한 기상재해 후 증상이 악화되는 것을 확인했다고 한다. 이는 교통마비, 약품공급을 포함한 보건의료체계의 약화, 단전, 피해지역 인구의 소개 등으로 인해 일어난다.[31]

또 다른 경로로 고온을 들 수 있다. 기후변화로 인해 오는 더운 날씨로 심혈관질환, 호흡기질환, 신장질환 등으로 인한 사망, 응급실 방문, 병원 입원이 증가한다.[29] 기후변화가 진행함에 따라 온열 관련 사망의 증가는 한랭 관련 사망이 줄어드는 것을 훨씬 넘어설 것인데, 이는 특히 열대와 아열대 지역, 남부 유럽 등에서 더 현저할 것으로 예상된다.[29,32]

기후변화로 인한 심혈관질환 위험의 증가는 온열에 의한 것과는 별개의 다른 경로도 있다. 우선 더운 날씨는 수면장애를 초래하는데,[33] 이는 또한 심혈관질환의 위험요인이기도 하다.[34] 다음으로, 더운 날씨는 신체 활동량의 저하로 이어지는데[35] 이 또한 심혈관질환의 위험요인이다.[36] 추운 날씨도 신체 활동량을 줄이는데, 추운 지역의 경우 날씨가 따뜻해지면 신체 활동량이 늘어날 수 있다. 그러나 세계 전체로 보았을 때 온열이 신체 활동에 미치는 순영향은 저하 쪽으로 작용한다.[35] 셋째로, 해수면 상승은 지하수의 과다한 추출, 토지이용의 변화, 농업 등의 요인과 함께 작용하여 해안지역 대수층이 염수의 침투를 받게 된다.[37] 이는 해당지역 주민들의 염분 섭취량의 증가로 이어진다. 음용수를 통한 염분 섭취량의 증가는 비록 그 크기는 크지 않지만 혈압의 상승과 연관되어 있다.[38] 그러나 방글라데시에서 시행한 연구에 의하면 오히려 반대방향의 결과가 나왔는데, 이는 염분이 많은 물에는 고혈압에 대한 보호작용을 하는 칼슘과 마그네슘 같은 성분들도 포함되어 있기 때문이다.[39] 염분의 과다한 섭취는 임신 중 산모의 건강에도 영향을 미칠 수 있다. 방글라데시 해안지역에서 수행한 연구에 의하면 이 지역 임산부들은 세계보건기구와 유엔식량농업기구 권장량 두 배 이상의 염분이 함유된 물을 섭취하고 있는데 이 지역의 전자간증과 임신 중 고혈압의 위험이 높았다고 하였다.[40] 반면, 따뜻한 날씨는 혈압을 떨어뜨리는 쪽으로 작용하는데, 이로 인해 온난화의 효과가 일부 지역에서는 심혈관질환 위험을 줄이는 쪽으로 작용할 수도 있다.[41]

기후변화는 또한 암 발생을 촉진할 수 있다. 첫째, 위에서 본 것과 같이 온도가 크게 올라가면 신체 활동이 저하되고 활동의 저하는 암 발생 위험을 높인다. 다음으로, 따뜻한 날씨는 간암의 발암 위험요인인 아플라톡신의 생성을 촉진시킨다.[42]

기후변화는 신장질환 위험을 더 높일 수 있다. 기온이 신결석의 생성에 미치는 영향은 일관성이 없는데, 이는 상대적인 탈수상태로 가면서 소변의 농도가 진해지기 때문일 것으로 보인다.[43] 니카라과의 사탕수수 수확작업과 같이 더운 곳에서 일하는 작업자들에게서 원인이 명확하지 않은 만성신장질환의 발생이 보고되었는데[44] 최근 이에 대한 체계적 고찰 결과 온열과 만성신장질환 간의 연관성은 일관성이 없다고 하였다.[45]

기후변화는 다양한 경로를 통하여 영양에 영향을 미쳐 비감염성질환의 위험에 영향을 미친다. 이에 대해서는 식량과 영양을 다루는 제9장에서 자세히 기술하고 있다.

부연하자면, 이 장에서 논한 에너지와 비감염성질환 간의 두 개의 경로, 즉 공기오염을 통한 경로와 기후변화를 통한 경로는 상호 독립적인 것이 아니라는 점이다. 특정한 공기오염물질은 수명이 짧은 기상오염물질로 작용하여 기후변화를 촉진하는 동시에 직접적인 독성효과(예: 블랙카본, 대기 중 오존 등)로 인해, 혹은 메탄과 같이 대기 오존 농도를 높임으로 인해 건강에 위협이 되기도 한다.[46]

도시화

도시는 어느덧 인간의 거주형태의 원형이 되어버렸다. 도시화는 고전적인 형태의 환경적 변화로 볼 수는 없지만, 인구학적 측면과 토지이용 양상 변화의 측면에서 세계적인 수준의 환경 변화의 대표적 위치를 차지하고 있다. 제13장에서 자세히 기술한 것처럼 현재 지구상 인구의 절반 이상이 도시지역에 살고 있으며 세계적인 인구성장의 반 이상이 도시에서 일어나고 있는데 2050년이 되면 이 비율은 3분의 2에 달할 것으로 예상되고 있다.[47] 도시화와 관련하여 멕시코시티, 상파울루, 카이로, 라고스, 카라치, 델리, 마닐라, 자카르타 등 인구 1000만 명을 넘는 거대도시에 관심이 집중되고 있다. 그러나 세계적으로 도시인구의 절반 가까이는 인구 50만 명 미만의 작은 도시에 거주하고 있는데 이들 도시의 수가 늘어나고 있을 뿐 아니라 이들 도시에서의 인구증가 속도는 거대도시들에 비해 더 빠르다.[48]

글로벌 사우스에 속하는 중저소득국가의 빠르게 성장하는 도시들은 도시의 기본 하부구조(상수도, 하수도, 폐기물 처리, 전기, 교통, 주거)의 부족과 유해한 환경에 노출(극심한 공기오염, 소음, 위험한 도로), 빈곤, 거버넌스의 부족, 부적절한 사회서비스 등의 복합적인 문제를 포함하여 다양한 수준의 건강과 환경 문제에 직면하고 있다.[49] 북미, 유럽, 호주 등을 포함한 부유한 국가들에서는 도시의 환경보건학적인 문제로 들 수 있는 것은 자동차에 대한 과도한 의존, 도시의 교외확산과 관련하여 발생하는 공기오염, 운동량이 부족한 생활습관, 손상의 위험 등이다.[50] 마지막으로 어떤 문제들은 부유한 국가나 가난한 국가를 막론하고 도시에서 공통적으로 부딪히는 문제들인데 여기에는 사회계층의 극단적인 분화, 이웃한 빈민층 집단거주지, 녹지 부족, 신선한 음식을 구하기 힘든 식량 사막, 재난에 대한 취약성 등이 있다.

도시화가 지구환경 변화와 비감염성질환 위험에 미치는 영향

도시에서의 경제적 활동은 세계 GDP의 70~85%를 생산하며 에너지와 관련한 온실가스의 75%를 배출한다.[51,52] 실제로 도시는 농촌지역에 비하여 인구 일인당 환경적 영향을 줄이는 데 더 유리한데, 이는 이동거리가 짧고, 일인당 주거공간이 더 작을 뿐 아니라 상품과 서비스 제공에 있어 효율성이 더 높다. 그러나 도시 설계가 엉망일 경우 이러한 잠재적 장점들은 기대할 수 없다. 더욱이, 도시에서 소비하는 에너지와 상품들은 대부분 도시 외부에 의존하는 경우가 많으므로 도시의 지구 환경 변화에 대한 영향의 전체 규모는 도시의 경계선을 훨씬 넘어 확장된다.[53] 이와 관련하여 몇 가지 경로들은 이미 잘 알려져 있는데 이들 경로는 도시화가 지구환경 변화뿐만 아니라 비감염성 질환에 이르는 과정을 보여주고 있다.

첫째, 자동차에 의존하는 수송체계와 도시의 외연 확장, 산업 및 가정의 에너지 수요의 집중으로 인해 대량의 화석연료 연소가 거대도시에 인접한 지역에서 이루어진다. 이는 지역적인 공기오염의 악화는 물론이고 기후변화에도 기여한다.

도시의 공기 질은 대체로 나쁜 경우가 더 많은데 이는 특히 중저소득국가에서 두드러진다. 세계보건기구에 의하면 공기오염도를 모니터링하는 도시지역에 거주하는 인구의 80% 이상이 세계보건기구 가이드라인 수준을 넘는 공기오염에 노출되고 있으며 중저소득국가의 인구 10만 명 이상인 도시의 98%는 세계보건기구 공기 질 기준을 충족하지 못한다.[54] 세계적으로는 도시의 대기 중 미세먼지로 인한 공기오염의 25%는 교통에서, 15%는 산업활동에서, 20%는 가정에서의 연료 사용에서, 22%는 출처가 불분명한 인간활동에서 오며, 자연에서 기인한 먼지와 염류는 18%에 불과하다.[55] 실내에서 고형연료를 주로 사용하는 도시지역의 경우, 공기오염에 더하여 실내공기오염 문제가

그림 7.3 대도시 교통이 자동차에 주로 의존할 경우 대기 질 저하, 신체 활동 감소, 스트레스, 온실가스 배출을 통해 비감염성질환의 원인이 된다.
자료: Atlantacitizen(Wikimedia), CC BY-SA 3.0

가중되는데 이는 수명 주기가 짧은 강력한 기후오염물질인 블랙카본의 중요한 발생원이기도 하다.[56] 공기오염이 비감염성질환의 발생에 미치는 영향은 위에서 다루었다.

둘째, 자동차 의존적인 교통체계는 온실가스 배출에 기여할 뿐만 아니라 이동을 자동차에 전적으로 의존함에 따라 걷기, 자전거타기, 교통수단 간 환승 등이 줄어들어 운동량이 부족한 생활양식을 초래한다(**그림 7.3**). 제13장에서 볼 것처럼, 신체적 활동을 더 많이 하게 하는 도시의 특성으로 주거밀도와 교차로의 밀도, 토지이용의 다양화, 충분하고 접근성이 높은 대중교통, 매력적인 거리 풍경, 보행자와 자전거 전용도로망 확충, 공원 등을 들 수 있다. 한 연구에 의하면, 주간 육체적 활동 권장량이 총 150분임에 반하여 도시에서 이웃 주민 간 주간 운동량의 차이는 68~89분에 달한다고 하였다.[57] 운동량이 적은 생활양식은 심혈관질환, 일부 암, 고혈압, 비만, 일부 정신질환, 골다공증, 담낭질환을 비롯한 비감염성질환을 유발하는 반면 활발한 육체적 활동은 이들 질환을 예방하는 효과가 있다.[58,59] 자동차 의존과 운동량이 부족한 생활습관, 온실가스 배출 간의 관계는 양측성이어서 비만이 심해지면 걷는 것이 더 힘들어지고 이로 인해 자동차 의존도가 높아져서 온실가스 배출이 늘어나게 된다.[60]

마지막으로, 도시생활의 몇 가지 공통적인 특성은 지구 환경 변화와 간접적으로 연관되어 있지만 비감염성질환의 위험도를 더 높이는 방향으로 작용한다.

소음 도시에서는 교통, 기계를 포함한 다양한 원인으로 일상적으로 소음에 노출되며 이들 소음 발생원은 지구환경 변화에도 기여한다. 일부 선진 도시에서 진행되고 있는 것처럼 교통수단을 전기자동차로 전환하는 경우 소음을 획기적으로 줄일 수 있다는 점에서도 큰 이점이 있다. 소음은 고혈압, 심혈관질환, 불안증, 수면장애, 난청 등 다양한 비감염성질환의 악화에 기여하는 요인이다.

자연과 녹지로부터의 단절 도시에서의 삶은 농촌의 삶과 비교하여 자연과 녹지에 접촉할 기회가 줄어든다. 이와 같이 쾌적한 환경에의 노출은 비만, 당뇨병, 고혈압, 고지혈증,[63] 우울증과 불안증,[64] 심혈관질환 사망 위험을 줄인다[65]는 보고가 있으나 그 근거의 수준은 질병에 따라 다르다.

인구밀집 인구밀집은 도시생활의 또 다른 공통적 특성 중의 하나인데 이는 특히 빈민지역에서 더 두드러진다. 인구밀집을 엄밀하게 정의하는 것은 어렵지만 이는 맥락에 따라 다를 수 있다.[66] 인구밀집과 심혈관질환과 정신질환 간의 연관성은 소음과 이들 질환 간의 관계와 비슷하다. 어린이는 특히 소음과 인구밀집으로 인한 건강 영향에 더 민감하다.[67,68]

부적절한 주거환경 부적절한 주거환경은 많은 도시에서 문제가 되는데 특히 인구성장이 매우 빠르거나 가난한 나라에서 더 심하다. 도시인구 상당수가 빈민가에 거주하는데, 특히 도시인구의 반 이상이 슬럼에서 거주하는 나이로비, 뭄바이, 멕시코시티 등과 같은 도시인구는 세계적으로 8억 8100만 명으로 추산되며 이 수치는 계속해서 증가하고 있다.[69] 부적절한 주거환경은 만성적인 스트레스, 고형연료 사용으로 인한 실내공기오염, 폭염 노출에 대한 무방비, 손상의 위험 등을 포함하는데 이는 지역사회 하부구조와 보건의료서비스의 미비로 인해 더욱 증폭되게 된다. 이로 인해 호흡기질환과 정신질환 등이 발생할 수 있다. 그러나 이러한 연구들 중 슬럼지역에서 비감염성 질환의 질병부담을 객관적으로 검토한 연구는 매우 드물다.

지구환경 변화가 도시화 및 비감염성질환 위험에 미치는 영향

이와는 반대로 지구환경 변화는 도시에 영향을 미치는데 특히 비감염성 질환을 포함한 도시민의 건강에 영향을 미친다. 첫째, 제8장에서 논한 것과 같이 가뭄, 홍수와 기타 환경재난은 농촌지역에서 도시로의 이주를 부추기게 되는데 이러한 인구 이동 양상은 글로벌 사우스 국가들에서 공통적으로 나타나는 양상이다.[70,71] 이로 인해 도시인구는 급격히 늘어나게 되는데 이 결과 공기오염, 인구밀집, 소음, 도심 기반시설과 필수 서비스의 부실과 같은 문제들이 초래된다. 둘째, 환경 변화는 폭염(도심 열섬 효과로 인해 더 악화됨),[72] 홍수 위험,[73] 물 부족,[73] 공기오염 악화[74] 등의 경로를 거쳐 도시의 삶을 위협한다. 도시의 이러한 취약성은 심혈관질환(폭염과 공기오염으로 인한), 정신질환(폭염과 재난으로 인한) 등과 같이 도시지역 주민들의 비감염성질환의 위험을 더 높인다. 이러한 위험은 회복탄력성을 얻기 위해 필요한 기반시설이 결여된 글로벌 사우스에 있는 가난한 도시에서 더 두드러지며,[75] 특히 무허가 주거지역에 사는 주민들은 범람지역 혹은 산사태 위험지역과 같은 거주지의 특성과 미비한 기반시설로 인해 위험에 가장 많이 노출되어 있다.[76]

도시 환경에서는 사회적·경제적·문화적·물리적 요인들이 복합적으로 비감염성질환의 결정 요인으로 작용한다. 이러한 위험요인에 대한 이해를 넓히는 것이 연구의 우선순위가 되어야 한다.[77] 이 문제의 해결을 위해서는 특히 중저소득국가의 급성장하는 도시들을 대상으로 잘 사는 나라에서 경험한 시행착오를 피하면서 건강과 생계를 보장해 줄 수 있는 적절한 주거와 기반시설을 공급하는 것이 중요한 과제이다. 기존 도시를 환경에 가하는 부담의 수준을 대폭 줄이면서 번성할 수 있도록 하는 정책의 수립이 필요하다.

식품, 영양, 농업

지구환경 변화와 식이, 영양, 비감염성질환 간의 관계는 복잡하고 여러 방향의 관계이다. 도시환경의 예에서 본 것과 마찬가지로 식품공급체계는 환경 변화의 원인이기도 하지만 환경 변화로 인한 피해에도 취약하다. 이와 관련하여 제5장에서 세 가지의 상호작용 과정을 예로 들었다. 첫째, 세계적인 식이 습관 변화로 동물성 식품과 가공식품의 수요가 커지고 있는데, 이는 비감염성질환 위험에 직접적인 영향을 미칠 뿐 아니라 이와 관련된 환경 변화는 간접적으로 비감염성질환 위험에 기여한다. 둘째, 환경 변화는 농업생산성에 영향을 미치는데, 이는 그 지역의 영양수준을 위협하고 이로 인해 비감염성질환의 수준에 영향을 미친다. 셋째, 환경 변화는 일부 식품의 영양소 구성을 변화시켜 비감염성질환에 영향을 미친다.

세계적인 식단 전환

지난 수십 년에 걸쳐 세계적인 수준에서 식단의 전환이 진행되어 왔다.[78] 이는 에너지 밀도가 높고, 식단의 다양성이 줄어들면서 동물성 식품, 기름과 지방, 가공한 탄수화물, 가당 음료 등 가공식품의 비중은 높아지고 스낵 섭취와 외식의 빈도가 높아지는 것과 같은 식이 관련 행태의 변화로 특징지어진다. 이러한 식이 습관의 전환은 독립적인 현상이 아니다. 2019년 ≪*랜싯 커미션*≫은 지구건강의 틀과 궤를 같이하는 체계분석의 결과, 세계적으로 비만,

영양실조, 기후변화의 신데믹(Syndemic)이 있음을 확인했는데, 이는 식품과 농업, 수송, 도시설계, 토지이용 등의 변화로 인한 것이라고 하였다.[79] 이와 같은 식단의 변화는 비감염성질환에 직접적인 영향을 미쳐, 비만, 심혈관질환, 당뇨병, 일부 암과 같은 질환이 증가한다.[78,80-83] 식단의 변화는 또한 온실가스 배출, 숲의 소실, 물 이용 변화를 포함한 환경적인 영향도 유발하는데, 이는 다시 거꾸로 인간의 건강에 간접적으로 영향을 미친다. 이와 관련한 자세한 내용은 제5장에서 다루었다.

기후변화가 농업생산성에 미치는 영향

식품과 관련한 환경 변화와 비감염성질환 간의 두 번째의 연결점은 기후변화가 농업생산성에 미치는 영향이다. 제5장에서 기술한 것과 같이 그 기전으로 경작지와 토양의 소실, 담수 부족, 꽃가루 매개자와 병원체 밀도의 악화, 불순한 기후, 오염물질의 영향 등을 들 수 있다.

곡물 생산량 감소가 비감염성질환에 미치는 경로 중 명확한 것으로 어린이 영양실조와 발육부진을 들 수 있다.[84] 아시아의 어린이 발육부진 유병률은 1990년 49%에서 2010년에는 28%로 대폭 줄어들었다. 그러나 아프리카에서는 여전히 1990년의 40%대에 머물러 있는데 이를 통해 아프리카의 취약성이 우려할 만한 수준임을 알 수 있다.[85] 생애 초기 영양실조와 발육부진은 인지기능 발달에 영향을 미치고 이는 장기적으로 그 나라의 경제성장과 다음 세대에까지 그 영향이 지속된다.[86] 일부 연구에 의하면 생애초기의 영양실조는 성인기에 들어선 후 비만, 대사증후군, 심혈관질환, 당뇨병 등의 위험을 높이는 것으로 알려져 있다.[87,88]

기후변화가 작물 수확량에 미치는 영향을 모델링을 이용해 추산해 본 결과 2050년까지 기후변화가 없을 경우 대비 세계적으로 기후변화로 인해 연간 52만 9000명의 조기 사망이 있을 것으로 추산되었는데 이들 사망의 대부분은 동남아시아와 동아시아 지역에서 일어나며 주된 사망원인은 비감염성질환이었다.[89] 과일과 채소 소비가 줄어드는 것이 사망 증가의 주된 요인이었다. 칼로리 섭취량의 감소는 영양실조로 인한 사망의 증가로 이어지지만 이는 비만과 과체중 감소로 인한 사망 감소의 효과와 대체로 균형을 이루었다.

기후변화가 곡물의 영양소에 미치는 영향

식이와 관련하여 지구환경 변화가 비감염성질환에 영향을 미치는 세 번째의 경로는 기후변화가 곡물의 영양소에 미치는 영향인데 이는 제5장의 글상자 5.2에 잘 설명되어 있다. 대기 중 이산화탄소 농도의 증가는 식량 곡물의 단백질과 여러 종류의 비타민 B를 비롯하여 칼슘, 칼륨, 아연, 철 등 미량원소 함량을 떨어뜨린다.[90] 이러한 변화가 비감염성질환에 미치는 영향은 아직 완전히 파악되지는 않았지만 그럼에도 불구하고 그중 일부의 위험성은 이미 명백하다. 즉, 식이 중 단백질과 탄수화물 비가 달라질 경우 고혈압과 지질대사질환, 관상동맥질환 등의 위험이 증가하고,[91] 임산부의 식이 엽산 섭취가 부족할 경우 태어나는 아이의 신경관 결함의 위험이 높아진다.[92]

야자유나무 재배 사례를 통해 지구환경 변화와 식이, 영양, 비감염성질환 간의 복합적인 관계를 들여다볼 수 있다.[93] 야자유는 유럽에서는 바이오 연료로, 인도, 인도네시아, 중국 등에서는 식량으로 쓰이면서 그 생산량이 계속 늘고 있다. 인도네시아의 경우 야자유와 목재를 얻기 위해 열대림을 흔히 불을 질러 제거하는데, 이로 인해 발생한 고농도 미세먼지가 포함된 연무는 인도네시아, 말레이시아, 싱가포르에서 평년의 경우 매년 3만 명, 상황이 나쁜 해에는 10만 명에 이르는 목숨을 앗아가고 있다.[95] 이에 더해 야자유 생산을 위한 열대우림의 파괴는 기후변화를 악화시킬 뿐 아니라 생물다양성의 상실을 초래한다. 이렇게 생산된 야자유는, 일부 논란의 여지가 있지만, 포화지방산 농도가 매우 높음으로 인해 대사증후군과 심장질환의 위험을 높인다는 보고가 있다.[96,97] 인도네시아의 바이오매스 방화와 관련한 자세한 사례 연구는 『*지구건강 사례 연구: 해결방안 모음*』(https://islandpress.org/books/ planetary-health)을 참조하라.

이외에도 지구환경 변화와 비감염성질환 간에는 두 가지의 경로가 더 있는데, 이는 어장의 황폐화와 꽃가루 매개자의 소실로 인한 것이다. 이들에 대해서는 아래 생물다양성 관련 절에서 다룰 것이다.

환경 내 잔류성 화학물질

인류세의 또 다른 특징 중 하나로 화학물질로 인한 지구환경의 광범위한 오염을 들 수 있는데,[10,98] 이에 대해서는 제14장에서 자세히 다루었다. 이러한 오염의 정도와 이로 인한 인간의 건강에 미치는 영향에 대해서는 아직 충분히 이해하고 있지 못한 면이 있지만 비감염성질환과의 연관성은 보다 명확해지고 있다. 이와 관련하여 대표적인 두 가지의 사례, 내분비교란물질과 유해금속에 대해 들여다보자.

내분비교란물질

내분비교란물질은 성호르몬, 갑상선 호르몬을 비롯한 체내 내분비계통의 수용체를 활성화하거나 차단함으로써 내분비장애를 가져오는 다양한 종류의 화학물질을 일컫는다. 내분비교란물질 중 많은 비중을 차지하는 것은 비스페놀 A로 대표되는 폴리염화비페닐, 비페닐류, 유기염소계 살충제, 브롬화방염제, 과불화목탄산, 황산 과불화목탄산 등 과불화 물질을 포함하는 합성유기화학물질이다. 이들 화학물질은 대부분 환경에 오랫동안 잔류하는데 이로 인해 잔류성 유기오염물질(persistent organic pollutants, POPs)로 불린다. 잔류성 유기오염물질의 화학성분은 매우 다양하지만 이들은 몇 가지 특성을 공유한다. 첫째, 이들은 지구 생태계에 널리 분포되어 있다. 둘째, 이들 화학물질에 대한 인간의 노출이 광범위하다. 셋째, 이들은 비감염성질환의 위험을 높인다. 첫 두 가지 특성은 제14장에서 상세히 기술되어 있으므로 여기서는 비감염성질환 위험에 대해 초점을 맞추기로 하자.

연구에 의하면 환경을 통한 화학물질 노출은 여러 종류의 비감염성질환의 발생에 관여하는데, 주요 기전으로는 후성유전적 기전과 비후성유전적 기전이 있다.[99] 잔류성 유기오염물질 노출은 아직 근거가 일관성이 있지는 않으나 지방세포 증식, 인슐린 저항성, 지질대사이상 등의 대사이상과 연관되어 있다고 보고되었다.[100-103] 그뿐만 아니라 잔류성 유기오염물질 노출은 비호지킨성 임파종[104]과 유방, 난소, 전립선 등 호르몬에 민감한 기관의 암을 포함한 일부 암 발생과 연관되어 있는데 이 연관성은 동물실험에서는 상당한 근거가 있으나 역학 연구는 아직 충분한 결과를 얻지 못하였다.[105] 잔류성 유기오염물질은 갑상선질환, 신경행동질환, 생식장애 등 질환의 위험을 높일 수 있다.[105] 이들 각 질환과의 연관성에 대해, 작업장 노출과 같이 고농도의 노출과 비교했을 때 상대적으로 낮은 농도인 생활환경 노출의 영향을 규명할 필요가 있다.

유해금속

유해금속은 비감염성질환 발생과 관련하여 광범위한 화학물질 오염의 두 번째 예로 들 수 있다. 유해금속에 대한 인간의 노출은 일반적으로는 규정을 따르지 않은 주택의 납 페인트를 통해 납에 노출되는 어린이나 불법적인 금 채굴 과정에서 수은에 노출되는 작업자 등의 예에서 볼 수 있는 것처럼 특수한 경우에 한정된 국소적인 현상이다. 그러나 금속이 보다 광범위하게 활용됨에 따라 유해금속 노출은 그 범위가 세계적으로까지는 아니라 할지라도 지역적으로 훨씬 확대되었다. 예를 들어, 중국에서는 산업활동과 광업, 적절한 하수처리를 거치지 않은 하수를 관개에 이용하는 등으로 인해 납, 카드뮴, 크롬을 비롯한 유해금속 오염이 국토의 넓은 범위에 걸쳐 일어났다.[106] 약 25만 km^2의 경작지가 오염되었는데 이는 멕시코의 전체 경작지 면적에 해당한다. 2017년 중국 당국은 오염의 정도가 매우 심한 3만 500km^2의 경작지의 경작을 전면 금지하였다.[107] 또 다른 예로 들 수 있는 석탄 연소로 인한 수은의 공기 중 배출은 산업혁명초기부터 있어 왔다. 수은오염은 석탄발전소, 제련소, 시멘트공장, 철강공장, 제철소 등의 오염원을 중심으로 동심원상으로 분포하지만, 대기 중의 수은은 땅에 떨어지기 전에 먼 거리까지 확산이 되어 대륙 간

이동까지 하므로 이제는 세계적인 문제가 되었다.[108] 유해금속은 여러 종류의 비감염성질환의 발생에 기여하는데 신경행동 이상(납, 수은), 심혈관질환(납, 카드뮴), 신장질환(납, 카드뮴), 일부 암(비소, 크롬) 등을 들 수 있다.[109]

생물다양성 소실

인류세 기간을 거치면서 생태다양성 소실은 극적으로 가속되었는데,[110] 멸종의 속도가 기저 수준과 비교했을 때 1000배나 더 빨리 일어나고 있다.[111] 생태다양성 소실과 관련하여 대표적인 사례로 꽃가루 매개자 소실과 어장 황폐화의 두 가지를 들 수 있는데 이들은 제4장과 제5장에서 자세히 다루었다. 이 두 가지 사례는 비감염성질환에 특히 영향을 미치고 있다.

인간이 식량으로 이용하는 많은 식물은 곤충에 의해 꽃가루받이가 이루어져야 결실이 되는데 꽃가루 매개자가 사라질 경우 과일, 채소, 콩류, 견과류, 씨앗 등 우리가 "지구의 건강식"이라고 불리는 식품군에 가장 많이 포함되는 식품 생산이 위협받게 된다.[112] 아직 근거가 충분하지는 않으나 이들 식품이 풍부한 식이는 허혈성심장질환, 당뇨병, 뇌졸중, 일부 암 등 여러 종류의 비감염성질환 예방에 효과가 있다는 보고가 있다.

이와 마찬가지로 어류나 대구간유와 같은 어류 산물은 허혈성심장질환,[118] 일부 암,[119] 관절염[120]을 비롯하여 일부에서는 우울증,[121,122] 치매,[123] 당뇨병,[124] 소아천식[125] 등 다양한 수준의 비감염성질환의 예방에 효과가 있다고 보고되고 있다(이들 질환별 근거의 수준은 각기 다르다).

5장에서 기술한 것과 같이 일부 연구에서는 생태다양성 소실이 비감염성질환의 발생률과 사망률에 미치는 영향을 산출하였다. 한 연구에 따르면, 꽃가루 매개자가 50% 사라질 경우 세계적으로 매년 70만 명의 초과사망이 있을 것으로 추산되고 있는데 이들 사망의 주된 원인은 과일, 채소, 견과류, 씨앗류 섭취의 감소로 인한 허혈성심장질환과 뇌졸중 발생률의 증가로 인한 것이다.[126] 마찬가지로, 현재의 어획량 감소 추세가 지속된다면, 생선을 주식으

그림 7.4 이 인포그래픽은 비감염성질환연합(NCD Alliance)이 작성한 것인데 유엔 지속가능발전목표의 달성을 위한 노력의 과정에서 비감염성질환의 위험도 낮출 수 있음을 보여준다.
자료: NCD alliance(NCD Alliance)

로 하는 인구집단은 식량위기를 겪게 된다. 추산에 의하면 세계인구의 11%가 아연, 비타민 A, 철 결핍 위험에 직면하게 되고, 세계인구 19%는 비타민 B_{12}와 DHA 오메가-3 지방산 결핍의 위험에 처하게 될 것이라고 한다.[127] 이러한 영양 결핍은 광범위한 비감염성질환 발생을 초래할 수 있다. 예를 들어 아연결핍은 염증성 장질환,[128] 당뇨병,[129] 대사증후군,[129] 비타민 A 결핍증으로 인한 시력 이상,[130] 비타민 B_{12} 결핍으로 인한 빈혈 이외에도 다양한 신경 및 정신질환[131]의 위험을 높인다.

결론

시스템 이해의 중요성

이 장에서는 ① 에너지, 공기오염, 기후변화 ② 도시화 ③ 식량, 영양, 농업 ④ 잔류성 화학물질 축적 ⑤ 생태다양성 소실 등 이미 앞 장에서 다룬 지구환경 변화의 다섯 가지 측면에 대해 살펴보았지만 이들만이 전부는 아니다. 배리 커머너(Barry Commoner)의 생태계 제1법칙에 의하면, 생태계의 모든 존재는 다른 모든 것들과 연결되어 있는데, 이는 지구건강의 기반을 이루는 명제로 지구환경 변화와 비감염성질환 간의 연계를 보는 데 있어서도 매우 타당한 전제이다. 이들 간의 연계를 완전히 이해하기 위해서는 이들이 서로 어떻게 연결되어 있는지를 들여다보아야 한다. 예를 들어, 에너지와 환경오염, 생태다양성은 서로 연결되어 있다. 에너지원으로 석유에 과다하게 의존함으로써 어린 어류의 성장에 해로운 석유 유래 오염물질은 어업에 큰 위협을 가한다.[132] 또 다른 예로 도시화와 식량생산 간의 연계를 들 수 있다. 중저소득국가에서 일어나는 농촌에서 도시로의 이주는 전통적인 식이에서 서구 양식의 가공식품의 섭취를 비롯하여 식이 습관의 급격한 변화를 초래한다. 가나를 대상으로 한 연구에 의하면 농촌지역과 비교할 때 수도 아크라의 비만 유병률은 4~5배, 당뇨병 유병률은 2~3배 더 높다고 한다.[133] 지구환경 변화가 비감염성질환에 영향을 미치는 경로는 다양하고 이들은 복잡하게 서로 얽혀 있으므로 해결책을 구할 때도 이를 감안하여야 한다.

지구건강 : 비감염성질환 위험 감소 및 환경적 지속가능성 달성

지구환경 변화가 비감염성질환의 위험에 기여하는 것은 사실이지만 연관성이 있다는 것이 반드시 그 원인이라고 할 수는 없다. 보다 정확하게는 지구환경 변화는 비감염성질환의 발생에 기여하므로 온실가스 배출을 비롯한 지구환경 변화의 여러 원인들을 줄이기 위한 적절한 정책, 기술, 개입을 시행할 경우 비감염성질환을 예방할 수 있는 여지는 매우 크다. 지구환경 변화에 대한 개입은 비감염성질환을 줄이기 위한 싸움에 있어 많은 기회를 제공할 수 있다.[134-136] 제18장에서는 어떻게 청정하고 재생가능한 에너지원으로 화석연료를 대치할 수 있을 것인지, 어떻게 도시를 재구성할 수 있을 것인지, 어떻게 농장에서 식탁에 이르기까지의 식품공급체계를 변화시킬 수 있을 것인지, 어떻게 대지와 수계, 다른 생태계의 구성원들을 지속가능하게 관리할 수 있을 것인지를 포함하여 높아지고 있는 지구 수준의 비감염성질환의 파고와 지구생태계의 파괴를 줄이기 위한 대책들에 대해 논할 것이다(**그림 7.4**). 지구환경 변화와 비감염성질환은 그 원인의 많은 부분을 공유하고 있는데, 이는 이들 문제에 대한 해결책이 미칠 파급효과 또한 매우 클 것임을 의미한다.

저자

하워드 프럼킨(Howard Frumkin, MD, DrPH)은 워싱턴대학교 보건대학원의 환경 및 산업보건학 명예 교수이자 전 학장이다.

앤디 헤인즈(Andy Haines, MD)경은 런던 위생 및 열대의학대학원의 기후변화 및 지구건강 센터의 환경 변화 및 공중보건 교수이다. 그는 지구환경 변화가 건강에 미치는 영향과 이를 해결하기 위한 정책에 오랫동안 관심을 가져왔다. 그는 기후변화에 관한 정부간 협의체 위원으로 세 차례 활동했으며 록펠러 재단 랜싯 지구건강 위원회의 위원장을 역임했다.

참고문헌

1. WHO. Global status report on non-communicable diseases, 2014. 2014. WHO/NMH/NVI/15.1. http://www.who.int/nmh/publications/ncd-status-report- 2014/en/. Accessed April 2020.
2. Abajobir AA, Abbafati C, Abbas KM, et al. Global, regional, and national age-sex specific mortality for 264 causes of death, 1980-2016: a systematic analysis for the Global Burden of Disease Study 2016. *Lancet.* 2017; 390(10100): 1151-1210.
3. WHO. Global action plan for the prevention and control of noncommunicable diseases 2013-2020. 2013. http://www.who.int/nmh/publications/ncd-action-plan/en/. Accessed April 2020.
4. Abajobir AA, Abate KH, Abbafati C, et al. Global, regional, and national incidence, prevalence, and years lived with disability for 328 diseases and injuries for 195 countries, 1990-2016: a systematic analysis for the Global Burden of Disease Study 2016. *Lancet.* 2017; 390(10100): 1211-1259.
5. Bygbjerg IC. Double burden of noncommunicable and infectious diseases in developing countries. *Science.* 2012; 337(6101): 1499-1501.
6. Omran AR. The epidemiologic transition. A theory of the epidemiology of population change. *Milbank Q.* 1971; 49(4): 509-538.
7. Bloom DE, Cafiero ET, Jané-Llopis E, et al. *The Global Economic Burden of Noncommunicable Diseases.* Geneva, Switzerland: World Economic Forum and Harvard School of Public Health; 2011.
8. Jaspers L, Colpani V, Chaker L, et al. The global impact of non-communicable diseases on households and impoverishment: a systematic review. *Eur J Epidemiol.* 2015; 30(3): 163-188.
9. Muka T, Imo D, Jaspers L, et al. The global impact of non-communicable diseases on healthcare spending and national income: a systematic review. *Eur J Epidemiol.* 2015; 30(4): 251-277.
10. Landrigan PJ, Fuller R, Acosta NJR, et al. The Lancet Commission on pollution and health. *Lancet.* 2018; 391: 462-512.
11. Schraufnagel DE, Balmes JR, Cowl CT, et al. Air pollution and noncommunicable diseases: a review by the Forum of International Respiratory Societies' Environmental Committee, part 2: air pollution and organ systems. *Chest.* 2019; 155(2): 417-426.
12. Schraufnagel DE, Balmes JR, Cowl CT, et al. Air pollution and noncommunicable diseases: a review by the forum of International Respiratory Societies' Environmental Committee, part 1: the damaging effects of air pollution. *Chest.* 2019; 155(2): 409-

416.
13. Pearce N, Ebrahim S, McKee M, et al. Global prevention and control of NCDs: limitations of the standard approach. *J Public Health Policy.* 2015; 36(4): 408-425.
14. Frumkin H, Haines A. Global environmental change and noncommunicable disease risks. *Annu Rev Public Health.* 2019; 40(1): 261-282.
15. International Energy Agency. *World Energy Outlook Special Report 2016: Energy and Air Pollution.* Paris, France: International Energy Agency; 2016.
16. Cohen AJ, Brauer M, Burnett R, et al. Estimates and 25-year trends of the global burden of disease attributable to ambient air pollution: an analysis of data from the Global Burden of Diseases Study 2015. *Lancet.* 2017; 389(10082): 1907-1918.
17. Forouzanfar MH, Afshin A, Alexander LT, et al. Global, regional, and national comparative risk assessment of 79 behavioural, environmental and occupational, and metabolic risks or clusters of risks, 1990-2015: a systematic analysis for the Global Burden of Disease Study 2015. *Lancet.* 2016; 388(10053): 1659-1724.
18. WHO. Ambient air pollution: a global assessment of exposure and burden of disease. 2016. http://www.who.int/phe/publications/air-pollution-global-assessment/en/. Accessed April 2020.
19. Koplitz SN, Jacob DJ, Sulprizio MP, Myllyvirta L, Reid C. Burden of disease from rising coal-fired power plant emissions in Southeast Asia. *Environ Sci Technol.* 2017; 51(3): 1467-1476.
20. Folino F, Buja G, Zanotto G, et al. Association between air pollution and ventricular arrhythmias in high-risk patients (ARIA study): a multicentre longitudinal study. *Lancet Planet Health.* 2017; 1(2): e58-e64.
21. Shah AS, Langrish JP, Nair H, et al. Global association of air pollution and heart failure: a systematic review and meta-analysis. *Lancet.* 2013; 382(9897): 1039-1048.
22. He D, Wu S, Zhao H, et al. Association between particulate matter 2.5 and diabetes mellitus: a meta-analysis of cohort studies. *J Diab Invest.* 2017; 8(5): 687-696.
23. Clifford A, Lang L, Chen R, Anstey KJ, Seaton A. Exposure to air pollution and cognitive functioning across the life course—a systematic literature review. *Environ Res.* 2016; 147:383-398.
24. Turner MC, Jerrett M, Pope CA III, et al. Long-term ozone exposure and mortality in a large prospective study. *Am J Respir Crit Care Med.* 2016; 193(10): 1134-1142.
25. Malley CS, Henze DK, Kuylenstierna JCI, et al. Updated global estimates of respiratory mortality in adults ≥30 years of age attributable to long-term ozone exposure. *Environ Health Perspect.* 2017; 125(8): 087021.
26. Atkinson RW, Butland BK, Dimitroulopoulou C, et al. Long-term exposure to ambient ozone and mortality: a quantitative systematic review and meta-analysis of evidence from cohort studies. *BMJ Open.* 2016; 6(2): e009493.
27. Ji M, Cohan DS, Bell ML. Meta-analysis of the association between short-term exposure to ambient ozone and respiratory hospital admissions. *Environ Res Lett.* 2011; 6(2).
28. Lelieveld J, Klingmüller K, Pozzer A, Burnett RT, Haines A, Ramanathan V. Effects of

fossil fuel and total anthropogenic emission removal on public health and climate. *Proc Natl Acad Sci.* 2019; 116(15): 7192–7197.

29. Smith KR, Woodward A, Campbell-Lendrum D, et al. Human health: impacts, adaptation, and co-benefits. In: Field CB, Barros VR, Dokken DJ, et al., eds. *Climate Change 2014: Impacts, Adaptation, and Vulnerability. Part A: Global and Sectoral Aspects. Contribution of Working Group II to the Fifth Assessment Report of the Intergovernmental Panel on Climate Change.* Cambridge, UK: Cambridge University Press; 2014:709–754.
30. Friel S, Bowen K, Campbell-Lendrum D, Frumkin H, McMichael AJ, Rasanathan K. Climate change, noncommunicable diseases, and development: the relationships and common policy opportunities. *Annu Rev Public Health.* 2011; 32:133–147.
31. Ryan B, Franklin RC, Burkle FM Jr., et al. Identifying and describing the impact of cyclone, storm and flood related disasters on treatment management, care and exacerbations of non-communicable diseases and the implications for public health. *PLoS Curr Disast.* 2015; 7.
32. Gasparrini A, Guo Y, Sera F, et al. Projections of temperature-related excess mortality under climate change scenarios. *Lancet Planet Health.* 2017; 1(9): e360–e367.
33. Obradovich N, Migliorini R, Mednick SC, Fowler JH. Nighttime temperature an human sleep loss in a changing climate. *Sci Adv.* 2017; 3(5): e1601555.
34. Cappuccio FP, Cooper D, D'Elia L, Strazzullo P, Miller MA. Sleep duration predicts cardiovascular outcomes: a systematic review and meta-analysis of prospective studies. *Eur Heart J.* 2011; 32(12): 1484–1492.
35. Obradovich N, Fowler JH. Climate change may alter human physical activity patterns. *Nat Hum Behav.* 2017; 1.
36. Biswas A, Oh PI, Faulkner GE, et al. Sedentary time and its association with risk for disease incidence, mortality, and hospitalization in adults: a systematic review and metaanalysis. *Ann Intern Med.* 2015; 162(2): 123–132.
37. Taylor RG, Scanlon B, Doll P, et al. Ground water and climate change. *Nat Clim Change.* 2013; 3(4): 322–329.
38. Talukder MR, Rutherford S, Huang C, Phung D, Islam MZ, Chu C. Drinking water salinity and risk of hypertension: a systematic review and meta-analysis. *Arch Environ Occup Health.* 2017; 72(3): 126–138.
39. Naser AM, Rahman M, Unicomb L, et al. Drinking water salinity, urinary macro-mineral excretions, and blood pressure in the southwest coastal population of Bangladesh. *J Am Heart Assoc.* 2019; 8(9): e012007.
40. Khan AE, Scheelbeek PF, Shilpi AB, et al. Salinity in drinking water and the risk of (pre) eclampsia and gestational hypertension in coastal Bangladesh: a case-control study. *PLoS One.* 2014; 9(9): e108715.
41. Wang Q, Li C, Guo Y, et al. Environmental ambient temperature and blood pressure in adults: a systematic review and meta-analysis. *Sci Total Environ.* 2017; 575: 276–286.
42. Battilani P, Toscano P, Van der Fels-Klerx HJ, et al. Aflatoxin B(1) contamination in maize in Europe increases due to climate change. *Sci Rep.* 2016; 6: 24328.

43. Tasian GE, Pulido JE, Gasparrini A, et al. Daily mean temperature and clinical kidney stone presentation in five U.S. metropolitan areas: a time-series analysis. *Environ Health Perspect.* 2014; 122(10): 1081-1087.
44. Wesseling C, Aragon A, Gonzalez M, et al. Kidney function in sugarcane cutters in Nicaragua: a longitudinal study of workers at risk of Mesoamerican nephropathy. *Environ Res.* 2016; 147: 125-132.
45. Lunyera J, Mohottige D, Isenburg MV, Jeuland M, Patel UD, Stanifer JW. CKD of uncertain etiology: a systematic review. *Clin J Am Soc Nephrol.* 2015; 11(3): 379-385.
46. Shoemaker JK, Schrag DP, Molina MJ, Ramanathan V. Climate change. What role for short-lived climate pollutants in mitigation policy? *Science.* 2013; 342(6164): 1323-1324.
47. United Nations. *World Urbanization Prospects: The 2014 Revision.* New York, NY: United Nations Department of Economic and Social Affairs. Population Division; 2015. ST/ESA/SER.A/366.
48. UN Department of Economic and Social Affairs. *World Urbanization Prospects: The 2014 Revision, Highlights.* New York, NY: UN Department of Economic and Social Affairs, Population Division; 2014.
49. Satterthwaite D. Editorial: why is urban health so poor even in many successful cities? *Environ Urban.* 2011; 23(1): 5-11.
50. Frumkin H, Frank LD, Jackson R. *Urban Sprawl and Public Health: Designing, Planning, and Building for Healthy Communities.* Washington, DC: Island Press; 2004.
51. Global Commission on the Economy and Climate. *Seizing the Global Opportunity: Partnerships for Better Growth and a Better Climate. The 2015 New Climate Economy Report.* New York, NY: New Climate Economy; 2015.
52. UN-Habitat. *Cities and Climate Change: Global Report on Human Settlements 2011.* London, UK: UN-Habitat and Earthscan; 2011.
53. Pincetl S. Cities in the age of the Anthropocene: climate change agents and the potential for mitigation. *Anthropocene.* 2017; 20(suppl C): 74-82.
54. Global urban ambient air pollution database. Geneva, Switzerland: World Health Organization; 2016. https://www.who.int/phe/health_topics/outdoorair/databases/cities/en/. Accessed April 2020.
55. Karagulian F, Belis CA, Dora CFC, et al. Contributions to cities' ambient particulate matter (PM): a systematic review of local source contributions at global level. *Atmos Environ.* 2015; 120: 475-483.
56. Leung DYC. Outdoor-indoor air pollution in urban environment: challenges and opportunity. *Front Environ Sci.* 2015; 2(69).
57. Sallis JF, Cerin E, Conway TL, et al. Physical activity in relation to urban environments in 14 cities worldwide: a cross-sectional study. *Lancet.* 2016; 387(10034): 2207-2217.
58. Warburton DER, Nicol CW, Bredin SSD. Health benefits of physical activity: the evidence. *CMAJ.* 2006; 174(6): 801-809.
59. Lear SA, Hu W, Rangarajan S, et al. The effect of physical activity on mortality and cardiovascular disease in 130 000 people from 17 high-income, middle-income, and

low-income countries: the PURE study. *Lancet.* 2017; 390(10113): p2643-2654.

60. Goodman A, Brand C, Ogilvie D. Associations of health, physical activity and weight status with motorised travel and transport carbon dioxide emissions: a cross-sectional, observational study. *Environ Health.* 2012; 11(1): 52.
61. Recio A, Linares C, Banegas JR, Diaz J. Road traffic noise effects on cardiovascular, respiratory, and metabolic health: an integrative model of biological mechanisms. *Environ Res.* 2016; 146: 359-370.
62. Lachowycz K, Jones AP. Greenspace and obesity: a systematic review of the evidence. *Obes Rev.* 2011; 12(5): e183e189.
63. Brown SC, Lombard J, Wang K, et al. Neighborhood greenness and chronic health conditions in medicare beneficiaries. *Am J Prev Med.* 2016; 51(1): 78-89.
64. Gascon M, Triguero-Mas M, Martinez D, et al. Mental health benefits of long-term exposure to residential green and blue spaces: a systematic review. *Int J Environ Res Public Health.* 2015; 12(4): 4354-4379.
65. Gascon M, Triguero-Mas M, Martínez D, et al. Residential green spaces and mortality: a systematic review. *Environ Int.* 2016; 86: 60-67.
66. Sunega P, Lux M. Subjective perception versus objective indicators of overcrowding and housing affordability. *J Housing Built Environ.* 2016; 31(4): 695-717.
67. Solari CD, Mare RD. Housing crowding effects on children's wellbeing. *Soc Sci Res.* 2012; 41(2): 464-476.
68. Evans GW, Lercher P, Meis M, Ising H, Kofler WW. Community noise exposure and stress in children. *J Acoust Soc Am.* 2001; 109(3): 1023-1027.
69. Ezeh A, Oyebode O, Satterthwaite D, et al. The history, geography, and sociology of slums and the health problems of people who live in slums. *Lancet.* 2017; 389(10068): 547-558.
70. Barrios S, Bertinelli L, Strobl E. Climatic change and rural-urban migration: the case of sub-Saharan Africa. *J Urban Econ.* 2006; 60(3): 357-371.
71. Warn E, Adamo SB. The impact of climate change: migration and cities in South America. *WMO Bull.* 2014; 63(2): 10-14.
72. Phelan PE, Kaloush K, Miner M, et al. Urban heat island: mechanisms, implications, and possible remedies. *Annu Rev Environ Res.* 2015; 40(1): 285-307.
73. Güneralp B, Güneralp İ, Liu Y. Changing global patterns of urban exposure to flood and drought hazards. *Global Environ Change.* 2015; 31: 217-225.
74. Orru H, Ebi KL, Forsberg B. The interplay of climate change and air pollution on health. *Curr Environ Health Rep.* 2017; 4(4): 504-513.
75. Giugni M, Simonis I, Bucchignani E, et al. The impacts of climate change on African cities. In: Pauleit S, Coly A, Fohlmeister S, et al., eds. *Urban Vulnerability and Climate Change in Africa: A Multidisciplinary Approach.* Cham, Switzerland: Springer International Publishing; 2015: 37-75.
76. Scovronick N, Lloyd SJ, Kovats RS. Climate and health in informal urban settlements. *Environ Urban.* 2015; 27(2): 657-678.
77. Smit W, Hancock T, Kumaresen J, Santos-Burgoa C, Sánchez-Kobashi Meneses R,

Friel S. Toward a research and action agenda on urban planning/design and health equity in cities in low and middle-income countries. *J Urban Health.* 2011; 88(5): 875-885.

78. Popkin BM, Adair LS, Ng SW. Global nutrition transition and the pandemic of obesity in developing countries. *Nutr Rev.* 2012; 70(1): 3-21.
79. Swinburn BA, Kraak VI, Allender S, et al. The global syndemic of obesity, undernutrition, and climate change: the Lancet Commission report. *Lancet.* 2019; 393: 791-846.
80. Popkin BM. Nutrition transition and the global diabetes epidemic. *Curr Diab Rep.* 2015; 15(9): 64.
81. Bouvard V, Loomis D, Guyton KZ, et al. Carcinogenicity of consumption of red and processed meat. *Lancet Oncol.* 2015; 16(16): 1599-1600.
82. Larsson SC, Orsini N. Red meat and processed meat consumption and all-cause mortality: a meta-analysis. *Am J Epidemiol.* 2014; 179(3): 282-289.
83. Anand SS, Hawkes C, de Souza RJ, et al. Food consumption and its impact on cardiovascular disease: importance of solutions focused on the globalized food system: a report from the workshop convened by the World Heart Federation. *J Am Coll Cardiol.* 2015; 66(14): 1590-1614.
84. Lloyd SJ, Kovats RS, Chalabi Z. Climate change, crop yields, and undernutrition: development of a model to quantify the impact of climate scenarios on child undernutrition. *Environ Health Perspect.* 2011; 119(12): 1817-1823.
85. de Onis M, Blossner M, Borghi E. Prevalence and trends of stunting among pre-school children, 1990-2020. *Public Health Nutr.* 2012; 15(1): 142-148.
86. Walker SP, Chang SM, Wright A, Osmond C, Grantham-McGregor SM. Early childhood stunting is associated with lower developmental levels in the subsequent generation of children. *J Nutr.* 2015; 145(4): 823-828.
87. Langley-Evans SC. Nutrition in early life and the programming of adult disease: a review. *J Hum Nutr Diet.* 2015; 28(s1): 1-14.
88. Heidari-Beni M. Early life nutrition and non communicable disease. *Adv Exp Med Biol.* 2019; 1121: 33-40.
89. Springmann M, Mason-D'Croz D, Robinson S, et al. Global and regional health effects of future food production under climate change: a modelling study. *Lancet.* 2016; 387(10031): 1937-1946.
90. Smith MR, Myers SS. Impact of anthropogenic CO_2 emissions on global human nutrition. *Nat Clim Change.* 2018; 8(9): 834-839.
91. Appel LJ, Sacks FM, Carey VJ, et al. Effects of protein, monounsaturated fat, and carbohydrate intake on blood pressure and serum lipids: results of the OmniHeart randomized trial. *JAMA.* 2005; 294(19): 2455-2464.
92. Smith MR, Myers SS. Global health implications of nutrient changes in rice under high atmospheric carbon dioxide. *GeoHealth.* 2019(ja).
93. Kadandale S, Marten R, Smith R. The palm oil industry and noncommunicable diseases. *Bull World Health Organ.* 2019; 97(2): 118-128.

94. Marlier ME, Liu T, Yu K, et al. Fires, smoke exposure, and public health: an integrative framework to maximize health benefits from peatland restoration. *GeoHealth.* 2019; 3(7): 178-189.
95. Koplitz SN, Mickley LJ, Marlier ME, et al. Public health impacts of the severe haze in Equatorial Asia in September–October 2015: demonstration of a new framework for informing fire management strategies to reduce downwind smoke exposure. *Environ Res Lett.* 2016; 11(9): 094023.
96. Schwingshackl L, Bogensberger B, Bencic A, Knuppel S, Boeing H, Hoffmann G. Effects of oils and solid fats on blood lipids: a systematic review and network meta-analysis. *J Lipid Res.* 2018; 59(9): 1771-1782.
97. Ismail SR, Maarof SK, Siedar Ali S, Ali A. Systematic review of palm oil consumption and the risk of cardiovascular disease. *PLoS One.* 2018; 13(2): e0193533.
98. Diamond ML, de Wit CA, Molander S, et al. Exploring the planetary boundary for chemical pollution. *Environ Int.* 2015; 78: 8-15.
99. Hou L, Zhang X, Wang D, Baccarelli A. Environmental chemical exposures and human epigenetics. *Int J Epidemiol.* 2012; 41(1): 79–105.
100. Taylor KW, Novak RF, Anderson HA, et al. Evaluation of the association between persistent organic pollutants(POPs) and diabetes in epidemiological studies: a nationa toxicology program workshop review. *Environ Health Perspect.* 2013; 121(7): 774-783.
101. Jaacks LM, Staimez LR. Association of persistent organic pollutants and non-persistent pesticides with diabetes and diabetes-related health outcomes in Asia: a systematic review. *Environ Int.* 2015; 76: 57-70.
102. Lee DH, Porta M, Jacobs DR Jr, Vandenberg LN. Chlorinated persistent organic pollutants, obesity, and type 2 diabetes. *Endocr Rev.* 2014; 35(4): 557–601.
103. Yang C, Kong APS, Cai Z, Chung ACK. Persistent organic pollutants as risk factors for obesity and diabetes. *Curr Diab Rep.* 2017; 17(12): 132.
104. Freeman MD, Kohles SS. Plasma levels of polychlorinated biphenyls, non-Hodgkin lymphoma, and causation. *J Environ Public Health.* 2012; 2012: 258981.
105. Gore AC, Chappell VA, Fenton SE, et al. EDC-2: the Endocrine Society's second scientific statement on endocrine-disrupting chemicals. *Endocr Rev.* 2015; 36(6): E1-e150.
106. Khan S, Cao Q, Zheng YM, Huang YZ, Zhu YG. Health risks of heavy metals in contaminated soils and food crops irrigated with wastewater in Beijing, China. *Environ Pollut.* 2008; 152(3): 686–692.
107. The most neglected threat to public health in China is toxic soil. *Economist.* 2017. http://www.economist.com/news/briefing/21723128-and-fixing-it-will-be-hard-and-costly-most-neglected-threat-public-health-china. Accessed April 2020.
108. Selin NE. Global biogeochemical cycling of mercury: a review. *Annu Rev Env Resour.* 2009; 34(1): 43–63.
109. Nordberg GF, Fowler BA, Nordberg M, eds. *Handbook on the Toxicology of Metals.* 4th ed. San Diego, CA: Academic Press; 2015.

110. Newbold T, Hudson LN, Arnell AP, et al. Has land use pushed terrestrial biodiversity beyond the planetary boundary? A global assessment. *Science.* 2016; 353(6296): 288–291.
111. Pimm SL, Jenkins CN, Abell R, et al. The biodiversity of species and their rates of extinction, distribution, and protection. *Science.* 2014; 344(6187).
112. Willett W, Rockström J, Loken B, et al. Food in the Anthropocene: the EAT-Lancet Commission on healthy diets from sustainable food systems. *Lancet.* 2019; 393 (10170): 447–492.
113. Afshin A, Micha R, Khatibzadeh S, Mozaffarian D. Consumption of nuts and legumes and risk of incident ischemic heart disease, stroke, and diabetes: a systematic review and meta-analysis. *Am J Clin Nutr.* 2014; 100(1): 278–288.
114. Aune D, Giovannucci E, Boffetta P, et al. Fruit and vegetable intake and the risk of cardiovascular disease, total cancer and all-cause mortality: a systematic review and doseresponse meta-analysis of prospective studies. *Int J Epidemiol.* 2017; 46(3): 1029–1056.
115. Wang X, Ouyang Y, Liu J, et al. Fruit and vegetable consumption and mortality from all causes, cardiovascular disease, and cancer: systematic review and dose-response metaanalysis of prospective cohort studies. *BMJ.* 2014; 349: g4490.
116. Miller V, Mente A, Dehghan M, et al. Fruit, vegetable, and legume intake, and cardiovascular disease and deaths in 18 countries (PURE): a prospective cohort study. *Lancet.* 2017; 390(10107): 2037–2049.
117. Boffetta P, Couto E, Wichmann J, et al. Fruit and vegetable intake and overall cancer risk in the European Prospective Investigation into Cancer and Nutrition (EPIC). *J Natl Cancer Inst.* 2010; 102(8): 529–537.
118. Rangel-Huerta OD, Gil A. Omega 3 fatty acids in cardiovascular disease risk factors: an updated systematic review of randomised clinical trials. *Clin Nutr.* 2018; 37(1): 72–77.
119. Lee JY, Sim TB, Lee JE, Na HK. Chemopreventive and chemotherapeutic effects of fish oil derived omega-3 polyunsaturated fatty acids on colon carcinogenesis. *Clin Nutr Res.* 2017; 6(3): 147–160.
120. Senftleber NK, Nielsen SM, Andersen JR, et al. Marine oil supplements for arthritis pain: a systematic review and meta-analysis of randomized trials. *Nutrients.* 2017; 9(1).
121. Yang Y, Kim Y, Je Y. Fish consumption and risk of depression: epidemiological evidence from prospective studies. *Asia Pac Psychiatry.* 2018; 10(4): e12335.
122. Grosso G, Micek A, Marventano S, et al. Dietary n-3 PUFA, fish consumption and depression: a systematic review and meta-analysis of observational studies. *J Affect Disord.* 2016; 205: 269–281.
123. Wu S, Ding Y, Wu F, Li R, Hou J, Mao P. Omega-3 fatty acids intake and risks of dementia and Alzheimer's disease: a meta-analysis. *Neurosci Biobehav Rev.* 2015; 48: 1–9.
124. Zhou Y, Tian C, Jia C. Association of fish and n-3 fatty acid intake with the risk of

type 2 diabetes: a meta-analysis of prospective studies. *Br J Nutr.* 2012; 108(3): 408–417.

125. Yang H, Xun P, He K. Fish and fish oil intake in relation to risk of asthma: a systematic review and meta-analysis. *PLoS One.* 2013; 8(11): e80048–e80048.

126. Smith MR, Singh GM, Mozaffarian D, Myers SS. Effects of decreases of animal pollinators on human nutrition and global health: a modelling analysis. *Lancet.* 2015; 386(10007): 1964–1972.

127. Golden CD, Allison EH, Cheung WW, et al. Nutrition: fall in fish catch threatens human health. *Nature.* 2016; 534(7607): 317–320.

128. Ohashi W, Fukada T. Contribution of zinc and zinc transporters in the pathogenesis of inflammatory bowel diseases. *J Immunol Res.* 2019; 2019: 8396878.

129. Ruz M, Carrasco F, Rojas P, Basfi-Fer K, Hernandez MC, Perez A. Nutritional effects of zinc on metabolic syndrome and type 2 diabetes: mechanisms and main findings in human studies. *Biol Trace Elem Res.* 2019; 188(1): 177–188.

130. Wiseman EM, Bar-El Dadon S, Reifen R. The vicious cycle of vitamin a deficiency: a review. *Crit Rev Food Sci Nutr.* 2017; 57(17): 3703–3714.

131. Shipton MJ, Thachil J. Vitamin B12 deficiency: a 21st century perspective. *Clin Med.* 2015; 15(2): 145–150.

132. Cherr GN, Fairbairn E, Whitehead A. Impacts of petroleum-derived pollutants on fish development. *Annu Rev Anim Biosci.* 2017; 5(1): 185–203.

133. Agyemang C, Meeks K, Beune E, et al. Obesity and type 2 diabetes in sub-Saharan Africans: is the burden in today's Africa similar to African migrants in Europe? The RODAM study. *BMC Med.* 2016; 14(1): 166.

134. Whitmee S, Haines A, Beyrer C, et al. Safeguarding human health in the Anthropocene epoch: report of the Rockefeller Foundation–Lancet Commission on planetary health. *Lancet.* 2015; 386(10007): 1973–2028.

135. Haines A, McMichael AJ, Smith KR, et al. Public health benefits of strategies to reduce greenhouse-gas emissions: overview and implications for policy makers. *Lancet.* 2009; 374(9707): 2104–2114.

136. Ürge-Vorsatz D, Herrero ST, Dubash NK, Lecocq F. Measuring the co-benefits of climate change mitigation. *Annu Rev Environ Res.* 2014; 39(1): 549–582.

8 환경 변화, 이주, 충돌과 건강

로렌 허저 리시 · 캐롤라인 키하토 · 레베카 로렌젠 · 하워드 프럼킨 · 사라 반스 지음
이연경 번역/ 정해관 감수

환경 변화는 사람들이 살아가는 기반 조건을 불안정하게 만들며, 사람들이 겪을 수 있는 가장 충격적인 경험인 이재이주*와 충돌의 원인이 될 수 있다. 이 장은 허리케인, 쓰나미, 산사태, 홍수 등과 같이 갑작스럽게 발생하는 사건부터 가뭄, 사막화, 해수면 상승, 침식, 토지 황폐화와 같이 서서히 발생하는 사건에 이르기까지 여러 가지 형태의 환경 파괴가 이주와 충돌, 건강에 미치는 영향을 살펴본다.

이주와 충돌은 모두 여러 가지 원인이 복합적으로 작용하는 복잡한 현상이다. 이 두 가지 결과가 순전히 환경 변화에 의해서만 초래되는 경우는 거의 없지만, 역사적 사례에서 현대의 비극에 이르기까지 환경적 압력은 인구 및 경제적 스트레스 요인, 열악한 거버넌스 및 인프라, 기타 문제를 증폭시켜 이주, 충돌 중 하나 혹은 두 가지 모두를 초래할 수 있다는 점을 분명히 보여준다. 따라서 이러한 전 세계적 차원의 과제를 논의할 때 환경을 반드시 고려하여야 한다.

---

* 이주 용어 사전(국제이주기구, 2판)을 참조하여 번역함 _옮긴이 주

이 장에서는 먼저 환경 변화와 그것이 이주와 충돌에 미치는 영향에 대한 몇 가지 역사적, 동시대적 사례를 살펴보고, 우리의 지식이 어떻게 이러한 현상을 예측하는 데 도움이 될 수 있을지, 이로 인해 발생한 피해를 줄이고 충돌과 이주가 발생했을 때 어떻게 회복탄력성과 복구를 지원할 수 있을지를 고려하면서 이주와 충돌에 대해서 설명하고자 한다.

환경 변화, 이주, 충돌: 과거 및 현재의 사례

최근 들어 환경 변화(특히, 기후변화)와 이주, 충돌, 건강 사이의 연관성을 연구하는 다양한 사례 연구가 늘어나고 있다.[1-3] 이 장에서는 고대에서 현재에 이르기까지 관련된 사례 중 여섯 가지 복합적 사례를 소개한다.

선대 푸에블로족

푸에블로족('아나사지족'이라고도 함)의 조상들은 3000여 년 전부터 미국 남서부의 포코너스* 지역 근처에 거주해 왔다. 서기 700년경부터 수 세기 동안 비가 고르게 내린 덕분에 농업이 활성화되어 인구는 증가하고 문명이 번성하였으며, 수백 킬로미터의 도로로 연결된 광범위한 정착지에는 최대 5층 높이에 달하는 석조 구조물도 있었다. 그러나 이 문명은 서기 1200년경 이후 치열한 전투로 인해 정착지를 버리고 뿔뿔이 흩어져버렸다. 고고학자들 사이에 이 원인에 대해 의견이 분분하다. 13세기 말 이 지역에 심각한 가뭄이 장기간 지속되었고 광범위한 삼림 벌채가 이루어졌다고 알려졌으며,[4] 이로 인한 자원 고갈이 충돌과 최종적으로는 이주에 기여한 것으로 생각된다. 11세기 마야 문명의 몰락도 비슷한 요인이 작용한 것으로 추정된다.[5]

* 미국 남서부의 유타, 콜로라도, 애리조나, 뉴멕시코 4개 주가 맞닿아 있는 지역 _옮긴이 주

아일랜드 감자 기근

아일랜드의 감자 기근은 아일랜드 역사상 가장 큰 재앙 중 하나이다. 감자는 아일랜드 토양에서 쉽게 자라는 데다 칼로리가 높아 18세기 후반까지 아일랜드 전역에서 주식 작물로 자리 잡았다. 1840년대 초, 멕시코에서 유래한 것으로 추정되는 감자 역병의 원인인 *난균류(Phytophthora infestans)* 물곰팡이가 유럽에 도착했다. 1845년 아일랜드의 춥고 습한 환경에서 이 질병은 급속하게 확산되었고, 이로 인해 전국적으로 감자 농사가 망해버렸다.[6] 식량을 감자라는 단일 작물에 과도하게 의존한 것에 더하여 영국 정부의 비인도적인 정책 등 여러 요인이 이 질병의 영향을 증폭시켰다. 그 결과 이 대기근으로 인해 대규모의 아사자가 발생하여 약 100만 명이 사망하였으며 약 200만 명이 이민을 떠난 것으로 추산된다. 대기근 이전 아일랜드 인구는 800만 명이었는데, 이후 현재까지도* 그 수준으로 회복되지 않았다.[7]

오클라호마 모래폭풍(황진)

1930년대를 앞두고 미국 남부 대평원 지역에서 기술적 발전(트랙터 대량생산)과 제1차 세계대전 중 밀 가격 상승에 힘입어 기계화 농업이 폭발적으로 증가했다. 불모지이던 광대한 건조한 초지가 경작지로 바뀌었다. 이 과정에서 표토를 깊게 갈아엎으면서 오랜 세월 동안 풀의 뿌리가 하던 토양을 안정시키고 수분을 머금는 역할이 사라졌다. 그 시대의 일반적인 농업 기법이었던 토지를 휴경기 전에 갈아엎는 작업은 비가 토양에 더 잘 스며들고 더 오래 남게 한다는 믿음에서 나온 것이었다. 그러나 당시의 이러한 농법은 오히려

* 원저의 참고 논문 발표 시기는 2001년이며, 2022년 아일랜드 통계청 발표 인구수는 약 510만 명으로 아직도 800만 명에 못 미친다(Ireland Central Statistics Office. https://www.cso.ie/en/statistics/population/censusofpopulation2022/censusofpopulation2022-summaryresults/ _옮긴이 주

그림 8.1 1930년대 모래 폭풍(황진) 시대의 이재민을 담은 상징적인 사진.
자료: Dorothea Lange/Library of Congress

토양을 건조하게 했고 바람이 표토의 미세먼지를 휩쓸도록 했다.[8] 대규모 먼지 폭풍으로 하늘은 어둑어둑해졌고 막대한 양의 표토가 유실되었다. 1929년 대공황이 닥쳤을 때, 낮은 수익률로 농사를 지어오던 농부들은 토지에서 내쫓겼고, 수분이나 농토를 유지할 수 없는 먼지투성이의 방치된 토지들만 남게 되었다.[9] 먼지 폭풍과 가뭄은 대평원 기후대의 오랜 특징이었지만,[10] 당시의 농작 관행과 경제적 추세가 겹쳐져 전형적인 가뭄을 환경 위기로 고조시켰다.[11] 이에 광범위한 재정 파탄이 뒤따랐다. 추산에 의하면 1930년대에 약 350만 명의 사람들이 오클라호마주와 대평원의 다른 주들을 떠나는, 미국 역사상 가장 큰 규모 중 하나에 해당하는 국내 이동이 일어났다(**그림 8.1**).

다르푸르 충돌

다르푸르 지역은 수단 서부의 산악 지대와 건조한 고원 지역으로, 스페인과 맞먹는 면적을 가지고 있는데, 이 지역의 강우 양상은 매우 변동이 심하다.

그림 8.2 다르푸르 충돌로 발생한 200만 명 이상의 이재민. 수단과 차드에서 이와 같은 대규모 난민 캠프가 생겨나면서 복잡한 인도주의적 재앙이 대두됨.
자료: Daniel Dickson(EC/ECHO), CC BY-SA 2.

다르푸르의 인구는 20세기 후반과 21세기 초에 걸쳐 빠르게 증가하여 1973년 130만 명에서 2008년에 750만 명이 되었다. 1960년대까지 충분했던 강우량은 점차 건조한 환경으로 변화하였고, 1970년대부터 시작된 장기간의 가뭄으로 이어졌다. 이러한 변화는 기후변화로 인해 더욱 심화되었을 가능성이 높다.[12,13] 이러한 변화가 오랜 기간 지속되면서 다르푸르에서 아프리카계 농부와 아랍계 유목민 간의 토지 쟁탈전이 발생하였다. 2003년에 발발한 전쟁은 10년 이상 계속되어 약 30만 명이 사망한 것으로 추산되고 있으며,[14] 이 중 상당수가 기아로 사망했다. 이 충돌로 인해 200만 명 이상의 사람들이 수단 내에서 이재이주하였으며, 일부는 차드와 같은 이웃 국가로 이주함으로 인해 차드는 21세기 초반 세계적으로 가장 심각한 인도적 위기에 처한 지역 중 하나가 되었다(**그림 8.2**). 다르푸르 사태는 "최초의 현대적 기후변화 충돌"[15]로 불리며 환경적 스트레스 요인이 충돌과 인구 이동에 기여하는 대표적인 사례로 자주 언급된다. 예를 들어 유엔환경계획(UN Environment Program)은 다르푸르에서 "토지 황폐화, 사막화, 충돌 사이에 매우 강력한 연관성"이 있다고 결론지었다.[16] 그러나 연구자들은 기후와 충돌의 연관성에 대한 과도한 결정론적 관점에 대해 경고하였다.[17] 기상 기록에 따르면 충돌 직전 몇 년 동안의 강우량은 평균 이상이었으며, 가장 심각한 가뭄은 충돌이 시작되기 20~30년 전에 발생했다.[18,19] 아마도 더 중요한 것은 카르툼 지역을 기반으로 한 수단 정부의 전통적인 토지 소유 체계 해체 등 다른 많은 요인이 큰 역할을 했다는 것이다. 따라서 충돌의 원인을 단순히 기후변화로 돌리는 것은 수단 정부의 충돌에 대한 책임을 면제한다는 비판을 받는다. 가뭄이 충돌에 기여한 것은 사실이지만, 그 작용 경로는 복잡하고 다양한 요인에 의한다.[19-21]

중미 지역 이주

2016년 이전 10년 동안 미국으로의 불법 이민은 전반적으로 감소했지만, 같은 기간 동안 중미의 북부 삼각지대로 불리는 과테말라, 온두라스, 엘살바도르를 중심으로 한 국가로부터의 불법 이민은 37만 5000명 증가했는데,[22] 가장 극적인 사례는 2018년 말 일어났다. 수천 명의 중미 국가 이민자들이 미국을 향하여 출발하였다. 이 '카라반'의 일부 가족들과 보호자 없는 어린이들이 미국-멕시코 국경에 도착하기 위해 2500마일(약 4000km)을 걸어서 도착하면서 전 세계의 이목을 집중시켰다. 이 이주의 주요 원인으로 폭력, 마약 카르텔, 빈곤, 정부 불안정 등이 일반적으로 거론되었지만, 언론은 두 가지 환경적 요인의 영향을 간과했다. 첫째, 2011년에 시작된 *커피 녹병*(*Hemileia vastatrix*)의 발생으로 인해 중남미 전역, 특히 중미 지역의 농작물 피해가 컸다.[23] 온난화로 인해 이 커피 녹병균의 번식 지역은 확대되었고 이전보다 더 높은 고도에서도 번식할 수 있게 되었다. 둘째, 2015년 엘니뇨로 인해 극심한 가뭄이 발생하여 농업 피해가 커졌다. 170만 명 이상의 커피 노동자가 일자리를 잃었고, 이로 인한 재정적 손실은 약 32억 달러에 달했다. 이는 농업에 크게 의존하던 국가 경제에 심각한 타격을 입혔다. 이 두 가지 사건은 내재한 사회적, 경제적 긴장을 증폭시켜 이주에 대한 압박을 가중시켰다.

체서피크만

버지니아 연안의 작지만 역사적으로 중요한 탠지어 제도는 이미 기후변화의 영향에 직면하고 있다. 체서피크만의 버지니아 지역에서 사람이 거주하는 가장 끝의 이 저지대 섬에는 2010년 인구조사 당시 727명이 거주하였다. 해수면 상승과 해안 침식으로 인해 탠지어 제도 중 하나인 어퍼즈섬은 버려졌다.[25] 2015년 미 육군 공병대의 조사에 따르면, 이르면 2040년에 본섬을 버려야 할 수도 있다고 예측했다.[26] 체서피크만의 다른 섬들의 과거 사례를 보면 인구가 지역사회 서비스를 지원하고 유지하는 데 필요한 임계 숫자 아래로 내려가면 섬이 물리적으로 거주할 수 없게 되기 전에 주민들이 섬을 버릴 수 있음을 시사한다.[27] 현지 주민들은 기후변화가 1850년 이후 섬 면적 감소(3분의 2 이상 감소)의 원인이라는 점을 인정하지 않으면서, 섬을 보호하기 위해 방파제 건설이 필요하다고 주장한다.[28,29] 이는 거주지를 떠나고 싶어 하지 않는 고위험 해안지역 주민들이 직면한 어려운 결정을 내려야 하는 현실을 잘 보여준다.

환경 변화, 이주, 충돌: 핵심 개념

위의 사례에서 알 수 있듯이 환경 변화는 인구 이동 및 무력 충돌과 연관될 수 있다. 몇 가지 차이점이 중요하다.

하나는 이주 또는 갈등의 기본적인 선행요인인 일차 요인과 이를 촉발시키는 사건인 이차 요인 사이의 차이이다. 일차 요인은 인구통계학적 변화나 경제성장 패턴과 같은 장기적인 구조적 요인이다. 이러한 요인은 독립적으로 대규모 이재이주나 무력 충돌을 일으키지는 않지만 다른 유형의 충격이 발생할 수 있는 기반을 마련한다.[30] 이차 요인은 이주나 무력 충돌을 촉발하는 사건이다. 여기에는 열악한 정부, 빈곤, 불평등, 실업, 정치적 불안정 등이 포함

된다. 환경 변화도 종종 이 범주에 속한다.[31]

관련된 다른 구별점은 이주와 충돌을 유발하는 점진적인 환경 동인과 급격한 환경 동인 요인으로 구분할 수 있다. 급격한 동인에는 허리케인, 쓰나미, 산사태, 홍수 등의 자연재해와 환경재난이 포함된다. 반면 점진적 발생 동인은 가뭄, 사막화, 해수면 상승, 침식, 토지 황폐화 등으로 수 년에 걸쳐 발생한다. 갑작스럽게 발생한 재해의 최근 사례로 2005년 허리케인 카트리나와 2017년 허리케인 마리아가 있다. 뉴올리언스를 내습한 허리케인 카트리나는 도시의 약 75%를 침수시켰으며, 도시 인구의 절반 이상인 약 25만 명, 걸프 해안 지역에서 100만 명에 달하는 이재민을 발생시켰다.[32] 푸에르토리코에서 발생한 허리케인 마리아는 섬을 황폐화시키고 필수 인프라의 대부분을 파괴했다. 푸에르토리코 전역에서 약 3000명이 넘는 사망자가 발생하였고,[33] 인구의 10%가 넘는 약 40만 명이 섬을 떠난 것으로 추정된다.[34] 이와 대조적으로 푸에블로족과 중미 원주민의 이주는 점진적 환경 동인에 의해 발생한 이주의 사례이며, 다르푸르 충돌은 점진적 동인에 의해 발생한 충돌의 예시이다.

이주: 배경

이주는 인류 삶의 오랜 특징 중 하나이다. 연구자들은 사람들의 이주 결정에 영향을 미치는 다섯 가지 요인으로 경제적, 정치적, 사회적, 인구통계학적, 환경적 요인을 꼽는다.[31] 경제적 요인에는 빈곤, 소득 변동, 임금 격차 등이 있으며, 이러한 요인들은 사람들이 경제적 기회가 적은 지역에서 더 많은 기회가 있는 지역으로 이주하도록 유도할 수 있다. 정치적 요인에는 부패하고 제 기능을 못하는 정부, 정치적 불안정, 충돌이 포함된다. 사회적 요인에는 결혼 준비금 또는 지참금, 교육, 해외 이주자들의 고국 공동체 모임 참가 등과 같은 가족 및 문화적 규범이 포함된다. 인구통계학적 요인으로는 출신 지역의 인구 증가로 인한 기회 부족이나 이주 지역의 인구 고령화로 인한 고용 기회 창출 등이 있다. 환경적 요인으로는 해수면 상승이나 심한 폭풍과 같

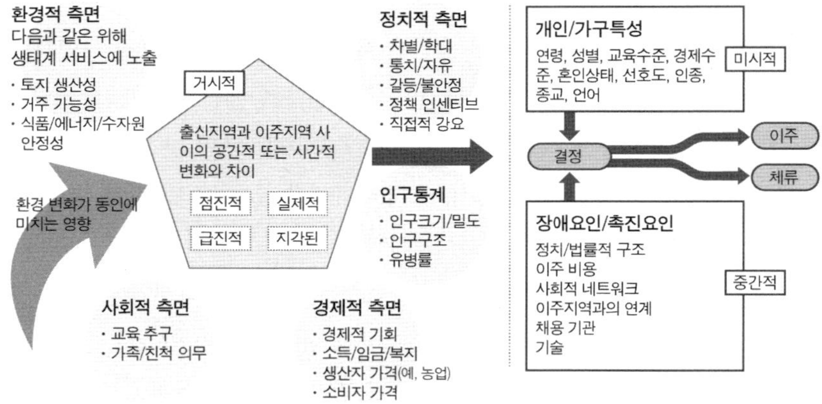

그림 8.3 이주의 동인. 환경적 요인은 사회적, 정치적, 경제적 요인과 상호작용하여 가구의 이주에 대한 결정을 유도하며, 이러한 요인들은 복잡한 방식으로 상호작용한다*.

자료: The Government Office for Science, London. *Foresight: Migration and Global Environmental Change: Final Project Report*. 2011. https://assets.publishing.service.gov.uk/government/uploads/attachment_data/file/287717/11-1116-migration-and-global-environmentalchange.pdf

은 재난, 가뭄이나 토양 황폐화와 같은 생태계 위험 등이 있으며, 앞서 본 것과 같이 이주의 환경적 동인은 갑작스럽게 또는 점진적으로 발생할 수 있다. 이주의 동인이 서로 상호작용하므로 복잡성이 더 커진다(**그림 8.3**). 예를 들어, 환경 악화는 빈곤으로 이어지고, 빈곤은 다시 이주를 촉진할 수 있다. 이러한 복잡성을 고려할 때 이주의 동인을 파악하는 것은 어려울 수 있으며, 학자마다 주로 자신의 전문 분야에 초점을 두어 접근 방식이 다르다. 인구학자는 인구 구조를 중심으로, 경제학자는 빈곤과 소득 불평등을 중심으로, 지리학자는 환경 변화에 중점을 두어 연구할 수 있다.

세계적으로 해외 이민자 수는 2000년 1억 7300만 명에서 2010년 2억

---

* 옮긴이 주_ "생태계서비스"는 인간이 생태계로부터 얻는 다음의 어느 하나에 해당하는 혜택을 말한다(「생물다양성 보전 및 이용에 관한 법률」 제2조제10호).
- 식량, 수자원, 목재 등 유형적 생산물을 제공하는 공급서비스
- 대기 정화, 탄소 흡수, 기후 조절, 재해 방지 등의 환경조절서비스
- 생태 관광, 아름답고 쾌적한 경관, 휴양 등의 문화서비스
- 토양 형성, 서식지 제공, 물질 순환 등 자연을 유지하는 지지서비스

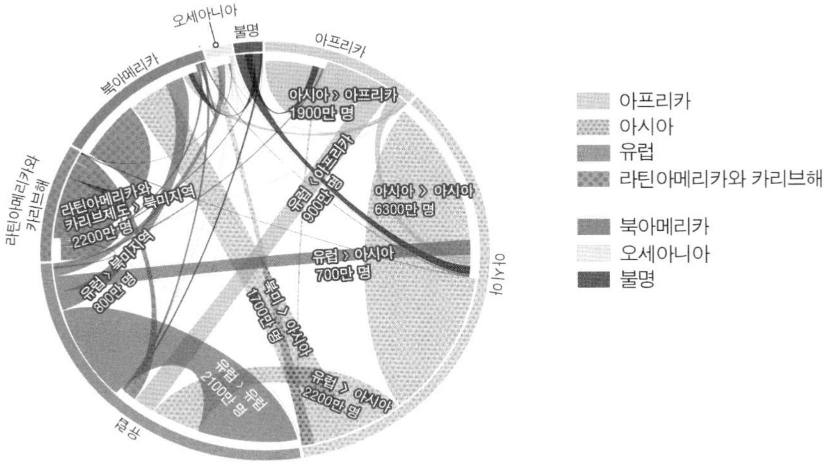

그림 8.4 출신 지역과 도착 지역별로 분류한 국제 이민자 현황, 2017년. 미국과 캐나다는 북아메리카에 포함, 멕시코는 라틴아메리카 및 카리브해에 포함

자료: United Nations Department of Economics and Social Affairs. *International Migration Report 2017*. ST/ESA/SER.A/403. New York, NY: UNDESA; 2017

표 8.1 세계 지역별 인구 대비 국제 이민자 수 및 이민 목적지 비율(2017)

지역	인구 (백만 명)	이민을 떠난 인구 (출국자)		이민을 온 인구 (입국자)	
		인구 (백만 명)	이민을 떠난 인구 비율	인구 (백만 명)	이민자 비율
아프리카	1,256	36	2.9%	25	2.0%
아시아	4,504	106	2.4%	80	1.8%
유럽	742	61	8.3%	78	10.5%
라틴아메리카 및 카리브해	646	38	5.8%	10	1.5%
북미	361	4	1.1%	58	16.0%
대양주	41	2	4.6%	8	20.7%
모름	해당 없음	11	해당 없음	해당 없음	해당 없음
전 세계	7,550	258	3.4%	258	3.4%

주: 각 칸의 합계는 반올림한 수치이므로 전 세계 칸의 수치와 다를 수 있음.

자료: UNDESA. *International Migration Report 2017*. New York, NY: United Nations Department of Economic and Social Affairs; 2017. https://www.un.org/en/development/desa/population/migration/publications/migrationreport/docs/Migrationreport2017_Highlights.pdf.

2000만 명으로 늘어났고, 2017년에는 2억 5800만 명에 달했다. 인구 대비 해외 이민자 수가 가장 많은 지역은 유럽이며, 그 다음으로 중남미와 카리브해, 아프리카, 아시아 순이다(**표 8.1** 및 **그림 8.4**). 최근 몇 년간 남쪽에서 북쪽으로의 이동(특히 미국-멕시코 국경 및 유럽에서)이 주목 받고 있지만, 대부분의 이동은 남쪽에서 남쪽으로 이루어졌고, 그 대부분은 동일한 지역권 내 국가 간 이주이다. 아프리카와 아시아에서는 전체 해외 이민자의 80%가 거주지와 동일한 지역권에서 태어났다.[35] 유럽 이민자 중 유럽 출신자 수는 아프리카와 아시아 출신자 수를 합친 것보다 더 많다. 이는 일부 부유한 국가들에서 일반적으로 받아들여지고 있는 것처럼 남반구에서 북반구로 대규모 이주가 있었다는 인식이 타당하지 않음을 보여준다.[36]

이주와 환경 변화

역사적으로 보았을 때 가뭄과 토양 소실과 같은 환경적 압박은 인류의 이동에 영향을 미쳤다. 구약성서에 따르면 4000년 전 가나안에서 장기간 지속된 가뭄과 기근으로 야곱과 그의 아들들이 이집트로 이주하게 된 과정이 묘사되어 있다. 앞서 설명한 것처럼 1930년대 모래폭풍(황진) 시대의 가뭄, 바람, 부실한 토양 관리로 350만 명의 미국인이 주거지를 떠나야 했다.

인류세에 들어와서는 이주의 잠재적 동인이 가뭄과 해수면 상승에 그치지 않아, 꽃가루 매개자 감소, 심한 폭풍, 폭염, 토양 유실 등이 이주를 촉진하는 또 다른 요인으로 작용할 수 있다. 연구에 의하면 멕시코의 농작물 수확량이 줄어들면 미국으로의 이주를 촉진하고,[37] 사하라 사막 이남 아프리카의 기상 이변으로 농촌에서 도시로의 이주가 일어난다.[38] 파키스탄[39]과 인도네시아에서는 열 스트레스가 사람들을 삶의 터전으로부터 떠나게 만든다.[40] 최근의 평가에 따르면 기후변화가 베트남 메콩강 삼각주, 모잠비크 림포포 강변, 알래스카 해안, 내몽골 자치구, 카터레 제도에서 파푸아뉴기니 부갱빌섬으로의 정착을 촉진하고 있다고 한다.[40,41] 그러나 환경이 독립적으로 이주의 동인

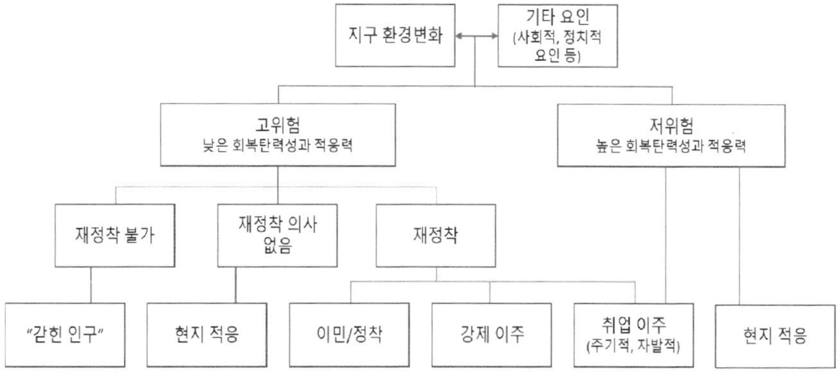

그림 8.5 지구환경 변화 및 관련 동인에 따른 이주 양상
자료: Adapted fromBrzoska M, Fröhlich C. Climate change, migration and violent conflict: vulnerabilities, pathways and adaptation strategies. *Migr Dev.* 2016; 5(2): 190-210.

으로 작용하지 않으며 다른 요인들의 역할도 고려해야 한다(그림 8.3 참조). 예를 들어, 재정착 결정은 이주 수용 지역의 사회적 네트워크, 이주 수용 지역의 이주민에 대한 정부 정책 및 현지 적응 또는 재건을 위해 제공되는 지원 수준에 영향을 받는다.

환경적 요인에 따라 발생하는 몇 가지 이주 양상을 **글상자 8.1** 및 **그림 8.5**에 분류하였다.[42] **그림 8.5**의 오른쪽 하단에는 환경 변화로 인해 원거주지에서 생계가 어려워져 다른 곳에서 더 나은 기회를 찾는 '생태-경제적 이주자'로 불리는 '노동 이주'를 보여준다. 이러한 종류의 이주는 가족 구성원 중 한 명만 참여하는 경우가 많고, 대부분 일시적 이주(계절적 또는 장기적)이며, 고향으로 송금하는 경우가 많다. '노동 이주' 왼쪽에는 재난이나 더 이상 살기 어려운 상황에서 그 지역을 떠나는 '강제 이주'가 있다. 이러한 이주자들은 일반적으로 생활이 가능한 가장 가까운 곳, 즉, 원조가 제공되거나 친척이 살고 있는 곳으로 주로 이동한다. 이들은 출신 지역에 정착하는 경향이 있다. 특히, 급격한 환경 변화는 일반적으로 단기간의 단발성 이주를 야기하며,[43,44] 이들은 여건이 허락하는 즉시 고향으로 돌아가는 경향이 있다.[36] 그 왼쪽의

글상자 8.1 이재이주(displacement) 관련 용어 정의

- **이주자:** 원래 거주지가 아닌 다른 장소에 새로운 (반)영구적 거주지를 마련한 사람
- **강제(또는 비자발적) 이주자:** 자연적 또는 인위적 환경 재난, 기근, 개발프로젝트, 인신매매 및 밀수 등으로 원래 살던 곳을 떠나 다른 피난처를 찾아야 하는 사람
- **불법(또는 미등록, 미승인) 이주자:** 입국 방식에 관계없이 수용국의 이민법에 부합하지 않는 사람
- **국내 이재민(Internally displaced person):** 무력 충돌, 폭력, 인권 침해 또는 재해로 인해 어쩔 수 없이 원래 거주지를 떠난 사람이나, 국경을 넘지 않은 경우
- **난민:** 인종·종교·국적·특정 사회집단 소속 또는 정치적 견해 등 합리적 이유로 박해를 받아 자신의 국가를 떠날 수밖에 없는 사람으로, 이주 수용국에서 난민 지위를 부여 받은 사람. 1951년 제네바 난민 협약에 따라 법적으로 인정된 경우
- **비호신청자(Asylum seeker):** 1951년 제네바 난민 협약에 따라 난민으로 보호받기 위해 수용국의 이민 당국에 난민 보호 신청을 하고 지위 판단을 기다리고 있는 사람
- **환경 이주자(또는 기후 이주자):** 단기적·장기적 환경 파괴로 인해 거주지를 떠난 사람. 환경 파괴가 주요 결정 요인이 아닌 경우 이 용어를 적용할 것인지에 대해서는 논쟁의 여지가 있다.[a]
- **관리된 이주(managed retreat):** 해수면 상승 등 위험 요인에 의해 심각한 영향을 받기 이전에 위험 지역(일반적으로 해안 지역)의 지역사회 및 기반시설을 다른 지역으로 계획적으로 이주하여 재정착시키는 경우[b]
- **재난·이재이주 플랫폼(Platform on Disaster Displacement):** 재해 및 기후변화의 맥락에서 국경을 넘어 이재이주하는 사람들을 보호하기 위한 자발적 다국적 및 시민사회의 활동. 난센 이니셔티브(Nansen Initiative)의 후속사업으로 2016년에 시작됨

Adapted from 'Urquia MI, Gagnon AJ. Glossary: migration and health. J Epidemiol Community Health. 2011; 65: 467-472'.

참고 자료

a. Dun OV, Gemenne F. Defining "environmental migration." *FMR*. 2008: 10-11.
b. Hino M, Field CB, Mach KJ. Managed retreat as a response to natural hazard risk. *Nat Clim Change*. 2017; 7(5): 364.

다음 양상은 '이재이주/재정착'이다. 이는 앞서의 예시와 같이 해안 지역이나 작은 섬에서 더 이상 생활방식을 유지할 수 없는 사람들이 영구적으로 이주한 경우이다. 마지막으로 맨 왼쪽 하단은 떠날 수 있는 능력이나 자원이 없는 사

람들, 이른바 '갇힌 인구'이다. 그 오른쪽은 이주할 수 없거나 이주할 의사가 없어 거주지에 남아 최선을 다해 대처하는 사람들을 가리키는 '현지 적응'이다.

사람들은 자신의 사회적 관계망과 견고하게 엮어져 있다.[45] 이러한 사회적 관계망은 이주를 결정하는 데 큰 역할을 한다. 지역사회와 문화가 이주를 긍정적으로 받아들이는 곳에서만 환경 변화로 인해 어려움을 겪는 사람들이 이주에 대해 고려하기 시작할 가능성이 높다.[46]

경제적 수준도 이주의 중요한 결정 요인이다. 빈곤층은 가용 자원이 풍부한 사람들 보다 이주할 수 있는 능력이 떨어진다. 빈곤은 단기 및 장기적 환경 스트레스에 대한 취약성을 증가시키고 지역사회의 적응 능력을 제한한다. 또한, 변화에 대응하여 이주하는 능력도 제한하여 그 자리에서 벗어나기 힘들게 한다(**그림 8.6**).[47] 예를 들어, 아프리카의 농부들은 일반적으로 토양이 척박해지면 다른 곳에서 일자리를 찾기 위해 이주하지만, 우간다 농부들을 대상으로 한 연구에 따르면 토양이 척박해지면 오히려 이주가 줄어드는데, 이는 가족 구성원 중 일부를 다른 곳에 일자리를 찾도록 보낼 경제적 여건을 갖추지 못하기 때문이다.[48]

이주자들은 종종 출신 지역사회와 관계를 유지한다. 한 가지 연결 고리는 송금으로, 이는 출신 지역사회의 회복력을 높이는 데 도움이 될 수 있다.[49] 또 다른 연결 고리는 사회적 관계로, 이주지에 가족이나 친구가 있으면 이주가 필요한 지역사회 구성원의 추가적 이주를 촉진할 수 있다.[2] 이주한 지역과 출신 지역사회 간 이주자 네트워크 형태의 사회적 자원은 가족이나 지역사회의 적응 능력을 강화할 수도 있다. 예를 들어, 모래폭풍(황진) 이민자를 대상으로 한 연구에 따르면, 고용 및 주거 기회에 대한 정보를 제공받을 수 있는 사회적 관계망을 가진 사람들이 경제적·사회적 자원이 거의 없는 사람들보다 더 잘 적응하는 것으로 나타났다. 후자의 범주에 속하는 사람들은 철도, 고속도로, 강 등을 따라 있는 취약한 지역의 허술한 주택에 정착하는 경우가 많다.[50]

빈곤은 또한 강제 이주 후 고향으로 돌아갈 수 있는 능력을 제한할 수 있다. 예를 들어, 허리케인 카트리나가 뉴올리언스를 강타했을 때 많은 아프리

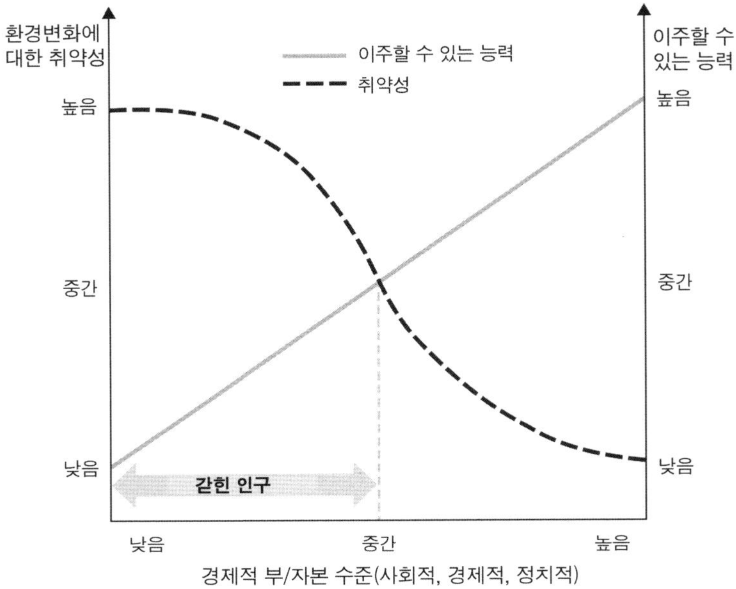

그림 8.6 **빈곤의 기후변화에 대한 취약성: "갇힌 인구" 현상. 자원이 적은 사람들(그래프의 왼쪽)은 환경 변화로 인한 두 가지 위험, 즉 환경 위험이 증가하는 지역에서 벗어날 수 있는 재정 능력의 부족과 제한된 자원으로 인해 환경 변화에 대한 높은 취약성에 직면한다. 이러한 인구집단은 환경 변화에 취약한 지역에 갇힐 가능성이 높다.**

자료: The Government Office for Science, London. *Foresight: Migration and Global Environmental Change: Final Project Report*. 2011. https://assets.publishing.service.gov.uk/government/uploads/attachment_data/file/287717/11-1116-migration-and-global-environmentalchange.pdf

카계 미국인은 도시의 저지대에 거주했다. 이들의 집은 더 많은 피해를 입었으며, 재건할 수 있는 자원이 부족하다는 두 가지 문제에 직면하여 많은 사람들이 재난 이후에도 그들이 살던 도시로 돌아갈 수 없었다.[51]

이주는 최후의 수단이어서, 일종의 실패로 인식될 수도 있고, 긍정적으로는 적응의 한 형태로 볼 수도 있다. 특히, 계획적이고 잘 관리된 재정착은 사람들을 취약한 상황에서 보다 안전한 장소로 이동시킬 수 있다.[47,52,53] 사전 계획된 인구집단의 재정착을 '관리적 이주(managed retreat)'라고 한다(이 용어가 패배를 의미할 수 있어 논란의 여지가 있으며, 덜 논쟁적인 동등한 용어로는 계획된 재정착과 관리된 재배치*가 있음).[54] 그러나 이러한 형태의 관리된 이주는 규모가 작은 해안지역이나 일부 섬지역에 거주하는 인구들을 대상으로 시행된 경우가 있으나, 대규모 해안 도시와 같은 큰 집단에서는 고려하기 힘들다(아주 드물다).[55]

이주는 적응의 실질적인 형태로 볼 수도 있지만, 오히려 부적응으로 볼 수도 있다. 부적응은 적어도 두 가지 방식으로 발생할 수 있다. 첫째, 경제적으로 활동력 있는 젊은 인구가 가뭄과 같이 환경적으로 압박을 받는 지역을 떠날 경우, 당초 지역사회는 보다 회복력이 떨어지고 기술과 지식의 부족으로 농작물을 재배하고 수확하는 능력이 떨어질 수 있다.[56] 둘째, 실망스럽게도 환경적인 압박으로 인하여 농촌에서 도시로 이주하면서 위험이 더 큰 지역으로 이주할 수 있다.[57] 제13장에서 본 것처럼, 많은 도시가 해수면 상승, 악천후, 폭염과 같은 위험에 매우 취약하다.

일부 연구자들은 진행되고 있는 지구환경 변화, 특히 기후변화로 인해 발생할 수 있는 이주 규모를 예측하는 연구를 하였다. 일례로, 샹과 소벨(Hsiang and Sobel)[58]은 열대지역은 지역 간 온도 차이가 크지 않기 때문에 기온 상승을 피하려면 사람들이 훨씬 먼 거리를 이동해야 하는 점에 주목한다. 이는 이주의 일반적인 양상인 단거리 이주와는 다른 양상이다. 연구진은 주로 열대지역에서, 금세기 말까지 세계인구의 12.5%가, 감내할 수 있는 기온의 지역을 찾아 1000km 이상을 이동해야 할 것으로 예측하였다. 이는 대규모 이주가 열대지방 언저리 혹은 그 넘어서까지 멀리 이어질 수 있음을 의미한다. 세계은행 보고서에 의하면 기후와 지역개발에 적절하게 조치가 없는 한, 2050년까지 사하라 사막 이남 아프리카, 남아시아, 중남미 전역에서 1억 4300만 명 이상의 사람들이 자국 내에서 이동해야 할 것으로 예상된다.[59] 물론 이러한 예측에는 상당한 불확실성이 수반된다. 예를 들어, 현지 적응이 원활할 경우 이러한 이주의 많은 부분이 해소될 수 있다. 이러한 산출을 통하여 향후 몇십 년 동안 지구환경 변화가 이주에 미칠 엄청난 잠재적 영향과 이러한 예측

---

* 관리적 이주의 원문 managed retreat에 대해 retreat가 가지는 뜻(철수, 퇴각 등)을 고려한 추가 설명임_ 옮긴이 주

을 둘러싼 불확실성을 확인할 수 있다.

충돌

제2차 세계대전 종전 이후 70여 년간 무력 충돌과 대량 학살로 사망한 사람의 수는 대체로 감소하였다. 냉전 종식 이후에는 충돌 건수도 감소하였다.[69,61] 그럼에도 불구하고 세계적으로 전쟁은 여전히 지속되고 있으며 정치적 충돌 사례는 2006년 278건에서 2016년 402건으로 증가하였다.[62] 21세기에 들어선 이후, 충돌은 과거에 비해 규모가 작아진 반면, 더 격렬하고, 더 장기화되고 있으며 특정 지리적 영역에 집중되는 경향이 있다. 무엇보다도, 최근의 추세는 국가 간 전쟁에서 국가 내 및 비국가 간 충돌로 전환되고 있다(**그림 8.7**).

무력 충돌의 경우, **글상자 8.2**와 그림 8.7에서 제시된 것보다 훨씬 더 복

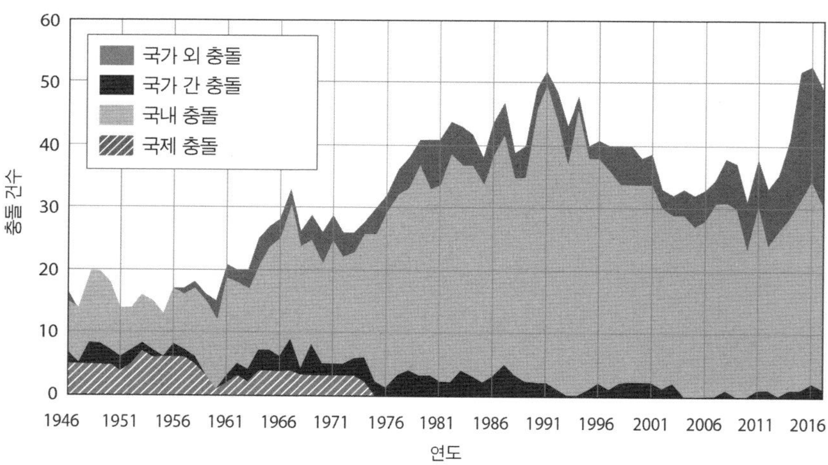

그림 8.7 1946년부터 2017년까지의 무력 충돌 유형별 세계적인 무력 충돌 발생 건수. 주목할 점은 국외 충돌(국가와 비국가단체 간)과 국가 간 충돌(2개 이상의 정부 간)은 감소한 반면, 국가 내 충돌(내전)과 국제화된 충돌(제3국이 개입)은 증가했다는 점이다.
자료: Dupuy Kendra, Rustad SA. Trends in armed conflict, 1046-2017. *Conflict Trends* 2018;5/ Oslo: PRIO. Creative Commons, license CC-BY

글상자 8.2 충돌(conflict) 관련 용어 해설

- **무력 충돌(또는 국가 간 충돌):** 정부 또는 영토를 둘러싼 두 당사자(적어도 한 당사자는 정부) 간의 갈등. 무력 사용을 수반하고 1년간 전투 관련 사망자가 최소 25명 이상인 충돌
- **공동체 충돌:** 종교적 또는 민족적 정체성을 공유하는 비국가 단체들 간의 충돌이며, 인접한 마을들간 충돌과 같이 보다 좁은 정체성으로 정의되는 집단 간의 충돌도 포함될 수 있음.
- **국외 충돌:** 국가와 국가 외 비국가적 정치단체 간의 충돌로, 국가의 경계를 넘어서 발생
- **국가 간 충돌:** 두 개 이상의 정부가 군대를 동원한 충돌
- **국가 내 충돌(또는 내전):** 정부와 비정부 단체 간의 충돌. 다른 국가의 개입이 없는 상황에서, 한 국가의 국경 내에서 벌어지는 충돌(국경 인접 국가로 확산될 위험이 있음).
- **외국 개입이 있는 국내 충돌 또는 국제화된 충돌:** 한쪽 또는 양쪽 모두 다른 정부로부터 적극적인 전투 지원을 받는 정부와 비정부 단체 간의 충돌
- **비국가충돌:** 어느 쪽도 정부가 아닌 비정부적 무장 단체 간의 무력을 사용한 충돌. 1년에 최소 25명의 전투 관련 사망자가 발생하는 경우
- **자원전쟁:** 석유, 물, 토지, 목재, 광물 등과 같은 중요하거나 가치가 있는 자연자원을 통제하기 위한 경쟁에 기인하는 국가 간, 국내 또는 비국가 간 충돌. 단, 자원 경쟁만이 이러한 충돌의 유일한 원인은 아님
- **전쟁:** 전투로 인한 사망자가 1년 동안 적어도 1000명 이상 발생한 국가 간 충돌

Uppsala University Conflict Data Program, Institute for Policy Analysis of Conflict; and Klare MT, Levy B, Sidel V. The Public Health Implications of Resource Wars. *Am J Public Health*. 2011; 101(9): 1615-1619'을 인용하여 가공한 자료임

잡하다. 이는 개인 간의 상호 폭력과 범죄 행위에서부터 폭동, 집단 충돌, 폭력적인 대규모 시위와 같은 사회적 폭력, 조직적인 군사 행동에 이르기까지 다양하다.[63] 환경 변화가 충돌에 미치는 영향을 고려할 때 이러한 구별을 염두에 둘 필요가 있다.

환경 변화와 충돌

자원 전쟁을 직설적으로 말하자면 국가 또는 비국가단체가 부족한 자원을 놓고 싸우는 것인데 수천 년 동안 중동에서 벌어진 물을 둘러싼 수많은 전쟁으로[64]부터 1941년 아제르바이잔의 석유를 확보하기 위한 히틀러의 소련 침공에 이르기까지 이러한 갈등으로 인하여 역사적으로 많은 충돌이 발생하였다. 나일강, 요르단강, 티그리스-유프라테스강, 인더스강 유역 등 많은 곳에서 물은 목재와 광물(특히 아프리카와 동남아시아에서)과 마찬가지로 전쟁의 원인이 되고는 했다. 그러나 이주의 경우와 마찬가지로 자원 부족과 충돌 사이의 인과 관계는 복합적이고 다원적이다.[65] 위에서 본 것처럼 물과 경작지 부족이 다르푸르 충돌의 원인이 되었을 수 있지만, 그 배경에는 표면에 드러나지 않은 민족 충돌과 해당 국가의 토지 소유 체제의 변화와 같은 요인도 영향을 미쳤다. 마찬가지로, 심각한 가뭄과 물 부족 및 그로 인한 농업 손실이 2011년부터 시작된 시리아 내전에 기여했을 것으로 생각되지만, 종파 갈등, 지역 내 지속적인 투쟁 및 아사드 정권의 정책이 중심적인 역할을 한 것으로 추정된다.[13,66,67] 유엔환경계획의 2009년 보고서는 "환경적 요인이 폭력적 충돌의 유일한 원인이 경우는 거의 없다"[68]고 기술하였다.

개인 간 수준에서는 환경 요인은 폭력과 관련이 있는 것으로 보인다. 더위가 대표적인 예이다. 실험실 연구에 따르면 더위는 쉽게 흥분하게 하고 공격성을 유발하며,[69] 관찰 연구에 따르면 더운 날씨에 범죄와 대인 폭력이 증가하는 것으로 나타난다. 이러한 증거 중 일부는 클리블랜드, 볼티모어, 필라델피아 등 개별 도시의 무질서 행위와 폭력 범죄에 대한 시계열 연구에서 나온 것이고,[70-72] 일부 연구는 도시 간의 연간 비교에서 나온 것이며,[73] 일부는 더운 지역과 서늘한 지역을 비교한 결과이다.[74] 그러나 이러한 관계가 일관성 있게 관찰되지는 않는데, 이는 사람들이 더위를 피하기 위해 피난처를 찾으면서 가장 높은 기온에서도 범죄가 실제로는 감소할 수 있기 때문이다.[75] 또한 사회적 환경, 빈곤, 법 집행과 같은 다른 요인들이 대인 범죄 및 폭력 수준

을 형성하는 데 기온보다 더 큰 역할을 할 수 있다.[76,77]

그러나 대인 폭력은 조직화된 대규모 폭력과는 전혀 다른 현상이다. 무력 충돌이 환경적 요인과 연관될 수 있을까? 특히, 광범위한 지구환경 변화로 인해 물, 인산염, 농경지, 목재 등과 같은 자원이 부족해질 가능성이 있는 상황에서 자연자원을 둘러싼 충돌의 위협이 증가할 수 있을까?

특정 상황에서는 환경 요인이 폭력적 충돌의 위험을 증가시킬 수 있다. 예를 들어, 경제가 일차 자원 수출에 의존하는 국가들은 해당 자원의 공급이 불균형하거나 분배가 불공평할 경우 충돌에 특히 취약할 수 있다. 더욱이, 일단 충돌이 발생하면 고가의 자연자원을 반대 집단이 점거하면서 폭력이 장기화될 수 있다. 다이아몬드, 코코아, 목재, 광물 등의 자원은 시에라리온, 리베리아, 앙골라, 캄보디아의 무장 단체가 활동 자금을 조달하는 데 사용되었다. 이와 같은 고가 자원은 "전투 당사자들을 자신들이 계속해서 싸울 수 있는 재원 확보에 활동을 집중하도록 하여 충돌 자체의 양상을 변화시킬 수 있다".[68]

일부 연구는 기상 이변(습하거나 건조한 해 또는 더운 해)과 내전 사이의 연관성을 제시한다.[78-81] 아프리카 사회의 충돌 자료를 이용하여 20년간 아프리카에서 발생한 6000건 이상의 사회 충돌 사례를 분석한 결과, 강우량 변동이 대규모 및 소규모 정치적 충돌 모두에 상당한 영향을 미친다는 사실을 발견하였다.[80] 이 연구는 폭동, 반정부 폭력, 조직화된 반군, 무력 충돌 등 광범위한 충돌 유형을 고려하였다. 이는 아프리카에만 국한된 것이 아니다. 예를 들어, 폭우는 인도의 종교 폭력,[82] 브라질의 토지 침략과 같은 다양한 충돌과 연관되어 있었다.[83] 그러나 다른 연구에서는 이 같은 관계가 모호하여 기상 이변과 충돌 사이의 연관성이 일관성 있게 보이지 않았다.[84,85]

이러한 현상을 바탕으로 최근 몇 년간 지구환경 변화에 대한 논의는 국가안보의 문제로 '안보화'되었다.[86] 개념적 접근 방식 중 하나인 신맬서스주의자들은 자원 부족이 불만과 경쟁을 심화시켜 충돌을 촉발한다고 주장한다. 기회비용에 초점을 맞춘 또 다른 접근 방식에 의하면 자원이 부족하고 경제적 대안이 적으며 잃을 것이 적을 때 사람들이 폭력에 참여하는 쪽으로 결정을 내리는 경우가 더 많다고 한다.[63] 이러한 이론에 근거하여 일부 사람들은 지구의 변화가 더 많은 충돌을 야기할 것이라고 예측했다.[61,87] 이러한 예측을 뒷받침하는 실증적 증거가 일관성이 있는 것은 아니지만 몇 가지 결론은 명확하다.[88]

첫째, 자원 부족이 충돌의 유일한 원인이 되는 경우는 거의 없다. 인구 증가(자원에 대한 경쟁 증가), 빈곤 또는 소득 불평등, 절망감 및 선택의 폭, 정부의 재정적 여건, 부패 또는 기타 요인으로 인한 정부의 완충 능력 부족, 내재한 정치적 또는 민족적 긴장 등이 복합적으로 작용한다.[89,90] 경제적 번영, 유능한 정부, 갈등을 평화적으로 관리할 수 있는 제도는 집단 간 폭력을 방지하는 역할을 한다.[88] 충돌이 발생하려면 특정한 조건이 충족되어야 하는 데, 이에는 불만을 가진 사람들이 폭력적 행동을 할 수 있는 민족적, 종교적 또는 계급 기반의 집단에 속해 있어야 하며, 정치적 구조가 불만의 평화로운 표출을 제한하는 경우이다.[91,92]

둘째, 자원 부족과 관련된 충돌의 위험은 물, 식량, 토지 부족에 대한 완충장치가 거의 없는 아프리카의 목축 사회와 같이 자원 의존적 환경에서 가장 높다.[93] 내·외부적으로 환경 파괴의 영향을 받는 지역사회는 결과적으로 더 가난해질 가능성이 높다. 이러한 빈곤은 충돌, 생태적 재난, 질병, 경제적 어려움 등 다양한 위협에 대응할 수 있는 능력을 떨어뜨린다.

셋째, 환경적 압박은 국가 간 충돌보다 비국가 간 충돌로 이어질 가능성이 더 높다. 실제로 대부분의 전문가들은 자원 부족으로 인한 국가 간 전쟁의 위험은 낮다는 데 동의한다.[88]

넷째, 환경자원의 결핍이 충돌을 야기한다는 직접적인 근거는 아직 충분하지 않지만 환경적 결핍이나 재난이 경제 침체나 충격을 유발하고, 공공재를 제공하는 제도를 약화시키며, 국가를 약화시키는 정치적 불안정을 초래하여 충돌의 위험을 높이는 것과 같이 상황을 악화시킬 수 있다는 것은 명확하다.[94] 환경적 압박이 정치적 불안정으로 이어지는 이러한 일련의 과정은, 다르푸르 충돌, 초원의 사막화에 따라 2012년 말리에서 발생한 투아레그족의 반란, 5년간의 극심한 가뭄으로 2011년에 시작된 시리아 내전 발생과 같은 충돌의 원인 중 일부로 작용하였다.

다섯째, 자원의 희소성은 충돌과 연관될 수 있지만, 그 반대의 양상도 볼 수 있다. 즉, 경우에 따라서는 풍부한 자원이 충돌을 유발하고, 자원의 희소성이 집단 간 연대를 불러일으킬 수도 있다. 무장 세력이 사용할 수 있는 자원이 적고, 물이 부족한 환경에서는 충돌이 더 어려울 수 있으며, 기본적인 생존 욕구가 충족되지 않는 사람들은 폭력에 참여할 능력이나 의지가 낮아질 수 있어 환경자원이 부족한 상황에서 대규모 군사 작전을 수행하는 것은 어려울 수 있다.[63] 예를 들어, 징기스칸 제국은 우기로 몽골초원의 생산성이 높아져 군대를 양성하고 군량을 조달할 수 있었을 때에 비로소 세력을 확장해 간 것으로 추정된다.[95]

적절한 조건하에서는 물 부족과 환경 파괴가 오히려 더 큰 연대로 이어질 수 있다.[96] 물 부족에 대해서는 광범위한 연구가 진행되어 왔으며, 물을 중심으로 연대(또는 충돌)를 예측할 수 있는 주변 정황도 잘 알려져 있다. 전 세계 276개 초국경 수역에 대한 연구에 따르면 물 관련 국제적 협력을 하는 경우가 충돌하는 경우보다 더 흔하며, 충돌 가능성은 갑작스러운 변화를 완충할 수 있는 제도적 역량에 크게 좌우된다.[97,98] 1997~2009년 지중해, 중동, 사헬 지역 35개국의 물 관련 충돌과 연대에 대한 연구에 따르면 물과 관련한 무력 충돌은 극히 드물고 인구 집단의 압박, 농업 생산성, 정치적 안정, 경제발전과 같은 다른 매개 요인이 물 충돌 위험에 강한 영향을 미치는 것으로 밝혀졌다.[99]

물 부족에 직면했을 때 연대의 가능성과 관련된 세 가지 추가 요인은 시간, 심각성, 공간적 규모이다. 시간적 요인과 관련하여 50년간의 물 충돌을 분석한 결과, 단기적인 물 부족은 국가 간 협력이 늘어나는 경향이 있는 반면, 강수량의 장기적인 변동은 충돌 발생률 증가와 관련이 있었다.[100] 심각성과 관련하여, 의외로 심각한 물 부족은 중간 정도의 물 부족보다 협력으로 이어질 가능성이 더 높다.[101,102] 광범위한 영토에 걸친 물 부족은 지역적 또는 국가 내 하위 수준 또는 영토 구획 간의 갈등보다 충돌로 이어질 확률이 낮다.[101,102]

이주와 충돌의 연관

이주로 인해 충돌이 발생할까?

일반적으로 이주민과 폭력적 충돌 사이에 강력한 연관성을 뒷받침하는 증거는 없다.[2,42] 그러나 예외도 있다. 1960년대 엘살바도르에서 온두라스로의 이주는 온두라스 토지에 대한 압박으로 이어져 1969년 양국 간 '축구 전쟁'의 원인이 되었고, 1980년대 환경 악화로 인한 방글라데시 국내 및 국경 간 이주는 인도 내 수용 지역의 폭력과 방글라데시 내부 반란의 원인이 되었다.[1] 수용 지역에 자원이 부족하거나 기존 충돌이 있거나 이주민과 수용 지역 주민 간에 민족적 긴장이 있는 경우 폭력 위험이 높아질 수 있다.[1,42]

반면 어떤 경우는 이주가 충돌의 가능성을 줄일 수도 있다. 이주는 원래 거주지역의 자원 경쟁을 줄이고 원거주지로의 금융 송금을 통해 원거주지의 적응력을 높이는 탈출구 역할을 할 수도 있다. 예를 들어, 말리, 모리타니, 세네갈에서 온 이주민들이 고국으로 보내는 송금은 고국의 지역 경제를 지원하고 환경 변화에 대한 회복력을 높이는 데 도움이 된다.[49]

충돌로 인해 이주가 발생할까?

그 반대의 경우, 즉 충돌이 이주의 원인이라는 증거는 더 강력하다. 폭력의 형태에 따라 이주를 촉발하는 성향이 다르다. 내전으로 인한 이주가 가장 높고 대량 학살이 그 뒤를 잇는다. 지역사회 폭력 같은 소규모 충돌은 대규모 이주를 유발할 가능성이 훨씬 낮다.[93] 실제로 유엔 난민고등판무관에 따르면 2018년 중반 기준 전 세계 난민 인구의 절반 이상이 전쟁으로 폐허가 된 3개 국가(아프가니스탄, 남수단, 시리아)에서 발생했다.[103] 소말리아,[104] 모잠비크[105]와 같은 충돌 상황에 대한 사례 연구는 상황에 따라 중요한 특징이 있기는 하지만 폭력에 대한 대응으로서 '이주적 대처'의 역할을 잘 보여준다. 한 가지 주목할 점은 심각한 충돌 상황에서도 대부분의 사람들이 원거주지를 떠나지 않아 이주율이 예상 외로 낮은 경향이 있다는 것이다. 빈곤(이주할 경제적 여유가 없음)과 예측할 수 없는 폭력(탈출 경로를 차단할 수 있음)과 같은 요인이 사람들을 충돌 지역을 떠나지 못하게 할 수 있다.[93] 세계식량계획에 따르면, 폭력이 식량 불안정을 동반할 경우 이주에 대한 압박이 훨씬 더 높다.[106]

이주와 충돌이 건강에 미치는 영향

이주와 충돌은 사람들이 겪을 수 있는 가장 혼란스럽고 고통스러운 경험 중 두 가지로, 여러 가지 방식으로 건강을 위협한다.

충돌이 건강에 미치는 영향

무력 충돌은 전통적인 건강 개념을 넘어서서 정신적·사회적 안녕을 불안정하게 만든다. 한 전문가의 말을 빌리자면,

> *전쟁은 사람들의 삶과 환경에 엄청난 비극적인 영향을 미친다. 전쟁은 주요 질병보다 더 많은 사망과 장애를 초래한다. 전쟁은 가족, 지역사회, 때로는 국가와 문화 전체를 파괴한다. 보건 및 기타 인적 서비스에서 인적, 재정적 자원을 빼앗는다. 안전한 식량과 식수, 전력, 교통, 통신을 제공하는 체계 등 건강을 지탱하는 사회의 인프라를 손상시킨다. 전쟁은 인권을 침해한다. 전쟁은 사람들을 삶을 뿌리째 뽑아 다른 나라로 이주하도록 하거나 자국 내에서 국내 이재민이 되게 한다. 감염병 확산에 기여한다. 폭력이 갈등이나 충돌을 해결하는 가장 좋은 방법이라는 생각을 지지하는 전쟁에 대한 사고방식은 가정 폭력, 거리 범죄 및 전 세계 곳곳에서 발생하는 여러 종류의 폭력에 기여한다. 전쟁과 전쟁 준비는 환경을 오염시키고 훼손하며 재생 불가능한 연료와 기타 자원을 막대하게 사용한다. 요*

컨대, 전쟁은 사람들의 건강뿐만 아니라 사회구조 자체를 손상시킨다.[61]

무력 충돌이 건강에 미치는 광범위한 영향은 이 장의 범위를 넘으므로 여기서 다루지 않지만, 타이팔레(Taipale)의 연구[107]와 레비와 시델(Levy and Sidel)[108] 연구에서 논의된 바 있다. 가장 분명한 것은 무력 충돌은 부상과 사망을 초래한다는 것이다. 또한 전투의 폭력성과 같은 직접적인 경로뿐만 아니라 질병, 기아, 성폭력과 같은 간접적인 경로를 통해 민간인들도 죽거나 부상을 입을 수 있다. 전체 사망 부담을 정량화하는 것은 어려울 수 있다. 예를 들어, 이라크 전쟁(2003~2006년)의 총사망자 추정치는 약 10만 명에서 100만 명으로 다양하며,[109] 정확한 수치는 약 50만 명으로 추정된다.[110] 충돌로 인한 민간인 사망자의 비율은 개별 충돌과 집계 방법에 따라 논란의 여지가 있지만, 현대 전쟁에서 과거의 전쟁보다 더 높을 수 있으며, 전체 사망자의 50%에서 90%에 이를 수 있다.[111] 민간인 피해의 대부분은 전투로 인한 것이 아니다. 예를 들어 1991년 걸프전이 시작되면서 이라크의 영유아 및 어린이 사망률은 3배 증가하고 설사 사망률은 6배 증가하여,[112] 10년이 채 되기도 전에 어린이 초과사망자는 40만~50만 명에 이를 것으로 추산된다.[113]

충돌이 건강에 미치는 영향은 전쟁이 끝난 뒤에도 사라지지 않는다. 초과사망과 질병은 다양한 경로를 통해 지속된다. 잔류 지뢰에서부터 전투원과 민간인 모두에게 나타난 외상 후 스트레스 및 외상성 뇌손상에 이르기까지 다양한 경로를 통해 초과사망률과 이환율이 높은 상태로 지속될 수 있다. 건강을 지원하는 중요한 인프라인 보건의료 시설, 상하수도 체계, 농업, 학교 등의 붕괴는 복구하는 데 많은 시간이 걸릴 수 있다.

이주가 건강에 미치는 영향

일반적으로 이주민은 이주를 선택할 때를 기준으로 볼 때 남아 있는 사람들에 비해 건강수준이 나을 수 있다.[114] 그러나 살기 힘들어 다른 지역으로 이

글상자 8.3 난민 캠프의 여성 및 아동 건강

사라 반스

충돌과 이재이주는 다양한 방식으로 건강을 위협한다. 이재이주한 여성과 여자 어린이들은 특히 취약하며, 필수적인 생식 보건 서비스(Reproductive Health Service, RHSs)에 대한 접근성 부족에 자주 직면한다.

여성과 어린이가 이재이주민 중 대다수를 차지하는 경우가 많다. 예를 들어, 2016년과 2017년에 우간다로 피난 온 100만 명 이상의 남수단 주민 중 85% 이상이 여성과 어린이다.[a] 이러한 상황에 처한 여성은 강제적인 재정착, 충돌 폭력, 성폭력으로 인한 심리적 및 신체적 후유증, 의료 서비스 접근성 부족, HIV/AIDS 등 감염병 노출, 영양 결핍, 교육 부족, 피임 및 기타 생식 보건 관련 정보 부족 등 다양한 취약점을 가진다.[b,c] 일부 문화적 맥락에서 이재이주한 여성은 가부장적 권력 관계와 권한 박탈, 조기 결혼과 다자녀 출산에 대한 압박, 의학적으로 필요한 경우에도 제왕절개를 꺼리는 분위기, 여성 생식기 절제 등 추가적인 문제에 직면한다.[d–f] 예를 들어, 2014년 세이브더칠드런에 따르면 시리아 난민 소녀들의 조혼 및 강제 결혼이 시리아 전쟁 발발 이후 3년 동안 두 배로 증가하였다.[g] 이러한 취약성이 건강에 미치는 영향은 난민 캠프에 대한 연구에서 분명하게 드러나는데, 난민 캠프는 출산율(계획되지 않은 임신 비율 포함), 성병, 임신 합병증, 산모 사망률, 어린이 저체중 및 발육부진, 우울증 발생률 등에서 높은 비율을 보인다.[b,c,h,i]

필수 생식보건서비스에는 가족계획, 정기적인 산전 관리, 분만 및 출산 서비스, 산모와 아이를 위한 산후 관리, 전반적인 교육 및 상담, 필요시 관련 정신건강 및 일반 의료 서비스가 포함된다. 이러한 서비스는 제공자 교육, 견고한 공급망 관리 및 생식 건강에 대한 태도와 규범에 영향을 미치는 지역사회 홍보를 통해 뒷받침되어야 한다.[j] 모성 건강 보호에 있어서는 통합적 접근법이 효과적임을 뒷받침하는 강력한 증거가 있다.[k]

1990년대 중반부터 충돌과 이재이주로 피해를 입은 여성들의 생식 보건 서비스 부족에 국제적인 관심이 집중되었다. 1995년 유엔 기구, 인도주의 단체, 학계 기관 및 기부자들은 '위기 상황에서 생식 보건을 위한 기관 간 실무그룹(Inter-agency Working Group on Reproductive Health in Crisis; IAWG, iawg.net 참조)'을 구성하고, 아래의 필수적인 조치들에 대한 '최소 초기 서비스 패키지'를 포함한 충돌 및 자연재해 상황 하에서 생식 보건 서비스에 대한 지침을 제공하였다.

- 생식 보건 서비스 제공을 주도할 책임 있는 조직 지정
- 성폭력 예방 및 성폭력에 따른 사후 관리
- 후천성면역결핍증(HIV) 전파 감소
- 모성과 신생아의 사망 및 질병 예방
- 포괄적인 성 및 생식 보건 서비스에 대한 계획, 이상적으로는 일차 보건의료에 통합

부분적으로는 이러한 지침 덕분에 난민 캠프에서의 RHS 제공은 시간이 지남에 따라 부분적으

로 개선되었다. 실제로 일부 연구에 따르면 난민 캠프의 의료 접근성과 모성 사망률과 같은 건강 지표가 난민 캠프가 위치한 수용국보다 더 나은 것으로 나타났다.[n-p] 그러나 난민 캠프 내 생식 보건 서비스는 여전히 부족하며, 연구된 많은 난민 캠프가 '최소 초기 서비스 패키지' 기준을 완전히 충족하지 못하고 있다.[q,r] 장벽으로는 자금 및 숙련된 제공자 부족, 치료 지연, 그리고 아마도 가장 널리 퍼져 있는 문제인 이념적, 관리적, 정책적 장벽과 왜곡된 기부자 영향을 들 수 있다.[s,t] 난민 캠프 거주자를 위한 생식 보건 서비스는 여전히 지속적인 도전 과제로 남아 있다.

참고 자료

a. Robinson C. South Sudanese refugees in Uganda now exceed 1 million. United Nations High Commissioner for Refugees (UNHCR). 2017 https://www.unhcr.org/news/stories/2017/8/59915f604/south-sudanese-refugees-uganda-exceed-1-million.html. Accessed April 2020.

b. Austin J, Guy S, Lee-Jones L, McGinn T, Schlecht J. Reproductive health: a right for refugees and internally displaced persons. *Reprod Health Matters*. 2008; 16(31): 10- 21.

c. Balinska MA, Nesbitt R, Ghantous Z, Ciglenecki I, Staderini N. Reproductive health in humanitarian settings in Lebanon and Iraq: results from four cross-sectional studies, 2014-2015. *Confl Health*. 2019; 13:24.

d. Hattar-Pollara M. Barriers to education of Syrian refugee girls in Jordan: gender-based threats and challenges. *J Nursing Scholarship*. 2019; 51(3): 241-251.

e. Parmar PK, Jin RO, Walsh M, Scott J. Mortality in Rohingya refugee camps in Bangladesh: historical, social, and political context. *Sex Reprod Health Matters*. 2019; 27(2): 1610275.

f. Gee S, Vargas J, Foster AM. "The more children you have, the more praise you get from the community": exploring the role of sociocultural context and perceptions of care on maternal and newborn health among Somali refugees in UNHCR supported camps in Kenya. *Confl Health*. 2019; 13:11-11.

g. Save the Children. *Too Young to Wed: The Growing Problem of Child Marriage among Syrian Girls in Jordan*. London: Save the Children; 2014

h. Hashmi AH, Nyein PB, Pilaseng K, et al. Feeding practices and risk factors for chronic infant undernutrition among refugees and migrants along the Thailand-Myanmar border: a mixed-methods study. *BMC Public Health*. 2019; 19(1): 1586.

i. Falb KL, McCormick MC, Hemenway D, Anfinson K, Silverman JG. Symptoms associated with pregnancy complications along the Thai-Burma border: the role of conflict violence and intimate partner violence. *Maternal Child Health J*. 2014; 18(1): 29-37.

j. Curry DW, Rattan J, Nzau JJ, Giri K. Delivering high-quality family planning services in crisis-affected settings I: program implementation. *Global Health Sci Pract*. 2015; 3(1): 14-24.

k. Singh NS, Smith J, Aryasinghe S, Khosla R, Say L, Blanchet K. Evaluating the effectiveness of sexual and reproductive health services during humanitarian crises: A systematic review. *PLoS One*. 2018; 13(7): e0199300.

l. McGinn T, Austin J, Anfinson K, et al. Family planning in conflict: results of cross-sectional baseline surveys in three African countries. *Confl Health*. 2011; 5(1): 11.

m. Girard F, Waldman W. Ensuring the reproductive rights of refugees and internally displaced persons: legal and policy issues. *Int Family Planning Perspect*. 2000; 26(4): 167- 173.

n. Morgan SA, Ali MM. A review of methodology and tools for measuring maternal mortality in humanitarian settings. *Health Policy Plan*. 2018; 33(10): 1107-1117.

o. Tran NT, Dawson A, Meyers J, Krause S, Hickling C. Developing institutional capacity for reproductive health in humanitarian settings: a descriptive study. *PLoS One*. 2015; 10(9): e0137412.

p. Pierce H. Reproductive health care utilization among refugees in Jordan: provisional support and domestic violence. *Womens Health (Lond)*. 2019; 15:1745506519861224.

q. Whitmill J, Blanton C, Doraiswamy S, et al. Retrospective analysis of reproductive health indicators in the United Nations High Commissioner for Refugees post-emergency camps 2007-2013. *Confl Health*. 2016; 10:3.

r. Krause S, Williams H, Onyango MA, et al. Reproductive health services for Syrian refugees in Zaatri Camp and Irbid City, Hashemite Kingdom of Jordan: an evaluation of the Minimum Initial Services Package. *Confl Health*. 2015; 9(suppl 1): S4.

s. Hynes M, Sakani O, Spiegel P, Cornier N. A study of refugee maternal mortality in 10 countries, 2008-2010. *Int Perspect Sex Reprod Health*. 2012; 38(4): 205-213.

t. Hakamies N, Geissler PW, Borchert M. Providing reproductive health care to internally displaced persons: barriers experienced by humanitarian agencies. *Reprod Health Matt*. 2008; 16(31): 33-43.

재이주한 사람들은 건강과 복지에 있어 많은 위협을 받는다.[115] 이러한 양상은 급성 또는 장기적인 환경 파괴로 인해 이재이주한 사람들에서 명백하게 나타난다.[116,117] 가장 중요한 건강 위협으로 감염병, 영양 상태, 정신건강 및 비감염성질환이 있다. 여성과 어린이는 특히 취약한 인구집단이다(**글상자 8.3**).

감염병은 여러 가지 이유로 우려되는 문제이다.[118] 환경 재난으로 인해 사람들이 갑자기 이재이주하거나 난민 캠프나 도시 지역과 같이 준비되지 않은 불안정한 상황에 처하게 되면 깨끗한 물, 깨끗한 음식, 위생 시설에 대한 접근성이 떨어져 수인성 및 식품 매개 질병(예: 콜레라, 이질, 장티푸스, A형 및 E형 간염)의 확산이 촉진된다. 인구 밀집으로 홍역, 뇌수막염, 급성호흡기감염 및 매개체 매개 질병(말라리아, 뎅기열 포함)의 확산이 촉진된다. 말라리아 발병률이 낮은 지역에서 높은 지역으로 재정착하는 경우와 같이 사람들이 새롭게 정착한 지역의 낯선 질병 위험에 직면하게 되면 면역학적으로 준비가 되어 있지 않아 특히 취약할 수 있다. 안타깝게도 이재이주와 상관관계가 있는 성폭력은 성 매개 질환의 전파를 촉진한다. 건강 서비스의 중단, 특히 예방접종 사업의 중단은 홍역과 같은 감염병 질병의 위험을 증가시킨다.

이주 환경에서 영양 상태가 악화될 수 있다. 당초 거주지역의 식량 부족은 이주를 촉발할 수 있지만, 이주한 곳의 사정이 경제적 기회가 적고 원조 프로그램이 적절한 식량을 제공하지 않는 곳일 수 있다.[116] 반면 이주한 사람들이 송금을 통해 당초 거주지역의 영양 결핍을 완화하는 데 도움이 될 수 있다. 2008년 엘살바도르에서 식량 위기가 발생했을 때, 송금 지원을 받은 가구의

아동은 그렇지 않은 가구의 아동보다 연령 대비 키가 더 적게 줄어들었다.[119]

정신건강 문제는 이주자들에서 볼 수 있는 주요한 문제인데, 일부는 이재이주 전의 트라우마로 인해, 일부는 이주 중 혹은 이주 후에 직면하는 복합적인 스트레스 요인으로 인해 발생한다. 이러한 스트레스 요인에는 "사회적 네트워크 분절과 가족과의 단절, 익숙한 사회적 맥락의 상실, 빈약한 사회적 관계, 소속감 저하, 경제적 박탈감, 부적절한 주거 환경, 교육 및 직업 안정성 부족, 그리고 일부의 경우 강제 구금" 등이 있다.[116] 재난 이후와 같이 이재이주가 급박하게 발생한 경우 이러한 스트레스 요인 중 다수가 증가한다.[120] 재난 이후 환경에서는 우울증, 불안, 약물 남용, 정신신체질환 등이 흔하다(9장 참조). 사람들이 수용 지역에서 환영받지 못하고 사회적 배제와 차별, 법적 문제에 직면하면 정신건강 문제가 심화될 수 있다.[121]

비감염성질환은 세계적으로 점점 더 일반화되고 있으며, 이주민들은 재정착 과정에서 이러한 부담을 안고 살아간다. 재정착 과정에서 효과적인 예방, 건강검진 및 치료의 연속성이 무너지는 문제에 부딪히게 된다. 새로운 환경에 정착한 이주민은 의료 서비스에 대한 접근성 저하(낮은 건강정보 이해능력과 언어 장벽으로 인해 더욱 악화됨), 제한된 소득, 건강에 해로운 신체 활동과 식습관 등 추가적인 문제에 직면할 수 있다. 덴마크의 한 연구에 따르면 아프리카, 아시아, 중동에서 온 이주민의 당뇨병 발병률은 덴마크 출신자보다 2.5배 높았다.[122]

해결방안

충돌과 재정착 모두 환경 변화에 대한 대응이지만, 근본적인 면에서 차이가 있다. 폭력은 결코 바람직한 것이 아니며, 재정착은 합리적인 적응 대책이 될 수 있다. 따라서 해결방안은 다음과 같이 몇 가지 범주로 나눌 수 있다.

지구건강의 맥락에서 볼 때, 일차 예방이 필수적이다. 세계경제의 탈탄소화, 경작지와 토양의 손실 감소, 담수 자원 관리 등의 노력들(4장, 5장, 12장에서 자세히 설명)은 많은 이점이 있다. 이들 활동은 충돌과 이주를 유발하는 압력을 줄이는 방향으로 작용할 수 있다.

무력 충돌의 예방은 이 장의 범위를 넘는 거시적인 목표이다. 이와 관련한 핵심 요소로는 효과적이고 책임 있는 정부, 자원의 공정한 분배, 보건의료와 교육을 포함한 인적 서비스 제공, 군사 예산 감축, 폭력을 허용하거나 조장하는 문화적 규범에 대한 대응 등이 있다.[123] 평화적 충돌 해결은 역사적으로 지속적으로 지향해 온 목표였는데, 지난 세기 동안, 세계적으로 폭력이 급격히 감소한 점을 고려할 때, 지구환경 변화의 새로운 도전에도 불구하고 지속적인 성과가 기대된다.

지구환경 변화에 대한 적응은 이주를 예방하는 대책 중 하나이다. 적응은 급격한 변화뿐만 아니라 장기적인 추세에 대한 취약성을 줄일 수 있다. 예를 들어 농업 방식을 가뭄 내성 작물을 경작하고 토양 보존 기술을 적용하는 것으로 전환하고, 범람 지역에 건물을 세우지 않고 제방 및 방파제를 건설하며, 자연적인 해안 장벽 시스템(맹그로브 숲, 식생 사구, 산호초, 습지)을 복원하고, 건물 건축 시 지하층 대신 건물 상층부에 전기, 가스 등 설비 시설을 배치하도록 건축법을 변경하는 방안 등이 있다.[124,125]

갑작스러운 환경 재해로 인해 인구가 이재이주 하는 경우, 건강 보호를 위해 쉼터, 식량, 식수, 위생, 의료서비스(정신건강 관리 포함)를 제공하여야 한다. 공중보건 서비스에는 설사병 관리, 홍역 예방 접종, 모성 및 어린이 건강관리 등이 있으며, 폭력으로부터의 보호도 중요하다. 수용지에서 원 지역사회를 유지하는 것이 도움이 된다. 재난 영향 지역에서 인프라를 신속하고 조직적으로 복구하고 가능한 빠르게 이재민을 원 거주지로 복귀시키는 것이 중요한 목표이다.

이주가 일시적인 것이 아니라 장기적일 경우, 안전하고 건강하며 형평성 있는 재정착을 할 수 있도록 하여야 한다. 이는 정부와 기존 제도에게는 거대한 도전이다.[126,127] 최근 몇 년간 유럽과 북미 여러 나라는 국민들이 이주민을 '침략자'로 보는 인식(실제는 아니지만)으로 인해 정치적인 혼란을 경험하고 있다. 인권에 대한 혁신적인 접근, 이주를 관리하는 법적 구조, 국제법 하에서 난민의 지위에 대한 새로운 정의를 포함하여 이주자가 새로운 환경에 재정착하고 통합할 수 있도록 하는 제도적 대응이 필요하다.[128]

저자 소개

로렌 허저 리시(Lauren Herzer Risi)는 워싱턴 DC에 소재한 윌슨 센터의 환경 변화와 안보사업 책임자로, 연구, 정책, 실무를 연계하여 오늘날 가장 시급한 과제 중 하나인 환경 변화와 안보 관계에 대한 혁신적이고 통합된 해결책을 제시하고자 노력 중이다.

캐롤라인 완지코 키하토(Caroline Wanjiko Kihato)는 요하네스버그대학교 건축대학원의 방문 부교수이자 윌슨 센터 전 세계 위기 및 회복력 사업의 연구원이다.

레베카 로렌젠(Rebecca Lorenzen, MPP)은 멕시코시티에서 자랐으며, 조지타운대학교에서 공공 정책 석사 학위를 받기 전에 멕시코 연방 정부에서 약 10년 동안 일했다.

하워드 프럼킨(Howard Frumkin, MD, DrPH)은 워싱턴대학교 보건대학원 학장을 역임하였고 동 대학교 환경 및 산업보건과학과의 명예교수이다.

사라 반스(Sarah B. Barnes)는 우드로 윌슨 국제학술연구센터(Woodrow Wilson International Center for Scholars)에서 모성 보건 이니셔티브 사업 책임자이며, 여성과 성 역할에 대한 고문으로 활동 중이다.

참고문헌

1. Reuveny R. Climate change–induced migration and violent conflict. *Political Geogr.* 2007; 26(6): 656–673.
2. Burrows K, Kinney P. Exploring the climate change, migration and conflict nexus. *Int J Environ Res Public Health.* 2016; 13(4): 443.
3. Diamond JM. *Collapse: How Societies Choose to Fail or Succeed.* New York, NY: Penguin Books; 2011.
4. Van West CR, Dean JS. Environmental characteristics of the A.D. 900–1300 period in the Central Mesa Verde region. *KIVA.* 2000; 66(1): 19–44.
5. Douglas PMJ, Demarest AA, Brenner M, Canuto MA. Impacts of climate change on the

collapse of lowland Maya civilization. *Annu Rev Earth Planet Sci.* 2016; 44(1): 613–645.
6. Fraser EDG. Social vulnerability and ecological fragility: building bridges between social and natural sciences using the Irish Potato Famine as a case study. *Conserv Ecol.* 2003; 7(2).
7. Donnelly JS. *The Great Irish Potato Famine.* Thrupp, Stroud, Gloucestershire: Sutton; 2001.
8. McLeman RA, Dupre J, Berrang Ford L, Ford J, Gajewski K, Marchildon G. What we learned from the Dust Bowl: lessons in science, policy, and adaptation. *Popul Environ.* 2013; 35(4): 417–440.
9. Hansen Z, Libecap G. Small farms, externalities, and the Dust Bowl of the 1930s. *J Political Econ.* 2004; 112(3): 665–694.
10. Miao X, Mason JA, Swinehart JB, et al. A 10,000 year record of dune activity, dust storms, and severe drought in the central Great Plains. *Geology.* 2007; 35(2): 119.
11. Cook BI, Miller RL, Seager R. Amplification of the North American "Dust Bowl" drought through human-induced land degradation. *Proc Natl Acad Sci.* 2009; 106(13): 4997– 5001.
12. Giannini A, Biasutti M, Verstraete MM. A climate model-based review of drought in the Sahel: desertification, the re-greening and climate change. *Glob Planet Change.* 2008; 64(3–4): 119–128.
13. Kelley CP, Mohtadi S, Cane MA, Seager R, Kushnir Y. Climate change in the Fer- tile Crescent and implications of the recent Syrian drought. *Proc Natl Acad Sci.* 2015; 112(11): 3241–3246.
14. Degomme O, Guha-Sapir D. Patterns of mortality rates in Darfur conflict. *Lancet.* 2010; 375(9711): 294–300.
15. Mazo J. Darfur: the first modern climate-change conflict. *Adelphi Pap.* 2009; 49(409): 73–86.
16. UNEP. *Sudan: Post-Conflict Environmental Assessment.* Nairobi, Kenya: United Nations Environment Program; 2007.
17. Salehyan I. From climate change to conflict? No consensus yet. *J Peace Res.* 2008; 45(3): 315–326.
18. Kevane M, Gray L. Darfur: rainfall and conflict. *Environ Res Lett.* 2008; 3(3): 034006.
19. Selby J, Hoffmann C. Beyond scarcity: rethinking water, climate change and conflict in the Sudans. *Glob Environ Change.* 2014; 29:360–370.
20. Null S, Risi L. *Navigating Complexity: Climate, Migration, and Conflict in a Changing World.* Washington, DC: Wilson Center; 2016.
21. Unruh J, Abdul-Jalil MA. Land rights in Darfur: institutional flexibility, policy and adaptation to environmental change. *Nat Resour Forum.* 2012; 36(4): 274–284.
22. Passel J, Cohn D. U.S. Unauthorized immigrant total dips to lowest level in a decade. 2018. http://www.pewhispanic.org/2018/11/27/u-s-unauthorized-immigrant-total-dips -to-lowest-level-in-a-decade/. Accessed April 2020.
23. Avelino J, Cristancho M, Georgiou S, et al. The coffee rust crises in Colombia and

Cen- tral America (2008–2013): impacts, plausible causes and proposed solutions. *Food Secur.* 2015; 7(2): 303–321.

24. World Coffee Research. World Coffee Research publishes manual for coffee leaf rust. 2016. https://worldcoffeeresearch.org/news/world-coffee-research-publishes-manual -coffee-leaf-rust/. Accessed April 2020.
25. Plott E. The country's first climate change casualties? *Pac Stand.* 2018. https://psmag.com/magazine/the-countrys-first-climate-change-casualties.
26. Schulte DM, Dridge KM, Hudgins MH. Climate change and the evolution and fate of the Tangier Islands of Chesapeake Bay, USA. *Sci Rep.* 2015; 5(1).
27. Arenstam Gibbons SJ, Nicholls RJ. Island abandonment and sea-level rise: an historical analog from the Chesapeake Bay, USA. *Glob Environ Change.* 2006; 16(1): 40–47.
28. Gertner J. Should the United States save Tangier Island from oblivion? *New York Times Magazine.* 2016. https://www.nytimes.com/2016/07/10/magazine/should-the-united-states-save-tangier-island-from-oblivion.html.
29. Flitter E. Residents of Tangier Island reject "climate" victim label. Reuters/The Wider Image. 2017. https://widerimage.reuters.com/story/residents-of-tangier-island-reject-climate-victim-label.
30. Hanson G, McIntosh C. Is the Mediterranean the new Rio Grande? US and EU immigra- tion pressures in the long run. *J Econ Perspect.* 2016; 30(4): 57–82.
31. Black R, Adger WN, Arnell NW, Dercon S, Geddes A, Thomas D. The effect of environ-mental change on human migration. *Glob Environ Change.* 2011; 21:S3–S11.
32. Bliss L. 10 years later, there's so much we don't know about where Katrina survivors ended up. *CityLab.* 2015. https://www.citylab.com/equity/2015/08/10-years-later -theres-still-a-lot-we-dont-know-about-where-katrina-survivors-ended-up/401216 /. Accessed April 2020.
33. Santos-Burgoa C, Sandberg J, Suárez E, et al. Differential and persistent risk of excess mortality from Hurricane Maria in Puerto Rico: a time-series analysis. *Lancet Planet Health.* 2018; 2(11): e478–e488.
34. Echenique M, L. M. Mapping Puerto Rico's hurricane migration with mobile phone data. *CityLab.* 2018. https://www.citylab.com/environment/2018/05/watch-puerto-ricos-hurricane-migrationvia-mobile-phone-data/559889/. Accessed April 2020.
35. UNDESA. *International Migration Report 2017.* New York, NY: United Nations Department of Economic and Social Affairs; 2017.
36. Findlay AM. Migrant destinations in an era of environmental change. *Glob Environ Change.* 2011; 21:S50–S58.
37. Feng S, Krueger AB, Oppenheimer M. Linkages among climate change, crop yields and Mexico-US cross-border migration. *Proc Natl Acad Sci.* 2010; 107(32): 14257–14262.
38. Marchiori L, Maystadt J-F, Schumacher I. The impact of weather anomalies on migration in sub-Saharan Africa. *J Environ Econ Manag.* 2012; 63(3): 355–374.
39. Mueller V, Gray C, Kosec K. Heat stress increases long-term human migration in rural

Pakistan. *Nat Clim Change.* 2014; 4(3): 182–185.
40. Bohra-Mishra P, Oppenheimer M, Hsiang SM. Nonlinear permanent migration response to climatic variations but minimal response to disasters. *Proc Natl Acad Sci.* 2014; 111(27): 9780–9785.
41. de Sherbinin A, Castro M, Gemenne F, et al. Preparing for resettlement associated with climate change. *Science.* 2011; 334(6055): 456–457.
42. Brzoska M, Fröhlich C. Climate change, migration and violent conflict: vulnerabilities, pathways and adaptation strategies. *Migr Dev.* 2015; 5(2): 190–210.
43. Renaud FG, Bogardi JJ, Dun O, Warner K. Control, *Adapt or Flee: How to Face Environmental Migration?* Bonn, Germany: United Nations University Institute for Environment and Human Security; 2007.
44. Kniveton D, Schmidt-Verkerk K, Smith C, Black R. Climate change and migration. In: *IOM Migration Research Series.* Geneva, Switzerland: UN Migration; 2008.
45. Warner K, Erhart C, de Sherbinin A, Adamo SB, Chai-Onn TC. *In Search of Shelter: Mapping the Effects of Climate Change on Human Migration and Displacement. A policy paper prepared for the 2009 Climate Negotiations.* Bonn, Germany: United Nations University, CARE, CIESN Columbia University; 2009.
46. Piguet E, Pécoud A, de Guchteneire P, eds. *Migration and Climate Change.* Cambridge, UK: Cambridge University Press; 2011.
47. Black R, Bennett SRG, Thomas SM, Beddington JR. Migration as adaptation. *Nature.* 2011; 478(7370): 447–449.
48. Gray CL. Soil quality and human migration in Kenya and Uganda. *Glob Environ Change.* 2011; 21(2): 421–430.
49. Scheffran J, Marmer E, Sow P. Migration as a contribution to resilience and innovation in climate adaptation: social networks and co-development in Northwest Africa. *Appl Geogr.* 2012; 33:119–127.
50. McLeman R, Smit B. Migration as an adaptation to climate change. *Clim Change.* 2006; 76(1): 31–53.
51. Fussell E, Sastry N, VanLandingham M. Race, socioeconomic status, and return migration to New Orleans after Hurricane Katrina. Popul Environ. 2009; 31(1–3): 20–42.
52. Naik A. Migration and natural disasters. In: Laczko FCA, ed. *Migration, Environment and Climate Change: Assessing the Evidence.* Geneva, Switzerland: International Organization for Migration; 2009:245–317.
53. Government Office for Science. *Foresight: Migration and Global Environmental Change: Future Challenges and Opportunities.* London, UK: Government Office for Science; 2011.
54. Dannenberg AL, Frumkin H, Hess JJ, Ebi KL. Managed retreat as a strategy for climate change adaptation in small communities: public health implications. *Clim Change.* 2019; 153(1–2): 1–14.
55. Koslov L. The case for retreat. Public Cult. 2016; 28(2 79): 359–387.
56. Jacobson C, Crevello S, Chea C, Jarihani B. When is migration a maladaptive response

to climate change? *Reg Environ Change.* 2018; 19(1): 101–112.

57. Geddes A, Adger WN, Arnell NW, Black R, Thomas DSG. Migration, environmental change, and the challenges of governance. *Environ Plann C.* 2012; 30(6): 951– 967.
58. Hsiang SM, Sobel AHJ Sr. Potentially extreme population displacement and concentration in the tropics under non-extreme warming. *Sci Rep.* 2016; 6:25697.
59. Rigaud KK, de Sherbinin A, Jones B, et al. *Groundswell.* Washington, DC: World Bank; 2018.
60. Dupuy K, SA R. *Trends in Armed Conflict, 1946–2017.* Oslo, Norway: Peace Research Institute Oslo; 2018.
61. Klare MT, Levy BS, Sidel VW. The public health implications of resource wars. *Am J Public Health.* 2011; 101(9): 1615–1619.
62. United Nations Office for the Coordination of Humanitarian Affairs. World Humanitarian Data and Trends 2018. 2018. http://interactive.unocha.org/publication/datatrends 2018/.
63. Salehyan I, Hendrix CS. Climate shocks and political violence. *Glob Environ Change.* 2014; 28: 239–250.
64. Gleick PH. Water, war & peace in the Middle East. Environ Sci Policy Sustainable Dev. 1994; 36(3): 6–42.
65. Koubi V. Climate change and conflict. *Annu Rev Political Sci.* 2019; 22(1): 343–360.
66. Gleick PH. Water, drought, climate change, and conflict in Syria. *WCAS.* 2014; 6(3): 331–340.
67. Selby J, Dahi OS, Fršöhlich C, Hulme M. Climate change and the Syrian civil war revisited. *Political Geogr.* 2017; 60: 232–244.
68. UNEP. *From Conflict to Peacebuilding: The Role of Natural Resources and the Environment.* Nairobi, Kenya: United Nations Environment Programme; 2009.
69. Anderson CA. Temperature and aggression: ubiquitous effects of heat on occurrence of human violence. *Psychol Bull.* 1989; 106(1): 74–96.
70. Butke P, Sheridan SC. An analysis of the relationship between weather and aggressive crime in Cleveland, Ohio. *WCAS.* 2010; 2(2): 127–139.
71. Michel SJ, Wang H, Selvarajah S, et al. Investigating the relationship between weather and violence in Baltimore, Maryland, USA. *Injury.* 2016; 47(1): 272–276.
72. Schinasi LH, Hamra GB. A time series analysis of associations between daily temperature and crime events in Philadelphia, Pennsylvania. *J Urban Health.* 2017; 94(6): 892– 900.
73. Anderson CA, Bushman BJ, Groom RW. Hot years and serious and deadly assault: empirical tests of the heat hypothesis. *J Pers Soc Psychol.* 1997; 73(6): 1213–1223.
74. Van Lange PAM, Rinderu MI, Bushman BJ. Aggression and violence around the world: A model of Climate, Aggression, and Self-control in Humans (CLASH). *Behav Brain Sci.* 2016; 40.
75. Gamble JL, Hess J. Temperature and violent crime in Dallas, Texas: relationships and implications of climate change. *West J Emerg Med.* 2012; 13(3): 239–246.
76. O'Loughlin J, Linke AM, Witmer FDW. Effects of temperature and precipitation

variability on the risk of violence in sub-Saharan Africa, 1980–2012. *Proc Natl Acad Sci.* 2014; 111(47): 16712–16717.
77. Raleigh C, Linke A, O'Loughlin J. Extreme temperatures and violence. *Nat Clim Change.* 2014; 4(2): 76–77.
78. Burke MB, Miguel E, Satyanath S, Dykema JA, Lobell DB. Warming increases the risk of civil war in Africa. *Proc Natl Acad Sci.* 2009; 106(49): 20670–20674.
79. Burke M, Hsiang SM, Miguel E. Climate and CONFLICT. *Annu Rev Econ.* 2015; 7(1): 577–617.
80. Hendrix CS, Salehyan I. Climate change, rainfall, and social conflict in Africa. *J Peace Res.* 2012; 49(1): 35–50.
81. Miguel E, Satyanath S, Sergenti E. Economic Shocks and civil conflict: an instrumental variables approach. *J Political Econ.* 2004; 112(4): 725–753.
82. Sarsons H. Rainfall and conflict: a cautionary tale. *J Dev Econ.* 2015; 115:62–72.
83. Hidalgo FD, Naidu S, Nichter S, Richardson N. Economic determinants of land invasions. *Rev Econ Stat.* 2010; 92(3): 505–523.
84. Theisen OM, Gleditsch NP, Buhaug H. Is climate change a driver of armed conflict? *Clim Change.* 2013; 117(3): 613–625.
85. Buhaug H, Nordkvelle J, Bernauer T, et al. One effect to rule them all? A comment on climate and conflict. *Clim Change.* 2014; 127(3–4): 391–397.
86. Levy MA. Is the environment a national security issue? Int Secur. 1995; 20(2): 35–62.
87. Welzer H. *Climate Wars: What People Will Be Killed For in the 21st Century.* Hoboken, NJ: Wiley; 2015.
88. Adger W, Pulhin JM, Barnett J, et al.. Human security. In: Field CB, Barros VR, Dokken DJ, et al., eds. *Climate Change 2014: Impacts, Adaptation, and Vulnerability. Part A: Global and Sectoral Aspects. Contribution of Working Group II to the Fifth Assessment Report of the Intergovernmental Panel on Climate Change.* Cambridge, UK: Cambridge University Press; 2014:755–791.
89. Raleigh C, Urdal H. Climate change, environmental degradation and armed conflict. *Political Geogr.* 2007; 26(6): 674–694.
90. Barnett J, Adger WN. Climate change, human security and violent conflict. *Political Geogr.* 2007; 26(6): 639–655.
91. Homer-Dixon TF. Environmental scarcities and violent conflict: evidence from cases. *Int Secur.* 1994; 19(1): 5–40.
92. Urdal H. People vs. Malthus: Population pressure, environmental degradation, and armed conflict revisited. *J Peace Res.* 2005; 42(4): 417–434.
93. Raleigh C. The search for safety: the effects of conflict, poverty and ecological influences on migration in the developing world. *Glob Environ Change.* 2011; 21:S82–S93.
94. Scheffran J, Brzoska M, Kominek J, Link PM, Schilling J. Disentangling the climate-conflict nexus: empirical and theoretical assessment of vulnerabilities and pathways. *Rev Eur Stud.* 2012; 4(5).
95. Pederson N, Hessl AE, Baatarbileg N, Anchukaitis KJ, Di Cosmo N. Pluvials, droughts, the Mongol Empire, and modern Mongolia. *Proc Natl Acad Sci.* 2014; 111(12): 4375–

4379.
96. Dinar S. Resource scarcity and environmental degradation: implications for the development of international cooperation. In. *Beyond Resource Wars*. Cambridge, MA: The MIT Press; 2011:289–306.
97. Wolf AT, Yoffe SB, Giordano M. International waters: identifying basins at risk. *Water Policy*. 2003; 5(1): 29–60.
98. Carius A, Dabelko GD, Wolf AT. *Water, Conflict, and Cooperation*. Washington, DC: Wilson Center Environmental Change and Security Program; 2004.
99. Bšöhmelt T, Bernauer T, Buhaug H, Gleditsch NP, Tribaldos T, Wischnath G. Demand, supply, and restraint: determinants of domestic water conflict and cooperation. *Glob Environ Change*. 2014; 29:337–348.
100. Devlin C, Hendrix CS. Trends and triggers redux: climate change, rainfall, and interstate conflict. *Political Geogr*. 2014; 43:27–39.
101. Moore S. The water wars within: preventing subnational water conflicts. In. *New Security Beat*. 2018.
102. Moore SM. Rethinking conflict over water. In: *Oxford Research Encyclopedia of Environmental Science*: Oxford, UK: Oxford University Press; 2016.
103. United Nations High Commissioner for Refugees. *UNHCR Mid-Year Trends 2018*. Geneva, Switzerland: Office of the United Nations High Commissioner for Refugees; 2018.
104. Lindley A. Leaving Mogadishu: towards a sociology of conflict-related mobility. *J Refugee Stud*. 2010; 23(1): 2–22.
105. Lubkemann SC. Migratory coping in wartime Mozambique: an anthropology of violence and displacement in fragmented wars. *J Peace Res*. 2005; 42(4): 493–508.
106. World Food Programme. *At the Root of the Exodus: Food Security, Conflict and International Migration*. Rome, Italy: World Food Programme; May 2017.
107. Taipale I, ed. *War or Health? A Reader*. London, UK: Zed Books; 2002.
108. Levy BS, Sidel VW. *War and Public Health*. Oxford, UK: Oxford University Press; 2008.
109. Levy BS, Sidel VW. Adverse health consequences of the Iraq War. *Lancet*. 2013; 381(9870): 949–958.
110. Hagopian A, Flaxman AD, Takaro TK, et al. Mortality in Iraq associated with the 2003–2011 war and occupation: findings from a national cluster sample survey by the University Collaborative Iraq Mortality Study. *PLoS Med*. 2013; 10(10): e1001533.
111. Roberts A. Lives and statistics: are 90% of war victims civilians? *Survival*. 2010; 52(3): 115–136.
112. Ascherio A, Chase R, Coté T, et al. Effect of the Gulf War on infant and child mortality in Iraq. *N Engl J Med*. 1992; 327(13): 931–936.
113. Ali M, Blacker J, Jones G. Annual mortality rates and excess deaths of children under five in Iraq, 1991–98. *Popul Stud*. 2003; 57(2): 217–226.
114. Aldridge RW, Nellums LB, Bartlett S, et al. Global patterns of mortality in international migrants: a systematic review and meta-analysis. *Lancet*. 2018; 392:2553–2566.
115. Abubakar I, Aldridge RW, Devakumar D, et al. The UCL-Lancet Commission on

Migra- tion and Health: the health of a world on the move. *Lancet.* 2018; 392(10164): 2606–2654.
116. McMichael C, Barnett J, McMichael AJ. An ill wind? Climate change, migration, and health. *Environ Health Perspect.* 2012; 120(5): 646–654.
117. Schwerdtle P, Bowen K, McMichael C. The health impacts of climate-related migration. *BMC Med.* 2018; 16(1).
118. McMichael C. Climate change–related migration and infectious disease. *Virulence.* 2015; 6(6): 548–553.
119. de Brauw A. Migration and child development during the food price crisis in El Salvador. *Food Policy.* 2011; 36(1): 28–40.
120. Goldmann E, Galea S. Mental health consequences of disasters. *Annu Rev Public Health.* 2014; 35(1): 169–183.
121. Brabeck KM, Lykes MB, Hunter C. The psychosocial impact of detention and deportation on U.S. migrant children and families. *Am J Orthopsychiatry.* 2014; 84(5): 496–505.
122. Andersen GS, Kamper-Jørgensen Z, Carstensen B, Norredam M, Bygbjerg IC, Jørgensen ME. Diabetes among migrants in Denmark: incidence, mortality, and prevalence based on a longitudinal register study of the entire Danish population. *Diab Res Clin Pract.* 2016; 122:9–16.
123. Wiist WH, Barker K, Arya N, et al. The role of public health in the prevention of war: rationale and competencies. *Am J Public Health.* 2014; 104(6): e34–e47.
124. Kelman I, Mercer J, Gaillard JC, eds. *The Routledge Handbook of Disaster Risk Reduction Including Climate Change Adaptation.* New York, NY: Routledge; 2017.
125. Berry P, Enright P, Shumake-Guillemot J, Villalobos Prats E, Campbell-Lendrum D. Assessing health vulnerabilities and adaptation to climate change: a review of international progress. *Int J Environ Res Public Health.* 2018; 15(12): 2626.
126. Warner K. Global environmental change and migration: governance challenges. G*lob Environ Change.* 2010; 20(3): 402–413.
127. Biermann F, Boas I. Preparing for a warmer world: towards a global governance system to protect climate refugees. *Glob Environ Politics.* 2010; 10(1): 60–88.
128. McAdam J. Institutional governance. In. *Climate Change, Forced Migration, and International Law.* Oxford, UK: Oxford University Press; 2012:212–236.

9 변화하는 지구에서의 정신건강

수전 클레이턴 지음
이지후 번역/ 정해관 감수

급변하는 환경 조건은 이미 세계적으로 정신건강에 큰 타격을 주고 있으며, 그 피해는 앞으로 수십 년에 걸쳐 더욱 커질 것으로 예상된다. 우울증, 불안과 같은 정신건강 문제는 세계적으로 가장 심각한 건강 문제 중 하나이다. 세계보건기구는 우울증이 전 세계 장애의 주요 원인 중 하나로 3억 명(전 세계 인구의 4.4%) 이상에게 영향을 미치고, 불안 장애는 2억 6400만 명(3.6%)에게 영향을 미친다고 추정한다.[1] 증상이 발현되지 않은 수준의 정신적 문제는 안녕과 사회활동에 참여할 수 있는 능력을 해칠 수 있다. 또한 정신 장애는 상당한 경제적 비용을 초래하는데, 정신 장애로 인해 일하지 못하거나, 고가의 치료가 필요할 수도 있다. 반면, 빈곤은 신체적, 정신적 건강 문제의 원인과 결과가 될 수 있으며, 이는 빈곤과 정신건강 사이에 되먹임 고리가 만들어질 수 있다.

이 장에서는 정신건강과 신체건강을 구분하고 있기는 하지만, 실제에 있어 이 둘은 밀접하게 연결되어 있다. 신체건강 문제는 정신건강을 악화시키는 스트레스의 원인이 될 수 있으며, 그 반대의 경우도 마찬가지이다. 예를 들어, 정신건강 문제가 있으면 위험한 행동이나 줄어든 활동량, 약물 남용, 자기

관리 부족 등을 통해 신체건강에 영향을 미칠 수 있다. 또한 정신 치료는 신체건강에도 영향을 미칠 수 있다. 대부분의 향정신성 약물은 체중 증가, 졸음, 고온과 같은 환경 조건에 대한 취약성 증가 등의 부작용을 야기한다. 마지막으로, 생리적 측면에서 정신건강과 신체건강은 서로 밀접하게 연관되어 있다. 스트레스는 혈압 상승으로 이어져 심혈관 건강을 위협할 수 있다. 정신건강상의 문제가 있을 경우 수면을 방해하고 면역 체계를 저하시켜 감염병으로 인한 질병 상병과 사망을 높이고 신체적 질병과 사고에 대한 취약성을 증가시킬 수 있다.

사회 환경의 역할도 중요하다. 신체적, 정신적 건강에 문제가 생기면 사회적 네트워크가 붕괴되어 친구나 지역사회로부터 고립될 수 있다. 연구에 의하면 강력한 사회적 네트워크는 질병과 사망을 효과적으로 예방하며, 외로움과 사회적 고립은 건강에 최소 흡연과 비슷한 정도로 유의한 영향을 미친다고 알려져 있다.[2] 환경 변화는 지역사회를 분산시키고, 상호작용을 줄이며 갈등을 증폭시켜 사회적 네트워크를 약화시키고, 이로 인해 사회적 지원이 감소하여 정신건강 문제를 야기할 수 있다. 정신건강을 단순히 질병의 부재로 보지 않고 행복이나 삶의 만족과 같은 긍정적인 정신적 상태의 달성으로 생각한다면, 사회적 요소의 중요성이 명백해진다. 대다수의 사람들은 사회적 연결에 대한 강한 열망이 있고, 소속감을 가지는 것은 삶을 충만하게 하기 위해 필수적인 요소이다.

환경 조건과 정신건강은 여러 경로를 통해 연관될 수 있다. 흉작, 극심한 날씨, 자연재해, 분쟁, 오염 사건과 같은 급성 사건은 우울증, 불안, 외상 후 스트레스와 더불어 심지어 자살을 유발할 수도 있다. 공기오염이나 폭염 등 대기 환경의 변화도 정신건강과 안녕에 영향을 미칠 수 있다. 또한 환경 위협에 대한 인식도 스트레스의 원인이 된다. 경우에 따라서는 환경 변화의 피해의 영향을 직접적으로 받지 않는 사람에게도 기후변화, 소중한 생태계와 풍경의 파괴, 종의 소실을 비롯한 기타 환경 파괴에 대한 걱정은 불안, 슬픔, 스트레스, 그리고 절망을 유발한다. 마지막으로, 환경이 정신건강에 긍정적인 영향을 미칠 수 있는 가능성도 점차 인지되고 있다. 대규모 역학 조사부터 통제된 실험에 이르기까지 다양한 연구에서 녹지를 가까이 할 수 있는 것이 스트레스를 감소시키고 질병 회복 속도를 촉진하며, 수명을 연장시킬 수 있다는 사실을 밝혀냈다. 만약 환경 파괴로 인해 사람들이 건강한 자연에 적게 노출된다면, 신체 및 정신건강 수준도 상응하는 저하가 있을 것으로 예상된다.

다음 단락에서는 정신건강 영향의 다양한 범주를 더 자세히 탐구한다. 먼저 기상재해나 화재와 같은 갑작스러운 환경 변화와 가뭄과 같은 점진적인 환경 변화를 살펴본다. 다음으로, 고온과 공기오염과 같은 주변 환경 조건과 부분적으로는 환경 변화로 인해 발생하는 이주에 대해서도 살펴본다. 마지막으로, 관계적 접근법을 통해 인간과 자연의 유대감 및 이 유대감이 위협받을 때의 정신건강 영향을 알아본다. 환경 파괴가 정신건강에 미치는 많은 영향은 아직 완전히 정량화되지 않았지만, 이것이 심각한 영향을 미친다는 사실은 변함이 없다.

돌발적인 환경 재해

허리케인, 극심한 가뭄, 산불, 홍수와 같은 급성 재해는 변화하는 지구에서 점점 더 빈번하게 발생하고 있다. 이러한 재해의 경험은 매우 충격적일 수 있다(**그림 9.1**). 손상, 재산 상실, 생업 중단과 같은 개인적인 경험뿐만 아니라 가족의 부상이나 사망, 지역사회의 사회적 관계 붕괴, 심지어는 사랑하는 애완동물의 상실과 같은 다른 사람들의 경험으로도 정신적 외상이 발생할 수 있다. 사람들은 자연재해에 대한 초기 반응으로 공포, 충격, 공황을 호소한다. 급성 외상성 스트레스는 가장 흔하게 보고되는 정신건강 문제이며, 일부 연구에서는 자살률이 증가하는 것으로 나타났다.[3] 자연재해가 정신건강에 미치는 영향을 조사한 메타 연구에 따르면 피해자의 7~40%가 공포, 일반적인

그림 9.1 재난의 경험은 정신건강에 치명적일 수 있다.
자료: Andy Campbell (SurfAid International), CC BY-2.0

불안, 우울증, 신체장애 등 정신건강을 위협하는 증상을 보고한 것으로 나타났다.[4] 최근에는 메타분석을 통해 자연재해 후 외상 후 스트레스 증후군(PTSD)을 구체적으로 살펴본 결과 누적 발생률이 3.7%에서 60%까지 다양하며, 재난에 직접적으로 영향을 받는 사람들과 초기 대응자 사이에서 더 높은 발생을 보였다.[5]

이러한 반응은 원인을 제공한 사건이 끝난 이후에도 오래 지속될 수 있다. 일부 사람들은 질서가 회복된 후 회복되기도 하지만, 많은 사람들은 계속해서 일상생활을 수행하는 데 어려움을 겪는다. 재난 후 교통체계, 기업, 교육 및 공공기관, 공공설비 및 쓰레기 수거 등이 정상적으로 작동하는 데까지는 시간이 걸릴 수 있는데, 이로 인해 더 많은 스트레스를 받을 수 있다. 사람들은 예상치 못한 재난으로 자신의 취약함과 불안감을 느낄 수 있다. 재난 발생 몇 년 후에도 생존자들은 기저 수준에 비해 높은 정신질환 유병률을 보인다. 일부 생존자들은 사건 후 6년 이상이 지난 후에도 여전히 증상을 호소하기도 한다. 때로는 정신건강 문제가 시간이 지남에 따라 그 정도나 유병률이 증가하기도 한다. 예를 들어, 허리케인 카트리나 후 1년이 지난 후 외상 후 스트레스 증후군(PTSD) 발생률은 재난 발생 직후보다 높았다.[6] 요하네손 등(Johannesson et al.)[7]은 재난 후 진행 과정으로 회복탄력성(정신건강에 영향 없음), 회복, 지연성 기능 장애, 만성 영향의 네 가지 가능한 경과를 제안했다. 인도양에서 쓰나미를 경험한 수천 명의 스웨덴 시민을 대상으로 한 연구에서 대상자의 72%는 회복탄력성 단계, 12%는 회복 단계에 들어섰으나, 16%는 6년 후에도 일정 수준 이상의 만성 증상을 보였다. 회복탄력성 단계에 속한 사람들은 외상을 덜 심하게 경험했을 가능성이 높았다. 만성 환자들은 교육 수준이 낮은 경향이 있었는데, 이는 아마도 사회적 지원에 대한 접근성이 낮기 때문인 것으로 보인다.

재난은 건강 관련 행동에도 영향을 미칠 수 있다. 자연재해 후에는 약물 남용이나 흡연, 수면 장애, 위험 행동이 전반적으로 증가한다.[8] 재난은 사회적 상호작용에 혼란을 일으켜 직업 관련 문제, 대인관계 공격성, 가정 폭력이 증가를 야기한다.[9]

그러나 모든 사람이 동일하게 영향을 받지 않는다. 가장 큰 피해를 입은 지역에 거주하거나 대규모 또는 여러 차례 피해를 경험한 사람들이 가장 심각하게 영향을 받는 경향이 있다. 자연재해 후 우울증 발생에 취약한 인구학적 예측 요인으로는 여성, 미혼, 종교인, 저학력 등이 있다.[10] 일반적으로 사회적 관계가 잘 형성된 것은 회복탄력성의 중요한 예측 인자이다.[11] 개인의 정서적 반응도 관련이 있다. 일반적으로 특정 장소에 대한 애착이 있는 사람들은 웰빙의 측면에서 더 장점으로 작용하지만, 해당 장소가 손상을 입을 경우에는 이와 같은 정식적 건강에 미치는 긍정적인 영향이 줄거나 심지어 악영향을 미칠 수도 있다.[12] 호주 산불 피해자를 대상으로 한 연구에서 재해의 불공평함과 불충분한 회복 프로그램에 대한 당국에 대한 분노를 표현한 사람들은 정신건강에 더 큰 영향을 받았는데, 이는 특히 남성에게서 심했다.[13] 이러한 개인적 요인 외에 외부 요인도 중요한 역할을 한다. 외부 요인은 정보 접근성, 자원 및 서비스의 가용성, 그리고 사람들의 감정 표현과 이해를 돕는 탄탄한 심리적 및 사회적 지원망을 포함한다.

생활환경 조건

장기적이고 대규모 환경 변화는 개별적인 재난보다 훨씬 더 많은 사람들에게 영향을 미칠 수 있다. 기후변화와 관련된 기온, 강수량, 해수면의 지속적이고 점진적인 변화, 담수와 경작지의 부족, 오염의 증가, 맹그로브 숲, 습지, 식생 사구, 산호초와 같은 해안 장벽 시스템의 손실은 이미 전 세계 많은 지역의 거주와 안전에 영향을 미치고 있다. 이러한 변화는 정신건강에 직접적인 영향을 미칠 뿐만 아니라 8장에서 설명한 것처럼 인구 이동과 갈등을 유발하며, 이는 그 자체로 정신건강에 중대한 영향을 미친다.

고온

온난화는 주관적 웰빙에 영향을 미쳐 정신건강을 위협한다.[14] 2002년부터 2012년까지 무작위로 표본 추출한 미국 거주자 200만 명을 대상으로 한 연구에서 5년 동안 기온이 1℃ 상승하면서 정신건강 문제가 2% 증가했다.[15] 수십 년 동안 미국과 멕시코의 카운티 단위 데이터를 면밀히 분석한 결과, 소득 수준이나 에어컨 보급량으로는 설명되지 않는 고온과 자살률 간의 관계가 명확하게 있었으나,[16] 관련된 모든 연구에서 이러한 관계가 나타나지는 않았다. 같은 연구에서의 트위터 게시물 분석에서 고온이 우울한 언어 증가와 관련이 있음이 확인되었다. 주목할 점은 이러한 연관성의 강도는 시간이 지나도 상당히 일관되게 나타나 적응이 일어나는 증거를 찾을 수 없다는 점이다. 인도에서는 폭염이 자살 및 정신과 입원과 관련이 있다는 근거가 제시되었다.[17] 이러한 연관성은 세계 여러 지역에서 보고되고 있다.[18]

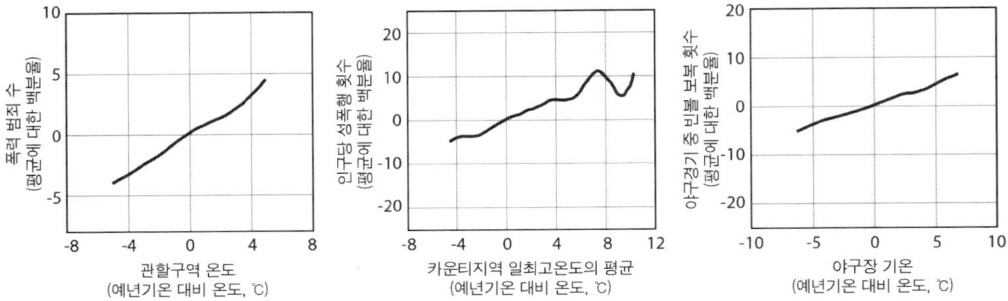

그림 9.2 **폭력 범죄(왼쪽)부터 성폭행(가운데), 야구 경기 중 보복(오른쪽)에 이르기까지 기온과 공격적이거나 폭력적인 행동 사이에는 분명한 연관성이 있다.**

자료: Adapted from Hsiang S, Burke M, Miguel E. Quantifying the influence of climate on human conflict. *Science* 2013; 341(6151): 1235367

높은 기온은 공격성을 증가시킬 수 있다. 이는 야구 경기 중 투수가 타자에게 빈볼을 던지거나[19] 운전자가 공격적으로 경적을 울리는 것처럼 다양한 방식으로 나타날 수 있다.[20] 특히 공격성은 폭력 범죄로 나타날 수 있는데 이는 담수나 경작지와 같은 자원에 대한 접근성이 제한되어 발생한 좌절감과 결합될 때 두드러진다(**그림 9.2**). 일부 연구에 의하면 기후변화로 인해 살인과 성폭행이 증가할 수 있다고 한다.[21] 기후 조건과 다양한 유형의 폭력 사이의 연관성을 조사한 메타 연구에서 고온과 공격성 사이에는 인과 관계가 있음을 확인하였다. 기온이 상승하면 대인 폭력(스포츠 경기에서 폭력적 보복부터 강간 및 기타 개인 폭력 범죄까지)이 증가하며, 제8장에서 논의한 대규모 집단 간 폭력도 증가한다.[22] 환경 변화로 인해 이주가 일어나면 이전에는 분리되어 있던 공동체 간의 갈등을 유발하고 일자리와 토지와 같은 제한된 자원을 획득하기 위한 경쟁이 치열해지면서 분쟁을 악화시킨다. 끝으로, 고온으로 인한 스트레스는 경제적 압력과 불확실성[23]을 증가시켜 또 다른 불안의 원인으로 작용한다.

공기오염

공기오염은 기분과 사회적 관계를 저하시키고 불안과 자살 위험을 증가시킨다.[24] 대기 질이 악화되면 정신병 발현율도 증가한다(이는 아마도 농촌 지역에 비해 도시 지역에서 정신병이 더 많이 발생하는 이유를 설명할 수 있을 것이다).[25] 미국 전역을 대상으로 한 역학 연구에서 공기오염이 심할수록 심리적 고통도 더 심해지는데, 이는 많은 신체적, 행동 및 사회경제적 요인을 보정한 후에도 유의하였다.[26] 공기오염은 뇌 기능에 직접적인 영향을 미친다. 또한 공기오염은 사람들의 야외 활동 시간을 감소시킴으로써 간접적인 영향을 미칠 수도 있는데, 이는 뒤에서 다시 자세히 논의할 예정이다. 흥미롭게도 중국에서 9년간의 데이터를 기반으로 수행한 연구에서 공기오염 수준이 범죄 및 도시 차원의 비윤리적 행동과 관련될 수 있다는 것이 밝혀졌다. 후속 실험 연구로 이 연구 참가자들에게 오염도가 높은 날과 맑고 화창한 날의 베이징 사진을 제시하였을 때 이러한 관계가 확인되었는데, 이는 최소 부분적으로라도 공기오염 장면을 볼 때 생기는 불안의 증가로 인한 것임을 시사한다.[27] 따라서 오염은 개인의 행복뿐만 아니라 지역사회의 결속력을 저해할 수도 있다.

가뭄

생계가 토지와 연결된 농촌 지역 주민들에게 장기간 또는 반복되는 가뭄은 정서적 고통과 관련이 있다.[28] 우울증과 불안뿐만 아니라 농부들의 자살률도 가뭄 기간 동안 증가한다. 이는 주로 경제적 영향이 주된 원인일 수 있지만, 사회적 고립과 같은 다른 요인의 영향도 있는 것으로 나타났다(**그림 9.3**).[29]

인구 이재이주 및 이주

환경 변화로 인해 일부 지역사회는 고향을 버리고 새로운 거주지를 찾아야 한다. 제8장에서 설명한 것과 같이 환경 조건으로 인한 이동이 증가하고 있다. 도시로의 인구 이동은 인구통계학적으로 주된 추세인데(제13장 참조), 지금도 대부분의 사람들이 도시에 거주하고 있어 향후 수십 년 동안 대부분의

그림 9.3 2018년 가뭄으로 굶주린 양을 바라보는 호주의 한 농부. 가뭄과 같은 재난이 발생하면 농촌 인구의 우울증이 증가한다.
자료: Shutterstock

인구 증가는 도시에서 이루어질 것으로 예상된다. 농촌에서 도시로의 이동의 일부는 환경적 요인(및 관련 경제적 요인)과 관련이 있다.

비자발적 이주는 정신건강 문제의 주요 위험 요인이다.[30,31] 이주를 하게 하는 조건으로 인해 스트레스를 받게 되며 이주 과정에서도 많은 위험과 불확실성을 이겨내야 한다. 이에 더해 이주민들이 새로운 지역에서 환영받지 못하며 사회적 긴장이나 직접적인 갈등이 초래될 수 있다. 그 결과, 이주민의 최대 30%가 외상 후 스트레스 증후군을 겪고, 최대 50%가 심각한 정서적 고통을 겪는다.[32] 스트레스가 덜한 상황에서도 이주민의 정신건강 부담이 증가한다. 새로운 환경에 적응하고, 새로운 기술을 익혀 새로운 직업을 얻고, 자신의 정체성을 재정의해야 하기 때문이다. 멕시코 이민자를 대상으로 한 연구에서 '이주 후 생활상의 어려움'과 관련된 주요 우울증, 공황장애, 불안장애,

약물남용장애의 발생률이 높아짐이 보고되었다.[33] 이민자들은 새로운 사회적 스트레스 요인에 직면할 뿐 아니라 커뮤니티의 파탄으로 인해 예전이었다면 이민자들을 위해 중요한 지지와 회복탄력성을 제공할 수 있었을 사회적 연결망도 약화된다.

도시화

세계적으로 도시 생활은 사회경제적 지위와 부모의 정신건강 등의 위험 요인을 보정한 후에도 정신건강 악화와 관련이 있는 것으로 나타났다.[34,35] 도시화의 영향에 대한 가능한 원인으로는 스트레스, 소음, 공해 등이 있다. 사회적 결속력 감소도 영향을 미칠 수 있으며, 사회적 자본은 도시화가 정신건강에 미치는 영향을 줄이는 보호 요인으로 확인되었다.[36]

자연에 대한 접근성 감소

도시 문제의 한 측면은 자연과의 접촉이 줄어드는 것이다. 서구 사회는 점점 더 자연과 멀어지고 있으며, 자연을 접할 기회도 줄어들고 자연을 즐기려는 관심도 감소하고 있다.[37] 몇 세대 전만 해도 많은 사람들이 자연과 밀접하게 접촉하는 시골 환경에서 살았다. 지금은 어린이와 성인 모두 차 안에서 보내는 시간이 더 길고 걷는 시간이 줄었으며, 집에서 보내는 시간이 길고 마당에서 보내는 시간이 줄었다. 자연에서 보내는 시간이 줄어드는 것은 심각한 공중보건 문제로 나타난다.

자연과의 접촉은 신체적, 정신적 건강의 측면에서 다양한 이점이 있다.[38-40] 이러한 이점은 평생에 걸쳐, 모든 문화에서, 단기에서 장기에 이르기까지의 기간, 건강 상태 전반에 걸쳐 작용한다. 이러한 이점이 사회경제적 지위가 낮은 사람들에게서 특권층보다 더 크게 나타난다는 근거가 있다.[41,42] 자연에의 노출은 초목에서 해변에 이르기까지, 창밖 풍경에서, 나무가 있는 동

그림 9.4 뉴욕시 센트럴파크에서 휴식을 취하는 주민들. 이러한 환경에서 보내는 시간은 사회적 결속력과 신체건강과 정신건강을 개선하는 것으로 나타났다.
자료: Corey Harmon (Flickr), CC BY-ND 2.0

네에 거주하기, 몰입형 자연 체험 등 다양한 형태로 이루어질 수 있다. 최근, 연구자들은 자연과 특정 건강 편익 간의 특이적인 상호작용을 더 잘 이해하기 위해 노력하고 있다(**그림 9.4**).[43] 가장 많이 연구된 자연과의 접촉 형태 중 하나는 거주 지역 근처의 식생 밀도로 측정되는 근린 녹지이다. 주로 유럽에서 이루어진 28건의 체계적인 문헌 고찰에서 녹지 비율이 더 높은 지역에 사는 성인의 정신건강 수준이 더 좋다는 증거가 밝혀졌다. 여기서 정신건강은 자가 보고된 정신적 고통, 불안, 우울 및 기타 증상의 감소를 포함하는 광범위한 정의이다.[44] 이러한 연관성은 정적인 것이 아니라 녹지가 적은 곳에서 많은 곳으로 이사하거나,[45,46] 거주 환경에서 녹지가 더 많아지면 정신건강 수준이 더 개선되는 것으로 나타났다. 정신건강과 관련된 다른 형태의 자연 접촉으로 공원 방문,[48] 자연 환경에서 운동,[49,50] '삼림욕'이나 하이킹 같은 몰입형 경험,[51,52] '푸른 공간'(해변, 강, 호수)에 대한 접근 등이 있다.[53]

이러한 효과는 평생에 걸쳐 나타난다. 녹색의 학교 운동장, 동네, 공원, 자연 프로그램 등 자연에 노출된 어린이는 회복탄력성, 자신감, 행동 장애 감소, 학업 성취도 향상, 불안과 우울증 감소 등을 보인다.[51,54,55] 또한 어린 시절 자연과 접촉이 적으면 성인기의 정신건강 문제가 더 많아진다.[56,57] 아직 근거가 많지는 않지만 자연 노출이 노인의 정신건강 개선에도 관련이 있는 것으로 나타난다.[58]

가장 흔한 정신건강 질환인 우울증,[59-61] 불안,[62] 외상 후 스트레스 증후군,[63] 조현병 및 조울증과 같은 중증 정신질환을 포함하여 몇 가지 특정 정신건강 관련 질병이 자연과 접촉이 줄어든 것과 관련이 있다는 연구가 있다.[64]

자연과의 접촉이 주는 건강상 이점에 대해서는 몇 가지 설명이 가능하다.[65,66] 심리적 기제를 불러일으키는 두 가지 이론적 틀이 제안되었는데 이 둘은 상호 보완적이다. 하나는 스트레스 해소에서 자연의 역할을 강조하는 스트레스 회복 이론이고 다른 하나로 정신적 피로 해소에서 자연의 역할을 강조하는 주의력 회복 이론이 제안되었다. 그 외에도 다른 잠재적 기전으로 녹지에 접근성이 좋아짐으로 인한 신체 활동의 증가, 야외 활동으로 인한 사회적 상호작용, 녹지로 인한 소음 감소 및 대기 질 개선 등이 있는데 이들은 모두 정신건강 개선의 예측 인자로 작용한다.

일부 심리 치료 접근법에서는 정신건강을 증진하기 위해 자연과의 접촉 경험을 늘리는 것을 강조한다. 이러한 프로그램에 대한 객관적인 평가는 드물지만 일부 아웃도어 테라피나 윌더니스 테라피의 효과에 대해서는 몇 가지 보고가 있다.[67] 생태심리학은 임상지향적인 심리학의 하위 분야인데, 여기에서는 정신건강의 저하가 인간과 자연 간의 관계의 파탄으로 인한다고 주장한다. 인간과 자연과의 관계는 인류 진화의 역사에 뿌리를 두고 있는데 사람과 자연 사이의 관계를 개선함으로써 정신건강을 증진할 수 있다는 것이다.

자연과의 접촉으로 간접적인 편익도 얻을 수 있다. 자연에서 보내는 시간, 특히 어린 시절에 보내는 시간은 환경적 정체성, 즉 인간이 자연과 연결되어 있고 인간과 자연은 상호 의존적이라는 인식을 발달시키는 데 기여한다.[68]

이러한 환경적 정체성은 삶의 만족도와 웰빙, 심지어 활력과 회복력과도 관련이 있다.[69,70] 또한 이는 환경에 대한 태도와 관심과도 연관되어 있는데, 이는 자연을 가까이 한 사람들에서 아마도 환경과의 연대감이 더 크기 때문일 수 있다. (그러나 자연과의 연결 정도가 클수록 환경 상태가 나빠질 경우 이에 대한 불안을 더 크게 느낄 수 있다.[71]) 따라서 자연과의 재결합은 다양한 직간접적인 정신건강상의 이점을 제공할 수 있다.[40,72]

자연으로부터의 분리와 소외가 정신건강에 어느 정도 영향을 미칠지, 또는 자연과의 새로운 연결 방식이 이를 어느 정도 보완할 수 있을지 예측하는 것은 불가능하다. 그러나 일부에서는 자연과의 관계 단절이 세계적으로 나타나는 우울증 증가에 기여했다는 주장도 있다.[73] 실제로 많은 사람들은 특정한 환경에 대한 애착을 가지고 이를 통하여 안녕과 행복감을 느낀다.[74] 다음에서 우리는 그러한 환경의 손상이 장소에 대한 애착 혹은 그 애착으로 인해 얻어지던 건강상의 편익을 위협하는지에 대해 살펴보겠다.

지구와 인간의 관계를 깨뜨리는 행위: 정신건강에 미치는 영향

가속화되는 환경 변화가 정신건강에 미치는 영향을 이해하기 위해 가장 중요한 분야 중 하나는 환경 변화에 대한 인식 자체가 어떻게 정신적 고통의 원인이 될 수 있는지 탐구하는 것이다. 솔라스탤지어(solastalgia), 외상 전 스트레스 증후군(pretraumatic stress disorder), 생태불안(ecoanxiety), 기후 고통(climate distress), 생태적 슬픔(ecological grief) 등 다양한 용어가 문헌에 등장했다. 쿤솔로와 엘리스(Cunsolo and Ellis)[75]는 북극지방 이누이트 공동체와 호주 농부들을 대상으로 한 연구를 기반으로 '생태적 슬픔'에 대한 프레임워크를 제시했다. 이 프레임워크에는 물리적인 생태 손실과 관련된 슬픔, 생태 지식과 정체성의 상실과 관련된 슬픔, 예상되는 미래 손실과 관련된 슬픔의 세 가지 큰 범주가 있다. 첫 번째 범주는 위에서 설명한 단기적인 사건이나 주변 환경 조건의 변화로 인한 영향과 유사하다. 두 번째 범주에는 환경 변화로 인하여 특정 지역과 그 주기적 특성 변화에 대한 해박한 지식이 쓸모없어짐으로 인해 오는 슬픔이 포함되는데, 이는 더 이상 빙원을 가로지르는 이동 경로를 알려주거나 전통적인 먹거리였던 극지동물들의 행동을 예측할 수 없게 된 이누이트 노인들이나, 주변 환경 조건이 변화함에 따라 날씨, 해충 및 작물 수확량을 더 이상 예측할 수 없게 된 호주 농부들과 같은 상황에서 발생한다. 세 번째 범주는 가장 연구가 덜 되었지만 아마도 가장 널리 퍼져 있을 범주이다. 급격한 온난화가 진행되는 북극지역에서 자신의 삶의 방식과 문화적 정체성이 사라지고 있다는 현실은 이에 직면한 지역사회 주민의 정신건강에 어떤 영향을 미칠 것인가? 저지대 섬나라의 경우, 미래 세대가 조상들이 살던 곳에서 더 이상 살 수 없게 된다는 사실이 정신건강에 어떤 영향을 미칠 것인가? 2019년 생물다양성 및 생태계서비스에 대한 정부 간 협의체(Intergovernmental Panel on Biodiversity and Ecosystem Services, IPBES)의 글로벌 평가 보고서에서는 향후 수십 년 내에 최대 100만 종의 생물이 멸종 위기에 처할 수 있다고 하였는데 이 사실을 세계 사람들은 어떻게 대처하고 있는가?[76]

이러한 질문에 대한 해답은 아직 없지만, 지구 자연계의 현재의 상태와 미래의 우울한 전망으로 인해 고통을 받는 것은 비단 호주 농부들과 이누이트 공동체에만 국한되지 않았다. 2019년 한 해 동안에만 세계적으로 수십만 명의 학생들이 학교를 떠나는 등 환경 상태에 대한 불안의 표현이 폭발적으로 분출되었다. 또한 영국을 중심으로 출산파업(BirthStrike) 운동이 시작되었는데, 이 운동에서 여성들은 환경적 혼돈에 빠진 이 세상에서 아이를 낳기를 원하지 않는다는 의사를 밝혔다.[77] 멸종 반란(Extinction Rebellion)은 2019년 기준으로 전 세계 40여 개국에서 활동하는 단체인데, 기후변화에 대한 정부의 무력한 대응과 종의 멸종 속도가 가속화되고 있는 것에 대한 시위를 벌이고 있다(**그림 9.5**).[78] 대중매체와 초기의 연구에 따르면 세계적으로 부부들이 적어도 부분적으로는 환경 변화의 가속화에 대한 우려 때문에 자녀 출산을 미루고 있다고 하다. 이들은 자녀가 과중한 부담을 안고 있는 지구에 더 큰 부담을

그림 9.5 2019년 9월 20일, 런던에서 출산파업(BirthStrike) 운동에 참여한 기후 운동가들이 시위를 벌이고 있다. 찬성 측 참가자들이 "우리의 미래는 어디로 갈 것인가?", "탄소인가, 아이인가?", "내 아기는 어디로 갈 것인가?" 등의 구호가 적힌 기름통을 실은 유모차를 밀고 있다. 가속화되는 환경 변화의 영향 중 하나는 불확실한 미래에 대한 불안감이라는 증거가 늘어나고 있다.
자료: Courtesy of Sarah Cresswell

주거나 환경적 붕괴로 인해 자녀에게 더 살기 힘든 세상이 될 것을 걱정한다.[79] 이러한 우려가 출산 연령의 부부에만 국한되어 있다고 생각할 수 없다.

질적 연구에 따르면 사람들은 환경 변화에 대응하여 좌절감, 무력감, 두려움, 분노, 피로감을 경험하는 것으로 나타났다.[80] 일례로 2018년 설문조사에 따르면 미국인의 49%는 지구 온난화로 인해 개인적으로 피해를 입을 것이라고 생각하고 56%는 가족이 피해를 입을 것이라고 생각하며 69%는 어느 정도 또는 매우 걱정된다고 답했다(**그림 9.6**).[81] 여러 국가에서 실시한 설문조사에서 영국과 호주에서는 20%, 프랑스에서는 40%, 실존적 위협을 받고 있는 솔로몬제도에서는 거의 모든 응답자가 매우 걱정된다고 답했다.[82–84] 유럽에서 시행한 비확률 표본 조사에서는 9%만이 환경에 대해 걱정하지 않는다고 응답했다. 걱정된다고 답한 사람들은 지구 온난화, 오염, 생물 종의 멸종, 자원 고갈, 삼림 벌채를 그 이유로 꼽았다. 환경에 대한 걱정이 보편적인 걱정 경향과 관련이 없다는 점이 중요한데, 이는 습관적으로 걱정하는 사람들이 단순히 환경을 대상으로 걱정을 확장하는 것이 아님을 시사한다.[85]

일부 사람들에게 기후변화와 관련된 부정적인 감정이 정신질환을 유발할 정도로 강력할 수 있다.[86] 위에서 설명한 바와 같이, 기후변화로 인한 지역적 변화를 경험하는 호주 농부들은 정체성이 약화되어 우울증과 자살 위험이 증가한다.[87] 그들은 또한 가뭄이 토지에 미치는 영향을 관찰한 이후 이와 관련하여 "강렬하고 만연한 상실감"을 보고하였다.[88] 미국의 한 표본조사에서는 환경 문제와 관련된 개인적 스트레스로 정의되는 인지된 생태적 스트레스가 우울 증상을 유발함을 볼 수 있었다.[89] 환경 변화에 대한 인식이 정신건강에 미치는 영향은 아직 제대로 정량화되지 않았지만, 인류 전반에 걸친 일반적인 불안, 불안감, 상실감의 잠재적 영향이 드러나기 시작하고 있다.

기후변화는 이미 불안 및 기분 장애, 스트레스 장애, 약물 남용, 자살 충동, 슬픔을 느끼는 사람들의 비율이 증가하는 것과 관련이 있다.[90] 충분한 정신적 지지를 받는 사람들은 이러한 감정을 견딜 수 있지만, 그렇지 않거나 이미 다른 스트레스 요인이 있는 사람들에게는 이는 결정적 전환점이 될 수도 있다. 예를 들어, 강박장애 환자(강박증 검사 하위 유형 포함)를 대상으로 한 연구에 따르면 조사대상으로 추출한 환자 중 28%가 강박의 동기로 기후변화에 대한 우려를 보고했다.[90]

불평등

환경 변화로 인한 정신건강의 영향은 불균등하게 분포한다. 형평성을 지향하는 것은 도덕적 이유에서도 중요하지만, 정신건강 증진을 위한 전략으로서도 중요하다. 한 연구에 따르면 정신건강 문제는 가장 불평등한 사회에서

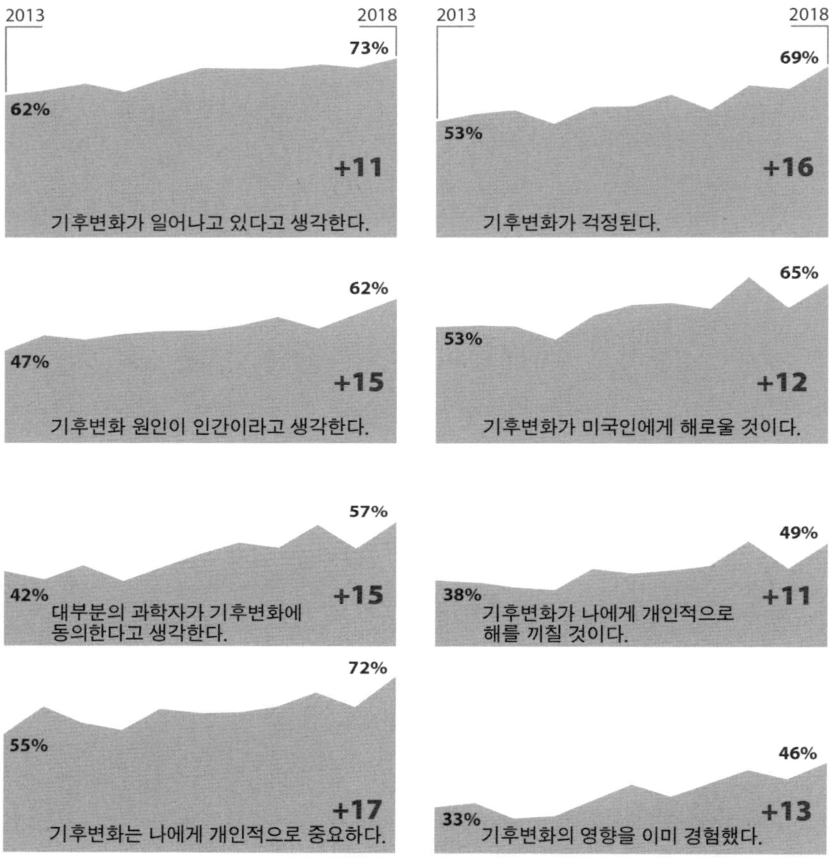

그림 9.6 기후변화에 대한 미국인의 견해 동향. 2013년부터 2018년까지 5년간 기후변화에 대한 우려가 증가하고 있음을 확인할 수 있다.

자료: Yale Program on Climate Change Communications and George Mason University Center for Climate Change Communications

가장 평등한 사회보다 3배나 더 많이 발생한다고 한다. 이는 아마도 불평등이 사회적 관계의 구조에 미치는 영향 때문일 것인데 이는 정신건강과 지역사회 안녕이 서로 연관되어 있음을 보여주는 또 다른 근거로 볼 수 있다.[91]

이 책 전반에 걸쳐 강조한 것처럼, 환경 피해는 불평등하게 분포한다. 가난한 지역과 유색인종 지역사회는 주로 산업 폐기물과 매립지와 같은 환경 독성 물질이 오염된 지역에 위치하는 경향이 있으며, 공원, 정원 및 도시의 녹지와 같은 쾌적한 환경에 접근하기 어려운 경우가 많다. 대규모 인위적 환경 파괴의 영향 또한 불평등하다. 이 영향은 공간적으로나 시간적으로 균일하게 분포되지 않을 뿐만 아니라 오히려 이를 완화할 수 있는 자원을 가장 적게 가진 사람들이 더 크게 경험한다. 일반적으로 경제적 불이익을 받는 사람들은 그들의 환경 피해를 중재하고 회복을 도울 수 있는 건강관리와 경제적 자원에 대한 접근이 제한되어 있기에 더 큰 위험에 처해 있다(중재 요인에 대해서는 그림 1.4 참조).

차등 노출은 결과적으로 환경성 위해요인에 대한 취약성을 증가시킬 수 있다. 선주민 공동체는 지리적으로 더 취약한 지역에 위치하고 자연과 더 밀접하게 연결되어 있기에 이로 인한 영향을 더 크게 받는다. 이와 같은 자연과의 접촉은 신체 활동을 장려하고 사회적 관계와 문화적 정체성을 증진하는 등 건강과 웰빙의 원천이 될 수 있지만, 환경 파괴와 환경 위험에 대한 취약성에 대한 인식을 높임으로써 환경 변화에 대한 불안을 초래할 수도 있다.[92]

북극지역과 오세아니아의 원주민 지역사회에서는 이미 환경 변화와 관련된 사회적, 심리적 부담을 찾아볼 수 있다. 일부 원주민 지역사회는 전통적인 거주지를 떠나야 했고, 많은 경우 대대로 이어져 온 특정한 자연자원을 사용해야 하는 문화적으로 의미 있는 의식이나 행사를 더 이상 집행할 수 없게 되었다. 그 결과 중요한 사회적 상호작용이 감소하고 문화적 정체성이 약화되어 자살과 약물 남용이 증가했다.[93] 캐나다의 이누이트 커뮤니티는 캐나다 평균보다 11배나 높은 자살률을 보였으며, 특히 청소년의 자살률은 더 높았다.[86] 이러한 차이는 환경적 요인만이 아니라 환경과 상호작용 형식의 변화도 중요한 역할을 한다.

마찬가지로 특정 직업군, 특히 대지와 밀접하게 접촉하여 일하거나 사냥, 어업, 농업 등 자연자원의 사용으로 상당한 소득을 얻는 직업은 환경 변화로 인해 더 큰 위협을 받는다. 농부는 특히 우울증에 걸릴 위험이 높은 것으로 알려져 있으며[94] 위에서 설명한 대로 호주, 인도 등 세계 여러 지역의 가뭄으로 인해 농부 자살이 급증했지만[95] 이러한 영향의 기전에 대해서는 논란이 있다.

취약성은 사회적 요인으로 인해 발생할 수도 있다. 원주민과 소수 민족 사회가 더 많은 환경 위해를 경험하는 경향이 있다는 사실은 부분적으로 사회적, 정치적, 경제적 힘이 부족하여 정책, 구역 설정 및 개발 논의에서 자신의 이익을 옹호할 수 없기 때문이다. 마찬가지로 여성은 성 역할로 인해 자율성과 정보 접근성이 제한되기 때문에 기후변화에 특히 취약한 것으로 간주된다. 자녀를 돌보거나 땔감이나 물을 확보하는 책임과 같은 전통적 역할은 자원 가용성을 제한하고 위험한 노출을 증가시키는 환경 변화에 의해 더 큰 영향을 받을 수 있음을 의미한다.

어린이는 환경적 위험에 특히 취약하며, 그 결과가 지속되어 미래로 이어지기 때문에 중요한 관찰 대상이다. 사회적 요인이 어린이의 취약성에 영향을 미치는데, 어린이는 타인에 대한 의존도가 높아 직접적인 영향뿐만 아니라 간접적인 영향을 받을 가능성이 더 크기 때문이다. 또한 어린이는 생리학적으로도 취약하다. 신체와 뇌가 아직 발달 중이기 때문에 지속적인 영향에 더 취약하고 손상에서 회복할 수 있는 능력이 떨어진다. 어린이에 미치는 정신건강 영향 또한 불균형적일 수 있다. 어린이는 자연재해와 강제 이주의 여파로 외상 후 스트레스 증후군과 우울증과 같은 더 극단적인 반응을 보이는 경향이 있다.[3] 보호자에 대한 높은 의존도는 보호자와 분리 또는 보호자의 부정적인 감정이 추가적인 스트레스 원인이 될 수 있음을 의미한다. 실제로 주스 등(Juth et al.)[96]은 인도네시아 대지진 이후 부모의 외상 후 스트레스 증후군이 자녀의 외상 후 스트레스 증후군과 관련이 있다는 사실을 발견했으며, 재난이 개인이 아닌 사회적 단위, 특히 부모와 자녀가 함께 사는 가족에게 미치는 영향을 고려해야 한다고 주장하였다.

환경적 사건은 아동의 자연스러운 발달을 방해하거나 변형시켜 회복할 수 없는 결과를 초래할 수 있으므로 특히 우려된다. 어린 시절에 심각한 스트레스를 경험하면 두뇌가 민감해져 이후에 스트레스 반응이 더 두드러지게 나타날 수 있다.[97]

환경 영향에 대해 생리적으로 취약한 집단도 있다. 기존 정신질환을 가진 사람들은 이미 대처 시스템에 부하가 많이 걸려 있기 때문에 특히 영향을 받을 가능성이 높다. 이 대처 시스템은 규칙적인 일상생활을 유지하는 데 있어 중요한 역할을 하는데 이 시스템에 과부하는 기존 질병의 악화로 이어질 수 있다. 또한, 신경 활동을 조절하는 약물이 고온의 신체적 정신적 영향을 증폭시킬 수 있고 재난으로 인한 의료 시스템의 중단으로 인해 필요한 치료를 받지 못할 수도 있다.[18] 노인도 더위에 더 큰 영향을 받으며 자연재해 후 정신건강 문제가 발생할 가능성이 더 높다.[98] 어린이와 마찬가지로 노인은 생리적 취약성뿐만 아니라 사회적 취약성으로 인해 거주지나 직업의 생활방식 변화에 적응할 유연성이 떨어지고 사회적 고립이 더 많이 겪는다. 정신건강 서비스 이용에 대해 더 많은 저항성을 보인다.[99]

인류세의 정신건강: 인간과 지구의 공존을 위한 관계 맺기

환경 파괴가 정신건강에 미치는 현재 및 잠재적 영향의 규모와 범위를 고려하면 환경 파괴를 완화하고 새로운 환경 현실에 적응하는 방법을 모색하기 위해 상당한 노력이 필요하다. 그러나 환경적 영향을 무시하고 때로는 기후변화와 같은 일부 변화의 현실을 부정하는 경향이 만연해 큰 어려움이 있다. 이와 같은 현실의 부정은 여러 가지 요인에 의해 유발된다. 환경적 변화 현상에 대한 인지적·정서적 거리감, 두려운 결과에 직면하고 싶지 않은 정서적 거부감, 이념적 저항 등이 모두 명백한 근거를 무시하게 만들 수 있다. 정치적 이념이 가장 강력한 장애물 중 하나이지만, 이외에도 이와 같은 명백한 현실에 대한 부정은 종교적 신념, 기술에 대한 과도한 믿음, 또는 단순히 안락한 고소비 생활방식을 버리기를 원치 않아서 등의 이유로 유발될 수도 있다. 따라서 기후변화에 대한 의견 차이는 일반적으로 사실에 관한 것이 아니라 '해당 이슈가 사회에 미치는 영향'에 관한 것이다.[100] 사람들이 환경 문제에 적절히 대응하도록 설득하려면 듣는 사람이 각기 해당 문제에 대해 어떠한 이해관계를 가지고 있는지에 대해 주의를 기울여야 한다.

적응은 환경 변화 대응을 위한 논의에서 점점 더 중요해지고 있다. 적응은 사람들이 자연 환경과 상호작용하는 방식의 변화를 강조하며, 물리적 기반시설, 건축법규, 농업 관행뿐만 아니라 사회적 관계와 개인의 행동 변화를 요구한다. 예를 들어, 13장에서 논의한 것처럼 도시가 공원, 나무, 정원을 충분히 포함하도록 잘 설계된다면 도시화의 부정적인 영향을 피할 수 있으며, 자연과의 접촉이 유지되거나 심지어 강화될 수도 있다. 사회는 '경험 소멸'이 아닌 '경험 전환'의 가능성을 고려해야 한다.[101]

다행히도 지구환경 변화에 대처하기 위한 노력은 정신건강에 도움이 될 수 있다. 특히 두 가지를 강조할 필요가 있다. 첫째, 개인의 참여는 사람들이 의미와 목적을 느낄 수 있게 한다. 여러 연구에서 지속가능한 행동과 행복 사이의 상관관계를 확인했는데, 긍정적인 노력에 기여하고 있다고 느끼는 사람들은 자신과 자신의 가치, 자기 효능감에 대한 만족감이 높다.[69,102] 또한 기후변화를 완화하기 위한 행동에 참여하면, 그 위협을 심각하게 인식하는 사람들조차도 고통과 우울증 증상이 감소한다는 연구 결과가 있다.[89,103] 둘째, 집단적인 사회적인 행동에 참여할 경우 신체적·정신적 위험 요인에 직면했을 때 회복력의 중요한 원천인 사회적 유대가 강화될 수 있다(**그림 9.7**). 집단 차원의 주도적 행동에 참여하는 것은 효능감과 권능감을 강화할 수 있을 뿐만 아니라, 집단이 주관적 안녕감을 지지하는 기반이 되면서 긍정적인 감정인 소속감과 집단 정체성을 구축할 수 있다.[104] 호주의 정신과 의사 헬렌 베리는 가뭄에 취약한 지역사회의 사회 기능을 개선하기 위한 지역사회 주도적 활동이 정신건강에 긍정적인 영향을 미쳤다고 설명했다. 그녀는 이러한 지역사회 기반 개입이 가뭄이 정신건강에 미치는 부정적 결과를 완화하는 데 있어 개인 중심 접근보다 더 효과적일 것이라고 주장하며 이 기회를 "조개 속의 진주"라고 불렀다.[105]

해로운 환경 영향이 증가하고 유익한 영향은 감소할 가능성이 있는 불확

그림 9.7 기후변화 대응을 위해 활동하는 옹호 단체인 '앞에 나선 엄마들'의 시위 모습. 지구환경 변화에 대응하기 위한 집단행동은 피해자의 목소리를 내거나 지역사회의 회복탄력성을 키움으로써 정신건강에 도움이 될 수 있다.
자료: Photograph by Emily Rose, used with permission

실하고 잠재적으로 두려운 미래를 고려할 때, 개인과 지역사회가 환경 영향의 수동적인 수용자가 아니라는 점을 기억하는 것이 중요하다. 개인은 주체성을 가지고 있으며 부정적인 환경 변화에 대한 회복탄력성을 높이기 위한 조치를 취할 수 있다.[92] 개인으로서는 충분한 정보를 바탕으로 대비하고, 돈독한 사회적 관계를 형성하고, 자신의 대처 능력을 믿고, 집단행동에 참여하고, 긍정적 사고를 유지한다면 환경 위해에 대응하는 데 있어 더 나은 위치에 자리할 수 있을 것이다.

정보에 밝은 점, 사회와 높은 연결성, 낙관적인 사고 등은 개인의 특성이지만, 이 같은 특성은 사회적 맥락에 따라 더 강화되거나 약화될 수 있다. 지역사회는 미래의 위협, 현재 상황, 효과적인 대비책, 가용 자원에 대한 정보를 시민들에게 제공하는 소통 채널을 만들고 모든 사람에게 전달되도록 함으로써 회복탄력성을 증진할 수 있다. 또한 시민들이 계획 수립과 정책 결정에 참여할 수 있는 방안을 마련해야 한다. 이러한 지역사회의 노력은 개인을 연결하고 그들에게 권한을 부여하며, 다가오는 도전에 대처할 수 있는 지역사회의 능력을 더 긍정적으로 인식하도록 한다.

지역사회는 개인들에게 정보를 제공하고 연결하는 데 그치지 않고, 환경적 도전에 직면했을 때 자신들의 특성이 강점으로뿐만 아니라 취약점으로도 작용할 수 있다는 점을 고려해야 한다. 자산 및 취약성 분석을 통해 지역사회는 그들이 직면한 특정한 환경 위험과 복원력을 강화하는 데 사용할 수 있는 기존의 사회적·경제적·물리적 자원을 이해할 수 있다. 효과적인 시스템의 중요한 한 측면은 다양성인데, 이는 변화하는 환경에 적응할 수 있는 유연성과 능력을 높이는 쪽으로 작용하는 경향이 있다. 다양성은 여러 가지로 정의할 수 있지만 일반적으로 인간이 가진 다양한 차이를 포괄한다. 넓은 범위에 걸친 경험과 지식, 기술, 취약성은 지역사회와 사회가 환경 변화의 잠재적 영향을 인식하고 가능한 해결책이나 적응 방안을 개발하는 데 도움이 된다.

결론

환경 변화가 정신건강에 미치는 영향에 대한 근거는 계속 늘어가고 있다. 자연재해와 같은 개별적인 환경 사건의 직접적인 영향 외에도 사람들이 자연환경을 경험하는 방식에 영향을 주는 보다 점진적인 환경 조건의 변화에 대한 우려가 있다. 사람이 자신과 자연 세계 사이의 관계를 이해하고 미래의 변화를 예측하는 방식은 심리적 안녕과 관련이 있다. 이 장에서 인용된 여러 연구들을 통해 우리는 사회적 맥락이 인간과 자연 사이의 긍정적인 관계를 증진하고 환경 스트레스 요인의 영향을 완화하는 데 중요할 수 있다는 것을 보았다.

인간과 생태계의 안녕 사이의 연관성은 인간의 번영을 저해하거나 오히려 증진하는 요인을 이해하는 데 있어 중요하다. 또한 자연계와 인간의 상호의존성을 인식하도록 장려하는 측면에서도 중요하다. 환경 보호는 때로 자신의 개인적 이해관계를 뛰어넘는 것이고 이타적인 행위로 여겨지기도 하지만, 더 정확하게는 우리가 구성의 일원으로 있는 지구 시스템을 보호하기 위한 행위로 설명될 수 있다. 따라서 환경 보호는 근본적으로 자기 보전의 행위이다. 인간과 지구의 관계에 주의를 기울인다면 더 건강한 건축 환경을 설계하고, 자연과의 접촉을 증진하며, 지구와 인간의 신체 및 정신건강을 모두 보호하는 정책을 시행할 수 있다.

저자

수전 클레이턴(Susan Clayton, PhD)은 오하이오주 우스터대학의 휘트모어-윌리엄스 심리학과 교수이다. 가장 최근에는 『심리와 기후변화』(2018, 크리스티 매닝과 공저)를 포함해 6권의 책을 저술하거나 편집했다. 박사는 기후변화에 관한 정부 간 협의체의 제6차 평가 보고서 주 저자 중 한 명이기도 하다.

참고문헌

1. World Health Organization. *Depression and Other Common Mental Disorders: Global Health Estimates.* Geneva, Switzerland: World Health Organization; 2017. http://apps.who.int/iris/bitstream/10665/254610/1/WHO-MSD-MER-2017.2-eng.pdf.
2. Holt-Lunstad J, Robles TF, Sbarra DA. Advancing social connection as a public health priority in the United States. *Am Psychol.* 2017; 72(6): 517–530.
3. Fritze JG, Blashki GA, Burke S, Wiseman J. Hope, despair and transformation: climate change and the promotion of mental health and wellbeing. *Int J Ment Health Syst.* 2008; 2(1): 13.
4. Rubonis AV, Bickman L. Psychological impairment in the wake of disaster: the disaster–psychopathology relationship. *Psychol Bull.* 1991; 109(3): 384–399.
5. Neria Y, Nandi A, Galea S. Post-traumatic stress disorder following disasters: a systematic review. *Psychol Med.* 2007; 38(4): 467–480.
6. Kessler RC, Galea S, Gruber MJ, Sampson NA, Ursano RJ, Wessely S. Trends in mental illness and suicidality after Hurricane Katrina. *Mol Psychiatry.* 2008; 13(4): 374–384.
7. Johannesson KB, Arinell H, Arnberg FK. Six years after the wave. Trajectories of posttraumatic stress following a natural disaster. *J Anxiety Disord.* 2015; 36:15–24.
8. Flory K, Hankin BL, Kloos B, Cheely C, Turecki G. Alcohol and cigarette use and misuse among Hurricane Katrina survivors: psychosocial risk and protective factors.

Subst Use Misuse. 2009; 44(12): 1711-1724.

9. Schumacher JA, Coffey SF, Norris FH, Tracy M, Clements K, Galea S. Intimate partner violence and Hurricane Katrina: predictors and associated mental health outcomes. *Violence Vict.* 2010; 25(5): 588-603.
10. Tang B, Liu X, Liu Y, Xue C, Zhang L. A meta-analysis of risk factors for depression in adults and children after natural disasters. *BMC Public Health.* 2014; 14(1).
11. Noel P, Cork C, White RG. Social capital and mental health in post-disaster/conflict contexts: a systematic review. *Disaster Med Public Health Prep.* 2018; 12(6): 791-802.
12. Knez I, Butler A, Ode Sang A, Angman E, Sarlov-Herlin I, Akerskog A. Before and after a natural disaster: disruption in emotion component of place-identity and wellbeing. *J Environ Psychol.* 2018; 55:11-17.
13. Forbes D, Alkemade N, Waters E, et al. The role of anger and ongoing stressors in mental health following a natural disaster. *Aust N Z J Psychiatry.* 2015; 49(8): 706-713.
14. Osberghaus D, Kuhling J. Direct and indirect effects of weather experiences on life satisfaction: which role for climate change expectations? *J Environ Plann Manag.* 2016; 59(12): 2198-2230.
15. Obradovich N, Migliorini R, Paulus MP, Rahwan I. Empirical evidence of mental health risks posed by climate change. *Proc Natl Acad Sci.* 2018; 115(43): 10953-10958.
16. Burke M, Gonzalez F, Baylis P, et al. Higher temperatures increase suicide rates in the United States and Mexico. *Nat Clim Change.* 2018; 8(8): 723-729.
17. Carleton TA. Crop-damaging temperatures increase suicide rates in India. *Proc Natl Acad Sci.* 2017; 114(33): 8746-8751.
18. Thompson R, Hornigold R, Page L, Waite T. Associations between high ambient temperatures and heat waves with mental health outcomes: a systematic review. *Public Health.* 2018; 161:171-191.
19. Larrick RP, Timmerman TA, Carton AM, Abrevaya J. Temper, temperature, and temptation: heat-related retaliation in baseball. *Psychol Sci.* 2011; 22(4): 423-428.
20. Kenrick DT, MacFarlane SW. Ambient temperature and horn honking: a field study of the heat/aggression relationship. *Environ Behav.* 1986; 18(2): 179-191.
21. Ranson M. Crime, weather, and climate change. *J Environ Econ Manag.* 2014; 67(3): 274-302.
22. Carleton T, Hsiang SM, Burke M. Conflict in a changing climate. *European Eur Phys J Special Topics.* 2016; 225(3): 489-511.
23. Carleton TA, Hsiang SM. Social and economic impacts of climate. *Science.* 2016; 353(6304).
24. Gu X, Liu Q, Deng F, et al. Association between particulate matter air pollution and risk of depression and suicide: systematic review and meta-analysis. *Br J Psychiatry.* 2019:1-12.
25. Newbury JB, Arseneault L, Beevers S, et al. Association of air pollution exposure with psy chotic experiences during adolescence. *JAMA Psychiatry.* 2019.
26. Sass V, Kravitz-Wirtz N, Karceski SM, Hajat A, Crowder K, Takeuchi D. The effects of air pollution on individual psychological distress. *Health Place.* 2017; 48:72-79.

27. Lu JG, Lee JJ, Gino F, Galinsky AD. Polluted morality: air pollution predicts criminal activity and unethical behavior. *Psychol Sci.* 2018; 29(3): 340–355.
28. Austin EK, Handley T, Kiem AS, et al. Drought-related stress among farmers: findings from the Australian Rural Mental Health Study. *Med J Aust.* 2018; 209(4): 159–165.
29. Vins H, Bell J, Saha S, Hess J. The mental health outcomes of drought: a systematic review and causal process diagram. *Int J Environ Res Public Health.* 2015; 12(10): 13251-13275.
30. Bourque F, van der Ven E, Malla A. A meta-analysis of the risk for psychotic disorders among first- and second-generation immigrants. *Psychol Med.* 2010; 41(05): 897–910.
31. Mindlis I, Boffetta P. Mood disorders in first- and second-generation immigrants: systematic review and meta-analysis. *Br J Psychiatry.* 2017; 210(3): 182-189.
32. Kaltenbach E, Hardtner E, Hermenau K, Schauer M, Elbert T. Efficient identification of mental health problems in refugees in Germany: the Refugee Health Screener. *Eur J Psychotraumatol.* 2017; 8(sup2): 1389205.
33. Garcini LM, Pena JM, Galvan T, Fagundes CP, Malcarne V, Klonoff EA. Mental disorders among undocumented Mexican immigrants in high-risk neighborhoods: prevalence, comorbidity, and vulnerabilities. *J Consult Clin Psychol.* 2017; 85(10): 927–936.
34. Chen J, Chen S, Landry P. Urbanization and mental health in China: linking the 2010 population census with a cross-sectional survey. *Int J Environ Res Public Health.* 2015; 12(8): 9012–9024.
35. Evans BE, Buil JM, Burk WJ, Cillessen AHN, van Lier PAC. Urbanicity is associated with behavioral and emotional problems in elementary school-aged children. *J Child Fam Stud.* 2018; 27(7): 2193-2205.
36. Wang R, Xue D, Liu Y, Chen H, Qiu Y. The relationship between urbanization and depression in China: the mediating role of neighborhood social capital. *Int J Equity Health.* 2018; 17(1): 105.
37. Cox DTC, Hudson HL, Shanahan DF, Fuller RA, Gaston KJ. The rarity of direct experiences of nature in an urban population. *Landscape Urban Plann.* 2017; 160:79–84.
38. Lai H, Flies EJ, Weinstein P, Woodward A. The impact of green space and biodiversity on health. *Front Ecol Environ.* 2019; 17(7): 383-390.
39. van den Bosch M, Bird W, eds. *Oxford Textbook of Nature and Public Health.* Oxford, UK: Oxford University Press; 2017.
40. Ives CD, Giusti M, Fischer J, et al. Human–nature connection: a multidisciplinary review. *Curr Opin Env Sust.* 2017; 26(suppl C): 106e113.
41. McEachan RR, Prady SL, Smith G, et al. The association between green space and depressive symptoms in pregnant women: moderating roles of socioeconomic status and physical activity. *J Epidemiol Community Health.* 2016; 70(3): 253-259.
42. Mitchell R, Popham F. Effect of exposure to natural environment on health inequalities: an observational population study. *Lancet.* 2008; 372:1655-1660.
43. Frumkin H, Bratman GN, Breslow SJ, et al. Nature contact and human health: a

research agenda. *Environ Health Perspect.* 2017; 125(7): 075001. Mental Health on a Changing Planet 241

44. Gascon M, Triguero-Mas M, Martinez D, et al. Mental health benefits of long-term exposure to residential green and blue spaces: a systematic review. *Int J Environ Res Public Health.* 2015; 12(4): 4354-4379.
45. van den Bosch M, Ostergren P-O, Grahn P, Skarback E, Wahrborg P. Moving to serene nature may prevent poor mental health—results from a Swedish longitudinal cohort study. *Int J Environ Res Public Health.* 2015; 12(7): 7974.
46. Alcock I, White MP, Wheeler BW, Fleming LE, Depledge MH. Longitudinal effects on mental health of moving to greener and less green urban areas. *Environ Sci Technol.* 2014; 48(2): 1247-1255.
47. South EC, Hohl BC, Kondo MC, MacDonald JM, Branas CC. Effect of greening vacant land on mental health of community-dwelling adults: a cluster randomized trial. *JAMA Network Open.* 2018; 1(3): e180298.
48. van den Berg M, van Poppel M, van Kamp I, et al. Visiting green space is associated with mental health and vitality: a cross-sectional study in four european cities. *Health Place.* 2016; 38:8-15.
49. Barton J, Bragg R, Wood C, Pretty J, eds. *Green Exercise: Linking Nature, Health and Well-Being.* Abingdon, Oxon, UK: Earthscan/Routledge; 2016.
50. Mitchell R. Is physical activity in natural environments better for mental health than physical activity in other environments? *Soc Sci Med.* 2013; 91:130-134.
51. Mygind L, Kjeldsted E, Hartmeyer R, Mygind E, Bølling M, Bentsen P. Mental, physical and social health benefits of immersive nature-experience for children and adolescents: a systematic review and quality assessment of the evidence. *Health Place.* 2019; 58:102136.
52. Mygind L, Kjeldsted E, Hartmeyer RD, Mygind E, Bølling M, Bentsen P. Immersive nature-experiences as health promotion interventions for healthy, vulnerable, and sick populations? A systematic review and appraisal of controlled studies. *Front Psychology.* 2019; 10(943).
53. Gascon M, Zijlema W, Vert C, White MP, Nieuwenhuijsen MJ. Outdoor blue spaces, human health and well-being: a systematic review of quantitative studies. *Int J Hyg Environ Health.* 2017; 220(8): 1207-1221.
54. Vanaken GJ, Danckaerts M. Impact of green space exposure on children's and adolescents' mental health: a systematic review. *Int J Environ Res Public Health.* 2018; 15(12).
55. Madzia J, Ryan P, Yolton K, et al. Residential greenspace association with childhood behavioral outcomes. *J Pediatr.* 2018.
56. Preuß M, Nieuwenhuijsen M, Marquez S, et al. Low childhood nature exposure is associated with worse mental health in adulthood. *Int J Environ Res Public Health.* 2019; 16(10).
57. Engemann K, Pedersen CB, Arge L, Tsirogiannis C, Mortensen PB, Svenning J-C.

Residential green space in childhood is associated with lower risk of psychiatric disorders from adolescence into adulthood. *Proc Natl Acad Sci.* 2019; 116(11): 5188.
58. Carver A, Lorenzon A, Veitch J, Macleod A, Sugiyama T. Is greenery associated with mental health among residents of aged care facilities? A systematic search and narrative review. *Aging Ment Health.* 2018:1–7.
59. Gascon M, Sanchez-Benavides G, Dadvand P, et al. Long-term exposure to residential green and blue spaces and anxiety and depression in adults: a cross-sectional study. *Environ Res.* 2018; 162:231–239. 242 Planetary Health: Protecting Nature to Protect Ourselves
60. Taylor MS, Wheeler BW, White MP, Economou T, Osborne NJ. Research note: urban street tree density and antidepressant prescription rates—a cross-sectional study in London, UK. *Landscape Urban Plann.* 2015; 136:174–179.
61. Berman MG, Kross E, Krpan KM, et al. Interacting with nature improves cognition and affect for individuals with depression. *J Affect Disord.* 2012; 140(3): 300–305.
62. Nutsford D, Pearson AL, Kingham S. An ecological study investigating the association between access to urban green space and mental health. *Public Health.* 2013; 127(11): 1005–1011.
63. Hyer L, Boyd S, Scurfield R, Smith D, Burke J. Effects of Outward Bound experience as an adjunct to inpatient PTSD treatment of war veterans. *J Clin Psychol.* 1996; 52(3): 263–278.
64. Iwata Y, Dhubhain AN, Brophy J, Roddy D, Burke C, Murphy B. Benefits of group walking in forests for people with significant mental ill-health. *Ecopsychology.* 2016; 8(1): 16–26.
65. Kuo M. How might contact with nature promote human health? Exploring promising mechanisms and a possible central pathway. *Front Psychol.* 2015; 6.
66. Frumkin H, Bratman GN, Breslow SJ, et al. Nature contact and human health: a research agenda. *Environ Health Perspect.* 2017.
67. Bettmann JE, Gillis HL, Speelman EA, Parry KJ, Case JM. A meta-analysis of wilderness therapy outcomes for private pay clients. *J Child Fam Studies.* 2016; 25(9): 2659–2673.
68. Rosa CD, Collado S. Experiences in nature and environmental attitudes and behaviors: setting the ground for future research. *Front Psychol.* 2019; 10.
69. Olivos P, Clayton S. Self, nature and well-being: sense of connectedness and environmental identity for quality of life. In. *Handbook of Environmental Psychology and Quality of Life Research.* Berlin, Germany: Springer International Publishing; 2016:107e126.
70. Zelenski JM, Nisbet EK. Happiness and feeling connected: the distinct role of nature relatedness. *Environ Behav.* 2014; 46(1): 3–23.
71. Dean JH, Shanahan DF, Bush R, et al. Is nature relatedness associated with better mental and physical health? *Int J Environ Res Public Health.* 2018; 15(7): 1371.
72. Ives CD, Abson DJ, von Wehrden H, Dorninger C, Klaniecki K, Fischer J. Reconnecting with nature for sustainability. *Sustain Sci.* 2018; 13(5): 1389–1397.
73. Hidaka BH. Depression as a disease of modernity: explanations for increasing

prevalence. *J Affect Disord.* 2012; 140(3): 205-214.

74. Knez I, Butler A, Ode Sang A, Angman E, Sarlšv-Herlin I, Akerskog A. Before and after a natural disaster: disruption in emotion component of place-identity and wellbeing. *J Environ Psychol.* 2018; 55:11-17.
75. Cunsolo A, Ellis NR. Ecological grief as a mental health response to climate changerelated loss. *Nat Clim Change.* 2018; 8(4): 275-281.
76. IPBES. *Summary for Policymakers of the Global Assessment Report on Biodiversity and Ecosystem Services of the Intergovernmental Science-Policy Platform on Biodiversity and Ecosystem Services.* Bonn, Germany: IPBES Secretariat; 2019.
77. Hunt E. BirthStrikers: meet the women who refuse to have children until climate change ends. *Guardian.* 12 March, 2019.
78. Feder JL. Extinction rebellion shut down London to shock people into facing the reality of climate change. That was just the beginning. *BuzzFeed.* 12 July, 2019. Mental Health on a Changing Planet 243
79. Scheinman T. The couples rethinking kids because of climate change. BBC, 1 October 2019. https://www.bbc.com/worklife/article/20190920-the-couples-reconsidering-kids-because-of-climate-change. Accessed April 2020.
80. Moser SC. More bad news: the risk of neglecting emotional responses to climate change information. In: *Creating a Climate for Change.* Cambridge, UK: Cambridge University Press; 2007:64-80.
81. Leiserowitz A, Maibach E, Rosenthal S, et al. *Climate Change in the American Mind.* New Haven, CT: Yale Program on Climate Change Communication George Mason University Center for Climate Change Communication; 2018. http://climate communication.yale.edu/publications/climate-change-in-the-american-mind-december-2018.
82. Steentjes K, Pidgeon N, Poortinga W, et al. *European Perceptions of Climate Change: Topline Findings of a Survey Conducted in Four European Countries in 2016.* Cardiff, Wales: Cardiff University; 2017.
83. Asugeni J, MacLaren D, Massey PD, Speare R. Mental health issues from rising sea level in a remote coastal region of the Solomon Islands: current and future. *Australas Psychiatry.* 2015; 23(6 suppl): 22-25.
84. Reser J, Bradley G, Glendon A, Ellul M, Callaghan R. *Public Risk Perceptions, Understandings, and Responses to Climate Change and Natural Disasters in Australia, 2010 and 2011.* Southport, Australia: National Climate Change Adaptation Research Facility, Gold Coast; 2012.
85. Verplanken B, Roy D. My worries are rational, climate change is not: habitual ecological worrying is an adaptive response. *PLoS One.* 2013; 8(9): e74708.
86. Bourque F, Willox AC. Climate change: the next challenge for public mental health? *Int Rev Psychiatry.* 2014; 26(4): 415-422.
87. Ellis NR, Albrecht GA. Climate change threats to family farmers' sense of place and mental wellbeing: a case study from the Western Australian Wheatbelt. *Soc Sci Med.* 2017; 175:161-168.

88. Polain JD, Berry HL, Hoskin JO. Rapid change, climate adversity and the next big dry: older farmers' mental health. *Aust J Rural Health.* 2011; 19(5): 240.
89. Helm SV, Pollitt A, Barnett MA, Curran MA, Craig ZR. Differentiating environmental concern in the context of psychological adaption to climate change. *Glob Environ Change.* 2018; 48:158–167.
90. Jones MK, Wootton BM, Vaccaro LD, Menzies RG. The impact of climate change on obsessive compulsive checking concerns. *Aust N Z J Psychiatry.* 2012; 46(3): 265–270.
91. Wilkinson R, Pickett K. *The Spirit Level: Why Greater Equality Makes Societies Stronger.* New York, NY: Bloomsbury Press; 2011. Accessed April 2020.
92. Durkalec A, Furgal C, Skinner MW, Sheldon T. Climate change influences on environment as a determinant of Indigenous health: relationships to place, sea ice, and health in an Inuit community. *Soc Sci Med.* 2015; 136–137:17–26.
93. MacDonald JP, Willox AC, Ford JD, Shiwak I, Wood M. Protective factors for mental health and well-being in a changing climate: perspectives from Inuit youth in Nunatsiavut, Labrador. *Soc Sci Med.* 2015; 141:133–141.
94. Truchot D, Andela M. Burnout and hopelessness among farmers: the Farmers Stressors Inventory. *Soc Psychiatry Psychiatr Epidemiol.* 2018; 53(8): 859–867. 244 Planetary Health: Protecting Nature to Protect Ourselves
95. Parida Y, Dash DP, Bhardwaj P, Chowdhury JR. Effects of drought and flood on farmer suicides in Indian states: an empirical analysis. *Econ Disaster Clim Change.* 2018; 2(2): 159–180.
96. Juth V, Silver RC, Seyle DC, Widyatmoko CS, Tan ET. Post-disaster mental health among parent–child dyads after a major earthquake in Indonesia. *J Abnorm Child Psychol.* 2015; 43(7): 1309–1318.
97. McLaughlin KA, Kubzansky LD, Dunn EC, Waldinger R, Vaillant G, Koenen KC. Childhood social environment, emotional reactivity to stress, and mood and anxiety disorders across the life course. *Depress Anxiety.* 2010; 27(12): 1087–1094.
98. Parker G, Lie D, Siskind DJ, et al. Mental health implications for older adults after natural disasters: a systematic review and meta-analysis. *Int Psychogeriatr.* 2015; 28(1): 11–20.
99. Polain JD, Berry HL, Hoskin JO. Rapid change, climate adversity and the next big dry: older farmers' mental health. *Aust J Rural Health.* 2011; 19(5): 239–243.
100. Markowitz EM, Guckian ML. Climate change communication: challenges, insights and opportunities. In: Clayton S and Manning C, eds. *Psychology and Climate Change: Human Perceptions, Impacts, and Responses.* Amsterdam, The Netherlands: Elsevier; 2018:35–63.
101. Clayton S, Colleony A, Conversy P, et al. Transformation of experience: toward a new relationship with nature. *Conserv Lett.* 2017; 10(5): 645–651.
102. Howell AJ, Passmore H-A. The nature of happiness: nature affiliation and mental wellbeing. In: Keyes CLM, ed. *Mental Well-Being: International Contributions to the Study of Positive Mental Health.* Berlin, Germany: Springer Netherlands; 2012:231–257.

103. Bradley G, Reser J, Glendon AI, Ellul M. Distress and coping in response to climate change. In: Kaniasty K, Moore K, Howard S, Buchwald P, eds. *Stress and Anxiety: Applications to Social and Environmental Threats, Psychological Well-Being, Occupational Challenges, and Developmental Psychology.* Berlin, Germany: Logos Verlag; 2014:33–42.
104. Bamberg S, Rees JH, Schulte M. Environmental protection through societal change. In: Clayton S and Manning C, eds. *Psychology and Climate Change: Human Perceptions, Impacts, and Responses.* Amsterdam, The Netherlands: Elsevier; 2018:185–213.
105. Berry H. Pearl in the oyster: climate change as a mental health opportunity. *Australas Psychiatry.* 2009; 17(6): 453–456.

10 기후변화와 인류 건강

하워드 프럼킨 지음
윤창교 번역/ 정해관 감수

제2부 인구와 건강에 포함된 다른 장에서는 여러 분야의 환경 변화가 영양, 감염병, 만성질환, 인구 이동과 정치적·군사적 갈등, 정신건강, 행복과 같은 인간의 건강과 복지의 특정 측면에 어떻게 영향을 미치는지에 대해 살펴보고 있다. 최근 몇 년 동안 특정한 환경 변화, 즉 지구의 기후변화가 인류의 건강에 미치는 영향이 크게 주목을 받고 있다. 이 장에서는 기후변화라는 환경 변화를 일으키는 한 가지 원인이 어떻게 인류 건강의 모든 차원을 위협하는지 탐구해 본다.*

4장의 기후변화 부분과 그림 4.1에 설명된 것처럼, 탄소를 기반으로 하는 분자들로 구성된 석탄, 석유, 가스를 연소하면 예상할 수 있는 것과 같이 산화 과정으로 인한 생성물인 이산화탄소(CO_2)를 대기로 방출한다. 이러한 결과로 대기는 수백 ppm 수준으로 상대적으로 완만하게 변화하고 있지만, 실제로 인류와 생명권에 미치는 영향은 극적이고 광범위하다.

지구건강의 핵심 주제 중 하나인 이 대기화학적 구성의 작은 변화는 여러

* 이 장에서는 일반적인 환경 변화를 포괄적으로 다루기보다는 기후변화라는 한 가지 원인에 초점을 맞춘다는 취지임 _옮긴이 주

물리적, 생물학적 체계를 통해 파급되어 지구상에 존재하는 거의 모든 생명체에 영향을 미친다. 메탄, 아산화질소, 염화불화탄소(일명 프레온 가스)와 같은 다른 화학물질과 함께 이산화탄소는 온실가스 역할을 하여 지구 표면에 복사 에너지를 가두어 지구의 온도 조절 장치를 기능적으로 높인다. 더 높은 수준의 갇힌 에너지는 지구 평균 기온을 상승시킨다. 온난화 자체가 극심한 폭풍, 가뭄, 폭염, 홍수, 산불과 같은 자연재해를 더욱 강력하게 만들며 더 빈번하게 발생시키고 있다. 온난화는 물의 열팽창 과정을 통해 특히 극지방의 육지 얼음이 녹아 해수면 상승을 초래한다. 지구에 더 많은 에너지가 갇히면 수문학적 순환도 변화한다. 강수량이 극심하게 많아지고, 습한 지역은 더 습해지고 건조한 지역은 더 건조해진다. 또한, 대기 중 CO_2 수준이 높아지면 바닷물이 산성화되고, 많은 식물의 성장 형태와 화학적 조성에도 변화를 일으켜 온난화 현상과는 별개로 직접적인 영향을 미친다. 결국 이러한 변화는 바다와 강, 빙하와 육지, 식물과 동물, 그리고 사람에게 광범위한 영향을 미친다.

사람에게 미치는 영향은 온도 관련 영향, 악천후 및 재난의 영향, 대기 질 저하의 영향, 알레르기 악화, 감염병 위험 증가, 영양 영향, 인구 이동, 내전, 정신건강에 미치는 영향 등으로 구분할 수 있다. 이는 **그림 10.1**에 나타난 것처럼 다양한 복잡하고 여러 단계의 경로를 거쳐 발생한다. 기후 관련 재해로 인해 발생하는 손상과 같은 영향은 직접적이라고 할 수 있다. 다른 부분은 기후가 식량 작물에 영향을 미쳐 발생하는 영양 문제처럼 간접적이다. 그리고 정치군사적 갈등과 같은 상황은 사회적 과정을 거쳐 발생하는 3차적인 현상이라고 할 수 있다. 기후변화가 건강에 미치는 영향은 기후변화에 관한 정부간 협의체(Intergovernmental Panel on Climate ChangeIPCC)[1]와 세계보건기구,[2] 미국연방정부,[3,4] 학술지,[5-9] 서적 등을 통해 광범위하게 조사되었다.[10-12] 이 장에서는 이 내용을 간략하게 요약한다.

중요한 점은 모든 사람이 기후변화의 영향에 취약하지만 모든 사람이 똑같이 취약한 것은 아니라는 것이다. 부유한 국가는 기후변화로 큰 타격을 받는 가난한 국가보다 훨씬 더 회복탄력성이 뛰어나다. 어떤 국가나 공동체에

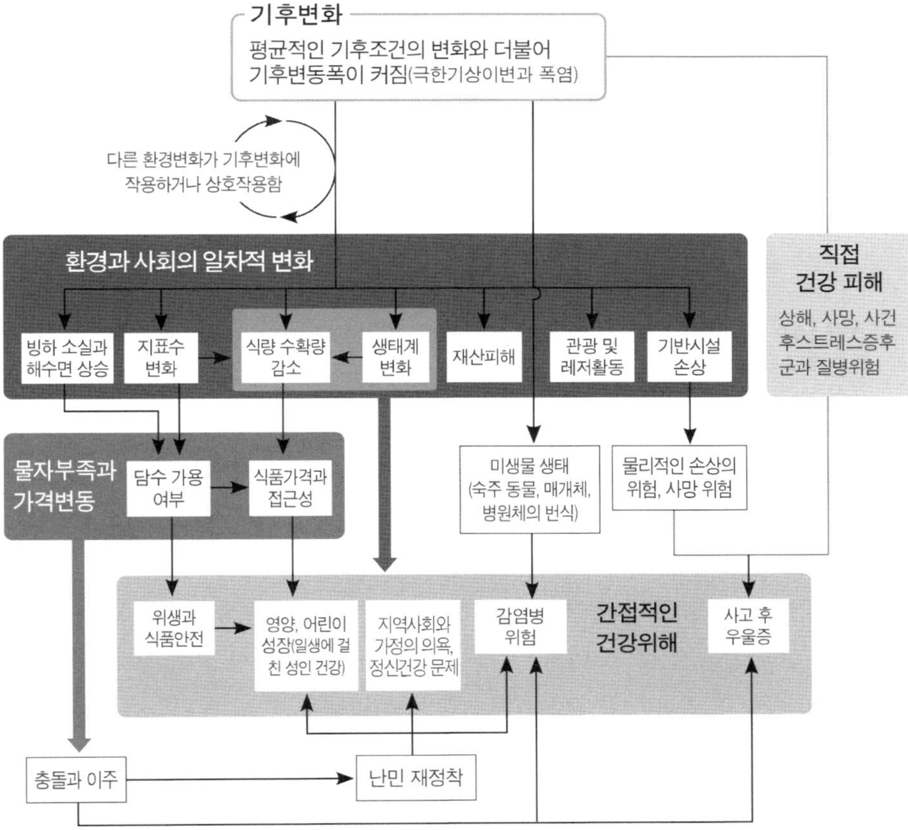

그림 10.1 기후변화에서 건강 영향까지의 경로를 나타내고 있으며, 복잡한 환경, 사회적 과정을 통해 매개되는 기후변화의 직접적인 영향과 간접적인 영향을 모두 보여준다. 다만, 이 그림은 모든 내용을 담고 있지는 않다.
자료: Frumkin H, Haines A. Global environmental change and noncommunicable disease risks. *Annu Rev Public Health*. 2019; 40:261-282, adapted from McMichael AJ. Globalization, climate change and human health. *N Engl J Med*. 2013; 368:1335-1343

서든 가난한 사람들은 부유한 사람들보다 더 취약하다.[13] 그리고 기후변화로 인한 변화에 특히 취약한 계층들이 있는데 여기에는 어린이,[14] 노인,[15] 특정 질병에 걸린 사람들이 있다. 그리고 기후변화가 진행될 것임을 고려한다면, 미래 세대는 현재의 우리보다 더 취약할 것이다.[16]

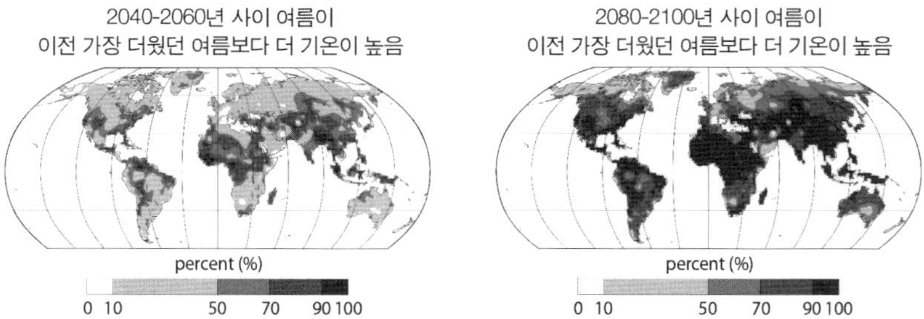

그림 10.2 이 모식도에 표시된 온도 분포 변화에서 알 수 있듯이, 지구가 계속 온난화를 겪게 된다면 더 높은 온도가 '새로운 표준'이 될 것이다.
자료: Battisti DS, Naylor RL. Historical warnings of future food insecurity with unprecedented seasonal heat. *Science*. 2009; 323:240-244

온도에 의한 영향

극심한 폭염 기간 동안과 장기적으로 '새로운 정상(new normal)'(**그림 10.2**) 상태로 옮겨감으로 인해 예상되는 고온환경은 다양한 방식으로 인간의 건강과 안녕을 위협한다. 고온환경으로 인해 발생할 수 있는 의학적 상태는 열 발진, 열 경련과 같은 경미하고 자연적으로 회복될 수 있는 형태로부터 열사병처럼 심각하고 치명적일 수 있는 결과까지 다양하다. 인구 집단의 관점에서 보면 폭염 기간 동안 사망률이 증가하는 현상을 명확하게 볼 수 있는데, 이는 주로 심혈관 사망의 증가로 인해 발생한다.[17] 예를 들어, 1995년 시카고 폭염으로 약 700명의 초과사망이 발생했고,[18] 2003년 유럽 폭염은 더 큰 영향을 미쳐서 백 배 이상 증가한 7만 명의 초과사망이 발생했다,[19] 2010년 러시아 폭염은 1만 1000명의 초과사망을 초래했다.[20] 이 외에도 고온은 치명적인 영향은 아니어도 신장결석,[21] 만성 신장질환[22] 위험 증가부터 수면 장애,[23] 폭력 사건의 증가[24]와 더불어 자살 증가에도 영향을 미치는 것으로 보이고,[25] 작업 능력도 상당히 감소되어 심각한 사회경제적 결과를 낳는다.[26,27] 더 많은 사람들이 도시에 정착할수록(제13장 참조) 도시 열섬 효과로 인해 열에 대한 노출은 악화된다. 즉, 열을 다시 방사하고, 증발산(evapotranspiration)을 통해 지표면을 식힐 수 있는 식물들이 줄어들고 집중적이면서 국소적인 열 발생을 통해 도시는 인근 농촌 지역보다 더 뜨거워지는 경향이 있다.[28] 마찬가지로 열은 그 자체로 위험을 초래할 뿐만 아니라 지표면 오존 형성을 촉진하여 대기의 질을 악화시킨다. 오존은 생물의 호흡기계에 독소로 작용한다.[29] 앞으로 몇 년 안에 날씨가 더 따뜻해지면 일부 지역에서는 추위 때문에 사망하는 사람들의 숫자가 줄어들겠지만, 더위 때문에 사망할 것으로 예상되는 사람의 숫자를 상쇄할 수는 없다. 미국 200개 이상의 도시를 대상으로 한 연구에서 지구 온난화에 대한 적응 없이는 21세기 말까지 초과사망자가 매년 수천 명 수준으로 늘어날 것이라고 예측했다.[30] 빈곤층, 사회적 고립 계층, 유색인종, 소아, 노인, 만성질환자, 야외 근로자는 특히 폭염으로 인한 건강피해의 위험이 높다.[31-33]

극한기상과 기상재해

최근 수십 년 동안 극한 기상 현상의 빈도가 늘어왔으며 앞으로 계속해서 늘어날 것으로 예상된다.[34-36] 이러한 현상은 많은 위험을 동반한다. 홍수, 산불, 허리케인, 심한 폭풍이 발생할 때 외상으로 인한 부상과 사망이 초래된다. 재난이 지나간 이후에도 다른 종류의 건강 영향이 지속될 수 있다. 예를 들어, 전력이 복구되기 전 단기적으로 프로판 버너와 발전기를 사용하는 사람들은 일산화탄소 중독에 걸릴 위험이 있다.[37] 재해는 보건의료에 지장을 주고 의료시설을 파괴하는 경우가 많아, 급성 및 만성질환에 대한 의료 서비스를 방해할 수 있다.[38,39] 홍수가 발생한 뒤에는 가정에서 곰팡이가 크게 증식하여 호흡기질환자에게 위험을 초래할 수 있다.[40] 대규모 화재는 공기 질을 급격하게 악화시킨다.[41] 가뭄은 화재와 심한 폭풍과는 달리 몇 달에서 몇 년에 걸쳐 더 천천히 진행하면서 다양한 방식으로 건강을 위협한다. 흉작, 영양실조, 수질 저하 및 수량 감소로 인한 감염 위험, 공기 질 저하로 인한 호흡기 위험, 정신

건강 위험 등이 가뭄으로 인한 건강 영향에 해당한다.[42]

재난이 지나간 후에는 사람들의 삶이 뒤집히고 생계가 위태로워지며, 강제로 이주하게 될 수도 있다. 이러한 결과는 감염병의 발생과 자원이 부족한 지역에서는 영양실조의 위험이 커지고,[43] 정신건강을 위협하는데, 이는 재난 이후 불안, 우울증, 외상 후 스트레스 증후군, 약물 남용, 가정 폭력의 비율이 증가되는 것으로 나타난다.[44] 빈곤층과 소수민족, 취약한 지역에 위치한 지역사회 등 사회적 취약 계층은 기후변화로 인해 발생하거나 심화되는 재난으로 인해 더 큰 위험에 처해 있으며[13,33] 이는 어린이의 경우에도 마찬가지이다.[14]

공기 질

12장에서 설명했듯이, 기후변화의 근본 원인인 화석연료의 연소는 많은 공기오염물질의 주요 원인이다. 기후변화는 적어도 두 가지 중요한 방식으로 대기 질에 영향을 미친다.[45] 첫째, 기온이 따뜻해지면 지표면에 오존이 형성된다.[46] 오존 수치가 높을수록 호흡기 증상이 늘어나고, 업무 및 수업 일수 손실, 병원 및 응급실 방문, 조기 사망이 증가한다. 둘째, 더 건조하고 더운 날씨와 해충 침입 등의 요인으로 인한 산림 황폐화 때문에 산불이 더 자주 발생한다(**그림 10.3**).[47] 산불은 다량의 연기를 방출하며 바람이 향하는 방향에 있는 사람들에게 심폐질환의 위험을 초래한다.[48] 어린이와 천식과 같은 호흡기질환을 앓고 있는 사람들은 특히 대기오염물질의 영향을 받기 쉽다.

알레르기

기후변화는 여러 가지 방법으로 알레르기를 악화시킬 수 있다. 첫째, 돼지풀과 알레르기를 유발하는 나무와 같은 일부 알레르기 유발 식물은 더 빨리

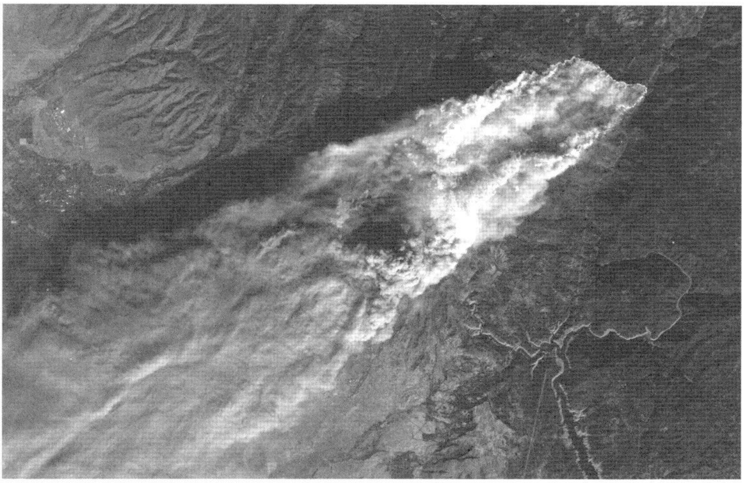

그림 10.3 2018년 11월 위성 이미지에서 북부 캘리포니아의 캠프 산불. 이는 캘리포니아 역사상 최악의 산불이었다. 이 산불로 인해 85명이 사망하였고, 건물은 1만 8000채 이상이 파괴되었으며, 총피해액은 160억 달러가 넘었다. 샌프란시스코와 캘리포니아 센트럴 밸리의 대기 질이 심각하게 악화되어 이 지역의 심폐질환 위험이 증가했다.
자료: Photo by Joshua Stevens (NASA)

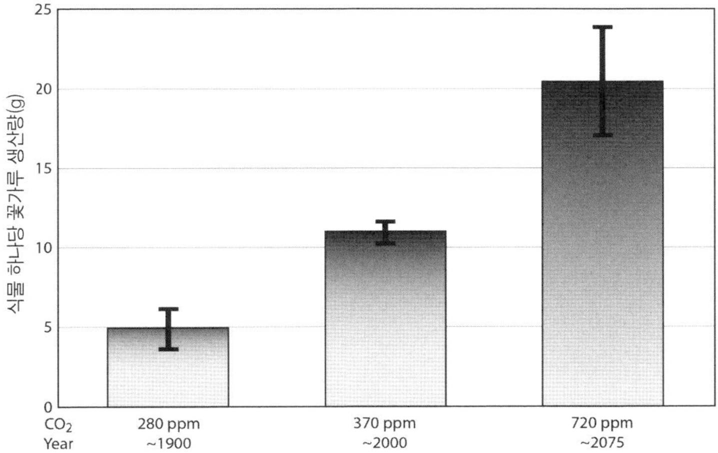

그림 10.4 대기 중 CO_2 농도가 증가하면서 대기 중 돼지풀 꽃가루 농도도 증가한다.
자료: Ziska L, Caulfield F. Rising CO_2 and pollen production of common ragweed (*Ambrosia artemisiifolia*), a known allergy-inducing species: implications for public health. *Aust J Plant Physiol*. 2000; 27:893-898.

성장하고 성장 기간이 더 길어지는데, 이는 미국 전역에서 확인된다.[49,50] 둘째, 알레르기를 유발하는 식물들은 더 많은 꽃가루를 만들어낼 수 있다(**그림 10.4**).[51] 셋째, 꽃가루에 포함된 알레르기 단백질의 양이 증가할 수 있다.[52,53] 그 결과 알레르기가 있는 사람들은 더 고통을 겪게 된다.[54]

감염병

기후변화는 여러 곳에서 감염병의 위험을 높일 수 있다.[55] 감염병 중에서도 특히 두 가지의 종류의 감염병이 두드러진다. 매개체 감염병, 수인성 및 식품매개 질병이다. 매개체 감염병은 모기, 진드기나 이와 유사한 생물에 의해 전파되는 질병이다.[56] 모기는 뎅기열,[57] 말라리아,[58] 웨스트나일바이러스 질환[59]과 같은 질병을 옮기고, 진드기는 라임병과 같은 질병을 전염시킨다.[60] 제6장에서 자세히 논한 것처럼, 기후변화가 가진 여러 특징이 질병의 확산을 더욱 촉진할 수 있다. 모기 서식지를 확대하는 강우 패턴, 매개체 곤충 및 절지동물의 대사, 번식, 먹이 공급을 가속화하는 온도 변화, 진드기 증식을 촉진하는 식생의 변화 등이 여기에 해당한다.[61] 라임병과 같은 일부 매개체 질병은 최근 몇 년간 지리적 범위나 계절적 분포가 확대되었으며, 이러한 추세는 향후 수십 년 동안에도 계속될 것으로 예상된다.[60,62] 매개체로 인한 질병 확산은 복합적인데 토지이용 변화, 보호 전략(예: 방충제 및 방충제) 사용과 같은 기후변화 이외의 많은 요인에 따라 달라진다. 그러나 지속적인 기후변화로 인해 전체적으로는 그 위험이 증가할 가능성이 높다.

콜레라, 살모넬라, 캄필로박터 등 물과 음식을 통해 전파되는 감염병도 중요하다.[64] 이러한 위험은 수문학적 요인, 병원체의 생물학적 요인, 기타 요인의 변화 등으로 인해 증가할 수 있다. 기후변화의 두 가지 주요 특징인 따뜻한 날씨[65]와 폭우는[66] 수인성 설사병의 증가를 초래한다. 이는 지속적인 기후변화로 인해 수인성 감염병의 위험이 커질 것임을 시사한다. 식품 매개 질병과 수인성 질병은 밀접하게 연관되어 있다. 왜냐하면 식품은 물에 의해 쉽게 오염되고, 식품 매개 질병을 유발하는 조건이 수인성 질병을 유발할 수 있기 때문이다. 이에 따라 기후변화로 인해 식중독 발생 위험도 증가할 것으로 예상된다.[67]

영양 섭취

기후변화로 인해 캐나다 북부와 러시아 등 일부 지역에서는 농업 생산성이 향상되지만 더 많은 지역에서 농업 생산성이 저하될 것이다. 기후변화는 극심한 더위, 폭풍, 가뭄, 홍수 등의 영향을 포함한 복잡하고 다양한 경로를 통해 농업을 위협한다. 이러한 경로에는 해충, 잡초, 오존 농도 상승 등이 있는데,[68-70] 이 주제는 5장에서 이미 더 자세히 다루었다. 작물 자체에 대한 이러한 영향이 복합적으로 작용하면 농업 생산성이 감소한다.[27]

생산되는 작물의 양만이 유일한 관심사는 아니다. 품질도 저하된다. 밀, 쌀, 옥수수, 콩 등의 곡물과 콩류의 단백질 및 미량 영양소 함량은 대기 중 CO_2 농도가 증가함에 따라 감소한다. 모델링을 활용한 연구에 따르면 수억 명의 사람들이 기후변화의 영향으로 미량 영양소 및 단백질 결핍 위험이 증가할 것으로 나타났다.[72] 식생활의 질은 또 다른 방식으로 악화될 수 있다. 해안 지역의 주민들은 식수와 식품의 염분 농도가 높아지는 것을 감수하게 된다. 예를 들어 방글라데시에서는 해수면 상승과 열악한 수질 관리로 인해 바닷물이 해안 대수층으로 침입했다. 지하수의 염도가 증가하면 그 물을 마시고 요리에 사용하는 사람의 고혈압 위험이 높아지고,[73] 임산부들이 임신중독증 및 임신성 고혈압을 겪을 위험도 높아진다.[74] 기후변화에서 식품 품질에 이르는 또 다른 경로는 화학적 오염을 통해 발생한다. 해충에 의한 피해가 더 심해지는 것에 대응하기 위하여 살충제 사용이 늘어나고,[75] 작물들의 잡초와의 경쟁이 심해지고 제초제 효능이 감소함에 따라 제초제 사용이 늘어날 수 있다.[76]

기후변화는 작물 외에도 동물성 식품에도 위협을 가한다. 어류는 많은 인구에서 식이 단백질의 중요한 공급원이지만 이미 남획으로 인해 훼손된 세계 어업은[77] 특히 저위도에서 중위도 지역의 기후변화로 인해 위협을 받고 있으며,[78,79] 잠재적으로 중요한 적응 방법인 양식업도 해양 산성화로 위협받는다.[80,81] 가축의 성장과 우유 생산을 포함한 축산물 생산도 온난화와 기후변화의 다른 영향으로 인해 감소한다.[82]

식량 공급이 수요에 미치지 못하면 가격이 상승하면서 사람들이 식량 불안을 겪게 되는데, 미국 내에서는 약 8가구 중 1가구가 이에 해당된다.[83] 생계유지에 어려움을 겪는 가정에서는 다양한 만성질환의 원인이 되는 저렴하고 영양가가 낮으며 칼로리는 높은 식품을 구입하는 경향이 있다.[84,85]

인구 이동

세계 대부분의 지역에서 사람들은 해안과 강 연안, 따뜻한 기후와 같이 기후변화에 취약한 장소에 집중적으로 거주하고 있다. 제8장에서 살펴본 것과 같이 가뭄, 해수면 상승, 악천후 현상으로 인해 국지적으로 식량, 물, 거주할 수 있는 토지가 부족해지고, 기존의 사회적, 정치적, 경제적 스트레스 요인이 악화되면서 일부 인구는 기후변화로 인해 어쩔 수 없이 이주해야 한다.[86,87] 사람들은 자신이 살고 있는 지역사회가 점차 살기에 적합하지 않게 되거나, 거주할 수 있는 상태로 유지하는 데 엄청나게 많은 비용이 드는 경우, 대규모 재난을 겪고 난 뒤와 같은 이유로 경우에 따라서는 시급하게, 혹은 장기간에 걸쳐 이주하게 된다.[88-90] 유엔난민기구에 따르면, 2019년에는 세계적으로 6850만 명의 난민이 있었으며, 그중 절반 이상이 어린이였다. 이는 역대 최고 기록이다.[91] 이들 중 다수는 내전이나 박해로 강제로 이주해야만 했다. 환경 변화는 여러 가지 상황에 영향을 미친다. 이재민의 주요 건강 위험은 감염병, 영양, 생식 건강, 정신건강 및 심리사회적 스

트레스 요인과 관련이 있다.[92,93]

내전

점점 더 부족해지는 자원, 이주한 인구, 기타 불안정한 세력에 대한 압력이 심화되는 것은 내전의 위험 요소이다.[94-96] 이 주제는 제8장에서 더 자세히 다룬다. 21세기 첫 10년 안에 있었던 수단 다르푸르 충돌[97]과 다음 10년 동안 발생한 시리아와 이집트의 봉기[98](비록 이는 복잡한 과정이고 다른 요인들도 중요한 역할을 했지만)는 기후변화로 인한 날씨 양상의 변화가 영향을 미쳤을 수 있다. 기후변화로 인한 건강 영향은 직접적으로는 전투원과 분쟁에 휘말린 민간인 모두에게 영향을 미치며, 간접적으로는 보건 및 기타 필수 복지 서비스에 들어갈 자금을 다른 곳으로 돌리는 것으로 인해 악화될 수 있다. 보다 미시적인 차원에서는, 기온이 올라가면 심각한 대인 폭력 발생이 증가하며,[24] 이로 인해 부상과 사망, 지속적인 정신적 피해 및 기타 피해를 초래한다.[99]

정신건강에 미치는 영향

제9장에서 자세히 설명한 것처럼 기후변화와 환경 파괴는 여러 가지 방식으로 정신건강을 위협할 수 있다. 홍수나 허리케인과 같은 재난으로 인해 인구집단에 우울증, 불안, 외상 후 스트레스 증상 등의 큰 정신적 부담이 가해지는 경우가 많다.[100] 거주지의 불안정성, 전에 없던 기상 양상, 생물다양성의 소실 및 기타 환경적 특징의 변화, 미래에 대한 불확실성으로 인한 불안감 등으로 슬픔, 우울, 불안 및 기타 정신 장애가 유발될 수 있다.[101,102] 정신질환이 있는 사람은 더위로 인해 특정 약물의 부작용이 심해질 수 있고, 부적절한 행동 반응 또는 비정상적인 생리적 항상성 기전을 유발할 수 있기에 더운 날씨

에 더 취약하다.[103]

놀라운 일들

지구건강에서 반복되는 주제 중 하나는 체계(이 경우 대기의 화학적 구성)의 작은 변화가 다른 물리적 및 생물학적 체계에 연쇄적인 영향을 미치고 예측하기 어려운 결과를 초래할 수 있다는 것이다. 지구에 더 많은 에너지가 축적되면 기온이 상승하여 얼음이 녹고 물의 열팽창이 일어날 것이라고 오래전부터 예견되었다. 그러나 그에 따른 해수면 상승으로 인해 바닷물이 해안 대수층으로 침습하여 방글라데시 여성들에서 자간전증과 임신성 고혈압 위험이 증가할 것이라는 점은 누구도 예상하지 못한 일이었다. 대기 중 이산화탄소 농도가 약간 증가하는 현상으로 인해 식품의 영양가가 낮아지고 수억 명의 사람들에서 미량 영양소 결핍의 위험이 증가할 것이라고도 예상하기 어려웠다. 우리 인류는 지구 체계의 복잡성과 더욱 복잡한 이들 간의 상호작용으로 인해 기후변화와 여러 형태의 인위적인 환경 변화가 초래하는 우리의 예상을 뛰어넘는 건강 영향에 계속 직면할 가능성이 높다.

결론

많은 지구환경 변화가 인간의 건강을 위협할 수 있지만, 기후변화는 가장 쉽게 이해되는 주제 중 하나이다. 기후변화와 건강 사이의 연관성은 몇 가지 원칙을 보여준다. 첫째, 기후변화는 감염병, 만성질환, 열악한 정신건강, 부상, 삶의 혼란 등 거의 모든 형태의 인간 고통의 위험을 증가시킨다. 둘째, 그 효과는 직접적이고 간접적인 다양한 경로를 통해 작용한다. 셋째, 모든 사람이 똑같이 취약한 것은 아니다. 여러 이유로 취약 인구 집단은 특히 위험이 높다. 넷째, 건강 위협은 현재도 나타나고 있지만 기후변화가 진행되면서 미래에는 더욱 악화될 것이 확실해지고 있다. 마지막으로, 기후 영향으로부터 사람들을 보호하기 위해 어느 정도 달라지는 환경에 대한 적응이 가능하고 필요하겠지만 유일한 최종 해결책은 1차 예방, 즉 기후변화를 되돌리고 안정적인 기후를 달성하는 것이다. 기후변화에 관한 보건의료 분야의 이와 같은 노력은 그 당위성과 더불어 건강을 증진할 수 있는 많은 기회를 제공한다. 제18장에서는 이 주제에 대해 더 자세히 살펴본다.

저자

하워드 프럼킨(Howard Frumkin, MD, DrPH)은 워싱턴대학교 보건대학원의 전임 원장이며 직업환경의학교실 명예교수이다.

참고문헌

1. Smith KR, Woodward A, Campbell-Lendrum D, et al. Human health: Impacts, adaptation, and co- benefits. In: Field CB, Barros VR, Dokken DJ, et al., eds. *Climate Change 2014: Impacts, Adaptation, and Vulnerability. Part A: Global and Sectoral Aspects. Contribution of Working Group II to the Fifth Assessment Report of the Intergovernmental Panel on Climate Change*. Cambridge, UK: Cambridge University Press; 2014:709-754.
2. World Health Organization. *Health & Climate Change*. COP24 Special Report. Geneva, Switzerland: World Health Organization; 2018.
3. Crimmins A, Balbus J, Gamble JL, et al. *The Impacts of Climate Change on Human Health in the United States: A Scientific Assessment*. Washington, DC: U.S. Global Climate Research Program; 2016.
4. Ebi KL, Balbus JM, Luber G, et al. Human health. In: Reidmiller DR, Avery CW, Easterling DR, et al., eds. *Impacts, Risks, and Adaptation in the United States: Fourth National Climate Assessment*. Vol II. Washington, DC: U.S. Global Change Research Program; 2018:539-571.
5. McMichael AJ. Globalization, climate change, and human health. *N Engl J Med*. 2013; 368(14): 1335-1343.
6. Patz JA, Frumkin H, Holloway T, Vimont DJ, Haines A. Climate change: challenges and opportuni- ties for global health. *JAMA*. 2014; 312(15): 1565-1580.

7. Semenza JC. Climate change and human health. *Int J Environ Res Public Health*. 2014; 11(7): 7347- 7353.
8. Duffy PB, Field CB, Diffenbaugh NS, et al. Strengthened scientific support for the Endangerment Finding for atmospheric greenhouse gases. *Science*. 2018:eaat5982.
9. Haines A, Ebi K. The Imperative for climate action to protect health. *N Engl J Med*. 2019; 380(3): 263-273.
10. Luber G, Lemery J. *Global Climate Change and Human Health: From Science to Practice*. San Francisco, CA: Jossey-Bass; 2015.
11. Levy BS, Patz JA. *Climate Change and Public Health*. New York, NY: Oxford University Press; 2015.
12. Butler CD. *Climate Change and Global Health*. Wallingford, UK: CABI; 2014.
13. Leichenko R, Silva JA. Climate change and poverty: vulnerability, impacts, and alleviation strategies. *Wiley Interdiscip Rev Clim Change*. 2014; 5(4): 539-556.
14. Ahdoot S, Pacheco SE, Council on Environmental Health. Global climate change and children's health. *Pediatrics*. 2015; 136(5): e1359.
15. Carnes BA, Staats D, Willcox BJ. Impact of climate change on elder health. *J Gerontol A Biol Sci Med Sci*. 2013.
16. Skillington T. *Climate Change and Intergenerational Justice*. Abingdon, UK: Routledge; 2019.
17. Kovats RS, Hajat S. Heat stress and public health: a critical review. *Annu Rev Public Health*. 2008; 29:41-55.
18. Semenza JC, Rubin CH, Falter KH, et al. Heat-related deaths during the July 1995 heat wave in Chicago. *N Engl J Med*. 1996; 335(2): 84-90.
19. Robine JM, Cheung SL, Le Roy S, et al. Death toll exceeded 70,000 in Europe during the summer of 2003. *CR Biol*. 2008; 331(2): 171-178.
20. Shaposhnikov D, Revich B, Bellander T, et al. Mortality related to air pollution with the Moscow heat wave and wildfire of 2010. *Epidemiology*. 2014; 25(3): 359-364.
21. Tasian GE, Pulido JE, Gasparrini A, et al. Daily mean temperature and clinical kidney stone presentation in five U.S. metropolitan areas: a time-series analysis. *Environ Health Perspect*. 2014; 122(10):
22. Sorensen C, Garcia-Trabanino R. A new era of climate medicine: addressing heat-triggered renal disease. *N Engl J Med*. 2019; 381(8): 693–696.
23. Obradovich N, Migliorini R, Mednick SC, Fowler JH. Nighttime temperature and human sleep loss in a changing climate. *Sci Adv*. 2017; 3(5).
24. Mares DM, Moffett KW. Climate change and interpersonal violence: a "global" estimate and regional inequities. *Clim Change*. 2015; 135(2): 297-310.
25. Burke M, González F, Baylis P, et al. Higher temperatures increase suicide rates in the United States and Mexico. *Nat Clim Change*. 2018; 8(8): 723-729.
26. Kjellstrom T, Briggs D, Freyberg C, Lemke B, Otto M, Hyatt O. Heat, human performance, and occupational health: a key issue for the assessment of global climate change impacts. *Annu Rev Public Health*. 2016; 37:97-112.
27. Dunne JP, Stouffer RJ, John JG. Reductions in labour capacity from heat stress under

climate warming. *Nat. Clim Change*. 2013; 3(6): 563–566.
28. Phelan PE, Kaloush K, Miner M, et al. Urban heat island: mechanisms, implications, and possible remedies. *Annu Rev Environ Res*. 2015; 40(1): 285-307.
29. Avise J, Abraham RG, Chung SH, et al. Evaluating the effects of climate change on summertime ozone using a relative response factor approach for policymakers. *J Air Waste Manag Assoc*. 2012; 62(9): 1061-1074.
30. Schwartz JD, Lee M, Kinney PL, et al. Projections of temperature-attributable premature deaths in 209 U.S. cities using a cluster-based Poisson approach. *Environ Health*. 2015; 14(1): 85.
31. Klinenberg E. *Heat Wave: A Social Autopsy of Disaster in Chicago*. Chicago, IL: University of Chicago Press; 2002.
32. Xu Z, Etzel RA, Su H, Huang C, Guo Y, Tong S. Impact of ambient temperature on children's health: a systematic review. Environ Res. 2012; 117:120-131.
33. Gamble JL, Balbus J, Berger M, et al. Populations of concern. In: Crimmins A, Balbus J, Gamble JL, et al., eds. *The Impacts of Climate Change on Human Health in the United States: A Scientific Assessment*. Washington, DC: U.S. Global Change Research Program; 2016:247-286.
34. Donat MG, Lowry AL, Alexander LV, Ogorman PA, Maher N. More extreme precipitation in the world's dry and wet regions. *Nat Clim Change*. 2016; 6(5): 508–513.
35. Tippett MK, Lepore C, Cohen JE. More tornadoes in the most extreme U.S. tornado outbreaks. *Science*. 2016; 354(6318): 1419-1423.
36. Vitousek S, Barnard PL, Fletcher CH, Frazer N, Erikson L, Storlazzi CD. Doubling of coastal flooding frequency within decades due to sea-level rise. *Sci Rep*. 2017; 7(1): 1399.
37. Iqbal S, Clower JH, Hernandez SA, Damon SA, Yip FY. A review of disaster-related carbon monox- ide poisoning: surveillance, epidemiology, and opportunities for prevention. *Am J Public Health*. 2012; 102(10): 1957-1963.
38. Bell JE, Herring SC, Jantarasami L, et al. Impacts of extreme events on human health. In: Crimmins A, Balbus J, Gamble JL, et al., eds. *The Impacts of Climate Change on Human Health in the United States: A Scientific Assessment*. Washington, DC: U.S. Global Change Research Program; 2016:99- 128.
39. Ryan B, Franklin RC, Burkle FM Jr., et al. Identifying and describing the impact of cyclone, storm and flood related disasters on treatment management, care and exacerbations of non-communi- cable diseases and the implications for public health. *PLoS Curr Disast*. 2015; 7.
40. Barbeau DN, Grimsley LF, White LE, El-Dahr JM, Lichtveld M. Mold exposure and health effects following hurricanes Katrina and Rita. *Annu Rev Public Health*. 2010; 31:165–178.
41. Balmes JR. Where there's wildfire, there's smoke. *M Engl J Med*. 2018; 378(10): 881–883.
42. Stanke C, Kerac M, Prudhomme C, Medlock J, Murray V. Health effects of drought: a

systematic review of the evidence. *PLoS Currents Disasters*. 2013; 5.

43. Abbas M, Aloudat T, Bartolomei J, et al. Migrant and refugee populations: a public health and pol- icy perspective on a continuing global crisis. *Antimicrob Resist Infect Control*. 2018; 7:113.
44. Neria Y, Galea S, Norris FH. *Mental Health and Disasters*. New York, NY: Cambridge University Press; 2009.
45. Fann N, Brennan T, Dolwick P, et al. Air quality impacts. In: Crimmins A, Balbus J, Gamble JL, et al., eds. *The Impacts of Climate Change on Human Health in the United States: A Scientific Assessment*. Washington, DC: U.S. Global Climate Research Program; 2016:69-98.
46. Fiore AM, Naik V, Leibensperger EM. Air quality and climate connections. *J Air Waste Manag Assoc*. 2015; 65(6): 645-685.
47. Harvey BJ. Human-caused climate change is now a key driver of forest fire activity in the western United States. *Proc Natl Acad Sci*. 2016; 113(42): 11649-11650.
48. Reid CE, Brauer M, Johnston F, Jerrett M, Balmes JR, Elliott CT. Critical review of health impacts of wildfire smoke exposure. *Environ Health Perspect*. 2016; 124(9): 1334-1343.
49. Zhang Y, Bielory L, Mi Z, Cai T, Robock A, Georgopoulos P. Allergenic pollen season variations in the past two decades under changing climate in the United States. *Glob Chang Biol*. 2015; 21(4): 1581-1589.
50. Ziska L, Knowlton K, Rogers C, et al. Recent warming by latitude associated with increased length of ragweed pollen season in central North America. *Proc Natl Acad Sci USA*. 2011; 108(10): 4248- 4251.
51. Ziska LH, Makra L, Harry SK, et al. Temperature-related changes in airborne allergenic pollen abundance and seasonality across the northern hemisphere: a retrospective data analysis. *Lancet Planet Health*. 2019; 3(3): e124-e131.
52. Ziska LH, Beggs PJ. Anthropogenic climate change and allergen exposure: the role of plant biology. *J Allergy Clin Immunol*. 2012; 129(1): 27-32.
53. D'Amato G, Pawankar R, Vitale C, et al. Climate change and air pollution: effects on respiratory allergy. *Allergy Asthma Immunol Res*. 2016; 8(5): 391–395.
54. Sheffield PE, Weinberger KR, Kinney PL. Climate change, aeroallergens, and pediatric allergic disease. *Mt Sinai J Med*. 2011; 78(1): 78-84.
55. Altizer S, Ostfeld RS, Johnson PT, Kutz S, Harvell CD. Climate change and infectious diseases: from evidence to a predictive framework. *Science*. 2013; 341(6145): 514–519.
56. Beard CB, Eisen RJ, Barker CM, et al. Vector-borne diseases. In: Crimmins A, Balbus J, Gamble JL, et al., eds. *The Impacts of Climate Change on Human Health in the United States: A Scientific Assess- ment. Washington*, DC: U.S. Global Climate Research Program; 2016:129-156.
57. Morin CW, Comrie AC, Ernst K. Climate and dengue transmission: evidence and implications. *Environ Health Perspect*. 2013; 121(11-12): 1264-1272.
58. Ermert V, Fink AH, Morse AP, Paeth H. The impact of regional climate change on

malaria risk due to greenhouse forcing and land-use changes in tropical Africa. *Environ Health Perspect.* 2012; 120(1): 77-84.

59. Paz S. Climate change impacts on West Nile virus transmission in a global context. Philos Trans R Soc Lond B Biol Sci. 2015; 370(1665).
60. Ostfeld RS, Brunner JL. Climate change and Ixodes tick-borne diseases of humans. *Philos Trans R Soc London B Biol Sci.* 2015; 370(1665).
61. Gage KL, Burkot TR, Eisen RJ, Hayes EB. Climate and vectorborne diseases. *Am J Prev Med.* 2008; 35(5): 436-450.
62. Monaghan AJ, Moore SM, Sampson KM, Beard CB, Eisen RJ. Climate change influences on the annual onset of Lyme disease in the United States. *Ticks Tick-Borne Dis.* 2015; 6(5): 615-622.
63. Vezzulli L, Colwell RR, Pruzzo C. Ocean warming and spread of pathogenic vibrios in the aquatic environment. *Microb Ecol.* 2013; 65(4): 817-825.
64. Semenza JC, Herbst S, Rechenburg A, et al. Climate change impact assessment of food-and water- borne diseases. *Crit Rev Environ Sci Technol.* 2012; 42(8): 857-890.
65. Philipsborn R, Ahmed SM, Brosi BJ, Levy K. climatic drivers of diarrheagenic escherichia coli inci- dence: a systematic review and meta-analysis. *J Infect Dis.* 2016; 214(1): 6-15.
66. Cann KF, Thomas DR, Salmon RL, Wyn-Jones AP, Kay D. Extreme water-related weather events and waterborne disease. *Epidemiol Infect.* 2013; 141(4): 671-686.
67. Hellberg RS, Chu E. Effects of climate change on the persistence and dispersal of food-borne bacte- rial pathogens in the outdoor environment: a review. *Crit Rev Microbiol.* 2015:1-25.
68. Springmann M, Mason-D'Croz D, Robinson S, et al. Global and regional health effects of future food production under climate change: a modelling study. *Lancet.* 2016; 387(10031): 1937-1946.
69. Paini DR, Sheppard AW, Cook DC, De Barro PJ, Worner SP, Thomas MB. Global threat to agriculture from invasive species. Proc Natl Acad Sci. 2016; 113(27): 7575-7579.
70. Myers SS, Smith MR, Guth S, et al. Climate change and global food systems: potential impacts on food security and undernutrition. Annu Rev Public Health. 2017; 38:259-277.
71. Myers SS, Kloog I, Huybers P, et al. Increasing CO_2 threatens human nutrition. *Nature.* 2014; 510(7503): 139-142.
72. Smith MR, Myers SS. Impact of anthropogenic CO_2 emissions on global human nutrition. *Nat Clim Change.* 2018; 8(9): 834-839.
73. Scheelbeek PF, Chowdhury MA, Haines A, et al. Drinking water salinity and raised blood pressure: evidence from a cohort study in coastal Bangladesh. *Environ Health Perspect.* 2017; 125(5).
74. Khan AE, Scheelbeek PFD, Shilpi AB, et al. Salinity in drinking water and the risk of (pre)eclamp- sia and gestational hypertension in coastal Bangladesh: a case-control study. *PLoS One.* 2014; 9(9): e108715.
75. Delcour I, Spanoghe P, Uyttendaele M. Literature review: impact of climate change on

pesticide use. *Food Res Int*. 2015; 68:7-15.
76. Varanasi A, Prasad PVV, Jugulam M. Impact of climate change factors on weeds and herbicide efficacy. In: Sparks DL, ed. *Advances in Agronomy*. Vol 135. Cambridge, MA: Academic Press; 2016:107-146.
77. Pauly D, Zeller D. Catch reconstructions reveal that global marine fisheries catches are higher than reported and declining. *Nat Commun*. 2016; 7: 10244.
78. Pörtner H-O, Karl DM, Boyd PW, et al. Ocean systems. In: Field CB, Barros VR, Dokken DJ, et al., eds. *Climate Change 2014: Impacts, Adaptation, and Vulnerability. Part A: Global and Sectoral Aspects. Contribution of Working Group II to the Fifth Assessment Report of the Intergovernmental Panel on Climate Change*. Cambridge, UK: Cambridge University Press; 2014:411-484.
79. Barange M, Bahri T, Beveridge MCM, Cochrane KL, Funge-Smith S, Poulain F. *Impacts of Climate Change on Fisheries and Aquaculture: Synthesis of Current Knowledge, Adaptation and Mitigation Options*. Rome, Italy: Food and Agriculture Organization of the United Nations; 2018.
80. Clements JC, Chopin T. Ocean acidification and marine aquaculture in North America: potential impacts and mitigation strategies. *Rev Aquacult*. 2016; 9(4): 326-341.
81. Froehlich HE, Gentry RR, Halpern BS. Global change in marine aquaculture production potential under climate change. *Nat Ecol Evol*. 2018; 2(11): 1745-1750.
82. Rojas-Downing MM, Nejadhashemi AP, Harrigan T, Woznicki SA. Climate change and livestock: impacts, adaptation, and mitigation. *Clim Risk Manag*. 2017; 16:145-163.
83. Coleman-Jensen A, Rabbitt MP, Gregory CA, Singh A. *Household Food Security in the United States in 2017*. Washington, DC: USDA Economic Research Service; 2018.
84. Darmon N, Drewnowski A. Contribution of food prices and diet cost to socioeconomic disparities in diet quality and health: a systematic review and analysis. *Nutr Rev*. 2015; 73(10): 643-660.
85. Rehm CD, Monsivais P, Drewnowski A. Relation between diet cost and Healthy Eating Index 2010 scores among adults in the United States 2007-2010. *Prev Med*. 2015; 73: 70-75.
86. McLeman RA. *Climate and Human Migration: Past Experiences, Future Challenges*. New York, NY: Cambridge University Press; 2014.
87. McAdam J, ed. *Climate Change and Displacement: Multidisciplinary Perspectives*. Oxford, UK: Hart Publishing; 2010.
88. Koslov L. The case for retreat. *Public Cult*. 2016; 28(279): 359-387.
89. Dannenberg AL, Frumkin H, Hess JJ, Ebi KL. Managed retreat as a strategy for climate change adaptation in small communities: public health implications. *Clim Change*. 2019.
90. Siders AR, Hino M, Mach KJ. The case for strategic and managed climate retreat. *Science*. 2019; 365(6455): 761-763.
91. United Nations High Commissioner for Refugees. Figures at a glance. 2018. https://www.unhcr.org/figures-at-a-glance.html. Accessed April 2020.

92. McMichael C, Barnett J, McMichael AJ. An ill wind? Climate change, migration, and health. *Environ Health Perspect.* 2012; 120(5): 646-654.
93. Schwerdtle P, Bowen K, McMichael C. The health impacts of climate-related migration. *BMC Med.* 2018; 16(1): 1.
94. Schleussner C-F, Donges JF, Donner RV, Schellnhuber HJ. Armed-conflict risks enhanced by climate-related disasters in ethnically fractionalized countries. *Proc Natl Acad Sci.* 2016; 113(33): 9216-9221.
95. Bollfrass A, Shaver A. The effects of temperature on political violence: global evidence at the sub- national level. *PLoS One.* 2015; 10(5): e0123505.
96. Hsiang SM, Burke M, Miguel E. Quantifying the influence of climate on human conflict. *Science.* 2013; 341(6151): 1235367.
97. UNEP. *Sudan: Post-Conflict Environmental Assessment.* Nairobi, Kenya: United Nations Environment Programme; 2007.
98. Werrell CE, Femia F, Sternberg T. Did we see it coming? State fragility, climate vulnerability, and the uprisings in Syria and Egypt. *SAIS Review of International Affairs.* 2015; 35(1): 29–46.
99. Levy BS, Sidel VW. *War and Public Health.* Oxford, UK: Oxford University Press; 2008.
100. Goldmann E, Galea S. Mental health consequences of disasters. *Annu Rev Public Health.* 2014; 35(1): 169-183.
101. Albrecht G, Sartore G-M, Connor L, et al. Solastalgia: the distress caused by environmental change. *Australas Psychiatry.* 2007; 15(suppl 1): 95-98.
102. Cunsolo A, Ellis NR. Ecological grief as a mental health response to climate change-related loss. *Nat Clim Change.* 2018; 8(4): 275-281.
103. Bulbena A, Sperry L, Cunillera J. Psychiatric effects of heat waves. *Psychiatr Serv.* 2006; 57(10): 1519.

11 건강한 지구에서의 행복한 삶*

존 F. 헬리웰 · 존 홀 지음
김호 번역/ 정해관 감수

건강한 지구와 인간의 행복 및 안녕(wellbeing)은 서로 연결되어 있을까? 그렇다면 그것은 매우 좋은 일이다. 왜냐하면 이는 인류와 지구가 동시에 더 나아질 가능성을 이야기할 수 있다는 것을 의미하기 때문이다. 그리고 더 나은, 더 행복한 미래에 대한 논의는 더 건강한 지구로의 전환을 의미하기도 한다. 대부분의 평범한 사람들은 개인의 행복과 충족된 삶에 더 많은 관심을 두며, 결핍한 미래와 개인의 희생에는 덜 관심을 가지는 경향이 크다.

이 장에서는 인간의 행복과 지구건강 사이의 여러 연결점들을 살펴보고자 한다. 일부는 직접적이고 다른 일부는 간접적인 연관이다. 첫 번째 관점은 인간의 행복을 증가시키는 데 중점을 둔 사회는 경제적 생산을 증가시키는 사회보다 환경에 주는 부담이 더 작을 것이라는 것이다. 왜냐하면 행복의 주요 결정 요소 중 일부는 지구의 제공 능력으로부터 거의 영향을 받지 않기 때문이다. 둘째로, 더 행복한 사람들은 정신적으로나 육체적으로 더 건강하며, 더

* 이 장에서 기술된 모든 내용은 전적으로 저자들의 견해이며 저자들이 소속한 국제연합개발계획의 인간개발보고서 사무국을 포함하여 유엔의 특정 기구, 청, 혹은 프로그램의 견해를 대표하는 것이 아님

건강한 사람들은 더 행복하다는 것이다. 이러한 선순환에는 많은 인과적 경로를 생각할 수 있다. 셋째는 사회가 더 행복할수록 급박한 환경 문제를 해결하기 위해 협력할 수 있다는 것이다.

인류는 오랜 시간 동안 행복과 안녕에 대해 다양한 생각을 해왔다. 초기 행복 철학자 중 부처와 아리스토텔레스를 생각해 보자. 행복을 달성하는 데 대한 부처의 생각(이는 고통에서 벗어나는 것으로 요약된다)은 사실상 네 가지의 성스러운 진리(사성제, 四聖諦)와 참된 여덟 가지 수행(팔정도, 八正道)으로 요약할 수 있다. 그는 사람들이 감각적인 쾌락, 소유 및 애착을 추구한다고 믿었다. 이러한 추구는 결국 소유에 대한 실망과 다른 사람들의 질투로 인하여 인간을 불행으로 이끈다고 말했다.[1] 아리스토텔레스는 다른 시각을 가지고 있었는데, 그는 인간이 사회적 동물이라고 주장했다. 개인적인 행복은 정치적 공동체 또는 폴리스 내에서만 보장될 수 있고 폴리스는 이를 이루기 위해서 개인을 조직화한다. 부처의 가르침과 마찬가지로 덕은 개인적 안녕뿐만 아니라 사회적 조화에도 도움이 된다. 이런 오래된 가르침들의 양면은 현재의 웰빙 연구에도 울림을 주며 행복과 지구건강 사이 호환성의 근간으로 작동한다. 그러나 이러한 연결을 고려하기 전에 몇 가지 용어를 정의하고 현대적 연구에서 행복이 어떻게 측정되는지 명확히 해야 한다.

행복의 정의와 측정

용어의 정의: 안녕, 주관적 안녕, 행복

행복과 안녕은 개념적으로 밀접한 관련이 있다. 안녕은 인간 존재의 모든 측면(경제적, 사회적, 감정적 및 육체적)을 나타내는 것으로 간주된다. 이에 반해, 행복은 사람들이 어떻게 느끼는지에 중점을 둔다. 이것이 행복이 '주관적 안녕'이라는 말로 자주 불리는 이유이다.

행복은 다음과 같은 세 가지 유형으로 측정할 수 있다. 그것들은 긍정적 감정(긍정적 영향)의 측정, 부정적 감정(부정적 영향)의 측정, 그리고 삶 전반에 대한 평가이다.[2] 행복은 긍정적 영향과 삶의 평가 측정을 모두 설명하는 데 사용된다. 따라서 같은 단어가 두 가지 다른 것을 설명하는 데 사용된다: 감정으로서의 행복("당신은 지금 행복합니까?")은 사람의 기분을 반영하고, 삶의 평가로서의 행복("요즘 당신은 삶 전체로 만족스럽습니까?")은 인식적 판단을 반영한다. 이러한 설명은 재미있는 삶 아니면 의미 있는 삶,[3] 혹은 순간적 행복의 쌓음 아니면 의미와 목적이 있는 인생[4]으로 이야기 되곤 한다. 이와 같은 두 가지 의미는 모든 행복의 측정이 동등하다고 가정할 수 있다는 위험이 있으나 학술적 근거에 따르면 행복을 측정하는 이 두 가지 다른 방법은 차이가 각각의 신뢰를 뒷받침하는 방식으로 서로 구분된다. 아래 절에서는 아리스토텔레스와 불교의 관점에서 삶에 대한 평가가 긍정적 감정, 좋은 건강상태, 소득, 우정을 포함하는 주관적 복지 전체를 포괄하는 측정을 제공하는 점에 대해 다룰 것이다.

국내총생산(GDP)를 벗어나서

저명한 경제학자 조지프 스티글리츠, 아마르티아 센, 장폴 피투시(Joseph Stiglitz, Amartya Sen, and Jean-Paul Fitoussi)가 쓴 것처럼, "우리가 측정하는 것이 우리의 행동에 영향을 미친다". 이들의 주장에 의하면 "잘못된 지표를 갖게 되면 잘못된 것을 추구하게 된다. GDP를 증가시키기 위해 나아가는 과정에서 결과적으로 대부분의 시민들이 더 못살게 되는 결과를 초래할 수 있다".[5] 마찬가지로 행복, 건강, 환경 지속가능성과 같은 사회적 목표를 추구함에 있어서, 성공을 측정하는 방식이 우리의 행동을 형성하기 때문에 올바른 성과 지표를 사용하는 것이 중요하다. 사회적 성과의 가장 일반적인 측정은 GDP로, 국가의 산출물(생산된 모든 재화와 서비스)의 총시장가치를 정의된 기간 동안에 측정한다. 그러나 이 측정 항목에는 여러 가지 결점이 있으며, 이러

그림 11.1 부탄의 여성 노인과 아기
자료: Photo by Jon Hall

한 결함은 오랫동안 인지되어 왔다. 국가계정체계의 창시자 중 한 명인 사이먼 쿠즈네츠(Simon Kuznets)는 거의 1세기 전에 "국가의 안녕을 국가 소득의 측정으로 추론하는 것은 타당하지 않다"고 이미 예견했다.[6] 최근에는 프랑스 경제성과 및 사회진보 측정 위원회가 GDP를 안녕의 지표로 사용하는 것의 한계와 위험을 모두 지적했다.[5] GDP의 한계는 제15장에서 자세히 다룰 예정이다.

각종 사회지표를 경제활동에서 인간의 복지로 초점을 옮겨 사람 중심적으로 만들 수 있을까? 1972년, 부탄의 진메 싱예 왕축(Jigme Singye Wangchuk) 왕이 국민총행복이 국민총생산보다 중요하다고 말한 것은 이러한 시도의 좋은 예이다. 그 후 몇 년 동안, 부탄은 국민총행복을 내부 정책결정의 중심으로 삼았으며, 일련의 국민총행복 집담회를 통해 세계적인 노력을 촉구했다(**그림 11.1**). 2011년 6월, 부탄이 제안한 유엔총회 결의안이 채택되어 회원국들에게 자국 국민의 행복을 측정하고 이러한 지표를 공공정책에 활용하도록 권고했다. 이어 2012년 4월에는 부탄 총리가 주재한 유엔 고위급 회의가 행복과 복지를 주제로 개최되었다. 이 회의에서는 처음으로 『세계행복보고서』가 발표되었다. 이 보고서의 목적은 사용 가능한 데이터와 과학적 연구 결과를 검토하고, 행복을 정책 도구로 이해하고 활용하는 국가적 노력을 지원하는 것이었다.

유엔 회의로 촉발된 이러한 관심은 그 후 『세계 행복보고서』의 발간으로 이어졌다. 이 보고서는 이제는 유엔 지속가능한 발전 솔루션 네트워크에 의해 매년 3월 20일인 세계 행복의 날에 정규적으로 발표된다. 각 보고서는 갤럽세계여론조사(Gallup World Poll)의 자료를 활용하여, 각국에서 매년 약 1000명을 대상으로 수행한 생활 평가 질문에 대한 최근 3년간의 답변에 기초하여 국가적인 행복을 순위로 평가하고 있다. 연간 자료는 행복수준의 차이를 조사하는 데 사용되는데, 150개국 이상에서 각각 1000명 이상의 사람들에게 설문을 수행하고 있다. 행복의 차이는 주로 건강수명, 1인당 GDP, 필요할 때 누군가를 믿을 수 있는지 여부, 관용, 신뢰(부패의 부재로 측정), 그리고 자신에게 주요한 인생의 결정을 내릴 수 있는 자유라는 여섯 가지 주요 변수를 기준으로 나타낸다. 마지막 네 가지 변수가 행복에 중요한 기여를 하고, 이것들이 일반적인 GDP 증가보다 훨씬 적은 재화와 자원을 사용하기 때문에, 소득에서 행복으로 전환하는 것은 인간 발전과 물질 소비 간의 연결을 즉시 약화시키게 된다. 이는 지구건강에도 분명히 유익할 것이다.

어떤 통계를 쓸 것인가? 다차원적 지수 혹은 한 가지 측정값?

대부분의 사람들은 복지가 다차원적이라는 점에 동의할 것이다. 즉, 여러 가지 다른 요소에 따라 달라진다는 것인데, 이러한 차원이 무엇이며 어떻게 정의되어야 하는지에 대해서는 많은 견해가 있을 수 있다.

복지에 기여하는 요소와 각각의 측정 방법에 대해서는 합의를 얻을 수 있다 할지라도, 건강, 교육, 소득, 범죄, 공기 질과 같은 측정 항목들을 포함하는 결과 지표들은 정치적 의사결정이나 공적인 논의에서 활용하기가 어려운 경우가 대부분이다. GDP를 사회발전의 지표로 계속 사용하는 이유 중 하나는 그것이 간단한 숫자로 제시된다는 것이다. GDP의 변화를 해석하는 것은 (증가가 좋다고 보고 감소가 나쁘다고 보는) 매우 간단하다. 또 국가들을 GDP에 따라 순위를 매기는 것은, 여러 가지 다른 방향으로 움직일 수 있는 다수의 개별 지표들의 변화를 요약하는 것보다 훨씬 직관적으로 이해하기 쉽다.

이러한 점은 지표가 정책적인 관심을 끌기 위해서는 GDP처럼 하나의 간단한 지표로 제시되는 것이 필요하다는 것을 시사한다. 그 목적을 위해서는 어떤 숫자가 적합할까? 가장 널리 알려진 접근 방법은 복지의 다양한 차원을 하나의 숫자로 통합하는 종합적 지표이다. 예를 들어, 유엔개발계획의 인간개발지수(HDI)는 평균수명, 교육, 그리고 1인당 소득을 결합한 것이다. 그러나 이러한 종합 지표는 구성 요소 지표들을 결합하기 위해 적당한 가중치를 사용해야 하므로 비판의 소지가 있다. 이러한 지표들은 보통 각기 다른 단위로 측정되는데, 예를 들어 평균수명(년 단위), 소득(구매력 단위), 그리고 공기오염(단위 부피당 입자 수) 등이 있다. 이러한 단위를 결합하는 것은 기본적으로 방법론적 (및 윤리적) 문제를 제기한다. 어떤 종합지표든 구성 요소에 적용할 상대적 가중치에 대한 판단을 필요로 한다. 그리고 방법론적 논의가 전반적인 지표보다 가중치 선택에 더 많은 초점을 둘 경우, 복지를 양적으로 측정하려는 시도에서는 더 많은 혼란이 일어날 수 있다.[7]

이 딜레마에 대한 해결책 중 하나는 단일 측정값을 사용하는 것이다: 이것은 주관적인 삶의 평가이다. 사람들이 자신의 복지에 대한 평가는 그들이 실제로 자신의 삶의 질에 대해 어떻게 생각하는지를 측정할 수 있는 방법이다. **글상자 11.1**은 삶의 질의 종합적인 측정으로서 자가평가가 지표보다 더 나을 수 있는 몇 가지 이유를 제시한다.

글상자 11.1 복지의 종합 측정지표와 비교했을 때 주관적 자가평가의 여섯 가지 개념적 장점

- 사람들이 자신의 삶에 대해 내린 평가에 근본적인 중요성을 부여할 수 있다. 이것은 전문가가 작성한 지수가 가질 수 없는 현실성과 힘을 가지고 있다. 지수의 객관성을 보장하기 위해서는 전문가의 생각이나 의견에 의해 결정되는 것보다는 인구 기반의 개인 표본에서 수집된 기본 데이터에 의존하는 것이 중요하다.
- 삶의 평가는 사람들이 자신의 삶에 부여하는 가치에 관한 기본적인 사실을 나타낸다. 이는 더 나은 삶을 뒷받침하는 데 필요한 것이 무엇인지를 보여주기 위한 연구에서 기초 데이터로 활용할 수 있다.
- 데이터가 인구 기반 표본에서 비롯되었으므로 지표 추정치에 대한 신뢰 구간을 산출할 수 있다.
- 모든 지표는 (알려진 범위 내에서) 제안자의 개인적 의견에 따라 달라질 수밖에 없다. 이러한 불확실성으로 인해 지표를 이용하여 복지 수준을 종합적으로 측정하거나 개별 구성 요소의 변화가 전체 점수에 어떤 영향을 미치는지를 파악하는 것이 어려워진다. 심지어 이와 같이 지표를 분해하더라도 그 타당성을 평가할 수 없는데, 이는 지표 자체는 그 부분들의 단순합에 불과하며, 복지 수준을 독립적으로 측정한 것이 아니기 때문이다.
- 주관적 복지의 측정, 특히 삶의 평가 또는 개인이 자신의 삶 전체에 대해 얼마나 행복한지에 대한 판단은 포괄적인 사회지표로 취급할 수 있다. 다양한 사회 지표 중에서도 삶의 평가만이 포괄적인 측정의 다음 두 가지 주요 기준을 충족한다. 첫째, 이 지표는 별도의 조작이나 구성이 없이 이것 자체로 삶의 질에 대한 포괄적 평가라고 볼 수 있다. 둘째, 이것은 기본적인 측정이며 그 범위가 포괄적이어서 근본적인 삶의 질, 즉 실제 살아가고 있는 사람들을 직접 관찰해 더 나은 삶으로 이끄는 것이 무엇인지에 대한 질문에 대답하기 위한 연구를 수행하는 데 기반이 된다.
- 주관적 복지는 개인 수준에서 측정되기 때문에 선택된 지역이나 인구 세부집단에 대해 평균을 내는 것이 가능하며, 이는 집계된 지표(aggregated measures)에서는 불가능하다.

주관적 복지를 측정하는 것의 타당성

위에서 논한 것처럼 주관적 기준으로 행복을 평가하는 것은 개념적으로 강점이 있다. 그러나 과연 양적 방법으로 행복이 측정될 수 있을까? 위에서 논의한 것처럼 행복이라는 단어의 모호함이 제대로 된 측정을 방해하지는 않을까?

다행스럽게도, 설문조사 응답자들은 현재 자신의 행복(그들의 감정)에 대해 묻는 것과 자신의 전반적인 삶의 행복에 대해 묻는 것의 차이를 인지하고 있다. 조사 결과를 보면, 사람들은 질문이 어떤 맥락에서 행해지고 있는지를 인식하고 이에 따라 적절하게 답한다는 것을 알 수 있다. 어제의 행복에 대해 물었을 때, 미국의 갤럽 조사에서 사람들은 주중보다 주말에 더 행복했다고 보고했다.[8] 더욱이, 이러한 주말의 행복은 직장과 가정에서의 사회적 관계와 연관이 있는 것으로 나타났다. 그리고 직장에서 직속 상사를 보스로보다는 파트너로 생각하는 사람들은 주중에도 주말만큼 행복한 것으로 밝혀졌다. 사람들의 감정적 반응은 당일의 삶의 질에 따라 날마다 다르다.[9] 사람들에게 인생 전반에 걸쳐서 그들의 삶에 대해 얼마나 만족스럽거나 얼마나 행복한지 묻는 질문은 주중이든 주말이든 같은 답변을 얻는다. 이것은 철학자들이 주장했던 것과 일치한다. 사람들은 행복이라는 단어의 의미가 대화의 맥락에 따라 다르다는 것을 인식하고, 그에 맞게 감정적 답변을 요청 받을 때 감정적인 답변을 하고 평가적인 답변을 요청 받을 때 그에 맞는 답변을 한다.

『세계 행복 보고서』가 보여준 바와 같이, 감정에 대한 답변의 국가별 평균은 삶의 평가에 대한 답변과는 다르다는 것을 알 수 있다. 이는 아리스토텔레스가 예견한 계층 구조와 연관이 있는데, 긍정적인 감정은 건강한 생활과 물질적 지원의 충분함과 같은 다른 요소들과 함께 더 높은 삶의 평가를 예측하는 예측 변수 중 하나일 뿐이라는 것을 말하고 있다. 짧은 기간의 긍정적인 감정은 확실히 좋은 삶의 일부이지만, 감정과 삶의 평가 간의 계층적 관계는 후자가 복지의 포괄적인 측정지표로 더 적합하다는 것을 나타낸다.

행복과 지구건강

정책의 목표를 물질적인 생산과 소비에서 보편적인 복지, 특히 행복으로 전환하는 것이 어떻게 지구건강을 개선하는 데 도움이 될까? 적어도 세 가지 직접적인 경로와 두 가지 간접적인 경로가 있다.

첫째, 행복을 얻는 데는 경제성장을 위해 필요한 것보다 지구의 자원을 더 적게 필요로 한다. 이는 지구건강에서 지구 측면에 좋은 면으로 작용한다. 둘째, 행복은 좋은 신체적 및 정신적 건강의 원천이며 그 반대도 마찬가지이므로 지구건강에서 '인간 건강' 측면을 증진시켜 준다. 더욱이, 이러한 긍정적인 연결은 인간의 건강뿐만 아니라 생태계의 건강에도 좋다. 행복의 수준을 올리는 것은 건강을 증진하는 데 있어 질병이 발생한 후 치료하는 것보다 더 자원 소모를 줄일 수 있다. 셋째, 건강한 생태계가 인간의 행복에 중요하기 때문에, 행복에 더 많은 주의를 기울이는 사회는 환경 보호에 대해서도 더 많은 주의를 기울이고 지구건강의 인간적 측면과 환경 측면을 모두 증진하려고 할 것이다.

행복에서 지구건강으로의 간접적인 경로도 중요하다. 여기에는 적어도 두 가지가 있다. 첫째, 행복은 친사회적인 규범과 행동의 원인이자 결과이며, 이러한 규범과 행동은 다른 국가, 종 및 세대로의 관심으로 이어지는 사회적 정체성을 확장하도록 지원할 수 있다. 이는 지구건강의 중요한 요인이다. 게다가 신뢰는 사람들이 지구건강과 같은 큰 목표를 위해 함께 일할 수 있게 하는 사회적 접착제 역할을 하며, 이것 자체가 사회적 진보를 촉진하는 역할 이상으로 행복의 중요한 원천이다. 두 번째 간접적 이점은 행복 연구가 지구건강과 관련된 특정 영역, 예를 들어 사회 서비스의 제공 방식에 대한 더 나은 정책을 개발하는 데 도움을 준다는 것이다.

행복 추구에는 자원의 소모가 적다

사회적 관계가 행복한 삶의 기본 요소임은 널리 인정받고 있다. 그러나 사회적 관계와 행복과 관련된 여러 중요한 요소들을 향상시키는 데는 지구의 지속가능성을 위협하는 물질 및 에너지 자원이 필요하지 않거나 그다지 중요하지 않다는 점은 덜 알려져 있다.

『세계 행복 보고서』의 근간이 되는 갤럽 세계여론조사에 의하면 인간의 감정은, 긍정적이든 부정적이든, 인생의 물질적 측면에 의해 좌우되지 않으며 오히려 사회적 요인이 훨씬 더 중요함을 보여준다. 개인 및 국가 수준의 삶의 평가는 다음의 여섯 가지 요인에 따라 할 수 있다. 관찰되는 차이의 절반 이상은 다음 네 가지 요인에 의해 설명할 수 있는데 이는 의지할 수 있는 누군가가 있는 것, 관대함, 자신의 삶을 선택할 자유, 부패가 없는 것 등이다. 이러한 것들은 지구의 수용력에는 거의 영향을 미치지 않는다. 다른 두 가지 요인인 소득과 건강은 설명할 수 있는 차이의 나머지 부분을 차지하는데, 이 둘 모두 물질적 투입에 의존하는 것은 사실이지만 사회적 맥락 또한 중요한 역할을 한다.

행복의 예측 변수는 개인 및 집단 수준에서 서로 다르다. 이 둘의 주요 차이점은 국가 수준에서는 사회적 요인이 소득보다는 상대적으로 더 중요해진다는 것이다. 그 이유는 소득에서 유래하는 심리적 이익의 중요한 부분이 상대적 소득 효과("존스의 이론에 근거하면")에서 나타나며, 이러한 이익은 모든 사람의 소득이 함께 상승할 때는 사라진다. 이에 비해, 자신에게 신뢰를 느끼고 강한 소속감을 가지고 있는 경우 사람들은 행복하며, 다른 사람들도 자신과 동일한 방식으로 느낄 때 더 행복하다. 간단히 말하면, 다른 사람들의 물질적 소비는 행복에 부정적인 영향을 주지만, 신뢰, 건강 또는 복지를 위한 대부분의 비물질적 지원의 경우는 그렇지 않다.

그러므로 세대 간, 국가 간 그리고 공동체 간의 가치를 존중하고 공유하는 방식으로 사회의 관심을 옮기는 것은 국가발전에서 에너지와 물질적 사용을 줄인다.

인간의 건강과 행복은 서로 얽혀 있다

인간의 건강은 지구건강에 매우 중요하다. 이 맥락에서 행복과 인간 건강 사이의 강력한 연결을 이해하는 것은 매우 중요하다.

정신적 건강과 신체적 건강은 인간 행복의 주요 결정 요인이다.[10] 이러한 연관성은 양방향으로 작용한다. 각종 연구[11-14]에 따르면 행복이 건강에 이바지하는 것은 이미 입증되었다고 할 수 있다. 이러한 관계 중 일부는 사람이 선택하는 행동에 따라 달라진다. 행복한 사람들은 불행한 사람들보다 건강한 식습관을 유지하고 더 자주 운동한다.[15-16]

보다 흥미로운 생물학에 기반한 직접적 설명도 있다. 높은 수준의 행복은 많은 질병에서 몸이 면역수준을 유지하거나 회복하는 데 영향을 미친다.[17-18] 예를 들어, 긍정적인 감정은 감염에 대한 면역 반응을 향상시키며, 어린 시절의 역경과 스트레스는 수년이 지난 후 염증 표지자의 수준을 높이며, 이는 다시 심혈관 질병 위험과 관련이 있다.[19-20] 그래서 다른 모든 조건이 동일할 경우, 더 행복한 사람들은 더 건강하고 더 오래 사는 삶을 누린다.

자연 환경은 사람들을 행복하게 만든다

여러분이 정치인(시장)이라고 가정해 보자. 당신이 시민들의 행복을 증진하는 정책의 필요성을 확신하는 정치인이라면 이를 달성하기 위해 사용할 수 있는 정책 수단은 적어도 여섯 가지가 있다: 이것들은 경제, 교육, 건강, 사회 및 문화, 정부 서비스 및 행정, 그리고 환경과 인프라이다. 여기서는 환경과 인프라에 중점을 두고 이야기해 보자.

인공환경(built environment)과 자연환경은 모두 행복에 상당한 기여를 할 수 있다. 제13장에서 다룬 것처럼 도시 환경에서 녹지 공간에 쉽게 접근할 수 있다면 사람들의 행복을 직접적으로 증진할 수 있다(**그림 11.2**). 예를 들어, 오타와에서 수행한 연구에 의하면 나무가 우거진 강변길을 따라 걷는 것이 지하 터널을 걸어 다니는 것보다 사람을 더 행복하게 했고, 그 행복의 정도는 참가자들이 기대한 것보다 훨씬 더 높았다.[21] 또 다른 연구에서는 2만 명 이상의 참가자들을 대상으로 스마트폰 앱으로 하루 중 무작위로 자신의 행복 수준을 평가하도록 요청 받은 경우 참가자들의 응답은 그들이 응답할 당시에 있었

그림 11.2 가족과 친구와의 사회적 결속력, 그리고 자연과의 접촉은 모두 행복과 관련이 있다.
자료: Photo by Jove Duero(Unsplash)

던 위치의 토지피복 유형(예: 숲, 초원, 도시)과 상관관계가 있었다. 사람들은 실외의 자연 환경에 있을 때 실내나 도시 환경에 오래 있을 때보다 훨씬 더 행복했다.[22] 이외에 많은 다른 연구에서도 비슷한 결과가 보고되었다.[23]

더 중요한 것은 장기간에 걸쳐 자연과 많은 접촉이 있는 것은 삶의 만족도와 연관되어 있다는 점이다(위에서 논의된 주관적 행복 개념에 해당한다). 중국에서 전국 281개 도시 1만 8441명의 사람들을 대상으로 설문 조사한 결과 도시의 식물피복의 범위는(이는 낮은 수준의 공기오염과 상관이 있고) 삶의 만족도와의 양의 연관성을 보여주었다.[24] 이는 이전 호주,[25,26] 일본[27] 및 영국[28]에서 수행한 연구결과와 비슷한 것이다. 자연과 더 많이 연결되어 있다고 느끼는 사람들은 더 행복하다는 보고가 많이 있다.[29]

주변의 이웃과 공원에서 관찰되는[30-32] 것처럼 자연과의 접촉과 행복 사이의 연결은 직접적인 경로뿐만 아니라 간접적으로도 작용할 수 있다. 사회

그림 11.3 콜롬비아의 시에라 네바다 데 산타 마르타 산맥에 위치한 코기 원주민 마을.
자료: Shutterstock

적 결속력은 행복과 건강을 둘 다 촉진한다.

세계인구의 절반 이상이 사는 도시환경에서는 자연과의 접촉과 건강 간의 연관성에 대해 많은 근거가 있다. 그러나 가장 넓은 자연 환경은 도시와 마을 밖에 있다. 대규모 생태계의 보존은 인간의 행복에 기여할 수 있는데, 행복에 대해 더 큰 비중을 둔다면 그러한 장소를 보호하는 데 기여할 수 있을까? 두 가지의 생각의 흐름이 그 답은 '예'임을 시사한다.

먼저, 농촌 지역은 세계적으로 특히 원주민들이 거주하는 곳이다(**그림 11.3**). 이러한 환경을 보호하는 것이 행복뿐만 아니라 지구건강에도 많은 측면에서 상당한 영향을 미칠 것으로 예상된다. 예를 들어, 여러 나라에서 원주민들은 대규모 생태계를 소유하거나 그 곳에 거주한다. 호주의 원주민들은 전체 국토의 1/5를 소유하고 있으며, 캐나다에서는 지난 40년 동안 29개 지역에서 원주민들이 완전한 토지 소유권 또는 자치권을 가질 뿐 아니라 대부분의 지역에서 해당 지역의 자원을 관리할 권한을 자기는 것에 관해 주정부와 합의가 승인되었는데, 이는 캐나다의 토지 면적의 40% 이상에 해당한다.[33] 비록 연구가 많지 않지만, 원주민들이 그들의 땅과 바다와 밀접한 경제적, 영적 및 문화적 결속을 맺고 있음을 고려할 때, 자연의 보존이 원주민들의 행복에 특히 많은 편익을 준다고 생각하는 것이 합리적일 것이다. 예를 들어, 호주 국립대학교의 연구에서는 "자신의 고향 또는 전통적인 영역에서 생활하고 수확 활동을 수행하는 것이 호주 원주민들이 자가보고한 행복 수준과 관련이 있다"고 보고했다.[34]

두 번째로, 이러한 직접적인 연결을 넘어서 생물다양성과 생태계는 적어도 일부 사람들에게 존재 가치를 가지고 있다.[35] 이 존재 가치는 무언가가 존재한다는 사실을 알게 되는 것에서 나오는 편익이다. 이러한 가치는 아프리카 코끼리가 세렝게티에서 여전히 자유롭게 살고 있다거나 아마존 우림이 살아남는다는 사실을 알게 되는 것으로부터 얻게 될 수 있는 우리 모두의 기쁨에서 비롯한다. 이러한 가치의 크기는 사람마다 크게 다를 수 있지만, 이것이 존재한다는 것은 잘 알려진 사실이다(예를 들어, 이러한 가치는 1989년 알래스카의 엑손 발데즈 유류오염사고 후 소송에서 손해 사정에 사용되었다).[36]

이와 같은 자연 환경에서 인간 행복에 이르는 직접 간접적인 관계를 문화-생태 서비스라고 부르기도 한다.[37-38] 국가는 시민의 삶에 대한 평가를 개선하고자 한다면, 자연 환경이 제공하는 경제적 이익을 넘어 그 이상의 혜택에 대해 더 많은 관심을 기울여야 한다. 이에 더하여, 정책 결정자는 이와 같은 편익을 산출함에 있어 통상적으로 포함되는 것보다 더 넓은 범위의 편익을 고려하여야 한다. 이는 지구건강에 유익할 것이다. 행복에 관심이 있다면 환경에 관심을 가져야 한다.

친사회적 행동, 행복, 그리고 신뢰

친사회적인 행동은 다른 이들을 돕기 위한 의도에서 출발한 나눔을 실천하는 선의의 행동이다. 이 절에서는 우선 친사회적 행동과 행복 사이의 연결

그림 11.4 사회적 행동은 어린이들에게서 초기에 형성된다.
자료: Shutterstock

에 대한 근거를 살펴본다. 그런 다음 이 둘은 신뢰와 함께, 행복을 고양하면서 한편으로는 친환경적인 정책과 행동을 고무하는 보다 폭넓은 사회적 정체성을 형성하는 것과 연결된다는 것을 확인할 수 있을 것이다.

논의의 시작점은 인간이 친사회적인 존재라는 사실이다. 이것은 자명하다. 고전적인 철학 이론과 경제 모델에 근거한 많은 이론에서 인간은 차갑고, 타산적이며 이기적이라고 주장한다. 그러나 다른 많은 연구들은 이 가정과 다른 결과를 제시하는데, 인간은 본질적으로 친사회적인 종족이라고 주장한다. 어린 아이들은 다른 사람들, 심지어 낯선 사람들에게도 자발적으로 도움을 제공하려 한다(**그림 11.4**). 실제로 어린 아이들은 다른 사람들이 도움이 필요하다는 것을 보면 생리적 자극을 받는다는 징후를 나타내는데, 이 상태는 본인이나 제3자가 도움을 줄 수 있을 때 비로소 진정되는 것으로 나타났다. 여기서 중요한 점은 고차원적인 이성적인 통제 과정에 앞서 친사회적인 경향이 나타난다는 것이다. 이는 친사회적인 행위가 미래의 이익을 기대하고 미리 계획된 것이 아니라 오히려 다른 사람들의 안녕에 대한 진정한 관심을 반영한다는 것이다.[39-40]

어린 시절 이후에도 사람들은 일상적으로 친사회적인 행동을 한다. 매년 수십억 달러를 기부하고 수많은 시간을 비영리 단체에 봉사하며 도움이 필요한 다른 사람들을 도와준다. 어떤 사람들은 자신의 장기를 기증함으로써 스스로를 희생하기도 한다. 이러한 관대함은 고소득 국가에만 국한되지 않으며 전 세계의 다양한 문화에서 볼 수 있다. 위에 서술한 인간의 성장과 함께 보이는 증거와 성인들에서 일관되게 나타나는 공정한 행동은 직관적이거나 자동적인 반응이라고도 할 수 있다. 예를 들어, 일부 실험에서 10초 미만의 짧은 시간 내에 경제적 결정을 내리도록 요구된 사람들은 10초 이상의 긴 시간에 걸쳐 경제적 결정을 내린 사람들보다 더 관대한 결정을 내렸다. 특히 친사회적인 경향이 있는 사람들인 경우는 이 추세가 더 명확했다.[41] 이것은 자신의 피해를 줄이기보다는 낯선 사람에게 가해지는 피해를 줄이기 위해 더 노력을 하는 경우와 비슷하다.

인간은 친사회적 존재일 뿐만 아니라, 친사회적 행동이 사람들을 행복하게 만든다. 2세 미만의 유아들에게 간식을 주고 자원을 다른 사람과 공유하도록 요청하면, 간식을 나눠먹을 때 간식을 받았을 때보다 웃음이 더 많았다. 또한, 자신의 간식을 나눠주는 경우(즉, 비용이 드는 기부를 할 때) 그들의 웃음은 실험자가 제공한 동일한 간식을 나눠주는 경우(즉, 비용이 들지 않는 기부를 할 때)보다 더 컸다. 이는 어린이에게 기부하는 것이 보상을 줄 뿐만 아니라, 특히 자신의 비용이 들어가는 경우에는 더 보상이 클 수 있다는 것을 시사한다.[42] 어른들 중에서는, 자선 단체에 기부하거나 가까운 미래에 기부를 공개적으로 약속하는 사람들이 자신에게 이익을 제공받는 사람들보다 보상 처리와 관련된 뇌 영역에서 더 큰 활성화를 보이곤 한다.[43] 마찬가지로, 다른 사람에게 돈을 쓰도록 무작위로 할당된 참가자들은 자신에게 돈을 쓰도록 무작위로 할당된 참가자들보다 후에 더 높은 행복 수준을 보고했다. 이러한 결과는

전 세계 여러 나라 연구에서 재현된 바 있다.[44]

대규모 데이터를 사용한 연구도 비슷한 결과를 보인다. 복지에서 사회적 연결의 중요성을 반영한 갤럽 세계조사에서는 세계적으로 생활 만족도의 여섯 가지 주요 예측 변수 중 하나로 다른 사람들에게 기부하는 것(지난 한 달간 자선 단체에 기부한 금액)을 사용한다.[45]

단순한 기부의 행위만이 행복을 창조하는 것은 아니다. 친사회적 행동에는 긍정적인 외부 효과, 즉 산출물이 있다. 다시 말해, 당신이 봉사활동에 참여하지 않더라도 봉사활동이 활발한 사회에 살고 있다면, 당신이 주관적인 복지수준은 여전히 주변의 모든 선의로 의해 향상될 것이고, 이처럼 지역사회의 규범이 강력할 경우 자신도 미래에는 타인에 대해 베풀 가능성이 높다. 분노는 분노를 낳지만, 친절은 미래의 선행을 유발한다.

따라서 행복과 친사회적 행동은 서로를 강화시킨다.[46] 또 다른 속성인 신뢰는 친사회적 행동, 행복 모두와 밀접한 관련이 있다. 실제로, 이들 모두는 서로 연결된 선순환관계에 있다. 다른 사람들이 신뢰할 만하다고 믿는 사람들은 더 행복하며, 서로 협력하는 경향이 더 있으며, 실업, 질병, 차별 등으로 인한 상실감으로부터 튼튼한 보호를 받는다.[47] 높은 신뢰는 자신의 좋은 신체적 건강과 관련이 있으며,[48] 수십 년 동안의 실험과 관찰 연구에 따르면, 밀접한 사회적 연결이 있는 사람들은 다른 사람들을 신뢰하고 자원을 덜 사용하고 자연을 보존하기 위한 보다 협력적인 해결책을 개발하는 경향이 있다.[49] 높은 신뢰와 긍정적인 사회적 연결을 가진 사회는 살기 좋은 곳이다. 그리고 그 역방향의 관계도 사실이다. 즉, 더 행복한 사회에 사는 사람들은 친사회적으로 행동할 가능성이 더 높다.

사람들이 종종 자기 지역사회의 신뢰성 수준을 과소평가 한다는 것은 흥미로운 점이다. **그림 11.5**은 캐나다 통계청의 토론토에서 시행한 일반 사회조사 결과를 보여준다. 응답자들에게 이웃(왼쪽 막대)이 또는 낯선 사람(가운데 막대)이 (200달러가 있는) 잃어버린 지갑을 돌려줄 가능성을 평가하도록 요청했다. 그리고 ≪토론토 스타≫지가 길거리에 돈이 들어있는 지갑 20개를

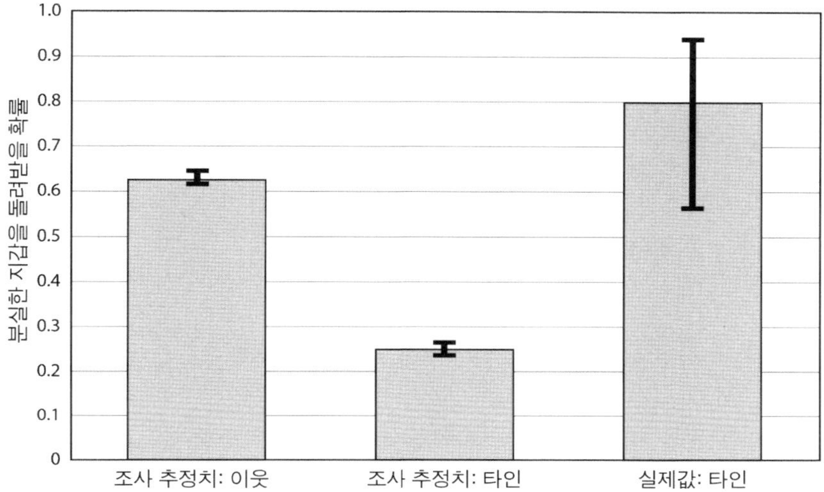

그림 11.5 신뢰성(분실된 지갑이 반환될 확률) 조사 추정치와 관측된 분실된 지갑이 실제로 반환될 확률

자료: John Helliwell

떨어뜨린 실험을 실시한 결과가 오른쪽 막대에 표시되어 있다.[50] 낯선 사람들의 신뢰도는 응답자들의 예상을 뛰어넘어 훨씬 더 높음을 나타내고 있다. 최근 연구 결과는 이 실험적 결과가 세계적인 맥락에서도 적용 가능하다는 것을 보여준다. 갤럽 세계조사에서는 132개 국가의 사람들에게 낯선 사람이 잃어버린 지갑을 돌려줄 가능성을 물었다. 40개 국가에서 최근 실험을 시행하였는데 사람들로 하여금 가상의 소유주에게 지갑을 돌려줄 것을 요청했다.[51] 연구 결과 돈이 들어 있는 지갑의 실제 반환율과 예상되는 지갑 반환율은 양의 상관관계가 있으며(+0.83) 이는 국가별로는 상당한 차이가 있었다. 또한 16개 국가 모두에서 실제 평균 반환율이 예상 반환율보다는 유의하게 높다는 것을 알 수 있었다(42% 대비 20%).

만약 사람이 본질적으로 친사회적이고, 친사회적 행동이 행복과 신뢰를 증가시킨다면, 친사회적 행동을 장려해야 할까? 세계적인 사례들은 그 답이 '예'임을 시사한다. 우리는 여러 캠페인들이 헌혈과 자선 기부를 증가시키는 데 성공했고, 세금 감면제도로 사람들이 더 많이 기부하도록 장려했음을 알고 있다. 어떤 캠페인들은 환경 행동을 대상으로 하였는데, 예를 들어 뭄바이 해변에서 2년도 채 안 되는 기간에 걸쳐 530만kg의 쓰레기를 청소하는 캠페인이 그 예이다.[52] 하지만 이외에도 보고되지 않은 예는 아주 많다.

뭄바이 캠페인을 통하여 우리는 다음의 질문을 할 수 있다: 보다 친사회적인 사회가 어떻게 지구건강에 이익을 줄 수 있을까?

행복과 지구건강을 위한 친사회적 행동의 활용

오늘날 가장 시급한 환경 문제 중 많은 것들이 공유자원(예: 어업 자원 또는 숲)을 보호하는 것과 관련이 있다. 이는 국가적, 지역적 또는 세계적인 범위를 가질 수 있다. 경제학자들은 이러한 재화는 공동 자원이지만 공공의 재화를 공짜로 이용하려고 할 때 발생하는 전형적인 무임승차 문제를 겪는다는 것을 잘 이해하고 있다.[53] 이러한 문제는 사람들이 자기 자신에게 직접적으로 영향을 주는 비용과 혜택만을 고려하고, 다른 사람들이나 공동 자원의 지속가능성에 대한 영향을 고려하지 않을 때 발생한다. 내가 주말에 낚시를 하는 선택을 한다면 이로 인해 내 냉동고를 채울 수 있지만, 반면에 그것은 이웃이 낚시로 잡을 수 있는 물고기의 양을 줄이고 심지어 장기적으로 어업의 지속가능성을 감소시킬 수 있다.

무임승차하는 사람들 문제에 대한 해결책은 다양하다. 전통적인 환경 경제 정책가들은 세금, 규제, 보조금, 그리고 교역 가능한 오염 허가와 같은 정책을 선택하고 이들의 수준에 대해 논쟁을 한다. 이러한 도구들은 특히 사용자가 소비하는 자원의 전반적인 사회적 및 환경적 비용을 알 수 있게 하는 것과 같은 것들이 중요한 부분을 차지하지만, 한편으로 이것은 인간은 경제적 동물(*Homo economicus*)이라는 개념에 기초한다. 이는 사람들이 자기 자신보다는 다른 사람들에게 크게 관심을 가지지 않는다는 것을 전제로 한다. 실제로, 이러한 행동들이 우선 무임승차의 문제로 이어지게 한다.

그러나 이러한 도구들은 더 나은 해결책을 창출하는 데 있어 사회적 규범을 활용하지 못한다. 때로는 사람들, 회사들, 그리고 공동체들이 자신의 이익을 더 우선하는 것으로 보인다. 그러나 적절한 여건이 주어지면 이들은 호혜적인 관계를 보인다. 더 중요한 것은 공감과 관용이 멀리 떨어진 나라와 먼 미래 세대에게 이익을 가져다주는 행동을 고무할 수 있다는 점이다. 그리고 이러한 행동이 행복을 증진시킨다는 사실은 이들이 쉽게 사용될 수 있다는 것을 시사한다.

우리가 지구의 시스템을 더 잘 이해하고 이에 대한 태도가 변화함에 따라 새로운 환경 규범을 만들고 이를 활용할 수 있는 가능성은 커진다. 이는 사회를 구성원 중 많은 사람이 무임승차하는 사람이 아니거나 그런 방향으로 행동하는 경우 환경 파괴 문제를 접근하는 다른 방법이 있음을 의미한다. 이는 사람들이 사회적 행동이 스스로를 행복하게 만든다는 것을 배우거나 사회적(그리고 환경적) 규범을 더 중요하게 생각하게 되기 때문일 수 있다.

앞에서 본 것처럼, 사람들은 다른 사람을 위해 뭔가를 할 기회를 제공할 때 주관적 웰빙이 상승한다. 현재 그리고 무엇보다 중요한 미래 세대를 위해 지역 및 세계적 환경을 개선하기 위한 행동이 바로 여기에 해당한다. 정치학자 엘리너 오스트롬(Elinor Ostrom)과 공저자들이 1999년 주장한 바와 같이, "협소한 자기이해에만 기초해서 움직이는 사람들의 비중이 지나치게 높지 않다면 상호적인 협력을 구축하고, 유지하고, 심지어 발전시키기까지 하는 것이 가능하다".[54]

사람들은 함께 무언가를 하거나 다른 이를 위해 무언가를 하는 것을 즐기며, 적절한 환경에서 자신의 개인적 이익을 포기할 의사가 있다. 이러한 잠재력을 꺼내기 위해 필요한 조건은 무엇일까? 국가 수준 혹은 세계 수준의 합의나 지침을 찾는 것이 유용할 수 있지만, 지역적인 상황도 매우 중요하다. 사람들은 자발적으로 행동하고 자신들에게 강요하거나 보상하지 않으며, 그리고 자신의 행동이 좋은 목적을 달성한다고 확신할 때 더 행복해한다는 것을 알 수 있다.[55]

친사회적 행동은 어디에서나 일어날 수 있다. 이러한 활동의 혜택이 보다 널리 퍼지고 보다 넓은 친사회적 규범으로 만들어지기 위해서는 이러한 행동이 작동하는지에 대한 체계적인 설명과 매력적이고 효과적인 예제가 좀 더 홍보되어야 한다. 자신의 이익만을 추구하는 것이 정상적이거나 더 나아가 바람직하다고 여겨지는 환경에서는 친사회적 행동의 보편성과 그것이 가진 가능성에 대한 더 많은 근거가 필요할 수 있다.

사람들이 의식적으로 이미 알고 있는 것을 받아들이도록 설득하는 것은 중요한 첫걸음이다. 왜냐하면 보통 사람들은 자신과 다른 사람들에게 하는 기부가 자신과 다른 사람들에게 어떤 긍정적인 영향을 줄 것인지에 대한 힘을 과소평가하는 경향이 있다. 이것은 20달러를 받아 자신 혹은 다른 사람에게 쓸지를 무작위로 요청하는 실험에서 강하게 나타났다. 대부분 사람들은 스스로를 위해 쓰는 것이 더 행복할 것이라고 예상했지만 실제로는 그 반대가 사실이었다.[56]

영국 북동부 사우스 타인사이드 메트로폴리탄 자치구의 '녹색 체육관' 운동은 이러한 것을 보여주는 좋은 예다.[57] 이 공동체 주도 프로젝트는 텃밭 개발, 자연보호구역, 공동 정원과 공공 개방 공간의 복원 등이 포함되어 있다. 이와 비슷한 텃밭, 정원을 활용하는 프로젝트들이 세계의 여러 도시에서 시도되고 있다.[58] 이러한 활동들이 잘 진행되기 위해서는 리더십과 적절한 사회적 규범이 필요하지만, 사회적 고립이 종료되거나 줄어들고, 현재의 웰빙과 공동체의 역량을 증가시키는 연결을 구축하고, 신체 활동을 증진하며, 친환경적 태도를 고취하는 등의 개인 및 공동체 수준에서 제공되는 편익을 바탕으로 이러한 노력이 지속가능하게 될 것이다.[59,60] 이러한 활동의 경험이 다른 이들이 이를 채택하고 개선할 수 있는 지침으로 작용할 것이다.

지리적 및 시간적으로 보다 넓은 범위에 걸쳐 사회적 규범을 확장시키고 이산화탄소 배출과 같은 중요한 글로벌 도전 과제를 해결하기 위해 우리에게는 이타심과 신뢰가 필요하다. 이를 실현하는 데 여러 가지 어려움이 예상된다. 특히, 오스트롬의 말에 따르면 자원 이용을 규제하는 규범을 만드는 데 있어 낯선 이들 간의 경우에 비해 서로를 식별할 수 있는 집단 내부 구성원들끼리의 경우 "신뢰, 상호작용, 평판을 더 잘 활용"[54]하기 때문이다.[61]

또한 오스트롬은 문화 다양성과 관련된 동반되는 도전에 대해서도 기술했는데 다양성은 문제 해결에 대한 더 많은 아이디어를 가져올 수 있지만, 한편으로 문화적 다양성은 공유된 관심사와 이해를 찾는 데 있어 복잡성을 증가시킬 수 있다. 이러한 복잡성으로 인해 과거 세대에서는 협력할 수 있는 집단의 크기와 다양성이 제한되었다. 하지만 이제 인터넷과 소셜 미디어를 통해 대규모의 사람들이 서로 연결되고 지속가능한 미래를 위한 해결책이나 실패 사례를 보다 쉽게 학습할 수 있다. 그럼에도 불구하고, 이러한 같은 기술적 발전은 한편으로 의심, 증오, 불신을 확산하려는 사람들에게도 동등하게 강력한 도구를 제공한다. 이러한 기술적 발전이 미치는 사회적 및 환경적 영향에 대해서는 여전히 의문의 여지가 있다. 분명한 것은 장기적으로 지구건강이 개인과 집단의 행동의 중심 가치로 자리 잡을 수 있도록 보다 광범위한 사회적 정체성의 구축과 연대 및 공유할 수 있는 가치가 필요하다는 것이다. 이와 같이 사회적 정체성과 가치를 공유하는 것은 위에서 논의한 것처럼 삶의 만족도를 증가시킨다.

변화는 즉각적으로 일어나지 않을 수 있지만, 필요한 변화의 기본적인 첫걸음은 인류에게 내재한 친사회적 성향에 호소하는 것이다. 이를 위해서는 사람들의 잠재된 능력을 키우는 것이 필요하다. 친사회적이고 환경에 대한 책임성에 기반한 사회적 규범을 개발하는 것이 필요한데 오스트롬[54]은 이러한 노력은 "자원의 유한성을 전적으로 무시하거나 권력의 핵심에서 모든 결정을 내릴 수 있다고 생각하는 체제보다는 이러한 노력을 촉진하는 정부" 아래서 더 성공할 가능성이 높다고 하였다. 심지어 신뢰가 높고 행복도가 높은 나라에서조차도, 시민들의 선의와 친사회적 행동에 대한 오해와 잘못된 비관주의적 신념이 존재한다.

사회 규범은 특히, 세계인구와 미래 세대를 아우르는 보다 광범위한 사회적 정체성에 의해 지원될 때, 지구건강을 유지하는 데 핵심적인 역할을 할 수 있다. 더 큰 '우리'로 대표되는 광범위한 사회적 정체성을 바탕으로 보다 넓은 사회적 공감의 영역을 창출함으로써 지구건강의 인간적 및 환경적 측면을 모두 위협하는 충돌과 이기적 행동들로 이어지는 균열을 극복하고 서로를 이어줄 수 있다.

정책 설계 및 집행의 변화

공공 및 민간 서비스가 설계되고 제공되는 방식은 중요하다. 포용적인 지역사회의 참여는 장기적인 것을 단기적인 것보다, 미래를 현재보다, 다른 사람을 자신보다 우선하는 사회 규범을 유도한다. 서비스가 협력적으로 설계되고 제공될 경우 서비스 제공자와 수혜자 양측에 더 행복한 삶을 제공한다.

예를 들어, 2004년 싱가포르 정부는 '원스톱 서비스(No Wrong Door, NWD)'정책을 도입했다. 이 정책은 정부기관에 접수되는 모든 민원과 정보창구에 대하여 접수한 공무원이 직접 처리하거나 담당 부서에 의뢰하여 최선의 방법으로 처리하도록 하는 정책이다. 이 정책은 공공 서비스의 '무엇'이 아니라 '어떻게'를 변경함으로써 시민과 정부 간의 사회적 관계를 재설계하는 것을 목표로 했다. 중요한 목적은 시민들의 삶의 질을 높이는 것이었다.[62]

비슷한 정책은 그 후 많은 곳에서 시행되었다. 캐나다 온타리오주 더럼(어린이 및 청소년 서비스), 호주 시드니(정신건강 서비스), 미국 버지니아주(노인 서비스) 등이 그 예이다. 이러한 정책들에 대한 엄격한 평가는 없는 경우가 많지만, 영국 북요크셔의 한 청소년 서비스 프로그램[63]은 예외이다. 이 프로그램이 시작되고 2년 후 평가를 시행한 결과 어린이와 청소년의 행동 및 정서적 문제를 선별하는 능력과 어려움에 대한 설문지의 전체 점수에서 상당한 개선을 보였다. 이 정책이 이와 같이 성공적인 결과를 얻은 것은 정부 부서 및 기관 간의 협력적이고 유기적인 연결이 중요한 역할을 했다. 그러나 이러한 긴밀한 협력이 이 프로그램의 근무자에게도 행복감을 더 높일지에 대해서는 더 평가가 필요하다. 마찬가지로, 이러한 조기 개입으로 문제를 겪지 않게 된 어린이와 가족들은 더 행복한 삶을 살고 있을 것이 확실하다고 추정되지만, 이 역시 객관적으로 연구되지 않았다.

이제까지의 논의에서 얻을 수 있는 교훈은 사회 서비스 정책 전반으로 확장될 수 있으며, 지구건강을 돌보기 위한 다른 많은 정책으로 이어질 수 있다. 아직까지 근거가 충분하지 않기는 하지만, 이러한 서비스가 직접적으로 효과적이고 사람들이 존중받고 친절하게 대우받는다면, 시민과 기업이 탄소 배출을 상쇄 혹은 감축하거나, 유해 폐기물을 책임 있게 처분하거나, 환경 지침을 따르는 데 더욱 기꺼이 협력할 것을 기대할 수 있을 것이다.

결론

행복은 사회 발전의 중심적인 지표이어야 한다. 왜냐하면 행복은 다양한 방법으로 지구건강을 촉진하기 때문이다. 이러한 관계 중 일부는 직접적이어서 쉽게 이해할 수 있다. GDP 대신 행복을 증진시키는 사회는 에너지와 자원을 소비하는 데 노력을 덜 집중하게 되며, 보다 행복한 사람들은 일반적으로 더 건강하다. 일부 관계는 간접적이며 아직 정책 적용에서 실험되지 않은 것들이다. 그러나 보다 행복하고 친사회적인 시민들이라면, 행복에 초점을 둔 사회적 발전과 위험한 환경적 문제에 대처하기 위해 필요한 포괄적인 사회적 정체성과 그와 관련된 신뢰 네트워크를 보유하거나 개발할 수 있으며 이는 풍부한 학술적 근거로 뒷받침되고 있다.

저자

존 헬리웰(John Helliwell, DPhil)은 캐나다 브리티시컬럼비아대학교 밴쿠버 경제대학 소속이다. 약 25년 전 사람들이 자신의 삶을 평가하는 가용성과 타당성에 대해 알게 된 이후로, 아리스토텔레스의 이론을 응용하고 있으며, 특히 사회적 맥락에서 더 나은 삶을 위한 요소를 탐구하기 위한 삶의 평가 방법론을 활용하고 있다. 그는 2012년 이래 유엔 지속가능발전 솔루션 네트워크에서 매연 발간하는 세계 행복 보고서의 공동 편집자이기도 하다.

존 홀(Jon Hall, MS)은 뉴욕에 있는 유엔개발계획에서 근무하고 있다. 그는 영국 및 호주 정부와 OECD에서도 일한 경험이 있다. 지난 20년 동안 경제성장을 넘어 지속가능한 웰빙을 포함한 국가 발전에 대한 보다 폭넓은 대화를 이끌어내려고 노력하고 있다.

참고문헌

1. Sachs J. Restoring virtue ethics in the quest for happiness. In: Helliwell JF, Layard R, Sachs J, eds. *World Happiness Report 2013*. New York, NY: UN Sustainable Development Solutions Network; 2013:80–97.
2. Diener E, Helliwell JF, Kahneman D. *International Differences in Wellbeing*. New York, NY: Oxford University Press; 2010.
3. Ryan RM, Deci EL. On happiness and human potentials: a review of research on hedonic and eudaimonic well-being. *Annu Rev Psychol*. 2001; 52(1): 141–166.
4. Hall J, Helliwell JF. *Happiness and Human Development*. New York, NY: United Nations Development Programme; 2014. http://hdr.undp.org/sites/default/files/happiness_and_hd.pdf.
5. Stiglitz JE, Sen A, Fitoussi J-P. *Mismeasuring Our Lives: Why GDP Doesn't Add Up*. New York, NY: The New Press; 2010.
6. Kuznets S. *National Income, 1929–1932*. Washington, DC: National Bureau of Economics, U.S. Congress; 1934.
7. Hall J, Barrington-Leigh C, Helliwell JF. Cutting through the clutter: searching for an over-arching measure of well-being. *CESifo DICE Rep*. 2010; 8(4): 8–12.
8. McCarthy J. Holidays, weekends still Americans' happiest days of year. *Gallup News*. 2015. https://news.gallup.com/poll/180911/holidays-weekends-americans-happiest-days-year.aspx.
9. Helliwell JF, Wang S. How was the weekend? How the social context underlies weekend effects in happiness and other emotions for US workers. *PloS One*. 2015; 10(12): e0145123.
10. Clark A, Fleche S, Layard R, Powdthavee N, Ward G. The key determinants of happiness and misery. In: Helliwell JF, Layard R, Sachs J, eds. *World Happiness Report 2017*. New York, NY: Sustainable Development Solutions Network; 2017.
11. Chida Y, Steptoe A. Positive psychological well-being and mortality: a quantitative review of prospective observational studies. *Psychosom Med*. 2008; 70(7): 741–756.
12. Veenhoven R. Healthy happiness: effects of happiness on physical health and the consequences for preventive health care. *J Happiness Stud*. 2008; 9(3): 449–469.
13. Siahpush M, Spittal M, Singh GK. Happiness and life satisfaction prospectively predict self-rated health, physical health, and the presence of limiting, long-term health

conditions. *Am J Health Promot.* 2008; 23(1): 18–26.
14. Diener E, Chan MY. Happy people live longer: subjective well-being contributes to health and longevity. *Appl Psychol Health Well-Being.* 2011; 3(1): 1–43.
15. DuBois CM, Lopez OV, Beale EE, Healy BC, Boehm JK, Huffman JC. Relationships between positive psychological constructs and health outcomes in patients with cardiovascular disease: a systematic review. *Int J Cardiol.* 2015; 195:265–280.
16. Kubzansky LD, Huffman JC, Boehm JK, et al. Positive psychological well-being and cardiovascular disease: JACC health promotion series. *J Am Coll Cardiol.* 2018; 72(12): 1382–1396.
17. Cohen S, Alper CM, Doyle WJ, Treanor JJ, Turner RB. Positive emotional style predicts resistance to illness after experimental exposure to rhinovirus or influenza A virus. *Psychosom Med.* 2006; 68(6): 809–815.
18. Cohen S, Doyle WJ, Turner RB, Alper CM, Skoner DP. Emotional style and susceptibility to the common cold. *Psychosom Med.* 2003; 65(4): 652–657.
19. Slopen N, Goodman E, Koenen KC, Kubzansky LD. Socioeconomic and other social stressors and biomarkers of cardiometabolic risk in youth: a systematic review of less studied risk factors. *PLoS One.* 2013; 8(5): e64418.
20. Slopen N, Koenen KC, Kubzansky LD. Childhood adversity and immune and inflammatory biomarkers associated with cardiovascular risk in youth: a systematic review. *Brain Behav Immun.* 2012; 26(2): 239–250.
21. Nisbet EK, Zelenski JM. Underestimating nearby nature: affective forecasting errors obscure the happy path to sustainability. *Psychol Sci.* 2011; 22(9): 1101–1106.
22. MacKerron G, Mourato S. Happiness is greater in natural environments. *Glob Environ Change.* 2013; 23(5): 992–1000.
23. McMahan EA, Estes D. The effect of contact with natural environments on positive and negative affect: a meta-analysis. *J Posit Psychol.* 2015; 10(6): 507–519.
24. Yuan L, Shin K, Managi S. Subjective well-being and environmental quality: the impact of air pollution and green coverage in China. *Ecol Econ.* 2018; 153:124–138.
25. Ambrey C. An investigation into the synergistic wellbeing benefits of greenspace and physical activity: moving beyond the mean. *Urban Forestry Urban Green.* 2016; 19:7–12.
26. Ambrey C, Fleming C. Public greenspace and life satisfaction in urban Australia. *Urban Stud.* 2013; 51(6): 1290–1321.
27. Tsurumi T, Imauji A, Managi S. Greenery and subjective well-being: assessing the monetary value of greenery by type. *Ecol Econ.* 2018; 148:152–169.
28. Houlden V, Weich S, Jarvis S. A cross-sectional analysis of green space prevalence and mental wellbeing in England. *BMC Public Health.* 2017; 17(1): 460.
29. Cervinka R, Röderer K, Hefler E. Are nature lovers happy? On various indicators of well-being and connectedness with nature. *J Health Psychol.* 2012; 17(3): 379–388.
30. Peters K, Elands B, Buijs A. Social interactions in urban parks: stimulating social cohesion? *Urban Forestry Urban Green.* 2010; 9(2): 93–100.
31. Orban E, Sutcliffe R, Dragano N, Jöckel K-H, Moebus S. Residential surrounding

greenness, self-rated health and interrelations with aspects of neighborhood environment and social relations. *J Urban Health*. 2017; 94(2): 158–169.

32. Jennings V, Bamkole O. The relationship between social cohesion and urban green space: an avenue for health promotion. *Int Environ Res Public Health*. 2019; 16(3): 452.
33. Aboriginal Affairs and Northern Development Canada. General briefing note on Canada's self-government and comprehensive land claims policies and the status of negotiations. 2015. http://publications.gc.ca/site/eng/9.836051/publication.html.
34. Biddle N, Swee H. The relationship between wellbeing and Indigenous land, language and culture in Australia. *Aust Geogr*. 2012; 43(3): 215–232.
35. Krutilla JV. Conservation reconsidered. *Am Econ Rev*. 1967; 57(4): 777e786.
36. Carson RT, Mitchell RC, Hanemann M, Kopp RJ, Presser S, Ruud PA. Contingent valuation and lost passive use: damages from the Exxon Valdez oil spill. *Environ Resour Econ*. 2003; 25(3): 257–286.
37. Daniel TC, Muhar A, Arnberger A, et al. Contributions of cultural services to the ecosystem services agenda. *Proc Natl Acad Sci*. 2012; 109(23): 8812–8819.
38. Dickinson DC, Hobbs RJ. Cultural ecosystem services: characteristics, challenges and lessons for urban green space research. *Ecosyst Serv*. 2017; 25:179–194.
39. Schroeder DA, Graziano WG. Prosocial behavior as a human essence. In: van Zomeren M, Dovidio JF, eds. *The Oxford Handbook of the Human Essence*. Oxford, UK: Oxford University Press; 2018.
40. Silk JB, House BR. Evolutionary foundations of human prosocial sentiments. In: Strassman JE, Queller DC, Avise JC, Ayala F, eds. *In the Light of Evolution: Volume V: Cooperation and Conflict*. Washington, DC: The National Academies Press; 2011.
41. Rand DG, Greene JD, Nowak MA. Spontaneous giving and calculated greed. *Nature*. 2012; 489(7416): 427.
42. Aknin LB, Hamlin JK, Dunn EW. Giving leads to happiness in young children. *PLoS One*. 2012; 7(6): e39211.
43. Park SQ, Kahnt T, Dogan A, Strang S, Fehr E, Tobler PN. A neural link between generosity and happiness. *Nat Commun*. 2017; 8:15964.
44. Aknin LB, Barrington-Leigh CP, Dunn EW, et al. Prosocial spending and well-being: cross-cultural evidence for a psychological universal. *J Pers Soc Psychol*. 2013; 104(4): 635.
45. Helliwell JF. World happiness report 2017. In: Helliwell JF, Layard R, Sachs J, eds. *World happiness report 2017*. New York, NY: Sustainable Development Solutions Network; 2017. http://worldhappiness.report/ed/2017/.
46. Aknin LB, Dunn EW, Norton MI. Happiness Happiness runs in a circular motion: evidence for a positive feedback loop between prosocial spending and happiness. *J Happiness Stud*. 2012; 13(2): 347–355.
47. Helliwell JF, Huang H, Wang S. New evidence on trust and well-being. In: Uslaner E, ed. *The Oxford Handbook of Social and Political Trust*. Oxford, UK: Oxford University Press; 2018:248–252.

48. Kawachi I. Trust and population health. In: Uslaner E, ed. *The Oxford Handbook of Social and Political Trust*. Oxford, UK: Oxford University Press; 2018:447–472.
49. Balliet D. Communication and cooperation in social dilemmas: a meta-analytic review. *J Conflict Resolution*. 2010; 54(1): 39–57.
50. Zlomisic D. We left 20 wallets around the GTA. Most came back. *Toronto Star*. 2009. https://www.thestar.com/life/2009/04/25/we_left_20_wallets_around_the_gta_most_came_back.html. Accessed April 2020.
51. Cohn A, Maréchal MA, Tannenbaum D, Zünd CL. Civic honesty around the globe. *Science*. 2019; 365(6448): 70–73.
52. Arora M. From filthy to fabulous: Mumbai beach undergoes dramatic makeover. CNN. 2017. https://www.cnn.com/2017/05/22/asia/mumbai-beach-dramatic-makeover/index.html. Accessed April 2020.
53. Hardin G. The tragedy of the commons. *Science*. 1968; 162(3859): 1243–1248.
54. Ostrom E, Burger J, Field CB, Norgaard RB, Policansky D. Revisiting the commons: local lessons, global challenges. *Science*. 1999; 284(5412): 278–282.
55. Helliwell JF, Aknin LB. Expanding the social science of happiness. *Nat Hum Behav*. 2018; 2(4): 248.
56. Dunn EW, Aknin LB, Norton MI. Spending money on others promotes happiness. *Science*. 2008; 319(5870): 1687–1688.
57. Bacon N, Brophy M, Mguni N, Mulgan G, Shandro A. *The State of Happiness*. London, UK: Young Foundation; 2010. https://youngfoundation.org/publications/the-state-of-happiness/.
58. Soga M, Cox D, Yamaura Y, Gaston K, Kurisu K, Hanaki K. Health benefits of urban allotment gardening: improved physical and psychological well-being and social integration. Int J Environ Res Public Health. 2017; 14(1): 71.
59. Teig E, Amulya J, Bardwell L, Buchenau M, Marshall JA, Litt JS. Collective efficacy in Denver, Colorado: strengthening neighborhoods and health through community gardens. *Health Place*. 2009; 15(4): 1115–1122.
60. Hale J, Knapp C, Bardwell L, et al. Connecting food environments and health through the relational nature of aesthetics: gaining insight through the community gardening experience. *Soc Sci Med*. 2011; 72(11): 1853–1863.
61. Balliet D, Wu J, De Dreu CK. Ingroup favoritism in cooperation: a meta-analysis. *Psychol Bull*. 2014; 140(6): 1556.
62. Helliwell JF. Global happiness policy synthesis 2018. In: Global Happiness CouncilH, ed. *Global Happiness Policy Report 2018*. New York, NY: Sustainable Development Solutions Network; 2018:10–25.
63. Lushey C, Hyde-Dryden G, Holmes L, Blackmore J. *Evaluation of the Wrong Door Innovation Programme*. London, UK: Department of Education; 2017. https://assets.publishing.service.gov.uk/government/uploads/system/uploads/attachment_data/file/625366/Evaluation_of_the_No_Wrong_Door_Innovation_Programme.pdf.

3부 위협에서 기회로 전환하기

12. 에너지와 지구건강

13. 도시와 지구건강

14. 독성물질 노출 관리

15. 지구건강을 위한 새로운 경제학

16. 지구건강의 비즈니스: 경제이론에서 정책과 실행까지

12 에너지와 지구건강

에이제이 필라리세티 · 커크 R. 스미스 지음
원수경 번역/ 홍윤철 감수

누구나 쉽게 에너지를 사용할 수 있어야 인류가 번영할 수 있다. 기본적인 필요 사항들(예를 들어 음식 생산 및 준비, 가정 난방 등)과 보다 현대적인 문제들(통신, 제조, 운송 등) 모두는 에너지에 대한 접근에 좌우된다. 식량생산 시스템, 도시 환경, 기업 및 산업의 설계가 그렇듯이, 에너지원에 대한 선택도 이제 지구건강에 중추적인 역할을 하는 것으로 생각된다. 오늘날에는, 이러한 선택들이 공기오염과 지구 기후 파괴라는 두 가지 거대한 지구건강 문제를 야기하고 있고, 동시에 청정에너지에 대한 충분치 못한 접근은 여전히 10억 명 이상의 사람들에게 시급한 문제이다. 그러나 앞으로의 신중한 선택은 모든 사람이 청정하고 신뢰 가능한 에너지에 접근할 수 있으며, 연소 후에 발생된 에너지가 기후변화나 매년 수백만 명의 목숨을 앗아가는 공기오염을 유발하는 온실가스를 더 이상 배출하지 않는 미래, 즉 지금 임박해 보이는 미래와는 매우 다른 모습의 미래를 가져올 수 있다.

에너지는 건강한 지역사회를 지탱하고 생계를 향상시키지만, 모든 형태의 에너지 사용은 그 정도는 달라도 건강과 환경에 부정적인 영향을 미친다. **그림 12.1**은 에너지와 건강 사이의 주요 연관성을 보여주고 있다. 이 그림에

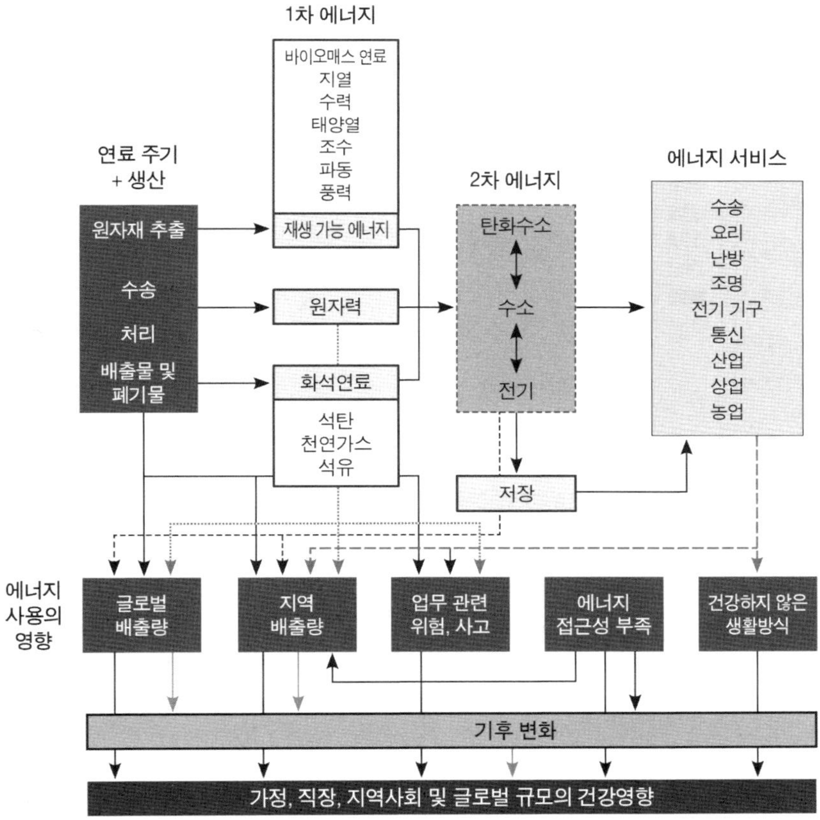

그림 12.1 에너지 사용과 건강을 잇는 개념적 경로

자료: Updated, revised, and adapted from Jaccard M. *Sustainable Fossil Fuels: The Unusual Suspect in the Quest for Clean and Enduring Energy*. Cambridge, UK: Cambridge University Press; 2005; and Wilkinson P, Smith KR, Joffe M, Haines A. A global perspective on energy: health effects and injustices. *Lancet* 2007; 370(9591): 965-978.

서는 연료와 연료 가공물을 전기와 같은 중간 에너지 형태와 구별하고, 조명이나 운송 같은 다양한 최종적인 에너지 서비스를 강조하고 있다. 이러한 개념적 경로의 각 단계마다 건강에 미치는 잠재적 영향이 존재한다.

현재 전 세계 에너지 지형은 전기 생산 및 수송에 석탄, 석유, 천연가스 등 화석연료의 연소에 크게 의존하고 있다. 1973년과 2016년 사이에 총에너지 소비량은 두 배 이상 증가했다.[1] 같은 기간 동안 지열, 태양열, 풍력, 수력 등

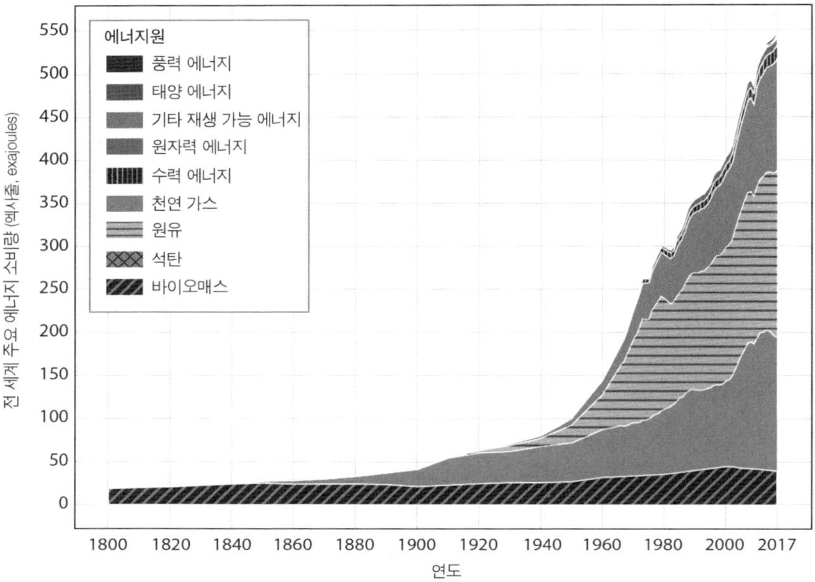

그림 12.2 전 세계 주요 에너지원(1800-2017년). 최근 수십 년 동안 새로운 재생가능 에너지가 등장했다. 다른 형태의 에너지가 더 큰 역할을 하는 동안 바이오매스 에너지는 거의 일정하게 유지되었다. 풍력, 태양열, (바이오 연료를 포함하는) 기타 재생가능에너지는 현재는 거의 눈에 띄지 않을 정도로 적지만 빠르게 성장하고 있다.

자료: Generated from data compiled by and available from *Our World in Data* (ourworldindata.org/energy-production-and-changing-energy-sources).

재생가능 자원으로부터 생산된 에너지의 비중은 급격히 증가했지만, 여전히 재생가능 에너지는 전체 소비량의 약 4% 정도로 적은 부분만을 차지한다.[1] 이는 청정에너지의 지속적 성장이라는 엄청난 기회를 제공하는 동시에, 어쩌면 다른 한편으로는 환경과 인간 건강에 심각한 위험을 초래하는 화석연료에 대한 지속적인 의존이라는 엄청난 위험을 제공하기도 한다.

화석연료와 바이오매스 연소는 지구 기후변화와 건강에 가장 해로운 공기오염의 주범이므로, 이상적이면서 우리가 열망하는 미래는 에너지 수요를 위한 연료 연소를 거의 혹은 전혀 하지 않는 이른바 탈연소 세계일 것이다.[2] 이는 역사적으로 그리고 현재까지 지속되는 1차 화석에너지원 사용 행태와는 극명하게 대조된다(**그림 12.2**). 이렇게 우리가 열망하는 미래에는 에너지 서비스가 풍력, 태양열, 지열, 조력 및 수력 그리고 (잠재적으로) 원자력의 조합으로 재생 가능하게 공급되는 전기를 통해 충족될 것이며, 수요 관련 문제를 원활히 해결하기 위해 강력한 분산 저장 시스템에 의존할 것이다. 이렇게 전기화된 세계를 상상하는 것은 기후 및 건강의 관점에서 연소 후 세계(postcombustion world)의 이점과 이와 동시에 발생할 수 있는 새롭게 나타날 수 있는 문제들(예를 들어, 제조를 위한 충분한 에너지, 차량 충전 인프라, 재생 가능한 자원의 배치, 폐기물 및 자원 관리, 공평한 이익 분배, 글로벌 전력망 관리 등) 모두를 고려할 수 있게 해줄 것이다.

이 장은 이전의 리뷰 논문[3]을 기반으로, 에너지 이용과 다음의 세 가지 핵심 지구건강 과제 – 모두를 위한 청정에너지에 대한 접근 보장, 공기오염 통제, 그리고 세계적인 기후 파괴 저지 – 와의 관계에 대한 개요로 시작한다. 그런 다음, 화석연료, 원자력, 그리고 재생가능한 에너지의 영향으로 초점을 옮겨, 에너지 생산, 전송 및 저장의 패러다임 변화와 관련하여 새롭게 발생하는 문제들에 대해 논의한다. 이 장은 두 개의 글상자를 포함한다. 하나는 인도에서 가구 에너지 부족과 공기오염을 해결하기 위한 새로운 정책에 중점을 둔 사례 연구이고, 다른 하나는 미국에서의 비전통적인 방식의 석유 추출과 그것이 건강 및 안전에 미치는 영향에 중점을 둔 사례 연구이다.

모두를 위한 청정에너지에 대한 접근 보장

오늘날의 에너지원은 동물의 힘과 바이오매스로부터 가공된 바이오 연료, 화석연료, 그리고 수력, 태양, 풍력 등의 재생가능 에너지까지 인류 역사 전체에 걸쳐 발견된 다양한 종류를 포함하고 있다. 이러한 에너지원 중 현대적인 종류에 대한 접근은 가정과 지역사회를 더욱 건강하게 하고, 경제적 기회와 시장의 포용성을 증가시키며, 인류의 발전을 촉진한다.[4] 2015년, 유엔은 새천년개발목표(Millennium Development Goals, MDGs)의 후속으로 지속가능발전목표(Sustainable Development Goals, SDGs)를 채택했다. 건강, 물, 식량, 기후 및 에너지 등을 포함하는 폭넓은 분야에 걸친 17개의 지속가능발전목표(SDGs)가 수립되었다. 최종안에서 에너지에 대한 내용을 다루지 않았던 새천년개발목표(MDGs)와는 다르게, 지속가능발전목표 7번은 2030년까지 "모두를 위한 적정한 가격의 신뢰할 수 있고 지속가능한 현대적인 에너지에 대한 접근을 보장"할 것을 명시적으로 추구하며, 세 가지 뚜렷하고 야심 찬 목표를 설정했다.

7.1 적정한 가격의 신뢰할 수 있고 현대적인 에너지 서비스에 대한 보편적 접근을 보장한다.

7.2 글로벌 에너지 믹스에서 재생가능에너지의 비중을 크게 늘린다.

7.3 전 세계 에너지 효율의 개선율을 두 배로 증가시킨다.

지속가능발전목표 7번은 1번(빈곤과 개발), 3번(건강과 웰빙), 5번(여성과 소녀의 역량 강화), 8번(양질의 일자리와 경제성장), 13번(기후변화 대응), 15번(지속가능한 산림 관리와 토지 황폐화 중단) 등 다른 여러 지속가능발전목표와 긴밀하게 연결되어 있다. 실제로, 각 지속가능발전목표는 에너지[5]와 에너지원에 대한 선택에 의해 영향을 받으며, 이는 다시 건강한 환경과 생활방식을 증진하는 역할을 한다고 할 수 있다.

에너지와 개발 사이의 연관성은 잘 알려져 있지만,[4] 전기를 이용할 수 없는 약 11억 명의 인구[6]와 요리용 청정한 연료에 접근하지 못하는 25억 명의 인구[7]에게 신뢰할 수 있고 청정하며 지속가능한 에너지를 공급하기 위한 경로에 대해서는 여전히 논쟁의 여지가 있으며, 이는 인구 증가로 인해 더욱 더 복잡해질 것이다. 전 세계인구가 2020년 기준 약 78억 명, 2050년에는 약 98억 명[8]으로 추정되는 상황에서, 미래의 에너지 접근과 사용 궤도를 계획하기 위해서는 기후변화로 인한 제약 내에서, 모두를 위한 청정에너지를 향하는 광범위하고 다단계적인 경로에 대한 폭넓은 대화가 필요하다.

에너지가 건강에 미치는 영향

실내 및 가정 내 공기오염

우리의 선행인류 조상들과 구분되는 현대 인류의 가장 큰 특징은 25만 년에서 200만 년 전에 음식 요리를 위해 불을 이용하고 통제했다는 점이다.[9,10] 그러나 이어진 기간 동안 있었던 전 세계적인 광범위한 발전에도 불구하고, 주로 중저소득국가(low- and middle-income countries, LMICs) 및 농촌 지역의 수십억 명의 사람들은 여전히 요리와 난방을 위한 일차 에너지원으로 모닥불과 간단한 스토브에서 태우는 바이오매스에 의존하고 있다(**그림 12.3**).[7,11,12] 그 결과, 상당한 농도의 다양한 오염물질들이 가정환경으로 방출된다. 여기에는 공기역학적 지름이 ≤ 2.5 또는 ≤ 10 미크론인 미세먼지($PM_{2.5}$와 PM_{10}), 일산화탄소(CO), 이산화질소(NO_2), 다환성 방향족 탄화수소, 다이옥신 및 밝혀진 발암물질(장작 연기로부터 방출되는 오염물질에 대한 내용은 Naeher et al.[13] 참조) 등이 포함된다.

2017년 세계 질병부담 연구(Global Burden of Disease) 추정치에 의하면,* 이러한 가정 내 공기오염(Household air pollution, HAP)은 전 세계 사망률에 기여하는 13번째로 주요한 위험 요인이며, 이로 인해 연간 약 160만 명이 사망한다.[7,14,15] 건강수명의 손실 측면에서 봤을 때, 장애보정 생존연수(Disability-Adjusted Life Years, DALYs)로 나타내 보면, 2017년에 가정 내 공기오염은 6000만 DALYs(전체의 2.4%)의 직접적인 원인이었으며, 또한 실외 공기오염의 영향에도 기여했다.

---

* 세계 질병부담 연구 추정치는 건강 계측 및 평가 연구소(Institute for Health Metrics and Evaluation)에서 매년, 그리고 세계보건기구에서는 몇 년마다 산출된다. 이러한 수치를 생성하는 데 사용되는 방법과 데이터 스트림에는 주기적인 변동이 있어 간혹 질병부담 추정치가 해마다 큰 변동이 있는 경우가 있다. 따라서 정확한 숫자보다는 가정 내 및 실외 공기오염 노출과 관련된 순수한 질병부담이 더 중요하다. 그럼에도 불구하고, 추정치의 변동성은 배경 사망률 및 질병률의 변화와 노출 반응 함수의 변화와 같은 여러 요인에서 비롯될 수 있다. 질병부담 추정치의 변동성 요인을 조사하는 민감도 분석에 대해서는 Kordos et al.[14]를 참조하라.

그림 12.3 바이오매스 요리용 스토브. 북인도 지역의 (A) 전통적인 바이오매스 요리용 스토브 (B) 발전된 반-가스화기, 팬(fan)의 보조를 받는 요리용 스토브(semi-gasifier, fan-assisted cookstove); 서부 과테말라 고원 지역의 (C) 굴뚝 스토브와 (D) 전통적인 모닥불.
자료: Photos by Ajay Pillarisetti

건강 계측 및 평가 연구소[7]는 2016년에 대략 25억 명(전 세계인구의 33.7%)이 기본적인 가정 에너지 수요를 충족하기 위해 목재, 배설물, 잔여 농작물, 석탄 및 숯 등 청정하지 않은 고체 연료에 의존하고 있다고 추정했다. 특히 인도, 중국, 그리고 사하라 이남 아프리카가 고체 연료를 사용하는 인구의 대략 70%를 차지하고 있다(각각 23%, 17%, 32%). 고소득국가(high-income countries, HICs)에서는 일부 지역에서 목재의 사용이 지속되고 있으며, 주로 겨울철 난방 연료로 사용되고 있다.

고체 연료의 사용 패턴은 국가 내 또는 국가 간에 다양하며, 계절적 필요, 연료 가용성, 지리 및 여러 다양한 요인들에 따라 다르다. 예를 들어 북인도 지역에서는, 가정에서 특정 작업[16-18]을 위해 별도의 기기에서 목재와 배설물을 조합하여 사용한다. 가나에서는,[19] 가정에서 목재와 숯을 조합하여 사용한다. 이러한 방식으로 혼합 연료 및 기기를 사용하는 것을 스태킹(stacking)[20-22]이라고 하는데, 이것은 고소득 국가의 가정에서의 실상과 비슷하게 나타난다. 즉 각각의 목적에 맞게 천연가스 스토브, 오븐, 숯을 연료로 사용하는 야외 그릴, 밥솥과 전기 주전자 같은 전기 가전제품, 그리고 바이오매스를 연료로 사용하는 벽난로 등 여러 가지 연료 및 기기들을 사용하는 경향과 흡사하다. 바이오매스 연소에 대한 이와 같은 문화는 소득의 증가와 무관하게 고소득층과 저소득층 모두에서 청정한 연료로의 전환을 지체시킬 수 있다.

바이오매스 연소로 인해 가장 흔하게 측정되는 오염물질은 $PM_{2.5}$와 CO이지만, 블랙카본[23]과 다환성 방향족 탄화수소[24]와 같은 다른 오염물질도 연구되어 왔다. 가정 내 공기오염의 연구에서는 크게 세 종류의 측정이 이루어지는데, 구체적으로는 스토브 연기에서 나오는 배출량, 실내(주방 및 거실 등)에서 측정되는 농도, 그리고 개인에게 부착된 센서를 통해 시공간을 따라가며 측정된 노출량에 대한 측정이 이루어진다. 1980년부터 2016년까지 200개 이상의 연구들에서 가정 내 공기오염 농도와 노출을 평가했다.[25,26] 이용 가능한 데이터에 의하면, $PM_{2.5}$의 수치는 가정에서 배설물을 이용해 요리를 할 때 가장 높고(평균 $7.8 \pm 11.2 mg/m^3$), 이어서 숯($3.9 \pm 8.4 mg/m^3$)과 목재($2.1 \pm 2.9 mg/m^3$) 순이다. 배출량과 노출량의 시공간적 변동성이 높음에도 불구하고, 중저소득국가(LMICs) 가정들의 연평균 농도는 세계보건기구 공기 질 가이드라인[27]과 개별 국가에서 정한 국가 공기 질 기준보다 높은 것으로 추정된다.

가정에서 발생하는 공기오염은 실내 환경을 벗어나 상당한 지역 및 후속 노출을 초래할 수 있다. 예를 들어, 인도[28-30]와 중국[28,29,31]의 최근 연구에 따르면, 실외 공기오염의 상당 부분이 가정 내 연소로 인해 발생하는 것으로 추정된다. 인도에서는 가정 내 연소가 실외 오염에 기여하는 가장 큰 단일 범주이며, 중국에서는 산업 다음으로 두 번째이다. 이러한 연구에 따르면 농촌 가정에서 에너지원을 청정화하는 것은 해당 가정뿐만 아니라 도시 지역의 이웃에게도 이익이 되며, 이것이 바로 가정 에너지원의 청정화가 중국 국가 공기오염 통제 전략의 일부인 이유이다.

바이오매스 연료의 사용은 공기오염을 넘어, 삼림 파괴로 이어질 수 있으며, 무급 노동의 한 형태인 연료 수집의 부담은 종종 여성과 아이들에게 전가된다. 수집된 바이오매스의 약 30%는 재생 불가능한 방식으로 수확되며, 지리적으로 편차가 크고, 잠재적으로 삼림과 기타 바이오매스 자원에 부담을 줄 수 있다. 일일 연료 수집 시간은 1시간에서 5시간 정도이다.[33-35] 어떤 맥락에서는 이러한 연료 수집 관행이 사람들을 자연재해와 성 연관 폭력에 더 취약하게 만들기도 한다.[33,36]

가정 공기오염 줄이기

현재까지의 대부분의 가정 에너지 개입 정책은 요리용 스토브에서 바이오매스를 더 청정하고 효율적으로 연소하는 데 중점을 두었다. 꽤 정교하고 고도로 설계된 스토브와 특정 연료를 사용하는 실험실에서는 이것이 성공적으로 나타났지만, 현실 세계에서의 성능은 미흡했다.[37-38] 바이오매스 연료를 '청정하게' 만들고자 한 이 패러다임은 비정부 기구 및 정부 기관에서 운영된 대부분의 전통적인 스토브 개선 프로그램이었다. 이러한 프로그램 중 가장 큰 규모의 프로그램은 1980년대 초 인도와 중국에서 진행되었지만, 중국에서의 프로그램만이 연료를 절약하는 데 성공한 것으로 간주되었다.

그림 12.4는 가정 내 공기오염(및 다른 형태의 공기오염)과 건강 사이의 관계를 보여준다. 위험-반응 관계[39]에서 가장 두드러진 특징은 둘 사이의 관계가 비선형적이라는 점이다. 이는 특히 가정 내 공기오염과 관련하여, 공기오염 통제 조치에 대한 함의를 가지고 있다. 만약 이 곡선이 정확하다면, 노출에 따른 질병부담을 줄이기 위해서는 가정 내 공기오염이 매우 청정한 수준으로 줄어들어야 한다는 것을 의미한다. 바이오매스 스토브는 아무리 청정하다 하더라도 뚜렷한 효과를 가져올 만큼 충분히 청정하지 않을 수 있다. 따라서 청정 기술(전기 또는 천연가스, 액화 석유 가스, 에탄올 또는 바이오가스로 구동되는 기술)을 보다 광범위하게 사용하는 방향으로 점차 초점이 이동했다.[40] 이러한

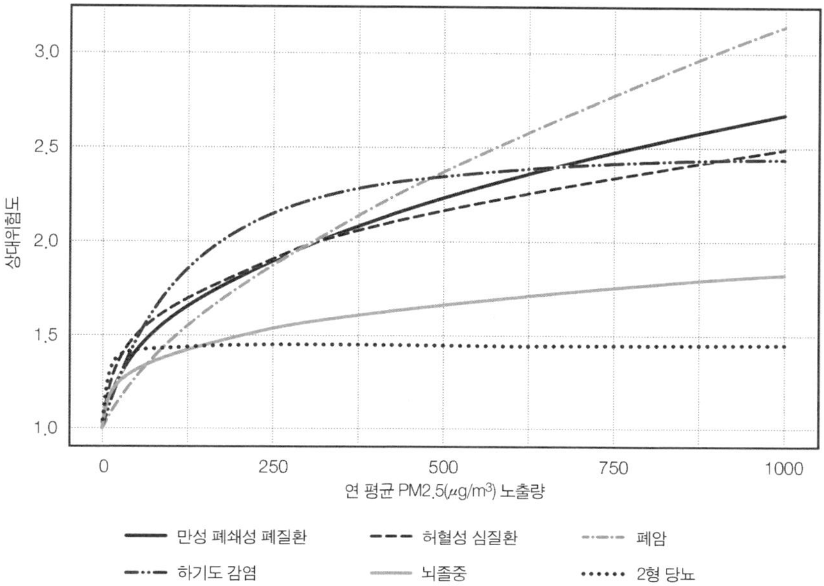

그림 12.4 노출-반응 통합(Integrated exposure-response, IER) 곡선. 노출-반응 통합 곡선(IER)은 PM2.5에 대한 연간 노출량과 어린이와 성인의 하기도 감염(lower respiratory infection, LRI), 만성 폐쇄성 폐질환(chronic obstructive pulmonary disease, COPD), 허혈성 심질환(ischemic heart disease, IHD, 25-30세 성인에 대한 곡선), 폐암(lung cancer, LC), 2형 당뇨(type 2 diabetes mellitus, T2DM), 그리고 뇌졸중(25-30세 성인에 대한 곡선)의 상대위험도 간의 관계를 설명한다. 상대위험도(Relative risk)는 특정 농도의 PM2.5에 노출된 사람들에서 해당 결과가 발생할 확률과 노출되지 않은 사람들에서 해당 결과가 발생할 확률의 비율이다. 이러한 곡선들은 실외 공기오염, 간접흡연, 가정 내 공기오염 및 활동성 흡연 연구로부터의 노출 및 위험 추정치를 기반으로 한다. 이러한 곡선을 생성하는 데 사용된 모델링 작업은 여러 가정을 전제로 하는데, 그중 하나는 모든 출처의 PM2.5는 동등한 독성을 가진다는 것이다.

자료: Burnett RT, Pope CA, Ezzati M, et al. An integrated risk function for estimating the global burden of disease attributable to ambient fine particulate matter exposure. *Environ Health Perspect*. 2014; 122:397-403

변화는 요리와 난방을 하기 위해 고체 연료에 의존하는 사람이 거의 없고 대신 가스와 전기를 사용하는 고소득국가의 연료 사용 방식과 흡사하다.

가스와 전기는 가정 수준에서 청정하기는 하지만, 이러한 청정 연료들은 비용, 공급 안정성, 접근성 및 문화적 수용성 등 청정 연료로의 완전한 채택을 늦추게 하는 또 다른 문제를 안고 있다. 인도 정부는 청정한 요리로의 전환을 가속화하기 위한 정책을 시행하고 있다(**글상자 12.1**). 에콰도르와 인도네시아를 포함한 다른 국가들은 과거에 대규모 연료 전환을 위한 광범위하고 혁신적인 정책을 시행했고, 그 결과는 다양했다.

실외 공기오염

가정 내 공기오염의 주된 원인이 바이오매스 연소인 것처럼, 실외 공기오염의 주된 원인은 화석연료 연소이며, 가정 내 바이오매스 연료와 농업 폐기물의 연소도 추가적으로 기여한다. 또한 가정 내 공기오염이 매년 수백만 명의 목숨을 앗아가는 것과 마찬가지로, 실외 공기오염은 더 큰 피해를 낳고 있으며, 현재의 추세를 바꾸지 않는 한[7,41] 2015년 약 420만 명에서 2050년까지 연 660만 명으로 사망자가 증가할 것으로 예상된다.

화석연료는 오늘날 사용되는 에너지의 주된 형태이다(그림 12.2). 화석연료에는 석탄, 석유, 천연가스가 포함되며, 전 세계 총 에너지 소비의 약 67% 및 전 세계 전력 생산의 약 65%를 차지한다.[1] 화석연료는 채굴 및 추출에서 가공 및 정제, 운송, 연소, 그리고 폐기물 관리까지의 전 생애주기 전반에 걸쳐 넓은 시공간적 규모에서 인간 건강과 환경에 영향을 미친다. 화석연료가 연소될 때 직접적으로 방출되는 일차 입자와 기타 건강 및 환경에 해로운 오염물질이 환경으로 방출된다. 건강상 우려되는 주요 오염물질은 $PM_{2.5}$와 배출원에서 퍼져나가면서 오존(O_3) 또는 이차 에어로졸(미립자)로 전환되는 오염물질이다.

모든 화석연료 중에서, 석탄이 가장 오염이 심하고 공기오염에 가장 큰 기여를 한다. 석탄 연소의 직접적인 부산물로는 이산화탄소(CO_2), 일산화탄소(CO), 황산화물(SO_x), 질소산화물(NO_x), 유기 화합물, 미세먼지, 수은 등이 있다.

석탄 연소는 또한 2차 유기 에어로졸과 오존의 형성에도 기여하며, 이는 1차 오염물질이 방출되는 지점으로부터 바람이 가는 방향의 지역에 영향을

글상자 12.1 인도의 사회 투자에 대한 보조금: 건강 개입

커크 R. 스미스·에이제이 필라리세티

액화석유가스(LPG)는 주로 프로판과 부탄으로 구성된 탄화수소 연료로, 대부분의 천연가스 자원의 추출 및 처리 과정에서 혹은 원유를 정제하는 과정에서 회수되는 부산물이다. 천연가스와는 달리 LPG는 적당한 압력을 가하면 액체로 변하고 상온에서 실린더에 넣어 안전하게 운반할 수 있어, 전기와 천연가스의 이용이 불가능하거나 실현 가능하지 않은 지역에서 요리용 연료로의 활용도가 높다. 최근 비전통적인 방식의 석유 및 가스 자원 추출의 증가로 인해 글로벌 시장에서 LPG의 가용성이 증가하고 가격이 하락하고 있어, 현재 바이오매스에 의존해 요리를 하는 많은 지역에서 향후 수십 년 동안 청정한 전환 연료[a]로 사용할 수 있을 것으로 보인다. 이러한 전환이 빠르게 일어나고 있는 곳 중 하나가 바로 인도이다.

인도는 정부의 상층부부터 하층부까지, 정부 전체에 걸친 혁신적인 정책 변화와 창의적인 정보기술(IT)의 활용을 통해 2019년까지 전체 가구의 약 95%에 LPG를 공급할 수 있었다. 기본적으로, 인도는 공공지출을 빈곤층에 집중함으로써, 흔히 경멸적인 의미로 사용되는 용어인 보조금(subsidies)을 보다 진취적인 사회 투자(social investment)로 바꾸었다. 두 가지 메커니즘 모두 납세자 자금을 활용하지만, 후자는 완전히 다른, 더 긍정적인 의미를 지니고 있다.[b]

연료 보조금은 전 세계적으로 많은 국가에서 보편적으로 시행되고 있다. 경제학자들은 보조금이 정부에 비용이 많이 들고, 낭비적인 사용을 장려하며, 주로 빈곤층보다는 더 형편이 나은 사람들에 대한 지원이라고 생각하여 이를 싫어한다. 최근 몇 년 동안, 보조금이 기후변화의 위험을 증가시키는 과도한 화석연료의 사용으로 이어질 수 있다는 우려와 함께 몇몇 이에 대한 개혁이 성공적으로 이루어졌다. 실제로, 인도는 운송 부문에서 연료 보조금을 폐지하는 데 진전을 이루었다.

LPG 보조금은 사회적 목표 달성에 더 집중할 수 있는 새로운 프로그램을 통해 변화하고 있다. 대부분, 이러한 정책의 원동력은 빈곤층의 주 연료인 바이오매스 연료가 건강에 미치는 영향에 대한 지식이 늘어나면서 이를 고려하려는 정부의 결정에서 비롯되었다. 장기적인 목표는 전기를 이용해 요리하는 방식으로 전환하는 것이지만, 중간 단계의 해결책으로서 세계 빈곤층에게는 LPG가 바이오매스보다 더 건강한 방식이다.[c]

인도의 혁신적인 정책은 모든 LPG가 시장 가격으로 판매되도록 하는 PAHAL(직접적인 혜택 이전이라는 의미의 Pratyaksh Hanstantrit Labh의 힌디어 약자)이라는 제도에서 시작되었다. 보조금은 판매 시점에 가격을 인하하는 대신 개인 전자 은행 계좌로 직접 지급되었다. 이는 곧 인류 역사상 가장 큰 규모의 정부로부터의 은행 송금이 되었다. 아드하르 카드(Aadhar cards)로 알려진 디지털 신분증의 확대로 데이터베이스의 교차 점검이 가능해져, 부정 또는 중복 지급을 방지하는 데 도움이 되었다. 이를 통해 "유령 계좌" 및 기타 불법 계좌가 크게 감소하고 가정용 실린더가 상업 부분으로 유출되는 것을 줄일 수 있었다. 그리하여 LPG 보조금의 혜택은 대부분 이 제도의 의도된 수혜 대상이었던 개별 가정에 국한되었다.

둘째로, 2015년에는 보조금이 더 이상 필요하지 않아지면 이를 철회하는 과제를 해결하기 위한 혁신적인 방안으로 기브 잇 업(Give It Up, GIU) 캠페인이 등장했다. 현재의 중산층이 20년 전에는 LPG 보조금에 의존했을 수 있지만, 오늘날에는 그들이 LPG를 이용하는데 있어 LPG 연결 당 연간 약 35달러의 공적 자금이 더 이상 필요하지 않다. 하지만 보조금을 철회하는 것에는 두 가지 단점이 있다: 누가 진정으로 보조금이 필요하지 않은지를 판단하는 것이 어렵고, 사람들은 장기적인 보조금을 권리(당연히 받아야 하는 것)로 여기며 이를 제공하는 프로그램의 원래의 취지(청정하지 않은 연료에서 청정한 연료로 전환하는 데 도움을 주는 것)를 잊어버리는 경향이 있다는 것이다.

LPG 보조금을 없애는 대신, GIU 캠페인은 보조금이 빈곤 가정에 전달될 것이라는 조건을 달아 사람들로 하여금 자발적으로 보조금을 포기할 것을 부탁했다. 2018년 중반까지 약 1100만 가구에 달하는 수백만 명이 이에 동참했다. IT 기술의 활용으로, 기부자는 정부가 운영하는 웹사이트를 통해 LPG를 새로 연결 받은 가난한 사람의 이름을 조회할 수 있게 되었다.

GIU의 또 다른 특징으로는 소셜 및 일반 미디어 캠페인을 광범위하게 활용하고, 총리실 차원에서 조직적인 홍보 활동을 펼쳤다는 점이 있다. 이례적으로, 총리는 매달 수십 차례의 연설에서 청정한 요리를 강조했다. 계산이 쉽지는 않지만, 보수적인 추산에 따르더라도 빈곤층의 LPG 사용을 증가시키기 위해 2018년까지 매년 3억 3000만 달러가 중산층에서 이전된 것으로 추정된다.[d]

2016년에는, 2019년까지 5000만 개의 새로운 연결을 제공하기 위한 프라드한 만크리 우즈왈라 요자나(PMUV) 캠페인이 시작되었다. 신규 연결은 여성에게만 제공되었는데, 이는 여성의 지위를 향상시키고 보조금이 가구원 중 한 명에게만 향하도록 하는 노력의 일환이었다. 또한, 기존의 1만 8000명의 LPG 배급업자를 보완하기 위해 1만 명의 신규 배급업자를 채용했다. 기존 배급업자의 손길이 닿지 않는 외딴 지역에 빈곤층 가구가 많았기 때문에 이러한 대폭적인 증원이 필요했다. 계획보다 앞서, 2018년에 정부는 목표를 2021년까지 8000만 가구, 약 5억 명으로 확대한다고 발표했다. 이 목표는 2019년 9월 초에 달성되었다. 특히, 프로그램이 지속됨에 따라 인도 납세자가 부담하는 비용이 감소했으며, 빈곤층에 대한 타깃팅을 개선함으로써 30억 달러 이상의 순절감액이 발생한 것으로 추정된다.

LPG 연결이 제공되었다고 해서 모든 사람이 즉시 완전한 사용자가 되는 것은 아니다. 연결한 지 적어도 1년 이상 된 PMUY 가구의 교환 비율은 약 4통 정도로, 농촌 가구의 예상 전체 사용량의 60% 수준인 것으로 나타났다. 이는 화장실, 침대 망(bednets), 콘돔, 분만 시설 등 행동 변화가 필요한 다른 새로운 건강 증진 기술의 도입에서도 나타나는 현상이다. 더 나은 기술을 제공하는 것은 단지 절반의 성공에 불과하다. 나머지 절반은, 올바른 사용을 장려하는 것이다. 물론, 건강적인 측면에서 볼 때, 공기오염 개선 효과가 발생하려면, LPG 스토브를 거의 항상 사용해야하고, 바이오매스 스토브는 사용하지 않아야 한다. 그러므로 더 많은 노력이 필요하지만, 놀라운 변화가 나타나기 시작하였다.

참고 자료

a. Shen G et al. Evaluating the performance of household liquefied petroleum gas cookstoves. *Environ Sci Technol.* 2018; 52(2): 904-915.
b. Smith KR. Pradhan Mantri Ujjwala Yojana: transformation of subsidy to social investment in India. In: Debroy B, Gangul A, Desai K, eds. *Making of New India: Transformation under Modi Government.* New Delhi, India: Dr. Syama Prasad Mookerjee Research Foundation and Wisdom Tree; 2018:401-410.
c. Goldemberg J, Martinez-Gomez J, Sagar A, Smith KR. Household air pollution, health, and climate change: clearing the air [Editorial]. *Environ Res Lett.* 2018; 13:030201.
d. Mittal N, Mukherjee A, Gelb A. Fuel subsidy reform in developing countries: direct benefit transfer of LPG cooking gas subsidy in India. *CGD Policy Paper 114.* Washington, DC: Center for Global Development; 2019.
e. Harish S, Smith KR, eds. Ujjwala 2.0: from access to sustained usage. *Policy Brief* CCAPC/2019/03. New Delhi, India: Collaborative Clean Air Policy Centre; 2019.

미친다. 석탄 연소가 건강에 미치는 영향은 상당하며, 국가마다 매우 다양하다. 중국에서는 석탄 연소가 대기 중 $PM_{2.5}$ 농도의 가장 중요한 원인으로 추정되며, 이는 인구-가중 노출의 약 40%에 기여하고 결과적으로 2013년에는 이로 인해 36만 6000명이 사망한 것으로 추정된다.[31] 인도에서는 석탄 연소가 전체 인구-가중 $PM_{2.5}$ 노출의 약 16%에 기여하고 이로 인해 2015년에 약 16만 9000명이 사망했다.[30]

석유 연소는 석탄 연소와 유사한 다양한 부산물을 생성하는데, 여기에는 이산화탄소(CO_2), 일산화탄소(CO), 질소산화물(NO_X), 황산화물(SO_X) 및 미세먼지가 포함된다. 석유의 가장 큰 용도 중 하나는 개인 수송용 연료로, 이에 따른 직간접적인 건강 영향은 잘 설명되어 있다.[42-44] 석유의 다른 용도 – 난방 및 해상 수송[47] – 는 최근 몇 년 동안 유해 오염물질의 배출과 건강 영향 모두와 결부되어 왔다.

모든 것을 종합하면, 바이오매스 연소로 인한 가정 내 공기오염과 발전, 난방, 운송을 위한 화석연료 연소로 인한 실외 공기오염은 주로 심장질환, 뇌졸중, 폐질환 및 암 등 전 세계적으로 막대한 질병부담의 원인이 되고 있다. 구체적인 건강 영향은 제7장에서 더 자세히 살펴본다. 이러한 연료원에서 청정하고 재생가능한 에너지원으로 전환하는 것은 매년 수백만 명의 생명을 구할 것이다.

기후변화

화석연료 연소는 공기오염으로 인한 질병과 사망에 크게 기여하는 것 외에도, 전 세계적인 기후변화의 주요 원인이기도 하다(기후변화의 과학에 대한 서문은 제 4장을 참조하라). 화석연료를 태우면 이산화탄소(CO_2), 메탄 및 블랙카본(화석연료의 불완전 연소로 생성되는 그을음의 주성분)과 같은 기후변화를 일으키는 오염물질이 방출된다. 화석연료마다 생산된 에너지 단위당 방출되는 이러한 오염물질의 양이 다르기 때문에(연료의 '탄소 집약도'라고도 불림), 각각의 연료가 세계 기후에 미치는 영향은 다양하다. 이는 기후변화를 가장 잘 다룰 수 있는 방법에 대한 중요한 함의를 가지고 있다. 기후변화의 다양한 건강영향은 10장에서 다룬다.

다양한 에너지원이 기후에 미치는 영향

화석연료

석탄

석탄은 2017년 기준 전 세계 1차 에너지의 27%를 공급했으며 전 세계 전력 생산의 38%에 사용되었다.[1] 같은 해 중국, 인도, 미국은 세계 최대 석탄 생산국으로 각각 전 세계 석탄의 약 45%, 10%, 9%를 생산했다. 전 세계적으로 석탄 연소는 인류 활동으로 인한 CO_2 배출의 약 44%를 차지했다.[1,48] 따라서 석탄은 주요 대체 에너지원 중에서도 킬로와트시(kWh)를 기준으로 한 이산화탄소 환산량으로 보았을 때 전 생애주기 배출량이 가장 높아서 전 세계 기후변화에 상당한 기여자이다(**그림 12.5**).

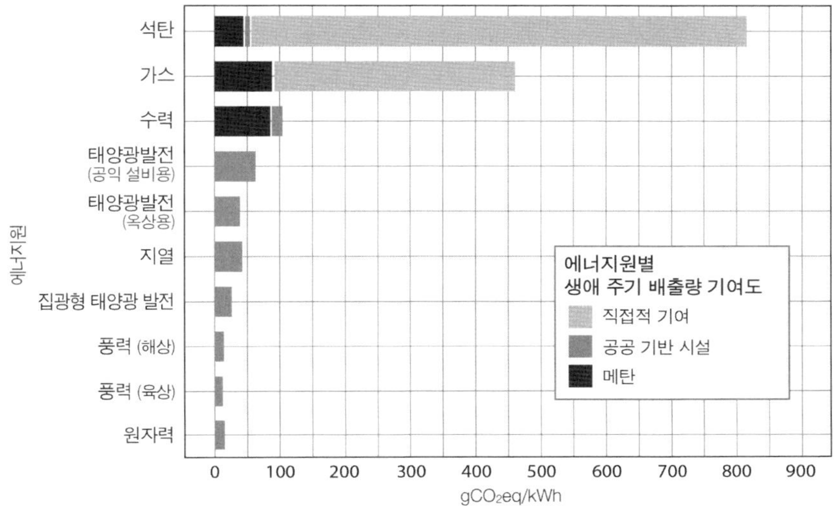

그림 12.5 현재 이용 가능한 에너지원별 생애주기 CO_2 배출량 개요. 각각의 색들은 배출의 기여도를 나타낸다.

자료: Adapted from data available in Appendix Table A.III.2 of Bruckner T, Bashmakov IA, Mulugetta Y, et al. Chapter 7: Energy Systems. In: Edenhofer O, Richs-Madruga R, Sokona Y, et al, eds. *Climate Change 2014: Mitigation of Climate Change. Contribution of Working Group III to the Fifth Assessment Report of the Intergovernmental Panel on Climate Change*. Cambridge, UK: Cambridge University Press; 2014.

석유

석유는 지방족 및 방향족 탄화수소의 액체 혼합물로, 정제되면 윤활유에서 아스팔트에 이르기까지 다양한 제품을 생산하지만, 대부분은 연료로 이용된다.[3] 전 세계적으로, 석유는 1차 에너지 소비의 41%,[1] 운송 연료 사용량의 약 94%,[49] 그리고 전력 생산의 4%를 차지한다. 이로 인해 전 세계 CO_2 배출량의 약 35%를 차지한다.[50] 석유는 석탄보다 탄소 집약도가 약간 낮아서, 총에너지에서 차지하는 비중은 비슷하지만 석탄이 총CO_2 배출량에서 더 큰 비중을 차지한다. 159리터의 원유를 정제하면 약 75.7리터의 휘발유, 34.1리터의 디젤 연료 및 난방유, 11.4리터의 제트 연료, 그리고 액화 석유 가스 및 프로판과 같은 소량의 기타 제품들이 생산되며, 이 중 일부는 난방 및 발전용으

로 사용된다.[4]

쉽게 접근 가능한 전통적인 원유 생산의 감소로 인해 타르 샌드에서 석유를 추출하는 방법이 주목을 받고 있다. 타르 샌드는 모래, 물, 탄화수소 역청의 혼합물로, 석유로 가공될 수 있다. 2010년부터 2014년까지 오일샌드 및 기타 비전통적 추출 방법에 대한 글로벌 투자는 전체 투자의 20%에서 30%로 증가했으며, 이러한 방법을 통한 생산량은 하루 약 1220만 배럴, 전 세계 원유 총생산량의 16%로 증가했다.[51] 2015년부터 2040년까지 전체 석유 생산량은 계속 증가할 것이고, (전 세계 자동차의 급속한 전기화가 이루어지지 않는 한) 절반 이상이 비전통적인 자원들로부터 생산될 것으로 예상된다. 이러한 석유 추출이 기후에 미치는 영향은 엄청나다. 오일샌드의 추출, 분리 및 향상을 위해 필요한 에너지 집약도는 전통적인 원유 추출 방법과 비교했을 때 기후변화를 일으키는 오염물질을 3~4배 더 많이 배출한다.[52,53] 기후 영향 외에도, 타르 샌드 생산은 북미에서 2차 유기 에어로졸 형성의 가장 큰 원인 중 하나이며[54] 지역 환경 및 생태계의 심각한 파괴로 이어질 수 있다.[53,55] 예를 들어, 2013년까지 아타바스칸(Athabascan) 타르 샌드 작업으로 인해 캐나다 앨버타주에 있는 약 813km^{2}의 삼림 지대가 개간되거나 교란된 것으로 추정되었다(영향 규모에 대한 자세한 내용은 McIntosh and Pontius[56]의 단락 4.3 참조). 앨버타주에서 총 에너지 산업이 영향을 미친 지역 은 약 1만 2000km^{2}로 상당히 더 크다.[57] 석탄 채굴의 부산물과 마찬가지로, 광물 찌꺼기라고 부르는 타르 샌드 처리 폐기물의 대부분은 연못에 저장되는데, 이는 지역 유역에 화학물질을 침출시키게 된다.[58]

천연가스

천연가스는 열발생(thermogenic: 유기 물질의 느린 분해를 통한 생성), 생물발생(biogenic: 메탄 생성 박테리아의 작용을 통한 생성) 및 자연 발생(abiogenic: 마그마 냉각 과정 중 이산화탄소의 환원으로부터 생성)의 세 가지 과정 중 하나를 통해 지구 표면 아래에서 형성되는 무색무취의 탄화수소 혼합물(주로 메탄)이다.[59] 천연가스 생산 및 회수량은 지난 10년간 꾸준히 증가하여 현재 전 세계 발전량의 23% 및 총 1차 에너지 공급의 22%를 차지하고 있다.[1] 천연가스는 석탄과 같은 전통적인 화석연료보다 탄소 집약도가 낮기 때문에(**그림 12.5**) 지속가능한 세계 에너지 시스템으로 가는 유망한 과도기 에너지원으로 간주되어 왔다. 하지만 환경으로의 메탄 누출과 비전통적인 가스 회수에 사용되는 에너지 집약도가 이러한 이점의 규모를 감소시키고 있다.[60–62] 천연가스 수요는 최근 몇 년 동안 미국과 중국이 성장을 주도하면서 급격히 증가했다.[63] 생산량 증가는 전 세계 생산량의 30%에서 40%를 차지하는 미국이 주도했다.[63] 미국의 생산은 셰일 및 사암에서 수평시추법 및 수압파쇄법의 증가에 힘입은 것으로, 이는 2015년 전체 건성 천연가스 생산량의 약 50%를 차지했으며 2040년에는 전체 생산량의 약 70%를 차지할 것으로 예상된다.[64] 천연가스 연소를 통한 전력 생산 촉진이 탄소 집약적인 화석연료로부터의 전환에 중요한 단계인지 아니면 파이프라인 및 가스 발전소와 같은 인프라 건설에 드는 비용으로 기후변화 대응에 실익이 크지 않게 됨으로 오히려 화석연료에 대한 장기적인 의존도를 높일 위험이 있는지에 대해서는 여전히 논쟁이 있다.

화석연료의 추가적인 직업 및 환경보건 영향

화석연료의 생산은 대기 질과 지구 기후에 미치는 부정적인 영향 외에도 직업적 위험 및 지역사회 환경 영향과도 관련이 있다. 2012년에는 전 세계인구의 약 0.2%에 해당하는 약 700만 명의 사람들이 석탄 산업에 종사하고 있으며,[65] 국제노동기구(International Labor Organization, ILO)는 작업장 사망자의 8%가 이러한 노동자들 사이에서 발생하는 것으로 추정하고 있다(**그림 12.6**).[66–68] 석탄 채굴 활동 중 발생하는 직업적 노출은 규폐증과 탄광 분진 폐질환을 포함한 호흡기 질환을 유발할 수 있다.[69,70] 또한, 채굴은 생태계를 파괴하고, 환경 흐름을 바꾸며 지역 상수도와 토양을 오염시킬 수 있다. 채굴된 석탄은 연소나 산업 공정용으로 사용하기 위해서 점토, 암석 및 광물, 중금속과 같은 불순물을 줄이기 위해 화학물질 혼합물로 세척된다. 석탄 가공에

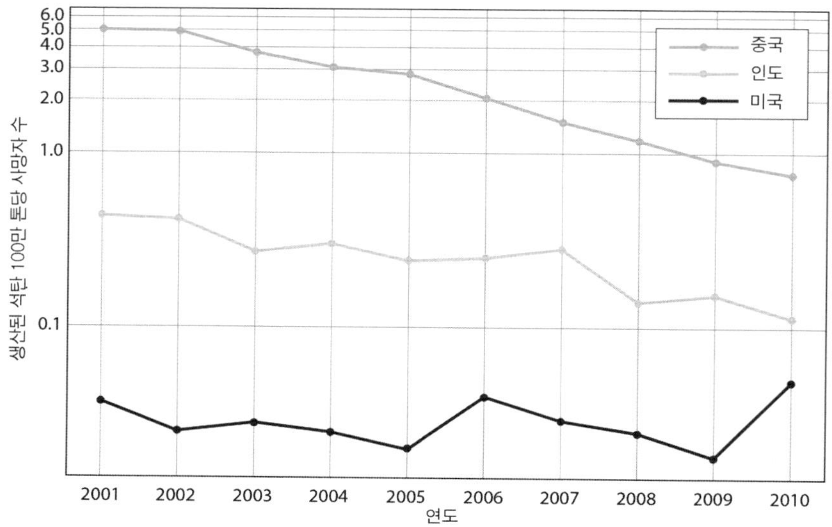

그림 12.6 중국, 인도, 미국에서 생산된 석탄 백만 톤당 사망자 수. 인도와 중국의 사망자 수는 감소하고 있지만, 최근 몇 년간 증가세를 보이고 있는 미국보다 훨씬 높다.
자료원: Jennings N. Mining: an overview. In: Stellman J, ed. *Encyclopedia of Occupational Health & Safety*. Geneva, Switzerland: International Labor Organization; 2011.
Chu C et al. Statistical analysis of coal mining safety in China with reference to the impact of technology. *J South Afr Inst Min Metall*. 2016; 116:73-78.
Wang L, Cheng YP, and Liu HY. An analysis of fatal gas accidents in Chinese coal mines. *Saf Sci*. 2014; 62:107-113

사용되는 이러한 화학물질에는 발암물질과 심장 및 폐 손상과 관련된 물질이 포함되어 있다.[71]

석유 탐사, 시추 및 추출은 또한 수많은 직업적 위험과 지역 환경에 대한 위험을 초래한다. 작업장 유해 요인으로는 인체공학적 위험, 소음, 진동, 화학물질 노출 및 긴 근로시간으로 인한 신체적 부담 등이 있다.[72,73] 석유와 폐기물의 대규모 누출 및 유출은 비교적 흔하며 2017년 초부터 인도 첸나이 인근, 알래스카 북극, 그리스 인근, 멕시코만, 동중국해 및 인도네시아 등에서 유출이 보고되었다. 2010년 딥워터 호라이즌 사건[74]과 같은 대규모 유출 사건은 상당한 생태학적 피해를 입히고, 직간접적으로 인간 건강에 영향을 미친다(해양 기름 분출, 유조선 기름 유출 및 기타 석유 관련 환경오염 사건에 관한 요약은 Jernelöv 2010[75] 참조). 유출된 석유 및 그 부산물, 정화에 사용된 다양한 화학물질에 노출되면 수 개월 뒤 혈액 내 다양한 방향족 화합물의 농도가 높아지고,[76] 혈액, 간[77] 및 호흡기 기능이 변하며,[78-80] 그 밖에도 다른 부정적인 영향[81]이 발생하는 것으로 나타났다. 석탄과 마찬가지로 석유 처리의 전 과정에서도 여러 가지 잠재적 노출이 발생할 수 있다. 코호트 연구[82]에 따르면 석유 작업자 사이에서 암 발생이 증가하는 것으로 나타났으며,[83] 여러 유형의 암에 대해 노출-의존적 연관성을 보였다.[83,84] 가스 탐사 및 회수와 관련된 직업적 위험은 석유 작업자가 경험하는 위험과 유사하다. 전통적이거나 비전통적인 가스 회수 과정에서 사용되는 화학물질들은 근로자와 잠재적으로 인근 지역사회에 위험을 초래한다.[85,86] 비전통적 가스 개발이 건강에 미치는 광범위한 영향은 **글상자 12.2**에 설명되어 있다.

원자력 에너지

2016년 전 세계적으로 약 450기의 원자로가 가동 중이며, 총발전용량은 약 390기가와트(GW)로 전 세계 에너지 공급의 약 10%, 전력 생산의 11%를 차지한다.[1] 프랑스(약 75%)와 우크라이나(약 50%)만이 국내 총에너지 생산량의 50% 이상을 원자력에서 조달하고 있다. 영국, 미국, 러시아에서는 원자력이 국내 총발전량의 약 20%를 공급한다. 원자력의 주요 장점은 화석연료와 관련된 공기오염이나 온실가스를 발생시키지 않으면서 에너지를 생산한다는 점이다. 그럼에도 불구하고, 원자력 발전의 성장률은 예상과 기대에 미치지 못했는데, 이는 대부분 테러와 관련된 연료 안보 문제, 핵폐기물 처리에 대한 불확실성, 후쿠시마 사고 이후의 안전에 대한 우려와 결과적으로 시설이 부담하는 추가 비용 및 재정적 위험 때문이다. 핵연료 주기의 복잡성은 이 장의 범위를 벗어나지만, 광석 채굴부터 방사성 폐기물 처리에 이르기까지 원자력 에너지 생산 과정의 각 단계는 방사능과 화학 및 방사성 폐기물에 대한 노출을 초래할 수 있다.

글상자 12.2 석유 및 가스 개발의 환경보건 측면

리 안 L. 힐·세스 B. C. 숀코프

석유 및 가스 개발은 공기, 물, 토양에 오염물질을 방출하여 인체 건강에 위험을 초래하는 것으로 알려져 있다. 수압파쇄법 및 경사시추기술의 혁신과 해외에서 공급되는 화석에너지에 대한 의존도를 낮추려는 정치적 요구로 인해 지난 10년간 미국의 석유 및 가스 생산량이 크게 증가했다. 생산량 증가 대부분은 '비전통적'이라고 불리는데, 이는 석유와 가스를 추출하는 데 사용되는 원천(예: 셰일 및 기타 저투수성 지층)과 기술(예: 수압파쇄법 또는 '프래킹') 모두에 적용된다. 이러한 생산량 증가는 석유 및 가스 개발이 인간 건강에 미치는 영향에 대한 과학적 연구의 급속한 증가를 촉진했다.

공기 경로, 근접성 및 밀도

석유 및 가스로 인한 공기오염물질에 대한 인체 노출은 의도하지 않은 유출(예: 누출 및 폭발)과 운영 및 유지 보수 과정 중 발생하는 의도적인 배출(예: 압력 완화를 위한 배기 및 블로 다운, 유수(oil-water) 분리 및 처리)을 통해 발생할 수 있다. 이러한 배출물 중 많은 부분은 인근 지역사회에 건강 위험을 초래할 수 있는 발암물질과 유해 공기오염물질을 포함하고 있다.[a]

역학 연구와 위험 평가에서 모두 비전통적 석유 및 가스 개발과 관련된 유해 건강 영향을 보고하고 있다. 높은 유정 밀도와 비전통적 가스 개발지와의 주거지 근접성은 고위험 임신과 선천성 심장 결함, 조산, 자궁 내 성장 지연 등 다양한 부정적 출산 결과와 관련이 있다.[b–g] 석유 및 가스 개발지와의 근접성은 암 발생률 및 유병률,[h] 심혈관 및 신경학적 이상으로 인한 병원 방문,[i] 그리고 천식 악화[j] 의 증가와 관련이 있다. 마지막으로, 위험 평가에 따르면 비전통적 석유 및 가스 개발지에 대한 근접성이 증가함에 따라 비암성 질환 및 암의 위험이 모두 증가하는 것으로 나타났다. 어떤 경우에는, 이러한 위험이 미국 환경보호청에서 허용하는 위험 수준인 1만 명당 1건을 약 8배 초과한다.[k,l]

소음

비전통적 석유 및 가스 개발지와 근접되면 소음 노출 증가와 관련이 있다. 유정 건설 및 시추 과정 중 발생하는 인근 주거 지역의 소음은 메스꺼움, 두통, 수면 장애 및 심혈관 질환과 관련된 수준에 도달했다.[m,n] 석유 및 가스 개발과 운송에 사용되는 압축기 스테이션은 수면장애와 관련된 수준의 소음을 발생시킬 수 있다.[o]

화학물질 사용 및 수자원 경로

석유 및 가스 활동은 다양한 메커니즘을 통해 지표수와 지하수 모두를 오염시킬 가능성이 있다.

석유 및 가스 개발로 인한 수질오염은 주로 지표 밑에서의 유체 이동, 지하수와 유정 시추공의 분리 부족, 화학 첨가제 및 활성액의 사용, 폐수(생산수 및 역류수)의 처리, 배출 및 재사용으로 인해 발생한다. 지표면에서의 폐수의 유출, 누출 및 의도적인 배출은 토양, 지표수와 지하수를 오염시킬 수 있다. 주요 석유 및 가스 생산 주에서는 비전통적 개발과 관련되어 보고된 유출 중 절반이 이송관을 통한 유체의 저장 및 운송과 관련된다. 하지만 보고 요건이 주마다 다르며, 이는 유출 빈도와 유출량이 아마도 과소 보고되었을 수 있음을 시사한다.[p]

활성액과 유정 시추, 일상적인 유지 보수 및 유정 시추공 청소에 사용되는 화학물질과 이것들의 파생 물질은 채굴 과정에서 유출되는 물에 함유된다. 이러한 화합물 중 다수는 다양한 암[q] 및 비발암성 건강 영향과 관련되어 있다.[r–v] 자극 유체 및 기타 주입 유체와 생산수의 화학적 조성은 지리, 지질학적 특징, 시간에 따라 다양하므로 이러한 화합물의 건강 영향과 잠재적 노출을 평가하는 것은 복잡하다. 많은 신생 화학물질들은 기본적인 독성 정보가 부족하고, 특히 소유 화합물의 성분 및 독성학적 수준은 대개 공개되지 않는다.

지하수는 폐수가 처리되어 도시나 가정용 소비의 수원이나 수원이 될 수 있는 대수층에 주입될 때도 오염될 수 있다.[w] 추가적으로, 생산수를 방수 처리를 하지 않은 구덩이나 저수지에 폐기하는 것은 그 밑이나 주위의 지하수 자원과 가정용 우물에 영향을 미치는 것으로 보고되었다.[x] 이러한 폐기 관행은 캘리포니아의 샌호아킨 밸리(San Joaquin Valley)에서 대규모로 발생하고 있다.y

새로운 문제들

인류의 건강과 석유 및 가스 개발을 둘러싼 새롭게 떠오르는 주요 문제 중 하나는 일반적인 폐기물 관리와 특히 액체 폐기물의 재사용이다. 유전으로부터 나오는 생산수는 인간과 가축이 소비하는 식량 작물의 관개,[z] 가축의 급수, 도로의 제빙 및 먼지 억제에 점점 더 많이 사용되고 있다. 이러한 관행이 인체 건강에 미칠 수 있는 잠재적 영향은 여전히 대부분 알려지지 않았으며, 아직 연구 중이다.[aa,bb]

생산수는 일반적으로 염분이 높으며, 자연적으로 발생하는 화학물질, 화학 첨가제와 그것들의 분해산물 및 상호작용하여 만들어진 물질의 혼합물을 포함한다. 석유 지질 구조에 따라 생산수에는 자연적으로 발생하는 방사성 물질(라듐-226, 라듐-228 및 우라늄)도 포함될 수 있다. 펜실베이니아주에서는 제빙을 위해 생산수 염을 살포하는 관행으로 인해, 주 전역의 모든 처리 시설과 폐수 유출 사고를 합친 것보다 더 많은 양의 라듐이 환경으로 방출되어, 이들의 환경 잔존과 이동, 그리고 잠재적인 인체 노출에 대한 의문이 제기되고 있다.[cc]

결론

석유 및 가스 개발과 관련된 건강 유해성, 위험성 및 영향이 계속 연구되고 있지만, 현재 약

1760만 명의 미국인들이 활동 중인 석유 또는 가스 유정으로부터 1.6km 이내에 거주하고 있다.[dd] 중요하게 고려해야 할 점은 석유 및 가스 개발지 인근에서 연방정부의 보호를 위해 지정된 지하수 자원, 특히 현재 가정, 도시 및 농업용으로 사용 중이거나 향후 사용될 수 있는 자원을 보호하는 것이다.[ee] 지하수 및 지표수 수질을 보호하고, 건강을 해치는 공기오염물질의 배출을 줄이며, 석유 및 가스 사업장을 사람들이 거주, 근무, 활동하는 장소와 분리하는 최소한의 조치를 취하는 접근 방식은 석유 및 가스 개발로 인한 환경 파괴와 건강을 해치는 오염물질에 대한 인체 노출을 줄이기 위한 핵심 전략이다.

참고문헌

a. Garcia-Gonzales DA, Shonkoff SBC, Hays J, Jerrett M. Hazardous air pollutants associated with upstream oil and natural gas development: a critical synthesis of current peer-reviewed literature. *Ann Rev Public Health*. 2019; 40(1): 283-304.

b. Casey JA, Savitz DA, Rasmussen SG, et al. Unconventional natural gas development and birth outcomes in Pennsylvania, USA. *Epidemiology*. 2016; 27(2): 163-172.

c. McKenzie LM, Guo R, Witter RZ, Savitz DA, Newman LS, Adgate JL. Birth outcomes and maternal residential proximity to natural gas development in rural Colorado. *Environ Health Perspect*. 2014; 122(4): 412-417.

d. Whitworth KW, Marshall AK, Symanski E. Maternal residential proximity to unconventional gas development and perinatal outcomes among a diverse urban population in Texas. *PLoS One*. 2017; 12(7): e0180966.

e. Stacy SL, Brink LL, Larkin JC, et al. Perinatal outcomes and unconventional natural gas operations in southwest Pennsylvania. *PLoS One*. 2015; 10(6): e0126425.

f. Currie J, Greenstone M, Meckel K. Hydraulic fracturing and infant health: new evidence from Pennsylvania. *Sci Adv*. 2017; 3(12): e1603021.

g. Whitworth KW, Marshall AK, Symanski E. Drilling and production activity related to unconventional gas development and severity of preterm birth. *Environ Health Perspect*. 2018; 126(3): 037006.

h. McKenzie LM, Allshouse WB, Byers TE, Bedrick EJ, Serdar B, Adgate JL. Childhood hematologic cancer and residential proximity to oil and gas development. *PLoS One*. 2017; 12(2): e0170423.

i. Jemielita T, Gerton GL, Neidell M, et al. Unconventional gas and oil drilling is associated with increased hospital utilization rates. *PLoS One*. 2015; 10(7): e0131093.

j. Rasmussen SG, Ogburn EL, McCormack M, et al. Association between unconventional natural gas development in the Marcellus Shale and asthma exacerbations. *JAMA Intern Med*. 2016; 176(9): 1334-1343.

k. McKenzie LM, Witter RZ, Newman LS, Adgate JL. Human health risk assessment of air emissions from development of unconventional natural gas resources. *Sci Total Environ*. 2012; 424:79-87.

l. McKenzie LM, Blair BD, Hughes J, et al. Ambient non-methane hydrocarbon levels along Colorado's Northern Front Range: acute and chronic health risks. *Environ Sci Technol*. 2018; 52(8): 4514-4525.

m. Hays J, McCawley M, Shonkoff SBC. Public health implications of environmental noise associated with unconventional oil and gas development. *Sci Total Environ*. 2017; 580:448-456.

n. Blair BD, Brindley S, Dinkeloo E, McKenzie LM, Adgate JL. Residential noise from nearby oil and gas well construction and drilling. *J Expo Sci Environ Epidemiol*. 2018; 28:538-547.

o. Boyle MD, Soneja S, Quirós-Alcalá L, et al. A pilot study to assess residential noise exposure near natural gas compressor stations. *PLoS One*. 2017; 12(4): e0174310.

p. Patterson LA, Konschnik KE, Wiseman H, et al. Unconventional oil and gas spills: risks, mitigation priorities, and state reporting requirements. *Environ Sci Technol.* 2017; 51(5): 2563-2573.

q. Elliott EG, Trinh P, Ma X, Leaderer BP, Ward MH, Deziel NC. Unconventional oil and gas development and risk of childhood leukemia: assessing the evidence. *Sci Total Environ.* 2017; 576:138-147.

r. Webb E, Bushkin-Bedient S, Cheng A, Kassotis CD, Balise V, Nagel SC. Developmental and reproductive effects of chemicals associated with unconventional oil and natural gas operations. *Rev Environ Health.* 2014; 29(4): 307-318.

s. Kassotis CD, Bromfield JJ, Klemp KC, et al. Adverse reproductive and developmental health outcomes following prenatal exposure to a hydraulic fracturing chemical mixture in female C57Bl/6 mice. *Endocrinology.* 2016; 157(9): 3469-3481.

t. Webb E, Moon J, Dyrszka L, et al. Neurodevelopmental and neurological effects of chemicals associated with unconventional oil and natural gas operations and their potential effects on infants and children. *Rev Environ Health.* 2018; 33(1): 3-29.

u. Webb E, Hays J, Dyrszka L, et al. Potential hazards of air pollutant emissions from unconventional oil and natural gas operations on the respiratory health of children and infants. *Rev Environ Health.* 2016; 31(2): 225-243.

v. Kassotis CD, Klemp KC, Vu DC, et al. Endocrine-disrupting activity of hydraulic fracturing chemicals and adverse health outcomes after prenatal exposure in male mice. *Endocrinology.* 2015; 156(12): 4458-4473.

w. California Council on Science and Technology. Impacts of well stimulation on water resources. In: *An Independent Scientific Assessment of Well Stimulation in California.* 2015. https://ccst.us/wp-content/uploads/160708-sb4-vol-II-2.pdf

x. DiGiulio DC, Jackson RB. Impact to underground sources of drinking water and domestic wells from production well stimulation and completion practices in the Pavillion, Wyoming, field. *Environ Sci Technol.* 216; 50(8): 4524-4536.

y. DiGiulio DC, Shonkoff SBC. Potential impact to groundwater resources from disposal of produced water into unlined produced water ponds in the San Joaquin Valley. An assessment of oil and gas water cycle reporting in California. Preliminary evaluation of data collected pursuant to California Senate Bill 1281, Phase II. In press.

z. California State Water Resources Control Board. Food Safety Expert Panel recycled oilfield water for crop irrigation: fact sheet. 2019. https://www.waterboards.ca.gov/centralvalley/water_issues/oil_fields/food_safety/data/fact_sheet/of_food safety_fact_sheet.pdf

aa. DiGiulio D, Shonkoff SBC. Is reuse of produced water safe? First, let's find out what's in it. *EM Magazine.* August 1, 2017.

bb. Shonkoff SBC, Domen JK, Stringfellow WT. 2016. Hazard assessment of chemical additives used in oil fields that reuse produced water for agricultural irrigation, livestock watering, and groundwater recharge in the San Joaquin Valley of California: preliminary results. *PSE Healthy Energy.* September 2016. https://www.psehealthyenergy.org/our-work/publications/archive/hazard-assessment-of-chemical-additives-used-in-oil-fields-that-reuse-produced-water-for-agricultural-irrigation-2/

cc. Tasker TL, Burgos WD, Piotrowski P, et al. Environmental and human health impacts of spreading oil and gas wastewater on roads. *Environ Sci Technol.* 2018; 52(12): 70817091.

dd. Czolowski ED, Santoro RL, Srebotnjak T, Shonkoff SBC. Toward consistent methodology to quantify populations in proximity to oil and gas development: a national spatial analysis and review. *Environ Health Perspect.* 2017; 125(8): 086004.

ee. DiGiulio DC, Shonkoff SBC, Jackson RB. The need to protect fresh and brackish groundwater resources during unconventional oil and gas development. *Curr Opin Environ Sci Health.* 2018; 3:1-7.

원자력과 관련된 건강 위험은 크게 네 가지로 분류할 수 있다. 첫째로, 원자력 시설 및 채굴 작업에 종사하는 근로자에게는 직업적 위험이 있다. 원자력 산업 종사자들의 주된 우려사항은 만성적인 저준위 방사선[91] 노출로 인한 암 위험의 증가[87-90]이다. 이와 관련하여, 원자력 발전소 주변 지역사회에도 위험이 있다. 우라늄 채굴은 저준위 방사능, 금속 및 산을 함유하고 있을 수 있는 다량의 폐기물을 발생시킨다.

이러한 폐기물이 환경으로 방출되면 생태계를 손상시킬 수 있으며 오염된 식수와 음식 섭취로 인한 피폭으로 이어질 수 있다.[3] 또한, 원자로는 일상적인 가동 중에 방사성 가스를 대기로 방출하고 오염수를 인근 수역으로 방출한다. 하지만 이로 인한 피폭량은 자연이나 의료적 원인에 의한 피폭에 비해 적은 수준이다.[3] 원자력 발전소 인근 지역사회에서의 원자력과 암 사이의 관계에는 논란의 여지가 있다. 2014년 실시된 14개 연구에 대한 메타분석에서 소아 백혈병과 원자력 발전소 반경 25km 이내 거주 사이의 연관성은 발견되지 않았다. 하지만 2차 분석에서는 원자력 발전소 반경 5km 이내 거주하는 5세 미만 소아의 백혈병 발병률 증가가 약하지만 통계학적으로 유의미한 것으로 나타났으며, 이는 다른 연구 결과와 일치한다.[92] 만약, 각국이 예상되는 추세대로 계속해서 원자력을 멀리한다면 이러한 우려는 시간이 지나면서 최소화될 수 있다. 추가적으로, 정부는 대중의 인식 및 청정에너지 수요 문제와 함께 원자력 사용과 관련된 증거의 불확실성을 저울질해 봐야 할 것이다.

둘째로, 상대적으로 빈도가 낮고 전반적으로 사망률도 낮지만, 원자력의 가장 대중적으로 두드러진 위험인 핵 사고와 관련된 위험이 있다. 현재까지의 주요 사고로는 스리마일섬(미국, 1979년), 체르노빌(우크라이나, 1986년), 후쿠시마(일본, 2011년)에서 발생한 사고가 있다. 그러나 이 중 두 번째 사고만이 인간 건강에 중대한 영향을 미쳤다. 과거 재난에 대한 내용은, 하세가와 외(Hasegawa et al.)[93]를 참조하라.

셋째로, 핵폐기물 저장 및 처리 문제가 있다. 주로 우라늄으로 구성된 고준위 폐기물은 매년 약 1만 2000톤이 발생하며, 기존의 폐기물도 약 25만 톤이 존재한다.[94] 현재의 저장 계획에는 자연 지형으로 둘러싸인 인공 저장 용기에 고준위 방사성 물질을 넣고 지하 깊은 곳에 격리하여 환경으로의 누출을 방지하는 방법이 포함된다.[95] 그런데 실제로 이러한 시설은 거의 없으며, 지역 반대로 인해 부지를 선정하는 데 어려움을 겪을 수 있다.

마지막으로, 방사능 무기로 사용되거나 핵무기로 개발될 수 있는 핵물질은 원자력 핵연료 사용 과정에서 테러리스트 같은 집단으로 넘어갈 수 있다. 지금까지는 국제적인 합의와 전 세계적으로 엄격한 통제 덕분에 이러한 일이 발생하지 않았지만, 원자력 발전 사업이 기후 영향을 상당히 상쇄할 만큼 규모가 커지면, 유통되는 위험한 물질의 양을 엄격하게 통제하기 더 어려워질 것이다. 이러한 경우의 위험은 정량화하기 어렵고, 지금까지의 성공이 고무적이긴 하지만 미래의 성공을 보장하지는 않는다.

재생가능 에너지

재생가능한 에너지원은 화석연료에 비해 여러 이점이 있으며, 원자력 에너지에 비해서도 어느 정도 이점이 있다. 재생가능 에너지는 한정된 자원을 고갈시키지 않고, 공기오염을 거의 일으키지 않으며, 화석연료에 비해 무시할 만한 기후 영향을 가지고 있다. 이러한 점들은 국가와 지역사회로 하여금 조명, 요리, 난방부터 근거리 및 장거리 이동에 이르기까지, 가정, 마을, 도시, 문명이 필요로 하는 에너지의 대부분을 청정에너지원으로 생산한 전기로 충당하는 야심 찬 미래를 상상 가능하게 한다. 그러나 이러한 비전이 현실이 되기 전까지는 재생가능 에너지를 천연가스나 액화석유가스(LPG) 같은 보다 청정한 화석연료와 혼합하는 것이 한 가지 길이 될 수 있다. 재생가능 에너지는 만병통치약이 아니다. 재생가능 에너지는 토지의 이용 및 소유권, 원료 및 에너지 투입의 문제를 야기하고, 종종 에너지 저장을 필요로 하여 광범위한 경제적 및 환경보건적 영향을 미칠 수 있다.

태양 발전

태양 복사로부터 전기를 생산하는 주된 방법은 태양광 발전(Photovoltaic, PV) 전지이다. 2005년부터 2016년까지 태양광 발전으로 생산된 전기는 전 세계적으로 약 4테라와트시(TWh)에서 330TWh(총에너지 생산량의 약 1%)로 증가했으며, 중국(75TWh, 국가 에너지 생산량의 1.2%), 일본(51TWh, 5%), 미국(47TWh, 1.1%), 독일(38TWh, 6%)이 주도했다.[1] 다른 형태의 태양에너지 발전 방법도 존재하지만 비교적 덜 보급되었다. 태양열 발전 시스템은 전달 유체를 가열하여 증기를 생성한 다음, 터빈에서 기계적 에너지로 변환하고, 이를 통해 발전기를 작동시켜 전기를 생산한다. 솔라타워는 여러 개의 거울을 사용하여 햇빛을 중앙에 집중시키고 열에너지를 용융염에 저장하며, 이를 이용해 물을 끓이고, 증기를 생성하며 터빈을 구동한다.[97]

태양에너지 발전과 관련한 건강 및 환경 문제는 주로 PV 전지와 배터리 저장 기술의 전 생애주기 및 재활용 가능성과 관련이 있다. PV 패널 폐기물은 2050년에 약 1000만 톤에 달할 것으로 예상된다.[98] PV 전지의 수명이 끝났을 때의 선택지에 대한 리뷰 연구를 보면, 아직 태양광 패널만을 위한 재활용 시설은 존재하지 않는 것으로 보인다.[99]

PV 패널에 사용되는 화합물의 추출 및 채굴과 PV 패널의 제조는 근로자에게 직업적 위험을 초래할 수 있다. 태양열 및 솔라타워 발전소는 복잡한 구성 요소를 필요로 하지만, 화석연료 발전원에 비해 평생 동안 환경에 미치는 영향은 훨씬 낮은 것으로 추정된다.[100,101] 태양에너지 발전은 환경에 추가적으로 경관 및 토지이용의 변화를 초래하고 태양열 발전소의 경우에는 물 사용의 변화 등의 영향을 미친다.[97] 그러나 전반적으로 PV 패널이 환경과 건강에 미치는 영향력은 작고, 아마 그 어느 화석연료에서보다 훨씬 더 작을 것이다.

풍력 발전

전 세계 풍력발전량은 2005년 104TWh에서 증가하여 2016년 약 960TWh(전 세계 총생산량의 약 3.8%)에 이르렀다.[1] 전 세계 풍력발전의 잠재력은 높고,

인체 건강에 영향이 적으면서 기후변화를 유발하는 오염물질을 직접적으로 생성하지 않고 정기적인 폐기물 흐름이 없는 등 다양한 이점을 가지고 있다.[102] 다른 재생가능한 에너지원과 마찬가지로, 장비 생산 과정에서 기후변화를 유발하는 오염물질들이 배출되지만, 풍력 터빈의 긴 수명을 고려할 때, 이러한 배출량은 생산된 전력 단위당 미미한 수준이다.

풍력과 관련된 건강 및 환경 문제는 크게 몇 가지 범주로 분류할 수 있다. 첫째, 태양에너지와 마찬가지로, 풍력은 낮은 에너지 밀도에서 작동하므로 터빈을 설치할 수 있는 넓은 땅이나 바다가 필요하다. 그러나 태양에너지와는 달리 풍력 터빈 주변 지역은 다른 용도로 사용될 수 있다. 해상 풍력 터빈은 소음, 진동, 전자기 전류로 인해 해양 생태계에 영향을 미칠 수 있다. 풍력 터빈 근처에 거주하는 사람들을 대상으로 한 연구에 따르면, 불쾌감, 심리 상태 변화, 수면 방해 및 삶의 질 저하와 터빈 사이의 관련성이 발견되었다.[103-105] 종합해 보면, 풍력 발전은 기존의 화석연료 대안들과 비교할 때 기후 및 건강 관련 위협이 제한적이다.

수력 발전

수력 발전은 떨어지거나 흐르는 물이 터빈의 날개에 부딪히면서 전기가 생산되는 방식이다.[3] 2016년에 전 세계 전력 공급의 약 17%에 해당하는 약 4200TWh의 전기가 수력 발전으로 생산되었다.[106] 수력 발전 시설의 규모는 소규모 지역 수력 발전 시설부터 중국의 삼협댐과 같이 대규모 시설에 이르기까지 매우 다양하다. 대규모 수력발전소는 전력 생산, 홍수 조절, 가정 및 지역사회를 위한 수자원 저장, 휴양 기회, 기타 산업 및 농업 용도의 대형 저수지를 만드는 댐을 특징으로 한다.

수력 발전은 전 세계적으로 빠르게 성장하고 있으며, 향후 수십 년 동안 수천 개의 신규 설비들이 건설되어 가동될 것으로 예상된다.[107] 최근 리뷰 논문에 의하면, 49개국에서 수력 발전을 목적으로 200개 이상의 대형 댐(60m 이상)이 계획되어 있으며,[108] 150개국에서 8만 개 이상의 소규모 수력발전소가 운영 중이거나 건설 중인 것으로 추산된다.[109] 이러한 성장은 수력 발전이 청정에너지원으로서 광범위하게 받아들여졌음을 의미하지만, 수류, 수온 및 수질의 변화(화학적 오염과 혼탁도 변화 포함)와 어류 이동 패턴의 교란 및 일부 종의 멸종 가능성 등 강 생태계에 미치는 환경적 영향이 간과될 수 있다.[110-112] 또한, 수력 발전의 기후 영향에 대한 최근 추정치에 의하면 비록 발전 설비의 수명기간 동안 발생되는 배출량은 전통적인 화석연료에 비해 적지만, 댐으로 만든 저수지는 주요한 온실가스 배출원이 될 수 있다(그림 12.5).[107]

수력 발전의 건강 영향은 크게 인구 이동, 감염병 위험, 댐 붕괴 관련 재난의 세 가지 범주로 나뉜다.[3] 댐 건설로 인해 비자발적으로 이주한 인구는 약 4000만 명에서 8000만 명으로 추정되며,[113] 댐 개발의 영향을 받는 지역에 약 4억 7000만 명이 거주하고 있다.[114] 이들 인구는 종종 가난하고, 생계를 위해 강에 의존하며, 다른 여러 사회적 및 건강 문제에 직면한다.[114-118] 이러한 인구의 이주는 빈곤, 노숙, 스트레스, 건강의 악화 및 우울증 등 광범위한 사회적 및 건강 영향을 초래할 수 있다.[119-121]

수력 발전 댐은 수문학, 수류 및 질병 매개체의 서식지를 변화시킴으로써 질병의 매개체와 숙주 사이의 접촉 패턴을 변화시켜 감염병에 영향을 미칠 수 있다.[122-125] 예를 들어, 서아프리카의 댐은 주혈흡충(매개체는 민물 달팽이)의 유병률을 크게 증가시킨 원인이 되었다. 말라리아 및 기타 매개체 매개 질병의 급속한 확산은 세계 다른 지역에서도 댐 건설 이후에 발생했다.[126,127] 이 주제는 6장에서 더 자세히 다룬다.

댐 붕괴는 공학적 결함, 저수지에서의 퇴적물 누적 , 혹은 건설에 사용된 자재의 노후화로 인해 발생할 수 있다.[128] 댐 붕괴는 재앙을 초래할 수 있다. 2018년에는 폭우와 홍수로 인해 라오스의 세피안-세남노이(Xe-Pian XeNam-noy) 수력 발전 프로젝트의 보조댐이 붕괴되어, 48억m^3의 물이 유출되었다.[129] 기후변화로 인해 일부 지역에서 더 빈번해지고 있는 극심한 강우 현상도 댐 붕괴에 기여할 수 있다.

바이오 연료

바이오 연료는 최근 형성된 바이오매스에서 유래된 것으로, 크게 네 가지 세대로 분류된다.[130] 1세대 바이오 연료는 사탕수수, 옥수수, 카사바와 같은 공급 원료의 당분 및 전분을 에탄올로 전환한다. 2세대 바이오 연료는 나무, 짚, 사탕수수 찌꺼기(bagasse) 등의 농업 및 산림 잔여물과 공급 원료를 에탄올과 메탄올로 전환하며, 이러한 연료는 식물 전체를 사용한다. 3세대 바이오 연료는 첨단 생명공학 기술을 이용해 조류를 저비용으로 생산할 수 있는 재생 가능한 고에너지 공급 연료로 만든다. 4세대 바이오 연료는 현재 개발 중으로 첨단 합성생물학을 이용한다.[130] 현재 1세대 및 2세대 바이오 연료는 이용가능하여 액체 수송 연료로 사용되며, 주로 가솔린 첨가제로 사용된다. 2세대, 3세대, 4세대 바이오 연료의 개발은 연료 생산을 위해 식량 작물을 사용하는 것을 줄이는 데 초점을 맞추어, 세계 식량 가격의 왜곡을 방지하고, 식량생산을 위한 토지를 유지하며, 물과 화석연료의 사용을 줄이고자 한다.

전 세계 바이오 연료 생산량은 170억 리터의 바이오 에탄올이 생산되었던 2000년 이후 상당히 증가했다. 2013년에는 약 885억 리터가 생산되었으며, 대부분이 미국, 브라질, 유럽에서 생산되었다.[131] 비교해 보자면, 액체 연료의 생산량은 하루에 159억 리터 정도이다.[132] 바이오 연료의 성장은 부분적으로 온실가스 배출 감소와 공기오염 감소라는 두 가지 건강상 이점에 의해 촉진되었다.[133] 이러한 두 가지 이점은 최근 몇 년간 면밀히 검토되고 있다. 1세대 및 2세대 바이오 연료의 생애주기분석에 의하면 이 연료들이 기후에 주는 이점은 미미하거나 오히려 최종적으로 부정적이며,[130,134-136] 이는 주로 농장물 성장 촉진을 위한 토지 전환과 질소 비료 적용 과정에서 방출되는 탄소로 인해 발생한다.[137] 그 영향의 규모는 공급 원료, 재배, 수확 및 가공 방법에 대한 가정에 따라 크게 달라진다.[130,138] 마찬가지로, 혼합 연료(에탄올과 가솔린) 사용으로 인한 배출 감소량의 측정치와 추정치는 둘 다 일관되지 않으며, 오염물질, 운영 조건, 차량의 연식 및 종류, 그리고 연료의 공급 원료에 따라 다양하다.[139] 그러나 전반적으로 미국에서 수송용 연료로 이용된 에탄올의 사용 증가에 따른 전 생애주기 공기 질 추정치에 의하면 에탄올의 PM 및 CO 배출량이 가솔린보다 높은 것으로 나타났다.[130,133,138] 혼합 연료의 배기관 배출량에는 CO와 PM 배출량이 적지만 휘발성 유기 화합물을 포함한 기타 연소 부산물의 배출량이 높아 오존 형성 가능성에 기여할 수 있다.[130,139]

바이오매스와 바이오원료의 사용은 작물이 성장하는 과정에서 이산화탄소를 흡수하고 이후 탄소 포집 및 격리(Carbon capture and sequestration, CCS) 시설에서 연소되는 방식과 관련이 된다. 이 기술은 이론적으로 탄소 네거티브가 될 수 있는 잠재력 때문에 매력적이다. 식물이 성장하는 동안 CO_2를 흡수하고 연소하는 동안 포집함으로써, 이 공정은 생성되는 CO_2보다 더 많은 양의 CO_2를 대기에서 제거할 수 있는 잠재력을 가진다. 아직은 이러한 과제를 위한 기존의 인프라는 제한적이며, 기술적으로도 미성숙한 것으로 여겨진다.[140] 그러나 기존의 바이오 연료 발전소의 탄소 포집 및 격리 잠재력은 높으며 대규모 바이오 연료 기반의 탄소 포집 및 격리를 위한 길을 열어줄 수 있다.[140]

바이오 연료는 전 생애주기 동안 여러 가지 다른 잠재적 문제가 발생할 수 있다. 직업적 관점에서 볼 때, 농작업(브라질 일부 지역에서 여전히 행해지는 육체 노동을 통한 사탕수수 수확 등)과 생물학적 및 화학물질에 대한 노출이 우려된다. 이러한 위험에 대한 정확한 정량화는 거의 이루어지지 않았지만, 에탄올 제조에 흔히 사용되는 성분에는 수산화나트륨, 암모니아, 황산, 항생제, 효모가 포함된다.[139,141] 또한, 예를 들어 브라질에서는 사탕수수 밭을 태우는 것이 일반적인 관행이며, 이는 주변 지역의 공기 질과 건강에 영향을 미쳐왔다. 공급 원료 작물의 생산 목적으로 전환된 토지는 영양분과 수분이 고갈되거나 수질오염을 겪을 수 있다. 마지막으로, 일반적으로 식용으로 비축되는 작물의 이용은 전 세계 식량 시장을 혼란시킬 수 있으며 "식량 대 연료"의 딜레마가 발생할 수 있는데, 이것은 지구건강 분야에서 새로 떠오르고 있는 복잡한 문제를 보여주는 좋은 예이다. 많은 문헌들에서 바이오 연료가 식량 가격과 공급에 어느 정도로 영향을 미치는지에 대해 논의한다.[142-145] 예를 들어, 미국에서는 바이오 연료가 연료 가격을 낮추고 식량 가격은 약간 상승시켜 빈곤층에 불균형적으로 영향을 미치는 것으로 추정된다.[142] 불안정한 식량 가격은 대개 식량 수입에 의존하는 저소득 국가에 부정적인 영향을 가장 많이 미칠 것으로 생각된다.[143,146]

현재와 미래의 글로벌 에너지 믹스에서 바이오 연료의 적절한 역할을 정립하려면 전체 생애주기 동안 바이오 연료가 기후와 건강에 미치는 영향을 보다 심층적으로 평가해야 한다. 2세대, 3세대, 4세대 바이오 연료의 추가 개발은 이러한 우려를 상당 부분 완화하고, 식량과 연료 수요 모두를 충족시킬 수 있는 생산적인 토지 활용을 가능하게 할 수 있을 것이다. 바이오 연료 개발에 초점을 맞춘 정책은 기후, 건강, 식량 시스템의 지속가능성에 대한 상충되는 우려 사이에서 지속적으로 균형을 유지해야 할 것이다.

새로운 문제들

풍력과 태양광 발전은 간헐적으로 에너지를 공급하기 때문에(바람이 불거나 해가 비출 경우에만), 때때로 전력 시스템의 신뢰성에 영향을 미친다. 예를 들어, 2008년 2월, 텍사스 서부의 기상 변화로 인해 풍력 발전 단지의 생산량이 감소하여 수천 가구에 전기 공급이 불안한 사태가 발생했다.[147] 에너지 저장 기술에는 여러 가지가 있다. 여분의 전기로 저수지로 물을 끌어올려 저장했다가 필요할 때 언덕 아래로 내려 보내는 방식인 양수발전은 가장 오래되고 일반적인 저장의 형태이다. 압축 공기 에너지 저장 방식은 수요가 적은 기간에 대형 지하 동굴로 공기를 펌프해 넣고, 필요시에 터빈을 통해 공기를 방출하는 방식이다. 이 방식은 상당히 효율적이지만 널리 사용되지는 않았다. 플라이휠(flywheel) 방식은 플라이휠을 매우 빠른 속도로 가속하여 전기에너지를 운동에너지로 저장하고, 플라이휠이 느려지면서 발전기에서 전기가 생산될 수 있다.

휴대폰 및 휴대용 전자기기 산업과 전기 자동차의 발전으로 배터리 기술이 최근 몇 년간 크게 발전함에 따라 가장 유망한 저장 형태는 아마도 배터리일 것이다.[148,149] 첨단 배터리는 합리적인 수명과 저장 밀도를 제공하지만 대규모로 배치하기에는 여전히 비용이 많이 든다. 건강의 관점에서 봤을 때, 이러한 배터리의 다수는 미래의 도전 과제를 제기한다. 전자제품에 사용되는 소형 배터리는 평균 2~4년의 수명을 가지고 있고, 전 세계적으로 사용이 급증하고 있다.[148] 따라서, 이러한 배터리는 전 세계 전자 폐기물 흐름에 상당한 기여를 할 것이다. 특히 리튬이온 배터리는 전기 자동차와 재생가능 에너지 시스템에 있어서 유망한 에너지 저장 솔루션이다. 2040년까지 이러한 배터리의 연간 폐기물 흐름은 34만 톤에 달할 수 있으며,[149] 이는 부품을 재활용하고 제조 및 조립에 사용된 원소와 화합물을 회수하여 용도를 변경할 수 있도록 전 세계적인 주요 시설을 발전시켜야 할 필요성을 보여준다. 배터리에 필요한 중금속 채굴 또한 주요 지역 오염원이며, 환경 및 노동자 보호에 관한 국제 협약이 필요하다는 목소리가 생기고 있다.[150] 한 가지 잠재적 대안은 폐기된 전기 자동차 배터리를 이용하는 것이다. 이러한 배터리는 원래의 약 80%까지 용량이 떨어지면 더 이상 차량에 사용할 수 없지만, 가정, 상업 시설 및 잠재적으로 전력망을 위한 2차 에너지 저장 시스템으로는 여전히 유용할 수 있다.[151] 이러한 배터리에 대한 탄탄한 전 세계적인 추적 시스템은 배터리가 고갈되어 재활용될 수 있을 시점까지 최적의 사용을 보장하는 데 도움이 될 수 있다.

저장에 대한 보완적인 접근 방식은 이른바 스마트 그리드를 통해 더 나은 수요와 공급 관리를 시행하는 것이다. 예를 들어, 스마트 그리드는 여러 지역사회에 걸쳐 에어컨, 난방기기, 냉장고와 같이 중요하지 않은 기기를 일시적으로 끄거나 수요를 줄임으로써 피크 사용 시간 동안 수요를 조절할 수 있다. 이러한 시스템이 대규모로 사용될 경우 피크 수요를 상당히 완화할 수 있다. 스마트 그리드와 배터리의 조합은 수요와 공급의 문제를 해결하는 데 도움이 될 수 있다.[152,153]

에너지 효율 및 절약

에너지 절약은 에너지 서비스를 덜 사용하거나(예: 운전 줄이기) 에너지를 더 효율적으로 사용함으로써(예: 더 효율적인 차량 운전하기) 에너지의 사용을 줄이는 행위이다.[3] 1차 에너지의 14%만이 서비스로 전환되는 것으로 추정된다. 즉, 서비스 수준에서 에너지 효율을 1 단위 높이면(예: 차량 또는 히터) 1차 에너지 투입량은 7 단위 감소하게 되는 것이다.[154] 이러한 1차 에너지 투입량의 감소는 그것이 청정에너지원이든 재생가능 에너지원이든 혹은 화석연료이든 상관없이 생산 과정 중 발생하는 생태계 파괴, 직업적 위험, 기후변화를 유발하는 오염물질의 방출, 인체 건강 영향 등 관련 위험을 상쇄한다.

건강, 기후 및 생태계 전반에 걸쳐 혜택을 줄 수 있는 에너지 절약 향상 방법에는 경제 전반에 걸친 탄소 집약도 감소, 운송 연료 효율성 개선, 분산형 에너지 생산, 더 현명하고 최적화된 방식의 분배, 건물 효율의 개선 등이 있다.[155] 최근의 한 모델링 연구에서는 최종 용도 에너지 서비스의 효율성 개선을 위한 집중된 노력이 전 세계 에너지 수요를 현재보다 40% 낮출 수 있으며, 이로써 2050년까지 전 세계 기후 목표를 달성하는 데 도움이 될 수 있다는 것을 밝혔다.[154] 이 분석은 열적 쾌적성, 소비재, 그리고 운송이라는 세 가지 주요 영역의 효율성 개선에 초점을 맞췄다. 이와 같은 시나리오는 야심 차기는 하지만, 주로 공급 측면의 제어 메커니즘을 통해 전 세계 평균 기온 상승을 섭씨 1.5도로 안정화하려는 여러 모델링 시나리오들의 범주에 있다.

지구건강을 위한 에너지를 향하여

에너지 사용, 지구건강, 그리고 개발은 불가분의 복잡한 관계를 맺고 있다. 에너지 사용으로 인한 영향의 대부분은 바이오매스와 화석연료라는 두 가지 종류의 연료의 추출, 수집, 가공 및 연소에서 비롯된다.

인류의 약 35%는 여전히 가정에서 필요한 에너지를 나무, 배설물, 잔여 농작물, 숯 등의 단순 연소에 의존하고 있으며, 이로 인해 수많은 유해 공기오염물질에 높은 수준으로 노출되고 있다. 이러한 연료의 수집은 가정에서, 특히 여성과 소녀들에게 시간과 안전 측면에서 부담을 주며, 어떤 맥락에서는 산림 자원에도 압력을 가한다. 무엇보다도, 이러한 연료의 사용은 특히 빈곤층에 큰 건강 부담을 초래하며, 이로 인해 연간 200만 명에서 400만 명이 사망하는 것으로 추정된다. 이러한 가정에 전기나 청정 연료에 대한 접근성이 주어진다고 해도, 요리와 난방 같은 가장 기본적인 가정 에너지 필요를 충족하기에는 불안정하거나, 강도가 충분하지 않거나, 너무 비싼 경우가 많다.

청정한 가정용 에너지로의 전환은 많은 국가에서 '정상적인' 발전의 일환으로 진행되고 있다. 전환이 이루어지고 있기는 하지만 대부분 느리게 진행되고 있으며, 일관된 공급, 경제성, 지속적인 기존 연료 사용 등의 문제로 어려움을 겪고 있다. 바이오매스에서 전기, LPG, 에탄올이나 바이오가스 등의 더 청정한 연료로의 거의 완전한 전환을 가속화하는 것을 우선순위에 둔다면, 기후에 미치는 영향은 최소화하면서 인간 건강에는 매우 이로울 것이다. 이러한 야심 찬 목표는 기본적인 수준의 청정에너지를 모든 가정에 제공하여 일상적인 행위가 건강에 나쁜 영향을 미치지 않도록 보장하는 것이다. 이러한 맥락에서 청정 연료의 공급을 중요한 전환 솔루션으로 고려해야 하며, 궁극적인 목표는 재생가능 에너지원으로부터 생산된 전기를 통해 청정 가정용 에너지를 공급하는 것이다.

바이오매스를 이용하는 많은 사람들을 포함해 지구상의 거의 모든 사람들은 전력 생산 및 운송을 위한 화석연료 연소와 관련된 공기오염을 경험하고 있다. 이러한 연소의 영향은 방대하며, 즉각적인 영향(건강 영향, 직업적 위해, 생태계 및 지역사회 오염)과 기후변화를 포함한 장기적인 결과를 초래한다. 기후변화의 영향은 이미 전 세계인구가 경험하고 있으며, 향후 수십 년 동안 크게 증가할 것으로 예상된다(10장 참조).

지구건강을 장기적으로 보호하기 위해서는, 폭넓은 다양한 해결책을 통해 기후를 변화시키는 오염물질의 배출을 획기적으로 줄여야 한다. 전부는 아니지만, 이러한 전환의 많은 부분은 추가적인 이익을 가져올 수 있다. 즉, 지구 기후와 인류 건강 모두에 이로울 수 있다. 어떠한 해결방안이든지 국가와 국제적 의제의 균형을 맞추어야 하고, 공평성, 기후, 건강, 환경, 에너지라는 의제의 우선순위를 놓고 이들을 최적화할 수 있는 방안을 고려해야 할 것이다. 이는 대규모 에너지 생산의 경우에는 태양에너지, 풍력에너지, 수력에너지 등의 재생가능 에너지원에 대한 의존도를 높이는 동시에 적어도 가까운 미래에는 천연가스를 지속적·효율적으로 사용하여 끊임없고 규칙적인 공급을 보장하는 것을 의미한다. 화석연료를 계속 사용하는 경우, 탄소 포집 및 격리를 통해 일부 영향을 완화할 수 있다. 에너지원에 관계없이 공급 측면과 에너지 서비스 수준 모두에서 효율성을 극대화하기 위한 공동의 노력이 필요하다.

기술이 발전함에 따라 전력망과 전자제품 관리의 변화(예를 들어, 중앙에서 일부 전자제품을 통제하고, 가정 및 지역사회 수준에서 저장 및 발전 용량 분산이 확대되는 등)가 발생할 수 있고, 이는 청정에너지원으로부터 에너지를 공급받으며 효율성이 극대화되도록 관리되는 형태의 최적의 에너지 솔루션으로 이어질 수 있다. 재생가능 에너지의 건강 영향은 단기적으로는 화석연료보다 훨씬 낮지만, 재생가능 에너지 발전 기술의 전체 수명은 반드시 신중히 고려되어야 한다. 원자력을 포함한 다른 에너지원은 향후 수십 년 동안 위험에 대한 인식과 정책이 어떻게 전개되느냐에 따라 미래 에너지 믹스에서 중요한 역할을 할 수 있다.

전 세계적 에너지 시스템에 대한 탐구는, 사회의 많은 측면들과 마찬가지로, 인류가 기로에 서 있음을 보여준다. 현재의 에너지 시스템은 심각한 결함이 있으며, 이대로 진행된다면 파괴적인 결과를 초래하게 될 것이다. 한편, 이에 대한 대안적인 경로도 존재한다. 이는 모두를 위한 청정에너지에 대한 접근성을 강조하고, 공기오염이라는 세계적 재앙을 극적으로 줄이고, 금세기의 가장 큰 위협 중 하나인 세계 기후 파괴에 대해 대처해 나가는 것이다.

전기 생산과 같은 에너지 시스템의 일부 영역에서, 현재 가능한 풍력 및 태양 발전 관련 기술의 비용은 재생가능한 전기에 의존하여 살 수 있는 세상을 만들 수 있다는 비전을 뒷받침할 만큼 충분히 저렴하다. 그러나 여전히 거대한 도전 과제는 남아 있는데, 이는 현재 태양광 패널과 풍력 터빈의 생산 능력이 금세기 중반까지 전 세계 전기의 절반을 재생 에너지로 생산하는 데 필요한 생산 능력의 극히 일부에 불과하기 때문이다. 교통 부문에서 석유를 대체하는 것 또한 큰 도전 과제인데, 이는 전기 자동차 및 수소 연료전지 트럭과 같은 기존의 기술이 기존의 내연기관 자동차보다 훨씬 비싸고, 배터리 공급 및 충전소나 주유소를 위한 새로운 인프라 구축이라는 추가적인 과제가 있기 때문이다. 하지만 전기화, IT 기반 공유 모빌리티, 그리고 무인 자동차의 "3대 혁명"을 통해 공기오염, 차량 충돌 사고, 온실가스 배출을 줄일 수 있는 잠재력은 크다.[156] 연구, 개발, 보급에 대한 투자를 통해 화석연료를 넘어서는 글로벌 에너지 전환은 충분히 실현 가능하지만, 미래에 필요한 수준의 운송 능력을 확보하기 위해서는 수십 년간의 깊은 헌신과 세계적인 정치적 의지가 필요하다. 선택은 우리의 몫이다.

저자

에이제이 필라리세티(Ajay Pillarisetti, PhD, MPH)는 에모리대학교 롤린스 공중보건대학의 환경보건학 조교수이다. 그는 인도, 네팔, 몽골, 가나 및 기타 국가에서 가정 에너지, 건강 및 기후 관련 연구 및 역량 강화에 대해 협력하고 있다. 그는 가정 에너지 관련 영향 평가를 가능하게 하는 소프트웨어 및 하드웨어 도구를 개발하고 있다.

커크 R. 스미스(Kirk R. Smith, PhD, MPH) 캘리포니아대학교 버클리 공중보건대학의 국제환경보건학 교수이며, 중국, 인도, 몽골에서 명예 교수직을 맡고 있다. 그는 버클리로 옮기기 전 호놀룰루의 동서센터(East-West Center)에서 에너지 프로그램을 설립하고 운영했으며, 현재는 뉴델리의 공동 청정 대기 정책 센터(Collaborative Clean Air Policy Centre)의 디렉터이다. 그는 집행위원회 위원으로 세계 에너지와 글로벌 에너지 평가(World Energy and Global Energy Assessment)의 보건 및 환경 챕터를 이끌었으며, 기후변화에 관한 정부 간 패널의 다섯 번째 평가에서 보건 챕터의 공동 리더를 맡았다.

참고문헌

1. International Energy Agency. *Key World Energy Statistics*. Paris, France: International Energy Agency; 2017.
2. Nazaroff WW. Previsualizing a post-combustion world. *Indoor Air*. 2015; 25(6): 569–571.
3. Smith KR, Frumkin H, Balakrishnan K, et al. Energy and human health. *Annu RevPublic Health*. 2013; 34:159–188.
4. Johansson TB, Patwardhan A, Nakićenović Na, Gomez-Echeverri L. *Global Energy Assessment (GEA)*. Cambridge, UK: Cambridge University Press; International Institute for Applied Systems Analysis; 2012.
5. McCollum DL, Echeverri LG, Busch S, et al. Connecting the sustainable development goals by their energy inter-linkages. *Environ Res Lett*. 2018; 13(3): 033006.
6. United Nations Economic and Social Council. *Progress towards the Sustainable Development Goals*. 2017.
7. Health Effects Institute. *State of Global Air 2018. Special Report*. Boston, MA: Health Effects Institute; 2018.
8. UN Department of Economic and Social Affairs – Population Division. *World Population Prospects: The 2017 Revision, Key Findings and Advance Tables*. 2017
9. Smil V. *Energy and Civilization: A History*. Cambridge, MA: MIT Press; 2017.
10. Wrangham RW. *Catching Fire: How Cooking Made Us Human*. New York, NY: Basic Books; 2009.
11. Bonjour S, Adair-Rohani H, Wolf J, et al. Solid fuel use for household cooking:country and regional estimates for 1980-2010. *Environmental Health Perspectives*. 2013; 121(7): 784-790.
12. Smith KR, Bruce N, Balakrishnan K, et al. Millions dead: how do we know and what does it mean? Methods used in the comparative risk assessment of household air pollution. *Annu Rev Public Health*. 2014; 35:185–206.
13. Naeher LP, Brauer M, Lipsett M, et al. Woodsmoke health effects: a review. Inhal Toxicol. 2007; 19(1): 67–106.14. Kodros JK, Carter E, Brauer M, et al. Quantifying the contribution to uncertainty in mortality attributed to household, ambient, and joint exposure to PM2.5 from residential solid fuel use. *GeoHealth*. 2017; 2(1): 25–39.
15. World Health Organization. Household air pollution and health. 2018. http://www.who.int/en/news-room/fact-sheets/detail/household-air-pollution-and-health. Accessed April 2020.
16. Mukhopadhyay R, Sambandam S, Pillarisetti A, et al. Cooking practices, air quality, and the acceptability of advanced cookstoves in Haryana, India: an exploratory study to inform large-scale interventions. *Glob Health Action*. 2012; 5:1–13.
17. Pillarisetti A, Vaswani M, Jack D, et al. Patterns of stove usage after introduction of an advanced cookstove: the long-term application of household sensors. *Environ Sci Technol*. 2014; 48(24): 14525–14533.
18. Fleming LT, Lin P, Laskin A, et al. Molecular composition of particulate matter emissions from dung and brushwood burning household cookstoves in Haryana,

India. Atmos Chem Phys. 2018; 18(4): 2461–2480.

19. Van Vliet ED, Jack DW, Kinney PL, et al. Personal exposures to fine particulate matter and black carbon in households cooking with biomass fuels in rural Ghana. *Environ Res.* 2013; 127:40–48.
20. Masera OR, Saatkamp BD, Kammen DM. From linear fuel switching to multiple cooking strategies: a critique and alternative to the energy ladder model. *World Dev.* 2000; 28(12): 2083–2103.
21. Ruiz-Mercado I, Masera O. Patterns of stove use in the context of fuel-device stacking: rationale and implications. *Ecohealth.* 2015; 12(1): 42–56.
22. Ruiz-Mercado I, Canuz E, Walker JL, Smith KR. Quantitative metrics of stove adoption using Stove Use Monitors (SUMs). *Biomass Bioenerg.* 2013; 57:136–148.
23. Kelp MM, Grieshop AP, Reynolds CCO, et al. Real-time indoor measurement of health and climate-relevant air pollution concentrations during a carbon-finance-approved cookstove intervention in rural India. *Dev Eng.* 2018; 3:125–132.
24. Du W, Li X, Chen Y, Shen G. Household air pollution and personal exposure to air pollutants in rural China: a review. *Env Pollut.* 2018; 237:625–638.
25. Balakrishnan K, Thangavel G, Ghosh S, et al. The Global Household Air Pollution Database 2018 (version 5.0). Geneva, Switzerland: World Health Organization. https://www.who.int/airpollution/data/Background_Global_HAP_Db_v5_2018.pdf. Accessed April 2020.
26. Shupler M, Balakrishnan K, Ghosh S, et al. Global Household Air Pollution Database: kitchen concentrations and personal exposures of particulate matter and carbon monoxide. *Data Brief.* 2018; 21:1292–1295.
27. Bruce N, Pope D, Rehfuess E, Balakrishnan K, Adair-Rohani H, Dora C. WHO indoor air quality guidelines on household fuel combustion: strategy implications of new evidence on interventions and exposure–risk functions. *Atmos Environ.* 2015; 106:451–457.
28. Conibear L, Butt EW, Knote C, Arnold SR, Spracklen DV. Residential energy use emissions dominate health impacts from exposure to ambient particulate matter in India. *Nat Commun.* 2018; 9(1): 617.
29. Chafe ZA, Brauer M, Klimont Z, et al. Household cooking with solid fuels contributes to ambient PM2.5 air pollution and the burden of disease. *Environ Health Perspect.* 2014; 122(12): 1314–1320.
30. GBD MAPS Working Group. *Burden of Disease Attributable to Major Air Pollution Sources in India.* Special Report 21. Boston, MA: Health Effects Institute; 2018.
31. GBD MAPS Working Group. *Burden of Disease Attributable to Coal-Burning and Other Major Sources of Air Pollution in China.* Special Report 20. Boston, MA: Health Effects Institute; 2016.
32. Bailis R, Drigo R, Ghilardi A, Masera O. The carbon footprint of traditional woodfuels. *Nat Clim Change.* 2015; 5:266.
33. Practical Action. *Gender and Livelihoods Impacts of Clean Cookstoves in South Asia.* Washington, DC: Global Alliance for Clean Cookstoves; 2015. https://www.cleancookingalliance.org/binary-data/RESOURCE/file/000/000/363-1.pdf.

34. Saksena S, Prasad R, Joshi V. Time allocation and fuel usage in three villages of the Garhwal Himalaya, India. *Mt Res Dev.* 1995; 15(1): 57–67.
35. International Energy Agency. *Energy Access Outlook 2017 from Poverty to Prosperity.* Paris, France: IEA; 2017. https://www.iea.org/publications/freepublications/publication/WEO2017SpecialReport_EnergyAccessOutlook.pdf.
36. Global Alliance for Clean Cookstoves. *Gender-Based Violence in Humanitarian Settings: Cookstoves and Fuels.* Washington, DC: Global Alliance for Clean Cook stoves; 2016.
37. Pope D, Bruce N, Dherani M, Jagoe K, Rehfuess E. Real-life effectiveness of "improved" stoves and clean fuels in reducing PM2.5 and CO: systematic review and meta-analysis. *Environ Int.* 2017; 101:7–18.
38. Quansah R, Semple S, Ochieng CA, et al. Effectiveness of interventions to reduce household air pollution and/or improve health in homes using solid fuel in low-and-middle income countries: a systematic review and meta-analysis. *Environ Int.* 2017; 103:73–90.
39. Burnett RT, Pope CA III, Ezzati M, et al. An integrated risk function for estimating the global burden of disease attributable to ambient fine particulate matter exposure. *Environ Health Perspect.* 2014; 122(4): 397–403.
40. Smith KR, Sagar A. Making the clean available: escaping India's chulha trap. *Energy Policy.* 2014; 75:410–414.
41. Landrigan PJ, Fuller R, Acosta NJR, et al. The Lancet Commission on pollution and health. *Lancet.* 2018; 391(10119): 462–512.
42. Samet JM. Traffic, air pollution, and health. *Inhal Toxicol.* 2008; 19(12): 1021–1027.
43. Douglas MJ, Watkins SJ, Gorman DR, Higgins M. Are cars the new tobacco? *J Public Health.* 2011; 33(2): 160–169.
44. Nieuwenhuijsen MJ, Khreis H. Car free cities: pathway to healthy urban living. *Environ Int.* 2016; 94:251–262.
45. Johnson EP. Carbon footprints of heating oil and LPG heating systems. *Environ Impact Assess Rev.* 2012; 35:11–22.
46. Hernández D. Clean heat: a technical response to a policy innovation. *Cityscape* (Washington, DC). 2016; 18(3): 277–282.
47. Sofiev M, Winebrake JJ, Johansson L, et al. Cleaner fuels for ships provide public health benefits with climate tradeoffs. *Nat Commun.* 2018; 9:406.
48. European Commission Joint Research Centre. *Trends in Global CO 2 Emissions.* The Hague, Netherlands: PBL Netherlands Environmental Assessment Agency; 2016.
49. BP energy economics. In: *BP Energy Outlook 2018 Edition.* London, UK; 2018.
50. International Energy Agency. *CO_2 Emissions from Fuel Combustion: Highlights.* Paris, France: International Energy Agency; 2018.
51. U.S. Energy Information Administration. *International Energy Outlook 2017.* Washington, DC: U.S. EIA; 2017.
52. Cai H, Brandt AR, Yeh S, et al. Well-to-wheels greenhouse gas emissions of Canadian oil sands products: implications for U.S. petroleum fuels. *Environ Sci Technol.* 2015;

49(13): 8219–8227.
53. Finkel ML. The impact of oil sands on the environment and health. *Curr Opin Environ Sci Health.*2018; 3:52–55.
54. Liggio J, Li S-M, Hayden K, et al. Oil sands operations as a large source of secondary organic aerosols. *Nature.* 2016; 534:91.
55. Tenenbaum DJ. Oil sands development: a health risk worth taking? *Environ Health Perspect.* 2009; 117(4): A150–A156.
56. McIntosh A, Pontius J. Human impacts on the global landscape. In: McIntosh A, Pontius J, eds. *Science and the Global Environment.* Boston, MA: Elsevier; 2017:361–470.
57. Westman CN, Joly TL. Oil sands extraction in Alberta, Canada: a review of impacts and processes concerning indigenous peoples. *Hum Ecol.* 2019; 47(2): 233–243.
58. Kelly EN, Short JW, Schindler DW, et al. Oil sands development contributes polycyclic aromatic compounds to the Athabasca River and its tributaries. *Proc Natl Acad Sci.* 2009; 106(52): 22346.
59. Faramawy S, Zaki T, Sakr AAE. Natural gas origin, composition, and processing: a review. *J Nat Gas Sci Eng.* 2016; 34:34–54.
60. Howarth RW, Santoro R, Ingraffea A. Methane and the greenhouse-gas footprint of natural gas from shale formations. *Clim Change.* 2011; 106(4): 679.
61. Alvarez RA, Zavala-Araiza D, Lyon DR, et al. Assessment of methane emissions from the U.S. oil and gas supply chain. *Science.* 2018; 361(6398): 186–188.
62. Omara M, Zimmerman N, Sullivan MR, et al. Methane emissions from natural gas production sites in the United States: data synthesis and national estimate. *Environ Sci Technol.* 2018; 52(21): 12915–12925.
63. International Energy Agency. Gas 2019: analysis and forecasts to 2024. 2019 https://www.iea.org/gas2019/. Accessed April 2020.
64. Energy Information Administration. Natural gas explained: where our natural gas comes from. 2018. https://www.eia.gov/energyexplained/natural-gas/where-our-natural-gas-comes-from.php. Accessed April 2020.
65. Heinrich Böll Foundation, Friends of the Earth International. *Coal Atlas: Facts and Figures on a Fossil Fuel.* Berlin, Germany: Heinrich Böll Foundation; 2015.
66. Jennings N. Mining: an overview. In: Stellman SM, ed. *Encyclopedia of Occupational Health & Safety.* Geneva, Switzerland: International Labor Organization; 2011. http://www.iloencyclopaedia.org/part-xi-36283/mining-and-quarrying.
67. Chu C, Jain R, Muradian N, Zhang G. Statistical analysis of coal mining safety in China with reference to the impact of technology. *J South Afr Inst Min Metall.* 2016; 116: 73–78.
68. Wang L, Cheng Y-P, Liu H-Y. An analysis of fatal gas accidents in Chinese coal mines. *Saf Sci.* 2014; 62:107–113.
69. Coelho PCS, Teixeira JPF, Gonçalves ONBSM. Mining activities: health impacts. In: Nriagu JO, ed. *Encyclopedia of Environmental Health.* Burlington, MA: Elsevier; 2011:788–802.

70. Buchanan S, Burt E, Orris P. Beyond black lung: scientific evidence of health effects from coal use in electricity generation. *J Public Health Policy*. 2014; 35(3): 266–277.
71. Epstein PR, Buonocore JJ, Eckerle K, et al. Full cost accounting for the life cycle of coal. *Ann N Y Acad Sci*. 2011; 1219:73–98.
72. Gardner R. Overview and characteristics of some occupational exposures and health risks on offshore oil and gas installations. *Ann Occup Hyg*. 2003; 47(3): 201–210.
73. Niven K, McLeod R. Offshore industry: management of health hazards in the upstream petroleum industry. *Occup Med*. 2009; 59(5): 304–309.
74. Lichtveld M, Sherchan S, Gam KB, et al. The Deepwater Horizon oil spill through the lens of human health and the ecosystem. *Curr Environ Health Rep*. 2016; 3(4): 370–378.
75. Jernelöv A. The threats from oil spills: now, then, and in the future. *Ambio*. 2010; 39(5–6): 353–366.
76. Sammarco PW, Kolian SR, Warby RA, Bouldin JL, Subra WA, Porter SA. Concentrations in human blood of petroleum hydrocarbons associated with the BP/Deepwater Horizon oil spill, Gulf of Mexico. *Arch Toxicol*. 2016; 90(4): 829–837.
77. D'Andrea MA, Reddy GK. The development of long-term adverse health effects in oil spill cleanup workers of the Deepwater Horizon offshore drilling rig disaster. *Front Public Health*. 2018; 6(117).
78. Jaligama S, Chen Z, Saravia J, et al. Exposure to Deepwater Horizon crude oil burn-off particulate matter induces pulmonary inflammation and alters adaptive immune response. *Environ Sci Technol*. 2015; 49(14): 8769–8776.
79. Rusiecki J, Alexander M, Schwartz EG, et al. The Deepwater Horizon oil spill coast guard cohort study. *Occup Environ Med*. 2018; 75(3): 165–175.
80. Alexander M, Engel LS, Olaiya N, et al. The Deepwater Horizon oil spill coast guard cohort study: a cross-sectional study of acute respiratory health symptoms. *Environ Res*. 2018; 162:196–202.
81. McGowan CJ, Kwok RK, Engel LS, Stenzel MR, Stewart PA, Sandler DP. Respiratory, dermal, and eye irritation symptoms associated with Corexit EC9527A/EC9500A following the Deepwater Horizon oil spill: findings from the GuLF Study. *Environ Health Perspect*. 2017; 125(9): 097015.
82. Sorahan T. Mortality of UK oil refinery and petroleum distribution workers, 1951–2003. *Occup Med*. 2007; 57(3): 177–185.
83. Stenehjem JS, Kjærheim K, Rabanal KS, Grimsrud TK. Cancer incidence among 41,000 offshore oil industry workers. *Occup Med*. 2014; 64(7): 539–545.
84. Stenehjem JS, Kjærheim K, Bråtveit M, et al. Benzene exposure and risk of lymphohaematopoietic cancers in 25,000 offshore oil industry workers. *Br J Cancer*. 2015; 112:1603.
85. Esswein EJ, Breitenstein M, Snawder J, Kiefer M, Sieber WK. Occupational exposures to respirable crystalline silica during hydraulic fracturing. *J Occup Environ Hyg*. 2013; 10(7): 347–356.
86. Moore CW, Zielinska B, Pétron G, Jackson RB. Air impacts of increased natural gas acquisition, processing, and use: a critical review. *Environ Sci Technol*. 2014; 48(15):

8349–8359.

87. Qu SG, Gao J, Tang B, Yu B, Shen YP, Tu Y. Low-dose ionizing radiation increases the mortality risk of solid cancers in nuclear industry workers: a meta-analysis. *Mol Clin Oncol.* 2018; 8(5): 703–711.
88. Leuraud K, Richardson DB, Cardis E, et al. Ionising radiation and risk of death from leukaemia and lymphoma in radiation-monitored workers (INWORKS): an international cohort study. *Lancet Haematol.* 2015; 2(7): e276–e281.
89. Richardson DB, Cardis E, Daniels RD, et al. Risk of cancer from occupational exposure to ionising radiation: retrospective cohort study of workers in France, the United Kingdom, and the United States (INWORKS). *BMJ.* 2015; 351:h5359.
90. Hamra GB, Richardson DB, Cardis E, et al. Cohort profile: the International Nuclear Workers Study (INWORKS). *Int J Epidemiol.* 2016; 45(3): 693–699.
91. Wakeford R. Radiation in the workplace: a review of studies of the risks of occupational exposure to ionising radiation. *J Radiol Prot.* 2009; 29(2A): A61–79.
92. Mueller W, Gilham C. Childhood leukemia and proximity to nuclear power plants: a systematic review and meta-analysis. *J Cancer Policy.* 2015; 6:44–56.
93. Hasegawa A, Tanigawa K, Ohtsuru A, et al. Health effects of radiation and other health problems in the aftermath of nuclear accidents, with an emphasis on Fukushima. *Lancet.* 2015; 386(9992): 479–488.
94. Pravalie R, Bandoc G. Nuclear energy: between global electricity demand, worldwide decarbonisation imperativeness, and planetary environmental implications. *J Environ Manage.* 2018; 209:81–92.
95. Sanders MC, Sanders CE. A world's dilemma "upon which the sun never sets"—The nuclear waste management strategy (part I): Western European Nation States and the United States of America. *Prog Nucl Energy.* 2016; 90:69–97.
96. Black-Branch J. Nuclear terrorism by states and non-state actors: global responses to threats to military and human security in international law. *JCSL.* 2017; 22(2): 201–248.
97. Breeze P. Solar integration and the environmental impact of solar power. In: *Solar Power Generation.* New York, NY: Academic Press; 2016: 81–87.
98. Monier V, Hestin M. S*tudy on Photovoltaic Panels Supplementing the Impact Assessment for a Recast of the WEEE Directive.* Brussels, Belgium: European Commission Studies on Waste Electrical and Electronic Equipment; 2011.
99. Xu Y, Li J, Tan Q, Peters AL, Yang C. Global status of recycling waste solar panels: a review. *Waste Manag.* 2018; 75: 450–458.
100. Bakhiyi B, Labreche F, Zayed J. The photovoltaic industry on the path to a sustainable future: environmental and occupational health issues. *Environ Int.* 2014; 73: 224–234.
101. Aman MM, Solangi KH, Hossain MS, et al. A review of Safety, Health and Environmental (SHE) issues of solar energy system. *Renew Sust Energ Rev.* 2015; 41:1190–1204.
102. Millstein D, Wiser R, Bolinger M, Barbose G. The climate and air-quality benefits of wind and solar power in the United States. *Nat Energy.* 2017; 2(9).
103. Zerrahn A. Wind power and externalities. *Ecol Econ.* 2017; 141:245–260.
104. Schmidt JH, Klokker M. Health effects related to wind turbine noise exposure: a

systematic review. *PLoS One*. 2014; 9(12): e114183.
105. Onakpoya IJ, O'Sullivan J, Thompson MJ, Heneghan CJ. The effect of wind turbine noise on sleep and quality of life: a systematic review and meta-analysis of observational studies. *Environ Int*. 2015; 82:1–9.
106. International Hydropower Association. *2018 Hydropower Status Report: Sector Trends and Insights*. London: UK: IHA Central Office; 2018.
107. Zarfl C, Lumsdon AE, Berlekamp J, Tydecks L, Tockner K. A global boom in hydropower dam construction. *Aquat Sci*. 2015; 77(1): 161–170.
108. Berga L. The role of hydropower in climate change mitigation and adaptation: a review. *Engineering*. 2016; 2(3): 313–318.
109. Couto TBA, Olden JD. Global proliferation of small hydropower plants: science and policy. *Front Ecol Environ*. 2018; 16(2): 91–100.
110. Gleick PH. China dams. In: Gleick PH, ed. *The World's Water: The Biennial Report on Freshwater Resources*. Washington, DC: Island Press/Center for Resource Economics; 2011:127–142.
111. Botelho A, Ferreira P, Lima F, Pinto LMC, Sousa S. Assessment of the environmental impacts associated with hydropower. *Renew Sust Energ Rev*. 2017; 70: 896–904.
112. Kelly-Richards S, Silber-Coats N, Crootof A, Tecklin D, Bauer C. Governing the transition to renewable energy: a review of impacts and policy issues in the small hydropower boom. *Energ Policy*. 2017; 101:251–264.
113. World Commission on Dams. *Dams and Development: A New Framework for DecisionMaking*. London, UK: Earthscan; 2000.
114. Richter BD, Postel S, Revenga C, et al. Lost in development's shadow: the downstream human consequences of dams. *Water Altern*. 2010; 3(2): 14–42.
115. Namy S. Addressing the social impacts of large hydropower dams. *J Int Policy Solut*. 2007; 7:11–17.
116. VanCleef A. Hydropower development and involuntary displacement: toward a global solution. *Indiana J Glob Legal Stud*. 2016; 23(1): 349–376.
117. Singh Negi N, Ganguly S. *Development Projects vs. Internally Displaced Populations in India: A Literature Based Appraisal*. Vol 103. Bielefeld, Germany: DEU; 2011.
118. International Rivers. *Three Gorges Dam: A Model of the Past*. Berkeley, CA: International Rivers: International Rivers; 2012.
119. Xi J, Hwang S-S. Relocation stress, coping, and sense of control among resettlers resulting from China's Three Gorges dam project. *Soc Indic Res*. 2011; 104(3): 507–522.
120. Xi J, Hwang S-S, Drentea P. Experiencing a forced relocation at different life stages: the effects of China's Three Gorges project-induced relocation on depression. *Soc Ment Health*. 2012; 3(1): 59–76.
121. Hwang S-S, Cao Y, Xi J. The short-term impact of involuntary migration in China's Three Gorges: a prospective study. *Soc Indic Res*. 2011; 101(1): 73–92.
122. Zhou Y-B, Liang S, Chen Y, Jiang Q-W. The Three Gorges Dam: does it accelerate or delay the progress towards eliminating transmission of schistosomiasis in China?

Infect Dis Poverty. 2016; 5(1): 63.
123. Steinmann P, Keiser J, Bos R, Tanner M, Utzinger J. Schistosomiasis and water resources development: systematic review, meta-analysis, and estimates of people at risk. *Lancet Infect Dis* 2006; 6(7): 411–425.
124. Sokolow SH, Jones IJ, Jocque M, et al. Nearly 400 million people are at higher risk of schistosomiasis because dams block the migration of snail-eating river prawns. *Philos Trans R Soc Lond B Biol Sci.* 2017; 372(1722).
125. Li F, Ma S, Li Y, et al. Impact of the Three Gorges project on ecological environment changes and snail distribution in Dongting Lake area. *PLOS Negl Trop Dis.* 2017; 11(7): e0005661.
126. Kibret S, Lautze J, McCartney M, Nhamo L, Wilson GG. Malaria and large dams in sub-Saharan Africa: future impacts in a changing climate. *Malar J.* 2016; 15(1): 448.
127. Kibret S, Wilson GG, Ryder D, Tekie H, Petros B. The influence of dams on malaria transmission in Sub-Saharan Africa. *EcoHealth.* 2017; 14(2): 408–419.
128. Moran EF, Lopez MC, Moore N, Müller N, Hyndman DW. Sustainable hydropower in the 21st century. *Proc Natl Acad Sci.* 2018; 115(47): 11891.
129. Ives M, Paddock R. In Laos, a boom, and then, "The water is coming!." *New York Times.* 2018. https://www.nytimes.com/2018/07/25/world/asia/laos-dam-collapse-rescue.html.
130. Acheampong M, Ertem FC, Kappler B, Neubauer P. In pursuit of Sustainable Development Goal (SDG) number 7: will biofuels be reliable? *Renew Sust Energ Rev.* 2017; 75:927–937.
131. Guo M, Song W, Buhain J. Bioenergy and biofuels: history, status, and perspective. *Renew Sust Energ Rev.* 2015; 42:712–725.
132. U.S. Energy Information Administration. *Short-Term Energy Outlook.* Washington, DC: U.S. EIA; September 2019.
133. Hill J, Polasky S, Nelson E, et al. Climate change and health costs of air emissions from biofuels and gasoline. *Proc Natl Acad Sci. 2009;* 106(6): 2077.
134. Schmer MR, Jin VL, Wienhold BJ. Sub-surface soil carbon changes affects biofuel greenhouse gas emissions. *Biomass Bioenergy.* 2015; 81:31–34.
135. Popp A, Rose SK, Calvin K, et al. Land-use transition for bioenergy and climate stabilization: model comparison of drivers, impacts and interactions with other land use based mitigation options. *Clim Change.* 2014; 123(3): 495–509.
136. Timilsina GR, Shrestha A. How much hope should we have for biofuels? *Energy.* 2011; 36(4): 2055–2069.
137. Pehl M, Arvesen A, Humpenöder F, Popp A, Hertwich EG, Luderer G. Understanding future emissions from low-carbon power systems by integration of life-cycle assessment and integrated energy modelling. *Nat Energy.* 2017; 2(12): 939–945.
138. Hoekman SK, Broch A, Liu X. Environmental implications of higher ethanol production and use in the U.S.: a literature review. Part I: impacts on water, soil, and air quality. *Renew Sust Energ* Rev. 2018; 81:3140–3158.
139. Scovronick N, Wilkinson P. Health impacts of liquid biofuel production and use: a

review. *Glob Environ Change.* 2014; 24:155–164.
140. Sanchez DL, Johnson N, McCoy ST, Turner PA, Mach KJ. Near-term deployment of carbon capture and sequestration from biorefineries in the United States. *Proc Natl Acad Sci.* 2018; 115(19): 4875–4880.
141. Schlünssen V, Madsen AM, Skov S, Sigsgaard T. Does the use of biofuels affect respiratory health among male Danish energy plant workers? *Occup Environ Med.* 2011; 68(7): 467.
142. Hochman G, Zilberman D. Corn Ethanol and US Biofuel Policy Ten Years Later: *Am J Agricult Econ.* 2018; 100(2): 570–84.
143. Serra T, Zilberman D. Biofuel-related price transmission literature: a review. *Energy Econ.* 2013; 37:141–151.
144. Filip O, Janda K, Kristoufek L, Zilberman D. Food versus fuel: an updated and expanded evidence. *Energy Econ.* 2017.
145. Zhang Z, Lohr L, Escalante C, Wetzstein M. Food versus fuel: what do prices tell us? *Energy Policy.* 2010; 38(1): 445–451.
146. de Gorter H, Drabik D, Just DR, Kliauga EM. The impact of OECD biofuels policies on developing countries. *Agric Econ.* 2013; 44(4-5): 477–486.
147. Lindley D. Smart grids: the energy storage problem. *Nature News.* 2010; 463(7277): 18–20.
148. Kang DH, Chen M, Ogunseitan OA. Potential environmental and human health impacts of rechargeable lithium batteries in electronic waste. *Environ Sci Technol.* 2013; 47(10): 5495–5503.
149. Richa K, Babbitt CW, Gaustad G, Wang X. A future perspective on lithium-ion battery waste flows from electric vehicles. *Resour Conserv Recy.* 2014; 83:63–76.
150. Initiative for Responsible Mining Assurance. 2019. https://responsiblemining.net/. Accessed April 2020.
151. Hu Y, Cheng H, Tao S. Retired electric vehicle (EV) batteries: integrated waste management and research needs. *Environ Sci Technol.* 2017; 51(19): 10927–10929.
152. Fox-Penner P. *Smart Power: Climate Change, the Smart Grid, and The Future of Electric Utilities, Second Edition.* Washington DC: Island Press; 2014.
153. Hui L, Li H, Jiang Y. Using air source heat pump air heater (ASHP-AH) for rural space heating and power peak load shifting. *Energy Procedia.* 2017; 122:631–636.
154. Grubler A, Wilson C, Bento N, et al. A low energy demand scenario for meeting the 1.5℃ target and sustainable development goals without negative emission technologies. *Nat Energy.* 2018; 3(6): 515–527.
155. Haines A, Smith KR, Anderson D, et al. Policies for accelerating access to clean energy, improving health, advancing development, and mitigating climate change. *Lancet.* 2007; 370(9594): 1264–1281.
156. Sperling D. *Three Revolutions: Steering Automated, Shared, and Electric Vehicles to a Better Future.* Washington, DC: Island Press; 2018.

13 도시와 지구건강

아나 V. 디에즈 루 · 아드리아나 C. 라인 · 이리나 드로노바 · 다니엘 A. 로드리게스 · 로지 매 헨슨 · 올가 사르미엔토 지음
김형태 번역/ 홍윤철 감수

도시라는 단어는 우리 머릿속에 상반되는 이미지들을 떠오르게 한다. 한편으로는 주변 건물을 가리는 짙은 스모그 속을 마스크를 쓴 군중들이 헤치고 지나가는 디스토피아적 이미지를 상기시킨다. 우리는 아마도 깨끗한 물, 위생 시설, 폐기물 처리 시설 없이 가파른 경사면에 붙어 있거나 범람원에 빽빽이 들어찬 골판지와 양철로 지어진 빈민가를 떠올릴 수도 있다. 자연과 고립된 채 살아가는 세대들을 생각해 볼 수도 있으며, 자동차로만 이동이 가능하며 공공장소 부족으로 단순한 걷기와 사회적 소통이 결여된 팽창하는 대도시 지역을 상상할 수 있다.

그러나 도시는 희망과 설렘의 공간이기도 하다. 도시는 주민들이 걷고, 자전거를 타고, 대중교통을 이용해 출퇴근하고, 공원, 녹지, 도심지에서 함께 어울리는 문화, 교육, 상업의 중심지가 될 수 있다. 이러한 도시는 친환경적인 건강을 증진시키는 건물들, 식품 체계, 수질 관리 시스템을 갖춘 혁신의 중심지가 될 수 있다. 도시는 오늘날의 도시들보다 환경에 미치는 영향이 훨씬 적고, 인간이 번성하기에 훨씬 좋은 환경으로 거듭날 수 있다.

도시화는 21세기의 주요한 글로벌 인구통계학적 흐름이 될 것이며, 우리

가 만드는 건물들, 동네 지역들, 도시들의 유형은 생태발자국과 인류의 건강 및 복지를 결정하는 데 큰 영향을 미칠 것이다.

우리가 살고, 일하고, 즐기는 공간들(집, 동네, 도시)은 우리의 건강과 깊은 관련이 있다. 이러한 공간들은 환경 위험요소에 대한 노출뿐 아니라, 폭력과 재난에 대한 취약성, 우리들의 행동들과 사회적 소통방식을 결정짓는다. 우리가 스스로 만들어내는 이러한 공간들은 지역 생태계는 물론, 나아가 전 지구적 환경 추세에도 중대한 영향을 주게 되고, 지역 생태계 및 지구환경 변화의 추세는 우리의 건강과도 밀접하게 연결된다.

인공 환경, 자연 환경, 인구 건강은 서로 밀접하게 연관되어 있기 때문에, 공간기반 정책과 개입들은 환경적인 영향은 물론, 건강 결과로도 이어질 수 있다. 예를 들어, 건강 증진을 위한 도시 정책들(예, 능동형 교통 및 신체 활동 증진, 공기 질 개선, 육류 및 가공식품 소비 감소를 위한 전략들)은 자연 환경에 중요한 영향을 미칠 수 있다. 마찬가지로, 자연 환경을 보호하기 위한 정책이나 개입들(예, 도시 팽창 제한 및 온실가스 배출 감축)도 건강과 밀접하게 관련된다. 그러므로 한 분야에 대한 개입들이 다른 분야들에도 주요한 영향을 줄 수 있고, 이 관계는 때로는 유익할 수도 있고, 때로는 그렇지 않을 수도 있다. 시스템 사고에 기반한 신중한 계획을 통해, 이러한 상호 연관성이 건강 개선과 자연 환경 보호라는 두 가지 목표 모두를 최대한 충족시킬 수 있다. 이것이 바로 지구건강의 핵심 원칙이다.[1,2]

이 장에서는 도시공간, 환경, 건강 사이의 연관성을 지구건강의 시각으로 접근한다. 우리는 도시공간과 환경이 상호 어떤 영향을 주는지, 그리고 도시공간이 건강과 어떻게 관련이 있는지를 살펴보려 한다. 그런 다음 알려진 혹은 잠재적인 환경과 건강의 공동 이익을 추구하는 공간기반 정책 및 개입들의 몇 가지 사례를 제시할 것이다. 마지막으로 지구건강을 위한 공간기반 접근법을 발전시키기 위한 연구 기회를 검토하며 글을 정리하고자 한다.

도시공간과 지구의 미래

현재 전 세계 인구의 절반 이상이 도시에 거주하고 있으며, 이 비율은 2050년까지 3분의 2로 증가할 것으로 예상된다.[3] 이 기간 동안 거의 모든 인구 증가는 도시 지역, 특히 아프리카와 아시아의 저소득 및 중간 소득 국가에서 일어날 것으로 보인다.[4] 인구 천만 명이 넘는 거대 도시들이 많은 관심을 받고 있지만, 향후 수십 년간 대부분의 도시 성장은 인구 100만 명 미만의 중간 크기 도시들에서 이루어질 것이다.[5] 도시는 세계경제의 주요 동력이며, 전 세계 국내총생산의 80% 이상을 책임진다. 인구와 경제 활동이 도시에 집중되어 있기 때문에, 도시는 에너지, 물, 기타 자연자원의 주요 소비처이자 온실가스, 오염물질, 폐기물의 주요 배출지이기도 하다.[4] 나아가 도시화는 건강, 삶의 질, 형평성에 영향을 미치는 주요 사회적·문화적 변화와도 밀접한 관계를 맺고 있다. 도시는 사회적 상호작용과 연결이 확대되고 그 효과가 강화되는 장소이며, 종종 전 세계적으로 영향을 주게 된다.[6]

도시는 건강과 환경에 복잡한 방식으로 영향을 미치는 중요한 거버넌스 및 정책 기능을 수행한다. 도시는 국가보다 민첩한 거버넌스 구조를 갖추고 있어, 국가가 할 수 없는 방식의 실험과 혁신이 도시에서는 가능하다. 또한 도시는 대체적으로 진보적이고 세계화를 지향하는 사람들이 거주하는 경우가 많다. 더 수평적이고 덜 위계적인 도시 거버넌스의 행정 방식은 혁신적인 의사 결정을 촉진할 수 있다.[7] 도시는 또한 부문 간 협력적 파트너십을 구축하고 주민들과 직접 소통하면서, 정책 개발 및 집행에 시민 참여를 촉진할 수 있다.[8] 이러한 배경하에, 도시는 건강 및 환경 시스템의 상호 관련성을 통하여 지구건강 증진을 위해 활용할 수 있는 중요한 기회들을 제공한다.

도시공간이 자연생태계에 주는 영향

도시 공간들은 지구 생물권에 큰 영향을 미친다.[9] 주요한 추세는 도시가 차지하는 공간의 확장과 그에 따른 (감소 또는 파편화에 의한) 자연 서식지 위협 및 생물다양성 소실이다.[9-11] 도시화가 전 세계적으로 새로운 지역들을 포함하여 가속화하면서, 이러한 영향은 증가하고 있다.[9] 예를 들어, 아프리카와 아시아에서 도시가 차지하는 공간이 확대되면 이전에 보호되었던 매우 가치 있는 생태계가 위협받을 수 있다.[9] 도시는 강 계곡이나 생물다양성 집중지역 및 자연보호 지역 주변과 같이 비옥한 지역 근처에 위치하는 경우가 많다. 결과적으로 도시 성장이 가져오는 영향은 도시가 지리적으로 얼마나 확장되고 있는지 여부와 별개로 불균형적으로 나타날 수 있다. 도시가 차지하는 공간의 증가는 생물량(세계 기후에도 영향을 줌)과 농업생산에 활용될 수 있는 공간의 감소로 이어진다.[9,12]

이러한 환경적 영향은 도시 공간이 차지하는 영역 그 이상으로 확장된다. 예를 들어, 도시화의 증가와 가용 농지의 감소는 다른 지역에서 새로운 토지를 농작물과 목초지로 활용하도록 유도한다. 이는 잠재적으로 환경적 악영향으로 이어질 수 있다.[13] 도시 공간은 수공학적, 생물지리화학적 순환에도 큰 영향을 미친다.[9] 예를 들어, 급속한 도시 성장은 수백 제곱킬로미터 규모의 극적인 강수량 변화와 관련이 있다. 이는 도시에 때로는 강우량 부족을,[14] 때로는 강우량 증가를 야기한다(예를 들어 마닐라 우기 강우량이 도시 외곽 25~100km 지역에 비해 3배 이상 증가했다).[15] 농지로 사용할 수 있는 토지 감소에 더해서, 도시 팽창에 따른 불투수 표면의 증가는 홍수에 대한 위험도 증가시킨다.[16]

도시는 또한 지구 기후변화와 오염의 주요 원인이다. 이는 인구와 경제활동이 도시에 집중되어 있는 점 등을 포함하여 여러 가지 요인으로 인해 발생한다. 도시는 전 세계 국내총생산의 80% 이상을 책임지고 있고,[17] 에너지 관련 이산화탄소 배출량의 71~76%를 차지한다.[18] 도시 확장은 또한 식물 생물량의 감소로 이어지고, 이는 다시 지구 온난화에 기여한다.[19] 도시화가 물, 탄소, 에어로졸, 질소의 순환에 복잡한 변화를 일으키고, 기후체계에 중요한 영향을 미친다는 증거도 늘어나고 있다.[20] 도시 안팎의 산업 활동, 에너지 생산, 교통 관련 배출은 공기오염의 주요 원인이다.[21] 도시 지역에 거주하는 약 80%의 사람들이 세계보건기구(WHO)의 지침에 맞지 않는 공기 질에 노출되어 있다.[22]

도시가 지구 기후변화와 대기 질에 미치는 영향 외에도 도시 공간은 지역 내 기온에 직접적인 영향을 미친다. 도시는 종종 주변 지역보다 더 기온이 높게 나타난다. 이는 도시 열섬 효과로 알려져 있다.[23] 도시 내에서 나타나는 1~3℃(때로는 최대 12℃)의 상대적 온난화는 여러 요인에 의해 발생한다.[24] 옥상과 도로와 같은 어두운 표면들은 태양 에너지를 흡수하여 열로 방출한다. 또한 용광로와 보일러와 같은 열원들은 도시에 집중되어 있으며, 도시 구조(예, 고층 건물들에 의한 거리 협곡)는 열과 공기오염물질을 가둘 수 있다. 아울러 도시(또는 도시 내 특정 지역)는 종종 식물과 물과 같은 냉각을 촉진하는 조경 기능이 부족한 경향을 보인다.[25]

설계, 건설, 운영, 유지보수, 철거, 폐기물 관리를 포함하는 주택 및 여러 건물의 전 생애주기는[26] 다양한 방식으로 환경에 영향을 미친다. 건물 부문에서 배출되는 온실가스는 기후변화의 주요 원인이다.[27] 건물이 운영 단계에 있을 때, 건물의 활동과 주요 에너지 사용은 전 세계 에너지 관련 온실가스 배출량의 30~40%를 차지한다. 건물의 건설 단계에서만 전 세계 에너지 소비의 10%가 발생하며, 건설과 철거는 고형폐기물의 중요한 배출원이다. 과도한 에너지 사용, 에너지 비효율성, 화석연료에 대한 의존은 도시 공간 내 건물 부문이 환경적 영향을 악화시킨다.[28,29]

담수에 접근하고 폐수와 우수를 처리해야 하는 필요성은 도시의 환경적 영향에 있어 중요한 요소이다. 도시 물관리 시스템의 수준은 자원 활용의 효율성과 자연 환경에 주요한 영향을 준다.[30,31] 지난 세기 동안, 전 세계 물 사용량은 인구 증가율의 두 배 이상으로 증가해 왔다.[32] (특히 건조지역에서의) 도시 확장은 수자원 고갈을 증가시켰다. 이는 주거 및 도시의 필수적인 용도, 야외 열 완화, 생물다양성 증진, 관개에 필요한 수자원에 대한 접근을 심각하게 제한한다.[33] 수자원 유지 및 배수에 영향을 주는 관리 전략과 토지이용 결정은 도시의 홍수 위험을 상쇄하고 건기 동안 적절한 물 공급을 보장하는 데 점점 더 중요해지고 있다.

도시 폐수도 환경을 위협한다. 도시 폐수의 80%가 적절한 처리 없이 자연환경으로 방출되고 있다.[34] 일반적으로 농촌보다 도시에서 물과 위생 시설에 대한 접근성이 높지만, (특히 빠르게 성장하는 중저소득국가 도시를 포함한) 많은 도시에서는 인프라가 도시화의 빠른 속도를 따라잡지 못하고 있다. 그 결과 약 7억 명의 도시 주민이 개선된 위생 시설 없이 생활하고 있다.[35] 도시의 광범위한 불투수 표면에서 발생하는 유출수는 도시 홍수의 중요한 원인이며, 아울러 수역을 오염시키고 수생 생태계에도 중요한 영향을 미친다.[36]

도시 생활과 관련한 소비 추이는 환경적 악영향을 야기할 수 있다. 농촌에 비해 높은 도시의 인구밀도는 이론적으로 더 높은 효율성으로 이어져야 한다. 그러나 도시 거주자들은 평균적으로 농촌 주민들보다 더 많은 자원과 에너지를 소비하고 있어, 도시가 갖는 이점이 무력화되고 있다. 예를 들어, 도시는 엄청난 양의 고형폐기물을 발생시킨다. 폐기물 발생은 도시화 속도보다 더 빠르게 증가하고 있으며, 저소득 국가에서는 향후 20년 내에 두 배로 증가할 것으로 예상된다.[37] 고형폐기물은 온실가스인 메탄의 중요한 배출원이며, 폐기물은 대기 및 수질 오염뿐만 아니라 홍수의 원인이 되기도 한다. 육류 및 가공식품의 높은 소비와 같은 도시의 특징적인 식품 소비 추이는 토지이용 및 온실가스 배출과 관련하여 환경에 악영향을 미친다(5장 참조).[38,39] 자동차 중심으로 설계되고 편성된 도시는 도시 팽창을 부추기는 경향이 있다. 이는 토지이용도에 영향을 주고, 교통 관련 오염 및 온실가스 배출 증가 등으로 이어지게 된다.[18,40,41]

토지이용과 수자원, 생물다양성, 대기 질과 기후변화, 열섬 현상, 폐기물 발생 등과 같은 도시 내 환경 영향의 각 유형은 위협과 기회를 동시에 나타낸다. 전 세계적으로 도시 인구의 규모가 엄청나기 때문에, 현재와 같은 관행이 도시에서 지속된다면 나머지 생물권과 인류에 미치는 환경적 영향은 치명적일 것이다. 하지만 같은 이유로 도시를 토지, 에너지, 수자원 사용에 있어 더욱 효율적으로 만들고, 폐기물 처리와 재활용, 식량생산과 소비, 녹지 보호를 더욱 스마트하게 할 수 있도록 변화시킴으로써 지구건강 증진을 위한 엄청난 잠재력을 가지게 할 수 있다.

환경 변화가 도시에 주는 영향

도시가 자연 생태계에 큰 영향을 주는 것처럼, 도시 또한 속한 지역 및 지구 생태계의 영향을 많이 받고 의존하게 된다. 앞서 설명한 도시가 일으키는 모든 지역적, 전 세계적 환경 영향은 결과적으로 도시 환경과 도시 거주자들의 삶에 큰 영향을 주게 된다. 도시가 폭넓은 생태계에 영향을 주고, 이 생태계가 다시 도시와 도시 거주자에게 영향을 미치는 순환을 만들어낸다. 도시와 자연 생태계 간의 이러한 역동적인 관계는 인구 건강에도 주요한 의미를 가진다. 이 부분에서는 도시가 지역 및 전 세계 환경 추세로부터 영향을 받는 몇 가지 주요 방식을 검토한다.

도시화는 경제 및 사회적 과정에 의해 발생하는 것 이외에도, 농촌 도시 간 인구 이동을 촉진시키는 지역 환경적 요인에도 상당한 영향을 받는다(8장에서 살펴본 내용과 같음). 물 부족이 주요 요인인 경우가 많지만, 재난과 더위도 농촌 주민들이 도시로 이주하는 계기가 되기도 한다. 이러한 현상은 사하라 이남 아프리카의 도시들에서 잘 알려져 있지만[42] 라틴 아메리카와 같은 다른 지역에서 발생하기도 한다.[43]

기후변화는 도시에 직접적이고 중대한 영향을 준다. 기온 상승과 극심한 폭염 현상이 그중 하나이다. 온실가스 배출량을 줄이더라도 생명을 위협하는 기온에 노출되는 전 세계인구의 비율은 2100년까지 30%에서 거의 48%까지 증가할 것으로 예상된다. 이들 중 대다수가 도시에 거주할 것으로 보인다.[44] 다른 환경적 취약성과 마찬가지로, 빈곤층, 이민자, 이주민, 비백인 들과 같은 소외 계층이 불균형적으로 피해를 입는다.[45-47] 폭염은 공기오염의 위험성을 증폭시키고,[48] 도시 열섬 효과는 극한 기온이 도시에 미치는 영향을 확대하고 심화시킨다. 많은 도시들은 기온 상승의 악영향을 최소화하기 위한 노력을 배가하고 있다.[25,49]

도시는 환경 재해에 상당히 취약하다. 예를 들어, 유엔은 2014년에 인구 최소 30만 명 이상의 1692개 도시 중 56%(944개)가 여섯 가지 자연재해 유형(사이클론, 홍수, 가뭄, 지진, 산사태, 화산 폭발) 중 적어도 하나 이상에 노출될 위험이 높은 것으로 추정했다.[50] 이러한 도시들에는 14억 명의 인구가 거주하고 있다. 이에 더해, 약 15%의 도시가 두 가지 이상의 자연재해에 노출될 위험 높았으며, 대도시인 도쿄, 오사카, 마닐라를 포함한 27개 도시는 세 가지 이상의 자연재해에 노출될 위험이 높게 나타났다.[51]

홍수는 많은 도시에 영향을 미치는 주요 환경 위험 요소이다. 해안 도시들은 특히 홍수에 취약하다. 약 24억 명(전 세계인구의 40%)의 사람들이 해안에서 60마일(약 100km) 이내에 거주한다. 도시 홍수는 더 강렬한 강우와 폭풍, 해수면 상승, 맹그로브 숲, 산호초, 식물로 덮인 사구, 습지와 같은 해안 방벽 시스템의 손실이라는 "삼중 위협"의 결과로 더욱 빈번해질 것으로 예상된다.[52-54] 홍수 위험에 처한 도시 토지 규모는 2000년에서 2030년까지 두 배로 증가할 것으로 예상된다.[55,56] 홍수 영향을 예방하고 줄이는 것은 전 세계적으로 중요한 도시 계획의 주안점이 되었다. 저영향 개발[57] 및 '스펀지 도시'[58]와 같이 물을 차단, 저류, 저장하는 새롭고 다양한 전략들에 관심을 불러일으키고 있다. 도시 지역의 홍수 위험을 관리하기 위해 물 보유 및 배수와 관련한 관리 전략 및 토지이용 결정이 점점 더 중요해지고 있다. 2019년 인도네시아 정부가 수도를 자카르타에서 보르네오섬의 인도네시아 지역인 칼리만탄으로 이전할 계획을 발표한 것이 극단적 예시 중 하나이다. 자카르타는 인구 증가와 해수면 상승에 따른 물부족으로 지하수를 대량 추출하면서 수년 동

그림 13.1 자카르타는 점점 더 많은 홍수를 겪고 있어, 2019년에 인도네시아는 수도 이전을 발표하기에 이르게 된다.
자료: Photo by Seika (Flickr), CC BY-2.0

안 가라앉고 있었다.[59] 도시의 일부가 해수면보다 수 미터 낮아졌고, 홍수가 빈번하게 발생하여 막대한 인적 및 재정적 비용이 발생했다(**그림 13.1**). 이러한 문제들은 향후 수십 년 동안 악화될 것으로 예상되어, 수도 이전이라는 어려운 결정을 내릴 수밖에 없었다. 그러나 온전한 열대우림이 넓게 펼쳐진 인구 밀도가 낮은 섬에 새로운 도시를 개발하는 해결책은 삼림 벌채와 오염과 관련된 생태 및 건강 문제를 야기할 수도 있다.

최근 전 세계 도시에서 발생한 물 위기에서 알 수 있듯이, 전 세계 도시들은 환경 조건 변화로 인한 수자원 수요 증가로, 물 부족 위협을 받고 있다.[60] 이는 최근 전 세계 도시에서 발생한 물 위기 사례에서 잘 드러나고 있다. 2015년에서 2017년 사이 남아프리카공화국의 케이프타운은 만성적인 도시 물 부족을 경험했다. 기록적으로 극심한 가뭄으로 인한 수위 저하로 주거용 수도 서비스가 중단되는 '데이 제로(Day Zero)'에 대한 두려움을 겪었고,[61] 때마침 내린 비로 재앙을 피할 수는 있었다. 전 세계 많은 지역들에서 물 부족 문제가 발생하고 있다. 인도에서는 약 6억 명의 인구가 물 부족에 시달리고 있으며, 2020년까지 21개 도시가 지하수 고갈 위험에 처한 것으로 확인되었다.[62] 많은 해안 도시에서는 지하수 취수와 해수면 상승이 결합하여 지하수 대수층에 염수가 침입하여 식수 공급을 위협하고 있다.[63] 이러한 영향을 받은 도시에는 마이애미, 로스앤젤레스, 마닐라, 선전 등이 있다.

자연 생태계에 직접적인 영향을 미치는 도시의 다른 특징들도 도시 자체에 영향을 주게 된다. 과도한 폐기물과 미처리 폐수는 질병 전파와 환경 독소에 대한 노출을 증가시킨다. 도시 확산과 주거지, 서비스 시설, 직장의 불일치는 장거리 통근의 필요성을 일으키고, 이에 따른 교통량 증가는 소음과 공기오염을 유발한다. 도시 건설 면적의 증가는 녹지 공간과 식생을 감소시킨다. 이러한 모든 요인들은 인구 건강에 큰 영향을 주게 된다.

도시공간과 건강

도시공간은 도시와 동네의 물리적·사회적 환경과 관련된 여러 방법들을 통해 건강에 영향을 준다. 전부는 아니더라도, 도시가 일으키는 환경적 영향 중 많은 부분이 도시 내 건강 결과에 중요한 의미를 갖는다.

그림 13.2는 도시와 도시의 환경적 결과들이 인구 건강에 영향을 미치는 몇 가지 역동적인 관계들을 보여준다.

토지이용과 교통은 건강에 영향을 주는 도시의 두 가지 주요 특징이다. 도시 확산과 동력 교통수단에 대한 의존도 증가는 일상적인 신체 활동을 감소시킬 수 있다.[64] 토지이용 혼합(주거, 소매, 교육, 레크리에이션 및 기타 용도가 공존), 대중교통 전용차선, 걷기와 자전거 타기에 용이한 보도 및 자전거 도로와 같은 시설들을 포함하는 도시 지역 건조 환경의 특징들은 자동차 사용을 줄이고 신체 활동을 촉진할 수 있다. 자동차와 버스를 비롯한 동력 교통수단의 사용 증가는 높은 수준의 공기오염과[65] 이로 인한 건강상의 악영향으로 이어진다.[66] 소음에 대한 노출 증가와 높은 부상 및 사망률(자동차 탑승자와 보행자 및

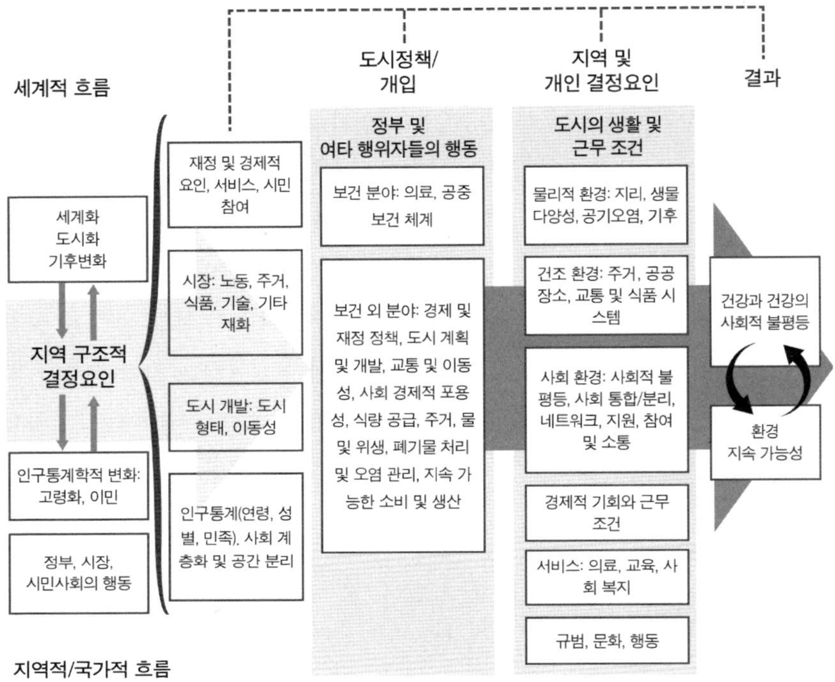

그림 13.2 도시와 건강. 도시 건강, 형평성 및 지속가능성의 핵심 동인에 대한 개념 모델.
자료: Diez Roux A, Slesinski S, Alazraqui M, et al. A novel international partnership for actionable evidence on urban health in Latin America: LAC-Urban Health and SALURBAL. *Global Challenges*. 2018; 3(4): 1800013.

자전거 탑승자 모두를 위협)로도 이어질 수 있다.[67] 따라서 고밀도 혼합 토지이용 촉진, 자동차 교통수단 지양, 대중교통/자전거/걷기 장려 등의 도시 전략은 생태계에 이점을 주는 것은 물론이고 신체 활동 증진, 소음 및 공기오염 노출 감소, 부상률 감소 등 여러 경로를 통해 건강을 개선할 수 있다.

도시 팽창과 자연 및 녹지 공간의 감소는 스트레스, 정신건강, 전반적인 삶의 질에도 중요한 영향을 미칠 수 있다. 예를 들어, 긴 통근 시간은 더 많은 스트레스와 부정적인 정신건강 결과와 관련이 있다.[68,69] 이와 반대로 자연 환경과 녹지 공간에 대한 접근성은 스트레스를 줄이고 정신건강을 개선시킬 수 있다(제9장 참조).[70–72] 녹지 공간에 대한 근접성은 신체 활동을 증가시키고,

만성질환의 위험을 줄인다.[73-75] 혼합 토지이용과 녹색 공공장소 조성은 사회적 상호작용에 중요한 이점을 가져와, 건강에 유익한 결과와 함께 사회적 결속을 강화할 수 있다.[76]

도시 식습관은 열량, 설탕, 소금이 많이 함유된 가공식품, 포장식품, 패스트푸드의 소비는 증가하고, 전통적인 식단에 비해 과일과 채소의 소비는 감소하는 특징을 보인다.[38,77,78] 이러한 식습관을 유발하는 요인으로는 식품 가용성, 광고 및 비용, 문화적 규범의 변화, 긴 근무 시간과 출퇴근 시간으로 인해 가정에서 음식을 준비할 시간이 줄어드는 것 등이 있다.[78] 이러한 식습관은 더 많은 좌식 생활과 함께 비만 및 비감염성질환의 전 세계적 부담 증가 등의 여러 건강 관련 악영향으로 이어지고 있다.[79,80]

도시에서 물을 공급하고 폐기물을 처리하는 방식도 건강에 큰 영향을 미친다. 전 세계 도시 인구의 약 20%가 개선된 위생 시설을 이용하지 못하고 있으며, 중저소득국가 도시 거주자의 50%가 물 또는 위생 관련 전염병의 영향을 받고 있다.[22] 고형폐기물은 온실가스 배출, 홍수, 대기 및 수질 오염을 야기하며, 이는 모두 건강에 악영향을 준다. 깨끗한 물에 대한 접근성을 높이고 환경적으로 지속가능한 하수 처리를 촉진하는 동시에 재사용과 재활용을 장려하고 고형폐기물 발생을 줄이는 도시 정책은 환경과 건강의 공동 이익으로 이어질 수 있다.[81,82] 칠레에서 폐수 처리를 위해 바이오공장(biofactories)을 사용하는 모범사례가 제16장에 소개되어 있다.

도시 열섬 효과로 인한 기온 상승은 도시 인구 건강에 큰 영향을 준다. 열에 노출되면 심혈관, 호흡기, 신장 질환으로 인한 질병률과 치사율이 증가한다.[83] 고령자, 어린이, 사회적으로 고립되거나 경제적으로 취약한 사람들은 열로 인한 건강 악영향의 위험이 가장 크다.[84,85] 강우량 증가와 도시 내 괴어 있는 물과 함께 기온이 상승하면서 지카, 뎅기열 같은 감염병이 주요 도시 보건 문제로 부상하고 있다.[86,87] 폭염은 또한 정신건강 문제 및 도시 내 폭력과 관련이 있는데, 이 문제는 8~10장에서 자세히 다루어졌다.

기온 상승과 관련된 건강 위협을 해결하려면 건물, 동네, 도시를 설계하고 건설하는 방식에 대한 광범위한 재고가 필요하다. 그러나 이는 공학적 문제만이 아니라 가장 취약한 시민을 보호하는 도시 제도 마련도 필수적이다.

우리 도시를 다시 상상하다: 지구건강을 증진할 기회

우리는 토지이용 양식, 자연 생태계 침범, 도시 소비와 에너지 및 자재 사용 양식과 관련한 도시의 여러 건강 및 환경 영향을 검토했다. 도시가 가져오는 이러한 잠재적 부정적 영향들은 생태발자국을 줄일 수 있는 중요한 기회가 되기도 한다. 잘 관리된 도시화는 다양한 환경적 이점을 가져올 수 있다. 예를 들어, 고밀도 도시 공간들은 1인당 에너지 사용량과 온실가스 배출량이 저밀도 교외 지역보다 낮은 경향이 있다.[88] 이에 더해 고밀도 개발은 도시화가 야기하는 바이오매스, 생물다양성, 가용농지 소실을 최소화할 수 있다.[16,19]

밀도를 높이는 것은 유망한 도시 전략 중 하나일 뿐이다. 우리는 에너지 효율이 더 높은 건물을 짓고, 건물에 태양열 패널을 설치하여 자체적으로 전력을 생산하도록 할 수 있다. 건물은 빗물을 포집, 정화, 저장하고 수직 또는 옥상 정원을 조성하여, 도시 열섬 효과를 줄이고 식량을 생산하며 사회적 소통 공간을 만들 수 있다(**그림 13.3**). 주거, 상업, 업무공간이 혼합된 구역 설정(zoning), 안정적이고 저렴한 대중교통, 높은 수준의 보행자 및 자전거 인프라, 충분한 녹지 공간들은 자동차 사용을 줄이고, 지역공동체를 강화하며, 정신건강을 개선하고, 신체 활동을 장려할 것이다. 도시 폐기물 관리 시스템은 고형폐기물과 하수를 에너지, 수자원, 퇴비, 비료로 전환할 수 있다. 이를 통해 유해한 유출과 에너지 소비를 줄이고 지역 농업을 위한 귀중한 자원을 창출할 수 있다. 전 세계 대부분의 도심에 건물, 동네, 대도시와 관련한 디자인 요소들과 정책들이 통합적으로 적용된다면 인류의 총생태발자국을 큰 폭으로 줄일 수 있다. 나아가 이러한 전략들의 상당수는 건강 이점으로도 이어진다. 그러므로 도시는 지속가능성 문제를 야기하면서도, 환경적 지속가능성을

그림 13.3 싱가포르에 있는 사진과 같은 도시의 녹색 지붕은 냉각, 빗물관리, 사람이 여가를 즐기기 위한 공간, 동식물의 서식지, 먹거리 생산 등 많은 서비스를 제공한다.

자료: Photo by Jimmy Tan (Flickr), CC BY-2.0

달성하기 위한 열쇠를 쥐고 있기도 한 셈이다.[89] 이 부분에서는 환경과 건강에 공동 이익을 가져올 수 있는 도시에서 시행된 정책과 전략의 몇 가지 사례를 다루고자 한다.

그림 13.4 코펜하겐은 보행자 및 자전거 인프라와 친환경 폐기물 관리를 포함한 여러 지속가능하고 건강한 특징들로 널리 알려져 있다.
자료: Pixabay

통합 녹색 도시주의

도시개발 전략인, 녹색 도시주의(Green Urbanism)는 사람과 지구에 도움이 되는 도시를 건설하기 위해 탄소 배출 제로 및 폐기물 제로 도시 설계를 촉진하는 것을 목표로 한다. 주요 초점 분야들로는 조밀한 도시 형태, 에너지 효율성, 친환경 교통수단, 도시 녹화가 있다.[90,91]

친환경 도시화의 훌륭한 사례는 코펜하겐이다(**그림 13.4**). 코펜하겐의 놀라운 도시 변화는 환경적, 사회적 이점으로 인정받아, 세계에서 가장 친환경적인 도시로 꼽히고 있다.[92-94] 가장 최근의 2015년 도시 계획은 2025년까지 친환경 에너지를 통해 탄소 중립을 달성하는 동시에 "더 높은 수준의 성장과 삶의 질"을 촉진하는 것을 목표로 하고 있다.

코펜하겐의 도시 정책은 녹색 도시, 주민 중심 도시, 사회 통합, 삶의 질,

경제성장 및 일자리, 지역 리더십을 우선시해 왔다.[94] 이 계획은 2027년까지 지속가능한 신규 주택 4만 5000채 건설, 자전거 3분의 1, 대중교통 3분의 1, 자동차 3분의 1의 교통수단 분포 달성, 공공 주택 20% 추가, 취약 지역사회 프로그램 확대, 배출가스 및 미립자 오염 감소, 이동성 및 환경 품질 개선을 통한 건강 형평성 지원을 요구한다.[95]

코펜하겐은 도시 고형폐기물을 100% 재활용하고 폐기물에서 자원을 100% 회수하는 "폐기물 제로 도시"가 되기 위한 조치들도 시행하고 있다.[96] 코펜하겐의 폐기물 관리 혁신은 재활용 재료 사용을 3배로 늘리고 폐기물 관리 및 감시 기술을 개발하는 것을 목표로 한다. 이를 위해 자원의 지속가능한 설계, 재사용, 유지, 보수 및 개조를 장려하고 있다.[97,98] 전 세계의 다른 많은 도시들이 녹색 도시주의를 수용하고 있다. 브라질 쿠리치바,[94] 핀란드 헬싱키, 프랑스 파리, 이탈리아 베네치아, 영국 런던, 스페인 비토리아-가스테이스 등이 대표적인 사례이다.[99]

더 건강하고 환경적으로 지속가능한 도시 교통

공공 및 민간 부문의 혁신에 힘입어 전 세계 도시와 민간 기업들은 자동차, 일반 대중 버스, 지하철 기반 대중교통 시스템과 같은 전통적인 이동 수단의 대안으로 새로운 이동성 접근 방식을 도입하기 시작했다. 이러한 혁신들은 목적지에 대한 접근성 증가, 신체 활동을 포함한 이동 촉진, 1인당 에너지 소비 감소, 온실가스 및 기타 배출량 감소, 교통사고 부상 감소, 공기오염 관련 질병률 및 사망률 감소 등에 잠재력을 가지고 있다. 아울러 신체적, 환경적 건강 결과 외에도, 이러한 혁신들은 사회적 자본, 지역사회 결속력, 개인적 스트레스 등에 영향을 주며 정신건강과 복지와도 밀접한 관계를 지닌다. 다음 부분에서는 환경과 건강에 여러 공동 이익을 가져올 수 있는 도시 이동성 전략의 세 가지 예를 제시한다.

그림 13.5 여기 브라질 쿠리치바의 급행버스는 전용 차선과 효율적인 승하차 기능을 갖추고 있다.
자료: Photo by Mario Roberto Duran Ortiz (Wikimedia), CC BY-SA 3.0

간선급행버스체계

간선급행버스체계(bus rapid transit, BRT)는 전용 도로 차선, 우선 신호 체계, 버스 하차 요금 징수, 정류장 개선 등이 특징인 버스 기반 대중교통 시스템이다(**그림 13.5**). 전 세계적으로 168개 도시에 BRT 노선이 있다: 라틴 아메리카 55개, 유럽 44개, 아시아 43개, 북미 18개, 아프리카 4개, 오세아니아 4개.[100] BRT가 철도와 비교하여 독특한 점은 모듈화되어 있다는 점이다: 밀집된 도시 환경에서는 철도를 모방하지만, 밀도가 낮은 지역에서는 일반 버스처럼 운행할 수도 있다. BRT가 미치는 영향에 대한 연구에 따르면, 이동 시간 단축,[101] 밀집화 및 토지이용 변화,[102] (특히 정류장 주변의 토지이용이 BRT를 지원하는 경우) 자동차 이용화률 감소[103-105] 등의 이점이 있는 것으로 나타났다. BRT는 신체 활동 증가, 탄소 배출 감소, 도로 안전 개선으로 인정받고 있다.[104,106,107]

이러한 긍정적인 결과에도 불구하고 BRT는 도시와 지구의 건강에 몇 가지 도전과제를 가져오기도 했다. 예를 들어, 일부 연구에 따르면 BRT 이용자는 초미세먼지, 블랙카본, 초미립자 등의 오염물질에 대한 노출이 높을 수 있는 것으로 나타났다.[108] 토지 가치가 상승하기 때문에 BRT 투자와 함께 젠트리피케이션 압력도 동반되어, 주택 확보력이 하락하고 잠재적으로 이해갈등 우열에 따른 분리의 패턴도 강화될 수 있다.[109,110] 이러한 여러 결과를 종합하면 혁신적인 도시 교통 이니셔티브가 포함된 더 광범위한 시스템을 고려하는 것이 중요하다는 점이 강조될 수 있다. 이러한 부정적인 결과에 대한 우려는 형평성을 고려하고, 취약 계층의 의견을 계획 프로세스에 반영해야 하는 필요성을 보여준다.

자전거 이용 활성화

코펜하겐, 암스테르담, 프라이부르크 등 유럽 도시들이 여전히 자전거 이용을 선도하고 있지만, 글로벌 노스 선진국과 글로벌 사우스 저개발국에 있는 전 세계 수십 개의 도시에서 이동과 레저를 위한 자전거 이용을 장려하기 시작했다. 자전거를 통한 신체 활동은 자전거 이용자에게 모든 원인에 의한 사망률을 줄이고, 비만, 당뇨병, 심혈관 질환, 고혈압을 감소시켜 주는 중요한 건강 보호 효과를 준다.[111-113] 교통수단으로 자전거를 이용하면 오염물질 배출량도 감소하여, 이 또한 중요한 건강 이점이다.

자전거 이용을 장려하기 위해 지역사회는 인프라 프로젝트, 교통법규 교육 및 단속과 같은 정책, 지역사회 자전거 타는 날 및 정기적인 차량 통행금지와 같은 프로그램, 자전거 공유 프로그램, 현재 및 잠재적 사용자가 자전거를 더 많이 이용할 수 있도록 하는 홍보에 주력해 왔다. 인프라 프로젝트는 자전거 트레일, 도로 교통(및 보행자)과 자전거 이용자를 분리하는 자전거 도로, 자동차 속도를 늦추기 위한 도로 장치와 같은 투자에 중점을 둔다. 이러한 개선이 자전거 운전자(안전, 신체 활동 증가, 교통 체증에서의 이동 시간 단축)와 비자전거 운전자(안전성 향상 및 배기가스 감소)에게 주는 혜택은 잘 알려져 있다.[114,115] 자동차 운전자와 자전거 운전자 교육, 차량 제한 속도 하향 조정, 자전거 주차 인프라 제공을 목표로 하는 정책들은 자전거 이용을 장려하는 데 효과성을 보였다. 일 년 중 대부분의 일요일에 도시 거리를 레크리에이션과 신체 활동을 위해 차 없는 지역사회 공간으로 바꾸는 보고타의 시클로비아(Ciclovia)와 같은 프로그램[116]도 자전거 이용을 증가시킬 수 있다.

BRT와 마찬가지로, 많은 도시에서 자전거 인프라 투자는 주로 사람들이 공통적으로 찾는 목적지에 집중되어 있다. 이러한 목적지들에 대한 접근성은 프리미엄이 붙어, 주로 중산층 이상의 주민들이 이러한 공간들을 거주하고 이용하는 경향이 있다. 반면, 도시 주변 지역에 거주하는 저소득층 주민들은 경사지와 비탈길, 활동량이 많은 중심지와의 거리와 같은 물리적 장벽으로 인해 이러한 인프라에 대한 접근이 제한적이다. 혹은 단순히 저소득층 주민들이 의사 결정 과정에서 고려되지 않았기 때문이다. 또 한 가지 우려되는 점은 지역 주민들의 주택 가격 상승과 이주에 대한 우려로 이어질 수 있는 자전거 인프라 투자로 야기되는 젠트리피케이션이다.[117,118]

공유 차량, 전기 자동차, 자율주행차

민간 부문이 주도하는 혁신적인 이동성 혁신은 도시 교통의 지형을 재편하고 있다. 차량 공유(공유 자전거, 공유 스쿠터, 공유자동차), 청정 차량 추진 방식(전기 자전거, 스쿠터, 자동차), 스스로 운전하는 차량은 모두 도시의 지속가능성과 지구건강에 중요한 영향을 줄 가능성이 높다. 혁신의 종류에 따라 실재 구현 및 완전한 시장 진출에 걸리는 기간은 다르겠지만(전기 모터 및 공유 차량과 같은 일부 혁신은 전 세계적으로 활발히 사용되고 있는 반면, 자율주행 차량과 같은 혁신은 더 미래 지향적임), 이러한 혁신들은 도시 환경에 직접적인 영향을 미치고 도시 생활의 질에 간접적인 영향을 미친다.

직접적인 영향은 화석연료 배출의 변화, 대기 질, 토지이용 변화, 안전성과 관련이 있다. 공유 차량은 각각의 차량이 더 집중적으로 사용되어 주차의 필요성을 줄일 수 있다. 그러나 사람들이 신체 활동을 동반하는 교통수단이나 대중교통 이용에서 공유 차량 사용으로 전환하여, 교통량과 혼잡을 증가시킨다는 반론도 존재한다.[119] 공유 차량은 또한 대중교통 수단에 접근하는 데 유연성을 가져다준다. 차량 전기화는 상당한 공기 질 개선 효과를 가져올 수 있으며,[120] 특히 전기 에너지가 재생 가능한 자원으로 생산된 경우에 이러한 효과가 나타날 수 있다. 마지막으로, 전 세계적으로 교통 관련 사망률이 높은 상황에서 안전성은 자율주행차가 가장 크게 기여할 수 있는 부분 중 하나이다. 차량 자동화는 교통 흐름을 원활하게 하고 배기가스 배출량을 크게 줄이는 데 기여할 수 있다.[121,122]

보다 효율적인 이동이 가져올 덜 긍정적인 영향은 신중한 계획 없이는 도시가 주변 지역으로 계속 성장하여 도시가 차지하는 공간이 확장될 수 있다는 것이다. 마찬가지로, 이동이 쉬워지면 더 많은 이동이 발생하기 때문에,[123] 자동차에 머무는 시간도 증가하고, 앉아서 하는 신체 활동 패턴과 그에 따른 건강상의 악영향을 악화시킬 가능성이 높다.

공유, 전기, 자율주행 차량의 영향은 간접적으로도 삶의 질에 영향을 미치고 형평성 문제를 야기할 수 있다. 예를 들어, 도시 주변 지역 성장은 인구 밀도가 낮은 해당 지역에서 대중교통 서비스를 지속하기 어렵게 할 수 있다. 나아가 인구 밀도가 낮으면 이동 거리가 길어져 걷기와 자전거 타기가 어려워진다.[124] 이는 지구건강 분야에서 반복적으로 제기되는 질문이다. 이러한 혁신으로 인한 개선의 혜택은 누가 받고, 비용은 누가 부담할 것인가? 우리는 이동성 혁신의 부담은 취약 계층이 떠안고, 부유층이 그 과실을 누리는 상황을 재현하게 할 것인가?

이러한 혁신들의 상당 부분을 민간 부문이 주도해 왔기 때문에 형평성에 대한 고려가 우선시되지 않아왔다. 이동성 혁신이 더 많은 도시 팽창을 일으키지 않고, 모든 사람에게 공평한 혜택을 제공하려면 사전 예방적인 접근 방식이 필요하다.

대중교통 지향형 도시개발을 통해 건강하고 환경적으로 지속가능한 동네 만들기

대중교통 지향형 도시개발(transit-oriented development, TOD)은 지속가능한 도시 계획의 핵심 특징으로서, 동네를 촘촘하고, 걷기 편하며, 대중교통 중심으로 설계하는 것이다. TOD는 차량 혼잡과 공기오염을 줄이고 녹지와 공공 공간들을 보존할 수 있다.[125] 고밀도의 촘촘한 도시 형태는 긍정적인 지속가능성 결과와 관련이 있는 반면,[126] 도시 주변의 저밀도, 단절된 지역은 차량 사용 증가, 걷기 감소, 사회적 연결 약화, 대기 질 저하를 초래한다.[102] 더 촘촘한 동네는 더 높은 주거 에너지 효율성과도 관련성을 보여준다.[127]

브라질의 쿠리치바는 도시의 지속가능성을 달성하기 위해, TOD가 BRT와 통합되는 방법을 보여주는 주목할 만한 사례이다. 1970년대 초부터 쿠리치바는 BRT에 대한 투자와 TOD를 촉진하는 토지 계획을 조정하는 지속가능한 도시 개발 접근법을 채택했다.[128,129] 이러한 과정들을 지원하기 위해 쿠리치바는 BRT 통로를 따라 도시 개발 밀도를 높이는 한편, 통로에서 떨어진 곳의 밀도는 적극적으로 통제했다. 이 통로를 따라 도시 개발이 되면서, BRT 통로는 구조적 축으로 거듭났다. 현재 쿠리치바는 브라질에서 1인당 자동차 보유 대수가 가장 많음에도 불구하고, 대중교통 이용률이 85%로 브라질에서 가장 높다.[130] 쿠리치바의 변화는 BRT를 도입하는 다른 도시들의 모델이 되었다.[131,132] TOD의 매력에도 불구하고, 건강상의 이점을 극대화하려면 밀집된 도시 개발로 인한 잠재적 부작용을 완화할 수 있는 예방적 도시 설계가 필요하다. 잠재적 부작용들의 예로는 밀집 지역에서의 도시 열섬 발생,[133] 레크리에이션 공간 및 신체 활동 기회에 대한 접근성 제한[134] 등이 있으며, 특히 어린이와 노인과 같은 특정 연령대가 영향을 받을 수 있다.[135] 구체적인 설계 조치들로는 연령 및 소득별 접근성 제약을 고려한 녹지 및 레크리에이션 공간의 전략적 배치,[133] 레크리에이션 및 통근을 활용한 걷기 및 자전거 이용 기회 강화 등이 포함될 수 있다.[134,136]

더 건강하고 환경적으로 지속가능한 도시 식량 시스템을 촉진하기 위한 도시 전략들

도시들은 지속가능한 도시 식량 시스템 개발을 지원하기 위해 다양한 전략을 사용하고 있다.[137] 2015년, 전 세계 모든 지역의 도시들이 밀라노 도시 먹거리 정책협약(Milan Urban Food Policy Pact)에 서명하여 도시화와 먹거리 체계의 도전과제들이 서로 연결되어 있으며, 도시가 해결방안 시행에 전략적 역할을 한다는 것을 인정했다.[138] 2019년 현재, 199개 도시가 이 협약에 서명하여, 먹거리 정책을 도시정책과 통합하고 다양한 수준의 이해관계자와의 소통을 통해 건강 및 지속가능한 먹거리 정책을 증진할 것을 약속했다.[138] 이 협약의 주요 목표는 지속가능하고 회복력 있는 도시 먹거리 체계를 촉진하는 것이다. 중점 분야로는 먹거리 정책 관련 거버넌스 개선, 건강한 식단 증진, 사회 및 경제적 형평성, 환경적으로 지속가능한 먹거리 생산, 효율적인 먹거리 공급 및 유통, 음식물 쓰레기 감축 등이 있다. 이러한 주제들 중 상당수는 제5장에서 더 자세히 다루어진다.

많은 도시에서 지역에서 생산된 신선한 과일과 채소, 특히 도시와 인접한 농촌 지역에서 생산된 제품의 소비를 지원하는 계획들을 시작했다(**그림 13.6**). 예를 들어, 브라질의 벨루오리존치와 아르헨티나의 로사리오는 정책적 개입을 통해 지역 도시 근교 및 농촌 농부들이 생산한 먹거리의 소비를 증진하고 있다. 이러한 전략들로는 기관 구매, 교육 캠페인, 지역 농산물을 인근 도시 시장에 직접 판매하는 것 등이 있다.[139] 도시 농업의 증진은 더 많은 지역 생산과 소비에 도움을 준다. 세네갈 다카르시는 도시 빈곤층이 가정에서 소비하고 판매할 수 있는 신선하고 영양가 있는 식량을 재배할 수 있도록 초소형 정원(microgarden) 프로그램을 운영하고 있다. 이를 통해 초소형 정원을 위한 토지와 용품을 제공하고 있다.[137]

나이로비 도시 먹거리 법안은 도시 거주자들이 합법적으로 도시 농업을 개발할 수 있도록 한다.[140] 이러한 도시 농장의 노력은 더 건강한 식품 소비를

그림 13.6 뉴욕시 유니언 스퀘어에 있는 이와 같은 도시 농산물 직판장은 도시 주변의 농부와 도시 내 소비자를 연결한다. 이는 지역사회를 구축하고, 건강한 먹거리 종류를 다양화한다.
자료: Photo by Phil Roeder (Flickr), CC BY-2.0

통해 건강을 증진하고, 일자리 기회를 제공하며, 사회적 자본을 증가시킬 수 있다. 실내에서 고효율의 연중 수경 재배 또는 분무식(aeroponic) 재배 방식으로 농산물을 재배하는 수직 농업은 빠르게 성장하는 또 다른 혁신이다. 수경재배는 전통적인 농업에 비해 토지, 비료, 물을 적게 투입하면서 도시민에게 신선한 지역 농산물을 제공한다. 도시에서 식량을 생산하고 유통하는 방식에 있어 큰 변화는 환경과 건강에 상당한 이점을 가져올 수 있다. 그러나 이러한 혁신들이 건강과 환경에 미치는 영향은 아직 완전히 검토되지는 않았으며, 토양 오염과 같은 문제가 여전히 우려되는 부분으로 남아 있다.[141]

음식물 쓰레기를 줄이는 것도 빠른 혁신의 또 다른 분야이다. 예를 들어, 2012년 프랑스 파리는 민간 부문과 시민사회와의 연대를 통해 낭비될 수 있는 식품을 안전하게 회수하여 저소득층 및 기타 식량 불안정 계층에게 재분배하는 사업을 시작했다.[137] 다른 도시에서도 비슷한 사업들을 시행하고 있다. 쿠리치바에서는 시민들이 재활용 가능한 자재를 지역 가족 농장에서 생산한 신선한 농산물과 교환하거나 할인된 가격으로 구매할 수 있다. 이 시설에서는 고형폐기물도 동시에 수거한다. 이 프로그램은 지역 농산물 소비, 환경적으로 유해한 폐기물 처리 감소, 일자리 창출, 사회 통합을 동시에 증진한다.[139] 이러한 유형들의 사업들이 건강과 환경에 미치는 광범위한 영향에 대한 추가적인 평가가 필요하다.

도시공간에 대한 지구적 건강 접근법 증진을 위한 도전과제

근거 기반 구축

도시 공간의 특징이 환경적 결과 또는 건강과 관련이 있다는 경험적 증거는 상당히 많다. 그러나 연구자들이 건강과 환경적 결과를 공동의 결과로 평가하는 경우는 거의 없다. 많은 건강 연구에서 환경을 건강의 가능한 예측 변수로 조사하지만, 환경적 영향 자체를 관심 있는 결과로 간주하지 않는다. 가장 큰 관심을 끄는 환경적 구성요소는 건강 또는 건강 관련 행동에 직접적인 영향을 미친다고 가정되는 것들이다. 시간 경과에 따른 환경적 지속가능성과 같은 보다 복잡한 환경적 결과는 상대적으로 덜 주목받는다. 마찬가지로 환경 연구가 환경 보호 정책의 건강 영향(공동 편익)을 완전히 탐구하는 것은 아니다.

여러 분야의 과학자들은 도시를 인구 건강과 환경 모두에 영향을 미치는 복잡계로 바라보는 새로운 도시 과학을 요구하고 있다.[6] 복잡성, 양방향성, 비선형성을 고려하고, 여러 분야의 경계를 허무는 시스템 접근의 필요성은 지구건강 분야에서 반복되는 주제이다. 이러한 접근법은 건강하고 살기 좋으며 환경적으로 지속가능한 도시를 위한 보다 효과적인 정책을 창출하는 데 핵심적인 역할을 한다. 이 과학을 발전시키기 위해서는 도시학자, 보건과학자, 환경과학자 간의 교류와 협력이 더욱 활발해져야 한다. 또한 오늘날 많은 연구를 지배하는 다소 단순하고 선형적인 개념 모델을 뛰어넘어야 한다.

전 세계 곳곳에서 도시와 동네에서 도시공간을 변화시키기 위해 노력하고 있다. 이러한 정책과 개입의 동기는 건강이나 삶의 질 향상에 대한 기대감에서 비롯되기도 한다. 다른 경우에는 환경적 또는 경제적 편익이 동기가 되기도 한다. 이러한 개입에 대한 엄격한 평가는 특정 정책과 개입의 건강 및 환경적 공동 편익을 동시에 평가하여, 모범 사례에 대한 증거 기반을 구축할 수 있는 잘 활용되지 않는 기회이다. 이러한 평가에는 정책 입안자, 학계, 실무자를 포함한 학제 간 파트너십이 필요하다.

형평성에 대한 시사점 고민하기

대부분의 도시공간은 건강과 사회경제적 지위의 격차가 심하다는 특징이 있다. 도시의 불평등은 역사적 상황, 사회 및 경제 과정, 인종 차별 등 다양한 요인의 상호작용으로 인해 발생한다. 불평등은 사회계층, 인종, 민족 또는 출신 국가에 따른 주거지 분리를 통해 도시에서 공간적으로 나타난다. 주거지 분리는 동네의 사회적, 물리적 환경과 서비스 및 자원에 대한 접근성에 영향을 미쳐 계급, 인종 및 기타 요인에 따른 불평등을 심화시킨다. 특히 주거지 분리의 극명한 징후는 많은 대도시에 임시 거주지 또는 '빈민가(slums)'가 존재한다는 것이다.[142] 지구건강을 위한 핵심 과제는 가장 취약한 계층의 건강과 생활환경을 개선하여 불평등을 줄이는 동시에 도시의 환경적 지속가능성을 증진해야 한다는 것이다.

빈곤한 동네는 주로 도시에서 환경 위협의 영향을 가장 많이 받는 지역이다. 예를 들어, 빈곤 지역은 폭염으로 인한 건강 악영향에 더 취약하다.[143] 빈곤 지역은 또한 호우나 폭풍 후의 홍수나 산사태에 더 취약한 지역에 위치하는 경향이 있으며,[144] 도로나 기타 오염원에 더 가까운 곳에 위치하기 때문에 공기오염 수준이 더 높은 경우가 많다.[37,145] 이와 동시에 부유한 지역일수록 더 많은 에너지를 소비하고 더 많은 폐기물을 발생시켜 환경에 더 큰 영향을 주지만,[18] 환경이 건강에 끼치는 영향의 부담은 가장 취약한 계층이 지고 있다. 이러한 패턴을 고려할 때, 도시의 환경 영향을 줄이기 위한 노력은 가장 취약한 계층에게 상당한 편익을 줄 것으로 기대할 수 있지만, 이러한 형평성 혜택이 최적화되는 조건은 더 많은 연구가 필요한 분야이다.

도시 내 형평성 증진을 목표로 하는 공간 기반 개입의 오랜 전통이 있다. 브라질 벨루오리존치의 빌라 비바 프로그램, 칠레 산티아고의 동네 회복 프로그램(Recuperación de Barrios), 케냐의 빈민가 개선 프로그램, 인도의 빈민가 네트워크 사업, 바르셀로나의 동네 개선법(Ley de Barrios), 스코틀랜드 글래스고의 고르발 도시 재생 사업과 같은 빈민가, 임시거주지 또는 취약한 동네의 환경을 개선하는 것에 중점을 둔 프로그램이 그 예시들이다.[146-151] 이러한 사업들에는 일반적으로 거리와 주택의 물리적 개선, 적절한 물과 위생 시설에 대한 접근성 향상, 사회 서비스 및 직업 훈련, 주민 참여와 같은 요소가 포함된다.[152,153] 형평성 요소가 강한 공간 기반 개입의 다른 예로는 도시 외곽에 위치한 취약 지역의 대중교통 접근성 개선을 목표로 하는 메데인의 메트로케이블(Metrocable)[154] 또는 최근 보고타의 트랜스미케이블(TransMiCable)과 같은 교통사업들을 들 수 있다. 이러한 개입이 건강에 미치는 영향에 대한 일부 증거가 존재하기는 하지만,[155,156] 도시 생태발자국, 기후 영향, 폐기물 생산, 교통 혼잡, 공기오염에 대한 광범위한 영향을 포함한 환경 영향에 대한 평가는 제한적이다. 환경에 대한 부정적인 영향을 증가시키지 않으면서, 형평성을 증진할 수 있도록 이러한 개입을 설계하는 방법에 대한 논의가 필요한 상황이다.

도시의 환경 발자국을 줄이기 위한 개입이 초래하는 의도치 않은 결과를 통해서 지구건강 접근법은 형평성에 또 다른 방법으로 영향을 미칠 수 있다. 한 가지 예로 도시 녹지화를 들 수 있다. 도시 녹지화는 부유한 주민의 유입과 저소득층 주민의 이동을 특징으로 하는 젠트리피케이션[154,157,158]을 유발할 수 있다는 지적이 있다. 환경적으로 유리한 지역(예: 홍수로부터 보호되는 고지대 지역)도 젠트리피케이션이 발생하고 있다.[159] 환경적 지속가능성을 증진하기 위한 선의의 전략이 도시 지역의 사회적 및 건강 불평등을 증가시키지 않도록 하는 것이 중요한 과제이다. 이를 위해서는 도시 녹지화 전략과 소득계층 혼합 주택을 장려하고, 동네 개선사업과 관련된 이주를 줄이기 위한 사회 프로그램의 결합이 필요할 수 있다.

사회 및 환경 목표를 통합하려는 포괄적인 전략의 한 예로 1990년대부터 메데인에서 시행된 사회적 도시주의 전략이 있다.[160] 사회적 도시주의는 물리적 변화, 사회 프로그램, 제도적 변화, 참여 과정을 결합한 도시 개발 전략이다.[161,162] 이 프로그램은 삶의 질 향상, 폭력 감소,[156] 사회적 자본 증가를 가져왔다.[161] 그러나 다른 환경 영향은 체계적으로 평가되지 못했다. 앞으로는 지구건강을 증진하기 위한 정책과 개입의 형평성 영향을 평가하고, 형평성 증진을 목표로 하는 개입이 지구건강에 미치는 영향을 평가하는 것이 중요할 것이다.

지식의 보급과 적용

건물 설계, 교통 인프라, 폐기물 관리, 복합용도 구역 지정, 녹지 공간 등의 혁신은 전 세계 도시를 변화시키는 데 필요하지만, 그것만으로는 충분하지 않다. 또한 한 도시에서 다른 도시로, 그리고 지역 간 활발한 학습을 위한 전략이 필요하다.

증거를 성공적으로 행동으로 옮기려면 건강과 환경을 증진하는 데 가장 효과적인 설계 요소, 정책 및 프로그램에 대한 지식을 전파해야 한다. 이러한 보급 노력에는 대중과 정책 입안자 모두가 정보를 이해하고 이용할 수 있도록 하는 데 중점을 둔 네트워크와 파트너십이 필요하다. 이러한 혁신을 가장 효과적으로 구현하고 확장하는 방법에 대한 연구도 여전히 중요한 과제이다. 이러한 '실행 과학'은 현재의 노력을 통해 배우고 향후 조치를 알리는 데 필수적이다.[163,164]

기술 발전과 인프라 개선이 도시를 변화시키는 데 핵심적인 역할을 하지만, 도시는 정치적 개체이며 도시의 변화는 근본적으로 정치적 과정이다. 시민을 참여시키고, 의사결정을 공유하며, 지역적 관심사를 해결하는 포용적인 절차가 필요하다.[165] 선견지명 있는 지자체 리더십도 중요하다. 이해관계가 상충하는 수많은 지역과 관할권의 복잡성, 파편화된 의사결정 구조, 강력한 기득권의 존재, 긴급한 우선순위와 장기적인 우선순위 사이의 긴장, 불가피한 자원의 한계 등은 모두 도시 전체의 혁신적 변화를 가로막는 도전 과제이다. 또한 정치 지도자, 지역사회, 기부자, 투자자들은 종종 더 짧은 기간에 성과를 내기 위해 노력하는 반면, 의미 있는 변화는 수십 년이 걸릴 수 있다. 이러한 도전과제를 해결하고 극복하기 위해서는 참여도가 높은 시민, 효과적이고 책임감 있는 거버넌스, 헌신적인 리더의 역할이 매우 중요하다.

건강과 환경의 지속가능성을 개선하기 위한 정책을 시행할 자원과 정치적 의지가 있더라도, 올바른 행동 방침이 항상 명확하지는 않다. 원치 않는 결과와 편익을 저울질하면 이러한 과정이 더욱 복잡해진다. 예를 들어, 동네를 활성화하려는 움직임은 건강 형평성에 영향을 미칠 수 있는 젠트리피케이션의 단점에 직면할 수 있다. 도시 녹지화 노력은 부동산 가치의 인플레이션을 일으키고 지역 젠트리피케이션을 촉발하여 사회적 불공정을 악화시킬 수도 있다.[166] 대중교통 이용을 촉진하려는 노력은 오염물질에 대한 무분별한 노출[108] 또는 안전성 우려 증가로 이어질 수 있다. 새롭게 떠오르는 기술(예를 들어 자율주행차 및 기술 기반 이동성 접근 방식)은 건강과 환경에 유익하고 형평성을 증진할 수 있도록 활용되어야 한다. 다각적인 접근 방식이 필요할 것이고, 이러한 경우들에 체계적으로 사고하고, 증거에 기반하고, 파트너십을 구축하고, 참여적 계획 접근 방식에 대중을 참여시키는 것이 핵심이 될 것이다.

결론

우리가 생활하는 도시공간은 건강을 개선하고 환경을 보호하기 위해 설계, 건설, 관리될 수 있는 중요한 요소이다. 하지만 이러한 공간은 건강 및 환경 보호와 무관한 경제적 우선순위에 의해 형성되는 경우가 너무 흔하다.

다행히도 많은 도시 간 이니셔티브가 파트너십, 네트워크, 연대를 구축하여 도시와 도시 공간에 대한 새로운 구상을 장려하고 지구의 건강을 증진하기 위해 노력하고 있다. 이러한 네트워크와 연대의 예로는 C40, 기후와 에너지를 위한 세계시장협약(Global Covenant of Mayors for Climate and Energy), 지속가능성을 위한 지방정부(Local Governments for Sustainability), 100개의 회복력 있는 도시 네트워크(the 100 Resilient Cities network) 등이 있다. 기후와 에너지를 위한 세계시장협약은 파리협정의 목표를 달성하고 기후변화에 대응하기 위한 여러 조치를 증진하기 위해 노력하는 7100개 도시의 지역 지도자들로 구성된 협약이다.[167] 지속가능성을 위한 지방정부 네트워크는 지속가능한 도시 시스템을 구축하기 위한 지방정부 정책 및 사업을 촉진하기 위해 노력하는 1500개 이상의 마을, 도시 및 지역들로 구성된 네트워크이다. 이들의 접근 방식은 식품 유통, 에너지, 교통, 녹색도로(greenway) 등 상호 연관된 시스템에 걸쳐져 있다.[168] 마찬가지로 100개의 회복력 있는 도시 네트워크는 물리적, 사회적, 경제적 회복력을 구축하기 위해, 도시에 재정, 실행계획, 기타 지원 등을 제공했다.[169] 다른 많은 프로그램들도 등장하고 있다. 생태지역과 전환마을(Ecodistricts and Transition Towns)이 그 예인데, 건강하고 공평하며 지속가능하고 시민이 참여하는 도시 및 동네 개발을 촉진하고 지원하기 위한 이니셔티브이다.[170,171] 이러한 네트워크와 프로그램은 도시 간 교류, 기술지원, 책임성을 위한 플랫폼을 제공하는 데 중요한 역할을 한다. 또한 지금까지 중앙정부가 주도해 온 중요한 회담과 글로벌 협약 체결 과정에서 도시 지도자들이 목소리를 낼 수 있도록 하는 데도 중요한 역할을 한다.

도시와 동네에 초점을 맞춘 공간기반 개입과 정책은 건강과 환경의 지속가능성을 함께 증진할 수 있는 엄청난 잠재력을 가지고 있다. 또한 건강 형평성을 개선할 수 있다. 우리는 아직 기존 도시를 개보수하고 중저소득국가에 건설될 도시가 건강과 환경을 증진할 수 있도록 만들 수 있는 시기에 있다. 도시는 창의성과 혁신, 진보의 중심지이다. 실제로 잘 설계된 도시와 건강한 도시 생활은 지구가 직면한 환경 문제에 대한 해결책의 핵심적인 부분일 수 있다. 우리의 과제는 활발한 연구를 통해 이러한 공간 기반 시스템이 현재 어떻게 작동하고 있는지, 그리고 어떻게 하면 더 건강하고 환경적으로 지속가능한 방향으로 나아갈 수 있는지 이해하는 것이다. 이를 위해서는 다양한 이해관계자와 대중이 공간, 건강, 환경 간의 연관성에 대해 새로운 방식으로 사고해야 한다. 아울러 건강, 환경적 지속가능성, 형평성을 증진하기 위해 공간의 잠재성을 활용하는 정책과 개입을 옹호하는 것이 필요하다.

에너지 시스템과 마찬가지로 우리도 선택의 기로에 서 있다. 도시라는 단어는 지속적으로 오염, 도시팽창, 빈민가, 자동차로 꽉 막힌 도로 등 디스토피아적인 이미지를 떠올리게 할 수 있다. 그러나 사람들이 건강한 동네에 모여 살며, 효율적이고 친환경적인 건물에 거주하고, 적은 에너지를 사용하여 건강한 방식으로 이동하며, 폐기물을 거의 또는 전혀 배출하지 않고, 오늘날 도시 거주자의 전체 생태발자국 대비 극히 일부만 남기는 변화된 도시를 향한 다른 길은 존재한다. 부유한 글로벌 노스의 선진국들은 이러한 비전을 향해 방향을 전환해야 하며, 빠르게 성장하는 글로벌 사우스의 저개발개국들은 과거의 잘못된 방식이 아닌 긍정적인 미래를 위한 개발 방향을 위해 노력해야 한다. 모든 도시는 형평성을 위해 노력하여 부유한 도시와 그렇지 않은 도시 간의 격차를 줄여야 한다. 아마도 가장 큰 도전은 바람직하고 실현 가능한 미래, 인구 건강과 지구의 지속가능한 미래라는 가치를 구현하는 다른 종류의 미래를 구상하는 것일 것이다.

저자

애나 V. 디에즈 루(Ana V. Diez Roux, PhD)는 필라델피아에 위치한 드렉셀대학교 도른사이프 보건대학원의 학장 겸 전염병학 석좌교수이다. 그녀는 물리적, 사회적 환경과 건강 사이의 연관성을 연구하는 전문가로, 특히 도시 지역과 건강 불평등에 중점을 두고 있다.

아드리아나 라인(Adriana Lein, MSc)은 2015년부터 2017년까지 살루발(SALURBAL) 프로젝트의 정책 및 보급 코디네이터로 근무했다. 현재 워싱턴대학교 법학대학원에서 법학박사 과정을 밟고 있다. 그녀의 주요 관심 분야는 사회 정책, 입법, 고용, 건강, 주택법이다.

이리나 드로노바(Iryna Dronova, PhD)는 UC 버클리 조경 및 환경계획학과의 조교수이다. 그녀의 연구는 지리 정보 시스템과 원격 감지 데이터를 적용하여 다양한 사회경제적 맥락에서 도시 경관의 역학 관계를 조사한다.

다니엘 로드리게스(Daniel Rodriguez, PhD)는 UC 버클리의 도시 및 지역 계획학과 총장 교수이자 교통 연구소의 부소장이다. 그의 연구는 건축 환경과 교통 간의 상호 관계, 그리고 환경과 건강에 미치는 영향에 초점을 맞추고 있다.

로지 매 헨슨(Rosie Mae Henson, MPH)은 도른사이프 보건대학원의 도시 보건 협력 연구소의 박사 과정 연구원이다. 그녀의 연구는 도시 환경의 건강 불평등을 해결하기 위한 정책적 접근 방식에 중점을 두고 있다.

올가 L. 사르미엔토(Olga L. Sarmiento, PhD)는 콜롬비아 보고타에 있는 로스안데스 대학교 의과대학 교수이다. 그녀의 연구는 지역사회 및 이해관계자들과 협력을 통해 도시 환경에서 건강한 행동을 증진하기 위한 지역사회 개입을 평가하여 정책에 정보를 제공하는 데 중점을 두고 있다.

참고문헌

1. Myers SS. Planetary health: protecting human health on a rapidly changing planet. *Lancet.* 2017; 390(10114): 2860–2868.
2. Horton R, Beaglehole R, Bonita R, Raeburn J, McKee M, Wall S. From public to planetary health: a manifesto. *Lancet.* 2014; 383(9920): 847.
3. United Nations. *World Urbanization Prospects: The 2014 Revision, Highlights.* New York, NY: United Nations; 2014.
4. UN-Habitat. *World Cities Report 2016, Urbanization and Development Emerging Futures.* Nairobi, Kenya: United Nations Human Settlements Programme; 2016.
5. UN-Habitat. *State of the World's Cities 2012/2013.* Nairobi, Kenya: United Nations Human Settlements Programme; 2012.
6. Alberti M. Grand challenges in urban science. *Front Built Environ.* 2017; 3.
7. Barber BR. *If Mayors Ruled the World: Dysfunctional Nations, Rising Cities.* New

Haven, CT: Yale University Press; 2013.
8. Sarig E. Business partnerships in local government. *Curr Urban Stud.* 2015; 03(03): 216–230.
9. Seto KC, Fragkias M, Guneralp B, Reilly MK. A meta-analysis of global urban land expansion. *PloS One.* 2011; 6(8): e23777.
10. Bhat PA, Shafiq Mu, Mir AA, Ahmed P. Urban sprawl and its impact on landuse/land cover dynamics of Dehradun City, India. *Int J Sustain Built Environ.* 2017; 6(2): 513–521.
11. Zhou D, Shi P, Wu X, Ma J, Yu J. effects of urbanization expansion on landscape pattern and region ecological risk in Chinese coastal city: a case study of Yantai City. *Sci World J.* 2014; 2014:1–9.
12. Bren d'Amour C, Reitsma F, Baiocchi G, et al. Future urban land expansion and implications for global croplands. *Proc Natl Acad Sci U S A.* 2017; 114(34): 8939–8944.
13. Jiang L, Deng X, Seto KC. The impact of urban expansion on agricultural land use intensity in China. *Land Use Policy.* 2013; 35:33–39.
14. Kaufmann RK, Seto KC, Schneider A, Liu Z, Zhou L, Wang W. Climate response to rapid urban growth: evidence of a human-induced precipitation deficit. *J Clim.* 2007; 20(10): 2299–2306.
15. Oliveros J, Vallar E, Galvez M. Investigating the effect of urbanization on weather using the Weather Research and Forecasting (WRF) model: a case of Metro Manila, Philippines. *Environments.* 2019; 6(2): 10.
16. Eigenbrod F, Bell VA, Davies HN, Heinemeyer A, Armsworth PR, Gaston KJ. The impact of projected increases in urbanization on ecosystem services. *Proc R Soc B Biol Sci.* 2011; 278(1722): 3201–3208.
17. World Bank. Urban Development. 2018; July 2019. Available at: https://www.worldbank.org/en/topic/urbandevelopment/overview.
18. Intergovernmental Panel on Climate Change. *Climate Change 2014: Impacts, Adaptation, and Vulnerability. Part A: Global and Sectoral Aspects. Working Group II Contribution to the IPCC Fifth Assessment Report.* Cambridge, UK: Cambridge University Press; 2014.
19. Seto KC, Guneralp B, Hutyra LR. Global forecasts of urban expansion to 2030 and direct impacts on biodiversity and carbon pools. *Proc Natl Acad Sci.* 2012; 109(40): 16083–16088.
20. Seto KC, Shepherd JM. Global urban land-use trends and climate impacts. *Curr Opin Environ Sustain.* 2009; 1(1): 89–95.
21. Karagulian F, Belis CA, Dora CFC, et al. Contributions to cities' ambient particulate matter (PM): a systematic review of local source contributions at global level. *Atmos Environ.* 2015; 120:475–483.
22. World Health Organization. Health and sustainable development: unsafe drinking water, sanitation and waste management. 2018. http://who.int/sustainable-development/cities/health-risks/water-sanitation/en/. Accessed April 2020.
23. Imhoff ML, Zhang P, Wolfe RE, Bounoua L. Remote sensing of the urban heat island

effect across biomes in the continental USA. *Remote Sens Environ.* 2010; 114(3): 504–513.

24. US Environmental Protection Agency. Heat island effect. 2018. https://www.epa.gov/heat-islands. Accessed April 2020.
25. Leal Filho W, Echevarria Icaza L, Emanche V, Quasem Al-Amin A. An evidence-based review of impacts, strategies and tools to mitigate urban heat islands. *Int J Environ Res Public Health.* 2017; 14(12): 1600.
26. Kotaji S, Schuurmans A, Edwards S, SETAC-Europe. *Life-Cycle Assessment in Building and Construction: A State-of-the-Art Report, 2003.* Pensacola, FL: Society of Environmental Toxicology and Chemistry; 2003.
27. United Nations Environment Programme. *Assessment of Policy Instruments for Reducing Greenhouse Gas Emissions from Buildings.* Budapest, Hungary: United Nations Environment Programme; 2007.
28. de la Rue du Can S, Price L. Sectoral trends in global energy use and greenhouse gas emissions. *Energy Policy.* 2008; 36(4): 1386–1403.
29. United Nations Environment Programme. *Buildings Investing in Energy and Resource Efficiency.* Budapest, Hungary: United Nations Environment Programme; 2011.
30. Afgan NH. Sustainability concept for energy, water and environment systems. In: Hanjalic K, Van de Krol R, Lekic A, eds. *Sustainable Energy Technologies: Options and Prospects.* Dordecht, The Netherlands: Springer Netherlands; 2008:25–49.
31. Harmancioglu NB, Barbaros F, Cetinkaya CP. Sustainability issues in water management. *Water Resour Manag.* 2012; 27(6): 1867–1891.
32. United Nations Water. Water scarcity. http://www.unwater.org/water-facts/scarcity/. Accessed April 2020.
33. Johnson TD, Belitz K. A remote sensing approach for estimating the location and rate of urban irrigation in semi-arid climates. *J Hydrol.* 2012; 414–415:86–98.
34. UNESCO. *The United Nations World Water Development Report 2017: Wastewater the Untapped Resource.* Paris, France: United Nations Educational, Scientific and Cultural Organization; 2017.
35. United Nations Water. Water and Urbanization. http://www.unwater.org/water-facts/urbanization/. Accessed April 2020.
36. National Research Council. *Urban Stormwater Management in the United States.* Washington, DC: The National Academies Press; 2009.
37. Hoornweg D, Bhada-Tata P. *What a Waste: A Global Review of Solid Waste Management.* Washington, DC: World Bank; 2012.
38. Popkin BM, Adair LS, Ng SW. Global nutrition transition and the pandemic of obesity in developing countries. *Nutr Rev.* 2012; 70(1): 3–21.
39. Swinburn BA, Kraak VI, Allender S, et al. The global syndemic of obesity, undernutrition, and climate change: The Lancet Commission report. *Lancet.* 2019; 393(10173): 791–846.
40. Brownstone D, Golob TF. The impact of residential density on vehicle usage and energy consumption. *J Urban Econ.* 2009; 65(1): 91–98.

41. Clark TA. Metropolitan density, energy efficiency and carbon emissions: multi-attribute tradeoffs and their policy implications. *Energy Policy.* 2013; 53:413-428.
42. Barrios S, Bertinelli L, Strobl E. Climatic change and rural-urban migration: the case of sub-Saharan Africa. *J Urban Econ.* 2006; 60(3): 357-371.
43. Nawrotzki RJ, DeWaard J, Bakhtsiyarava M, Ha JT. Climate shocks and rural-urban migration in Mexico: exploring nonlinearities and thresholds. *Clim Change.* 2016; 140(2): 243-258.
44. Mora C, Dousset B, Caldwell IR, et al. Global risk of deadly heat. *Nat Clim Change.* 2017; 7(7): 501-506.
45. Azhar G, Saha S, Ganguly P, Mavalankar D, Madrigano J. Heat wave vulnerability mapping for India. *Int J Environ Res Public Health.* 2017; 14(4): 357.
46. Jesdale BM, Morello-Frosch R, Cushing L. The racial/ethnic distribution of heat risk-related land cover in relation to residential segregation. *Environ Health Perspect.* 2013; 121(7): 811-817.
47. Taylor EV, Vaidyanathan A, Flanders WD, Murphy M, Spencer M, Noe RS. Differences in heat-related mortality by citizenship status: United States, 2005-2014. *Am J Public Health.* 2018; 108(S2): S131-S136.
48. Harlan SL, Ruddell DM. Climate change and health in cities: impacts of heat and air pollution and potential co-benefits from mitigation and adaptation. *Curr Opin Environ Sust.* 2011; 3(3): 126-134.
49. Bowler DE, Buyung-Ali L, Knight TM, Pullin AS. Urban greening to cool towns and cities: a systematic review of the empirical evidence. *Landscape and Urban Plann.* 2010; 97(3): 147-155.
50. UN DESA. *The World's Cities in 2016, Statistical Papers: United Nations (Ser. A), Population and Vital Statistics Report.* New York, NY: United Nations Department of Economic and Social Affairs; 2016.
51. Gu D, Gerland P, Pelletier F, Cohen B. *Risks of Exposure and Vulnerability to Natural Disasters at the City Level: A Global Overview.* New York, NY: United Nations Department of Economic and Social Affairs; 2015.
52. Intergovernmental Panel on Climate Change. Summary for policy makers. In: Parry ML, Canziani OF, Palutikof JP, van der Linden PJ, CE H, eds. *Climate Change 2007: Impacts, Adaptation and Vulnerability. Contribution of Working Group II to the Fourth Assessment Report of the Intergovernmental Panel on Climate Change.* Cambridge, UK: Cambridge University Press; 2007:7-22.
53. Miller JD, Hutchins M. The impacts of urbanisation and climate change on urban flooding and urban water quality: a review of the evidence concerning the United Kingdom. *J Hydrol Regional Stud.* 2017; 12:345-362.
54. Muis S, Guneralp B, Jongman B, Aerts JCJH, Ward PJ. Flood risk and adaptation strategies under climate change and urban expansion: a probabilistic analysis using global data. *Sci Total Environ.* 2015; 538:445-457.
55. Arnell NW, Gosling SN. The impacts of climate change on river flood risk at the global

scale. *Clim Change.* 2014; 134(3): 387–401.
56. Guneralp B, Guneralp I, Liu Y. Changing global patterns of urban exposure to flood and drought hazards. *Glob Environ Change.* 2015; 31:217–225.
57. Dietz ME. Low impact development practices: a review of current research and recommendations for future directions. *Water Air Soil Pollut.* 2007; 186(1–4): 351–363.
58. Liu D. China's sponge cities to soak up rainwater. *Nature.* 2016; 537(7620): 307–307.
59. Ward PJ, Marfai MA, Yulianto D, Hizbaron DR, Aerts JCJH. Coastal inundation and damage exposure estimation: a case study for Jakarta. *Nat Hazards.* 2011; 56(3): 899–916.
60. Richter BD, Abell D, Bacha E, et al. Tapped out: how can cities secure their water future? *Water Policy.* 2013; 15(3): 335–363.
61. Sousa PM, Blamey RC, Reason CJC, Ramos AM, Trigo RM. The "Day Zero" Cape Town drought and the poleward migration of moisture corridors. *Environ Res Lett.* 2018; 13(12): 124025.
62. National Institution for Transforming India (NITI Aayog). *Composite Water Management Index: A Tool for Water Management.* New Delhi, India: NITI Aayog; 2018.
63. Werner AD, Bakker M, Post VEA, et al. Seawater intrusion processes, investigation and management: recent advances and future challenges. *Adv Water Resour.* 2013; 51:3–26.
64. Stevenson M, Thompson J, Herick de Sa T, et al. Land use, transport, and population health: estimating the health benefits of compact cities. *Lancet.* 2016; 388 (10062): 2925–2935.
65. Cepeda M, Schoufour J, Freak-Poli R, et al. Levels of ambient air pollution according to mode of transport: a systematic review. *Lancet Public Health.* 2017; 2(1): e23–e34.
66. Hoek G, Krishnan RM, Beelen R, et al. Long-term air pollution exposure and cardiorespiratory mortality: a review. *Environ Health.* 2013; 12(1).
67. World Health Organization. *Global Status Report on Road Safety 2015.* Geneva, Switzerland: World Health Organization; 2015.
68. Milner A, Badland H, Kavanagh A, LaMontagne AD. Time spent commuting to work and mental health: evidence from 13 waves of an Australian cohort study. *Am J Epidemiol.* 2017; 186(6): 659–667.
69. Gimenez-Nadal JI, Molina JA. Daily feelings of US workers and commuting time. *J Transport Health.* 2019; 12:21–33.
70. Houlden V, Weich S, Porto de Albuquerque Jo, Jarvis S, Rees K. The relationship between greenspace and the mental wellbeing of adults: a systematic review. *PLoS One.* 2018; 13(9): e0203000.
71. van den Berg M, van Poppel M, van Kamp I, et al. Visiting green space is associated with mental health and vitality: a cross-sectional study in four european cities. *Health Place.* 2016; 38:8–15.
72. Beyer K, Kaltenbach A, Szabo A, Bogar S, Nieto F, Malecki K. Exposure to

neighborhood green space and mental health: evidence from the survey of the health of Wisconsin. *Int J Environ Res Public Health.* 2014; 11(3): 3453–3472.

73. Twohig-Bennett C, Jones A. The health benefits of the great outdoors: a systematic review and meta-analysis of greenspace exposure and health outcomes. *Environ Res.* 2018; 166:628–637.
74. Bowler DE, Buyung-Ali LM, Knight TM, Pullin AS. A systematic review of evidence for the added benefits to health of exposure to natural environments. *BMC Public Health.* 2010; 10(1).
75. Takano T. Urban residential environments and senior citizens' longevity in megacity areas: the importance of walkable green spaces. *J Epidemiol Community Health.* 2002; 56 (12): 913–918.
76. Jennings V, Bamkole O. The relationship between social cohesion and urban green space: an avenue for health promotion. *Int J Environ Res Public Health.* 2019; 16(3): 452.
77. Seto KC, Ramankutty N. Hidden linkages between urbanization and food systems. *Science.* 2016; 352(6288): 943–945.
78. Kearney J. Food consumption trends and drivers. *Philos Trans R Soc B Biol Sci.* 2010; 365(1554): 2793–2807.
79. Ford ND, Patel SA, Narayan KMV. Obesity in low- and middle-income countries: burden, drivers, and emerging challenges. *Annu Rev Public Health.* 2017; 38(1): 145–164.
80. Goryakin Y, Rocco L, Suhrcke M. The contribution of urbanization to non-communicable diseases: evidence from 173 countries from 1980 to 2008. *Econ Hum Biol.* 2017; 26:151–163.
81. Ma X, Xue X, Gonzalez-Mejia A, Garland J, Cashdollar J. Sustainable water systems for the city of tomorrow: a conceptual framework. *Sustainability.* 2015; 7(9): 12071–12105.
82. Neczaj E, Grosser A. Circular economy in wastewater treatment plant: challenges and barriers. Paper presented at: 3rd EWaS International Conference on "Insights on the Water-Energy-Food Nexus"; July 31, 2018; Lefkada Island, Greece.
83. Harlan S, Chowell G, Yang S, et al. Heat-related deaths in hot cities: estimates of human tolerance to high temperature thresholds. *Int J Environ Res Public Health.* 2014; 11 (3): 3304–3326.
84. Benmarhnia T, Deguen S, Kaufman JS, Smargiassi A. Review article: vulnerability to heat-related mortality. *Epidemiology.* 2015; 26(6): 781–793.
85. Xu Z, Sheffield PE, Su H, Wang X, Bi Y, Tong S. The impact of heat waves on children's ealth: a systematic review. *Int J Biometeorol.* 2013; 58(2): 239–247.
86. Asad H, Carpenter DO. Effects of climate change on the spread of Zika virus: a public health threat. *Rev Environ Health.* 2018; 33(1): 31–42.
87. Matysiak A, Roess A. Interrelationship between climatic, ecologic, social, and cultural determinants affecting dengue emergence and transmission in Puerto Rico and their implications for Zika response. *J Trop Med.* 2017; 2017:1–14.

88. Norman J, MacLean HL, Kennedy CA. Comparing high and low residential density: life-cycle analysis of energy use and greenhouse gas emissions. *J Urban Plann Dev.* 2006; 132(1): 10–21.
89. Grimm NB, Faeth SH, Golubiewski NE, et al. Global change and the ecology of cities. *Science.* 2008; 319(5864): 756–760.
90. Lehmann S. What is green urbanism? Holistic principles to transform cities for sustainability. In: *Climate Change: Research and Technology for Adaptation and Mitigation.* London, UK: InTech; 2011.
91. Beatley T. *Green Urbanism: Learning from European Cities.* Washington, DC: Island Press; 2000.
92. Bruel M. Copenhagen, Denmark: green city amid the Finger Metropolis. In: Beatley T, ed. *Green Cities of Europe.* Washington, DC: Island Press/Center for Resource Economics; 2012:83–108.
93. Hall P, Falk N. *Good Cities, Better Lives: How Europe Discovered the Lost Art of Urbanism.* London, UK: Routledge, Taylor & Francis; 2014.
94. Ortegon-Sanchez A, Tyler N. Constructing a vision for an "ideal" future city: a conceptual model for transformative urban planning. *Transp Res Procedia.* 2016; 13: 6–17.
95. City of Copenhagen. *City of Copenhagen Municipal Plan 2015: The Coherent City.* 2015.
96. Zaman AU, Lehmann S. Challenges and opportunities in transforming a city into a zero waste city. *Challenges.* 2011; 2(4): 73–93.
97. Geissdoerfer M, Savaget P, Bocken NMP, Hultink EJ. The circular economy: a new sustainability paradigm? *J Clean Prod.* 2017; 143:757–768.
98. C40 Cities. *Municipality-Led Circular Economy Case Studies.* 2019.
99. Beatley T. *Green Cities of Europe: Global Lessons on Green Urbanism.* Washington, DC: Island Press; 2012.
100. Global BRT Data. Key indicators per region. 2018. https://brtdata.org/. Accessed April 2020.
101. Rodriguez DA, Mojica CH. Capitalization of BRT network expansions effects into prices of non-expansion areas. *Transp Res A Policy Pract.* 2009; 43(5): 560–571.
102. Rodriguez DA, Vergel-Tovar E, Camargo WF. Land development impacts of BRT in a sample of stops in Quito and Bogota. *Transp Policy.* 2016; 51:4–14.
103. Combs TS, Rodrguez DA. Joint impacts of bus rapid transit and urban form on vehicle ownership: new evidence from a quasi-longitudinal analysis in Bogot, Colombia. *Transp Res A Policy Pract.* 2014; 69:272–285.
104. Hidalgo Do, Gutirrez L. BRT and BHLS around the world: explosive growth, large positive impacts and many issues outstanding. *Res Transp Econ.* 2013; 39(1): 8–13.
105. Venter C, Jennings G, Hidalgo Do, Valderrama Pineda AsF. The equity impacts of bus rapid transit: a review of the evidence and implications for sustainable transport. *Int J Sustain Transp.* 2017; 12(2): 140–152.
106. Lemoine PD, Sarmiento OL, Pinzon JD, et al. TransMilenio, a scalable bus rapid transit

system for promoting physical activity. *J Urban Health.* 2016; 93(2): 256–270.

107. Welle B. Health impacts and assessment from BRT and complete streets: Mexico City's line 5 metrobus corridor. *J Transp Health.* 2017; 5:S66.
108. Morales Betancourt R, Galvis B, Balachandran S, et al. Exposure to fine particulate, black carbon, and particle number concentration in transportation microenvironments. *Atmos Environ.* 2017; 157:135–145.
109. Lucas K. Making the connections between transport disadvantage and the social exclusion of low-income populations in the Tshwane Region of South Africa. *J Transp Geogr.* 2011; 19(6): 1320–1334.
110. Wood A. Moving policy: global and local characters circulating bus rapid transit through South African cities. *Urban Geogr.* 2014; 35(8): 1238–1254.
111. Flint E, Cummins S. Active commuting and obesity in mid-life: cross-sectional, observational evidence from UK Biobank. *Lancet Diab Endocrinol.* 2016; 4(5): 420–435.
112. Furie GL, Desai MM. Active transportation and cardiovascular disease risk factors in U.S. adults. *Am J Prev Med.* 2012; 43(6): 621–628.
113. Møller NC, Østergaard L, Gade JR, Nielsen JL, Andersen LB. The effect on cardiorespiratory fitness after an 8-week period of commuter cycling: a randomized controlled study in adults. *Prev Med.* 2011; 53(3): 172–177.
114. Chen P, Shen Q. Built environment effects on cyclist injury severity in automobile involved bicycle crashes. *Accid Anal Prev.* 2016; 86:239–246.
115. DiGioia J, Watkins KE, Xu Y, Rodgers M, Guensler R. Safety impacts of bicycle infrastructure: a critical review. *J Saf Res.* 2017; 61:105–119.
116. Sarmiento OL, D'az del Castillo A, Triana CA, Acevedo MaJ, Gonzalez SA, Pratt M. Reclaiming the streets for people: insights from Ciclov'as Recreativas in Latin America. *Prev Med.* 2017; 103:S34–S40.
117. Golub A, Hoffmann ML, Lugo AE, Sandoval GF, eds. *Bicycle Justice and Urban Transformation.* Abingdon, UK: Routledge; 2016.
118. Flanagan E, Lachapelle U, El-Geneidy A. Riding tandem: does cycling infrastructure investment mirror gentrification and privilege in Portland, OR and Chicago, IL? *Res Transp Econ.* 2016; 60:14–24.
119. Bliss L. How much traffic do Uber and Lyft cause? *CityLab.* 2019. https://www.citylab.com/transportation/2019/08/uber-lyft-traffic-congestion-ride-hailing-cities-drivers vmt/595393/. Accessed April 2020.
120. Requia WJ, Mohamed M, Higgins CD, Arain A, Ferguson M. How clean are electric vehicles? Evidence-based review of the effects of electric mobility on air pollutants, greenhouse gas emissions and human health. *Atmos Env.* 2018; 185: 64–77.
121. Stern RE, Cui S, Delle Monache ML, et al. Dissipation of stop-and-go waves via control of autonomous vehicles: field experiments. *Transp Res C Emerg Technol.* 2018; 89:205–221.
122. Wadud Z, MacKenzie D, Leiby P. Help or hindrance? The travel, energy and carbon impacts of highly automated vehicles. *Transp Res A Policy Pract.* 2016; 86: 1–18.

123. Soteropoulous A, Berger M, Ciari F. Impacts of automated vehicles on travel behaviour and land use: an international review of modelling studies. *Transp Rev.* 2018; 39:29–49.
124. Meyer J, Becker H, Bšsch PM, Axhausen KW. Autonomous vehicles: the next jump in accessibilities? *Res Transp Econ.* 2017; 62: 80–91.
125. Rodriguez DA, Vergel-Tovar CE. Urban development around bus rapid transit stops in seven cities in Latin-America. *J Urban.* 2017; 11(2): 175–201.
126. Wilson B, Chakraborty A. The environmental impacts of sprawl: emergent themes from the past decade of planning research. *Sustainability.* 2013; 5(8): 3302–3327.
127. Silva M, Leal V, Oliveira V, Horta IM. A scenario-based approach for assessing the energy performance of urban development pathways. *Sustain Cities Soc.* 2018; 40 :372–382.
128. Lindau LA, Hidalgo D, Facchini D. Curitiba, the cradle of bus rapid transit. *Built Environ.* 2010; 36(3): 274–282.
129. Suzuki H, Cervero R, Iuchi K. Lessons from sustainable transit-oriented cities. In: *Transforming Cities with Transit.* Washington, DC: The World Bank; 2013: 49–94.
130. Parra DC, Hoehner CM, Hallal PC, et al. Perceived environmental correlates of physical activity for leisure and transportation in Curitiba, Brazil. *Prev Med.* 2010.
131. Rosario MdR. Curitiba revisited: five decades of transformation. *Archit Des.* 2016; 86(3): 112–117.
132. Cervero RB. Linking urban transport and land use in developing countries. *J Transp Land Use.* 2013; 6(1): 7.
133. Myint SW, Zheng B, Talen E, et al. Does the spatial arrangement of urban landscape matter? Examples of urban warming and cooling in Phoenix and Las Vegas. *Ecosyst Health Sustain.* 2015; 1(4): 1–15.
134. Lu Y, Gou Z, Xiao Y, Sarkar C, Zacharias J. Do transit-oriented developments (TODs) and established urban neighborhoods have similar walking levels in Hong Kong? *Int J Environ Res Public Health.* 2018; 15(3): 555.
135. Reyes M, Paez A, Morency C. Walking accessibility to urban parks by children: a case study of Montreal. *Landsc Urban Plann.* 2014; 125: 38–47.
136. Wang H, Qiu F. Spatial disparities in neighborhood public tree coverage: do modes of transportation matter? *Urban For Urban Green.* 2018; 29: 58–67.
137. Forster T, Egal F, Renting H, Dubbeling M, Getz Escudero A, eds. *Milan Urban Food Policy Pact. Selected Good Practices from Cities.* Milan, Italy: Fondazione Giangiacomo Feltrinelli; 2015.
138. Milan Urban Food Policy Pact. 2015. http://www.milanurbanfoodpolicypact.org/text/. Accessed April 2020.
139. Dubbeling M, Bucatariu C, Santini G, Vogt C, Eisenbeiß K. *City Region Food Systems and Food Waste Management: Linking Urban and Rural Areas for Sustainable and Resilient Development.* Bonn and Eschborn, Germany: Giz, Food and Agriculture Organization of the United Nations and RUAF Foundation; 2016.
140. Food and Agriculture Organization. *Nairobi: An Act to Promote and Regulate Urban*

Agriculture. Nairobi, Kenya: Food and Agriculture Organization of the United Nations; 2018. http://www.fao.org/urban-food-actions/knowledge-products/resources-detail/en/c/1146758/

141. Li G, Sun GX, Ren Y, Luo XS, Zhu YG. Urban soil and human health: a review. *Eur J Soil Sci.* 2018; 69(1): 196–215.
142. Ezeh A, Oyebode O, Satterthwaite D, et al. The history, geography, and sociology of slums and the health problems of people who live in slums. *Lancet.* 2017; 389(10068): 547–558.
143. Klein Rosenthal J, Kinney PL, Metzger KB. Intra-urban vulnerability to heat-related mortality in New York City, 1997–2006. *Health Place.* 2014; 30:45–60.
144. Rufat S, Tate E, Burton CG, Maroof AS. Social vulnerability to floods: review of case studies and implications for measurement. *Int J Disast Risk Re.* 2015; 14:470–486.
145. Hajat A, Hsia C, O'Neill MS. Socioeconomic disparities and air pollution exposure: a global review. *Curr Environ Health Rep.* 2015; 2(4): 440–450.
146. Prefeitura Belo Horizonte. Vila Viva. 2018; https://prefeitura.pbh.gov.br/urbel/vila-viva.
147. Ministerio de Vivienda y Urbanismo. *Programa Recuperacion de Barrios: Lecciones Aprendidas y Buenas Pratcias.* Santiago de Chile: Ministerio de Vivienda y Urbanismo, Programa de Recuperacion de Barrios; 2009.
148. Meredith T, MacDonald M. Community-supported slum-upgrading: innovations from Kibera, Nairobi, Kenya. *Habitat Int.* 2017; 60:1–9.
149. Das AK, Takahashi LM. Evolving institutional arrangements, scaling up, and sustainability. *J Plann Educ Res.* 2009; 29(2): 213–232.
150. Nel·lo O. The challenges of urban renewal. Ten lessons from the Catalan experience. *Análise Social.* 2010(197): 685–715.
151. Bansal P, Kockelman KM. Are we ready to embrace connected and self-driving vehicles? a case study of Texans. *Transportation.* 2018; 45(2): 641–675.
152. Corburn J, Sverdlik A. Slum upgrading and health equity. *Int J Environ Res Public Health.* 2017; 14(4): 342.
153. Turley R, Saith R, Bhan N, Rehfuess E, Carter B. Slum upgrading strategies involving physical environment and infrastructure interventions and their effects on health and socio-economic outcomes. *Cochrane Database Syst Rev.* 2013.
154. Brand P, Davila JD. Mobility innovation at the urban margins. *City.* 2011; 15(6): 647–661.
155. Cerda M, Morenoff JD, Hansen BB, et al. Reducing violence by transforming neighborhoods: a natural experiment in Medellin, Colombia. *Am J Epidemiol.* 2012; 175(10): 1045–1053.
156. Maclean K. *Social Urbanism and the Politics of Violence: The Medellin Miracle.* New York, NY: Palgrave Macmillan; 2015.
157. Cole H, Triguero M, Connolly J, Anguelovski I. A longitudinal and spatial analysis assessing green gentrification in historically disenfranchised neighborhoods of Barcelona: implications for health equity. *J Transp Health.* 2017; 5:S44.

158. Dawkins C, Moeckel R. Transit-induced gentrification: who will stay, and who will go? *Hous Policy Debate.* 2016; 26(4-5): 801–818.
159. Keenan JM, Hill T, Gumber A. Climate gentrification: from theory to empiricism in Miami-Dade County, Florida. *Environ Res Lett.* 2018; 13(5): 054001.
160. Hernandez-Garcia J. Slum tourism, city branding and social urbanism: the case of Medellin, Colombia. *J Place Manag Dev.* 2013; 6(1): 43–51.
161. Calderon C. Social urbanism: integrated and participatory urban upgrading in Medellin, Colombia. In: *Requalifying the Built Environment: Challenges and Responses.* Gottingen, Germany: Hogrefe Publishing; 2012.
162. Sotomayor L. Equitable planning through territories of exception: the contours of Medellin's urban development projects. *Int Dev Plann Rev.* 2015; 37(4): 373–397.
163. Damschroder LJ, Lowery JC. Evaluation of a large-scale weight management program using the consolidated framework for implementation research (CFIR). *Implement Sci.* 2013; 8(1).
164. Kirk MA, Kelley C, Yankey N, Birken SA, Abadie B, Damschroder L. A systematic review of the use of the Consolidated Framework for Implementation Research. *Implement Sci.*2015; 11(1).
165. Elelman R, Feldman D, L. The future of citizen engagement in cities: the council of citizenengagement in sustainable urban strategies (ConCensus). *Futures.* 2018; 101:80 –91.
166. Wolch JR, Byrne J, Newell JP. Urban green space, public health, and environmentaljustice: the challenge of making cities just green enough. *Landsc Urban Plann.* 2014; 125:234–244.
167. Global Covenant of Mayors for Climate & Energy. About the Global Covenant of Mayorsfor Climate & Energy. 2019. https://www.globalcovenantofmayors.org/about/. Accessed April 2020.
168. Local Governments for Sustainability. What we do. n.d. https://www.iclei.org/en/what_we_do.html. Accessed April 2020.
169. 100 Resilient Cities. About us. 2019. https://www.100resilientcities.org/about-us/. Accessed April 2020.
170. EcoDistricts. Neighborhoods for all. https://ecodistricts.org/. Accessed August 2019.
171. Transition United States. Transition towns. 2013. http://www.transitionus.org/transition-towns. Accessed April 2020.

14 독성물질 노출 관리

필립 란드리겐 · 테렌스 콜린스 · 존 피터슨 마이어스 지음
정해관 번역/ 김록호 감수

현대의 화학 산업은 1700년대 후반으로부터 1800년대 초반에 이르는 유럽 산업혁명 시기에 기원하였다. 이 시기에 개발된 많은 화학물질은 오늘날에도 산업의 기반을 이루고 있는데 주요한 예로 황산(1736년 영국), 표백분 혹은 차아염소산칼슘(1799년 스코틀랜드), 최초의 합성염료인 모베인(1850년대 영국) 등이 있다. 1859년 미국 펜실베이니아주의 드레이크 유전에서 최초로 대규모 석유 시추가 시작되면서 오늘날 가장 중요한 원료 화학물질인 석유를 실질적으로 무제한 공급하게 되었다. 제4장에서 본 것과 같이 화학 산업은 1950년 이래 그 물량과 복잡성에 있어 비약적인 발전을 이루어 오늘날 상업적으로 사용되는 화학물질은 혼합물을 포함하면 14만 종에 이른다. 이들 중 대부분은 이전에는 지구상에 존재한 적이 없는 전혀 새로운 화학물질이다. 이들 중 많은 물질은 현대사회에서 널리 쓰이고 있는데 비누, 샴푸, 어린이옷, 장난감, 카시트, 제초제, 살충제, 담요, 전자제품, 가구, 비행기, 식품 포장, 식품, 유아용 물병 등 수백만 가지가 넘는 제품에 포함되어 있다.

대부분의 화학물질은 인간의 건강과 안녕에 큰 이로움을 준다. 예를 들어, 음용수 소독제의 사용으로 과거 주요 유행병이었던 콜레라와 이질을 포

함한 위장관질환으로 인한 사망이 획기적으로 줄어들었다. 항생제, 구충제, 항진균제, 항바이러스제, 항조류제 등은 감염병을 예방하고 관리하기 위해 필수적인 물질이다. 또한 항암제의 사용으로 암을 치료하는 것이 가능해졌다. 그뿐만 아니라 화학물질은 현대 건축과 운송, 전자산업, 재생가능 에너지에 이르기까지 빠질 수 없는 가장 핵심적인 물질이다. 화학 산업이 우리 문명의 미래를 위한 기반이 된다는 데는 의심의 여지가 없다.

그러나 화학물질의 광범위한 사용은 새로운 문제를 일으키는데, 지구상에서 생태계와 인간을 포함한 생명체에 화학물질의 무분별한 사용으로 인한 유해성이 그 한 예이다. 이들 중 화학 산업의 규모와 복잡성이 매우 빠르게 커지고 있는 점, 특정 화학물질이 환경매체에 잔류하고, 이후 먹이사슬을 거치면서 생물농축 및 생체농축을 보이는 현상, 장거리 운송, 기후변화로 대표되는 지구 시스템의 변동 등 일부 주요 동인에 대해서는 제4장에서 설명한 바 있다.[1] 향후 화학물질 제조업의 성장은 대부분 환경규제가 미약하고 공중보건 시스템이 부실한 중저소득국가에서 발생할 것으로 예상된다.

지구건강과 화학물질 오염

세계적으로 화학물질 오염 수준은 우려할 만한 수준인가? 과학자들은 한때 지구가 가진 희석 능력을 고려할 때 심각한 오염 수준에까지 이르지는 않으리라고 예상했다. 그러나 이러한 낙관적인 예상에 대해 세 가지 우려가 제기되었다. 첫째, 생물농축 및 생체농축이라는 기전을 통하여 자연계에서 생물체의 오염물질 농도가 배경 농도에 비해 훨씬 더 높을 수 있다. 둘째, 혼합된 화학물질은 비록 각 화학물질의 농도는 낮다고 할지라도 혼합한 각 물질의 농도의 합을 훨씬 뛰어넘는 효과를 보일 수 있다. 셋째, 화학물질의 작용기전에 관한 연구가 진전됨에 따라 이전에는 전혀 예상할 수 없었던 민감한 작용에 대해 지식이 축적되었다. 예를 들어 임신 초기 배아기에 노출이 일어나는 경우 혹은 내분비교란물질의 예에서 볼 수 있는 것처럼 독성이 수용체의 작용을 통해 매개되는 경우 등을 들 수 있다.

생물농축, 생체농축, 집약화 효과

제4장에서 본 것과 같이 잔류성 유기오염물질(persistent organic pollutants, POPs)이나 유기수은과 같은 오염물질은 생태계에서 생물농축(먹이사슬을 거치는 과정에서 상위 생물로 갈수록 생체 내 농도가 더 높아지는 현상)이 일어날 수 있다. 이에 따라 포식자가 잡아먹은 먹이 체내의 오염물질은 포식자에게 옮겨지고, 이들 포식자가 상위 포식자에게 잡아먹힐 때 하위 포식자가 평생 먹은 오염물질도 같이 옮겨지는데 이 과정을 통하여 오염물질이 먹이사슬의 상층으로 갈수록 축적이 되는 생물농축이 이루어진다. 이와 같은 생물농축의 결과로 먹이사슬의 최상층에 있는 해양포유류나 인간의 체내에서 잔류성 유기오염물질의 농도는 최하층의 생물보다 수백만 배 이상에 이르게 된다.[2]

생체농도는 물리화학적 과정을 통해서도 증폭될 수 있다. 예를 들어, 지용성 오염물질은 해양 표층의 얇은(1~1000미크론 두께) 필름에 있는 해양생물 사체에서 기원한 지방에 농축되어 있다. 이 미세층의 화학물질 농도는 해수와 비교해서 500배나 더 높을 수 있다.[3] 해수 표면에 부유하는 미세플라스틱은 지질과 지용성 오염물질을 흡착할 수 있는데 이들은 고등생물이 먹이를 먹을 때 같이 딸려 들어가게 된다.

물질의 혼합으로 인한 생태독성 강화

독성물질은 환경에서 독립적으로 존재하는 경우가 거의 없고 주로 복잡한 혼합물의 형태로 존재하는데 그 조성은 때에 따라 매우 다르다. 이처럼 혼합물의 고유한 성질로 인하여 혼합 화학물질의 건강 영향을 평가하는 것은 쉽지 않다. 왜냐하면 화학물질의 독성시험은 대부분 한 번에 한 가지의 물질에 대해서만 시행되기 때문이다. 혼합물질의 독성에 대한 보고는 매우 제한되어 있지만, 개별 물질의 농도가 유해 수준에 미치지 않음에도 불구하고 혼합물에서는 독성이 관찰된다는 많은 사례가 보고되어 있다.[4] 제도적으로는 대부분 독성물질은 개별 화학물질 단위의 독성을 기준으로 규제하고 있으므로 이러한 위험을 피할 수 없다. 이와 같은 좁은 시야의 규제제도로 인하여 글리포세이트나 신니코틴계 살충제와 같이 잠재적인 독성 살충제가 널리 생산되고 사용되는 것을 막지 못하였다.[5]

저용량에서 큰 영향을 미치는 경우

제조된 화학물질 중 일부는 이전에는 안전하다고 생각했던 ppb(parts per billion, 십억 분의 일 단위) 수준의 매우 낮은 농도에서도 생체의 생물학적 기능을 방해하고 해로운 영향을 초래할 수 있다. 환경적으로 중요한 일례로 지구상에서 가장 풍부한 광합성 생물인 해양 식물플랑크톤 *프로클로로코커스*(*Prochlorococcus*)를 들 수 있다. 대서양, 태평양, 인도양에서 나온 실험 소견에 의하면, 해수에서 발견되는 수준보다 두 배 정도로 낮은 농도의 유기오염물질도 이들 생물체의 광합성 유전자의 발현을 줄일 수 있어 이들 남조류가 담당하는 지구상의 산소 생산이 줄어들 수 있다고 한다.[6]

이보다 더 고등동물에서는 저농도 오염물질에 대한 이처럼 정교한 민감성은 주로 내분비(호르몬) 신호체계의 교란을 통해 이루어진다.[7,8] 내분비 교란은 복합적인 현상으로 내분비교란물질(endocrine-disrupting chemicals, EDCs)은 농도에 따라 인체의 건강에 전혀 다른 효과를 나타낼 수 있다. 예를 들어, 일부 내분비교란물질의 경우 고용량에서 체중 감소를 초래할 수 있는 반면 이보다 1000배 낮은 농도에 노출되면 병적인 비만을 초래할 수 있다.[9]

내분비교란물질에 관한 최근의 연구들은 16세기까지 거슬러 올라가는 "용량이 독성을 결정한다"라는 독성학의 고전적 명제를 뒤엎는 결과를 내고 있다.* 고전적인 화학물질 안전성 검사에서는 고용량에서의 시험을 통하여 시험 물질의 중요한 이상 반응을 찾아내고 이를 이미 알고 있는 용량-반응 관계를 이용하여 저용량 영역으로 외삽하여 아무런 효과가 나오지 않는 용량 수준(no observed adverse effect level, NOAEL)*을 찾아낸다. 이렇게 얻어진 NOAEL은 화학물질의 법적 허용농도 기준을 설정하는 데 있어 주요한 근거가 된다. 이를 위하여 인체 노출에 허용되는 안전계수를 적용하는데, 일반적으로 안전계수는 NOAEL의 1000분의 1값을 적용하고, 이렇게 얻어진 용량을 "참고 용량"이라고 한다. 이 용량은 사람에서 직접 구해진 것이 아니다. 그러나 내분비교란물질이 저용량에서 보이는 생물학적 효과는 다른 화학물질에서 하는 것처럼 고용량 영역에서의 시험을 통해 예측할 수 없으므로 이러한 접근법은 저용량에서 인체에 미치는 영향에 대해서는 전혀 알 수 없다. 이에 따라 화학물질을 규제하기 위해 적용하는 기존의 프로토콜을 이 경우에 적용하는 것은 타당하지 않다. 내분비교란물질의 경우 용량-반응 곡선이 기존의 전형적인 곡선과는 달라서 내분비교란물질의 안전성 검사를 위해서는 기존 방법과는 다른 접근방법이 필요하다.[10]

화학물질의 생산은 계속 증가하고 있으며, 인간과 생태계의 혼합물질에 대한 노출이 전반적으로 늘고 있을 뿐만 아니라 생물체가 저용량으로 노출되면 일어나는 미세한 영향에 대해서도 점차 더 밝혀지고 있음을 고려할 때 우리는 인간과 생태계에 광범위한 영향을 끼칠 수 있는 지구적인 화학물질 오염이 이미 경계선을 넘고 있다는 것을 알 수 있다.[11] 최근 곤충과 조류 개체수가 대폭 줄어들고 있다는 보고는 이미 생태계의 경계를 넘어섰다는 것에 대한 증거라고 할 수 있다.[12-16]

---

* 근대 독성학의 아버지로 불리는 스위스의 독성학자 파라켈수스(Paracelsus, 1493~1541)가 주장한 것으로 인체에 필요한 물질이라 할지라도 과다하게 흡수되면 독성을 나타낼 수 있는 것에서 볼 수 있는 것과 같이 모든 물질이 인체에 독성을 나타낼 수 있으며 어떤 물질의 독성은 그 용량(dose)에 따라 전적으로 결정된다는 이론. _옮긴이 주

* NOAEL(No Observed Adverse Effect Level, 무독성 관찰 수준 또는 무유해영향 관찰용량): 실험에서 유해한 영향이 관찰되지 않은 최고 용량 _옮긴이 주

오염이 생태계에 미치는 영향

행동생태학, 인구생태학, 지역사회생태학, 생태계생태학 등 분야의 학자들은 전통적으로 연구 대상 지역의 환경이 문명 세계에서 멀리 떨어져 있는 원시 상태를 가정하였다. 그러나 이러한 가정은 인류세에 있어 화학물질 오염은 지구 전체에 확산해 있으며 이들 화학물질의 농도가 매우 낮다고 할지라도 강력한 효과를 일으킬 수 있음을 무시한 것이다. 오늘날 세계는 아무리 문명에서 멀리 떨어진 오지라 할지라도 지구상 모든 지역이 일정 수준 이상으로 오염되어 있다고 가정하여야 한다.

지금까지 화학물질 오염이 생태계 기능에 미치는 영향에 관한 연구는 거의 없었다. 그러나 기존 연구 결과를 검토해 보았을 때 화학물질 오염이 해양[17]과 담수 생태계[18]의 기능을 교란하고 있다는 강력한 근거가 제시되고 있다. 다음에 제시할 산호초, 곤충, 조류, 호수, 극지방의 대형동물, 질소 순환 등에서 이와 관련한 주요한 사례들을 찾아볼 수 있다.

산호초

우리 피부를 자외선으로부터 보호하기 위해 여러 가지 화학물질이 선크림 혹은 피부보호제 명목으로 개발되었다. 이들 중 옥시벤존(벤조페논-3으로도 불림)이란 물질이 있다. 옥시벤존은 수영하는 도중 수영하는 사람의 피부에서 떨어져 나오거나 폐수로 해양에 배출되었을 때 해양환경을 오염시킬 수 있다. 수영하는 관광객으로부터 직접 유입되거나 혹은 폐수 유입을 통해 매년 상당한 양의 옥시벤존이 산호초로 방출되고 있다. 사람들이 많이 찾는 유명한 산호초들은 특히 더 높은 농도의 옥시벤존에 노출되고 있다. 최근 옥시벤존이 *콜리플라워 산호*(*Stylophora pistillata*)의 섬모유충과 이 산호를 포함한 여섯 가지 산호에서 추출한 세포에 미치는 영향에 관한 연구가 있다.[19] 옥시벤존은 산호에 여러 가지 독성이 있는데, 활발한 운동을 하는 유충이 형태가 망가지고 눌어붙은 형태로 변형되거나, 산호의 백화현상이 심해지고, 산호의

골격이 변형되거나, DNA에 손상을 가져오는 등이다. 이러한 효과는 수중 옥시벤존 농도가 100ppt(part per trillion, 1조 분의 1 농도) 미만의 농도에서도 관찰되기 시작한다. 하와이와 버진아일랜드에서 사람들이 많이 찾는 산호초 지역의 수중 옥시벤존 농도는 이보다 훨씬 더 높아 최대 1.4ppm(parts per million, 백만분의 1, ppt의 백만 배)에 달하는 때도 있었다.

옥시벤존 화합물의 독성 효과는 지구온난화와 해양 산성화로 이미 손상된 산호초에 가해지는 또 다른 위협이다. 산호초의 백화 현상은 궁극적으로 다양한 해양생물의 산실이자 연안에 사는 사람들의 영양공급에 핵심적인 역할을 하는 이들을 훼손함으로써 산호초로 인하여 풍부해지는 해양 생태계를 파괴한다.

곤충

꽃가루받이와 같은 생태계 서비스는 신니코틴계 살충제가 벌을 비롯한 꽃가루 매개자에 미친 영향에서 볼 수 있는 것처럼 화학물질 오염, 특히 살충제의 영향에 취약하다. 네오니코티노이드는 단기적으로 벌 개체에 치사에 가까운 효과를 미친다는 많은 보고가 있다.[20] 최근 연구에 의하면 이러한 단기적으로 영향을 주는 치사적 효과가 장기적으로는 이들을 멸종에 이르게 할 수 있음을 보여주고 있다.[21] 1989년에서 2016년 사이 독일의 63개 자연보호구역에서 조사한 이들 날아다니는 곤충의 총질량은 놀랍게도 75%나 줄어들었다.[12] 이는 방대한 지역에 걸쳐 살포되는 농약의 영향이 아닐까? 5장에서 논의한 것과 같이 이러한 꽃가루 매개자 개체수의 감소는 궁극적으로 인간의 영양과 건강에 크고 직접적인 영향을 미칠 수 있다.

조류

곤충 개체수가 줄어드는 것은 생태계에 파급효과를 가져오는데, 이들 중 예측 가능한 것은 많지 않다. 네덜란드에서 네오니코티노이드 살충제의 사용 이후 곤충과 조류 개체수의 대폭 감소에서 보는 것과 같이 유럽에서 곤충을 주식으로 하는 새들의 개체수가 대폭 줄어드는 것의 한 요인이 될 수 있다.[22] 미국에서도 살충제 사용이 목초지의 소실과 더불어 농촌지역의 조류의 종과 개체수의 감소를 가져옴을 보고하고 있다.[14] 살충제는 그 직접적인 독성과 더불어 새들의 먹이가 되는 벌레 수가 줄어드는 것을 포함하여 그 외 다른 경로를 거쳐 조류의 개체수를 위협한다. 신경독성이 있는 살충제는 새들의 비행 중 방향을 찾는 기능에 장애를 가져올 수 있다.[23] 이는 새를 직접적으로 죽이지 않지만, 새들의 개체수에는 재앙적인 영향을 미칠 수 있다.

호수

화학물질이 생태계에 미치는 영향은 앞에서 예로 든 잔류성 유기화학물질이나 먹이사슬의 최상부에 있는 동물에 그치지 않는다. 캐나다의 한 호수에서 시행된 실험연구 결과를 예로 들어 보자. 이 연구에서는 호수에 7년간에 걸쳐 폐수에서 흔히 발견되는 합성에스트로겐 화합물질(경구피임제의 주성분)을 투입하였다. 이에 따라 작은 수컷 물고기들이 암컷화되었으며 궁극적으로는 이들 물고기 개체수의 99%가 줄어들었다(**그림 14.1**).[24] 이러한 효과는 폐수처리장의 최종 배출기준에 훨씬 미치지 못하는 수준(리터당 5~6나노그램)에서 일어난 것이다. 이들 작은 물고기를 먹이로 하는 포식동물의 개체수도 줄어들었는데, 이는 화학물질의 직접적인 효과 이외에도 이들이 먹이가 되는 작은 물고기 개체수 감소의 영향이다. 또한 이 연구는 작은 물고기 개체수의 감소로 인해 이들의 먹이가 되는 무척추동물 개체수는 늘어났음을 보여준다. 이 연구를 통해, 독성화합물질은 지역 생태계의 전 단계에 걸쳐 부정적 영향을 미침을 알 수 있다. 경구피임제의 성분으로 사용된 이 화합물과 이와 유사한 분자구조를 가진 화학물질의 광범위한 사용으로 이들 물질이 지구 전체에 걸쳐 광범위하게 유입되면 이로 인한 영향에 대한 우려를 금할 수 없다.

극지방의 몸집이 큰 동물

다염화이중페닐류(polychlorinated biphnyles, PCBs)를 비롯한 잔류성 유

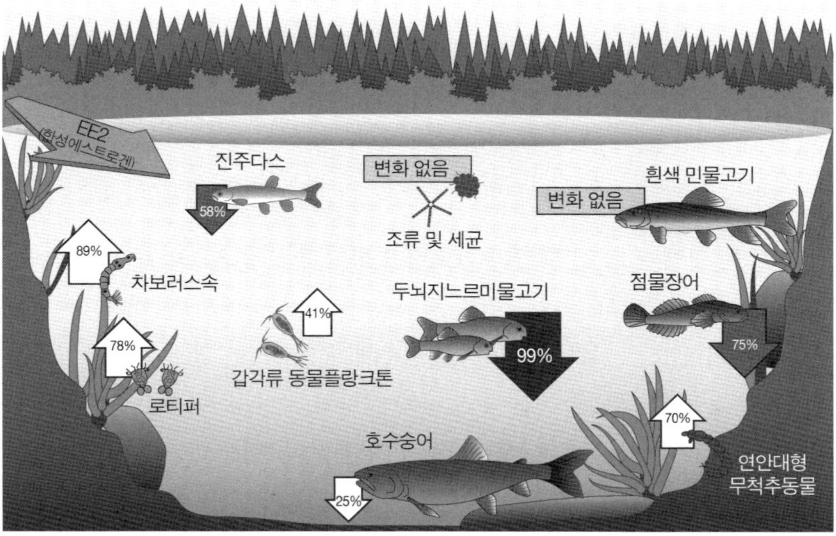

그림 14.1 실험적으로 합성 에스트로겐(EE2)을 투입한 후 관찰된 호수의 먹이사슬에 포함된 각 종의 개체수 변화. 잔챙이 물고기의 멸종에 가까운 감소는 에스트로겐의 직접적인 효과로 인한 것으로 볼 수 있다. 흰색 화살표는 간접효과를 나타내며 회색 화살표는 직접효과를 나타낸다. 퍼센트는 개체수 혹은 종별 질량의 변화를 나타낸다.

자료: Kidd KA, Paterson MJ, Rennie MD, et al. Direct and indirect responses of a freshwater food web to a potent synthetic oestrogen. *Philos Trans R Soc Lond B Biol* Sci 2014; 369(1656): 20130578.

기오염물질이 대기 중 증발하거나 환경에서 잔류 혹은 생체농축 등을 거쳐 고래, 물개, 북극곰 등 극지방 대형동물의 체내에 매우 높은 농도로 축적되는 결과를 가져왔다. 이에 따라 물개의 면역기능 저하와 대형 포유류들의 생식능력 저하가 초래되었다.[25] 해양포유류에 대한 잔류성 오염물질의 영향은 지리적 위치에 따라 차이는 있지만 지구상에서 포획된 해양포유류에서 잔류성 오염물질이 검출되지 않은 경우는 없었다. 잔류성 오염물질은 반휘발성이어서 대기의 기류를 통해 확산하고 추운 지역에서는 농축되므로 이들 화학물질의 생산, 사용, 폐기와는 전혀 무관한 아주 먼 극지방에서도 높은 오염 부하를 보인다.[26] 극지방 해양포유류에서 잔류성 오염물질이 축적됨으로 인해 이들을 주식으로 하는 이 지방 토착 주민들의 건강에 대한 주요한 위협으로 작용한다. 잔류성 유기오염물질에 노출됨으로 인한 인간의 건강 위협은 생식 장해로부터 대사장애, 암 발생에 이르기까지 다양하다.[27] 극지방과 고산지대의 기후변화는 얼음 속에 갇혀 있던 잔류성 오염물질과 유해 금속을 방출하여 야생동물과 사람의 오염부하를 더욱 가중하는 결과를 초래할 수 있다.[28,29]

질소 순환

질소는 단백질 효소, 핵산의 필수적인 화학적 구성 원소이기에 환경에서 질소의 순환은 생명의 유지를 위해 필수적이다. 제4장에서 본 것과 같이, 비료의 사용과 연소로 인하여 지구적인 수준에서 정상적인 질소 순환에 장애가 초래되었다. 제조된 화학물질 중 일부는 식물과 토양 속의 질소를 고정하면서 공생하는 미생물 간의 신호전달을 방해하여 질소고정작용을 저해한다.[30,31] 이로 인한 영향은 해당 지역의 농업생산성과 직접 연관되지만, 세계적인 수준에서는 질소 균형에 큰 영향을 미치지 않는다. 그러나 합성화학물질 중 이러한 효과에 대해 검정을 거친 것은 드물다. 더욱이, 약품을 비롯하여 다수의 생물 활성 화합물질의 조합인 하수처리 후 생성된 찌꺼기를 경작지에 살포하는 관행이 일반화됨에 따라 이러한 문제를 일으킬 소지가 있는 화학물질의 범위는 살충제에 그치지 않고 확대되고 있다.

앞에서 본 이러한 독성화학물질이 생태계에 미치는 효과의 예를 바탕으로 다음과 같은 결론에 이른다. 첫째, 화학물질 오염의 문제는 지구 전체적인 규모의 문제이다. 둘째, 그로 인한 영향은 광범위한 종에 이르는데, 이들은 생물의 일곱 계(kingdom) 중 여섯 계, 즉, 식물계, 동물계, 원생동물계, 곰팡이계, 고세균, 진정세균(*eubacteria*)을 포함한다. 셋째, 화학물질은 다양한 경로와 기전을 통하여 생명을 위협하는데, 여기에는 생식, 신경계, 내분비계, 발달과정 등이 포함된다. 이들 경로 중 많은 것이 생명의 계통을 가로질러 살아있을 뿐 아니라 인간에게도 남아 있는 것이기에, 이들이 인간에 미치는 영향은 다른 종에서 볼 수 있는 것과 동일선상에 있다고 볼 수 있다. 곤충을 죽이는 살충제는 사람을 죽이기 위해 개발된 신경가스와 화학적으로 밀접하게 연관되어 있다.

오염이 인간에 미치는 영향

독성화학물질에 대한 인간의 노출은 거의 세계적인 수준에서 이루어지고 있다. 미국 질병통제예방센터가 시행하는 전국적인 수준의 국가 바이오모니터링 프로그램에서는 미국 전역의 인구를 대상으로 생산량이 많은 200여 종의 주요 화학물질의 농도를 혈액과 요에서 검사하고 있다.[32] 이들 화학물질이 인체에 미치는 영향은 매우 광범위할 뿐 아니라 다양하다. 화학 오염물질이 인간의 건강에 미치는 영향에 대해서 논하는 것은 이 장의 범위를 넘어선다. 공기오염은 모든 종류의 오염을 통틀어서 보았을 때 세계질병부담(global burden of disease)에서 가장 큰 비중을 차지하는데, 제7장과 제12장에서 자세히 다룬다. 이 장에서는 화학물질 노출의 핵심 원리와 이의 대상이 되는 핵심 위험인구에 관해 설명한다.

노동자

화학물질이 도입되어 공장에서 제조되면서부터 질병이 뒤따랐다. 이들 질병은 제품을 생산하던 작업자에게서 발생하면서 제조된 합성화학물질의 유해성에 대한 최초의 근거가 되었다. 화학공장에서 작업하는 노동자들은 새로운 화학물질에 처음 노출되는 인구집단일 뿐 아니라 많은 경우 매우 높은 수준으로 노출되므로 화학물질로 인해 발생하는 질환이 발생할 위험이 매우 크다.

암은 화학물질 제조와 연관하여 가장 먼저 발생할 수 있는 질환 중 하나이다. 직업성 암 발생과 관련한 선구적인 연구는 1898년 스위스와 독일에서 초기 합성화학물질 중 하나인 합성 아닐린 염료에 직업적으로 노출된 작업자들에서 집단으로 발생한 방광암에 관한 연구이다.[33] 화학물질과 염료 제조가 세계적으로 확산하면서 방광암 발생도 잇따랐다. 유기용제인 벤젠에 직업적으로 노출된 작업자에서 발생한 백혈병은 화학물질 제조로 인한 암 발생의 또 다른 사례이다.[34] 벤젠은 이외에도 임파종을 비롯하여 림프조혈계통 악성종

양의 발생과도 연관성이 있다. 석면은 직업성 암의 또 다른 예인데, 석면 노출은 폐암, 악성 중피종, 난소암을 비롯한 여러 가지 악성종양을 유발한다.[35] 아닐린 염료, 벤젠, 석면 등의 물질들은 세계보건기구 산하 국제암연구소(International Agency for Research on Cancer, IARC)에 의해 발암물질로 분류되어 있다.

작업장에서 지역사회로

최근 수십 년간, 화학물질 제조가 중 저소득국가로 옮겨가고 있어 독성화학물질로 인한 질병도 이들 국가의 화학 노동자에게서 늘고 있다. 이와 더불어 독성화학물질은 공장의 작업장 테두리를 넘어 인접한 지역사회로 확산하고, 때에 따라서는 재난을 일으키기도 한다. 이러한 양상은 산업화가 먼저 진행되었던 국가들의 경험을 되풀이하는 것인데, 대표적인 예로 미주리주 타임스 해변과 이탈리아 세베소의 다이옥신 오염 사건, 허드슨강의 PCB 오염 사건, 호주 포트 피리와 텍사스주 엘패소 제련소 인근의 납 오염 사건 등을 들 수 있다. 중 저소득국가에서 발생한 화학물질 오염 사건의 대표적인 사건은 아래와 같다.

- 인도 보팔 재난: 살충제 제조 공장의 폭발사고로 메틸 이소사이안산이 대량으로 환경으로 누출됨에 따라 수천 명의 주민이 사망과 손상을 입은 사건[36]
- 매년 200만 톤의 새로 생산된 석면이 세계에서 가장 가난한 국가들로 수출되고 있다. 이들 국가에서는 석면이 주로 건설에 사용되고 있으며 이 과정에서 건설작업 노동자들과 지역사회의 아이들을 포함한 주민들이 석면에 노출된다.
- 중저소득국가에서 납축전지의 비합법적 재생 작업을 통하여 직업적 납 중독이 발생할 뿐 아니라 귀가한 작업자의 의복 등을 통해 가족들이 납에 노출된다.

- 불법적인 금 채굴로 인한 수은 오염은 주로 농촌지역이나 도시에 인접한 곳에서 이루어지는데, 이 과정에서 임산부나 어린아이들이 수은에 노출된다.[39] 불법적인 금 채굴은 내륙 담수의 수은오염을 초래하는 주요 원인이기도 하다.[40]
- 연간 4500만 톤의 전자 폐기물이 가난한 나라로 수출된다. 재생공장에서 어린이들은 쓸 만한 금속을 골라내거나 분류하는 데 동원되며 유해 금속 이외에도 퓨란, 다이옥신을 포함한 독성화학물질에 노출된다.[41,42]

어린이들의 민감한 취약성

독성화학물질에 노출된 사람들의 취약성은 유전적 소인이나 기저질환 등 다양한 요인에 따라 사람마다 큰 차이를 보인다. 그중 핵심적인 요인으로 나이를 들 수 있다. 모체 뱃속의 태아나 어린이는 내분비교란물질과 같은 화학물질에 노출되면 특히 더 위험이 큰데, 이 시기는 일생 중 특정 시기에만 이루어지는 발달과정을 거치며 이는 내분비계에 의해 조절되기 때문이다. 어린이들의 건강에 미치는 독성화학물질의 영향은 20세기 초반 독성화학물질이 산업장의 테두리를 벗어나 환경과 소비자 제품을 통하여 일반 인구에 노출되기 시작하면서 처음 알려지기 시작했다. 현대에 오면서 납페인트에 노출된 후 발생한 납중독이 1848년 프랑스에서, 1904년에는 호주에서 처음 보고 되었다. 태아의 화학물질 노출에 대한 취약성이 주목받기 시작한 것은 1950년대와 1960년대에 들어서서 유럽에서 일단의 의사들이 임신 1기 임산부들에게 입덧을 줄이기 위해 탈리도마이드를 처방한 후 이전에는 매우 드문 선천성 사지 결함이었던 해표지증(phocomelia)이 1만 건 넘게 보고되면서부터였다.

이 사건이 있었던 후, 오늘날은 어린이와 태아는 독성화학물질에 특별히 더 민감함이 널리 알려지게 되었다. 1993년 미국 국립과학아카데미(National Academy of Sciences, NAS)는 *『영유아 식단에 포함된 살충제』*라는 보고서에서 "어린이는 작은 어른이 아니다"라고 선언하였다.[43] 국립과학아카데미 보고서는 어린이가 독성화학물질에 민감성이 높은 데 영향을 미치는 어린이와 어른 사이에 네 가지의 차이점을 적시하였다.

- 어린이는 어른과 비교하면 독성화학물질에 더 많이 노출된다.
- 어린이의 대사 능력은 덜 성숙하기에 어린이가 독성화학물질을 대사하는 능력이 어른보다 떨어진다.
- 어린이는 특별히 민감한 초기 발달과정에 있어 이 시기 독성화학물질 노출로 쉽게 발달에 장애를 초래한다. 성인에게는 부정적인 영향을 끼치지 않는 수준의 극소량의 독성화학물질에 노출되더라도 장기 형성이 방해받고, 비감염성질환의 평생 발생 위험이 증가하며 평생 기능장애를 유발할 수 있는 취약한 시기(windows of vulnerability)가 초기 발달의 결정적인 시기에 자리한다.
- 어린이들은 기대 여명이 어른에 비해 길므로 생애 초기에 해로운 물질에 노출로 인하여 질병이 발생할 때까지의 잠재기가 긴 질환이 발생할 위험이 더 크다.

국립과학아카데미의 보고서는 1990년대 중반부터 시작된 어린이들의 환경과 건강 관련 연구에 대한 연구비 지원을 늘리는 데 박차를 가하였다. 이 시기를 기점으로 전향적 출생 코호트 연구와 같은 체계적인 역학연구가 시작되었다. 출생 코호트 연구는 새로운 과학적 발견의 핵심적 역할을 하는 것으로 자리 잡았고 이 연구설계를 통하여 독성물질에 출생 전 노출과 저출생체중, 천식, 신경 발달장애 이외에도 소아기와 성인기의 다양한 질환 간의 다요인 인과적 연관성을 밝힐 수 있게 되었다. 태내 노출의 이러한 효과는 어린이의 일생에서 그치지 않고 다음 세대에까지 이를 수 있는데, 이를 통하여 여러 세대에 걸친 건강 영향을 염두에 두고 바라보는 지구건강의 시각이 중요함을 확인시켜 주고 있다.

내분비교란물질

내분비(호르몬) 교란은 화학물질 독성에 있어서 결정적으로 중요한 기전으로 최근 들어 집중적으로 연구가 진행되었다. 화학제품 중 적지 않은 수의 물질이 호르몬 신호전달을 교란해 인체의 발달을 방해하고 인지기능과 지능을 저하하며 생식기능에 장애를 가져온다는 것이 알려졌다.[8]

내분비 교란의 핵심적인 원리를 아래에 적시하였다.

- 매우 낮은 용량에서도 매우 큰 생물학적 효과를 초래할 수 있다.
- 독성효과는 작은 물고기에서부터 인간에 이르기까지 여러 종에 걸쳐 일어나는데, 이는 생물계가 여러 종에 걸쳐 공통의 생물학적 경로를 공유하고 있음을 보여준다.
- 노출의 시기가 중요하다. 생애 초기의 노출에 매우 취약한 시기는 발달의 경로와 단계에 따라 결정되는데, 이 시기에 노출되면 그 효과가 가장 심하고 오래 지속될 수 있다. 이 시기에 지속적으로 노출되면 그 효과는 어린 시절에 국한되지 않는다.
- 독성효과는 일생에 걸쳐 나타날 수 있다. 예를 들어, 서구 국가들의 성인 남성의 정자 수가 1970년대 이후 이전의 50~60% 수준으로 감소하였는데 이러한 경향이 멈추지 않고 진행되고 있다.[44] 중국에서도 비슷한 결과를 보고하였는데, 최근 수십 년간 정자 수는 최대 40% 감소하였다.[45,46] 이러한 추세는 인구증가율에 영향을 주기에 충분한 수준의 출산율 감소로 나타난다. 최근 덴마크에서 한 연구에 의하면 연구 대상자의 약 25%에서 임신까지의 기간이 지연될 정도의 정자 수 감소가, 15%에서는 불임 치료를 받아야 임신이 가능할 정도로 심한 정자 수 감소가 있다고 보고하였다.[47]

내분비 교란은 화학물질 오염이 인체에 미치는 광범위한 영향을 상징적으로 보여주는 현상이다.

그림 14.2 제2차 세계대전 후 나왔던 합성화학물질 예찬 광고

독성화학물질이 지구건강에 주요한 위협으로 자리 잡은 이유

문제의 역사적 기원

새로 제조한 화학물질이 시장에 도입되는 과정에서 이들 물질의 독성이나 안전성, 특히 인간의 건강에 미치는 영향에 대한 신중한 노력은 전혀 없었다. 이러한 충실한 노력이 없었기에 어떤 화학물질이 이롭고 어떤 물질을 조심스럽게 다루어야 할지에 관한 판단을 사전에 하는 것이 불가능하였다.

화학물질 도입 과정에서 잘못된 결과를 초래한 원인으로 두 가지의 순차적인 사건을 들 수 있는데, 수천 종의 화학물질과 새로운 제품의 폭발적인 도입과 이들의 광범위한 확산(**그림 14.2**)에 이어 매우 유용한 화학물질 중 일부에서 인간의 건강과 환경에 이전에 예상하지 못한 위협을 가한다는 것을 알게 되었다.[48] 독성이나 안전성에 대한 적절한 시험 과정이 없이 큰 환호와 함께 도입되었다가 상당한 시간이 지난 이후에야 인간의 건강과 환경에 엄청난 위해를 끼침이 발견된 사례들로 납 페인트와 유연휘발유, 단열재와 방화제품에 사용된 석면, 살충제로 도입된 DDT(dichlorodiphenyltrichloroethane)(**그림 14.3**), 임신 중 입덧을 줄이기 위해 처방된 탈리도마이드, 전기제품 절연체로 광범위하게 사용된 다염화이중페닐류(PCBs, polychlorinated biphenyls), 임신 중 유산을 방지하기 위해 사용된 합성 다이에틸스틸베스트롤(DES), 냉매로

그림 14.3 감자딱정벌레를 퇴치하기 위해 살충제를 뿌리는 동독 어린이들, 1953년
자료: Bundesarchiv, Bild, CC-BY-SA 3.0

사용된 염화불화탄소 화합물(CFCs, chlorofluorocarbons) 등을 들 수 있다.

무시된 조기 경보

반복적으로 다루게 되는 주제는 새로운 화학물질이 인간의 건강과 환경에 유해할 수 있음에 대한 조기 경보가 반복적으로 무시되었다는 것이다. 이 결과, 노출을 줄이고 질병을 예방하기 위한 노력이 지연되었는데, 이 시기가 때에 따라서는 수십 년에 이르기도 하였다. 이처럼 해로운 기술의 도입으로 인해 큰 이익을 얻는 기업들은 이들 물질의 유해성과 이들 물질에 대한 노출을 줄이기 위한 노력을 적극적으로 차단하였고 이들의 유해성을 부정해 왔을 뿐 아니라, 때에 따라서는 제조업체에 속한 과학자들이 밝힌 유해성마저도 부정하였다. 이들 기업은 고도화된 정교한 역정보시스템을 구축하고 이를 이용하여 대중의 눈을 가리고, 새로 대두된 기술에 대한 주의를 환기하고 문제를 제기하는 의사들과 환경과학자들을 직접적으로 공격하였다. 이러한 기업 후원을 업은 전략은 납, 수은, 담배 등에 대한 규제에 대응하여 개발되어 오늘날도 염화유기용제, 유기인제 살충제, 화학 제초제, 내분비교란물질, 화석연료 등의 사용 규제를 방어하는 데 활용되고 있다.[49,50]

거버넌스와 일관성 있는 화학물질 정책의 부재

오늘날 화학물질의 제조를 담당하고 있는 대기업들은 대부분 공개된 기업이다. 이들 기업 간부들의 공식적인 의무는 일차적으로 투자자들에게 최대한의 이윤을 창출하는 데 있다. 이러한 법적 구조로 인해 불가피하게 인간의 건강이나 지구환경을 보호하는 것은 기껏해야 이차적인 고려의 대상일 뿐이다. 제도적인 강제력이 없는 상태에서는 공중보건이 종종 무시된다. 필요치 않은 물질들은 환경으로 배출하고 이에 따라 발생하는 건강과 경제적 비용은 외부화되어 기업의 재무회계에 반영되지 않고 공공의 비용으로 전가된다. 이처럼 단기적인 재정적 이익에만 관심이 있고 장기적인 영향이나 사회정의는 무시하는 기업 중심 모델은 지속성이 없을 뿐 아니라 공정하지 않고 장기적인 지구건강과도 부합되지 않는다. 여기서 지구건강 분야의 두 가지 핵심 주제를 볼 수 있다.

- 환경파괴로 인해 이익을 얻는 사람 혹은 집단과 이로 인한 피해로 인해 비용을 지출하는 사람 혹은 집단은 전혀 다른 인구집단인 경우가 많다.
- 환경파괴로 인한 인간의 건강 비용을 정량화하는 것은 비용편익분석과 정책 결정의 영역으로 가져오기 위해 중요한 과정이다.

특히 어처구니없는 제도적인 틈바구니로, 오늘날 세계적으로 큰 규모로 시판되고 있는 화학물질 중 안전이나 독성시험을 거친 것은 반도 되지 않을 뿐 아니라 이들 화학물질 중 20%만이 인간의 발달장애나 영유아와 어린이에서 질병을 유발하는지에 대한 검토를 거친다는 것이다. 새로운 화학물질의 시판 전 평가를 엄격하게 시행하게 된 것은 불과 금세기 들어서서, 그나마 소수의 고소득 국가에서만 이루어졌다.[51-53] 대부분 국가에서 일관성 있는 화학물질 보호 정책이 시행되지 않고 있다는 것이 오늘날 세계적인 수준으로 일어나고 있는 화학물질 오염과 독성문제의 근본 원인이다.

이처럼 빈약한 관리제도와 더불어 제도의 부실한 시행으로 인해 다음과 같은 결과가 초래된다.

- 화학물질이나 살충제가 인간의 건강이나 환경에 대한 유해성을 전혀 검사하지 않고 시판됨으로 인해 앞서 본 것과 같은 질병과 사망, 환경파괴를 초래한 사건이 반복적으로 일어났다.
- 오늘날 세계적으로 사용되는 합성화학물질은 대부분 인체 건강이나 환경에 대한 위험성에 대해 거의 알려진 바가 없다. 여러 화학물질 동시 노출의 건강 영향이나 두 가지 이상의 화학물질이 인체 내에서 어떻게 상

글상자 14.1 시판 전 평가가 부재하거나 부실하게 시행된 상태에서 제품이 시판되어 환경에 유입된 경우. 최근 사례

발달장애를 초래하는 신경독성물질: 소파, 카펫, 매트리스, 컴퓨터 등에 널리 사용되고 있는 브롬화 방염제와 같은 물질들은 뇌 발달을 지연시켜 지능지수(IQ)를 떨어뜨리고 집중 장애를 초래한다.[a]

내분비교란물질: 프탈레이트, 비스페놀A(BPA) 등은 신경계, 내분비계, 생식 및 발달장애와 비만 등을 초래한다.[b–d]

화학 제초제: 가장 잘 알려진 예로 글리포세이트는 국제암연구기구에서 '인체 발암 의심 물질(group 2A)'로 분류되었다. 글리포세이트는 지난 20년간 미국에서 사용량이 2500%나 증가하였으며 세계적으로도 빠른 속도로 사용이 늘고 있다. 이 제초제는 제초제에 내성이 있는 유전자 변형 식량 곡물 재배 과정에서 잡초를 제거하기 위해 사용된다. 오늘날 미국에서 재배되는 옥수수와 콩의 90% 이상에서 사용되고 있다. 유럽연합에서는 사용 제한을 심각하게 고려하였으나 최근 그 사용기한을 5년 더 연장하였다.[e]

새로 개발된 살충제: 신니코틴계 살충제가 가장 잘 알려져 있다. 이미다클로프리드를 비롯하여 이 계열의 화학물질은 신경계 독성이 있다. 이들은 꿀벌에서 군집 붕괴와 같은 장애를 초래한다. 인체 독성이나 발달 독성은 아직 학계에 보고되지 않았다.[f]

폐기된 의약품: 세계인구의 증가와 제약산업의 확장으로 약품 폐기물과 이들 약품이 사람이나 동물에서 대사된 대사체들이 생태계로 유입되는 양이 늘고 있다. 도시 폐수가 주된 오염원이지만 지역 수준에서는 제약공장이나 병원, 농축산업, 수경재배 등이 주요 오염원이다. 한 연구에 의하면 세계 71개국의 지표수와 지하수, 상수, 분뇨, 토양, 기타 환경매체에서 검사한 결과 600종 이상의 약물이 검출되었다. 약물은 낮은 농도에서도 그 약리적 효과를 발현하게 되어 있기에 환경계와 더 나아가 인체에 미치는 예기치 않은 영향이 우려된다.[h]

나노물질: 나노라는 척도는 넓게는 1~1000나노미터(10^{-9}) 수준의 크기를 지칭하지만 일반적으로는 크기가 1~100나노미터 사이인 입자로 정의하는 경우가 많다. 현재까지 수천 종 이상의 나노입자가 설계되고 제조되었으며 그 용도는 매우 광범위하여 개인용품으로부터 전자제품과 의약품에 이르기까지 다양하다. 나노기술의 빠른 발전과 함께 나노입자는 환경에 널리 확산되었다. 그러나 독성 검사는 이들이 확산되는 속도를 따라가지 못하고 있다.[i,j] 나노입자의 독성효과는 아직 충분히 알려지지 않았는데 위에 예로 든 다른 물질의 경로를 따라갈 것으로 예상할 수 있다.

참고문헌

a. Lam J, Lanphear BP, Bellinger D, et al. Developmental PBDE exposure and IQ/ADHD in

childhood: a systematic review and meta-analysis. *Environ Health Perspect.* 2017; 125(8): 086001.
b. Ejaredar M, Nyanza EC, Ten Eycke K, Dewey D. Phthalate exposure and children's neurodevelopment: a systematic review. *Environ Res.* 2015; 142:51-60.
c. Miodovnik A, Edwards A, Bellinger DC, Hauser R. Developmental neurotoxicity of ortho-phthalate diesters: review of human and experimental evidence. *Neurotoxicology.* 2014; 41:112-122.
d. Braun JM, Sathyanarayana S, Hauser R. Phthalate exposure and children's health. *Curr Opin Pediatr.* 2013; 25(2): 247-254.
e. Guyton KZ, Loomis D, Grosse Y, et al. Carcinogenicity of tetrachlorvinphos, parathion, malathion, diazinon, and glyphosate. *Lancet Oncol.* 2015; 16(5): 490-491.
f. Cimino AM, Boyles AL, Thayer KA, Perry MJ. Effects of neonicotinoid pesticide exposure on human health: a systematic review. *Environ Health Perspect.* 2017; 125(2): 155-162.
g. aus der Beek T, Weber FA, Bergmann A, et al. Pharmaceuticals in the environment: global occurrences and perspectives. *Environ Toxicol Chem.* 2016; 35(4): 823-835.
h. Arnold KE, Brown AR, Ankley GT, Sumpter JP. Medicating the environment: assessing risks of pharmaceuticals to wildlife and ecosystems. *Philos Trans R Soc Lond B Biol Sci.* 2014; 369(1656).
i. Jeevanandam J, Barhoum A, Chan YS, Dufresne A, Danquah MK. Review on nanoparticles and nanostructured materials: history, sources, toxicity and regulations. *Beilstein J Nanotechnol.* 2018; 9:1050-1074.
j. Missaoui WN, Arnold RD, Cummings BS. Toxicological status of nanoparticles: what we know and what we don't know. *Chem-Biol Interact.* 2018; 295:1-12.

호작용하는지는 더욱 알려진 바가 없다. 후자의 경우 독성 작용이 길항적으로 일어나는 경우가 많다.

현재까지 알려진 이러한 문제점들은 **글상자 14.1**에 요약되어 있다.

독성정보의 부재

대부분의 화학제품이 그 유해성에 대해 알려진 것이 별로 없다는 점이 생태독성 연구에 있어 일반적인 문제이다. 염화불화탄소(CFCs)로 인한 성층권 오존층 파괴가 발견되는 과정은 이와 같은 정보의 부족이 어떠한 결과를 낳는가를 명확히 보여준다. 실제에 있어 이 발견은 우연에 의해 운 좋게 드러난 것인데 세 가지의 서로 다른 분야 연구의 결과로 알려지게 되었다. 1920년대 처음 발견된 이래 CFCs의 세계적인 분포에 관한 연구가 진행되었는데, 1960년대 말에서 1970년대 초에 걸쳐 오존층의 소실을 초래하는 화학적 원인에 관

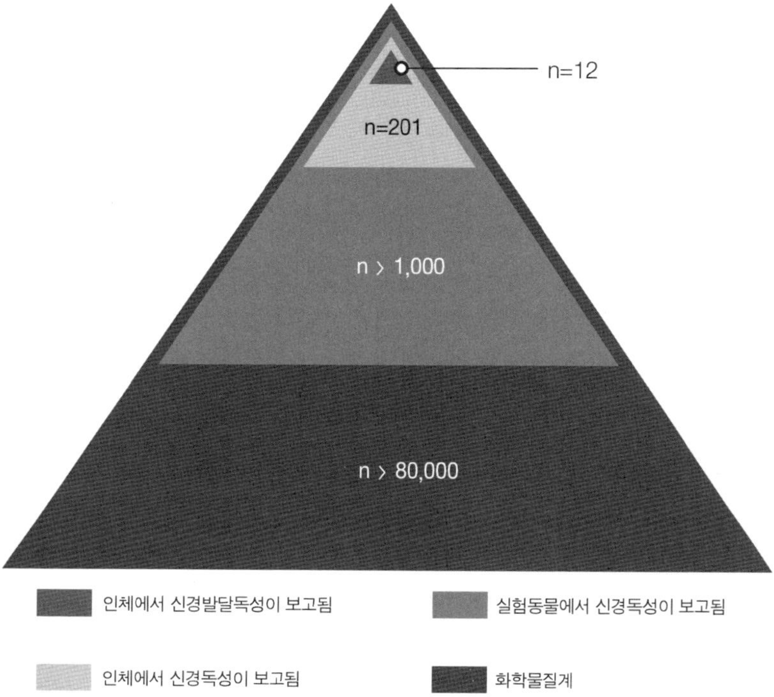

그림 14.4 신경독성 화학물질에 대해 알려진 지식 수준. 시중에 유통되고 있는 수천 종의 화학물질 중 어린이에서 신경독성을 일으키는 것이 밝혀진 것은 극히 일부에 불과하지만 성인 작업자에서 신경독성이 보고된 것은 200종, 실험동물에서 신경독성을 일으키는 것은 1000종 이상이다.
자료: Grandjean P, Landrigan PJ. Developmental neurotoxicity of industrial chemicals. *Lancet* 2006; 368(9553): 2167-2178.

한 연구가 진행되었고, 1970년대 말에서 1980년대 초, 오존구멍을 찾아내게 되었다. 이 세 가지 서로 다른 계열의 연구를 한 자리에 모은 것은 몇 명의 천재적인 사람들의 업적이라고 할 수 있는데 이들이 아니었다면 이런 일은 일어나기 힘들었을 것이다.[54] 오늘날 세계적으로 널리 사용되고 있는 합성화학물질의 종류를 고려할 때, 이들 중 지구 수준에서 위협이 될 수 있는 생물지리화학적 과정을 일으키고 있는 물질이 있다고 할지라도 늦기 전에 이를 찾아낼 수 있는 확률은 얼마나 될까?

이와 관련해 또 다른 질문으로, 오늘날 새로 개발되어 사용되고 있는 화학물질 중 인간의 건강에 해로운 영향을 미치지만, 아직 알려지지 못한 것이 얼마나 많을 것인가 하는 것이다. **그림 14.4**는 신경 발달장애를 가져오는 독성물질을 예를 들어 이 관계를 개념적으로 정리한 것이다. 임상 연구와 역학 연구를 통하여 어린이에게 신경 발달 독성이 있는 것으로 알려진 화학물질은 극히 소수에 불과하며(n=12), 다른 200여 종의 화학물질은 성인 작업자에서 신경독성이 있다고 알려져 있고, 다른 1000여 종의 화학물질은 실험동물에서 신경독성이 보고되었다.[55] 그러나 이들 1200여 화학물질 중 일부는 현재 널리 사용되고 있는데, 이들 중 영유아나 소아에서 신경독성을 일으킬 수 있는 물질이 얼마나 될지는 알지 못하고 있다.

미 국립환경보건과학연구소(NIEHS)의 전 소장이었던 데이비드 롤 박사는 "만일 탈리도마이드가 사지 기형 대신 어린이들의 지능지수를 10점 낮추는 것으로 작용했다면 아직도 시판되고 있었을 것이다"라고 한 바 있다.[56]

화학물질에 대한 지구건강의 접근: 새로운 정책, 새로운 패러다임

화학제품의 건강위해성으로부터 인류와 생태권을 지키기 위한 전략을 일관성 있게 가져가기 위해서는 그 전략이 건강을 지키는 데 그치지 않고 태아, 어린이, 임산부와 더불어 생태계의 가장 취약한 종을 포함, 취약한 대상의 건강을 보호하는 정책에 기반을 두어야 한다. 이와 같은 화학물질 안전과 관련한 정책의 핵심을 이루는 것은 다음과 같다.

- **현재 사용되고 있는 화학물질에 대한 검정**: 이미 시중에서 유통되고 있는 화학물질의 안전성과 독성에 대한 검사를 법적으로 엄격하게 의무화하고 시행을 강제하되 가장 널리 사용되고 있거나 가장 독성이 있을 가능성이 큰 물질에 우선순위를 둔다. 아래에 기술한 것과 같이 내분비 교란을 통

해 일어나는 건강 영향 등에서 볼 수 있는 것처럼 저용량 효과에서도 일어날 수 있으므로 현재 시중에 유통되는 화학물질에 대한 독성 검사는 저용량 효과를 잡아낼 수 있도록 재설계되고 최적화되어야 한다.

- **모든 새로운 화학물질에 대한 시판 전 검정**: 모든 새로 도입되는 화학물질은 시판 전에 검정받도록 의무화하여야 한다. 시중에서 광범위하게 사용되는 것을 목표로 해 개발된 화학물질에 우선순위를 두고 검정하되 저용량에서의 유해성에 대해 철저한 검정을 해야 한다.
- **시판 후 감시체계**: 화학물질이 제품으로 시중에 판매된 후 실험실 검사, 현장검사, 임상 및 역학 연구를 통하여 인간의 건강과 환경에 미치는 유해성을 모니터링해야 한다. 이러한 시판 후 감시체계는 시판 전 독성시험을 보완하기 위해 꼭 필요하며 이와 같은 시스템은 약물에 적용되고 있는 것과 크게 다르지 않다.* 시판 후 감시체계는 시판 전 평가에서 찾아내지 못했거나 무시된 생태적 혹은 인체 독성을 찾아냄으로써 탈리도마이드 사건이나 오존층 파괴와 같은 화학물질에 의한 재앙의 발생 가능성을 줄일 수 있다. 이와 더불어 시판 후 감시체계는 화학물질이 인체 건강과 환경에 미치는 영향에 대한 직접적인 근거를 제공하여 효과적으로 정책적 개입을 할 수 있도록 정보를 제공한다.
- **정화 의무**: 잔류해 있는 화학물질을 청소하되 인체와 생태환경에 미치는 위해성의 가능성이 가장 큰 곳에 우선순위를 두고 원칙적으로 오염자 부담 원칙을 적용하는 정책을 수립한다.
- **녹색의 지속가능한 화학**: 지속가능한 화학기업을 육성하기 위해 기존의 모든 기술적, 법적, 규제적, 경제적, 문화적, 정치적 장벽을 극복하기 위한 학제적 장을 개발한다. 녹색화학에 관해서는 이 장의 후반에서 기술한다.

---

* 약물의 경우 이를 제4상 임상시험이라고 한다. _옮긴이 주

화학물질 시험: 새로운 정책의 틀

제대로 관리되지 못한 화학물질로 인한 위기에 대응하기 위해 최근 여러 국가에서 화학물질 안전 정책을 수립하기 시작하였다. 이들 정책의 핵심은 독성검정의 의무화이다. 이와 관련한 사례로 유럽에서 화학물질 등록, 평가, 허가 및 제한에 관한 규정(REACH: Registration, Evaluation, Authorization and Restriction of Chemicals)이 입법화된 것과 미국에서 독성물질 관리법이 2016년 개정된 것을 들 수 있다.

유럽연합은 2007년 REACH를 입법하였다. REACH는 화학물질 제조사가 화학물질이 시판되기 전에 광범위한 안전 검정을 시행하도록 규정하고 있다. 제조회사는 검사 결과를 유럽화학물질청(European Chemical Agency, ECA)에 제출하여야 하는데, 유럽화학물질청은 이를 이용하여 이 화학물질이 소비자가 사용하는 제품에 들어가는 것을 허용하는 것이 안전할 것인지, 어린이 건강을 보호하기 위해 새로운 규정을 만들 것인지 등을 결정한다. REACH를 적용하면서부터 미국에서는 지금도 시판이 허용된 화학물질이 유럽에서는 퇴출당하는 경우가 있다. REACH를 시행하여 효과적으로 가소제와 같이 위험한 화학물질을 줄이는 데 성공한 사례들이 있다.[57] 유럽 화학물질청은 화학물질의 유해성에 대한 정보를 공공데이터베이스로 구축하여 일반 대중이 쉽게 접근할 수 있도록 하고 있다. REACH 규제의 단점으로 지적되는 사항으로 저용량 혹은 저농도 노출 후 발생하는 내분비 교란과 같은 독성기전을 시험한 내용이 포함되지 않는다는 점이다.

유럽연합의 선례를 따라 일본, 노르웨이, 멕시코, 아르헨티나, 호주 등 여러 나라들이 화학물질 시판 전에 유해성 검사를 더 철저히 하도록 규정하고 있다.* 이들 국가에서는 화학물질이 어린이 성장 발달을 저해하지 않는다는 충분한 과학적 근거가 없으면 사용할 수 없도록 규정하고 있다.

* 우리나라에서는 REACH에 대응하여 화학물질 등록 및 평가 등에 관한 법률(화평법, 2015)과 화학물질관리법(화관법, 2015년 유해화학물질관리법에서 개정)을 제정하여 시행 중이다. _옮긴이 주

미국에서는 공중보건, 환경, 인권 분야 단체들의 수년간에 걸친 노력 끝에 화학회사들의 끈질긴 반대에도 불구하고 2016년 초당파적인 화학물질 안전 법령이 제정되었고 버락 오바마 대통령이 서명함으로써 효력을 발휘하게 되었다. 21세기를 위한 프랭크 R. 라우텐버그 화학물질 안전법안으로 불리는 이 법안은 여러 가지 문제가 지적되고 있었던 1976년 제정된 독성물질관리법을 개정한 것이다.[58] 일부 제한점이 없지 않음에도 불구하고 라우텐버그법은 미국의 가장 강력한 환경법 중 하나로 인정받고 있다.[53] 이 법에서는

- 미국 환경보호청이 화학물질의 안전성 평가를 시행하면서 새로 설정한 위해성 기반 표준을 사용하도록 규정하고 있다.
- 이 규정에 따르면 환경보호청은 화학물질의 위해성만을 기준으로 평가하며
- 위험-편익 분석이나 위험을 제거하는 데 필요한 비용 등은 고려사항에 포함되지 않도록 규정하고 있다. 이 기준에 의하면 화학물질은 이들 물질의 사용이 '불합리한 위험'을 내포하고 있는지를 확인하기 위해 평가하도록 하고 있다.
- 환경보호청이 물질이 불합리한 위험이 있다고 판단하면 2년 이내, 필요 시 4년 이내에 적절한 조치를 하도록 규정하고 있다.
- 환경보호청은 새로운 화학물질이나 기존 화학물질이 새로운 용도로 사용되면 시판 전에 안전에 대한 확실한 근거를 제시하도록 규정하고 있다.
- 화학물질 안전 정보에 일반 대중이 더욱 쉽게 접근할 수 있도록 하고 있다.
- 환경보호청이 새로 발생하는 의무를 수행할 수 있도록 지속해서 예산을 배정하도록 규정하고 있다.

이 법이 통과된 후, 새로 선출된 트럼프 행정부는 이 법을 포함한 환경 관련 법들의 시행에 제동을 하는 쪽으로 정책을 시행하고 있다. 미국에서는 화학물질에 관한 규제에 대한 정치적 줄다리기가 치열하게 이어지고 있다.

화학물질에 대한 고성능 독성시험: 장점과 제한점

새로운 화학물질안전법의 제정과 더불어 최근 새로운 고성능 독성시험기술 개발의 필요성에 관한 관심이 커졌다. 이에 따라 노출 모형화, 센서 개발, 바이오모니터링, 오믹스 기술의 적용, 새로운 컴퓨팅 기법 도입, 빅데이터 마이닝, 생물 정보학 등의 기술적 진보와 더불어 독성학적 연구 결과를 유전체 연구 및 건강 데이터와 통합하는 노력도 진행되었다.[59]

이러한 신기술은 전통적인 동물실험에 비하여 더 적은 비용이 들면서 더 효율성이 높아 한꺼번에 많은 수의 화학물질에 대한 독성시험을 신속하게 시행할 수 있게 하였다. 더욱이, 독성시험으로 인한 동물의 희생을 줄일 수 있게 되었다. 미국 환경보호청과 국립환경보건과학원은 'Tox 21' 프로그램을 개발하여 이러한 발전을 더 촉진하였다.[60]

고성능 독성시험을 이용한 독성 스크리닝 프로토콜의 단점은 이들 방법이 본질적으로 저용량, 호르몬 매개효과에 대해 민감하지 않다는 점이다. 이들 기법이 이러한 효과를 검출할 수 있도록 특이적으로 설계된 세포 기반 및 생체 전체 기반 분석법을 적용한 것이 아닌 이상 고성능 독성시험 프로토콜로 내분비 신호전달의 교란이나 다른 수용체 기반 효과를 통해 매개되는 저용량 효과를 검출하는 것은 힘들다. 이러한 복합적인 효과를 검출하기 위해서는 생명체 전체에 대한 검사를 시행하거나 때에 따라서는 생태계 내에서 시험을 시행하는 것이 필요하다.[59]

근본적으로 새로운 화학물질 시험 패러다임 도입의 필요성

내분비 교란을 통해 매개되는 경우를 포함하여 저용량 독성을 효과적으로 검출하기 위해서는 현재의 규제시험 패러다임의 개혁이 필요하다. 현재의 독성시험 프로토콜은 고용량으로부터 시작하여 점차로 용량을 낮추어가면서

NOAEL(무독성 관찰 수준)을 검출할 때까지 시험을 진행한 다음 참고 용량을 그보다 몇 배수 아래로 설정한다. 이보다 더 민감하거나 건강 보호를 위한 시험법의 경우 저용량에서 시작하여 용량을 LOAEL*에 도달할 때까지 점차로 올려서 참고 용량을 결정하기도 한다. 이처럼 저용량에서 고용량으로 가는 시험법은 기존의 시험법에 비하여 내분비 교란 등에 의해 매개되는 독성에서 보는 것처럼 저용량에서 독성곡선의 위상이 단순하지 않을 경우 참고 용량을 찾아내는 데 더 유용하다. 이와 같은 저용량 노출은 선진국에서 보이는 화학물질 노출의 현실, 특히 영유아, 소아, 임산부와 같은 취약 인구에서의 노출을 반영한다.

혁신적인 유해성 검사방법의 한 예로 내분비 교란에 대한 계층별 검사법(Tiered Protocol for Endocrine Disruption, TiPED)을 들 수 있는데, 이것은 녹색화학자들과 환경보건 과학자들 간의 협업을 통해 개발된 것이다.[59] TiPED는 다섯 계층의 검사를 거치는데, 이에는 *인 실리코(in silico)* 평가,** 고효율선별검사(high-throughput screening), 세포 및 전 생체 기반 분석 등이 포함된다. TiPED를 이용하면 화학물질의 잠재적인 유사 호르몬 혹은 호르몬 억제 효과뿐만 아니라 세포기반 수용체 간의 다양한 상호작용과 신호 교환 서열을 측정할 수 있다. 이러한 접근법을 화학물질 개발의 최대한 초기 단계부터 적용하면 더욱 안전하고 지속가능한 화학물질 제조가 가능해질 것이다.

투명성과 공개

인간은 자신의 건강과 안녕과 관련된 정보를 받을 권리를 가진다는 데 대한 합의 정신이 세계적으로 확산되고 있다. 제17장에서 볼 것과 같이 이러한 알 권리는 의무기록으로부터 시작하여 식품과 소비상품의 성분을 거쳐 작업

* LOAEL(Lowest Observed Adverse Effect Level, 최저 유해효과 관찰 수준): 실험에서 유해한 영향이 처음으로 관찰된 최저 용량 _옮긴이 주

** 컴퓨터 모델링 및 시뮬레이션을 활용한 독성평가의 한 방법. *in vivo*, *in vitro* 평가 없이 예측 알고리즘과 데이터 분석을 통해 화학물질의 독성을 평가한다. _옮긴이 주

장과 환경에서 일어나는 유해인자에 대한 노출에까지 확산되고 있다. 알권리와 관련하여 특별한 상황으로는 직업적으로 화학적 유해인자에 노출된 작업자, 연구에 참여한 피검자, 소비자, 바이오모니터링이나 환경모니터링으로 얻어진 노출 결과가 적용되는 지역이나 상황의 일반인구 등을 들 수 있다. 미국에서 화학물질 노출과 관련한 알권리에 대한 법률은 연방, 주, 지역 수준으로 1980년대부터 제정되기 시작하여 독성물질 노출을 줄이는데 이바지하였다.[61,62] 독성물질 노출에 관한 정보는 복잡하고 애매모호할 뿐 아니라 일반 대중의 과학적 이해 수준과 건강 문해력 수준이 충분하지 못하면 그 내용을 제대로 이해하지 못하는 경우가 생길 수 있다.[64] 이에 따라 화학물질에 대한 정보는 투명하게 공유되어야 함은 물론, 대중이 수용할 수 있는 수준으로, 지역사회 구성원에 대한 존중과 상응하는 참여를 보장하고 성인교육의 원칙을 적용하여 전달되어야 한다.[65,66]

녹색화학: 기대와 도전

녹색화학에 대한 기대

독성화학물질 오염 문제를 해결하기 위해서는 화학물질 제조과정을 녹색화학의 원칙과 실천에 기반한 시스템으로 근본적인 전환을 하는 것이 필요하다. 이러한 전환을 이루어내기 위해서는 해로운 제품과 생산과정을 줄이고 퇴출하는 단순한 기술적 진보만으로는 부족하다. 이를 위해서는 화학교육의 근본적인 재정립이 필요하며, 화학 전 분야에 걸쳐 폭넓은 문화적인 교감을 통하여, 새로 얻어진 분자의 특성과 경제적 타당성, 비용과 단기이익을 고려하는 수준을 넘어, 미래의 안녕을 더 우선하여 고려할 필요가 있다.

녹색화학의 핵심은 새로운 화학물질이 인간과 생태계, 사회에 미칠 수 있는 부정적인 영향을 이 물질의 설계와 개발의 초기 과정에서부터 고려한다는

글상자 14.2 녹색화학의 12가지 원칙

1. 예방

폐기물은 만들어지고 나서 처리하는 것보다 발생을 막는 것이 더 좋다.

2. 원자 경제성

사용하는 모든 원료가 전부 최종 생성물에 들어가도록 합성 방법을 개발해야 한다.

3. 보다 유해성이 적은 화학물질 합성

건강과 환경에 덜 해로운 물질을 사용하거나 제조하도록 합성법을 개발해야 한다.

4. 더욱 안전한 화학물질의 설계

물질의 기능은 유지하면서 독성이 적은 물질을 개발해야 한다.

5. 더욱 안전한 유기용제와 보조물질

유기용제 등 보조물질은 가능하면 사용하지 않아야 하며, 사용 시는 해가 없는 것이어야 한다.

6. 에너지 효율을 고려한 설계

가능하다면 물질 합성은 실온과 대기압에서 실시하여 에너지 소비를 줄여야 한다.

7. 재생 가능한 원료의 사용

기술적, 경제적으로 허용된다면, 항상 재생 가능한 원료를 사용해야 한다.

8. 유도체 줄이기

합성과정에서 불필요한 유도체화 과정은 피하거나 최소화되어야 한다.

9. 촉매작용

화학식 그대로의 시약보다는 가능한 한 촉매(될 수 있으면 선택적인 촉매)를 사용하는 것이 바람직하다.

10. 분해 과정의 설계

화학물질은 기능을 다 한 후에는 해가 없는 것으로 분해되고 환경에 잔류하지 않는 것으로 설계되어야 한다.

11. 오염 예방을 위한 실시간 분석

실시간으로 화학 공정을 감시하고 유해 물질의 생성을 통제할 수 있는 분석법의 개발이 필요하다.

12. 사고 예방을 위한 생태적으로 안전한 화학

화학 공정에 사용되는 물질은 여러 형태의 사고 가능성이 최소화되도록 선택해야 한다.

자료: Anastas PT, Warner JC. *Green Chemistry: Theory and Practice*. Oxford, UK: Oxford University Press; 1998.

것이다. 이를 위해, 새로운 화학물질의 내분비 교란 등과 같은 기전을 통한 저용량 독성의 가능성에 대해 특별히 주의를 기울여야 하며, 새로 개발한 제품이 환경이나 생물체에 잔류하지 않도록 하여야 한다. 이러한 잠재적인 위해성에 대한 광범위한 평가를 통하여 안전하고 독성이 없는 물질과 기술을 생산하고, 이를 통하여 지속가능한 화학 경제를 구축할 뿐 아니라 미래에 올 수 있는 건강과 환경 재앙을 예방할 수 있다. 녹색화학은 여러 학문 분야의 지식과 통찰력을 모아야 하며, 이를 위해서는 화학자, 환경보건학자, 독성학자, 생태학자, 보건의료전문가 사이의 학제 간 협력이 필요하다.[67]

미국 환경보호청은 녹색화학을 "화학물질 제품과 그 제조공정에서 해로운 물질의 사용과 발생을 줄이거나 배제할 수 있도록 설계하는 것"으로 정의하고 있다. 이를 기초수식으로 나타내면 〔위험=노출×유해성〕과 같다.[68] 녹색화학자는 개발하고 있는 기존 제품의 유해성을 줄이기 위해 이를 대체할 수 있는 유해성이 없는 이상적인 대체 제품 및 공정, 유해성이 없는 신제품, 폐기하기에는 가치가 있는 독성화학물질을 생태계에 배출하기 전에 격납시키거나 파괴하는 등의 방식으로 안전하게 완화할 수 있는 기술을 설계하여 위험방정식의 유해성 요소를 줄이기 위해 노력한다.

녹색화학의 표준원리에 대한 일반적인 방침은 **글상자 14.2**에 정리되어 있다.

생태학적인 측면에서의 녹색화학

우리의 문명은 생태권을 유지하는 물질의 흐름이라는 측면에서 생태권과 상호작용하며, 이는 화학물질뿐만 아니라 인간 활동의 많은 부분과도 관련되어 있음을 모델로 설명할 수 있다(**그림 14.5**). 우리 일상에서는 매일같이 수천만 톤의 물질이 생태권에서 추출되어 인간의 경제체계로 유입된다(검정색 화살표). 경제체계 내에 들어오면 이들 물질은 경제적으로 가치 있는 제품으로 변환되어 그 가치가 충분히 추출될 때까지 경제체계 내에서 순환된다(흰색

그림 14.5 허만 달리의 구상을 기반으로 한 문명세계에서 물질의 흐름을 묘사한 모식도

화살표). 경제적 가치를 모두 추출한 물질은 생태권으로 다시 배출된다(회색 화살표).

크게 보면, 화학기업의 기술적인 지속가능성은 이러한 물질의 흐름의 크기와 질적 수준에 연관되어 있다. 녹색화학과 지속가능한 화학은 이러한 흐름을 적절한 궤적을 따라가도록 관리하여 문명이 지속가능성을 유지할 수 있도록 하는 것이다. 공공정책은 각 화살표가 더 나은 해결책을 따라가도록 유도하는 역할을 할 수 있다.

검은색 화살표에 화학자가 개입할 때 이들은 주로 추출과정에 초점을 맞춘다. 재생가능에너지 연구에 대한 공공 혹은 민간 투자가 확대되고 핵심 기술이 도입되어 실행되면 자원의 추출을 지속가능한 방향으로 바꾸는 쪽으로 작용할 수 있다.

흰색 화살표는 새로운 화합물이 발견되거나 개발되어 그 특성이 연구되고 시판할 수 있는 제품으로 변형되어 경제체계로 진입한 후 그 가치가 소진될 때까지 순환하는 것을 표시한다. 이 단계에서는 화학자는 해로운 화학물질을 색출하여 사용하지 못하도록 하는 것과 물질이 저용량 독성 검사를 포함한 독성 검사를 통해 유해성이 없으면서 환경에서 잔류하지 않도록 설계하는 데 초점을 맞추어야 한다. 잔류성이 있는 분자화합물에 대해서는 특별한 주의가 필요하다. 이들 화합물은 자연환경에서 극히 일부만 분해되거나 전혀 분해되지 않으므로 최대한 사용을 피해야 하며 불가피할 경우 환경에 잔류하지 않도록 적절한 조치가 필요하다.

마지막으로, 회색의 퇴장 화살표에 해당하는 지속가능성 조건을 향상하는 분야에서 일하는 화학자들은 매우 소수이다. 그런데도, 만일 모든 독성화학물질이 생태권으로 배출되기 전에 완벽히 파괴될 수 있다면 화학물질의 지속가능성과 관련한 많은 문제는 손쉽게 해결할 수 있을 것이다. 이것은 성취하기 힘든 이상적인 목표이지만 연구와 개발에 있어서 지향해야 할 목표를 제시해 주는 것이기도 하다.

저자

필립 란드리겐(Philip Landrigan, MD, MSc)은 소아과 의사이며 역학자이다. 현재 보스턴대학교 생물학 교수이며 세계공중보건 및 공동선 프로그램의 소장직을 맡고 있다. 미국 의학학술원의 회원이기도 하다. 지난 40년 동안 란드리겐 박사는 환경의학과 직업의학 분야에서 지도적 역할을 수행해 왔다. 초기에 수행한 납중독 관련 연구를 통하여 소아에서 납 노출이 매우 낮은 수준이라 할지라도 해로움을 밝혀내었고 이를 바탕으로 미 연방정부가 페인트와 휘발유에서 납을 퇴출하도록 하는 데 이바지하였다. 2015년에서 2017년, 란드리겐 박사는 랜싯 오염과 건강 위원회의 공동위원장을 맡았다. 이 위원회의 보고서에서 환경오염은 세계적으로 연간 900만 명의 목숨을 앗아가는 지구건강의 실존하는 위협임을 규명하였다.

테렌스(테리) J. 콜린스(Terrence J. Collins, PhD, Hon FRSNZ)는 펜실베이니아주 피츠버그의 카네기멜론대학교 녹색화학과 테레사 하인즈 기금 교수이며 녹색과학연구소 소장이다. 그는 TAML과 신TAML 활성기를 발명한 그룹의 리더로, 이 기계는 과산화효소를 복제한 작은 분자를 이용하여 수질정화와 관련 분야에 새로운 접근방법을 제시하였다. 현재까지 200편이 넘는 학술논문을 게재하였고 20개가 넘는 과학 분야 및 공공분야의 상을 받았으며, 600회가 넘는 대중강연을 하였다.

존 피터슨(피트) 마이어스(John Peterson Myers, PhD)는 버지니아주 샬러츠빌에 있는 비영리 과학재단인 "환경보건과학" 재단의 이사장이며 선임과학자이다. 카네기멜론대학교 화학과 겸임교수이기도 하다. 마이어스 박사는 1990년 이래 내분비교란물질과 관련한 과학적 연구, 정책 입안, 대중 소통에 참여해 왔으며 1996년에는『우리의 도둑맞은 미래』라는 책을 테오 콜본(Theo Colborn), 다이앤 두마노스키(Dianne Dumanoski)와 공동 저술하였다. 이러한 업적으로 내분비협회로부터 공공서비스 분야 올해의 인물상을 포함하여 다수의 상을 받았다.

참고문헌

1. Bernhardt ES, Rosi EJ, Gessner MO. Synthetic chemicals as agents of global change. *Front Ecol Environ*. 2017; 15(2): 84–90.
2. Suedel BC, Boraczek JA, Peddicord RK, Clifford PA, Dillon TM. Trophic transfer and biomagnifcation potential of contaminants in aquatic ecosystems. *Rev Environ Contam Toxicol*. 1994; 136: 21–89.
3. Wurl O, Obbard JP. A review of pollutants in the sea-surface microlayer (SML): a unique habitat for marine organisms. *Mar Pollut Bull*. 2004; 48(11-12): 1016–1030.
4. Backhaus T, Porsbring T, Arrhenius A, Brosche S, Johansson P, Blanck H. Single-substance and mixture toxicity of fve pharmaceuticals and personal care products to marine periphyton communities. *Environ Toxicol Chem*. 2011; 30(9): 2030–2040.
5. Milner AM, Boyd IL. Toward pesticidovigilance. Science. 2017; 357(6357): 1232–1234.
6. Fernández-Pinos M-C, Vila-Costa M, Arrieta JM, et al. Dysregulation of photosynthetic genes in oceanic Prochlorococcus populations exposed to organic pollutants. *Sci Rep*. 2017; 7(1): 8029–8029.
7. Vandenberg LN, Colborn T, Hayes TB, et al. Hormones and endocrine-disrupting chemicals: low-dose effects and nonmonotonic dose responses. *Endocr Rev*. 2012; 33(3): 378–455.
8. Gore AC, Chappell VA, Fenton SE, et al. EDC-2: The Endocrine Society's second scientifc statement on endocrine-disrupting chemicals. *Endocr Rev*. 2015; 36(6): E1-e150.
9. Newbold RR, Padilla-Banks E, Snyder RJ, Jefferson WN. Perinatal exposure to

environmental estrogens and the development of obesity. *Mol Nutr Food Res*. 2007; 51(7): 912–917.

10. Cote I, Anastas PT, Birnbaum LS, et al. Advancing the next generation of health risk assessment. *Environ Health Perspect*. 2012; 120(11): 1499–1502.
11. Diamond ML, de Wit CA, Molander S, et al. Exploring the planetary boundary for chemical pollution. *Environ Int*. 2015; 78:8–15.
12. Hallmann CA, Sorg M, Jongejans E, et al. More than 75 percent decline over 27 years in total flying insect biomass in protected areas. *PLoS One*. 2017; 12(10): e0185809.
13. Lister BC, Garcia A. Climate-driven declines in arthropod abundance restructure a rainforest food web. *Proc Natl Acad Sci U S A*. 2018; 115(44): E10397–e10406.
14. Mineau P, Whiteside M. Pesticide acute toxicity is a better correlate of U.S. grassland bird declines than agricultural intensifcation. *PLoS One*. 2013; 8(2): e57457.
15. Inger R, Gregory R, Duffy JP, Stott I, Vorˇ íšek P, Gaston KJ. Common European birds are declining rapidly while less abundant species' numbers are rising. *Ecol Lett*. 2015; 18(1): 28–36.
16. Stehle S, Schulz R. Agricultural insecticides threaten surface waters at the global scale. *Proc Natl Acad Sci U S A*. 2015; 112(18): 5750–5755.
17. Johnston EL, Mayer-Pinto M, Crowe TP. Chemical contaminant effects on marine ecosystem functioning. *J Appl Ecol*. 2015; 52(1): 140–149.
18. Malaj E, von der Ohe PC, Grote M, et al. Organic chemicals jeopardize the health of freshwater ecosystems on the continental scale. *Proc Natl Acad Sci U S A*. 2014; 111(26): 9549–9554.
19. Downs CA, Kramarsky-Winter E, Segal R, et al. Toxicopathological effects of the sunscreen uv flter, Oxybenzone (Benzophenone-3), on coral planulae and cultured primary cells and its environmental contamination in Hawaii and the U.S. Virgin Islands. *Arch Environ Contam Toxicol*. 2016; 70(2): 265–288.
20. Crall JD, Switzer CM, Oppenheimer RL, et al. Neonicotinoid exposure disrupts bumblebee nest behavior, social networks, and thermoregulation. *Science*. 2018; 362(6415): 683–686.
21. Woodcock BA, Isaac NJB, Bullock JM, et al. Impacts of neonicotinoid use on long-term population changes in wild bees in England. *Nat Commun*. 2016; 7:12459.
22. Hallmann CA, Foppen RP, van Turnhout CA, de Kroon H, Jongejans E. Declines in insectivorous birds are associated with high neonicotinoid concentrations. *Nature*. 2014; 511(7509): 341–343.
23. Eng ML, Stutchbury BJM, Morrissey CA. Imidacloprid and chlorpyrifos insecticides impair migratory ability in a seed-eating songbird. Sci Rep. 2017; 7(1): 15176.
24. Kidd KA, Paterson MJ, Rennie MD, et al. Direct and indirect responses of a freshwater food web to a potent synthetic oestrogen. *Philos Trans R Soc Lond B Biol Sci*. 2014; 369(1656): 20130578.
25. Jepson PD, Deaville R, Barber JL, et al. PCB pollution continues to impact populations of orcas and other dolphins in European waters. *Sci Rep*. 2016; 6:18573.
26. Vorkamp K, Riget FF. A review of new and current-use contaminants in the Arctic

environment: evidence of long-range transport and indications of bioaccumulation. *Chemosphere*. 2014; 111: 379–395.

27. Laird BD, Goncharov AB, Chan HM. Body burden of metals and persistent organic pollutants among Inuit in the Canadian Arctic. *Environ Int*. 2013; 59:33–40.
28. St. Pierre KA, Zolkos S, Shakil S, Tank SE, St. Louis VL, Kokelj SV. Unprecedented increases in total and methyl mercury concentrations downstream of retrogressive thaw slumps in the Western Canadian Arctic. *Environ Sci Technol*. 2018; 52(24): 14099–14109.
29. Miner RK, Campbell S, Gerbi C, et al. Organochlorine pollutants within a polythermal glacier in the interior Eastern Alaska Range. Water. 2018; 10(9).
30. Ahemad M, Saghir Khan M. Pesticides as antagonists of rhizobia and the legumerhizobium symbiosis: a paradigmatic and mechanistic outlook. *Biochem Mol Biol*. 2013; 1:65–75.
31. Fox JE, Gulledge J, Engelhaupt E, Burow ME, McLachlan JA. Pesticides reduce symbiotic effciency of nitrogen-fxing rhizobia and host plants. *Proc Natl Acad Sci U S A*. 2007; 104(24): 10282–10287.
32. CDC. National Report on Human Exposure to Environmental Chemicals. 2019. https://www.cdc.gov/exposurereport/. Accessed April 2020.
33. Dietrich H, Dietrich B. Ludwig Rehn (1849–1930): pioneering fndings on the aetiology of bladder tumours. *World J Urol*. 2001; 19(2): 151–153.
34. Rinsky RA, Smith AB, Hornung R, et al. Benzene and leukemia. An epidemiologic risk assessment. N Engl J Med. 1987; 316(17): 1044–1050.
35. Selikoff IJ, Hammond EC, Churg J. Asbestos exposure, smoking, and neoplasia. *JAMA*. 1968; 204(2): 106–112.
36. Mishra PK, Samarth RM, Pathak N, Jain SK, Banerjee S, Maudar KK. Bhopal Gas Tragedy: review of clinical and experimental fndings after 25 years. *Int J Occup Med Environ Health*. 2009; 22(3): 193–202.
37. Frank AL, Joshi TK. The global spread of asbestos. *Ann Glob Health*. 2014; 80(4): 257–262.
38. Haefliger P, Mathieu-Nolf M, Lociciro S, et al. Mass lead intoxication from informal used lead-acid battery recycling in Dakar, Senegal. *Environ Health Perspect*. 2009; 117(10): 1535–1540.
39. Wade L. Mercury pollution. Gold's dark side. *Science*. 2013; 341(6153): 1448–1449.
40. Obrist D, Kirk JL, Zhang L, Sunderland EM, Jiskra M, Selin NE. A review of global environmental mercury processes in response to human and natural perturbations: changes of emissions, climate, and land use. *Ambio*. 2018; 47(2): 116–140.
41. Heacock M, Kelly CB, Asante KA, et al. E-Waste and harm to vulnerable populations: a growing global problem. *Environ Health Perspect*. 2016; 124(5): 550–555.
42. Grant K, Goldizen FC, Sly PD, et al. Health consequences of exposure to e-waste: a systematic review. *Lancet Glob Health*. 2013; 1(6): e350–e361.
43. Committee on Pesticides in the Diets of Infants and Children. *Pesticides in the Diets of Infants and Children*. Washington, DC: National Academies Press; 1993.

44. Levine H, Jorgensen N, Martino-Andrade A, et al. Temporal trends in sperm count: a systematic review and meta-regression analysis. *Hum Reprod Update*. 2017; 23(6): 646–659.
45. Huang C, Li B, Xu K, et al. Decline in semen quality among 30,636 young Chinese men from 2001 to 2015. *Fertil Steril*. 2017; 107(1): 83–88.e82.
46. Wang L, Zhang L, Song XH, Zhang HB, Xu CY, Chen ZJ. Decline of semen quality among Chinese sperm bank donors within 7 years (2008–2014). *Asian J Androl*. 2017; 19(5): 521–525.
47. Jørgensen N, Joensen UN, Jensen TK, et al. Human semen quality in the new millennium: a prospective cross-sectional population-based study of 4867 men. *BMJ Open*. 2012; 2(4): e000990.
48. Gee D, Grandjean P, Hansen SF, et al., eds. *Late Lessons from Early Warnings: Science, Precaution, Innovation*. Copenhagen, Denmark: European Environmental Agency; 2013.
49. Michaels D. *Doubt Is Their Product: How Industry's Assault on Science Threatens Your Health*. Oxford, UK: Oxford University Press; 2008.
50. Oreskes N, Conway EM. *Merchants of Doubt: How a Handful of Scientists Obscured the Truth on Issues from Tobacco Smoke to Global Warming*. London, UK: Bloomsbury; 2010.
51. Landrigan PJ, Goldman LR. Children's vulnerability to toxic chemicals: a challenge and opportunity to strengthen health and environmental policy. *Health Aff*. 2011; 30(5): 842–850.
52. Williams ES, Panko J, Paustenbach DJ. The European Union's REACH regulation: a review of its history and requirements. *Crit Rev Toxicol*. 2009; 39(7): 553–575.
53. Schmidt CW. TSCA 2.0: a new era in chemical risk management. *Environ Health Perspect*. 2016; 124(10): A182–A186.
54. Molina M, Zaelke D, Sarma KM, Andersen SO, Ramanathan V, Kaniaru D. Reducing abrupt climate change risk using the Montreal Protocol and other regulatory actions to complement cuts in CO_2 emissions. *Proc Natl Acad Sci U S A*. 2009; 106(49): 20616–20621.
55. Grandjean P, Landrigan PJ. Developmental neurotoxicity of industrial chemicals. *Lancet*. 2006; 368(9553): 2167–2178.
56. Weiss B, Cory-Slechta D, Gilbert S, et al. The new tapestry of risk assessment. *Neurotoxicology*. 2008; 29(5): 883–890.
57. Sackmann K, Reemtsma T, Rahmberg M, Bunke D. Impact of European chemicals regulation on the industrial use of plasticizers and patterns of substitution in Scandinavia. *Environ Int*. 2018; 119: 346–352.
58. Vogel SA, Roberts JA. Why the Toxic Substances Control Act needs an overhaul, and how to strengthen oversight of chemicals in the interim. Health Aff. 2011; 30(5): 898–905.
59. Schug TT, Abagyan R, Blumberg B, et al. Designing endocrine disruption out of the next generation of chemicals. *Green Chem*. 2013; 15(1): 181–198.

60. National Toxicology Program. Toxicology in the 21st Century (Tox21). 2018. https://www.niehs.nih.gov/research/programs/tox21/. Accessed April 2020.
61. Gouldson A. Risk, regulation and the right to know: exploring the impacts of access to information on the governance of environmental risk. *Sustain Dev.* 2004; 12(3): 136–149.
62. Bennear LS, Olmstead SM. The impacts of the "right to know": information disclosure and the violation of drinking water standards. *J Environ Econ Manag.* 2008; 56(2): 117–130.
63. Nutbeam D. The evolving concept of health literacy. *Soc Sci Med.* 2008; 67(12): 2072–2078.
64. Zikmund-Fisher BJ, Turkelson A, Franzblau A, Diebol JK, Allerton LA, Parker EA. The effect of misunderstanding the chemical properties of environmental contaminants on exposure beliefs: a case involving dioxins. *Sci Total Environ.* 2013; 447:293–300.
65. Brody JG, Brown P, Morello-Frosch RA. Returning chemical exposure results to individuals and communities. In: Finn S, O'Fallon LR, eds. *Environmental Health Literacy.* Cham, Switzerland: Springer International Publishing; 2019: 135–163.
66. Brody JG, Morello-Frosch R, Brown P, et al. Improving disclosure and consent. "Is it safe?": new ethics for reporting personal exposures to environmental chemicals. *Am J Public Health.* 2007; 97(9): 1547–1554.
67. Collins TJ. Green chemistry. In: Lagowski JJ, ed. *Macmillan Encyclopedia of Chemistry.* Vol 2. New York, NY: Simon and Schuster Macmillan; 1997:691–697.
68. Anastas P, Eghbali N. Green chemistry: principles and practice. *Chem Soc Rev.* 2010; 39(1): 301–312.

15 지구건강을 위한 새로운 경제학

윌 에비슨 · 샘 비커스테스 지음
이동우 번역/ 김록호 감수

경제 게임의 판도가 바뀌었으니 이젠 새로운 규칙이 필요할 때

산업화의 초기에 세계경제는 생물권에 비해 매우 작은 규 모였다. 이러한 경제가 생물권에 요구하는 자원과 폐기물 또한 작았으며, 많은 경우 전 지구적 규모에 비해 매우 작은 부분에 불과했다(**표 15.1**). 오늘날의 세계경제의 규모는 거대하다(**그림 15.1**). 자원에 대한 수요와 폐기물 생산량은 지구의 지속가능한 수용능력을 훨씬 초과하고 있다. 현재 인간의 생산과 소비 수준이 지구의 지속가능한 수용능력을 초과한다는 단순한 사실은 '글로벌 헥타르'라는, 인간 생태발자국의 종합적인 척도를 사용하는 글로벌 생태발자국 네트워크(Global Footprint Network, GFN)의 연구를 통해 확인할 수 있다. 매년 '지구생태용량 초과의 날'은 인류가 지구의 한 해 예산을 모두 소진한 날*임을 전 세계에 알리는 날이다. 한 해 중 이날 이후 남은 기간 동안, 우리는 지역의 자

* '지구의 예산을 모두 소진한 날'이란 저자의 비유적 표현으로, 지구 자원의 수요와 폐기물 방출규모가 지구의 생산 및 자정능력을 초과하는 날로, 이날 이후부터 연말까지는 미래세대의 자원을 끌어다 쓰는 것으로 간주한다. _옮긴이 주

표 15.1 경제활동, 오염, 자연자원 사용 통계의 과거와 현재

세계 지표	과거(연도)	현재(연도)	% 변화
GDP(물가상승율 보정 2011년 기준, 달러)[a]	1.2조(1820)	108조(2015)	+10,800%
포장 및 건설된 지역[b]	2,000km²(1800)	59,500km²(2016)	+2,603%
경작 면적(농경, 목축)[b]	1340만km²(1800)	4870만km²(2016)	+362%
가축 수(소, 양, 염소, 돼지)[c]	1억 3490만 마리(1890)	4억 6670만 마리(2014)	+346%
연간 플라스틱 생산[d]	없음(1800) 200만 톤(1950)	3억 8100만 톤(2015)	- +19,050%
연간 화석연료 에너지 산출량 (석탄, 석유, 가스)[e]	97 TWh(1800) 5972 TWh(1900)	13만 2052 TWh(2016)	+135,824% +2,211%
연간 이산화탄소 방출 (석탄, 석유, 가스, 시멘트, 화재)[f]	2900만 톤(1800) 19억 5800만 톤(1900)	358억 4400만 톤(2013)	+122,188% +1,831%
연간 물자 사용(화석연료 제외) (생물양, 건설광물, 원석광물)[g]	61억 4900만 톤(1900)	551억 7400만 톤(2009)	+897%
연간 고형폐기물 배출량[h,i]	1억1000만 톤(1900)	14억 6000만 톤(2010)	+1,327%
야생 지역 잔존 면적(남극 제외)[j,k]	1억 240만km²(1800)	2990만km²	-71%
야생 해역 잔존 면적[l]	3억 4300만km²(1700)	5500만km²	-86%
대형포식어류 생물량[m]	100%(1700)	10%(2010)	-90%

a. Roser, M. Economic growth. *Our World in Data*. 2017. https://ourworldindata.org/economic-growth.
b. Goldewijk KK, Beusen A, Doelman J, Stehfest E. New anthropogenic land use estimates for the Holocene; HYDE 3.2. *Earth Syst. Sci.* Data Discuss. doi:10.5194/essd-2016-58, 2016.
c. Data for all livestock from 1890 to 1950 are sourced from the HYDE Database (History Database of the Global Environment), published by the PBL Netherlands Environmental Assessment Agency. Available at http://themasites.pbl.nl/tridion/en/themasites/hyde/landusedata/livestock/index-2.html. Accessed October 12, 2017.
d. Geyer R, Jambeck JR, Law KL. Production, use, and fate of all plastics ever made. *Sci Adv*. 2017;3(17):e1700782.
e. Smil V. *Energy Transitions: Global and National Perspectives*. Santa Barbara, CA: Praeger; 2016.
f. Boden TA, Andres RJ, Marland G. *Global, Regional, and National Fossil-Fuel CO_2 Emissions*. Oak Ridge, TN: Carbon Dioxide Information Analysis Center, Oak Ridge National Laboratory, US Department of Energy; 2017.
g. Krausmann F, Gingrich S, Eisenmenger N, Erb KH, Haberl H, Fischer-Kowalski M. Growth in global materials use, GDP and population during the 20th century. *Ecol Econ*. 2009;68(10):2696-2705.
h. Hoornweg D, Bhada-Tata P, Kennedy C. Environment: waste production must peak this century. Nat News. 2013; 502 (7473): 615-617.
i. Kaza S, Yao LC, Bhada-Tata P, Van Woerden F. *What a Waste 2.0: A Global Snapshot of Solid Waste Management to 2050*. Washington, DC: World Bank; 2018.
j. Goldewijk K, Beusen A, van Drecht G, de Vos M. The HYDE 3.1 spatially explicit database of human-induced global land-use change over the past 12,000 years. *Glob Ecol Biogeogr*. 2011;20(1):73-86.
k. Watson JEM, Venter O, Lee J, et al. Protect the last of the wild. *Nature*. 2018;563:27-30. Authors' conservative estimate for 1800 calculated by taking the ratio of total agricultural land area to human disturbed land area in 2009 (48.7 million km²/99.8 million km² = 0.49) and applying the inverse of this ratio to total agricultural land area in 1800 (13.4 million km²/0.49 = 27.3 million km²) and subtracting this from the global land area (129.7 million km² - 27.3 million km² = 102.4 million km²).
l. Jones KR, Klein CJ, Halpern BS, et al. The location and protection status of Earth's diminishing marine wilderness. *Curr Biol*. 2018;28(15):2506-2512.e3. Authors' estimate minus conservatively assumed 5% of global oceans directly affected by people in 1700 (95% * 361.1 million km² = 343 million km²).
m. Myers RA, Worm B. Rapid worldwide depletion of predatory fish communities. *Nature*. 2003;423:280-283.

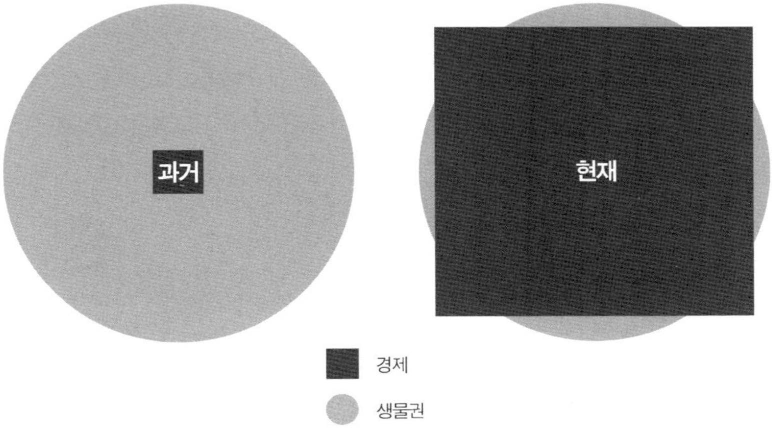

그림 15.1 산업 혁명 초기 이래 경제와 생물권 간의 관계가 변화했는지를 나타내는 그림

원 비축량을 고갈시키고 대기 중에 이산화탄소를 축적함으로써 생태적 결핍 상태에 자리하게 된다. GFN의 방법론에 따르면 인류는 1970년에 처음으로 지구의 연간 수용능력을 초과하게 되었다. 1970년 당시에는 12월 29일을 '지구 생태용량 초과의 날'로 추정했는데, 이는 인류가 한 해 동안의 필요와 욕구를 충족하기 위해 지구 하나만으로 부족하게 되었다는 것을 의미했다. 하지만, 2018년에 다다르면 인류에게는 1년에 1.7개의 지구가 필요해졌고, '지구 생태용량 초과의 날'은 8월 1일로 앞당겨지게 되었다.[1]

2009년, 지구 시스템 및 환경 과학자 그룹은 지속가능한 개발의 전제 조건으로 '인류를 위한 안전한 활동 공간'을 정의하기 위해 '지구위험한계(Planetary Boundaries)'라는 새로운 프레임워크를 제안했다.[2] 이 프레임워크는 지구환경 변화의 동인과 질소 순환, 담수순환, 기후조절 과정과 같은 중요한 지구 시스템 과정의 상호작용에 대한 과학적 증거를 기반으로 한다. **그림 15.2**에서 볼 수 있듯이 과학자들은 9개 영역 중 2개는 이미 이 한계선을 넘어섰고 2개는 급격한 환경 변화의 위험이 증가하기 시작하는 '불확실성 영역'에 있다고 결론지었다.

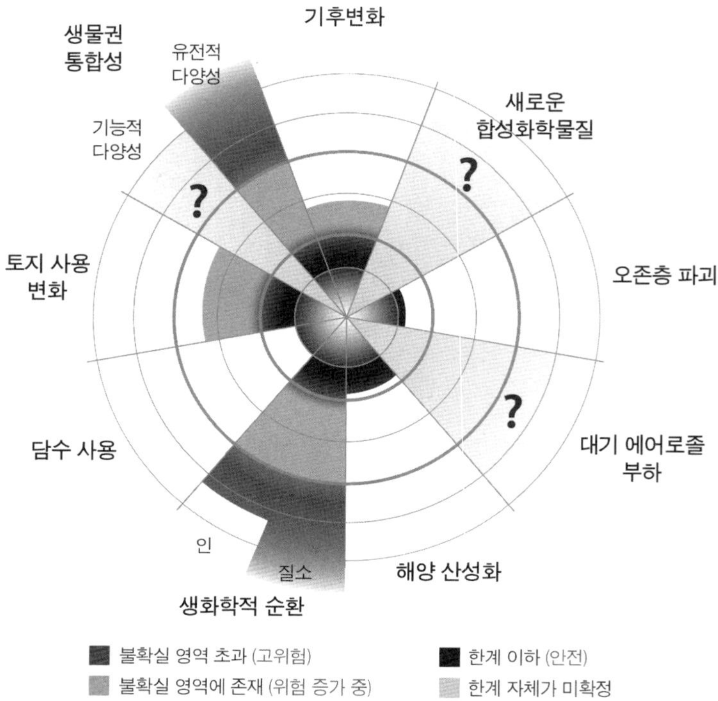

그림 15.2 9개 '지구위험한계(Planetary boundaries)'의 상태.
자료: Adapted from Steffen W, Richardson K, Rockström J, et al. Planetary boundaries: guiding human development on a changing planet. *Science*. 2015;347(6223):1259855.

지난 2세기 동안의 지속적인 경제성장이 여러 곳의 여러 사람들에게 물질적인 풍요라는 엄청난 발전을 가져왔다는 사실을 전적으로 무시할 수는 없다. 기아와 극심한 빈곤 퇴치, 최악의 전염병 퇴치 등 한때 극복할 수 없을 것 같았던 전 지구적 과제에 대한 해결책이 가시화되고 있는 것은 바로 이러한 지속적인 경제성장의 결과이다. 하지만 앞 장의 내용으로부터 분명히 알 수 있듯이 글로벌 사회로서 우리에게는 분명 문제가 있다. 우리가 이 모든 것을 성취한 바탕에는 환경이 감당할 수 있는 수준을 넘어서는 삶이 있었다는 것이다. 이러한 상황은 인류에게 심각한, 어쩌면 재앙적인 결과를 초래하지 않고 무한정 지속될 수 없다. 우리는 현재 시스템이 가지고 있는, 경제적 부는 창출하되 빈곤은 줄이는 힘을 유지하면서 원치 않는 부작용, 특히 지속 불가능한 환경파괴를 피할 수 있는 경제 시스템으로 전환할 방법을 찾아야 한다.

우리는 어쩌다 여기까지 오게 되었을까?

이것은 경제학의 탓일까?

경제이론의 결함이 오늘날의 어려운 환경 상황에 처한 유일한 이유는 아니며, 심지어 주된 이유도 아니다. 우선, 대부분의 경제이론은 경제 전반의 원인과 결과에 대한 이해를 높이거나 특정 경제 주체의 행동과 상호작용을 설명하려는 설명적 이론('실증' 경제학)이다. 아울러 경제 정책에 대한 권고의 영역에서도 경제학자에게 얼마나 많은 잘못을 돌릴 수 있는지는 의문이다. 결국, 많은 학문이 정부 활동에 영향을 미치려고 하는데, 경제학자들의 아이디어와 이론이 당대의 문제를 해결하는 데 가장 설득력이 있었다고 해서 경제학자들을 비난해야 할까? 아마도 그렇지는 않을 것이다.

하지만 시간이 지남에 따라 사회가 변화하는 것처럼, 사회가 직면한 가장 큰 문제도 변화한다. 그리고 이를 설명하는 이론과 이를 해결하기 위한 권고사항도 변화해야 한다. 사회와 환경의 관계도 시간이 지남에 따라 급격하게 변화해 왔다. 경제학 이론이 오늘날 가장 시급한 문제에 대한 적절한 처방을 제공하려면, 사회의 변화상을 반영해야 할 뿐만 아니라 환경과학과 생태학의 연구 결과 또한 품을 수 있는 근본적인 확장이 필요하다.

경제학이 지구건강의 적은 아니지만, 경제적 독단은 적이 될 수 있다. 지나간 시대에 다른 문제를 해결하기 위해 고안된 경제도구를 독단적으로 고수하는 것은 지구건강에 매우 심각한 위협이 된다.

경제학이 지구건강을 달성하는 데 도움이 될 수 있는 다양한 방법을 살펴보기 전에 우선 "우리가 어쩌다 여기까지 오게 되었을까?"라는 질문에 답하고자 이전 시대의 주요 경제 개념 몇 가지를 살펴보자.

보이지 않는 손의 인도?

현대경제학의 아버지로 불리는 애덤 스미스(Adam Smith, 1723~1790)는 '보이지 않는 손'이라는 개념을 도입한 것으로 가장 잘 알려져 있는데, 이 이론에 따르면 사람과 기업이 이기심에 따라 행동하더라도 경쟁시장에서 완벽한 정보를 갖고 자유롭게 가격을 조정하는 한, 사회적으로 최적의 결과를 도출한다는 것이다. 스미스는 1776년 국부론에서 "우리가 저녁 식사를 할 수 있는 것은 정육점 주인, 양조업자, 제빵사의 자비심 때문이 아니라 그들 자신의 사적 이익에 대한 관심에서 비롯된다"고 썼다.

경제학자들은 보이지 않는 손처럼 이윤을 추구하는 많은 개별기업이 인류를 위해 최선의 일을 하고 있으며 이에 따라 정부의 개입은 제한되어야 한다는, 자유시장을 지지하는 스미스의 연구를 자주 인용해 왔다. 물론 우리는 이제 시장만으로는 사회적으로(그리고 환경적으로) 최적의 결과를 얻지 못하는 경우가 무수히 많다는 것을 알고 있다. 실패의 주요 원인 중 하나는 외부효과, 즉 경제 활동의 결과가 다른 당사자에게 영향을 미치지만 시장가격에는 반영되지 않는 현상 때문이다. 예를 들어, 디젤연료 연소로 인한 호흡기질환의 비용은 디젤연료의 시장가격에 반영되지 않으며, 야자유 생산을 위해 열대림을 개간할 때 발생하는 생물다양성 소실에 따른 비용 역시 야자유 가격에 반영되지 않는다. 외부효과는 불완전한 정보나 불완전한 시장이 존재할 때 발생하며, 이러한 외부효과는 어디에나 존재한다.[3]

애덤 스미스가 1700년대에 글을 썼을 때는 외부효과가 중요하지 않았을지 모르지만, 경제가 성장함에 따라 그중요성은 기하급수적으로 커졌다. 오늘날 외부효과는 환경문제의 가장 큰 원인이다.

세 가지 요인인가 두 가지 요인인가? 아니면 그냥 너무 적은가?

스미스 이후 이른바 고전 경제학자들은 경제 생산성을 토지, 노동, 자본이라는 세 가지 상호작용하는 요소의 함수로 간주했다. 이 3요소 모델은 생산에 있어 토지의 중요성을 인식하고 일부 변형에서는 석탄과 같은 토지 이외의

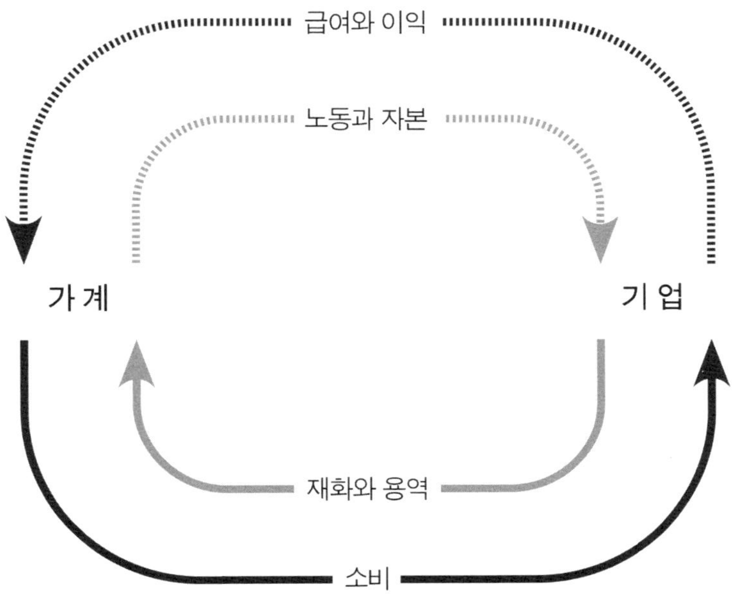

그림 15.3 고전적인 경제순환 다이어그림

자연자원의 역할도 인정했다. 특히 토지의 양은 성장의 핵심 제약으로 여겨졌는데, 당시에는 한 단위의 땅에서 얼마나 많은 식량을 더 생산할 수 있는지가 명확하지 않았기 때문이다. 하지만 여기엔 문제가 있는데, 이 모델은 토지(그리고 더 나아가 자연자원)가 "고정되어 있다"고 가정했다. 토지는 사라지지 않으며, 자원을 아무리 많이 사용해도 미래 세대가 사용할 수 있는 양은 줄어들지 않는다고 가정했다. 외부효과를 배제하는 것과 마찬가지로 토지, 물, 기타 자연자원에 대한 이러한 단순화된 가정은 산업의 자원 수요가 상대적으로 적었던 1700년대에는 많은 상황에서 적용되었지만 오늘날의 경제상황에서는 매우 잘못된 가정이 될 수 있다.

다행히도 3요소 모델은 1800년대 이후 크게 업데이트되었다. 안타깝게도 1900년대 초 신고전주의 경제학자들이 처음으로 대대적인 개편을 단행하면서 경제와 환경 간의 상호작용을 설명하는 데 있어서는 적어도 세 가지 요인이 두 가지로 축소되는 등 큰 후퇴를 겪었다. 바로 노동과 자본이다. 사실, 지난 세기에 접어들면서 자원가용성에 대한 우려는 주류경제 이론에서 거의 사라졌다. **그림 15.3**은 그 시대의 대표적인 거시경제의 상징(여전히 대부분의 경제학 개론 강의의 필수 요소)인 '소득-지출 사이클'의 간단한 순환 흐름도를 보여준다. 이런 그림에서는 노동, 소득, 재화의 무한 순환 가운데 자연자원의 고갈 가능성은 전혀 보이지 않는다.

신고전학파 경제학자들이 자연자원에 대해 낙관적이라는 인상은 단순히 위와 같은 개념 도표상의 부재에서만 확인할 수 있는 것이 아니다. 자원 가격, 자원 대체, 기술 변화에 관한 신고전주의 이론은 재생 불가능한 자연자원도 본질적으로 고갈되지 않는다고 주장한다. 그리고 놀랍게도, 일정한 기본 거래 상품들에 있어 이러한 주장을 뒷받침하는 경험적 증거가 있다.[4] 하지만 이러한 연구 결과를 볼 때는 몇 가지 중요한 사항을 유념하여야 한다. 첫째, 변화의 시기에는 과거가 반드시 미래에 대한 좋은 지침이 되지는 않는다. 둘째, 더 중요한 것은 토양, 생물다양성, 담수, 어족자원과 같은 복잡한 자연자원은 고갈될 수 있으며, 사람들에게 혜택을 제공하는 방식이 더 복잡하기 때문에 상품 자원과는 다른 방식으로 파괴될 수 있다는 충분한 증거가 있다는 것이다(예: WWF의 『*살아있는 지구 보고서*』[5] 참조).

신고전주의 경제학은 지난 세기의 대부분의 시간 동안 서구의 경제학적 정설을 정의해 왔으며, 그 사상이 경제 정책에 미친 영향은 아무리 강조해도 지나치지 않을 것이다. 생태계를 그토록 경시하는 경제학파가 오랫동안 정치경제를 지배해 왔다는 사실은 우리가 왜 지금 이 지경에 이르렀는지 설명하는 데 도움이 된다.

맹목적인 성장이냐 아니면 목표를 향한 성장이냐 그것이 문제로다

현대 정치경제학의 끝없는 성장 추구에 대한 문제점에 대해서는 이미 많은 연구가 진행되었다. 사실 성장 추구 자체가 문제인 것이 아니라 무엇을 어떤 목적으로 성장시키느냐가 문제이다. 예를 들어, 많은 사람들은 인간의 총체적 복지를 위해서는 끊임없이 성장을 추구하는 것이 나쁜 것은 아니라고 주장할 수도 있다(제11장 참고). 하지만 진짜 문제는 완전히 잘못된 잣대를 사용하며 성장을 집요하게 추구할 때 발생한다.

인류의 진보에 대한 아주 부적합한 척도

국민총생산(Gross national product, GNP)이라고도 불리는 국내총생산(Gross domestic product, GDP)은 한 해 동안 한 나라에서 생산된 모든 재화와 서비스의 총 가치, 즉 한 나라의 연간 생산량의 총합으로 정의된다. 많은 유능한 국가 통계학자들의 도움으로 연간 경제생산량을 합리적으로 잘 측정할 수 있게 되었다. 그러나 GDP는 본래보다 훨씬 더 많은 것을 측정하는 척도처럼 여겨지게 되었다. 여러 세대에 걸쳐 경제학자와 정치가들에게 1인당 GDP 증가는 국가의 전반적인 경제발전의 가장 중요한 척도일 뿐만 아니라 국민 행복지수 증가와 구별할 수 없는 것으로 취급되어 왔다.

만약 정부의 주요 목표 중 하나가 국민(과 그 자녀, 그리고 그 자녀의 자녀)의 전반적인 복지를 점진적으로 개선하는 것이라고 본다면, 최소한 이러한 것을 측정하기 좋은 척도를 사용해야 하는 것이 당연하다. GDP는 국가 복지의 좋은 지표가 아니다. 그리고 이것이 새롭게 밝혀진 사실도 아니다. GDP를 복지의 척도로 사용하는 것에 대한 비판은 GDP 자체의 역사만큼이나 오래 전부터 있어 왔다. 일례로, 1968년 대선 캠페인 연설에서 로버트 케네디(Robert Kennedy)는 다음과 같이 GDP에 대해 설득력 있게 비판했다.

우리의 국민총생산은 … 공기오염과 담배광고, 고속도로에서 대형사고를 처리하기 위한 구급차도 포함합니다. 우리의 문을 잠그는 특수한 자물쇠와 이를 부수고 들어온 자들을 위한 감옥도 포함합니다. 레드우드가 파괴되고 무질서한 도시 확산으로 자연의 경이로움을 잃는 것도 포함합니다. 네이팜탄과 핵탄두, 그리고 도시 폭동을 진압하기 위한 경찰의 장갑차도 포함합니다. … 그러나 국민총생산은 우리 아이들의 건강, 교육의 질, 놀이의 즐거움을 포함하지 않습니다. 시

(poetry)의 아름다움이나 결혼의 힘, 공적 토론을 통한 지성, 공직자의 청렴도도 포함하지 않습니다. 우리의 재치나 용기, 지혜나 학식, 연민이나 국가에 대한 헌신도 측정하지 않습니다. 한마디로 삶을 가치 있게 만드는 것을 제외한 모든 것을 측정하는 것입니다.[6]

케네디는 GDP의 주요한 문제점을 잘 지적했지만, 대안을 모색하기 위해서는 이를 좀 더 자세히 분석해 볼 필요가 있다.

인류의 발전과 안녕의 척도로서 GDP가 부족한 이유는 다음과 같다.

- **최종결과가 아닌 투입과 산출을 측정한다.** 우리가 정말 알고자 하는 결과가 아닌 투입과 산출만 측정한다는 점은 복지의 척도로서 GDP가 가지고 있는 가장 근본적인 결함이자 우리가 가장 흔히 간과하는 결함이다. 사회적 복지를 이해하려면 사회적 복지를 측정하는 것이 가장 이상적이라는 말은 어쩌면 너무 당연하다(이에 대한 자세한 내용은 제11장 참조). 아니면 차선책으로 복지와 가장 밀접한 관련이 있는 것들, 즉 잘 알려져 있고 신뢰할 수 있는 복지의 지표를 측정하고 이를 간접적인 표지자로 조심스럽게 사용하는 것이다.
- **거래되지 않는 재화, 서비스 및 피해는 무시한다.** GDP는 시장 가격을 기준으로 재화와 서비스의 가치를 합산하여 계산한다. 하지만 여기에는 거래되지 않는 중요한 재화와 서비스가 많이 누락된다. 예를 들어, 아빠가 아이를 키우기 위해 직장을 잠시 쉬기로 결정했다면 이 육아는 GDP에서 완전히 제외된다. 대신 일을 계속하면서 다른 사람에게 돈을 주고 아이를 돌보기로 결정하면 GDP는 증가한다. 이런 식으로 모든 무급 가사노동은 명백한 가치에도 불구하고 GDP에서 제외된다. 하지만 이러한 양상은 가사노동에만 그치지 않는다. 자원봉사에 소요되는 시간도 GDP에서 제외된다. 여가(Leisure)는 우리가 돈을 쓰는 행위를 할 때만 GDP에 반영된다. 더 나쁜 것은 여가에 보내는 시간이 많을수록 GDP를 창출하는

데 투입하는 시간은 줄어들기 때문에 여가 시간 자체가 GDP와 직접적인 경쟁 관계에 있을 수 있다는 점이다. 비거래 범주에 해당되는 마지막 유형은 위에서 설명한, 경제 활동의 의도되지도 않고, 보상되지도 않는 결과로서의 외부효과로, 이는 긍정적일 수도 있고 부정적일 수도 있다. 외부효과가 누락된다는 것은 GDP가 부정적인 외부효과를 유발하는 활동의 편익을 과대평가하고 긍정적인 외부효과를 유발하는 활동의 편익을 과소평가한다는 것을 의미한다.

- **방어 비용이나 개선 비용을 모두 편익으로 취급한다.** GDP에 합산되는 많은 지출은 실제로 삶의 질을 개선하기 위한 것이 아니라 삶의 질을 낮추지 않거나 이미 발생한 피해를 되돌리기 위한 것이다. 로버트 케네디가 지적한 것처럼 보안체계, 건강보험, 치안, 국방에 대한 지출과 범죄, 중독, 예방 가능한 질병에 대처하는 비용 등을 예로 들 수 있다.
- **제품의 내구성 향상이나 재활용, 재사용을 저해한다.** 완제품은 처음 구매할 때 한 번만 GDP 수치에 반영된다. 그 이후부터는 초기 제품을 계속 작동시키기 위해 추가로 구매해야 하는 품목(예: 연료, 전기, 청소 제품 또는 예비 부품)만 GDP에 반영된다. 이것이 왜 지구건강에 중요한지를 설명하기 위해 유모차의 예를 들어 설명하자면, 첫 번째 가족이 유모차를 구매하면 GDP가 증가하지만, 이를 유모차를 사용함으로써 동일한 혜택을 받는 두 번째 가족에게 판매하면 GDP에 미치는 영향은 전무하다. 계속해서 세 번째, 네 번째 가족에게 넘어가는 과정도 마찬가지이다. 만약 첫 번째 가족이 품질이 낮은 유모차를 구입했거나 다 쓰고 버렸다면, 새로운 유모차가 두세 개 더 생산되어 판매되었을 수 있다. 이는 GDP에는 도움이 될 테지만 지구에는 그렇게 도움이 되진 않을 것이다. 계속해서, 네 번째 가족이 유모차를 더 이상 사용할 수 없다고 판단하고 책임감 있게 분해 및 재활용센터에 보내기로 결정했다고 가정해 보자. 재활용되는 부품과 재료는 새 유모차가 판매될 때 GDP에 계산되지 않지만, 새 원자재를 사용하면 GDP에 기여하게 된다. 결과적으로 같은 가격의 두 제품

중 하나를 선택해야 할 때, 우리가 GDP 성장에 초점을 맞춘다면 소비자와 지구에 더 나쁘다는 사실에도 불구하고 매번 품질이 낮고 수명이 짧으며 재사용과 재활용이 어려운 제품을 선택하게 될 것이다.

- **자본의 감가상각과 고갈을 무시한다.** 국내총생산에서 '총'이 의미하는 바는, 그 해의 국내총생산 생산에 사용된 자본 자산에 대한 연간 감가상각을 고려하지 않는다는 점이다. 건물, 기계, 차량과 같은 기존 자본 자산의 노후화 속도를 이해하는 것은 GDP 성장의 지속가능성을 이해하는 데 중요할 수 있다. 또한, GDP가 광물 매장량이나 화석연료 매장량과 같은 한 국가의 자연자원의 연간 판매량은 반영하지만, 그에 따라 진행되는 자연자원의 고갈은 일반적으로 무시한다는 것은 또 다른 잘 알려진 문제이다. 더 나아가 더욱 복잡한 문제들인 자연적, 사회적, 인적, 지적 자본 자산(capital assets)의 변화 또한 일반적으로 (GDP를 산출하는) 국가 통계학자들의 관심을 끌지 못한다는 사실이다(이러한 더 넓은 '자본'에 대해서는 아래에서 다시 설명한다).
- **국내 소비로 인해 발생한 나쁜 부산물이 수출되는 것을 허용한다.** GDP는 한 국가 또는 지역 내에서 생산된 재화와 서비스만을 가치 있게 여긴다. 즉, 수입의 가치는 GDP에서 제외되고 수출의 가치는 포함된다는 뜻이다. 이는 복지의 척도로서의 GDP에 두 가지 추가적인 문제를 야기한다. 첫째로 수입품 소비로 인한 가치를 수출국에 잘못 할당하고, 둘째로 수입국이 생산과 관련된 부정적인 외부효과를 수출하는 것을 허용하게 된다. 국제무역이 생산의 가치와 환경 집약도 측면에서 균형을 이룬다면 이 두 가지 문제는 그다지 심각하지 않을 것이다. 하지만 대부분의 경우 무역이라는 것은 두 가지 문제 모두에 있어 부유한 국가에 유리하도록 왜곡되어 있다. 부유한 국가는 생산과정에서 환경에 미치는 부정적 영향이 적은 고부가가치 상품과 서비스(예: 소프트웨어 및 금융 서비스)를 생산하고 수출하는 경향이 있다. 반면 가난한 국가는 농업 및 기초자재 등 환경에 부정적인 영향이 클 수 있는 저부가가치 생산에 특화되는 경향이 있

는데, 이 생산물을 부유한 국가가 수입한다.

- **불평등 이슈에 둔감하다.** 이는 GDP가 결과보다는 투입과 산출을 측정한다는 첫 번째 요점의 연장선상에 있지만, 매우 중요하기 때문에 따로 언급할 필요가 있다. GDP와 1인당 GDP는 한 국가 내의 소득과 지출의 분포에 대해 전혀 알려주지 않는다. 각각 100명의 시민이 있는 두 개의 가상의 공동체를 생각해 보자. 첫 번째 국가에서는 100명 각자가 매년 10달러를 받아 지출하고, 두 번째 국가에서는 운이 좋은 한 사람이 매년 901달러를 받아 지출하는 반면 나머지 99명은 각각 1달러로 생활해야 한다고 했을 때, GDP의 관점에서 보면 두 공동체는 똑같고 — GDP는 1000달러이고 1인당 GDP는 10달러이다 — GDP 성장률도 마찬가지다. 한 국가가 매년 놀라운 GDP 성장을 달성하고 있을지 모르지만, 그 성장의 혜택을 누가 누리고 있는지에 대해서는 아무 것도 알려주지 않는다.

경제학자들은 위와 같은 문제의 상대적 중요성에 대해 논쟁을 벌일 수는 있지만, GDP가 국가 복지를 측정하기에는 매우 잘못된 척도일 수 있다는 점에 이의를 제기하는 사람은 거의 없을 것이다. 하지만 GDP의 단점이 널리 알려져 있는데도 불구하고 왜 여전히 GDP가 국가 성공의 가장 중요한 척도로 사용되고 있을까?

우선, GDP는 경제 활동의 척도로서 몇 가지 중요한 장점을 가지고 있기 때문이다.

- **단순성.** 계산이 간단하고 해석도 매우 간단하다(크면 클수록 더 좋다).
- **보편성.** 경제의 특성과 무관하게 상품과 서비스의 금전적 가치를 합산하여 보편적으로 인정되는 척도를 제공할 수 있으며, 이를 국가 간 비교의 기준으로도 사용할 수 있다.
- **객관성.** 관찰 가능한 시장 가격을 기반으로 한다.

결과적으로 GDP를 통해 정책 입안자와 중앙은행은 경제가 위축되고 있는지 확장되고 있는지 판단할 수 있으며, 이를 통해 경기부양이 필요할지 아니면 억제를 하는 것이 도움이 될지를 판단할 수 있다. GDP 측정의 기초가 되는 국민소득계정을 통해 정책입안자, 경제학자, 기업들은 표면적인 수치 외에도 통화 및 재정 정책 그리고 여타의 경제적 충격이 전체 경제와 특정 경제 요소에 미치는 영향을 분석할 수 있다.

이러한 장점 덕분에 GDP라는 수치가 주목받고, 그 존재감을 유지할 수 있었다. 해석의 단순성은 복잡성과 끊임없이 씨름하던 정책입안자들과 분석가 및 논평가들에게도 매력적으로 다가왔다. 계산이 상대적으로 간단하다는 것은 몇몇 국가에서 측정 프로세스가 확립되면 다른 국가로 쉽게 확산될 수 있다는 것을 의미했다. 일정 수 이상의 국가가 GDP라는 척도를 채택하자, 신뢰할 수 있는 국민소득계정이 없는 국가는 경제 후진국으로 인식되는 일종의 네트워크 효과도 발생했다. 이러한 보편성은 경제발전을 보다 정교하게 측정할 대안 척도에 대한 일종의 큰 진입장벽이 되었다. 이미 많은 나라가 GDP를 활용할 수 있는 상황에서 모든 나라가 언제든지 사용할 수 있는 새로운 척도를 개발하는 것은 상당한 노력이 필요하기 때문이었다.

하지만 안타깝게도 GDP를 그러한 위치에 올려놓은 장점 중 어느 것도 GDP가 사회적 안녕에 대한 좋은 척도가 되게 하지는 않는다. 아무리 단순한 게 좋더라도 그 결과가 유의미하지 않다면 장점이 될 수 없다. 보편성이라는 것도 잘못된 지표에 기반해 서로 비교만 용이하게 한다면 이 역시 장점이 되지 못한다. 객관성 역시 잘못된 것을 측정할 때는 도움이 되지 않는다.

GDP에 지나치게 의존하는 문제는 단순히 한 시점의 안녕을 적절히 반영하지 못한다는 것뿐만 아니라, 시간이 흐름에 따라 사회적 안녕과 지구건강에 해로운 정책과 자원배분을 적극 유도한다는 것이다. 요컨대, GDP가 경제활동의 적절한 척도이기는 하지만 사회발전, 전반적인 안녕, 지구건강을 측정하기 위해서는 더 나은 척도를 사용할 수 있고 또 사용해야 한다는 점이다.

지구건강의 성공을 측정하는 더 나은 방법

GDP의 대안

인류 발전의 척도로서 널리 알려진 GDP의 실패를 완화하기 위해 수년 동안 많은 개선과 대안이 개발되어 왔다. 정책입안자, 비즈니스 리더 또는 일반 대중의 마음속에 GDP만큼 두드러진 성과를 거둔 것은 없지만, 그럼에도 불구하고 GDP의 대안 중 일부는 세계의 발전을 이해하는 우리의 방식에 대해 지속적으로 중요한 기여를 하고 있다. 이러한 노력들은 다음 세 범주 중 하나로 분류할 수 있다.

- **GDP에 대한 조정.** GDP를 중심으로 환경적 또는 사회적 요인을 더하거나 빼는 형태

이 범주의 대표적인 예로는 일련의 환경 및 사회적 요소를 계량화하여 GDP를 보정하는 '진정한 발전 지표(Genuine Progress Indicator, GPI)'와 '지속가능한 경제 복지 지수(Index of Sustainable Economic Welfare, ISEW)', 생산, 자연 및 인적 자본에 대한 연간 순투자의 진정한 척도를 제공하는 것을 목표로 하는 '조정순저축'(Adjusted Net Savings or genuine savings), 경제 활동으로 인한 환경 피해를 계량화 한 금액을 빼고 경우에 따라 환경 혜택의 가치 추정치를 추가하여 GDP를 조정하는 '녹색GDP(Green GDP)' 등이 있다.

- **GDP에 대한 보충.** 추가적인 사회적·환경적 정보로 GDP를 보완하는 형태

이 범주의 대표적인 예로는 국제적으로 인정받는 국민계정(System of National Accounts, SNA)의 확장판인 경제환경계정(System of Economic Environmental Accounts, SEEA) 및 경제환경생태계 실험회계(Experimental Ecosystem Accounting. EEA)이 있고, 또 지속가능발전목표(Sustainable Development Goals, SDG) 등이 있다. 17개의 SDG에는 169개의 하위목표와 230개의 지표가 수반된다(단, 진행 상황을 종합적으로 측정할 수 있는 단일 지표는 부재).

- **GDP 자체를 대체.** 인류의 안녕을 직접적으로 측정하여 GDP를 대신하기 위해 고안

이 범주에서 가장 대표적인 예는 오랫동안 건강, 교육, 생활수준에 대한 간단한 측정치를 0에서 1 사이의 단일 국가 점수로 결합한 인간개발지수(Human Development Index, HDI)였다. 최근에는 유엔대학(UN University)과 유엔환경계획(UN Environment Programme, UNEP)이 GDP와 HDI를 대체하는 보다 정교한 포용적 안녕지수(Inclusive Wellbeing Index, IWI)를 제안했다. IWI는 제조 자본, 인적 자본, 자연 자본의 총합을 사회적 안녕의 대리 지표로 측정하는 것을 목표로 한다.

위에서 설명한 각 지표는 GDP보다 더 나은 인류 발전의 척도를 제공하지만, 모두 두 가지 중요한 단점을 공유한다. 첫째, 모두 프록시(활동, 산출물 또는 중간 결과물)에 주로 의존하기 때문에 사회가 실제로 추구하는 결과를 직접 측정하지 못한다는 점이다. 둘째, 유한한 지구에서 살아가는 물리적 제약을 의미 있게 반영하지 못한다는 점도 있다.

신경제재단(New Economics Foundation)에서 제안한 또 다른 측정법 중 하나인 지구행복지수(Happy Planet Index, HPI)[7]는 기존의 강력하고 쉽게 이용할 수 있는 데이터 세트를 사용하면서 이 두 가지 중요한 단점을 합리적으로 해결할 수 있는 방법이다. 또한 국가 간 비교를 용이하게 하고 시간 경과에 따른 진행 상황을 추적하는 데 유용한 단일 집계 지표를 제공한다. HPI는 평균 삶의 만족도, 평균 기대수명(이 둘 모두 결과의 불평등을 반영하여 보정되는), 생태발자국에 대한 데이터를 단일 지표로 집계한다. 이를 통해 여러 국가의 주민들이 자연자원을 얼마나 효율적으로 사용하여 길고 만족스러운 삶을 누

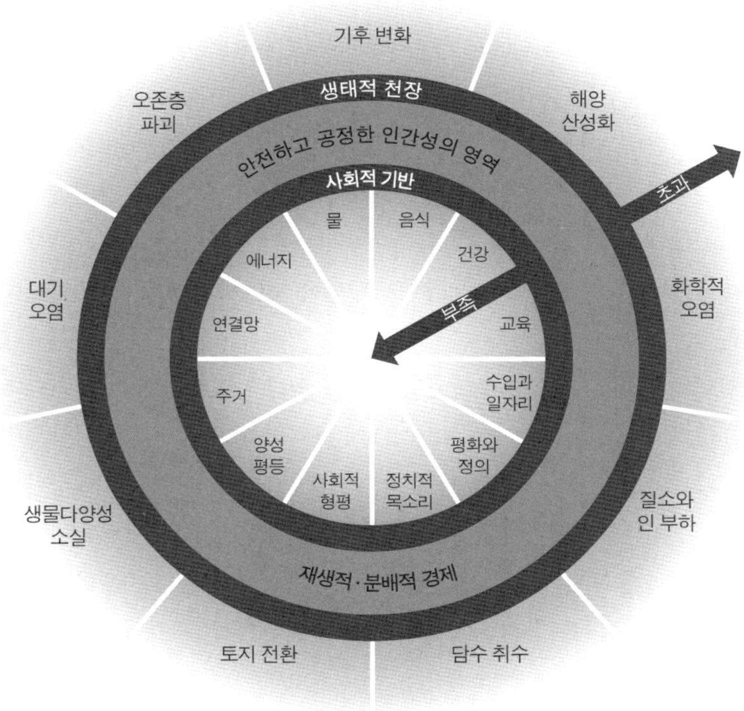

그림 15.4 인류를 위한 안전하고 정의로운 운영공간의 도넛 모델로, 아래쪽에 사회적 기반과 위쪽에 생태적 천장의 경계선을 보여준다.
자료: Kate Raworth (Wikimedia), CC BY-SA 4.0 라이선스

리고 있는지 비교함으로써 지속가능한 안녕을 측정하는 것을 목표로 한다. 그러나 이러한 국가별 데이터 포인트에서 지수를 생성하는 임의적인 방식과 지속가능성의 벤치마크로서 단순한 국가별 1인당 생태발자국 측정에 의존하기 때문에 정책입안자 및 기타 의사결정권자에게 실질적인 유용성은 다소 제한적이다.

케이트 레이워스(Kate Raworth)의 도넛 모델(**그림 15.4**)은 다른 접근 방식을 취한다. 도넛의 바깥쪽 고리 또는 '생태적 천장'은 지구위험한계[8]에 의해 형성되고, 안쪽 고리 또는 '사회적 기반'은 인간 복지의 중요한 결정 요인으로

구성된다. 이 도넛은 GDP를 대체할 수 있는 지속가능한 발전의 유용한 단일 척도를 제안하지는 않지만, 지구가 허용하는 범위 내에서 모든 사람의 필요를 충족시킬 수 있는 공간, 즉 "인류를 위한 안전하고 정의로운 공간"이라는 개념을 제시한다. 더 큰 GDP를 목표로 삼는 대신 도넛 안에 사는 것을 목표로 삼자는 것이다. 이러한 집계되지 않은 다기준 접근법의 명백한 단점은 사회적 기반이나 생태적 한계의 여러 부분 사이에서 우선순위를 정하거나 각각 또는 둘 사이의 불가피한 절충점을 알려주는 수단을 제공하지는 못한다는 것이다.

최근 연구에 따르면 현재 전 세계적으로 지속가능한 수준의 자원 사용으로 국민의 기본적인 필요를 충족하는 국가는 없다.[9] 또한 현재 이에 근접하는 국가도 없다. 최근 한 분석에 따르면, 11개 사회적 임계점 중 6개 이상을 충족하는 국가 중 7가지 생물물리적 한계를 5개 미만으로 침해하지 않는 국가는 없다. 반대로, 생물물리적 한계를 5개 미만으로 침해한 국가 중에 6개 이상의 사회적 임계점을 충족시키는 국가도 없다. 이러한 극명한 결과는 우리가 근본적으로 세상을 위해 다른 발전 궤도를 파악해야 할 시급한 필요성을 보여준다.[9]

어째서 최종결과가 정말 중요한가

의사결정의 모든 수준에서, 성공을 무엇으로 측정하느냐에 의해 의사결정이 큰 영향을 받는다. "측정이 되어야 관리가 된다"라는 옛 격언이 있듯이 말이다. 하지만 안타깝게도 이 속담은 선택한 측정항목이 측정하고자 하는 최종결과와 어떤 관계가 있는지 상관없이 적용되는 경향이 있다.

앞에서 우리는 이것이 국가 차원에서 어떻게 잘못될 수 있는지 살펴봤다. 복지를 중요시하는 정부는 사회적 안녕을 지속적으로 개선하기를 원하지만, 일반적인 정부는 GDP를 측정하고 이를 관리하는 것을 선택한다. 그 결과, 사회적 안녕에 해를 끼치지만 GDP를 증가시키는 모든 활동을 장려하는 반면, 사회적 복지에 도움이 되지만 GDP에 좋지 않은 활동은 소홀히 하게 되는 경우가 있다.

성과 측정의 어려움은 국가뿐만 아니라 모든 수준의 공공 및 민간 부문 주체들에게 영향을 끼친다. 예를 들어 많은 기업이 단기이익이라는 편협한 성공 척도만을 지나치게 강조한다. 그러나 이익만으로는 기업활동의 광범위한 성과를 반영하지 못하며, 이익을 창출하는 데 필요한 자산의 상태에 대해서는 아무 것도 말해주지 않는다. 정부가 GDP 성장을 지나치게 강조함으로써 잘못된 길을 가는 것처럼, 기업의 단기이익에 편협하게 초점을 맞추면 잘못된 결정과 행동을 장려하고 바람직하지 않은 결과를 초래하는 경향이 있다.

너무나 오랫동안 정부는 단기적인 GDP 성장률 달성에, 기업은 단기적인 재무적 이익 달성에 지나치게 집중해 왔다. 지구건강을 향한 열망에 부응하려면 이 두 가지 고정관념을 모두 바꿔야 한다.

지구건강을 통해 우리가 원하는 최종결과를 정의하고 이를 달성하기 위한 노력

지구건강의 핵심 목표를 현재와 미래의 인류의 건강과 안녕을 극대화하는 것으로 정의한다면, 이 목표를 다음과 같은 설명 방정식의 형태로 표현할 수 있다.

(현재 총건강기대수명 + 현재 총복지)
+ [(총건강기대수명 + 총복지) * 모든 미래 기간)] = 최대화

이 포괄적인 정의는 몇 가지 중요한 질문을 즉시 제기한다. — 과연 충분한가? 우리는 어떻게 이걸 측정할 수 있을까? 그리고 이것이 지구건강을 위한 더 나은 결정을 어떻게 지원할 수 있을까?

언뜻 보기에는 불완전해 보일 수 있다. 물론 지구건강의 궁극적인 척도에는 지구건강 또는 최소한 환경상태에 대한 측정이 포함되어야 한다. 사실 직관적이지 않은 것처럼 보일 수 있지만, 우리는 지구건강의 궁극적인 성공 척

도가 환경상태나 지구건강을 참조하지 않는 것이 지구건강의 지적 일관성(intellectual coherence)을 위해 중요하다고 감히 주장해 본다. 그렇지 않다면, 이는 경우에 따라 환경개선만을 위한 환경개선을 추구하도록 부추겨 인간의 건강과 복지에 해를 끼칠 수 있기 때문이다.

그럼에도 불구하고 환경을 소중히 여기고 이 가치를 보호하고 증진하는 것은 여전히 매우 중요하다. 현재와 미래의 인류의 건강과 복지를 극대화하기 위해서는 미래의 어떤 시기에 달성할 수 있는 건강과 복지의 총량이 적어도 현재 살아 있는 사람들이 경험하는 총량만큼 높아야 한다. 즉, 현재 달성된 수준이 최소한 지속가능하여야 한다는 뜻이다.

환경조건은 오늘날의 건강과 복지에 큰 영향을 미치며, 미래세대의 건강과 복지를 형성할 것이다. 따라서 이러한 바람직한 결과를 달성하기 위해서는 최소한 미래에 인류의 건강과 복지에 중대한 영향을 미칠 환경의 측면을 파악하고 보호해야 한다. 인류의 번영에 있어 환경의 역할은 매우 광범위하고 근본적이기 때문에, 건강한 자연계를 갖춘 지구를 동시에 제공하지 않고서는 지구건강에 대한 이러한 비전을 달성하는 것은 불가능할 것이다. 실제로 우리의 성공 척도에서 미래 세대의 복지에 초점을 맞추려면 자연자본의 상태와 안정성, 그리고 이를 보호하고 강화하여 미래에도 지속적으로 혜택을 제공할 수 있는 방법에 더욱 집중해야 한다.

불평등 역시 성공의 척도에는 구체적으로 언급되어 있지 않지만, 불평등을 줄이는 것이 총체적인 건강과 복지를 증진하는 데 근본적인 역할을 할 수 있다. 비교적 논란의 여지가 없는 한 가지 가정을 허용한다면, 이는 거의 수학적 필연성에 가깝다. 건강과 복지를 증진하기 위한 조치에는 한계 수익이 감소한다는 가정이다. 예를 들어, 수중에 20달러밖에 없는 사람에게 100달러를 지급하는 것이 백만장자에게 같은 금액을 지급하는 것보다 안녕에 더 큰 영향을 미친다는 사실을 반영한 것이다. 전 세계인구의 최하위 70%가 전 세계 금융 자산의 3%만을 소유하고 있고,[10] 금융 자산은 건강 및 복지와 높은 상관관계가 있으므로 총 건강 및 복지를 의미 있게 향상시킬 수 있는 유일한 방법은 이 70%를 대상으로 하는 것이다. 이 거대한 인구 집단에 걸쳐 소폭의 개선만 이루어지더라도 큰 효과를 거둘 수 있다. 반대로 상위 1%에서 제법 많은 개선이 이루어져도 나머지 인구 집단에서 조금이라도 감소해 버리면 그 개선 효과가 쉽게 상쇄되어 버릴 수 있다.

환경상태, 경제적 불평등, 총체적인 건강과 복지는 앞의 단락에서 제시한 것보다 훨씬 더 밀접하게 얽혀 있다. 환경파괴로 인해 건강과 복지가 가장 취약한 사람들이 지구상에서 가장 가난한 사람들인 경우가 많기 때문이다. 따라서 현재와 미래의 총체적인 인류의 건강과 복지를 증진하려면 환경파괴와 경제적 불평등을 모두 해결해야 한다는 것이 설득력 있게 되는 이유가 있다.

실제로 '현재 총건강기대수명 + 현재 총복지'를 측정하는 것은 완벽하게 가능하지만, 오늘날의 상황과 추세를 바탕으로 미래 세대의 건강과 복지를 예측하는 것은 내재적으로 더 어려운 일이다. 정책 결정 및 기타 중요한 변화의 동인에 대응할 수 있는 방식으로 예측하는 것은 현재 우리의 역량을 넘어서는 일이다.

따라서 우리는 지구건강을 향한 여정에서 성공의 다른 중간지표에 의존해야 할 것이다. 그럼에도 불구하고 우리가 이상적으로 측정할 수 있는 것이 무엇인지 이해하면 훨씬 더 나은 중간지표를 파악하는 데 도움이 될 것이다. GDP의 사례에서 알 수 있듯이, 완벽한 지표가 없는 상황에서 잘못된 지표를 선택할 경우의 위험은 더 크기 때문이다. 인류를 위한 차세대 발전지표를 개발하는 경제학자, 생태학자, 보건전문가, 국가통계학자들은 우선순위를 두는 요소가 현재와 미래의 인류 건강과 복지에 어떤 영향을 미칠 수 있는지 신중하게 생각해야 할 것이다.

지구건강을 위한 다양한 경제적 아이디어 활용하기

많은 학문과 마찬가지로 경제학은 스스로 경제학자라고 불리는 모든 사람들이 동의하는 동질적인 아이디어의 집합이 아니다. 사실 오늘날의 경제학은 수많은 관련 학파로 구성되어 있으며, 그중 상당수는 완전히 비경제적인 분야에서 영감과 통찰을 얻으며 그 자체로 다학제적인 학문을 추구하기도 한다. 우리는 지구의 건강을 향한 여정을 지원하는 도구를 찾기 위해 이 분야의 최신 영역을 포함하여 이러한 많은 경제학 학파를 활용해야 한다.

가장 중요한 경제학 분야를 골라서 아래[a]에 소개하며, 이 중 몇 가지는 이 장의 다음 단락에서 자세히 분석할 예정이다.

실증적이고 규범적인 경제학

다양한 경제학파를 살펴보기 전에 경제학의 핵심에 있는 기본적인 구분을 이해하는 것이 중요하다. 실증경제학과 규범경제학은 서로 다른 두 가지 형태의 경제학으로, 거의 모든 학파, 분과, 하위 학문에 존재한다.

- **실증경제학**은 객관적 분석에 기초한 경제학 연구이며 일반적으로 설명적인 성격을 띠고 있다. 원인과 결과, 행동 관계, 사실에 초점을 맞추고 경험적으로 테스트할 수 있는 주장을 만들어낸다. 실증경제학은 "있는 그대로의" 경제학이라고도 한다.
- **규범경제학**은 가치판단에 기반한 주관적이며 종종 규범적이다. 이는 종종 정치적 이데올로기와 관련이 있다. 규범경제학은 때때로 "있어야 하는 것" 또는 "있어야 할 것"의 경제학으로 설명되기도 한다.

실증경제학과 규범경제학의 의도의 차이를 이해하는 것은 중요하다. 첫째, 아무리 선의의 사회과학자라도 자신의 가치관이 자신의 이론에 스며드는

a 경제학의 하위 학문의 정의와 범위는 기관마다 크게 다르며 시간이 지남에 따라 진화한다. 예를 들어, 일부 대학에서는 '자연자원경제학'이 '생태경제학'의 여러 측면을 포괄하도록 발전했으며, 다른 대학에서는 두 학문이 '환경경제학'의 일부로 연구될 수 있다. 그럼에도 불구하고 그 기반은 크게 다르며, 지구건강의 새로운 경제학을 통합하고자 할 때 이러한 차이는 중요할 수 있다.

것을 막는 것은 거의 불가능하기 때문이고, 둘째, 동일한 이론을 증거에 근거하고 객관적이며 가치관이 없는 것으로 제시하면 그 호소력이 극적으로 확대될 수 있는데도 불구하고 대놓고 이념적인 이론을 제시하려는 학자는 거의 없기 때문이다. 첫 번째 이유든 두 번째 이유든, 순수하게 실증경제학적인 것으로 제시되는 경제이론의 상당수는 사용된 용어, 명시되지 않은 가정, 누락된 내용 등으로 인해 명백하게 규범경제학적인 것으로 보일 수도 있다. 규범경제학이 본질적으로 잘못된 것은 아니며, 실증경제학 이론을 매력 있고 실행 가능한 정책 아이디어로 전환하는 데 필수적인 경우가 많다. 하지만 자신이 어떤 경제학의 풍미를 다루고 있는지 아는 것은 항상 좋은 일이다.

환경경제학

환경경제학은 환경정책의 효과를 연구하기 위해 후생경제이론을 사용하는 주류 경제학의 하위 분야로 시작되었다. 비용편익분석(CBA)은 초기 환경경제학의 초석이 되었다.

환경경제학의 방법은 최근 수십 년 동안, 특히 환경과학의 직접적인 통합과 데이터 가용성, 정보 기술 및 고급통계 방법의 개선에 힘입어 급격히 발전해 왔다. 또한 이 분야는 시장실패의 모든 영역을 포괄하도록 그 범위가 크게 확장되었으며, 많은 경우 자연자원 경제학 및 농업경제학의 전통적인 영역으로까지 확장되었다. 환경의 경제적 가치를 평가하는 것은 여전히 이 분야의 주요 주제이며, 공기오염, 수질, 독성 물질, 고형폐기물, 심지어 기후변화와 같은 문제에 대한 대안 환경정책의 시장 및 비시장 효과를 평가하는 데 비용편익분석이 여전히 널리 사용되고 있다.

자연자원경제학

이름에서 알 수 있듯이 자연자원경제학은 자연자원을 시간 경과에 맞추어 효율적으로 관리하는 데 초점을 맞추고 있다. 과거에는 주로 석탄이나 금속 광석과 같은 재생 불가능한 자원에 관심을 가졌다. 자연자원경제학의 대표적인 이론은 호텔링의 법칙[11]으로, 고갈되는 자원은 시간이 지남에 따라 희소해지고 이에 따라 실질가격은 상승할 것이라는 주장이다. 호텔링의 법칙은 시간이 지남에 따라 크게 보완되었는데, 가장 중요한 것은 현재 고갈되어가는 자연자원에 의존하는 국가가 자원개발의 초과 이익('자원 지대')을 모두 다른 형태의 자본에 투자함으로써 미래에도 경제적 후생 수준을 유지할 수 있다는 하트윅의 법칙[12]이 대표적이다.

그러나 실제 경험적 증거에 따르면 재생불가능한 기본 자원의 실질가격은 단기적으로 매우 가변적일 수 있지만 장기적으로 상승하는 경향을 보이지 않는 것으로 나타났다.[4] 이는 지속적인 가격 상승에 따른 기술발전과 대체재로의 치환 등 여러 가지 상호 연관된 요인이 작용한 결과이다. 자연자원경제학은 종종 자연자본이라고 불리는 생태계가 제공하는 더 복잡한 자원을 다루기 위해 확장되며, 환경 및 생태경제학과 융합하여 지구건강의 새로운 경제학에서 가장 중요한 아이디어를 만들어낸다.

생태경제학

경제학의 여러 하위 분야와 마찬가지로 생태경제학은 이제 여러 가지 변형을 포함하고 있다. 원래 생태경제학은 경제가 생물권 내에서 작동한다는 관찰을 반영하여 경제학을 생태학의 하위 분야로 근본적으로 재배치하는 것을 의미했다. 고전적으로 훈련 받은 경제학자들이 시작한 다른 경제학 분야와 달리, 생태경제학의 선구자들은 대부분 생태학자로서 먼저 훈련을 받은 후 인간과 경제 활동이 생태계에 미치는 영향과 그 반대의 경우도 고려하도록 작업 범위를 확장했다.

이러한 시스템 관점을 통해 생태경제학자들은 세대 간 형평성, 일부 환경 변화의 비가역성, 장기적 결과의 내재적 불확실성, 다양한 형태의 자본 간의 대체 가능성, 생태적 제약을 고려한 경제발전 달성의 근본적인 과제 등 몇 가지 큰 문제를 정면으로 다루게 되었다. 이후 생태경제학의 큰 아이디어 중 많은 부분이 환경경제학에 동화되었고, 그 결과 보다 개방적인 생태경제학자들은 의사결정에 생태적 우선순위를 반영하기 위한 수단으로 복잡한 생태적 축적과 흐름을 평가하기 위해 환경경제학의 방법을 점점 더 많이 사용하고 있다.

보건경제학 및 웰빙경제학

보건경제학은 경제학의 한 분야로, 서로 제한적인 관계만 있는 몇 가지 중요한 하위 분야가 있다. 여기에는 보건의료 서비스에 대한 수요와 공급, 의료 활동의 계획, 예산 편성 및 모니터링, 보건의료 시스템의 설계 및 평가 등이 있다. 그러나 지구건강을 위해 가장 관련성이 높고 가치 있는 것은 건강과 복지를 정의, 정량화, 평가하고 보건의료 서비스를 넘어서는 더 광범위한 건강결정 요인, 특히 경제적 불평등과 환경 관련 요인들을 이해하는 것이다. 아래에서는 건강 부담과 개선에 대한 몇 가지 유용한 보건경제학적 측정방법을 소개하고, 11장에서 더 자세히 다루는 주관적 복지 평가라는 새로운 분야에 대해 간략하게 설명하겠다.

행동경제학

행동경제학은 가장 새롭고 빠르게 성장하는 경제학파 중 하나이며, 최근 이 분야에서 가장 긍정적인 발전으로 널리 인식되고 있다. 행동경제학은 개인의 합리성, 시장의 효율성 등 주류 경제 이론의 주요 가정에 도전한다. 이 이론은 경제의 작동을 이해하는 가장 좋은 방법은 인간의 마음이 시장 상황에 반응하고 적응하는 방식을 이해하는 것이라는 전제에서 출발한다. 이러한 방향성은 행동주의의 주요 지지자 중 다수가 원래 심리학자로 훈련 받았다는 사실에서 알 수 있다. 행동경제학의 도구와 통찰은 이미 소비자가 보다 환경적으로 건전한 선택을 하도록 미묘하게 영향을 미치는 데 적용되고 있다. 현대의 일반적인 생활방식에서 발생하는 환경 피해를 지속가능한 수준으로 줄이려면 큰 행동변화가 필요하며, 이는 행동경제학의 중요한 역할을 시사한다.

개발경제학

개발경제학은 저소득 국가의 경제 성과와 생활 여건 개선에 광범위하게 관여한다. 다양한 이론이 있지만 개발경제학에는 국제불평등, 글로벌 힘의 불균형, 포용적 성장 등 지구건강 경제학에 유용한 통찰력을 제공하는 중요한 아이디어가 많이 포함되어 있지만, 가장 주목할 만한 점은 개발경제학이 발전해 온 방식 그 자체에 있다. 개발경제학은 그 태동부터 개발도상국이 직면한 거대한 도전에 대응하기 위해 모든 경제학파에서 최고의 아이디어를 도입하고자 노력해 왔다. 또한 경제학 분야에만 국한되지 않고, 분석과 권고를 함에 있어 현지의 정치사회적 요인을 일상적으로 통합해 왔다. 출처에 관계없이 최고의 아이디어를 수집, 개선, 적용하는 다원주의적이고 실용적인 접근방식을 통해 가장 영향력 있고 다양한 경제학파 중 하나가 되었으며, 그 과정에서 5명의 노벨상 수상 경제학자를 배출하고 지구건강을 위한 새로운 경제학의 모범을 제시했다.

다양하고 새로운 분야를 체계화하기 위해 경제학이 지구건강을 달성하는 데 도움을 줄 수 있는 방법을 다음 세 가지 범주로 분류할 수 있다.

- **사람과 지구의 관계를 개념화하기.** 경제적 개념을 사용하여 지구건강의 모든 측면을 이해하고 해석, 측정 및 가치평가하기
- **지구건강을 위한 거버넌스 및 정책.** 경제적 통찰을 활용하여 지구건강을 위한 제도, 거버넌스 프레임워크, 정책수단(인센티브 재조정)을 설계하기
- **지구건강을 위한 비즈니스 솔루션.** 경제적 통찰을 활용하여 기존 비즈니스 모델을 개선 또는 혁신하고 지구건강을 위한 완전히 새로운 비즈니스 모

델을 개발하기

이 장에서는 대부분의 이론적 내용을 포괄하는 첫 번째 범주에 대해 다룬다. 이 이론을 거버넌스, 정책, 비즈니스에 적용하는 것은 16장의 주제이다.

사람과 지구의 관계를 개념화하기

환경의 개념화

경제학의 새로운 영역에서 얻은 통찰력으로 넘어가기 전에, 주류(또는 신고전주의) 경제학이 이윤을 극대화하는 기업과 GDP를 극대화하는 국가라는 단순한 비전만 제시할 뿐만 아니라 경제와 환경의 상호작용을 조금 더 잘 이해하게 해준다는 사실을 인정해야 한다. 우리의 목적에 가장 중요한 두 가지 개념은 시장이 스스로 자원을 효율적으로 배분하지 못하는 시장실패의 두 가지 형태, 즉 외부효과와 공공재이다. 이 두 가지 개념을 제대로 설명하기 전에 몇 가지 기본적인 경제사상을 간략히 살펴볼 필요가 있다.

후생경제학

후생경제학은 각 개인이 다양한 요인에 따라 얼마나 많은 효용(편익)을 경험하는지를 정의하는 효용함수(또는 편익함수)를 가지고 있다는 개념을 핵심으로 삼고 있다. 한 사람이 다양한 선택에서 얻는 효용의 양은 선호도에 따라 정의되며, 가능한 한 많은 효용을 제공하는 선택을 하려는 사람을 효용 극대화자로 설명한다. 주류경제학에서는 사람들의 선호가 합리적이며[b] 모든 사

b 엄밀히 말하면 전이성, 연속성, 완전성을 나타낸다는 것이다. 실제로 대부분의 경제학자들은 사람들이 실제로 항상 합리적 선택을 한다고 주장하지 않으며, 대부분의 상황에서 그리고 대규모 인구 집단을 종합할 때 합리성이라는 가정은 합리적으로 단순화한 것일 뿐이라고 말한다. 합리적 선호라는 가정은 (흔히 주장하는 것처럼) 이타적 행동을 배제하지 않으며, 실제로 매우 다양한 선호를

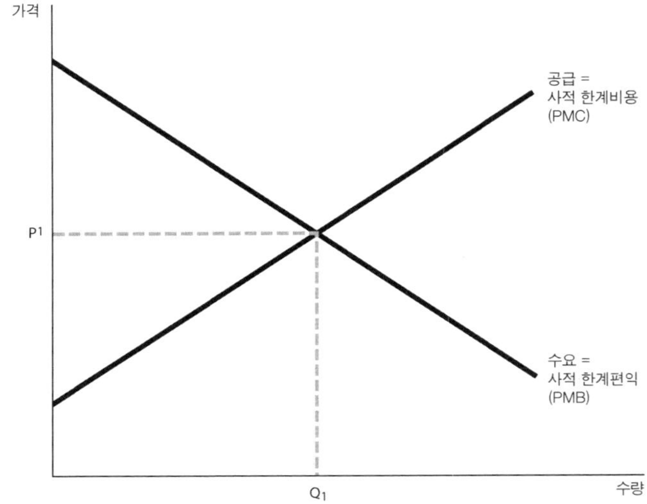

그림 15.5 시장의 공급, 수요 및 균형에 대한 일반적인 묘사

람이 효용 극대화자라고 가정한다. 사람들이 효용을 높이는 주요 방법 중 하나는 재화와 서비스를 소비하는 것이다. 한 사람이 재화 한 단위를 추가로 소비함으로써 얻는 효용의 증가를 해당 소비 행위로 인한 사적 한계편익(private marginal benefit, PMB)이라고 한다. 모든 개인의 효용의 총합을 일반적으로 사회후생(societal welfare)이라고 하며,[c] 총후생의 변화를 평가하는 데 중점을 두는 경제학의 하위 분야를 후생경제학이라고 한다.

경제학에서 가장 잘 알려진 도표는 아마도 **그림 15.5**의 도표로, 가상의 재화에 대한 시장에서 수요와 공급의 교차점을 보여준다. 수요 곡선[d]은 시장에서 정해진 가격에 구매할 수 있는 양을 나타낸다. 곡선의 각 점은 추가 단위 소비에 대한 사적 한계편익과 동일하다. 이 곡선은 매우 높은 가격에 구매

수용할 수 있다.

c 효용과 후생은 일반적으로 각각 경제학의 긍정적이고 규범적인 적용과 관련이 있지만, 여기서는 이 두 용어를 동의어로 취급할 수 있다.

d 가격과 수요 사이의 관계를 수요곡선이라고 부르지만, 여기서는 거의 항상 직선으로 설명한다. 공급곡선도 마찬가지이다.

할 만큼 재화를 높게 평가하는 사람은 거의 없지만, 점점 더 많은 사람이 낮은 가격에 구매(또는 추가 구매)하기 때문에 하향 경사를 이루고 있다. 공급곡선은 정해진 가격에서 시장이 생산할 수 있는 양을 나타낸다. 경쟁시장에서 이는 재화를 공급하는 데 드는 사적 한계비용(private marginal cost, PMC)과 같다. 곡선의 각 점은 일반적인 기술 및 공급에 영향을 미치는 기타 조건에 따라 추가 단위를 생산하는 데 드는 비용을 나타낸다. 균형수량과 가격은 공급과 수요가 교차하는 지점, 즉 이 경우 가격 P^1과 수량 Q^1에서 도달한다.

외부효과

그림 15.6에 표시된 예에서는 음의 생산 외부성이 존재한다. 앞에서 설명한 것처럼 이는 생산자가 직면하는 비용만이 생산비용이 아니며, 제3자에게도 일부 추가비용이 부과된다는 것을 의미한다. 공해는 이러한 종류의 외부효과가 발생할 수 있는 대표적인 예라고 할 수 있다. 예를 들어 공장에서 발생하는 공기오염으로 인해 각 단위가 사회에 부정적인 영향을 미친다는 사실과 관계없이 생산자는 자신의 사적 생산 비용만 부담한다.

사회적 비용이나 편익이 사적 비용이나 편익과 차이가 날 때마다 시장은 효율적인 생산 수준을 할당하는 데 실패하게 된다. 그림 15.6의 Q^1지점에서 시장균형 생산량의 비효율성을 파악하기 위해 해당 생산량 수준에서 사회적 한계비용(social marginal cost, SMC)과 사회적 한계편익(social marginal benefit, SMB)을 비교할 수 있다. Q^1에서는 SMC가 SMB를 상당한 차이로 초과하므로, 생산으로 이익을 보는 사람들이 생산과 관련된 오염으로 피해를 보는 사람들에게 보상할 수 있으며, 둘 다 더 나아질 수 있다. 이는 생산량이 Q^2지점까지 떨어질 때까지는 사실이며, 이 시점에서는 누군가를 더 나쁘게 만들지 않고는 누구도 더 나아질 수 없는데, 이를 사회적 최적상태라고 한다.

그림 15.6의 음영 영역은 사회적 후생 손실 측면에서 외부효과에 대한 비용이다. 그림 15.6에 실제 가격과 수량을 포함하면 실제 돈이 바뀌지 않더라도 이 사회적 비용을 금전적 측면에서 계산할 수 있다. 이는 비시장적 가치평

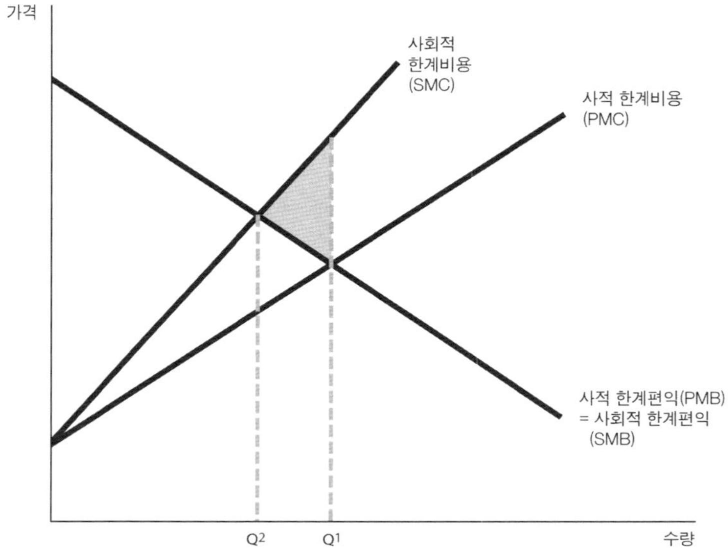

그림 15.6 생산 외부성이 음수인 수요와 공급

가의 한 예로, 아래에서 더 자세히 설명한다. 후생경제학에 기반한 비시장적 가치평가는 훨씬 더 광범위하게 적용될 수 있으며, 지구건강을 위한 가장 강력한 경제학 도구 중 하나이다.

공공재

공공재는 '비경쟁적'이라는 점에서 대부분의 일반재화와 다르다. 한 사람이 재화를 소비한다고 해서 다른 사람이 사용할 수 있는 재화의 양이 줄어들지 않는다. 순수 공공재의 두 번째 특징은 "배제할 수 없다"는 점이다. 사람들이 원할 경우 재화를 사용하지 못하도록 막을 수 없다. 순수 공공재의 예로 흔히 인용되는 것은 공통언어, 국가통계(또는 더 일반적으로는 정보재화의 무료 사용), 국방, 무료 텔레비전 방송이다.

우리의 목적과 가장 관련이 있는 것은 어업, 방목지(또는 공유지), 산림과 같은 '공유자원(common pool resources)'이다. 이러한 자원은 한 때 누구나 접근할 수 있고(특별히 누구의 소유도 아니며, 설사 소유하고 있다 하더라도 다른 사람의 접근을 막는 것은 불가능), 본질적으로 무한히 공급되는 것으로 여겨져 한 사람의 사용이 다른 사람의 사용에 실질적인 영향을 미치지 않는다는 공공재의 특성을 가진 것으로 여겨졌을 수 있다. 하지만 실제로는 시간이 지남에 따라 모두 '경쟁적'이라는 사실을 알게 되었다. 이 세 가지 사례의 공유자원은 일정 수준 이하로 수확하면 재생될 수 있지만(지속가능한 수확량이라고 하자), 접근을 통제하기 어려울 수 있고 모두 기본적으로 무료로 사용할 수 있기 때문에 남용되는 경향이 있어 많은 자원이 심각하게 소모되었다.

이러한 결과는 '공유지의 비극'[13]이라고 불리며 정부의 광범위한 규제나 사적 소유를 정당화하는 데 사용되었다. 그러나 일부에서는 공유지를 비극으로 규정하는 것에 반대하며, 다양한 대안적 거버넌스에 의존하는 공유지 자원의 효과적인 공동관리의 오랜 사례를 강조하고 있다.[14] 또한, 이전의 공유지 자원에 대한 정부 규제나 사적 소유권으로의 전환이 때로는 자원 자체에, 때로는 이전에 자원에 의존하던 사람들에게 불리한 결과를 초래한 사례도 있다.

생태경제학 및 생태계 서비스

기존 경제 이론에 대한 주요 비판 중 하나는 환경을 경제 외부의 어떤 것, 즉 경제가 자원을 가져갈 수 있고 아무런 결과 없이 폐기물을 쌓아둘 수 있는 것으로 간주하는 경향이 있다는 것이다. 이와 대조적으로 생태경제학은 환경 내에서 작동하는 경제를 묘사하고 환경 자체를 생태계로 알려진 복잡하고 상호 의존적인 일련의 시스템으로 생각하도록 장려한다.

생태계는 식물, 동물, 박테리아 등의 생물과 공기, 물, 지질, 날씨, 태양 등의 무생물로 구성되어 서로 상호작용한다.

생태계가 인간의 웰빙(또는 복지)에 기여하는 다양한 방식을 생태계 서비스라고 한다. 생태계 서비스의 개념은 새천년 생태계 평가(Millennium Ecosystem Assessment, MA)[15]에 의해 대중화되었는데, 이 평가에서는 생태계 서

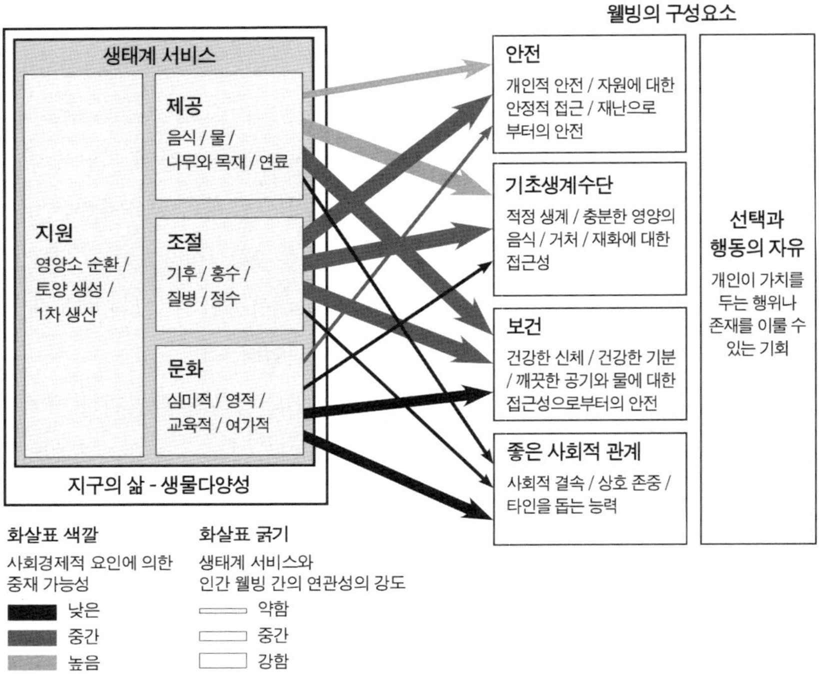

그림 15.7 생태계 서비스와 인간의 웰빙 사이의 연관성.

자료: Millennium Ecosystem Assessment. *Ecosystems and Human Well-being: Biodiversity Synthesis*. Washington, DC: World Resources Institute; 2005. https://www.millenniumassessment.org/documents/document.354.aspx.pdfhttps://www.millenniumassessment.org/documents/document.354.aspx.pdf

비스를 다음과 같이 폭넓게 분류했다.

- 공급 서비스(예: 식량, 섬유, 연료)
- 조절 서비스(예: 기후 조절, 자연재해 조절)
- 문화 서비스(예: 아름다움, 레크리에이션, 교육 서비스)
- 지원 서비스(예: 영양분 순환, 토양 형성)[e]

---

e 후속 유형학에서는 다른 '최종' 생태계 서비스를 통해 간접적으로 사람들에게 혜택을 제공한다는 점에서 이를 서비스가 아닌 생태계 기능으로 분류하는 경우가 많다. 생태계 서비스의 적절한 분류에 대한 풍부한 문헌과 상당한 논쟁이 있으며, 생물다양성 및 생태계서비스 정부 간 협의체

밀레니엄 생태계 평가가 예시한 **그림 15.7**은 이러한 생태계 서비스와 인간 복지의 구성 요소 사이의 주요 연결고리를 보여준다.

경제학자와 생태학자들은 때때로 '최종' 생태계 서비스와 '중간' 생태계 서비스의 구분을 두고 의견이 일치하지 않지만, 생태계 서비스가 생태계 상태와 인간의 안녕을 연결한다는 것은 생태계와 경제 사이의 긴밀한 관계에 대한 이해에서 중요한 진전을 의미한다.

자연자본

마지막으로, (준)경제이론에서 환경을 '다중자본' 접근법의 핵심 '자본' 중 하나로 보는 가장 최근의 개념이 있다(**그림 15.8**).

다중자본 접근법은 경제학의 다양한 분야뿐만 아니라 금융 및 경영 이론에 크게 의존한다. 다중자본 관점을 설명하는 가장 간단한 방법은 기업에 대한 기존의 미시경제학적 관점에서 출발하는 것이다. 이 관점에 따르면 기업은 일반적으로 금융자산과 제조(또는 유형)자산의 조합으로 보유하는 자본을 사용하여 시간에 따른 소득(수익)의 흐름을 창출한다. 기업은 금융자본과 제조자본이라는 두 가지 자본을 임금의 대가로 구매한 노동과 결합하여 고객과 주주를 위한 가치를 창출한다. 다중자본 접근법에서는 이보다 더 많은 것이 있다. 첫째, 노동시장에서 구매해야 하는 투입물로서의 노동에 대한 단순한 설명은 사람들의 역량, 능력, 경험뿐만 아니라 정신적 육체적 건강과 안녕을 포괄하는 인적 자본의 개념으로 대체된다. 인적자본은 국가나 민간 기업이 보건, 교육, 훈련에 투자함으로써 강화할 수 있으며, 방치하면 시간이 지남에 따라 저하될 수도 있다.

지적 자본은 법적으로 소유한 지적 재산(예: 특허, 저작권, 라이선스)과 기업의 운영을 가능하게 하는 절차 및 프로토콜, 기업이 개발한 브랜드 및 평판 가

(IPBES)에서 "인간에 대한 자연의 기여"의 일부로 생태계 서비스를 재분류하자는 제안을 한 바 있다(https://www.sciencedirect.com/science/article/pii/S187734351400116X https://www.tandfonline.com/doi/full/10.1080/26395916.2019.1669713).

자본의 여섯 종류

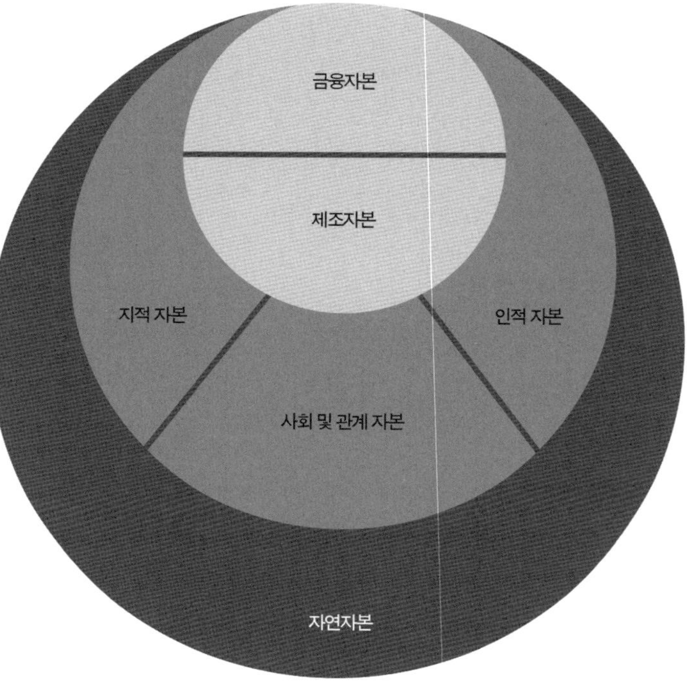

그림 15.8 다중자본 프레임워크의 예

자료: Copyright © March 2013 by the International Integrated Reporting Council. All rights reserved. Used with permission of the International Integrated Reporting Council. Permission is granted to make copies of this work to achieve maximum exposure.

치를 포함한 지식 기반 무형자산을 포괄한다. 사회적 및 관계 자본은 기업과 외부 이해관계자 간의 공유된 규범, 가치, 행동뿐만 아니라 공급업체, 비즈니스 파트너 및 기타 이해관계자와 구축한 신뢰와 관계, 기업의 소셜 라이선스* 등을 포함한다.

마지막으로, 이 모든 다른 자본을 뒷받침하는 것은 자연자본(환경), 즉 숲,

* 소셜 라이선스는 회사나 산업의 표준 비즈니스 실행과 운용절차가 종업원, 이해관계자, 일반 대중에 의하여 지속적으로 인정받는 것을 의미한다. _옮긴이 주

강, 바다, 토양과 같은 환경자산과 시간이 지남에 따라 혜택(생태계 서비스)을 제공하는 기타 자연자원이다. 제조, 인적, 지적, 사회적 자본 자산은 지속적인 투자를 받지 않으면 시간이 지남에 따라 가치가 하락하는 경향이 있지만, 대부분의 자연자본은 적절하게 사용된다면 자생력(재생 가능)이 있으며 경우에 따라서는 시간이 지남에 따라 가치가 상승할 수도 있다.

다양한 자본에 대한 이 개요는 기업의 관점에서 시작되었지만, 다중자본 프레임워크는 정부, 개인 또는 사회 전체의 관점에서도 역시 활용될 수 있다.

다중자본 프레임워크 내에서 환경을 자연 자본으로 재개념화한 최근의 접근 방식은 세 가지 주요한 이유로 중요하다.

첫째, 환경을 다른 모든 자산을 뒷받침하는 사회의 가장 근본적인 자산으로 재정의한다는 점이다.

둘째, 조직이 환경에 미치는 영향뿐만 아니라 환경에 의존하는 방식을 파악하도록 유도한다. 자연으로부터의 투입은 종종 가격이 책정되지 않기 때문에 매우 중요하고 가치 있는 상황에서도 조직에서는 경제적으로 보이지 않을 수 있다. 따라서 자연자본에 대한 의존성을 파악하는 것은 자연 자본과 환경을 보다 효과적으로 관리하기 위한 중요한 첫 단계이다. 또한 환경을 사회의 중요한 자산으로 인식하면 환경을 복원하거나 개선하기 위한 투자의 이점이 훨씬 더 분명해진다.

셋째, 시스템적 접근 방식을 취하여 자본 간의 상호 연결과 구별, 그리고 모든 자본이 사회 내에서 가치를 창출하는 데 수행하는 역할을 강조한다. 따라서 다중자본 프레임워크는 환경 상태와 사람들의 건강 및 복지 사이의 연관성을 명시적으로 인정하고 환경과 사회 사이의 체계적 연결을 보다 광범위하게 고려하는 지구건강과 특히 관련이 있다.

환경의 측정과 가치평가

이제까지 경제학이 환경과의 관계를 이해하는 데 도움이 되는 몇 가지 방법을 살펴보았다. 그럼 경제학이 이러한 관계를 정량화하고 보호하는 데 어떻게 도움이 될 수 있을까? 보다 구체적으로 여러 우선순위가 경쟁하는 세상에서 지구건강을 위해 무엇이 정말 중요한지 파악하려면 어떻게 해야 할까?

바로 여기에서 경제적 가치평가가 필요해진다. 여기서 가치평가란 간단하게 얘기해서 사람들에게 어떤 것의 중요성, 가치 또는 유용성을 제시하는 것을 의미한다. 따라서 가치평가는 정성적(A가 B보다 낫다), 정량적(A가 B보다 5배 낫다) 또는 금전적(A는 50달러, B는 10달러) 평가가 될 수 있다. 금전적 평가는 시장 가치와 비시장 가치를 비교할 수 있고 쉽게 이해할 수 있기 때문에 지구건강을 위한 노력을 알리는 데 가장 유용한 경향이 있다.

경제학에서 가치에 대한 인간 중심적 관점은 종종 편협한 공리주의로 잘못 표현되기 때문에, 대부분의 경제학자들이 인정하는 가치의 유형(총경제적 가치의 구성 요소라고 함)을 파악하는 것이 도움이 된다.[f]

우선, **사용가치**가 있는데, 이는 다시 세 가지 범주로 정리해 볼 수 있다.

- **직접 사용가치**: 사람들이 재화나 서비스를 직접 사용함으로써 얻는 가치로, 일반적으로 소비적이거나 최소한 경쟁적(예: 음식 및 자재 사용)이며, 시장 거래에서 가장 일반적으로 확인되는 가치
- **간접 사용가치**: 사람들이 서비스를 제공하는 자원을 소비하지 않고도 얻을 수 있는 간접적인 혜택(예: 기후 안정화, 생태계를 통한 수질 및 공기 정화 등).
- **옵션 가치**: 사람들이 미래에 재화나 서비스를 사용할 수 있는 선택권을 보유하는 것에 부여하는 가치.

둘째, **비사용 가치**가 있는데 이것 또한 다시 두 가지 범주로 나눌 수 있다.

- **이타적 가치 또는 물려주는 가치**: 사람들이 연결되지 않은 다른 사람이나 미

f 제11장에서는 사람 간 또는 사람과 자연 간의 관계 가치에 기반을 둔 또 다른 유형의 가치인 관계 가치에 대해 설명한다.

래 세대의 즐거움을 위해 무언가를 보존함으로써 얻는 가치

- **존재 가치:** 사람들이 야생 호랑이, 푸른 고래, 열대우림과 같이 직접 보거나 경험하지 못하더라도 무언가가 계속 존재한다는 사실을 아는 것 자체에 의미를 부여하는 데서 오는 가치

지금까지 완료된 생태계 가치평가 연구에 대한 가장 포괄적인 검토[16]에서 직접 사용가치는 생태계의 총경제가치 중 평균적으로 약 15~30%만 차지하는 것으로 밝혀졌다.

비시장 가치평가

이름에서 알 수 있듯이 비시장 가치평가 기법은 시장에서 쉽게 사고 팔 수 없는 것의 가치를 평가하는 데 사용된다. 여기에는 깨끗한 공기와 물, 홍수와 폭풍으로부터의 보호, 휴양 기회 등 우리가 환경으로부터 무료로 얻는 재화와 서비스뿐만 아니라 과도한 공기오염으로 인한 호흡기 질환이나 새로운 개발로 인한 경치 좋은 장소의 파괴와 같이 환경 파괴로 인한 보상되지 않는 피해도 포함된다. 비시장 가치평가 기법은 재화의 시장 가격이 실제 가치를 제대로 반영하지 못하는 경우에도 사용할 수 있다.

이 과정에서 가격이 가치와 동일한 경우는 매우 드물며, 가격을 매기는 행위와 가치를 평가하는 행위는 매우 다른 의미를 가진다는 것을 알게 된다. 가격은 시장에서 어떤 것에 대한 대가로 기대되거나, 요구되거나, 주어진 금액이다. 어떤 사람은 상품에 10달러를 지불하지만 그 상품이 제공하는 혜택을 50달러로 평가할 수 있다. (경제학자들은 지불한 가격과 도출된 가치 사이의 차이를 소비자 잉여라고 부른다.) 따라서 지불한 가격은 구매자가 상품에 부여하는 최소한의 가치를 반영해야 하지만, 구매자가 생각하는 가치는 그보다 더 클 수 있다. 문제의 재화가 좋아하는 시골 산책로 또는 그 길에서 따는 블랙베리라고 가정해 보자. 시골 산책이나 야생 블랙베리에 대한 시장이 없다고 해서 이러한 재화의 가치가 없다는 의미는 아니며, 단지 가격이 없다는 것을 의미

할 뿐이다. 마찬가지로, 이러한 비시장 재화에 가치를 부여하는 행위는 갑자기 그 재화가 팔리게 된다는 것을 의미하는 것이 아니라, 이제 우리가 그 재화의 가치를 더 잘 이해하게 되었다는 것을 의미한다.

시골 산책과 블랙베리는 다소 사소한 예처럼 보일 수 있지만, 사실 건강한 생태계와 인간의 행복에 중요한 많은 것들이 시장에서는 제대로 표현되지 않거나 아예 표현되지 않는 경우가 많다. 예를 들어, 나무는 건축이나 가구에 사용되는 목재의 효용성에 따라 시장 가격이 책정되지만, 목재에 지불되는 가격은 온전한 산림 생태계에서 공기와 물을 정화하고, 토지를 안정화하며, 탄소를 격리하고, 서식지와 휴양 및 레저 장소를 제공하는 살아있는 나무의 가치를 완전히 무시하고 있다. 이러한 혜택의 손실을 목재 가격에 반영한다면, 목재 가격은 지금보다 훨씬 더 비쌀 것이다. 비시장적 가치평가가 없는 경우, 일반적으로 시장에서 포착되지 않는 재화와 서비스는 가치가 전혀 없다고 하는 것이 기본 가정이다.

비시장 가치평가 기법에는 공개 선호도, 명시 선호도, 가치이전, 비용기반 접근법 등 네 가지 범주가 있다. 이러한 기법은 비시장 재화, 서비스 및 피해의 가치를 추정하는 방식에 따라 구분된다. 처음 두 가지 방법은 후생경제 이론에 부합하는 결과를 도출하며, 가치이전은 처음 두 방법 중 하나에 기초하여 새로운 상황을 반영하여 적절히 조정한 경우이다. 비용기반 접근 방식은 중요한 개념적 프레임워크의 일관성이 부족하지만, 그럼에도 불구하고 의사결정에 정보를 제공하기 위한 빠르고 직관적인 추정치를 제공하는 데 유용할 수 있다.

현시 선호(revealed preference)

현시 선호 기법은 관련 상품과 서비스에 대한 시장 거래를 통해 사람들이 비시장 상품에 대해 가지고 있는 가치를 드러내는 방식을 활용한다. 예를 들어, 레크리에이션 목적으로 생태계 지역(ecological site)을 방문하는 데 소요되는 시간과 비용에 대한 데이터를 분석하면 가치가 드러날 수 있는데, 이를 여행비용방법(Travel cost method)이라고 한다. 환경 속성이 다른 자산의 가격을 통해서도 선호도를 파악할 수 있다. 예를 들어, 강, 공원 또는 매력적인 전망에 인접한 주택의 가격을 다른 환경의 동급 주택 가격과 비교하면(다양한 다른 요인을 통제) 주택 소유자가 이러한 속성에 부여하는 가치를 알 수 있는데, 이를 쾌락가격 책정 기법이라고 한다. 세 번째 예는 노동 시장에서 발생하는데, 통계에 따르면 직원들이 더 위험한 일을 맡는 대가로 더 높은 급여를 기대하는 것으로 나타났다. 이러한 기법을 통해 경제학자들은 사람들이 관련 시장 재화와 서비스에 대해 실제로 지불하거나 수용하는 금액을 분석하여 비시장 재화에 대한 지불 의향(WTP) 또는 비시장적 피해(또는 피해 위험 증가)를 감내하는 보상 수용 의향(WTA)을 파악하고자 한다.

명시적 선호도

명시적 선호도 기법은 다양한 유형의 설문조사 도구를 사용하여 사람들에게 직접 선호도를 표시하도록 요청한다. 예를 들어, 조건부 가치평가 설문조사는 응답자에게 특정 재화, 서비스 또는 결과에 대한 지불 의향 또는 손실에 대한 보상 수용 의향을 묻는다. 선택 실험이라고 알려진 관련 기법은 가격을 포함한 다양한 수준의 속성으로 정의된 일련의 대안 옵션을 제시하고 응답자에게 선호하는 옵션(즉, 다양한 수준의 속성 집합)을 선택하도록 요청한다. 이러한 기법은 특히 비사용 가치를 결정하는 데 유용할 수 있다.

가치 이전

가치 이전은 기존의 경제적 가치평가 연구에서 도출된 가치 추정치를 새로운 맥락으로 옮기는 것으로, 예를 들어 인구 밀도, 소득 또는 환경의 질 차이를 고려하여 적절히 통계적 조정을 하는 것을 포함한다. 점점 더 많은 1차

가치평가 연구가 완료되고 한 상황에서 다른 상황으로 추정치를 이전하고 조정하는 방법이 개선됨에 따라, 가치이전을 사용하여 지구건강 관련 결정을 위해 빠르고 저렴한 추정치를 생성할 수 있는 잠재력이 점점 더 커지고 있다.

비용 기반 접근법

마지막으로 비용 기반 접근법은 상품과 서비스의 생태계를 유지하기 위해 피할 수 있는 시장 트레이드오프 또는 비용을 살펴본다. 예를 들어, 식수 여과 또는 폭풍 피해로부터 해안선 보호와 같이 저하된 생태계 서비스를 대체할 수 있는 시설의 건설비용(대체 비용)을 조사하는 것이 여기에 포함될 수 있다. 이러한 접근 방식에는 기존 생태계가 훼손될 경우 발생할 수 있는 기존 재산 또는 사업체의 피해 비용(피해 방지 비용)을 추정하는 것도 포함될 수 있다.

이것은 비시장 가치평가에 대한 매우 간략한 소개이다. 보다 심층적이면서도 접근성이 높은 개요는 *『자연자본 의정서』*[17]에서 확인할 수 있다. 비시장적 가치평가는 그 한계를 충분히 이해하고 잘 활용한다면 지구건강을 위한 더 나은 의사결정을 지원하는 매우 강력한 도구가 될 수 있다.

경제적 가치의 평가와 분배의 형평성

해외여행을 해본 사람이라면 누구나 상품과 서비스의 가격이 지역마다 크게 다를 수 있다는 사실을 알고 있을 것이다. 예를 들어, 파리나 런던의 일반적인 이발 비용은 하노이나 아디스아바바의 비슷한 이발 비용보다 훨씬 더 비싸다. 가난한 나라의 낮은 상품 및 서비스 가격과 낮은 기본 투입물 및 인건비 사이의 연관성을 찾는 것이 일반적이다. 또한 이러한 낮은 임금이 소비자 수요 감소로 이어져 값비싼 수입품에 의존하지 않는 모든 제품에 대해 낮은 가격대의 시장 균형으로 이어진다는 것은 분명한 사실이다. 그러나 대부분의 사람들은 이러한 논리를 비시장 재화와 서비스까지 확장해 고려하지 않는다.

개발도상국 사람들이 비시장 재화와 서비스에 대한 선호도를 표현할 때

(시장 거래를 통해 밝히든 설문조사 질문에 대한 응답으로 말하든), 그들은 시장 재화의 가격과 자신의 소득과 비교하여 선호도를 표현한다. 따라서 미국의 한 가정과 우간다의 한 가정 모두 경치 좋은 호수 근처에 있는 아파트를 임대하기 위해 가구 소득의 1%를 추가로 지출할 가치가 있다고 생각할 수 있지만(덜 쾌적한 위치에 있는 같은 크기의 아파트보다 선호), 미국 가정에서 경치 좋은 위치의 가치는 연간 1000달러인 반면 우간다의 가정에서는 연간 50달러에 불과할 수 있다. 가난한 나라에서 재화의 가치가 낮아지는 이러한 경향은 대부분의 환경 재화(및 피해)에 적용되며, 거의 동일한 이유로 인간의 건강, 안녕, 생명 자체를 포함한 대부분의 다른 비시장 재화(및 피해)에도 적용될 수 있다.

물론 의식적으로 가난한 나라 사람들의 삶을 부유한 나라의 사람들과 다르게 가치 있게 여기는 사람은 거의 없지만, 이는 우리가 국제 공급망을 통해 생산된 상품을 구매할 때마다, 즉 거의 모든 물건을 구매할 때마다 소비자로서 내리는 선택의 한 가지 함의이다. 예를 들어, 가난한 나라에서는 직원의 건강 및 안전 기준이 부유한 나라에 비해 거의 항상 느슨하다. 이는 가난한 나라에서 건강과 생명에 대한 가치가 낮다는 것을 반영하며, 가난한 나라에서 생산하는 것이 부유한 나라에서 생산하는 것보다 훨씬 더 저렴한 경향이 있는 이유 중 하나이다.

이와 마찬가지로 비시장 재화(및 피해)의 경제적 가치는 일반적으로 현지 소득과 선호도에 따라 결정된다. 따라서 부유한 지역에서는 환경과 인간의 건강을 더 높게 평가하고 가난한 지역에서는 더 낮게 평가하는 경향이 있다. 경제학자들의 무자비함을 비판하기 전에, 이러한 관행은 단순히 현실을 조명하고 암묵적인 것을 명시적으로 드러내는 것일 뿐이라는 점에 주목할 필요가 있다.

평가 결과가 다른 단기적인 현실적 우선순위와 비교하여 지역 수준에서 의사결정에 정보를 제공하기 위해 고안된 경우, 소득과 구매력의 차이를 반영하는 이러한 관행은 정당화될 수 있다. 그렇게 하지 않는다면 그 가치는 현지 상황에서 의미가 없을 것이다. 그러나 비시장적 가치가 다지역적(또는 글로별) 규모에서 고려되어야 할 때, 인간의 건강과 관련이 있을 때, 장기적(심지어 세대 간) 결정을 내리는 데에도 사용될 수 있을 때, 형평성 고려가 중요하게 부각된다. 이러한 모든 조건은 지구건강을 위해 수행되는 비시장 가치평가에도 적용될 수 있다. 이러한 맥락에서 지구건강 경제학자들은 분석의 전체 영역에서 평균 소득 값을 사용하거나 가난한 인구의 더 큰 필요를 반영하기 위해 양수 형평성 가중치를 적용하는 것이 바람직할 수 있다.

장기적인 비용과 편익의 가치평가

자연 자본의 훼손에 따른 비용과 반대로 보존에 따른 편익의 대부분은 수십 년 또는 수세기 후인 미래에 발생하다. 이는 세대 간 형평성에 대한 중요한 질문으로 이어지게 된다. 오늘날 우리가 내리는 의사 결정에서 미래 세대의 복지를 어떻게 고려해야 할까?

기업 관리자, 개인, 정부는 다양한 이유로 미래에 발생할 것으로 예상되는 비용과 편익을 조정하여야 한다. 미래 흐름(비용 또는 편익)의 현재 가치를 계산할 때 미래 흐름의 가치를 감소시키는 연간 금액을 할인율이라고 한다. 비즈니스의 경우 몇 년 안에 파산할 수 있다는 두려움 때문에 할인 요인이 발생할 수 있으며, 따라서 현재보다 훨씬 낮은 금액을 기꺼이 받아들이고 미래의 수입을 보다 낮은 금액으로 평가할 수 있다. 안정적인 비즈니스의 경우 할인율은 자본(부채 및 자기자본)을 확보할 수 있는 비율을 반영해야 하는데, 이는 부가가치를 창출하기 위해 달성해야 하는 최소한의 수익률이기 때문이다. 개인은 1~2년을 기다리면 더 많은 상품을 구매할 수 있음에도 불구하고 기다리는 것보다 지금 당장 구매할 수 있는 상품을 즐기고 싶다는 이유로 역시 일종의 할인을 할 수 있다. 미래의 혜택보다 단기적인 혜택을 더 중요시하는 이러한 경향을 시간선호라고 하며, 개인 할인율의 주요 동인이다.

사회적 할인율(일반적으로 정부의 장기적인 결정을 내리는 데 사용되는 종류의 할인율)은 더 복잡하다. 지금 소비할 것인지, 나중에 소비할 것인지, 개인이 아닌 사회를 위한 소비인지 등 어려운 선택의 윤리적 측면을 고려해야 하기

표 15.2 장기 가치평가에 있어서 할인율의 영향

50년 후 현금 액수(명목 인플레이션은 제외, 달러)	연간 할인율	미래 현금의 현재 가치 환산 금액(달러)
1,000,000	10%	8,519
1,000,000	5%	87,204
1,000,000	3%	228,107
1,000,000	2%	371,528
1,000,000	1%	608,039
1,000,000	0.10%	951,253
1,000,000	0%	1,000,000

때문이다. 더 복잡한 것은 미래 세대에 발생하는 혜택이나 비용도 고려해야 한다는 점이다. **표 15.2**에서 볼 수 있듯이 할인율 선택의 의미는 결코 사소한 것이 아니다. 5%의 할인율을 선택한다는 것은 우리 후손(50년 후)에게 발생하는 편익을 현재 우리가 얻을 수 있는 편익의 10분의 1 이하로 평가한다는 의미이며, 이는 지키기 까다로운 윤리적 관점이다.

적절한 사회적 할인율을 계산할 때 경제학자들은 일반적으로 '순수 시간 선호'라고 부르는 것을 미래 편익 할인의 다른 주요 정당화, 즉 우리가 적어도 사회적 수준에서는 미래에 더 부유해질 것으로 기대한다는 것과 분리한다. 이는 10달러라는 동일한 절대 금액이 부유한 사람보다 가난한 사람에게 더 가치가 있다는 단순한 전제를 기반으로 한다. 우리는 일반적으로 경제가 계속 성장하고 사람들이 계속 부유해질 것으로 기대하기 때문에 할인율은 이를 반영하여 현재 소비에 다소 더 우선순위를 두어야 한다. 더 나아가 먼 미래의 사람들은 우리보다 훨씬 더 부유해질 것이기 때문에 지나치게 걱정할 필요는 없다. 적어도 논리는 그렇게 흘러간다.

하지만 안타깝게도 이 장밋빛(그리고 편리한) 논리에 의문을 제기해야 할 몇 가지 중요한 이유가 있다. 첫째, 지속적인 경제성장은 장담할 수 없다. 선

진국 전반에서 성장률이 감소하고 있으며, 수십 년 또는 수백 년 후의 경제성장률을 예측하는 것은 기껏해야 투기적일 뿐이다. 기후변화 시나리오에 따른 잠재적 경제 둔화는 이 점을 강조한다.[18] 둘째, 경제성장의 과실이 균등하게 공유되지 않을 가능성이 높다. 경제성장이 수십 년 동안 지속되더라도 현재보다 더 나아지지 않거나 오히려 더 가난해지는 사람들이 여전히 많을 수 있다. 마지막으로, 가장 중요한 것은 금융재산(자본)의 성장이 다른 자본의 감소를 희생시키면서 이루어질 수 있으며, 이로 인해 사람들은 실제로 더 넓은 의미에서 전반적인 부를 덜 가질 수 있다는 점이다. 금융재산의 예상 성장에 기반한 할인의 내재적 가정은 중요한 다른 형태의 부는 감소하지 않거나 금융자본이 다른 형태의 자본으로 쉽게 대체될 수 있어 사람들이 더 나빠지지 않을 것이라는 가정이다. 어떤 경우에는 사실일 수 있지만, 대부분의 경우 자연적, 사회적 자본의 손실을 더 많은 돈과 물건으로 대체하고 동일한 수준의 복지를 달성하는 것은 불가능하다. 산호초나 열대우림이 파괴될 때 사라지는 잠재적 치료법을 대체할 수 있는 것은 없으며, 야생에서 호랑이를 보는 것을 대체할 수 있는 것은 없으며, 공동체, 우정, 가족의 유대를 대체할 수 있는 것은 없다.

따라서 일부 상황과 일부 결정에는 매우 낮은 할인율, 0 또는 심지어 마이너스 할인율을 적용해야 한다는 강력한 주장이 제기될 수 있다. 예를 들어, 대체하거나 대체할 수 없는 현재와 미래 세대의 복지에 기본이 되는 중요한 자연 자본 자산의 가치평가에 적용될 수 있다.

그러나 전반적으로 제로 할인을 적용하기 전에 세대 간 형평성만이 우리가 고려해야 할 형평성의 유일한 차원은 아니라는 점을 기억하는 것이 중요하다. 국가 내 및 국가 간의 분배 형평성도 중요한 문제이며, 오늘날 가장 취약한 계층에 대한 낮은 할인율 또는 마이너스 할인율의 영향을 의식해야 한다. 개별적 차원에서 보면, 하루 벌어 하루 먹고 사는 사회 최빈층이 일반적으로 가장 높은 할인율을 나타내게 된다.

지금 당장 가족을 먹일 식량도 없는데 두 달 후에 밥 한 그릇을 준다는 제안에 어떤 가치를 부여할 수 있을까? 미래의 소비를 우선시하여 전반적으로 매우 낮은 할인율을 적용하는 것은 사실상 현재의 빈곤을 더욱 악화시킬 수 있다. 오늘날 전 세계에 존재하는 극심한 빈곤 문제를 해결해야 한다는 시급한 필요성은 사실상 높은 할인율에 대한 형평성 논거가 된다.

건강과 안녕의 측정 및 가치평가

건강의 측정 및 가치평가

인간의 건강 상태를 측정하는 가장 널리 사용되는 척도는 임상적으로 진단된 질환(예: 천식, 심장병, 장암, 당뇨병, 우울증)이다. 질환에 대한 설명과 그에 수반되는 증상은 개인 수준에서 질병을 이해하고 인구 수준에서 발병률이나 유병률을 표현하는 데 매우 유용하다. 그러나 보다 체계적인 수준에서 건강 부담, 악화 또는 개선 수준을 고려하고자 할 때는 그다지 유용하지 않다. 예를 들어 천식 환자가 100명이고 당뇨병 환자가 50명인 인구가 천식 환자가 50명이고 당뇨병 환자가 100명인 동등한 인구보다 더 나은가, 아니면 더 나쁜가? 조건만으로는 알 수 없으므로 서로 다른 질병을 집계하고 비교할 수 있는 공통 단위가 필요하다. 바로 장애보정 생존연수(disability-adjusted life years, DALY)와 질보정 생존연수(quality-adjusted life years, QALY)가 여기에 해당한다.

DALY는 사망률과 이환율의 영향을 비교 가능한 단일 건강 부담 단위로 결합한 것이다.[19] DALY가 1.0이란 의미는 1년간 사망 상태라는 뜻이고, DALY가 0.0이면 1년간 완벽하게 건강했다는 것을 의미한다. 수백 가지 질환에 대한 연간 "DALY 가중치"가 추정되었다(**그림 15.9**). 연간 DALY 가중치는 특정 질환이 환자의 삶의 질을 0.0에서 1.0까지 얼마나 변화시킬 수 있는지를 0.0에서 1.0까지의 척도로 해석할 수 있다. 경증 또는 단기 질환은 연간 DALY 가중치가 낮은 반면, 중증 및 장기(또는 만성) 질환은 DALY 가중치가 높다. 유병 기간에 DALY 가중치를 곱한 값(장애를 안고 살아온 연수[yeas lived with disability, YLD]라고 함)과 조기 사망으로 인한 수명 손실 연수(years of

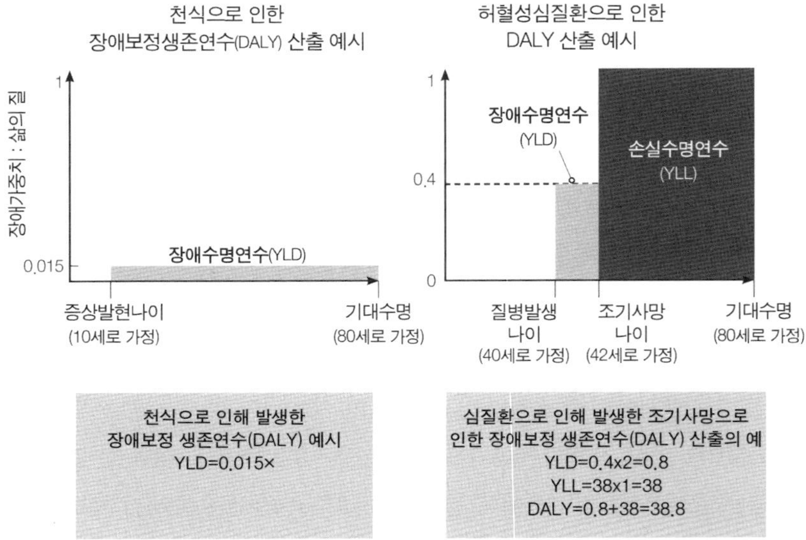

그림 15.9 천식과 허혈성심질환에 대한 장애보정 생존연수(DALY) 산출의 예

life lost, YLL 해당되는 경우)를 결합하면 발병 연령에 따라 특정 질환으로 인한 DALY 수를 추정할 수 있다.

QALY는 사실상 DALY의 역수이므로 QALY가 1.0이면 1년간 건강하게 살았다는 뜻이다.[g] DALY와 QALY는 모든 인구에 대해 수백 가지의 다양한 건강 상태를 비교할 수 있기 때문에 매우 유용한 측정 단위이다. 또한 특정 활동의 결과로 나타나는 건강 결과의 변화(관찰 또는 예측)를 표현하는 데에도 DALY와 QALY를 사용할 수 있다. 따라서 건강에 중대한 영향을 미칠 수 있는 결정의 효과를 평가(또는 예측)하는 데 점점 더 많이 사용되고 있다. 논리적으로 이는 지구의 건강을 증진하기 위한 모든 조치로 확장되어야 한다.

건강수명연수(health life year, HLY)는 QALY 또는 "회피된 DALY"에 해당

g QALY와 (회피된) DALY는 많은 속성을 공유하지만, 역사적으로 다른 방식으로 계산되고 다소 다른 목적으로 사용되어 왔다. DALY는 세계질병부담(http://ghdx.healthdata.org/gbd-2017)의 주요 측정 단위로 가장 잘 알려져 있으며, 질병 또는 질병의 위험 요인과 관련된 건강 부담을 표현하는 데 가장 일반적으로 사용된다. 이와 대조적으로 QALY는 특정 형태의 치료 또는 예방의 이점을 표현하는 데 가장 자주 사용된다.

하는 일반적인 표현이다. 건강기대수명(healthy life expectancy, HALE)은 YLD를 뺀 후 신생아가 완전한 건강 상태에서 누릴 수 있는 기대수명에 해당하는 기간이다. 2015년 전 세계 남성과 여성을 합친 출생 시 건강수명은 63.1세로, 전체 기대수명보다 8.3년 낮았다. 즉, 전 세계적으로 평균 8년에 가까운 건강한 수명이 건강 악화로 인해 손실된 것이다.[20]

안녕의 측정과 가치평가

건강에 대한 일부 정의는 안녕을 모두 포함하며, 일반적으로 안녕은 건강의 핵심 요소이고 건강은 안녕의 핵심 요소라는 것이 받아들여지고 있다. 정의와 명명법에 대한 논쟁이 있지만, 측정과 평가에 가장 중요한 것은 인간의 번영에는 신체적, 정신적 건강의 임상적 측정(DALY와 QALY로 요약됨)으로 포착할 수 있는 것보다 더 많은 것이 있으며, 이러한 '더 많은 것'은 사람들의 전반적인 삶의 경험에 매우 중요하다는 것을 인식하는 것이다. 따라서 경제적 방법을 사용하여 건강과 안녕을 평가할 때는 일반적으로 이를 별개의(종종 중복되는) 결과로 취급하는 것이 바람직하다. 이러한 접근 방식은 임상적으로 정의된 신체적 또는 정신적 건강이 감소하더라도(예: 친구와 가족이 가까이 있기 때문에) 개인의 행복감이 증가할 수 있다는 사실과 마찬가지로 생활환경의 많은 변화(예: 취업, 결혼)가 임상적 건강의 변화로 나타나지 않더라도 개인의 행복감을 향상시킬 수 있다는 사실을 반영한다.

11장에서 설명한 바와 같이, 주관적 안녕의 변화를 추정하고 평가하는 접근법은 현재 여러 정부에서 정책 평가 지침의 일부로 이러한 방법을 권장할 정도로 빠르게 발전하고 있다(예: HM Treasury, 2018[21] 참조).

다른 비시장 재화를 평가할 때 위에서 설명한 것과 유사한 방법을 사용하면 건강 및 안녕 결과에 대한 금전적 평가 추정치에 도달할 수 있다. 이는 사람들에게 특정 건강 결과 또는 안녕의 감소를 피하기 위해 얼마를 지불할 의향이 있는지, 또는 반대로 그러한 결과를 견디는 데 대한 보상으로 얼마를 받을 의향이 있는지 묻는 설문조사(명시적 선호도)를 통해 달성할 수 있다. 예를

들어, 영국 정부가 추정한 건강한 수명의 금전적 가치는 6만 파운드이다.[21]

(건강과 관련이 없는) 안녕 결과의 가치도 화폐로 표현함으로써 이러한 다양한 결과를 결합하고 상대적 중요성을 공통 통화로 이해할 수 있다. 또한 인구 전체에 걸쳐 이를 합산하고 현재의 추세를 바탕으로 미래 세대를 위해 추정할 수도 있다. 따라서 가치 있는 건강과 안녕의 결과는 현재와 미래의 총체적인 인류의 건강과 안녕, 즉 지구건강을 향한 진전을 평가하는 데 필요한 측정 단위를 제공한다.

결론

지난 2세기 동안의 세계 경제성장은 대부분의 사람들의 생활수준을 획기적으로 개선하고 수십억 명을 빈곤에서 벗어나게 했으며, 전 세계의 건강 결과를 변화시킨 공중보건 및 연구에 대한 투자를 가능하게 했다. 동시에 이 책의 여러 장에서 밝힌 바와 같이 현대 경제의 엄청난 규모와 영향력으로 인한 지구건강에 대한 위협은 심각하며, 이를 극복해야 하는 과제는 매우 중요하고 시급하다. 인류 역사에서 이 위험한 지점에 도달하는 데 경제학의 역할을 과장해서는 안 되겠지만, 특히 정책 입안자들 사이에서 GDP 성장에 대한 끊임없는 초점을 통해 나타난 경제적 도그마는 일정한 역할을 해왔다는 걸 부인할 수 없다.

그럼에도 불구하고 경제 이론의 도구는 기존 및 신흥 학제 간 경제학 분야의 새로운 통찰력과 결합하여 지구건강 문제에 대한 실용적이고 자기 강화적인 해결책을 고안하는 데 가장 큰 희망을 제공한다. 자연, 사회, 인적 자본의 역할을 강조하는 새로운 이론은 환경경제학에서 개발된 비시장적 가치평가 방법, 보건경제학의 실용적인 도구, 생태경제학의 큰 틀을 바꾸는 아이디어, 행동경제학의 흥미로운 분야에서 제공하는 인간 동기에 대한 통찰과 마찬가지로 그 중심에 있을 것이다.

지구건강을 위한 경제학의 잠재력을 활용하려는 노력의 일환으로 우리는 여러 경제학파의 최고의 아이디어를 대담하게 받아들이고, 결합하고, 개선하며, 특정 문제 해결에 도움이 되도록 실용적으로 적용하는 데 뛰어난 모습을 보였던 개발경제학의 사례를 참고할 수도 있겠다.

우리가 성공한다면 새로운 지구건강 경제학은 지구 및 지역 공유지를 관리하기 위한 더 나은 모델을 고안하고 지구 시스템과 조화를 이루는 새로운 비즈니스 모델을 개발하는 데 도움이 될 것이다. 이 두 가지 매우 중요한 응용 주제는 바로 다음 장의 주제이기도 하다.

저자

윌 에비슨(Will Evison)은 지속가능성 분야 영국의 경제학자다. 전 세계의 기업, 정부 및 비정부 기구와 협력하여 중요한 지속가능성 문제를 해결해왔다. 윌은 『자연자본 프로토콜(Natural Capital Protocol)』의 주요 저자였으며, 『생태계와 생물다양성의 경제학(The Economics of Ecosystems and Biodiversity, TEEB)』 보고서의 편집자이자 저자였고, 세계 지속가능 발전 비즈니스 협의회, 세계경제 포럼, 자연자본연합(Natural Capital Coalition)의 오랜 고문으로 활동해 왔다.

샘 비커스테스(Sam Bickersteth)는 2018-2019년 옥스퍼드 마틴 스쿨의 록펠러 재단 경제위원회의 행정이사로 활동했다. 이전에 기후 연구 및 개발도상국 정책을 지원하는 기후 및 개발 지식 네트워크의 최고 경영자였으며, 옥스퍼드대학교, PwC, 영국 국제개발부(DFID), 옥스팜에서 근무하였다. 그는 아프리카, 아시아, 라틴아메리카 등 개발도상국에서 30년간 생활하고 일한 경험이 있다.

참고문헌

1. Global Footprint Network. Ecological footprint. 2019. https://www.footprintnetwork.org/our-work/ecological-footprint/.
2. Rockstrom J, Steffen W, Noone K, et al. A safe operating space for humanity. *Nature*. 2009; 461(7263): 472–475.
3. Greenwald BC, Stiglitz JE. Externalities in economies with imperfect information and incomplete markets. *Q J Econ*. 1986; 101(2): 229–264.

4. Stürmer M, Schwerhoff G. Non-renewable but inexhaustible: resources in an endogenous growth model. *MPI Collective Goods Preprint.* 2012. http://ssrn.com/abstract=2046502.
5. WWF. *Living Planet Report 2018: Aiming Higher.* Gland, Switzerland: WWF; 2018. https://wwf.panda.org/knowledge_hub/all_publications/living_planet_report_2018/.
6. Kennedy R. Remarks at the University of Kansas, March 18, 1968. https://www.jfklibrary.org/learn/about-jfk/the-kennedy-family/robert-f-kennedy/robert-f-kennedy-speeches/remarks-at-the-university-of-kansas-march-18-1968.
7. Abdallah S, Thompson S, Michaelson J, Nic M, Steuer N. *The Happy Planet Index 2.0.* London, UK: New Economics Foundation; 2009. https://neweconomics.org/2009/06/happy-planet-index-2-0.
8. Rockström J, Steffen W, Noone K, et al. Planetary boundaries: exploring the safe operating space for humanity. *Ecol Soc.* 2009; 14(2).
9. O'Neill DW, Fanning AL, Lamb WF, Steinberger JK. A good life for all within planetary boundaries. *Nat Sustain.* 2018; 1(2): 88–95.
10. Credit Suisse. *Global Wealth Databook 2018.* 2018. https://www.credit-suisse.com/about-us/en/reports-research/global-wealth-report.html.
11. Hotelling H. The economics of exhaustible resources. *J Political Econ.* 1931; 39(2): 137–175.
12. Hartwick JM. Intergenerational equity and the investing of rents from exhaustible resources. *Am Econ Rev.* 1977; 67(5): 972–974.
13. Hardin G. The tragedy of the commons. *Science.* 1968; 162(3859): 1243–1248.
14. Ostrom E. *Governing the Commons: The Evolution of Institutions for Collective Action.* Cambridge, UK: Cambridge University Press; 1990.
15. Millennium Ecosystem Assessment. *Ecosystems and Human Well-being: General Synthesis.* Washington, DC: Island Press; 2005.
16. de Groot RS, Wilson MA, Boumans RMJ. A typology for the classification, description and valuation of ecosystem functions, goods and services. *Ecol Econ.* 2002; 41(3): 393–408.
17. Natural Capital Coalition. *Natural Capital Protocol.* 2016. www.naturalcapitalcoalition.org/protocol.
18. Kahn ME, Mohaddes K, Ng RNC, Pesaran MH, Raissi M, Yang J-C. *Long-Term Macroeconomic Effects of Climate Change: A Cross-Country Analysis.* Cambridge, UK: University of Cambridge Faculty of Economics; 2019. http://www.econ.cam.ac.uk/research-files/repec/cam/pdf/cwpe1965.pdf.
19. Murray CJ. Quantifying the burden of disease: the technical basis for disability-adjusted life years. *Bull World Health Organ.* 1994; 72(3): 429–445.
20. WHO. Healthy life expectancy (HALE) at birth. In: *Global Health Observatory (GHO) Data.* n.d.. https://www.who.int/gho/mortality_burden_disease/life_tables/hale_text/en/.
21. HM Treasury. *The Green Book: Central Government Guidance on Appraisal and Evaluation.* London, UK: HM Treasury; 2018.

16 지구건강의 비즈니스
경제이론에서 정책과 실행까지

윌 에비슨 · 샘 비커스테스 지음
신동호 번역/ 김록호 감수

경제이론을 활용한 더 나은 결과 달성

15장은 현재 우리가 처한 지구건강의 위기 상황의 배경이 된 역사를 경제학적 관점에서 바라보는 것으로 시작하였다. 그런 다음 지구건강의 비전을 실현하기 위한 노력에 활용할 수 있는 가장 유망한 경제이론 분야를 간단히 소개하였다.

16장에서는 15장의 이론을 두 가지 핵심 영역에 적용하고자 한다. 먼저 지구건강을 지키기 위해 거버넌스와 정책이 어떻게 진화해야 하는지 살펴본다. 다음으로, 같은 목적을 위해 민간 분야의 창의성, 역동성, 그리고 방대한 자원을 어떻게 활용할 수 있는지 살펴본다. 두 가지 경우 모두 15장에 제시된 이론을 바탕으로 앞으로의 도전과 기회는 무엇인지를 설명할 것이다.

지구건강을 위한 거버넌스와 정책

지구건강 거버넌스의 필요성

지구의 환경은 여러 국가의 관할권에 걸쳐 있는 글로벌 공공재이다. 15장에서 소개한 바와 같이, 경제적 측면에서 볼 때 지구의 환경은 개개인에 의한 사용을 제한하기는 어렵지만('비배제성'), 한 사람의 사용이 다른 사용자에게 영향을 미치기 때문에('경쟁적 특성') 글로벌 공동 자원이라고 부르는 것이 더 정확한 표현일 수 있다. 이러한 특성들은 지구건강에 위협을 가하는 많은 요소들의 핵심적인 원인으로 작용한다. 지구건강은 단순히 지역 차원의 문제가 아니라 오염, 남획, 생물다양성 소실과 같이 국경을 넘나드는 문제이다. 따라서 기후변화나 오존층 파괴와 같은 국경을 초월하는 대규모 환경 파괴 요인과 그것이 인류의 복지에 미치는 영향에 대해서 지구건강은 국가 간의 조정과 협력에 초점을 맞출 것을 요구한다. 따라서 다자간 거버넌스는 경제 및 관련 정책 수단과 함께 지구건강 의제를 실천하는 데 필수적인 요소이다.

우리는 지구건강의 공간적 차원뿐 아니라 시간적 차원도 고려해야 하는 어려움을 가지고 있다. 예를 들어, 현재의 탄소 배출이나 해양 어족 자원과 같은 유한한 공유자원의 소비는 나 이외의 다른 사람에게 부정적인 영향을 미칠 수 있을 뿐 아니라, 이러한 행동이 누적되어 나중에, 심지어 몇 세대 후에 부정적인 영향을 미칠 수도 있다. 개릿 하딘(Garrett Hardin)의 공유지의 비극에 관한 연구는 공유지 자원 관리에 대한 협력이 실패하는 (또는 잘못된 관리의) 경우를 소개하고 있다.[1] 엘리너 오스트롬(Elinor Ostrom)은 공유지의 비극적 특성을 설명하고 민영화 혹은 국영화라는 표준적인 정책 대응 방식에 의문을 제기했다.[2] 그녀는 잘 관리되고 있는 공유지에 대한 연구를 바탕으로 공유지의 비극을 방지할 수 있는 제도를 설계하는 원칙을 제안하였으며 「경제 거버넌스 분석, 특히 공유지에 대해(analysis of economic governance, especially the commons)」로 2009년 노벨 경제학상을 수상하였다.

국경과 시간을 초월하는 지구건강의 문제를 해결하기 위해서는 국가 차원 그리고 국제적 차원에서의 효과적인 제도 설계가 필수적이다. 단기적인 국가 차원의 정치적 주기는 장기적인 지구건강 해결책의 필요성에 효과적이지 않을 수 있다. 따라서 구축이 느리고 어렵더라도 국제적 차원의 제도는 국가차원의 제도보다 더 큰 지속성을 가질 수 있다.

환경 문제와 마찬가지로 건강 문제는 국경을 초월하는 경우가 많으며, 이를 해결하기 위해서는 국가 간 협력과 조정이 필요하다. 이로 인해 국가 간 보건과 환경 문제가 유사해 보일 수 있으나, 보건 문제의 해결은 더 명확하고 단기적인 이득을 가져다주는 경우가 많다. 예를 들어, 대다수의 정부는 감염병이나 펜데믹의 위험에 대처하기 위한 협력 필요성에 긍정적이며, 이는 단기적으로 구체적인 이득을 가져올 수 있다. 그러나 장기적인 환경 변화가 인간 건강에 미치는 영향은 제대로 분석되지 못했고, 따라서 거버넌스와 의사결정 개선에 대한 인센티브도 명확하지 않았다.

보건, 환경, 무역 분야에서의 국제 제도는 글로벌 공공재의 특성과 이를 통해 얻을 수 있는 알려진 이득 때문에 존재한다. 그러나 국가들이 협력하기로 합의할 때 그들은 주권의 일부를 제한 받게 되며, 이는 일반적으로나 정치적으로나 쉽지 않은 일이다. 이 단락에서는 지구건강에 대한 협력 요구가 증가함에 따라 제도와 거버넌스 체제를 개선하기 위해 가능한 일이 무엇인지를 강조한다.

거버넌스의 이론적·실천적 문제

협력과 조정에 대한 경제이론은 '무임승차자' 문제에 직면하게 된다. 비록 국가, 단체 또는 개인은 협력하면 전체적으로 더 나은 결과를 얻을 수 있지만, 개별 국가나 단체는 다른 참가자들의 협력에 무임승차하여 이익을 얻음으로써 (적어도 한 동안은) 더 나은 결과를 얻을 수 있다. 조정이 명시적인 협력보다 더 쉬운 경우는 (천연두 퇴치의 경우처럼) 무임승차를 억제하기 위해 상호조치를 취하도록 요구 받을 수 있다. 무임승차를 피하고 협력을 강제하는 한 가지 방법은 무역 제한이다. 협력에 참가하지 않는 자에 대한 제재 위협은 무임승차를 억제하는 데 효과적일 수 있다. 부정적인 '채찍' 유형의 인센티브에 대한 대안으로 금융 메커니즘이나 기술 접근을 포함한 긍정적인 '당근' 유형의 인센티브도 존재한다. 특히 많은 국제 협약에서 긍정적인 인센티브를 통해 개발도상국의 참여를 촉진하고 있다. 예를 들어, 녹색기후기금과 청정개발체제는 기후변화 협약의 협력을 촉진하는 데 사용되는 두 가지 금융 수단이다.

모든 다자간 협약은 국제 관계라는 상위 영역에 속해 있으며, 따라서 다자간 협약의 진전은 외교와 지정학에 의해 결정될 수 있다. 또한 글로벌 환경 협력을 위한 인센티브를 창출하려는 많은 시도들은 강대국들의 입장이 일치하지 않거나 국내 정치적 이해관계가 이러한 접근방식을 지지하지 않을 때 많은 어려움을 겪었다. 2009년 코펜하겐에서 열린 유엔기후변화협약(United Nations Framework Convention on Climate Change, UNFCCC) 회의가 실패한 것이 대표적인 사례이다. 하나의 주목할 만한 성공적인 국제 환경 협약 사례는 오존층 파괴 물질에 관한 몬트리올 의정서이다. 소수의 생산 및 소비국가 그룹 내에서의 강력한 이해관계 일치, 국내의 정치적 의지, 즉시 이용 가능한 기술대안, 그리고 특정 문제에 초점을 맞춘 논의 등이 성공요인들 중 일부이다.[3,4] 산성비의 영향을 다룬 장거리 월경성 공기오염 협약과 같은 여러 성공적인 지역 협약들이 월경성 환경 오염을 다루고 있다.

모든 국가가 함께 모여 지구건강을 보호하기 위한 조치에 합의하는 것이 이상적이다. 그러나 현실적으로, 특히 제도적, 정치적 관성에 맞서 행동에 나서야 하는 촉박한 시한을 고려할 때 이는 불가능할 수도 있다. 이 문제를 해결하기 위한 한 가지 방법은 뜻이 맞는 나라들로 구성된 연합 또는 클럽을 구성하는 것이다. 기후변화에 대응하기 위해 공통의 규칙을 지지하는 국가 그룹이 형성되어 행동을 주도하고, 새로운 기술과 경쟁력(및 학습)을 위한 공간을 열어주며, 다른 국가에 대한 외교적인 영향력을 행사하는 데 중요한 역할을 할 수 있다. 탄소 가격제도를 따르는 국가들로 구성된 기후 클럽과 같은 그룹은 다른 국가들에 대한 무역 조치를 사용할 수 있으며, 다른 그룹은 외부적 제재 보다는 잠재적인 내부 이익을 강조할 수 있다. 이는 모든 국가가 광범위하고 포괄적으로 참여하는 협정 형식이 아니면서도 다자적인 접근 방식을 보여주는 예시이다.

강력한 정치적 리더십은 지구건강을 위한 행동에 필수적인 요건이다. 다양한 분야의 협조, 장기적인 비전, 강력한 내러티브가 필요하기 때문에 정부 차원에서 국가수반이 리더십을 발휘해야 할 수도 있다. 기후변화에 대한 행동은 환경부나 보건부와 같은 단일 분야의 리더십으로 불충분할 수 있으며, 지구건강의 국가 간 상호의 존성을 가장 잘 조율할 수 있는 재무부 장관, 기획부 장관 또는 대통령의 리더십을 요구하는 경우가 있다는 것을 보여주었다. 또한, 지도자들은 국회의원, 기업, 미디어, 시민사회 등 다양한 이해관계자들의 국내적 지지를 이끌어낼 수 있는 설득력 있는 이야기를 도출해 내야 한다. 지구건강을 증진하기 위한 정책은 분야 간, 지역 간, 성별 간, 세대 간 승자와 패자를 동시에 만들어내는 분열적인 영향을 가져올 가능성이 높으므로 건강, 환경, 성장, 일자리 측면에서 그 이점을 설명하고 패자에 대한 보상과 트레이드오프를 관리하는 메커니즘을 마련하는 것이 중요하다. 기후변화 협약들은 기후변화의 원인에 대한 의견 불일치, 그 영향의 불확실성과 기간으로 인해 동력을 상실하고 있다. 정책결정자들이 인간의 건강과 복지라는 보다 즉각적인 요구사항에 관여할 때, 지구건강은 더 강력한 정치적 이야기를 제공한다.

세계화된 무역의 시대에 지구건강을 위한 대책은 무역의 흐름, 생산국과 소비국에 미치는 영향, 인센티브와 장벽을 고려해야 한다. 국제 무역 규칙과 기술 및 지적재산권의 보급은 타 분야의 다자간 협약과 관련이 있다. 따라서 세계무역기구는 모든 국제 기후 또는 보건 협약과 관련성을 가진다. 또한 국경 조정(일반적으로 세금 또는 관세)은 양자 간 또는 다자간 그룹에서 친환경 상품의 무역을 장려하는 데 사용될 수 있다.

요약하자면, 효과적인 국제기구 보건 거버넌스를 가능하게 만드는 인센티브와 집행 메커니즘이 존재한다. 이 중 일부는 비협조적인 국가에 대한 무역 제재 부과와 같은 '딱딱한' 접근 방식이다. 다른 접근 방식은 금융과 기술에 대한 접근을 통해 촉진되는 자발적 인센티브 기반의 '부드러운' 접근 방식으로, 파리 협정의 국가결정기여(Intended Nationally Determined Contributions, NDC)와 같은 방식이 여기에 해당한다.

현재 제도 및 거버넌스 상황

제2차 세계대전 이후 설립된 다자간 정부 시스템이자 브레턴우즈 체제의 핵심 구성요소인 유엔은 여전히 보건, 환경, 기후변화 등 다양한 분야에서 글로벌 거버넌스의 핵심 역할을 수행하고 있다. 1992년 이래로 유엔기후변화협약은 기후체계에 대한 "인류의 위험한 간섭을 피하기 위한" 과정으로 지속되어 왔다. 이 협약은 2015년 파리에서 체결된 정량적 협정의 틀을 제공하였다. 최초의 글로벌 지속가능성 회의인 1992년 리우 협약에서 도출된 다른 국제적 프로세스에는 사막화 및 생물다양성에 대한 협정과 의제21이 포함된다. 생물다양성 협약(Convention on Biological Diversity, CBD)과 아이치(Aichi) 목표의 최근 진전에도 불구하고 이들은 큰 성과를 거두지는 못했다. 그러나 이러한 초기의 프로세스는 2015년에 지속가능발전목표(Sustainable Development Goals, SDGs)에 대한 글로벌 합의를 이끌어내는 데 중요한 역할을 했다(**그림 16.1**). 이는 지구와 지구에 사는 인류의 미래 건강을 위한 17개에 상위 목표와 169개의 세부 목표를 담은 지구건강을 위한 일종의 글로벌 사업 계획으로, 모든 국가의 합의를 얻은 놀라운 순간으로 남아 있다.

유엔의 지구건강 책임은 세계보건기구, 유엔환경계획, 유엔개발계획, 유엔식량농업기구, 유엔해비타트 등 수많은 국제기구와 생물다양성 협약, 유엔기후변화협약을 비롯한 여러 협약에 분산되어 있다. 이러한 국제기구와 협약 프로세스는 고립된 경향이 있어 특정 임무와 관련된 결과에만 집중

그림 16.1 지속가능발전목표
1. 빈곤 퇴치, 2. 기아 종식, 3. 건강과 웰빙, 4. 양질의 교육, 5. 양성평등, 6. 깨끗한 물과 위생, 7. 적정 가격의 깨끗한 에너지, 8. 양질의 일자리와 경제성장, 9. 산업, 혁신 사회기반시설, 10. 불평등 감소, 11. 지속가능한 도시와 지역사회, 12. 책임 있는 소비와 생산, 13. 기후행동, 14. 해양 생태계 보전, 15. 육상 생태계 보전, 16. 평화, 정의 강력한 제도, 17. 목표 달성을 위한 파트너십

하고 지구건강 결과와 시너지 효과를 낼 기회를 놓치는 경우가 많았다. 예를 들어, 2018년에야 WHO가 최초로 공기오염 및 건강 컨퍼런스를 개최하여 건강, 기후변화, 공기오염의 상호 연관성에 대한 증거와 해결책을 강조하였다.

글로벌 거버넌스는 양극화, 복잡성, 분절성으로 인해 점점 더 어려움을 겪고 있다. 이에 대응하여 지구환경 및 기타 문제를 해결하는 새로운 행위자들이 나타나고 있다. 지난 몇 년 동안 시민사회 단체들은 기후변화나 지속가능한 발전 목표 협상과 같은 국제 프로세스에서 정부 협상가들과 함께 활동해왔지만, 최근에는 비즈니스 그룹과 지방정부, 특히 도시의 역할이 더욱 중요해지고 있다. C40과 같은 단체가 조율하는 도시시장연합과 세계지속가능발전 기업협의회와 같은 단체가 조율하는 국제기업연합은 이러한 단체의 목소리를 국제 거버넌스에 반영하는 동시에 단체 자체의 행동도 늘려나가고 있다. 자연자본연합이나 비감염성질병연합과 같은 일부 그룹들은 구체적인 목표를 가지고 있으며, 언더2연합(파리협정을 지지하는 국가하위 행위자)과 같은 그룹은 지역 및 지방정부의 새로운 행위자를 결집시키고 있다. 규범, 행동, 규칙을 변화시키기 위한 이러한 다원적 접근 방식은 소셜 미디어의 참여 역량을 통해 더욱 보편화되고 있으며, 기관에서 시민으로까지 확대되고 있다. 5500만 명의 회원을 보유한 글로벌 온라인 캠페인 단체인 아바아즈(Avaaz)와 같은 소셜 미디어를 활용한 시민사회 운동은 이러한 접근 방식이 단기간에 여론을 결집하고 정책에 영향을 미치는 힘을 입증했다.

지구건강을 위한 경제정책 수단

지구건강을 관리하기 위한 다양한 정책 수단이 있다. 이러한 수단은 크게 가격/시장 기반 수단과 비가격 규제 수단의 두 가지 범주로 분류할 수 있다. 세금과 보조금은 외부효과를 내부화하기 위해 고안된 간단한 경제적 수단으로, 지구건강 관리에 널리 사용된다. 글로벌 탄소세는 실행이 어려웠으나 이론적으로는 기후변화에 대응하는 가장 효과적인 수단 중 하나이며, 현재 약 50개의 탄소가격 책정 제도가 시행되고 있으며, 유럽연합 배출권 거래제와 같이 상당한 규모의 지역 단위 탄소가격 책정 제도도 존재한다.[5] 그 외에도 유류세, 매립지 또는 폐기물세 등 국가 차원에서 시행되고 있는 다양한 지구건강 세금이 있다. 보조금은 세금과 유사하나 외부 이익을 창출하는 행위에 대한 대가를 제공한다는 점에서 반대 방향으로 작동한다. 생태계 서비스에 대한 대가의 지불은 대표적인 예로, 하류의 수자원 사용자가 상류의 토지 관리자에게 경관 및 수질 유지를 위해 지불하는 데에 사용된다. 신기술 개발에 대한 인센티브를 포함한 다양한 형태의 보조금이 있으며, 이는 재생 에너지 및 기타 친환경 기술의 초기 개발 단계에서 흔히 사용된다. 생물다양성 상쇄는 서식지를 유지하는 데 사용되는 또 다른 메커니즘이다.[6]

'강제적' 인센티브는 명령, 표준, 규정, 금지와 같은 형태로 부여되며, 유

표 16.1 지구건강을 위한 다양한 정책 수단의 장단점

수단	설명	장점	단점
직접 규제	금지 또는 의무 규제 기관은 오염 또는 오염 관련 활동에 대해 고정된 한도를 설정 *예시:* *폐수 내 수은 배출량, 차량 배출 기준*	• 원하는 오염 수준을 보다 확실하게 파악 • 경제적 인센티브의 조작에 의존하지 않음 • 가격수단보다 정치적으로 더 매력적	• 규정 준수 비용에 대한 불확실성 • 일부 사업자에 불합리하게 높은 비용 부과 가능성 • 모니터링 및 집행 역량에 따라 결과가 달라짐 • 부정 부패 위험성
세금 및 보조금	규제 기관은 오염 혹은 오염 관련 활동에 사회적으로 최적의 결과를 달성하기 위한 수준의 단위당 세금을 설정 *예시:* *탄소세, 유류세, 설탕 음료세, 환경보전부담금*	• 오염자 부담 원칙 준수 • 외부효과 비용의 내부화 • 더 높은 수준의 규정 준수율 확보 • 정부 수입 확보 • 탄소세는 특정제품에 대한 세금(예: 유류세) 보다 더 효과적으로 혁신 유도 가능 • 보조금은 혁신을 촉진하고 초기 단계 비용 절감 가능	• 최종 오염 수준에 대한 상대적으로 낮은 확실성 • 최적 수준의 세금 설정을 위해 감면 비용에 대한 정교한 이해 필요 • 분배 또는 형평성에 미치는 영향과 기득권층의 지대 추구 위험성 • 보조금은 지구건강에 해로운 것(예: 화석연료, 반환경적 농업 관행)에도 지원 가능
환경을 고려한 상한선 및 거래 허가	규제 기관은 사업자가 자신의 오염을 커버하는 데 사용할 수 있는 고정된 양의 오염 배출권을 발급. 배출권은 사업자 간 거래가 가능하므로 한 사업자가 부족한 다른 사업자에게 판매 가능 *예시:* *아황산가스 배출권 시장(미국)* *재생 에너지 투자에 활용되는 경매* *관세에 포함*	• 허가 수량을 Q로 설정하면 일정 가격 수준(P)에서 최적 수준의 생산이 이루어짐 • 가장 비용 효율적인 저감 효과 • 허가권이 승계/상속되는 대신 경매가 이루어지면 외부효과 비용의 내부화 가능 • 저렴한 관리 비용	• 원활하게 작동하는 배출권 시장 필요 • 허가가 승계되거나 상속되는 경우 정부 수입 미발생 • 일반적으로 너무 많은 허가가 발급되어 가격이 낮게 유지됨 • 허가는 경제 활동의 변동에 민감하지 않음
행동 권고	• 공정 거래 또는 친환경 라벨링과 같은 공공 정보 • 인증제도 • 환경, 보건 성과 순위 공개 • 마케팅 캠페인	• 저렴한 운영 비용 • 다른 조치와 함께 사용하면 가장 효과적	• 영향은 사회 각 분야에 따라 달라질 수 있음

해 화학물질을 다루는 데 주로 사용되어 왔다. 시장 기반 정책보다 용이하게 만들 수 있지만, 시행 여부는 시행과 준수를 위한 기관의 역량에 따라 달라진다. 또한 사회적, 정치적 맥락과 공공 정보에 따라 수용 가능성도 달라진다.

실제로 많은 지구건강 문제는 행동 변화 및 권고와 함께 가격 및 비가격 수단의 조합을 통해 해결된다. **표 16.1**은 지구건강 문제를 해결하기 위해 일반적으로 사용되는 정책 수단의 주요 장단점을 요약한 것이다.

지구건강을 위한 비즈니스 솔루션

지구건강 비즈니스란 무엇인가?

개념적인 수준에서 지구건강 비즈니스가 어떤 것인지 설명하기는 쉽다: 현재와 미래의 인류의 건강과 웰빙을 개선하는 데 기여하는 비즈니스이다. 그러나 이는 곧바로 몇 가지 어려운 질문을 제기한다.

소량의 제품을 판매하는 단순한 비즈니스라 할지라도 건강과 웰빙에 미치는 영향은 다양하다. 제품 자체는 고객의 건강에 좋을 수 있지만, 생산 과정에서 공해가 발생하여 공장 근처에 사는 사람들의 건강에 좋지 않을 수 있다. 전체적인 순효과가 긍정적인지 여부에만 관심을 가져야 할까? 아니면 모든 효과가 긍정적이어야 할까? 회사 자체적으로 생산 관행을 개선하여 해를 끼치지 않고 적극적으로 건강을 개선하는 제품을 판매한다고 해도 공급업체는 어떻게 될까? 기업이 의존하는 자원을 추출하는 과정은 어떠한가? 제품의 사용과 폐기로 인한 간접적인 영향은 어떠한가?

이러한 질문은 비즈니스 모델 자체에 대해 비즈니스가 어떻게 수익을 창출하고 이익을 창출하는지에 대해 생각하게 한다. 이를 위해서는 비즈니스 분석가들이 가치사슬이라고 부르는 것을 고려해야 한다. 가치사슬은 제품이나 서비스의 생애주기에 따라 관련된 일련의 활동과 프로세스를 모두 포함한다. 일반적인 제품의 경우, 여기에는 재료 추출 및 가공, 제조, 유통 및 판매, 사용 및 폐기(또는 재활용 또는 재사용)가 포함된다. 각 단계마다 지구건강에 긍정적인 영향과 부정적인 영향이 모두 있을 수 있다. 또한 이러한 영향 중 일부는 고객이 제품을 통해 얻는 웰빙이나 회사 직원이 누리는 임금과 같이 지금 당장 실현될 수도 있고, 제품 생산에 필요한 에너지로 인한 온실가스가 장기적인 기후 온난화에 주는 영향과 같이 몇 년 또는 몇 세대가 지난 후에야 느낄 수 있는 영향도 있다.

이상적인 세계에서는 모든 비즈니스 모델과 실제로 모든 비즈니스 의사결정이 가치사슬의 모든 부분에서 현재와 미래에 인간의 건강과 웰빙에 미칠 수 있는 모든 결과를 고려할 것이다.

놀랍게도, 새로운 기술과 빅데이터 접근 방식이 자연 자본, 건강 및 웰빙에 대한 가치평가(제15장에서 설명)의 발전과 결합되어 일부 기업은 이러한 이상에 가까워지고 있으며(예: **사례 연구 16.1** 참조), 그 과정에서 비즈니스 모델을 변화시키고 있다. 또한 일부는 투명성을 수용하고 진행 상황에 대해 공개적으로 소통하고 있다.

그러나 오늘날 대부분의 비즈니스 모델을 고려할 때는 훨씬 더 간단한 기준으로 시작하는 것이 도움이 된다. 우리는 제15장에서 현재와 미래의 건강과 웰빙을 극대화하는 지구건강이라는 궁극적인 목표를 달성하려면 다음이 필요하다는 것을 확인하였다:

- 지구위험한계 내에서 생활하는 것을 포함하여 자연 자본에 대한 스튜어드십 개선
- 전반적인 인류 건강 결과의 개선(특히 건강 형평성 강화를 통한)
- 전반적인 인간 웰빙 개선(특히 웰빙 형평성 강화를 통한)

첫 번째와 관련하여 지구위험한계에 관한 기업의 고려는 초기 단계에 있지만, 기업 또는 가치사슬 규모에서 사용하기 위해 지구위험한계를 측정하는 다양한 방법이 제안되었다.[7] 가장 확립된 접근법은 기후변화 측면의 한계와 관련이 있으며 일반적으로 과학 기반 목표라고 한다. 다른 한계의 경우, 먼저 지역 차원의 한계를 정의한 후 관련 주체들에게 한계 범위를 할당할 수 있다.

모든 접근 방식에서 일반적인 원칙은 할당된 총량이 관련 한계 내에 속하도록 모든 행위자(기업 포함)에게 공정한 몫을 할당하는 것이다. 기업에 공정한 몫을 할당하는 데는 여러 가지 잠재적 접근 방식이 있지만, 일반적인 접근 방식은, 관련 지구위험한계를 유지하는 데 적합한 선택한 측정 단위당 목표 강도에 따라 총수입, 부가가치 또는 물리적 생산량을 할당하는 것이다.

모든 기업과 모든 유형의 한계에 대해 회사 수준의 지구위험한계를 평가하는 것은 단기간에 실현 가능하지는 않지만, 일반적으로 특정 비즈니스가 위반할 위험이 가장 높은 한두 개의 한계 범위를 명확히 알 수 있으므로 훨씬 더 실용적인 작업이 될 수 있다.

이를 염두에 두고 위에서 제안한 세 가지 결정 요인(지구위험한계, 인간 건강, 인간 웰빙)은 지구건강과의 관계에 따라 비즈니스 모델의 세 가지 범주를 정의하는 데 도움이 된다.

비즈니스 모델에는 다음과 같은 것들이 있다.

- **현재 지구건강과 양립할 수 없음:** 비즈니스 모델이 상업적으로 실행되기 위해 가치사슬의 전부 또는 일부가 지구위험한계 밖에서 운영되어야 하는 경우, 현재 지구건강과 양립할 수 없는 모델이다.

이런 비즈니스 모델의 예로 노천 탄광 회사를 들 수 있다. 이런 회사의 수익은 토지 시스템 변화, 담수 추출 및 기후변화에 직접적으로 기여할 뿐만 아니라 석탄을 연소하여 에너지를 생산하는 가치사슬의 더 아래쪽에 있는 소비자에 의존하고 있다. 현재 석탄 화력 발전으로 인한 온실가스 배출량을 지구의 한계에 부합하는 수준으로 줄일 수 있는 실행 가능한 상업적 기술은 없다.

비즈니스 모델은 지구위험한계 내에서 안전하게 운영될 수 있지만, 상업적 성공이 인간의 건강이나 복지에 대한 해악에 의존하는 경우 지구건강과 양립할 수 없다.

예를 들어, 담배 회사는 담배 재배, 가공 및 유통 과정에서 발생하는 온실가스, 물 소비, 화학물질 오염을 지구건강에 해를 가하지 않는 한계 내에서 줄일 수 있을 것이다. 그러나 여전히 전 세계적으로 건강에 큰 부담을 주는 일반 담배 판매에 의존한다면 이는 현재로서는 지구건강에 도움이 되지 않는다.

- **지구건강과 양립 가능**: 가치사슬의 모든 부분이 지구건강의 한계 내에서 운영되고 인간의 건강이나 웰빙에 해롭지 않게 상업적으로 실행 가능하다면 비즈니스 모델이 지구건강과 양립 가능한 것으로 간주할 수 있다.

이러한 비즈니스는 지구위험한계 범위 내에서 공정한 몫을 사용한 결과 여전히 일정 수준의 부작용을 가져올 수 있지만, 기업의 활동이 가능하게 하는 점진적인 소비를 고려할 때 (그리고 이러한 소비 자체가 해롭지 않다는 단서가 붙는다면) 전체 인류의 건강과 웰빙을 향상시키는 것과 일관성을 유지할 수 있다.

또한 단일 기업이 홀로 지구건강을 증진할 수는 없으며, 지구위험한계 내에서 사업을 운영한다고 하더라도 지구건강과의 전반적인 양립성은 여전히 다른 많은 사람들의 행동에 의존한다는 점에 유의해야 한다. 이것이 바로 효과적인 글로벌 및 지역 거버넌스가 지구건강을 위한 필수 전제 조건인 이유 중 하나이다.

- **지구건강에 적극적으로 도움이 됨**: 다음의 경우에 비즈니스 모델이 지구건강에 적극적으로 유익한 것으로 간주될 수 있다.
  - 가치사슬의 모든 부분이 지구위험한계 내에서 운영되고, 일부(또는 전체) 지구위험한계에 순 긍정적인 영향을 미치며, 인간의 건강이나 복지에 해롭지 않으면서 상업적으로 생존 가능하다. 예를 들어, 기업이 매년 대기로 배출하는 온실가스보다 더 많은 온실가스를 격리하는 경우 온실가스 순 포지티브가 될 수 있다.

- 가치사슬의 모든 부분이 지구위험한계 내에서 운영되고 인간의 건강과 복지를 적극적으로 향상시키는 결과물을 생산하면서 상업적으로 생존 가능하다

지금까지 지구건강을 위해 기업이 어떻게 운영되어야 하는지 대략적으로 정의해 보았지만, 이는 전적으로 외부에서 보는 관점에 기초한 것이다. 현재 비즈니스 운영 방식을 실제로 추동하는 요인은 무엇일까? 그리고 새로운 비즈니스 모델이 등장하고 기존 비즈니스 모델이 지구건강을 위해 긍정적인 역할을 하도록 유도하는 요인은 무엇일까?

지구건강으로의 전환에 따른 비즈니스 위험과 기회

성공적인 비즈니스 전략의 핵심은 잠재적 위험과 기회를 조기에 파악하여 위험을 최소화하고 기회를 극대화함으로써 가치를 보호하거나 창출하는 것이다. 지구건강을 유지할 수 있는 경제로의 전환은 기업에 미치는 영향과 의존성과 관련하여 각각 두 가지 주요 위험과 기회 요인을 제시한다.

- **외부효과의 내부화**: 지금까지 외부화되었던 비즈니스 활동의 비용이 예기치 않게 갑작스럽게 내부화될 수 있다. 외부효과가 부정적일 경우 이는 주요 리스크 요인이 될 수 있다. 외부효과가 긍정적일 경우 기업은 추가 가치를 창출할 수 있는 기회를 잡을 수 있다.
- **간과된 종속성**: 많은 기업이 생태계(자연 자본)의 기능에 보이지 않는 의존성을 가지고 있으며, 이러한 의존성이 환경 감소로 인해 위협을 받을 경우 위험에 노출될 수 있다. 그러나 다른 경우에는 자연과 함께 작동하는 새로운 비즈니스 모델(의존성을 포용하고 활용)을 통해 비용과 변동성을 줄이고 가치를 높일 수 있다.

중요한 것은 지구건강을 위한 이러한 전환은 환경 문제를 해결하기 위해 획기적인 아이디어와 파격적 기술을 활용하는 완전히 새로운 비즈니스 벤처에 중요한 기회를 제공한다는 점이다.[8,9] 기존 비즈니스 모델로 인한 심각한 부정적 외부효과가 존재한다는 점은 이러한 혁신적 기회가 어디서 발생할 수 있는지를 강조하는 데 도움이 된다.

내부화의 시대

지난 20년 동안 비즈니스의 환경은 거의 인식하기 어려울 정도로 변화했다. 새로운 기술은 비즈니스의 외부 비용과 이득에 대한 사람들의 인식을 빠르게 높이고 있으며, 상호작용하고 정보를 공유하며 자신의 생각을 알릴 수 있는 새로운 채널을 제공하고 있다. 동시에 기술의 발전은 불과 10년 전만 해도 불가능했던 새로운 형태의 규제와 새로운 수준의 모니터링 및 집행 수단을 가능하게 하고 있다.

지금까지 외부화되어 있던 비즈니스 활동비용이 예기치 않게 갑작스럽게 내부화될 수 있는 가능성은 비즈니스 리스크의 주요하고 중대하는 원천이다. 부정적인 외부효과가 내부화될 수 있는 네 가지 주요 경로는 다음과 같다:

- **규제 및 법적 조치**: 기업이 직원의 임금이나 조건을 개선하도록 요구하거나, 생태계 서비스에 대한 접근을 제한하거나, 이에 따른 비용을 인상하도록 하는 규제가 부과될 수 있다. 예를 들면 최저임금 및 의료 관련 법률, 사용 제한 또는 전면 금지(예: 보호구역, 어업 쿼터, CFC 단계적 폐지), 거래 가능한 허가 시장(예: 아황산가스 및 이산화탄소) 설립, 세금 부과(예: 포장 관련 세금) 등이 있다. 비윤리적 관행이나 환경사고에 대한 법적 조치로 인한 벌금 및 보상 합의금도 상당할 수 있다.
- **운영 환경의 변화**: 급속한 도시화, 인프라에 대한 압박, 시장 및 사회 구조의 변화, 높아진 지역사회의 기대치로 인해 새로운 사업장을 설립하는 것이 더 까다로워지고 경쟁력 또는 운영허가를 유지하기 위해 기존 비즈

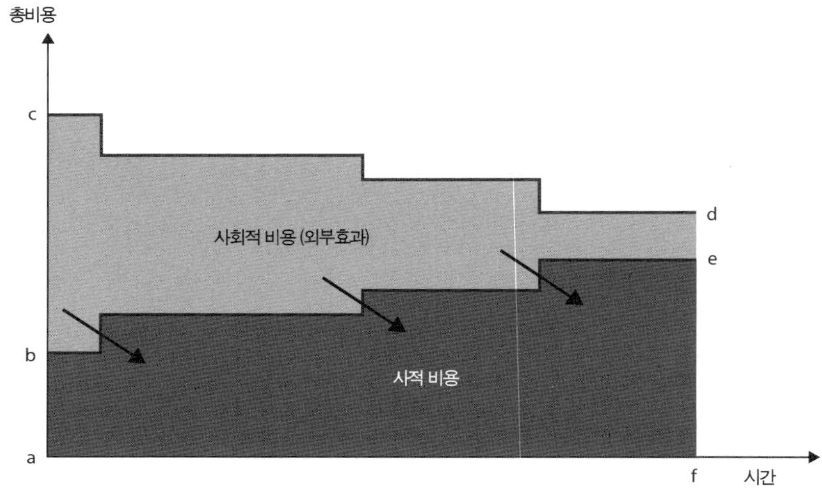

그림 16.2 시간 경과에 따른 사회적 비용과 사적 비용의 예시적 프로필. 각 화살표는 외부화된 비용이 민간 기업으로 단계적으로 이전되는 것을 나타낸다. 이러한 이전은 갑작스러울 수 있으며 운영 비용의 상당한 증가를 초래할 수 있다.

니스 모델을 변경해야 할 수 있다. 환경파괴, 자원부족, 기상이변의 발생 빈도가 잦아지면 경영에 차질이 생기고, 환경파괴로 인한 비용의 일부가 기업의 대차대조표와 손익계산서에 직접적으로 부과된다.

- **이해관계자의 행동, 관계 및 소비자 선호도:** 이해관계자는 기업의 사회적 또는 환경적 관행을 바꾸기 위해 특정 행동을 취할 수 있다(예: 유명 비정부기구[NGO] 캠페인). 또는 사회적 및 환경적 요인에 대한 기업의 잘못된 접근 방식이 시간이 지남에 따라 고객, 공급업체, 직원 등 주요 이해관계자와의 관계의 질을 떨어뜨려 매출 감소, 비용 증가, 생산성 저하로 이어질 수 있다.
- **자발적 행동:** 기업은 외부효과를 줄이기 위해 자발적인 조치를 취할 수 있다. 이는 시장 기회를 포착하거나 비용을 절감하기 위해, 또는 단순히 잠재적 위험을 관리하기 위해, 혹은 이해관계자의 압력에 대응하기 위한 것일 수 있다. 여기에는 자본 지출과 같은 초기 비용이 수반될 수 있지

만, 비용 절감이나 평판 향상 또는 이해관계자와의 관계 개선 등 비즈니스에 대한 기타 혜택으로 이어지는 경우가 많다.

외부효과의 내부화 추세는 잘 알려져 있으며, 사회적 수준에서 보면 점진적이고 대체로 예측 가능한 추세로 보인다. 그러나 특정 시장의 한 부문이나 기업 수준에서는 그렇지 않을 수 있다.

예를 들어, 2004년 영국 사우샘프턴 인근의 딥든 베이(Dibden Bay)에 건설하려던 주요 신항만 계획이 자연보호 지역과의 근접성에 대한 이해관계자들의 우려로 인해 허가가 거부된 적이 있다. 이 항구의 개발업체 주가는 다음 날 11% 하락했고, 4500만 파운드의 매몰 비용을 상각해야 했다.[10,11] 또 다른 예로, 2005년 인도 케랄라 주 정부는 공장이 지역 담수 수위와 수질에 미칠 영향을 우려하여 대규모의 병입 공장의 허가를 중단한 바 있다.[12]

내부화 사건의 예측 불가능한 특성으로 인해 미해결 외부효과로 인한 위험을 관리하기 어렵고, 가능한 한 부정적인 외부효과를 줄이기 위한 조기 이해와 사전 조치가 필요하다. **그림 16.2**는 간헐적이지만 갑작스러운 외부효과의 내부화가 시간이 지남에 따라 비즈니스 비용에 미치는 영향을 보여준다. 위에서 언급한 마지막 경로, 즉 기업의 자발적 조치만이 진정으로 관리 가능하고 예측 가능한 경로이다.

긍정적인 외부효과 포착

그러나 외부효과는 비용에만 국한되지 않으며, 기업은 다양한 긍정적 외부효과를 창출하기도 한다. 예를 들어, 고용을 촉진하여 지역 경제와 지역사회에 혜택을 주고, 직원들에게 건강관리와 교육을 제공하여 고용 가능성과 다른 사람들에게 유용성을 높이며, 많은 기업이 중요한 공공 생태계 서비스를 제공하는 토지를 관리하기도 한다. 어떤 경우에는 이러한 긍정적인 외부효과가 기업이 추가적인 수익을 창출할 수 있는 직접적인 기회를 제공하기도 한다.

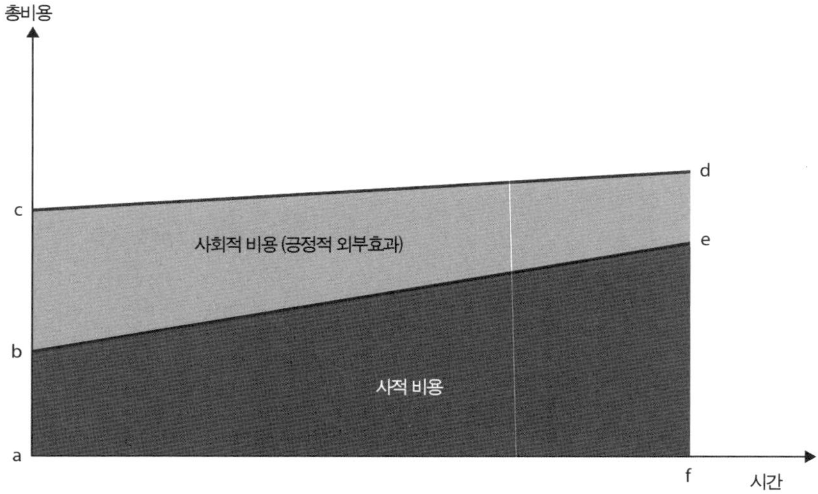

그림 16.3 긍정적인 외부효과를 포착하는 것은 윈윈이 될 수 있다. 여기서 이익의 균형은 사회에서 개인의 이익으로 이동하지만 이익의 총합은 증가한다.

예를 들어, 인증 프로그램은 생산자가 창출한 긍정적인 외부효과의 일부를 가격 프리미엄이나 더 많은 소매점 확보를 통해 직간접적인 수익으로 내부화할 수 있게 해준다. 지속가능한 인증 수산물의 소매 가치는 2015년에 미화 115억 달러에 달했다.[13]

긍정적 외부효과를 통한 가치 창출의 또 다른 중요한 경로는 기업 브랜드와 평판을 통한 것이다. 평판 리스크의 사례가 헤드라인을 장식하고 있지만, 긍정적인 사회적 및 환경적 영향에 대한 신뢰할 수 있는 증거는 고객 충성도를 강화하고 직원 참여를 개선하며 자본 비용 절감으로 이어질 수도 있다.[14]

그림 16.3에서 볼 수 있듯이 기업이 긍정적인 외부효과를 포착할 수 있는 기회는 단순히 사회로부터 주주에게 이익을 이전하는 것만이 아니다. 가치 창출 활동에 대한 적절한 인센티브를 제공함으로써 기업이 더 많은 가치를 제공하도록 장려한다.

간과된 종속성으로 인한 위험

자연 및 사회적 자본은 기업에 생산 요소(토지, 노동력 등)와 생산 투입물(원자재, 에너지)을 제공할 뿐만 아니라 성공적인 운영에 필요한 일반적인 조건(안정적인 기후 조건, 깨끗한 공기, 물)을 제공한다.

대부분의 경우 비즈니스 종속성은 잘 이해되고 적극적으로 관리된다. 기업이 생태계 서비스 또는 물리적 투입물에 대해 지불하는 가격이 공급 원가를 합리적으로 반영하고 공급망이 짧고 투명할 때 특히 그렇다. 그러나 투입물의 가격이 적절하게 책정되지 않았거나 공급망이 길고 복잡하다면 중요한 의존성이 눈에 띄지 않을 수 있다.

많은 산업이 자연자본에 의존하고 있다. 산림은 목재를 공급하고, 물을 정화하며, 유전체 자원을 생산하고, 기후를 조절하는 데 도움을 준다. 하천 시스템은 담수, 에너지, 레크리에이션 기회를 제공한다. 습지는 쓰레기를 걸러내고 홍수를 완화하며 상업적 어업을 위한 요람 역할을 한다. 그리고 이 모든 일을 "무료로" 수행한다. 역사적으로 습지가 이러한 역할을 중단했을 때 비로소 기업들이 주목하기 시작했다. 한 예로, 미국 태평양 북서부의 물 부족은 주요 맥주 산업체의 두 가지 중요한 투입물의 가격과 가용성에 영향을 미쳤다. 관개에 사용할 수 있는 물의 양이 줄어들면서 보리 가격이 상승했다. 한편, 수력 발전 댐의 저비용 전력에 의존하는 제련소들이 가뭄으로 전기 가격이 급등하자 생산량을 줄이면서 캔용 알루미늄의 공급이 감소하였다.[15]

종속성의 이해와 포용을 통한 가치의 공동 창출

이익 극대화에만 집중하던 과거의 기업에서 종속성은 위험과 동의어였다. 그리고 위에서 설명한 보이지 않는 종속성이 오늘날에도 상당한 비즈니스 리스크를 야기하는 것은 분명한 사실이다.

하지만 오늘날과 같이 상호 연결된 세상에서는 자본 간의 상호작용, 공동 창조, 공생에 의존하는 새로운 비즈니스 모델을 통해 적절한 종류의 의존성을 적극적으로 수용하여 추가적인 기업 및 사회적 가치를 창출할 수 있다.

예를 들어, 오리건 주의 한 상수도 회사는 기존의 비싸고 수명이 짧은 자동 냉각기 대신 그늘로 수온을 조절하는 나무를 하천변에 심어 5000만 달러를 절약했다.[16] 또 다른 예로, 한 글로벌 자동차 회사는 브라질 환경단체와 협력하여 공급망에서 지속가능한 복합용도 농업을 장려했다. 이를 통해 농부들은 시트와 헤드레스트의 대체 충전재인 코코넛 섬유의 생산량을 4배 늘릴 수 있었다. 투입물 부족에 대한 위험을 줄임으로써 이 회사는 플라스틱 충전재에서 벗어날 수 있었다. 환경적 혜택과 농부들의 수익 개선과 더불어 5%의 비용 절감 효과도 실현했다.[17]

지구건강을 위한 획기적인 아이디어와 혁신적 기술 활용

부정적인 외부효과의 규모와 환경파괴의 결과가 점점 더 분명해지고 비용이 증가함에 따라 완전히 새로운 유형의 비즈니스, 즉 지구건강 문제를 직접적으로 해결하는 비즈니스의 기회가 빠르게 부상하고 있다.

특히 순환경제 운동을 통해 그 증거를 확인할 수 있다. 이 운동은 제품, 심지어 건물까지 쉽게 분해하여 용도를 변경하거나 재사용할 수 있도록 재설계함으로써 폐기물과 오염을 없애는 것을 목표로 한다. 또한 제품과 자재를 계속 사용하고 자연계를 재생하는 것을 목표로 하며,[18,19] 이 모든 것이 건강에 유익하다.[20]

순환경제 운동은 환경 효율성 노력을 단순히 "덜 나쁜 일을 하는 것"으로 정의하고, 여러 형태의 재활용을 다운사이클링(연속된 세대의 재료가 점진적으로 낮은 가치로 사용됨)으로 재분류하여 점진적인 변화가 아닌 혁신적인 해결책을 모색하도록 한다.

종종 오랫동안 지속되어 온 부정적 외부효과가 새로운 기술의 출현과 교차하는 경우, 산업 전반을 재구축할 수 있는 기회가 있을 수 있다. 예를 들어, 일회용 플라스틱 포장재와 관련된 문제는 잘 알려져 있다. 여기에는 적어도 두 가지 부정적인 외부효과가 존재한다. 하나는 생산 과정이다: 석유에서 플라스틱을 만들기 위해 버진 폴리머를 사용하면 희소성이나 추출에 따른 부정적인 영향을 고려하지 않고 가격을 책정한다. 또 다른 더 중요한 외부효과는 소비에 있다: 일회용 포장재를 사용하면 쓰레기 투기, 해양 및 생물다양성에 대한 피해, 분해되거나 소각될 때 배출되는 온실가스 등 포장재를 버릴 때 발생하는 피해에 대한 대가를 지불하지 않는다. 이러한 문제에도 불구하고 저렴하고 다용도로 사용할 수 있으며 멸균 처리된 일회용 플라스틱의 편리함 때문에 이는 대부분의 포장 용도로 사용되었고 대체하기 어려웠다.

그러나 플라스틱에 대한 소비자의 태도 변화와 비닐봉지 의무화 등의 조치에 힘입어 플라스틱만큼 편리하고 저렴하면서도 내구성이 뛰어나고 재사용 가능한 포장재를 만들기 위한 디지털 조정 플랫폼과 여러 분야의 협업을 통해 이러한 상황이 변화하고 있다는 조짐이 나타나고 있다.

2019년 첫 시범 서비스를 시작한 주요 소비재 기업 연합의 새로운 제로 웨이스트 플랫폼인 루프(Loop)가 한 예이다.[21] 이 플랫폼은 브랜드 소모품을 재사용 가능한 용기에 담아 고객의 집 앞까지 직접 배송하는 것을 목표로 한다. 다 사용한 용기는 개인 재사용 쓰레기통에 넣으면 수거하여 세척 및 살균 시설로 배송하여 재충전할 수 있도록 한다. 이 새로운 시스템으로 인해 추가적인 운송 및 세척이 필요하지만, 이 프로젝트의 파트너들에 따르면 전체 환경 비용은 기존 일회용 포장에 비해 50~75% 낮다고 한다.

새로운 컴퓨팅 파워, 인공지능(AI) 및 기타 기하급수적인 기술을 기반으로 하는 이른바 4차 산업혁명[22]과 그 잠재력이 세계경제와 사회를 인식할 수 없을 정도로 변화시킬 것이라는 전망도 많이 나오고 있다. 기업, 국제기구, 개인으로 구성된 4차 산업혁명 전문 연구 그룹은 이러한 신기술, 특히 AI를 지구와 미래 세대를 위해 목적에 맞게 활용할 수 있는 방법을 적극적으로 모색하고 있다.

세계경제포럼과 컨설팅 회사인 PwC의 2018년 보고서에 따르면 자율주행 및 커넥티드 전기 자동차, 분산형 에너지 그리드, 스마트 농업 및 식품 시스템, 지구 과학 혁신을 위한 강화 학습 등 지구의 가장 큰 과제를 해결할 수 있는 획기적인 AI 애플리케이션이 다양하게 등장하고 있다.[23] 보고서의 저자는 앞으로 많은 과제가 있음을 인정하면서도 긍정적인 결론을 내리고 있다:

우리는 흥미로운 시대에 살고 있다. 이제 AI와 같은 새로운 기술을 통해 세계의 가장 큰 문제들을 해결할 수 있다. 이제 AI를 지구를 위해 활용할 때이다.

지구건강 비즈니스를 위한 청사진

앞의 내용을 바탕으로 우리는 지구건강을 향한 전환에서 비즈니스 성공을 위한 다섯 가지 청사진을 제시할 수 있다.

- 가치사슬에서 긍정적 외부효과와 부정적 외부효과를 식별, 측정, 평가한다.
- 부정적 외부효과를 사전에 관리하고 완화해야 할 리스크로 취급한다.
- 긍정적 외부효과를 극대화하고 가능한 경우 내재화할 수 있는 기회로 취급한다.
- 가치사슬을 따라 더 넓은 자본(자연적, 사회적, 인적, 지적 자본)에 대한 의존성을 파악하고 그 가치를 평가한다.
- 개인 및 사회적 수익을 개선하기 위해 이러한 광범위한 자본에 협력하고 투자할 기회를 모색한다.
- 지구위험한계를 기준으로 가치사슬의 성과를 평가하여 추가 조치가 필요한 부분을 파악한다.
- 지구건강 증진에 대한 기여도(인간의 건강과 웰빙에 미치는 영향, 지구위험한계를 넘어서는 영향)를 기준으로 제품 및 서비스 포트폴리오를 선별한다.
- 지구건강에 긍정적인 기여를 하는 제품 및 서비스의 우선순위를 두고 부정적인 영향을 미치는 제품 및 서비스는 축소함으로써 미래에도 지속가

능한 포트폴리오를 구축한다.

- 특정 지구건강 문제를 해결하기 위해 활용할 수 있는 획기적인 아이디어와 혁신적인 기술을 모색한다.
- 기존 비즈니스의 경우, 가치사슬에 따른 외부효과와 새로운 기술 개발이 어떻게 교차하는지 연구한다.
- 획기적인 기업가의 경우, 지구건강을 위협하는 가장 큰 문제, 즉 취득-생산-폐기(take-make-dispose) 경제 모델로 인한 커다란 환경 비효율을 겨냥해서 이를 해결함으로써 미래를 보호하고 큰돈을 벌 수 있다.

이 장의 마지막 두 부분에서는 지구건강 목표를 추구하는 기업들의 보다 심층적인 사례를 소개한다. 사례 연구 16.1과 사례 연구 16.2에서는 기존 비즈니스 모델을 지구건강에 맞게 변화시키는 새로운 방법을 실험하고 있는 두 개의 매우 다른 대기업 사례를 소개한다. 사례 연구 16.3은 지구건강을 위한 전환의 기회를 활용하기 위해 설계된 혁신적인 모델을 갖춘 비즈니스 사례를 소개한다.

사례 연구: 지구건강을 위해 기존 비즈니스 모델을 혁신하는 방법

사례 연구 16.1 : 케링

글로벌 럭셔리 그룹인 케링은 지구건강을 증진하기 위해 적극적인 공급망 참여와 함께 진전된 자연 자본 측정, 평가 및 관리 도구를 사용한다.

케링은 기업 활동의 환경적 영향에 대한 심층 분석을 제공하는 고급 비즈니스 관리 도구로서 전문 서비스 회사인 PwC UK의 지원을 받아 환경 손익(environmental profit and loss, EP&L) 회계를 선도적으로 개발했다. EP&L은 케링의 자체 운영 및 전체 국제 공급망에서 환경 영향을 측정하고 평가한다.

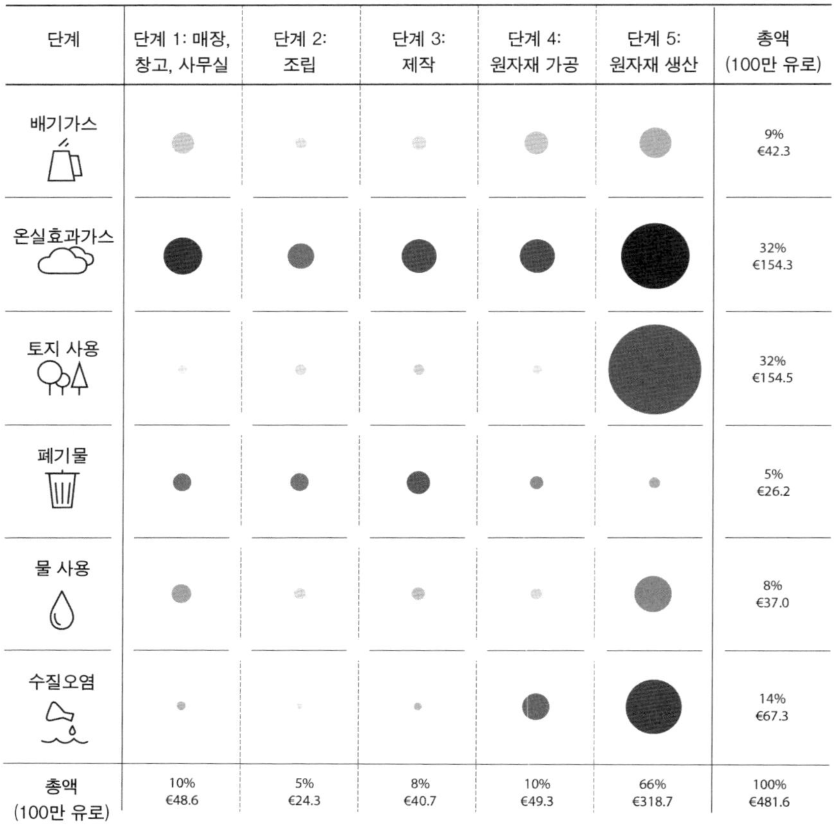

그림 16.4 케링의 환경 손익(EP&L)에 대한 공급망 계층의 기여도를 영향 영역으로 나눈 값이다. 재료를 재활용품으로 대체하는 등 소싱 옵션의 작은 변화만으로도 부정적인 영향을 실질적으로 줄일 수 있다.

자료: Kering. *Environmental Profit & Loss, 2017 Group Results*. 2018. https://keringcorporate.dam.kering.com/m/5be02c657921b940/original/Report-Kering-Environmental-Profit-Loss -2017-Group-Results.pdf

이를 통해 케링은 환경 영향을 비즈니스 의사결정권자가 쉽게 이해할 수 있는 언어로 번역하고, 다양한 유형의 영향을 비교하며, 브랜드, 영업부서 및 지역 간의 환경 성과 차이를 명확히 파악할 수 있다.

그 결과 케링은 가치사슬에서 가장 중요한 영향의 동인을 파악하고 영향

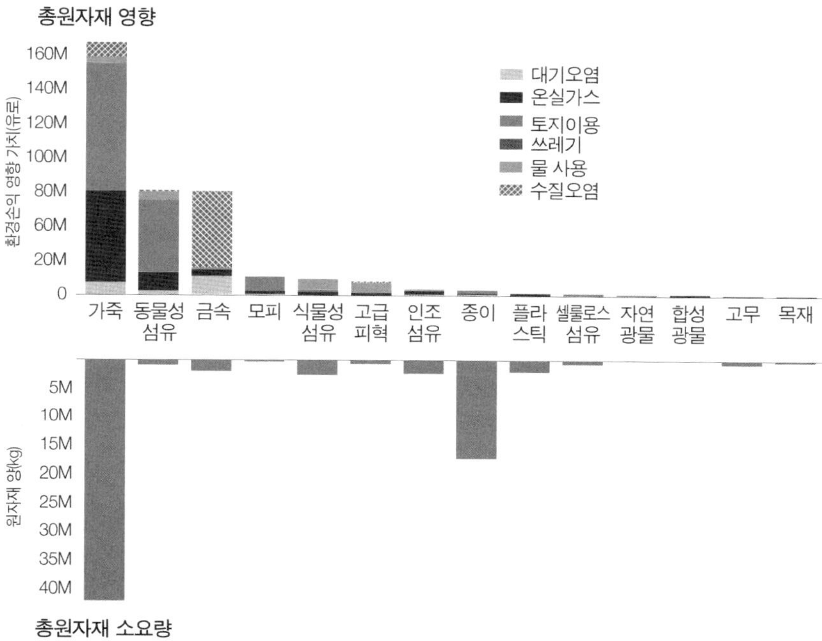

그림 16.5 주요 원자재 그룹의 환경 이익 및 손실에 대한 기여도 및 관련 원자재 수량. 가죽은 가장 많은 양의 원료를 생산하며, 주로 토지 사용과 온실가스 배출을 통해 가장 큰 영향을 미치는 원재료다. 동물성 섬유(예: 양모, 캐시미어)와 금속(예: 황동, 금)의 사용량은 적지만 각각 토지 사용과 수질오염에 상대적으로 큰 영향을 미친다. 이러한 분석을 통해 환경 영향을 줄일 기회를 발견할 수 있다.
자료: *Kering. Environmental Profit & Loss, 2017 Group Results.* 2018. https://keringcorporate.dam.kering.com/m/5be02c657921b940/original/Report-Kering-Environmental-Profit-Loss -2017-Group-Results.pdf

개선을 위한 목표 프로젝트(예: 새로운 제조 공정 개발, 재료 사용 혁신, 새로운 다중 이해관계자 협업)를 실행할 수 있게 되었다.

그림 16.4는 케링의 2017년 환경 영향이 가치사슬에 따라 어떻게 분포되어 있는지 보여준다. 케링이 미치는 영향의 대부분은 공급망에서 발생하며(90%), 특히 원자재 생산 및 가공에서 발생하는 영향이 전체의 76%를 차지한다. 케링의 자체 운영은 전체 영향의 10%에 불과하다. EP&L을 통해 얻은 지식을 바탕으로 케링은 지속가능성 노력의 초점을 1차 생산 및 가공 활동으로 더욱 상향 조정했다. 공급망은 수천 개의 독립적인 기업으로 구성되어 있으

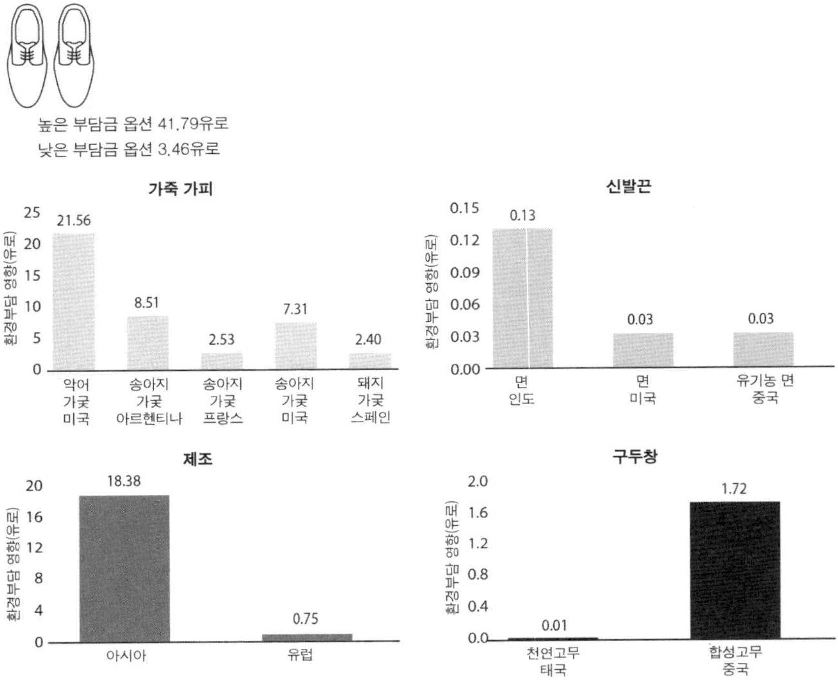

그림 16.6 디자인, 소싱, 제조 시 선택이 환경에 미치는 영향. 예시인 케링 명품 신발의 경우, 환경영향은 최저에서 최고까지 12배나 차이가 나며, 가장 큰 영향은 사용되는 가죽의 종류(악어가죽의 영향이 돼지가죽보다 10배 가까이 높음)와 제조 지역(아시아에서의 영향이 유럽보다 10배 높음)과 관련이 있다.

자료: Kering. *Environmental Profit & Loss, 2015 Group Results*. 2016. https://keringcorporate.dam.kering.com/m/43f7e21141014b9f/original/Report-Environmental-Profit-Loss-2015-Kering-Group-Results.pdf

며, 이들 중 다수가 여러 고객에게 서비스를 제공하기 때문에 케링은 환경문제를 해결하기 위해 동종업계 및 다른 부문과도 협력하고 있다.

그림 16.5는 케링의 2017년 전체 손익에 대한 주요 원자재 그룹의 기여도와 그룹 전체에서 조달하는 각 원자재의 양을 보여준다.

케링이 사용하는 원자재 중 가장 큰 영향을 미치는 것은 가죽이며, 양모 및 캐시미어와 같은 동물성 섬유와 황동 및 금과 같은 금속이 그 뒤를 잇고 있다. 이 마지막 두 가지 소재 카테고리는 영향을 줄일 수 있는 상당한 가능성이 있다. 소재를 재활용 대체재로 바꾸는 등의 개입을 통해 부정적인 환경 영향을 줄일 수 있다.

그림 16.6은 EP&L에서 생성된 정보를 사용하여 소싱 위치, 재료 선택, 제품 설계에 대한 결정을 내리고 환경 영향을 줄이기 위한 개입이 가장 효과적일 수 있는 영역을 강조하는 예를 보여준다.

이 사례는 혁신적인 자연 자본 측정 및 평가가 지구건강 목표를 지원하기 위한 비즈니스 의사결정에 정보를 제공할 수 있는 잠재력을 보여준다.

사례 연구 16.2 : 아과스 안디나스

칠레 최대 상수도 회사가 새로운 바이오 공장을 사용하여 순환 폐수처리 방식을 개척하다.

칠레 최대 상수도 회사(스페인 그룹 SUEZ가 소유)인 아과스 안디나스(Aguas Andinas)는 산티아고의 폐수 처리장 3곳을 폐수와 하수 슬러지를 에너지(전기, 천연가스, 열 에너지)로 전환하는 동시에 수생 생물을 위한 하천 내 흐름을 유지하기 위해 담수를 생산하고 질소와 인을 추출하여 지역 농지에 비료를 주는 "바이오 팩토리"로 탈바꿈시키고 있다. 이 프로젝트는 혁신적인 순환 폐수처리 솔루션을 시험하고 이 분야의 인간 건강 및 환경 보존기준의 경계를 넓히기 위해 2017년에 시작되었다.

2017년 산티아고에서는 하수 슬러지로부터 에너지를 회수하여 시간당 49기가와트의 전기 에너지, 시간당 177기가와트의 천연가스 에너지, 시간당 84기가와트의 열에너지를 생산하고 13만 7000톤의 농업 비료를 생산했다.[24] 목표를 달성하면 2022년까지 세 곳의 처리장 모두 폐기물 제로, 에너지 자급자족, 탄소중립을 달성할 수 있게 된다.

2019년 《*파이낸셜타임스*》의 분석에 따르면 아과스 안디나스의 지난 5년간 평균 순이익률(26%)이 동종업계의 평균 순이익률을 상회하는 것으로 나타났는데, 이는 환경에 대한 회사의 집중이 상업적으로 큰 걸림돌이 되지 않

았음을 시사한다.[25]

이 사례는 일반적으로 온실가스, 기타 공기오염물질 및 유해 폐기물을 대량으로 배출하는 폐수 부문의 기업이 어떻게 지구건강과 양립할 수 있는 전략을 개발할 수 있는지를 잘 보여준다. 새로운 바이오 공장의 성공 여부에 따라 지구건강에 적극적으로 도움이 될 수 있는 잠재력을 가질 수도 있다. 이 사례는 *『지구건강 사례 연구: 해결방안 모음』*(https://islandpress.org/books/planetary-health)에서 자세히 살펴볼 수 있다.

예시: 지구건강을 위한 새로운 비즈니스 모델 개발

사례 연구 16.3 : 비욘드 미트

비욘드 미트(Beyond Meat)는 2009년에 설립되어 기존 육류 제품과 맛과 질감에서 차이가 없는 식물성 버거, 소시지 및 기타 육류 제품을 직접 식물에서 생산할 계획으로 설립되었다. 2019년까지 3만 2000개 이상의 식료품점, 레스토랑 및 기타 매장에서 제품을 판매했으며, 2016년부터 2018년까지 2500만 개 이상의 비욘드 버거를 판매했다고 알려져 있다. 이 글을 쓰는 시점까지 투자자들은 일련의 실적 공개 이후에도 회사의 성장 전망에 대해 긍정적인 태도를 유지했다. 2019년 5월 기업공개(initial public offering, IPO) 이후 비욘드 미트의 주가는 거래 첫날 163% 상승(거의 20년 만에 가장 높은 첫날 실적)했으며, 2019년 7월에는 초기 IPO 가격의 9배를 잠시 넘어선 후 2019년 12월에는 초기 IPO 가격의 약 3배 수준에서 주가가 안정된 것으로 나타났다.

이러한 가치평가가 비욘드 미트의 지속가능한 가치로 입증되든 아니든, 업계 분석가들은 거의 보편적으로 2030년까지 육류 대체품 시장 전체의 매출이 400억 달러에서 1400억 달러 사이로 크게 성장할 것으로 예측하고 있다.[27]

산업적 소고기[26] 생산은 지구건강에 부정적 효과를 가져온다(5장에서 설명

그림 16.7 비욘드 버거와 같은 혁신적인 제품은 일반 육류 생산에 비해 환경적 이점을 제공한다.
자료: Wikimedia, Creative Commons, license CC BY-SA 4.0

한 바와 같이). 사육장에서 대규모로 소고기를 생산하면 기후 온난화를 유발하는 온실가스가 대량으로 배출되는데, 대부분 소의 뱃속에서 식물성 물질이 발효되면서 발생하는 메탄의 형태이다.[28,29] 축산업에서 과도한 항생제 사용은 항균제 내성 증가와 관련이 있으며,[30,31] 이는 동물뿐만 아니라 인간의 건강에도 위험을 초래한다. 옥수수와 대두와 같은 사료는 일반적으로 합성 살충제, 살균제, 비료를 사용하여 집중적인 단일 재배 형태로 재배된다. 과거 목초지의 광범위한 방목은 수십 년 동안 광범위한 토지 황폐화와 토양에서 상당한 양의 탄소 방출을 초래했다.[28] 열대지방에 가까워질수록 목초지나 사료 작물을 위해 원시열대우림이 개간되고 있다.[28]

비욘드 미트(**그림 16.7**)는 최소한 건강하고 맛있으며 저렴하면서도 환경에 미치는 영향은 훨씬 더 적은 대안을 제공함으로써 이러한 부정적인 영향을 해결하는 것을 목표로 하고 있다. 미시간대학의 지속가능한 시스템 센터의 생애주기분석에 따르면 비욘드 버거를 생산할 때 일반적인 소고기 버거보다 99% 적은 물, 93% 적은 토지, 46% 적은 에너지를 사용하고 90% 적은 온실가스를 배출한다.[32] 기존 육류에 비해 이러한 대체 육류의 영양학적 이점은 특정 성분에 따라 다르다.

대체육 제품의 환경적 이점은 분명하지만, 대체육 산업이 목표로 하는 대규모 시장 규모와 혁신적인 성과를 달성하기 위해서는 여전히 극복해야 할 소비자의 인식 문제가 있다.

이 사례는 지구건강의 주요 문제를 해결하는 데 도움이 되는 혁신적인 새로운 비즈니스가 등장할 수 있는 많은 기회 중 하나를 명확히 보여준다.

결론

인류의 필요와 욕구에 부응하는 과정에서 기업은 인류 발전의 핵심 동력이자 지구 파괴의 주요 도구이기도 했다.

하지만 상황은 변화하고 있다. 부정적 외부효과를 내재화하는 힘이 강화되면서 환경 비용을 외부화하는 데 의존하는 낡은 비즈니스 모델은 수익성이 떨어지고 있다. 동시에 기업이 자연과 협력하여 생태적 의존성을 수용하고 자연 자본을 강화하는 데 투자할 수 있는 기회는 점점 더 매력적이고 널리 확산되고 있다. 이러한 흐름을 뒷받침하고 새로운 기술을 통해 지구건강 문제를 정면으로 해결하고자 하는 혁신적인 새로운 비즈니스 모델도 등장하고 있다.

이러한 변화에도 불구하고 모든 기업이 지구건강을 위한 전환을 위해 자발적으로 행동하는 것이 가치 있다고 생각하는 것은 아니다. 특히 지구위험 한계 안에서 운용하는 데 어려움을 겪고 있는 기존 부문과 현재 인류의 건강과 웰빙에 해로운 것으로 알려진 제품을 생산하는 부문에서 저항이 두드러진다. 이러한 경우, 새롭고 효과적인 글로벌 거버넌스 체계, 새로운 규제 조치, 일관되고 창의적인 공공 캠페인, 소비자의 의식적인 선택이 변화를 위한 원동력이 될 것이다.

대부분의 사람들은 지구건강을 실현하는 것이 글로벌 거버넌스의 궁극적인 과제 중 하나라는 데 동의할 것이다. 지구건강은 다학제적이기 때문에 여러 기관이 참여해야 하며, 다원적인 접근 방식이 필요하다. 글로벌 차원에서 이러한 과제가 성공하기 위해서는 다자간 기구의 역할이 필요하며, 강력하고 효과적인 리더십과 함께 민첩하고 협력적인 거버넌스 형태가 요구된다.

이 장에서 살펴본 바와 같이, 제15장에서 소개한 지구건강의 새로운 경제학은 글로벌 및 지역 공유지를 위한 더 나은 거버넌스 모델을 고안하고 지구건강 목표를 달성하기 위한 새로운 글로벌 및 지역 정책 수단을 설계하는 데 도움이 될 수 있다. 또한 기존 대기업이 비즈니스 모델을 지구건강의 순촉진자로 전환하고, 지구건강 문제를 직접적으로 해결하는 혁신적인 새로운 비즈니스 모델이 등장할 기회를 찾아내거나 창조하는 데 도움이 될 수 있다.

저자

윌 에비슨(Will Evison)은 영국을 기반으로 활동하는 지속가능성 경제학자이다. 그는 전 세계의 기업, 정부, 비정부 기구와 협력하여 중요한 지속가능성 문제를 해결하는 일을 하고 있다. 윌은 『자연자본 프로토콜』의 주요 저자였으며, 『기업 및 비즈니스용 생태계와 생물다양성 경제(The Economics of Ecosystems and Biodiversity)』 보고서의 편집자 및 저자, 세계 지속가능 발전 비즈니스 협의회, 세계경제포럼 및 자연자본 연합의 오랜 자문위원으로 활동했다.

샘 비커스테스(Sam Bickersteth)는 2018-2019년 옥스퍼드 마틴 스쿨에서 록펠러 재단 경제 위원회 지구건강 부문의 전무이사로 활동했다. 그는 이전에 기후 및 개발 지식 네트워크의 최고 경영자로서 개발 도상국의 기후 연구 및 정책을 지원했으며, 옥스퍼드대학교, PwC, 영국 국제개발부(DFID) 및 옥스팜에서 근무했다. 그는 아프리카, 아시아, 라틴 아메리카의 개발 도상국에서 30년간 생활하고 일한 경험이 있다.

참고문헌

1. Hardin G. The tragedy of the commons. *Science*. 1968; 162(3859): 1243–1248.
2. Ostrom E. *Governing the Commons: The Evolution of Institutions for Collective Action*. Cambridge, UK: Cambridge University Press; 1990.
3. Green BA. Lessons from the Montreal Protocol: guidance for the next International Climate Change Agreement [comment]. *Environ Law*. 2009(1): 253–284.
4. DeSombre ER. The experience of the Montreal Protocol: particularly remarkable, and remarkably particular. *UCLA J Environ Law Policy*. 2000(1): 49–82.
5. Narassimhan E, Gallagher KS, Koester S, Alejo JR. Carbon pricing in practice: a review of existing emissions trading systems. *Clim Policy*. 2018; 18(8): 967–991.
6. Apostolopoulou E, Adams WM. Biodiversity offsetting and conservation: reframing nature to save it. *Oryx*. 2017; 51(1): 23–31.
7. Clift R, Sim S, King H, et al. The challenges of applying planetary boundaries as a basis for strategic decision-making in companies with global supply chains. *Sustainability*. 2017; 9(2): 279.
8. Funk M. *Windfall: The Booming Business of Global Warming*. New York, NY: Penguin; 2014.
9. Seba T. *Clean Disruption of Energy and Transportation: How Silicon Valley Will Make Oil, Nuclear, Natural Gas, Coal, Electric Utilities and Conventional Cars Obsolete by 2030*. Silicon Valley, CA: Clean Planet Ventures; 2014.
10. Macalister T. £45m battle of Dibden Bay fails to sink ABP hopes. *Guardian*. September 2, 2004. https://www.theguardian.com/business/2004/sep/02/environment.society.
11. Verdin M. AB Ports shares sink after plan rejected. *Times of London*. April 20, 2004. https: //www.thetimes.co.uk/article/ab-ports-shares-sink-after-plan-rejected-3g3tb8fhx97.
12. BBC. Cola companies told to quit India. *BBC News*. January 20, 2005. http://news.bbc.co.uk/2/hi/south_asia/4192569.stm.
13. Potts J, Wilkings A, Lynch M, McFatridge S. *Standards and the Blue Economy*. Winnipeg, MB, Canada: International Institute for Sustainable Development; 2016. https://www.iisd.org/ssi/standards-and-the-blue-economy/.
14. Clark GL, Feiner A, Viehs M. *From the Stockholder to the Stakeholder: How Sustainability Can Drive Financial Outperformance*. Oxford, UK: University of Oxford and Arabesque Partners; 2015.
15. GEMI. Case study: Anheuser-Busch Inc. Exploring water connections along the supply chain. 2002. http://gemi.org/water/anheuser.htm.
16. Niemei E, Lee K, Raterman T. Net economic benefits of using ecosystem restoration to meet stream temperature objectives. *ECONorthwest*. 2007.
17. Mugica Y. Partnering for mutual success: DaimlerChrysler–POEMAtec alliance. In: *Teaching Cases from Kenan-Flagler Business School, University of North Carolina*. Chapel Hill, NC: University of North Carolina; 2004.
18. Stahel WR. The circular economy. *Nature*. 2016; 531(7595): 435–438.
19. Material Economics. *The Circular Economy: A Powerful Force for Climate Mitigation*.

Stockholm, Sweden: Material Economics Sverige AB; 2018. https://europeanclimate.org/the-circular-economy-a-powerful-force-for-climate-mitigation/.
20. WHO. *Circular Economy and Health: Opportunities and Risks*. Copenhagen, Denmark: World Health Organization, Regional Office for Europe; 2018. http://www.euro.who.int/en/publications/abstracts/circular-economy-and-health-opportunities-and-risks-2018.
21. Peters A. A coalition of giant brands is about to change how we shop forever, with a new zero-waste platform. *Fast Company*. January 26, 2019. https://www.fastcompany.com/90296956/a-coalition-of-giant-brands-is-about-to-change-how-we-shop-forever-with-a-new-zero-waste-platform. Accessed October 2019.
22. Schwab K. *The Fourth Industrial Revolution*. New York, NY: Crown Publishing; 2016.
23. WEF. *Harnessing Artificial Intelligence for the Earth*. Geneva, Switzerland: World Economic Forum in Collaboration with PwC and Stanford Woods Institute for the Environment; 2018. http://www3.weforum.org/docs/Harnessing_Artificial_Intelligence_ for_the_Earth_report_2018.pdf.
24. UNFCCC. Santiago Biofactory: Chile. 2018. https://unfccc.int/climate-action/momentum- for-change/planetary-health/santiago-biofactory-chile.
25. Financial Times. Equities: Aguas Andinas SA. 2019. https://markets.ft.com/data/equities/tearsheet/profile?s=AGUAS-A:SGO.
26. Scipioni J. Alternative meat industry headed toward a $40B market by 2030, analyst says. *FOXBusiness*. 7 May 2019. https://www.foxbusiness.com/features/the-alternative-meat-industry-headed-toward-a-40b-market-by-2030-analyst-says.amp. Accessed October 2019.
27. Franck, T. Alternative meat to become $140 billion industry in a decade, Barclays predicts. *CNBC*. 23 May 2019. www.cnbc.com/amp/2019/05/23/alternative-meat-to-become-140-billion-industry-barclays-says.html Accessed October 2019.
28. FAO. *Livestock's Long Shadow: Environmental Issues and Options*. Rome: Food and Agriculture Organization; 2006.
29. Matthews C. Livestock a major threat to environment [press release]. FAO, 29 November 2006. http://www.fao.org/3/a0701e/a0701e00.htm.
30. National Antimicrobial Resistance Monitoring System for Enteric Bacteria (NARMS). Antibiotic Resistance. https://www.cdc.gov/narms/faq.html. Accessed January 2020.
31. FDA. *2009 Summary Report on Antimicrobials Sold or Distributed for Use in Food-Producing Animals*. Food and Drug Administration, Department of Health and Human Services; 2014. https://www.fda.gov/media/79581/download.
32. Heller MC, Keoleian GA. *Beyond Meat's Beyond Burger Life Cycle Assessment: A Detailed Comparison between a Plant-Based and an Animal-Based Protein Source*. Ann Arbor, MI: University of Michigan Center for Sustainable Systems; 2018. http://css.umich.edu/sites/default/files/publication/CSS18-10.pdf.

4부 우리 자신을 구하고 지구를 구하기

17. 지구건강 윤리

18. 지구건강을 위한 밝은 미래

후기: 코로나바이러스와 지구건강

17 지구건강 윤리

알렉산더 포스터 · 제니퍼 콜 · 이비차 페트리코바 · 앤드루 팔로우 ·
하워드 프럼킨 지음
하솔잎 번역/ 하미나 감수

수년 동안 윤리는 의학 및 환경적 사고에서 필수적인 요소였다. 의학적 측면에서 "해를 입히지 말라"라는 히포크라테스의 계율은 다음의 네 가지 원칙을 바탕으로 오늘날 생명윤리의 기틀로 발전했다.[1,2]

- 자율성: 성인의 결정(자기 결정)을 존중하는 것으로, 여기에는 진실을 말하고, 프라이버시를 존중하며, 기밀 정보를 보호하고, 개입에 대한 동의를 얻는 것이 포함된다.
- 선행: 타인의 권리를 보호하고, 타인에 대한 위해를 방지하며, 위험에 처한 사람을 구조하는 등 타인의 이익을 위해 행동한다.
- 악행금지: 타인에게 해를 끼치지 않는다(히포크라테스의 계율과 동일함).
- 정의: 기회와 기타 재화를 공정하게 분배한다.

생명윤리(Bioethics)라는 용어는 1970년 생화학자 반 렌셀레어 포터(Van Rensselaer Potter)가 제안한 것으로, 생물학적 지식과 "인문학적 지식"을 함께 엮어 "생존의 과학"을 구성한 것을 지칭한다. 포터는 "윤리는 가장 넓은 의미에서는 생태학에 대한 현실적인 이해와 분리될 수 없다. 윤리적 가치와 생물학적 사실은 분리될 수 없으며 우리는 토지 윤리, 야생동물 윤리, 인구 윤리, 소비 윤리, 도시 윤리, 국제 윤리, 노인 윤리 등이 절실히 필요하다"[3]고 주장했다. 그러나 생명윤리는 이처럼 포괄적이고 선구적인 개념임에도 불구하고 실제로는 대부분 의료 문제로 국한되어 왔다.

환경적 측면에서 조지 퍼킨스 마시(George Perkins Marsh, 1801~1882)나 존 뮤어(John Muir, 1838~1914)와 같은 초기 환경보호론자들은 산업화로 인한 자연 파괴에 부분적으로 대응하면서 환경 관리의 윤리를 촉구했다. 그렇게 함으로써 그들은 한 세기 후의 역사학자 린 화이트(Lynn White,1967)가 묘사했던 자연을 지배하고 착취하는 오랜 유대-기독교적 태도(아마도 인간이 자연을 근본적으로 바꿀 수 있다는 사실을 인식하지 못한 채)를 비판했다. 20세기 후반 환경주의가 부상하면서 "개인, 국가, 세계 차원에서 가치와 목표의 근본적인 변화에 기초한" 새로운 지구 청지기(Planetary stewardship) 정신이 요구되었다.[4] 생태학자 개릿 하딘(Garrett Hardin, 1915~2003)은 1968년 공유지의 비극에 관한 유명한 에세이에서 누구나 자유롭게 사용할 수 있는 공유지 자원을 마음대로 사용하는 것에 대해 도덕적 우려를 제기했다.[5] 이러한 우려는 경제학자 엘리너 오스트롬(Elinor Ostrom,1933~2012)과 같은 반대론자들도 인정했는데, 그는 공동체가 유리한 여건에서는 공유자원을 지속가능하게 관리할 수 있고 실제로 그렇게 하고 있음을 보여주었다.[6]

그동안 인류세에 대한 다양한 종류의 윤리적 접근 방식이 제안되었다. 예를 들어, 홈스 롤스턴(Holmes Rolston)은 지구를 "생명 공동체의 가치 있는 거주지"로 간주하는 '지구 윤리(Earth ethic)'를 주장했다.[7] 마일스와 크래덕(Miles and Craddock)도 '생태 윤리(biome ethics)'가 지구 생물체가 인간 활동, 모든 생명체 및 환경과 맺는 포괄적 관계에 근간을 두고 있음을 주장하였다. 여기서 생태 윤리는 인류가 연결성, 인간과 비인간 연속체, 그리고 고통분담이라는 개념을 통해 사고하도록 독려한다. 이러한 다양한 명제에서 일관되게 나타나는 것은 인류가 생태적, 사회적 맥락에서 청지기적 책임을 다할 수 있도록 하고, 윤리적 사고를 더 길고 더 넓게 인간 사회너머로 확장하며, 정의와 지속가능성을 모두 발전시키는 경제 및 법률 시스템을 구현해야 한다는 점이다.[8-10]

이러한 윤리의 확장은 철학자 스티븐 가디너(Stephen Gardiner, 2006)가 지칭한 "완벽한 도덕적 폭풍(Perfect moral storm)"을 피하는 데 필수적이다. 가드너는 기후변화(더 일반적으로는 지구환경 변화) 문제를 만드는 데 기여한 세 가지 측면을 지적했는데, 원인과 결과의 확산(예: 어느 한 곳의 가스배출이 모든 곳에 영향을 미침), 기관의 파편화(여러 행위자가 각기 다른 정도의 책임을 지고 있음), 제도적 미비(제도, 특히 정치 제도가 당면한 과제를 다루기에 충분하지 않음)가 그것이다. 또한, 대기 중 이산화탄소의 잔존수명이 길어 기후변화 문제는 후세대로 전가되어 온실가스 배출에 가장 큰 책임이 있는 세대보다는 미래의 일부 세대가 그 영향을 가장 강력하게 받게 된다고 하였다. 가드너는 이 세 가지 측면이 미래 세대는 고려하지 않는 세대 간 안일주의, 본질적으로 불확실할 수밖에 없는 미래 예측에 대해 무리한 확실성을 요구하는 것, 기득권 세력의 고의적인 기만행위, 그리고 사람들이 적극적인 행동을 하지 않도록 유도하려고 주의를 끄는 것과 연관되어 있다고 주장하며 이를 완벽한 도덕적 폭풍이라 하였다. 지구건강의 관점에서 볼 때, 우리가 다른 사람이나 미래 세대에 미치는 영향은 자연 환경과의 복잡한 상호작용을 통해 일어나므로 매우 간접적일 수 있으며 따라서 다른 사람을 직접적으로 위협하는 행동에 비해 눈에 잘 띄지 않을 수 있다.

이러한 폭풍에 직면하여 지구건강이 목표로 하는 것은 인간에 의한 지구의 변화가 인간과 지구 시스템에 미친 결과에 대한 이해를 높이고, 밝혀진 문제를 적절하게 해결하는 방안을 강구하는 것이다. 이를 위해서는 이렇게 확인된 해결방안을 평가할 수 있는 윤리 체계가 필요하다. 기존의 윤리 체계를 잘 적용할 수도 있으나, 지구건강의 관점에서는 새로운 윤리적 사고가 필요하다. 왜냐하면 지구건강은 전 세계 사람들이 서로, 또 사람과 생물계가 서로 연결되어 있다고 보기 때문이다. 예를 들면, 런던에서 내가 무엇을 먹을지를 결정하는 것이 인도에 사는 한 어린이의 복지를 좌우하고, 아마존의 삼림 벌채에도 영향을 미칠 수 있다. 지구건강 윤리는 2019년에 처음 제안되었으며[11] 이는 1986년 건강 증진을 위한 오타와 헌장에서 비롯된 2018년 캔모어 선언[12]의 원칙 선언문(Statement of Principles)에 바탕을 두고 있다.[13] 이 선언은 사람, 지역, 그리고 지구의 건강을 더 큰 전체에서 긴밀하게 연결된 조각으로 바라보아야 할 필요성과 시급성을 확인하고 있다.

지구건강 윤리를 논의하기 전에 먼저 ***원칙****(Principles)*, ***윤리****(Ethics)*, ***도덕****(Morals)*, ***가치****(Values)*라는 용어의 미묘한 차이점을 명확히 할 필요가 있다. 원칙은 염원적[14]이지만 대체로 추상적이다. 도덕은 무엇이 옳고 그른 지에 대해 폭넓게 받아들여지는 신념으로, 전문가 사회와 같은 집단에서 명시적으로 채택한 보다 실용적이고 실질적인 체계 또는 일련의 규칙인 윤리로 성문화될 수 있다. 가치는 도덕과 마찬가지로 옳고 그름, 선과 악을 구분하여 결정을 내리는 기준이 되지만, 도덕과 달리 개인마다 다를 수 있다. 예를 들어 당신의 가치관이 나와 다르더라도 나는 당신을 존중할 수 있지만, 당신이 비도덕적으로 행동한다면 나는 당신을 존중하지 않게 될 것이다.

윤리적 기준은 준수하거나 위반할 수 있으며, 개인적인 가치관과 일상생활에서 내리는 선택의 기준이 된다. 예를 들어 "걸어 다닐 것인지 아니면 온실가스를 배출하는 자동차를 운전할 것인지?" 또는 "돈을 가난한 사람들에게 기부할 것인지 아니면 유흥에 쓸 것인지?"[15]와 같은 선택이 그러하다. 이러한 결정은 통상 일련의 행동을 선택하는 것이며 이 선택의 결과로 또 다른 일련의 행동과 서로 다른 결과가 발생한다. 윤리는 논란의 여지가 없는 정답을 제공하지 않는다. 윤리는 논란의 여지와 정치적인 부담이 많으며, 특히 다원주의 세계에서는 윤리가 무엇인지에 대한 합의를 찾는 것이 쉽지 않을 수 있다.[16] 그러나 윤리는 특정 행위가 모든 사람이 선호하는 최선의 것이 아닌 상황에서 협상을 위한 근거가 될 수 있다.[16] 이런 의미에서 윤리라는 개념은 개인보다 더 큰 것을 담고 있으며, 우리를 자기 이익만을 추구하지 않게 행동하도록 이끌 수 있다.[15]

따라서 윤리적 판단을 통해 우리는 자신의 호불호를 넘어서 다른 사람들이 왜 그렇게 해야 하는지를 생각할 수 있게 된다. 전통적인 윤리는 정직, 신중함, 피해 방지, 타인에 대한 배려와 같은 개념을 내포하고 있다.[16] '타인'의 개념을 미래 세대, 다른 종, 지구 자체로 확장할 수 있다면 캔모어 선언이 요구하는 '모든 시스템의 지속가능한 생명력'을 더 쉽게 지킬 수 있다.[12] 따라서 윤리는 총체적으로 더 건강한 세상을 만들기 위한 원칙적인 체계의 일부이다.

이 장에서는 다음과 같은 내용들을 다룬다. 첫째, 지구건강 윤리에서 고려해야 할 몇 가지 기본적인 사항을 설명한다. 둘째, 세대 간 정의, 인권을 넘어서는 가치, 분배 정의, 사전예방 원칙, 알 권리라는 지구건강의 다섯 가지 윤리적 입장을 제시하며, 각 입장을 실행하기 위한 구체적 실천방안을 사례와 함께 제시한다. 마지막으로 인권과 지구건강 윤리의 잠재적 미래에 대한 몇 가지 일반적인 견해를 소개하며 끝을 맺는다.

지구건강 윤리의 기초

의료 윤리와 환경 윤리를 배경으로 지구건강 윤리에 접근할 때는 몇 가지 특징이 있어야 한다.

첫째, 윤리 강령은 유용해야 한다. 특히 매우 복잡하거나 모호한 상황, 타협이 필요한 상황에서 의사결정을 내릴 때 지침이 될 수 있을 만큼 명확해야 한다. 우리는 점점 가장 원하는 선택을 할 수 없는 세상을 맞이하게 될 것이므로, 어떤 의사 결정 지침이든 어렵고 복잡한 딜레마를 효과적으로 헤쳐 나가고, 평가하고, 남은 선택지를 '최대화'하는 데 도움이 되어야 한다.[17]

둘째, 윤리 강령은 사용 가능해야 한다. 정책 입안자와 일반인 모두가 접근하고 실행할 수 있는 방식으로 구성되어야 한다. 실제로 닥친 문제와 관련이 있어야 하며, 또한 윤리 강령을 행동지침으로 쓸 사람들이 적법하다고 여

길 수 있어야 한다.

셋째, 윤리 강령은 윤리적 표현을 사용해야 한다. 그린워싱*과 같은 수사학적 표현, 장식적이거나 정직하지 않은 표현을 사용해서는 안 되며, 상응하는 행동이 따르지 않는 윤리적 발언은 윤리적이지 않다. 윤리는 반드시 실천에 옮겨져야 하며 결과에 명백한 영향을 미쳐야 한다. 실제로 이러한 실천은 윤리를 성문화하여 사회적 규범, 법적 요건 또는 기타 메커니즘을 통해 적용하는 것을 의미하기도 한다.

넷째, 윤리 강령은 보편적이어야 한다. 지구건강이 광범위해야 하는 것처럼, 이를 뒷받침하는 윤리는 널리 동의 되고 받아들여져야 한다. 화석연료 추출, 광범위한 삼림 벌채, 과다한 육류 소비가 어떤 곳에서는 허용되지만 다른 곳에서는 허용되지 않는다면 글로벌 목표를 달성하는 데 있어 원칙과 실천 모두에 어려움을 겪게 된다. 여기서 윤리는 이해관계자들의 일부 또는 전부가 타협할 수 있는 일련의 선택지들을 탐색할 수 있는 보편적인 도구이다.

지구건강을 위한 윤리적 입장

세대 간 책임

세대 간 책임이란 어느 시대이든 그 시대를 살아가고 있는 사람들은 자신의 후세대를 위해 세상을 온전하게 남겨줄 의무가 있다는 개념이다. 이는 많은 저자들에 의해 인정되었으며,[10,18,19] 지구건강에서는 각 세대를 생물권의 주인이 아닌 관리자로 보고, 미래 세대뿐만 아니라 자신들의 세대에도 책임을 지는 것으로 간주하면서 중요한 원리로 자리 잡았다. 놀랍게도 세대 간 책

* 그린워싱 (Greenwashing, green + white washing의 혼성어) 또는 녹색분칠은 기업이 실제로는 환경에 해를 끼치는 제품을 만들면서도 친환경적인 이미지를 자처하는 행위를 가리킨다. 이는 대중이 환경 문제에 관심을 더 많이 가지고 있고 친환경 제품에 대한 수요가 높아지면서 발생하는 현상이다. _옮긴이 주

임이라는 개념에 대해서 논쟁이 활발하게 벌어지고 있다. 일부 철학자와 법학자들은 미래 세대는 현재 존재하지 않으므로 권리를 포함한 어떤 것도 '가질 수 없고', 현재 세대와 미래 세대 간에는 집단 간 책임의 전제 조건인 상호성이 없으며, 미래 세대가 무엇을 원하는지는 확실하게 알 수 없다고 주장한다.[20,21] 가디너가 완벽한 도덕적 폭풍이라는 개념에서 이에 대해 주장한 반론은 행동하지 않아 미래 세대가 고통과 비극적 선택을 해야 할 가능성이 높아졌는데도 현 세대가 행동하지 않는 것은 비윤리적이라는 것이다.[22] 일부 저자들은 '가족 규모'[20]로 축소해서 보면 세대 간 책임의 개념이 덜 추상적이고 더 실체적일 수 있을 것이라 했다. 가족 규모는 현 세대의 외가, 친가 양쪽에서 대략 3세대를 포함하며 이는 사람들이 직계 선조 및 자손 모두와 개인적인 관계(및 책임)를 갖는 시간 범위이다.[23]

실천 방안

- 미래 세대의 권리를 확립하는 법률지식을 개발, 확립하고 법률을 제정한다. 줄리아나 대 미국 소송[24]*과 웨일스 미래 세대 후생법(Well-being of Future Generations Act2015)**과 같은 법안이 그 예이다.
- 지구건강에 도움이 되는 행동과 태도가 규범이 될 수 있도록 어릴 때부터 지속가능한 실천과 전망을 어린이들에게 소개한다.
- 온전한 지구를 유산으로 받을 권리에 대한 청소년들의 주장을 인정하고 학교에서 단체 시위를 주도한 이 청소년들의 목소리에 귀를 기울이고 힘을 실어준다.

---

* 미국의 켈시 줄리아나 등 청소년 21명이 미국 정부의 에너지 정책이 자신들의 미래를 훼손한다며 미국 정부를 상대로 소송을 제기했으나 2020년 1월 연방항소법원은 기후변화 대응은 사법부가 판단할 수 없는 '정치적 사안'이라는 이유로 각하했다. 각하는 재판 요건을 갖추지 못했다고 법원이 판단했을 때 청구인의 주장을 판단하지 않고 재판을 마치는 결정이다. _옮긴이 주

** 웨일스는 2015년 미래세대후생법을 제정하고 미래세대위원회를 설치했다. 웨일스 내 44개 행정 및 공공기관들이 정책 의사결정에 지속가능한 발전과 세대 간 형평성의 원칙을 적용하도록 했으며 '번영, 회복탄력성, 건강, 평등, 공동체, 문화, 글로벌 연대' 등 7가지 국가 후생 목표와 관련한 활동을 했다. _옮긴이 주

인간 세계 너머로 권리의 확장

환경 윤리의 핵심 질문은 비인간 생물종과 생물권의 도덕적 지위에 관한 것이다.[25,26] 이 질문에 대한 논쟁은 도구적 가치와 내재적 가치의 차이에 관한 것으로서 도구적 가치는 다른 목적을 위한 수단에 근거를 두고 있다. 예를 들어, 꽃가루 매개자는 그 자체로 가치가 있는 것이 아니라 사람들을 위한 식량을 생산하는 역할 때문에 가치가 있는 것이다. 내재적 가치는 어떤 것이 그 자체로 가치가 있다는 믿음으로, 다른 이들이 그 존재의 권리를 존중해야 할 의무를 내포하고 있다. 환경운동가들에게는 이것이 자연 보호의 주요 근거가 되어 왔다.

환경 윤리에 대한 인간 중심적 접근법은 인간만이 내재적 가치를 지니고 있다고 본다(또는 더 완화된 형태로는, 인간의 가치가 비인간적인 것의 가치보다 더 크다고 본다).[27] 이는 고대의 관점으로, 예를 들어 아리스토텔레스는 "자연은 특별히 인간을 위해 모든 것을 만들었다"고 썼다.[28] 마찬가지로 마르틴 하이데거(Martin Heidegger, 1889~1976)는 동물을 '가까이에 있는' 도구로 보았다.[29] 이러한 접근 방식에 반대하는 주장은 20세기 후반에 피터 싱어(Peter Singer)와 같은 동물의 권리를 옹호하는 이들이 제기한 것이다.[30,31] 이들은 동물을 객체가 아닌 삶의 주체로 보았으며, 이는 동물이 고유한 가치와 도덕적 지위를 가진다는 것을 의미한다.[15,32] 일부 철학자[33,34] 및 법학자[35-37]는 이러한 주장을 정교화하여 개별 동물에게 권리를 인정해야 한다고 주장하기도 했다.[38]

지구건강은 생물권과 인간의 복지 사이의 밀접한 관계에 초점을 맞춰 이 논쟁에 새로운 통찰력을 제공하며, 한편으로는 동물, 자연, 생태계를, 다른 한편으로는 인간을 명확하게 구분 짓는 것에 반대한다. 이는 도구적 및 내재적 가치와 나란히 등장한 세 번째 윤리적 범주에 해당하며, 생물다양성 및 생태서비스 정부 간 협의체(IPBES)에서는 '관계적 가치(Relational value)'라고 부른다.[39] 옹호자들은 도구적 가치와 내재적 가치의 이분법이 인간에 대한 고려

없이 시장 기반의 가치평가와 보존이라는 극명한 선택을 초래했다고 지적한다.[40-42] 관계적 가치는 인간 간, 인간과 자연 간의 의미 있고 추구해야 할 관계(및 책임)에 부여되는 중요성을 반영하며 이는 전형적인 도구적 가치인 생태계 서비스 분석과 같은 경제적 가치평가체계에서 벗어난다. 또한, 관계적 가치는 원주민을 포함한 다양한 문화와 사회가 자연과 맺는 다양한 관계를 수용함에 따라 다원주의를 지향한다.

'자연의 권리'에 관한 새로운 법적 이니셔티브에는 지구건강에 대한 목소리가 담겨 있다.[43,44] 원주민의 전통과 문화가 이러한 노력에 종종 포함되어 있다. 2008년 에콰도르는 헌법에 자연이 존재하고, 지속하며, 유지되고, 생명주기를 재생할 권리를 포함한 자연의 권리를 인정한 최초의 국가가 되었다.[45] 뉴질랜드에서는 테우레에라법(2014)과 테아와투푸아법(2017)이 각각 테우레에라 국립공원과 황가누이강에 대한 권리를 확립하여 원주민과 정부의 공동보호 체계로 대표되는 법적 인격체로 전환되었다.[44,46] 2017년 인도 북부 우타라칸드주 법원은 갠지스강과 그 주요 지류인 야무나강에 대해 뉴질랜드 판례를 인용하여 살아 있는 인격체의 지위를 부여했다. 미국에서는 2006년 펜실베이니아주 타마쿠아 자치구를 시작으로 여러 관할 구역에서 자연권 조례를 제정했다.[47] 이러한 자연권에 관한 법적 선언들은 형태는 다양하지만 몇 가지 공통원리를 공유한다. 즉, 인간이 자연세계에 미치는 영향을 인식하고, 인간과 비인간의 권리를 균형 있게 고려하며, 훼손된 생태계를 복원할 수 있는 근거를 제공하는 것이다.

실천 방안

- 인간 이외의 존재의 가치를 인정하고 그에 대한 자신의 영향을 줄이기 위해 노력한다(예: 삼림 벌채에 영향을 미치는 팜유 기반 제품 사용 줄이기, 육류 소비 줄이기, 육지와 바다의 플라스틱 오염을 줄이기 위해 배출 줄이기).
- 원주민과 협력하여 원주민의 관점과 전통을 인간 세계 너머 다른 세계를 보호하는 정책에 반영한다. 이는 피상적인 방식이 아니라 원주민을 존중

하고 그들에게서 배우고자 하는 방식으로 이루어져야 한다.

- 지역의 이해관계 집단과 협력하여 개별 종뿐 아니라 생태계 전체를 위한 자연권 정책(rights-of-nature policies)과 법률을 개발하기 위해 노력한다. 이러한 조치는 어촌, 농촌, 원주민 공동체와 같이 특정 생태계에 직접적으로 의존하는 지역사회에서 특히 중요하다.

분배 정의

분배 정의는 정의로운 사회에서 재화, 서비스, 권한을 어떻게 배분해야 하는지를 고려한다.* 분배 정의는 인류가 사회를 형성한 이래로 오랫동안 고민해 온 문제이며 이에 대한 논의는 아리스토텔레스(기원전 384~322년)로 거슬러 올라가 이마누엘 칸트(Immanuel Kant, 1724~1804년), 데이비드 흄(David Hume, 1711~1776년)과 같은 계몽주의 사상가, 그리고 현대 철학자 존 롤스(John Rawls, 1921~2002년)에 이른다. 분배 정의는 지구건강과 밀접한 관련이 있다. 세계는 국가 간, 그리고 국가 내에 부와 소득의 불평등이 심각하며, 이 불평등의 일부는 비윤리적인 것으로 널리 인식되고 있다. 게다가 토지, 물 등 희소한 자원이 더욱 희소해질 것이라 전망되어 불평등이 더욱 심화될 위험이 있다.

분배 정의의 세 가지 측면은 지구건강에서 특히 중요하다:

- 지구환경 파괴에 기여한 사람들의 불평등;
- 지구환경 파괴로 인해 가장 큰 피해를 입는 사람들의 불평등; 그리고
- 불공정을 바로잡는 동시에 지구환경 파괴를 해결할 수 있는 기회.

---

* 이는 분배 정의의 기본 정의로 볼 수 있다. 정의로운 사회가 무엇인지, 그러한 사회에서 불평등이 어느 정도까지 영향을 미칠 수 있는지, 그리고 이러한 불평등이 어떤 근거에서 용인될 수 있는지에 대한 자세한 내용은 Olsaretti S. *The Oxford Handbook of Distributive Justice*. Oxford, UK: Oxford University Press; 2018에서 참조할 수 있다.

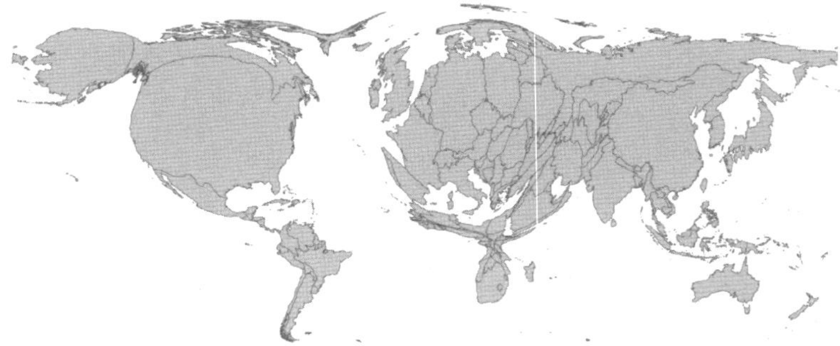

1950-2000년 국가별 누적 이산화탄소 배출량

기후 관련 사망 원인 네 가지(말라리아, 영양실조, 설사, 홍수 관련 사망)의 분포

그림 17.1 **1950-2000년 국가별 누적 이산화탄소 배출량(상단 그림)과 기후 관련 사망 원인 4가지(말라리아, 영양실조, 설사, 홍수 관련 사망)의 분포(하단 그림). 이 지도에서 각 국가의 크기는 그 국가가 미치는 영향력에 비례하며 기후변화를 주도한 국가와 기후변화로 고통받는 국가 간의 격차가 극명하게 드러난다.**

자료: Patz JA, Gibbs HK, Foley JA, Rogers JV, Smith KR. Climate change and global health: quantifying a growing ethical crisis. *EcoHealth*. 2007; 4:397-405.

지구환경 파괴에 기여한 국가들 간에는 상당한 비대칭성이 존재한다. 그림 17.1에서 볼 수 있듯이, 북반구의 부유한 국가들이 대기에 온실가스를 가장 많이 배출한 반면, 남반구의 가난한 국가들은 불균형적으로 이로 인한 위험에 처해 있다. 그러나 **그림 17.1**에서 보여주는 이러한 극적인 격차가 모든 것을 설명해 주고 있지는 않다. 첫째, 중국과 같은 국가에 할당된 배출량의 대부분은 부유한 국가로 수출하기 위해 생산된 상품과 관련되어 있으므로[48] 부유한 국가에 귀속되어야 한다는 주장이 제기될 수 있다. 둘째, 이러한 불균형을 야기하는 지정학적 구조는 현재도 진행 중인 식민주의와 착취의 역사[49]에 기반을 두고 있으며, 그 역사 자체가 윤리적 위반으로 가득 차 있다.

인류의 삶에 중대한 영향을 미칠 지구환경 파괴에 대한 불균형적인 기여에 대한 윤리적 우려는 개인 차원뿐 아니라 국가 차원에도 적용된다. 어떤 사람이 장거리 비행을 자주하거나, 육류를 대량으로 섭취하거나, 오래된 삼나무로 집을 짓거나, 희토류 원소를 광범위하게 채굴하는 기술을 사용하는 등의 생활을 선택한다면 이는 윤리적인가? 과도한 소비가 다른 사람에게 해를 끼친다면 악행금지라는 윤리의 핵심 원칙에 위배되는 것으로 볼 수 있는가?[50,51]

환경 파괴에 대한 비대칭적 영향력 행사를 해결하기 위해 제안된 한 가지는 '수축(Contract)과 수렴(Converge)'이다.[52] 전 지구적 차원에서, 이는 전체 CO_2 배출량(또는 이론적으로는 다른 형태의 환경 영향)을 지속가능한 수준으로 줄이고(수축), 모든 국가의 1인당 배출량을 조화롭게 조정(수렴)하는 것을 수반한다: 부유하고 온실가스 배출량이 많은 국가는 배출량을 줄이는 반면, 가난한 국가는 국민들이 더 부유해짐에 따라 배출량을 늘릴 것이다. (배출권 거래제에서는 배출량이 적은 국가는 배출량이 많은 국가에 할당량을 판매할 수 있음) 개인 차원에서는 사람들이 자신의 환경 발자국을 '공정한 몫'(지구의 한계를 벗어나지 않으면서 다른 사람들도 공정한 몫을 누릴 수 있는 수준으로 정의됨) 이내로 유지하는지 여부가 관건이다.[53,54] 그러나 두 접근 방식 모두 소비에 대한 윤리적 제한이 따른다.

지구환경 변화에 대한 취약성의 격차는 국가별로 극심하다. 이러한 격차는 기후변화의 경우에서 잘 드러난다. 국가 규모에서는 키리바시나 투발루[55]와 같은 작은 섬나라가 특히 취약하며, 방글라데시처럼 홍수에 취약한 국가, 이라크나 사우디아라비아처럼 견딜 수 없을 정도로 더워지는 국가[56] 등 많은 국가가 취약하다. 국가 내에서는 가난하고 권리가 박탈된 사람들, 즉 이미 어

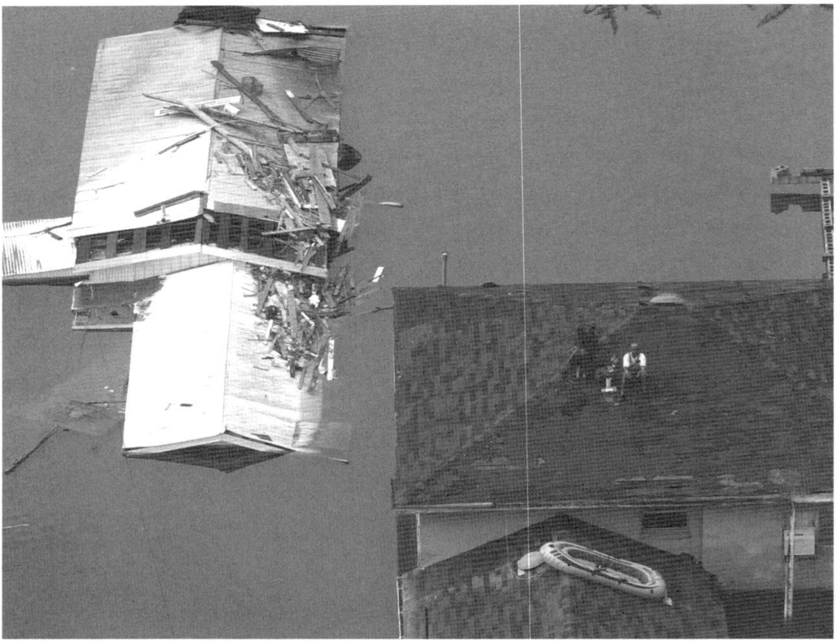

그림 17.2 2005년 뉴올리언스에서 허리케인 카트리나로 인해 발이 묶인 사람들. 당시 재난으로 가장 큰 피해를 입은 사람들은 빈곤층과 소수 민족 공동체였으며, 이것은 재해의 전형적인 양상이다.
자료: Photo by Jocelyn Augustino (FEMA)

려운 삶을 영위하고 있는 사람들이 폭염, 자연재해, 식량 가격 상승 및 다른 영향에 특히 취약하다(**그림 17.2**).[57] 세계 일부 지역에서는 여성이 남성보다 이러한 지구환경 변화의 영향을 더 많이 받기도 한다.[58] 이 격차는 고정되어 있지 않으며, 환경 악화는 취약계층에 불이익을 줌으로써 불평등을 심화시키고[59] 전형적인 악순환의 고리를 만든다.

마지막으로, 지구환경 파괴의 유산과 그로 인한 고통의 분배에 윤리적 문제가 있다면 적응 및 완화 조치에 대한 함의는 무엇인가? 지구환경 파괴에 가장 크게 기여한 부유한 국가는 이러한 문제를 해결하기 위해 가난한 국가를 지원해야 할 특별한 책임이 있는가? 이에 대해 몇 가지 사례가 도움이 될 수 있겠다.

중요한 기후변화 완화 전략 중 하나는 산림 파괴 및 산림 황폐화(reducing emissions from deforestation and forest degradtion, REDD)로 인한 배출량을 줄이는 것이다. 보다 향상된 접근법은 산림 탄소 보유량과 지속가능한 산림 관리의 보전 및 강화를 포함하며 이를 REDD+라고 한다. 베트남과 탄자니아의 REDD+ 프로젝트 사례 연구에 따르면, 인프라 개발과 불법적인 상업적 벌목으로 인한 산림 파괴를 막는 대신, 산림 보존에 대한 상당한 책임을 지역 공동체에 전가하는 것으로 나타났다.[60,61] 이러한 방식은 소규모 지역사회에 과도한 부담을 주고, 전통적인 삶의 방식을 평가절하하며, 산림 파괴의 구조적 원인을 방치하는 결과를 낳을 수 있다. 보다 윤리적인 접근 방식은 역사적으로 기후변화에 크게 기여한 사람들이 스스로 책임을 지고, 필수적인 시스템 변화에 효력을 미치며(일부 비용을 감수하더라도), 가장 큰 피해를 입는 사람들을 보호하는 적응조치를 지원하는 것이다.

두 번째 예는 적응과 완화가 실패한 경우에서, 손실 및 피해(loss and damange, L&D)라는 개념이다. 이는 환경 변화로 인한 돌이킬 수 없는 손실(예: 섬나라의 소멸 또는 지역적으로 중요한 꽃가루 매개 종의 멸종) 또는 복구 가능한 피해(예: 도시 홍수 또는 야자유 농장을 만들기 위한 삼림 벌채)를 의미한다. 저소득 국가는 이러한 L&D에 불균형적으로 취약하기 때문에 일부에서는 이들에게 재정 지원, 보상 또는 배상금을 제공해야 한다고 요구하고 있다. 유엔기후변화협약(UNFCCC)은 1990년대부터 L&D 메커니즘을 완화 및 적응과 함께 '세 번째 요인'로 삼을지에 대해 논의했다. 작은 섬나라와 최빈국들은 이러한 움직임을 옹호했고, 부유한 국가들은 이에 반대하거나 적어도 보상이나 배상으로 규정하는 것에 반대했다. 보다 강력한 L&D 메커니즘을 위한 윤리적 주장은 환경 변화에 대한 책임과 손실로부터 회복할 수 있는 능력의 격차에 관한 것이다. 손실을 특정 원인으로 돌리기 어렵고 L&D가 불가피한 적응 한계를 정의하기 어렵다는 점 등 보상 메커니즘을 만드는 데 현실적인 어려움이 있지만, 그중 가장 큰 장벽은 부유한 국가들이 지속적인 책임을 받아들이기를 꺼린다는 점이다. 2013년에 유엔기후변화협약은 각국이 피해를 포함한 기후변화 영향에 대해 보고할 수 있는 메커니즘을 만들었으나('기후변화 영향과 관련된 손실 및 피해에 관한 바르샤바 국제 메커니즘'이라고 함), 부유한 국가가 가난한 국가에 보상하는 메커니즘은 여전히 존재하지 않는다.[62,63]

분배 정의가 갖는 어려움의 세 번째 예는 환경적 이주이다(제8장 참조). 지구환경 변화가 이주의 유일한 원인인 경우는 드물지만, 점점 더 많은 영향을 미치고 있다. 커피 작황의 실패로 중앙아메리카의 사람들이 고향을 떠나야 하거나 해수면 상승으로 방글라데시의 사람들이 고향을 떠나야 한다면, 이러한 변화에 기여한 부유한 국가들이 이민자를 받아들여야 할 윤리적 책임이 있는가? 그렇다면 그러한 윤리적 책임은 그러한 이주가 일어날 것이라는 전망이 분명해졌을 때 시작되는 것인가, 아니면 이주가 시작된 후에 시작되는 것인가? 그 책임의 정도는 이주의 원인인 환경 변화에 대해 수용국이 얼마나 기여를 했는가에 따라 달라지는가? 재정적 자원에 따라 달라지는가? 아니면 더 많은 인구를 부양할 수 있는 능력에 달려 있는가? 수용국에서 반이민 정치적 정서의 역할은 무엇인가? 이러한 상황에서 이주민 스스로는 권리를 가지고 있는가? 해수면 상승으로 인해 삶의 터전이었던 땅이 더 이상 존재하지 않게 된 민족의 문화를 보존하기 위해 어떤 보호 장치가 마련되어야 하는가? 현재 국제법상 '난민'의 정의는 출신국에서의 박해를 기준으로 하고 있는데, 환경적 난민에 대한 자격을 부여하기 위해 이 정의를 확대해야 하는가?[64-67] 그렇다면 이러한 분류는 실향민들에게 어떤 영향을 미치는가?[68]

실천 방안

- 적절한 경제 모델을 통해 빈곤을 퇴치하고 지속가능한 개발을 달성한다. 이러한 빈곤 퇴치와 지속가능한 개발은 지역사회와의 대화 속에서 이루어져야 하며, 하향식으로 변화를 강요하는 것보다는 집단적 참여를 통한 풀뿌리 지속가능성을 촉진해야 한다.
- 각국 정부가 국가적, 국제적 차원에서 수축 및 수렴 정책을 시행하도록 압박하고, 특히 역사적으로 많은 배출을 통해 부정적인 영향력을 행사한

기여자들에 중점을 두어야 한다.

- 각국 정부와 국제기구가 기후와 관련된 국제적 이주가 어떻게 최선의 방식으로 이루어질 수 있는지에 대한 논의를 시작하여 감당할 수 없는 대규모 이주와 폭력적인 반이민 대응을 방지할 수 있도록 독려한다.
- 부유한 국가에서 가난한 국가로 보상하는 과정을 활성화할 수 있는 실행 가능한 L&D 메커니즘을 개발하기 위해 노력한다.

사전예방 원칙

사전예방 원칙은 "예방 1온스는 치료 1파운드의 가치가 있다"는 격언을 현대적으로 재구성한 것이다. 사전예방 원칙은 환경적 위험에 대한 과학적 증거가 불완전하지만 그 위험성이 높을 때 피해를 예방하기 위한 조치를 취해야 한다는 원칙이다. 경험적 주장이자 윤리적 주장이기도 한 이 주장에는 네 가지 측면이 있다.[69] 첫째, 특정 행동의 결과로 피해가 증가하는 것으로 알려진 경우, 인과관계가 완전히 규명되지 않더라도 해당 행동을 방지하기 위한 조치를 취해야 한다. 둘째, 무해성을 입증할 책임이 화학물질 제조업체나 공장식 축산업체 등 해당 행위를 생산하는 주체에 전가된다. 셋째, 해조류 기반 플라스틱과 같은 기술적 개선부터 순환경제와 같은 시스템 변화에 이르기까지 유해한 공정을 대치하는 방안이 장려된다. 마지막으로, 사전예방 원칙은 의사 결정과정에서 강력한 대중과 학제 간 소통을 중요시한다. 이는 피해를 줄일 수 있는 가장 효과적인 전략이 도출될 수 있음을 의미한다.

지구건강 윤리에 있어 사전예방 원칙은 세 가지 측면에서 중요하다. 첫째, 사전예방 원칙은 잠재적 위험에 직면했을 때 조치를 취할 것을 옹호하고, 잠재적으로 유해한 행동을 하는 사람 및 기관에 입증 책임을 부여함으로써 위험에 노출되는 사람들의 수를 크게 줄인다. 둘째, 유해한 행동을 대치하는 방안의 필요성은 앞서 언급한 분배 정의에 대한 요구와 연결될 수 있다. 수축 및 수렴 모델을 고려할 때, 플라스틱과 같은 제품에 대해 각 주체(개인, 기업 또는 국가)에게 일정량의 플라스틱 사용의 허용량을 부여하는 경우를 생각해 볼 수 있다. 이 허용 한도를 넘으면 초과량에 비례하여 벌금을 부과하고, 이 벌금은 플라스틱을 대체하는 방안을 연구하는 자금으로 사용될 수 있다. 셋째, 의사 결정 과정에 참여를 장려함으로써 소외된 목소리를 들을 수 있는 기회를 제공하며, 이는 다음 알 권리 단락에서 자세히 살펴볼 수 있다.

실천 방안

- 가장 큰 해를 끼치는 제품과 공정들을 파악하여 이를 먼저 조치할 수 있도록 하며 이것은 지구건강 연구의 가장 핵심적인 역할이다.
- 녹색화학(14장 참조)과 같이 유해성이 적은 제품과 공정으로 전환을 촉진하는 재정적 인센티브 시스템을 구현한다.

알 권리

알 권리는 사람들이 일상생활에 존재하는 위험에 대해 알 권리이다. 개인의 자율성에 대한 존중을 바탕으로 하는 이 원칙에 따르면 정보를 공개하지 않음으로써 사람들이 해를 입을 위험이 커지거나 정보에 기반한 결정을 내리지 못하게 된다면, 정보를 공개하지 않는 것은 비윤리적이라 할 수 있다. 알 권리는 영향을 받는 당사자(개인 또는 지역사회)와 정보를 제공하는 주체(전문가, 기업, 정부 기관) 간 대화를 통해 참여적 의사결정을 가능하게 한다.[70] 알 권리의 예로는 식품표시와 화학물질 안전보건자료 등이 있다. 자율성을 높이는 과정에서 핵심이 되는 다섯 가지 속성이 있다. 열린 마음, 개인적 관점을 발전시킬 수 있도록 하는 격려, 새로운 사실과 통찰을 기꺼이 수용하여 자신의 관점을 변화시킬 수 있는 태도, 타인의 관점을 자유롭게 표현할 수 있도록 돕는 것, 그리고 대인적0환경적 차원의 돌봄에 대한 이유를 발전시키는 것이다. 알 권리는 이러한 점에서 지구 건강에 여러 가지 함의를 지닌다.

첫째, 정보는 정직하고 객관적으로 제공되어야 한다. 지구건강에 관한 많은 이슈에는 이데올로기적 신념과 기득권이 얽혀 있으며, 그 결과 기만적이고 편향된 '대안적 사실'*이 너무 공공연하다.[71,72] 지구건강 종사자는 이러한 거짓 정보를 차단하기 위해 노력해야 한다. 이는 지속적인 의무이며, 단순히 잘못된 정보에 대해 한 번 시정을 요구하고 이를 폭로하는 것만으로는 동일한 잘못된 정보가 계속 유포되는 것을 막기에 충분하지 않다.[73] 잘못된 정보를 차단하기 위한 노력으로는 공개 토론에서 기후 부정론자들과 정면으로 맞서는 것이 포함될 수 있겠다. 그들의 주장이 기후변화 완화를 방해하여 사람들에게 해를 끼칠 수 있음에도 지구건강 종사자들이 개입하지 않는 것은 비윤리적일 수 있다.

둘째, 위험을 알릴 의무는 단순히 정보를 전달하는 것뿐만 아니라, 영향을 받는 사람들의 언어와 세계관을 통해 주의 깊게 듣고 소통하는 의무이기도 하다. 경청하지 않으면 이러한 피해자들의 우려와 관점을 오해하고 적절하게 대응하지 못할 위험이 있다. 효과적으로 소통하지 못하면 알 권리의 핵심 목표인 피해자들의 참여를 약화시킬 위험이 있다.

마지막 논점은 문화, 인종, 이념, 연령, 성별 등 차이를 넘어서는 소통뿐 아니라, 이러한 영역들이 교차하는 지점에서 이루어지는 소통과도 밀접하게 연결되어 있다. 지구건강 커뮤니케이터들은 긴급한 과제가 닥친 상황에서 서로 다른 신념 체계와 삶의 방식을 넘어서 효과적인 문제해결방안을 내올 수 있는 대화가 될 수 있도록 자신들의 주장을 완화할 필요도 있다.[74] 예를 들어, 전 세계가 육식을 줄여야 한다는 현재의 논의는 사냥과 육식이 육체적, 정신적 생존과 동의어인 북극의 환경적, 문화적 현실과 맞물려 고민되어야 한다.[75] 지구건강 커뮤니케이터들은 세상에 접근하는 다양한 방식을 이해하고 존중하며 통합해야 하며, 문화의 차이를 넘어선 풀뿌리 해결책이 나올 수 있도록 참여형 방식으로 이루어져야 한다. 이와 같은 접근 방식은 지역사회의

---

* 대안적 사실(alternative facts)은 일반적으로 진실하거나 정확하지 않은 주장을 '사실'로 제시하려는 시도를 의미하며, 이는 특히 정치적, 사회적 맥락에서 논란이 되는 개념이다. 이 용어는 2017년 트럼프 행정부가 취임 첫날부터 대통령 취임식 참석자 수에 대한 논란을 설명하면서 '사실이 아닌 내용'을 '대안적 사실'이라 표현했다는 논란으로 처음 사용되어 대중적으로 알려졌다. _옮긴이주

수용성을 높여 종교적, 문화적 전통에 대한 피해를 적게 하면서도 더 강력한 해결책을 내올 수 있다.

셋째, 알 권리는 희망에 대한 권리이기도 하다. 지구건강에 대해 알게 되면 암울하거나 때로 절망적으로 될 수 있다. 암울한 소식을 거짓으로 포장하거나 사탕발림을 해서는 안 되지만(이는 정직과 객관성의 의무에 위배될 수 있음), 희망을 짓밟는 방식으로 표현되어서는 안 된다. 지구건강 분야에서 일하는 사람들은 당면한 과제를 '대업(great work)'[76]으로 묘사하고 싶을 수 있다. 이 대업은 "인간이 지구를 착취하고 파괴하던 시대에서 인간이 상호 유익한 방식으로 지구에 존재하는 시대로 전환"하려는 소명이다. "지구에 존재한다"가 의미하는 것은 환경보호에 부합하는 방식으로 신중하게 행동해야 한다는 것이다. 지구건강은 지구의 손상을 완화하여 얻을 수 있는 공동의 이익을 강조하고, 세계인의 경외심과 경이로움을 불러일으키며,[9] 사랑하는 자연환경을 보호하기 위해 싸우도록 독려함으로써 희망의 불씨를 지필 수 있다.

실천 방안

- 잠재적 위험을 다양한 언어와 문화권으로 번역하여 영향을 받는 사람들이 자신의 조건에 맞게 잠재적 위험을 이해할 수 있도록 한다.
- 기후 부정주의가 생기는 이유를 이해하고 이를 무력화하고 확산을 방지하는 데 효과적인 논리와 반론을 개발한다.[77]
- 공개 포럼을 통해 기후 부정주의자들과 정중하고 생산적인 방식으로 토론을 진행한다.

결론

이 장에서 논의한 다섯 가지를 포함한 대부분의 윤리적 지침은 자율성 존중과 악행금지와 같은 기본 원칙에 기반을 두고 있다. 지구건강 윤리에 대한

그림 17.3 온두라스의 환경 운동가이자 원주민 지도자인 베르타 카세레스(Berta Caceres, 1971~2016)는 아과 카르카 댐 건설 반대 시위로 골드만 환경상을 수상한 지 1년 만에 암살당했다. 그녀의 사망은 예외적인 사건이 아니었으며 카세레스처럼 환경 인권을 위해 싸우는 환경 운동가들에 대한 살인사건은 2017년까지 전 세계적으로 매주 4건씩 발생했다(Butt N, Lambrick F, Menton M, Renwick A. The supply chain of violence. *Nat Sustain*. 2019; 2(8): 742-747). 이러한 폭력은 환경 인권을 증진하는 데 영향을 미쳤다.
자료: Courtesy of Goldman Environmental Prize

또 다른 접근법은 유엔의 표현에 따르면 "모든 인간에게 내재된" 권리인 인권을 출발점으로 삼을 수 있다. 건강한 환경은 인간의 번영에 필수적이므로 인권에 대한 논점으로 적절한 것으로 강조되고 있다.[78-81] 주요한 국제 선언인 세계인권선언에는 건강한 환경에 대한 권리가 포함되어 있지는 않으나 국제사회는 수십 년 동안 그 권리에 대해 논의해 왔다. 1972년 인간 환경에 관한 스톡홀름 선언은 "인간은 존엄하고 안녕한 삶을 영위할 수 있는 양질의 환경에서 자유, 평등 및 적절한 삶의 조건을 누릴 기본적 권리를 가지며, 현재와 미래 세대를 위해 환경을 보호하고 개선할 중대한 책임을 가진다"고 선언했다. 최근 유엔 인권이사회는 환경권을 공식적으로 선언하는 방안을 검토하기 시작했는데, 부분적으로는 환경 운동가들에 대한 학대와 심지어 살해라는 비극적 사건이 이 이니셔티브를 추진하는 계기가 되었다(**그림 17.3**). 많은 관할권에서 인권 체계를 확장하여 남아프리카공화국에서 노르웨이에 이르기까지 수십 개국의 헌법이나,[82,83] 판례법(유럽의 경우, Mijatović, 2019 참조),[84] 또는 시민 사회의 혁신적인 소송 전략에 이러한 권리를 포함시키고 있다. 이러한 소송의 예로는 2015년에 제기된 네덜란드 정부를 상대로 한 위르헨다 소송[85]과 줄리아나 대 미국 소송[86]이 있다. 네덜란드 소송은 생명권과 가정 및 가족 생활에 대한 권리(각각 유럽인권협약 제2조와 제8조)를 근거로 기후변화 완화를 위한 정부의 의무를 주장했다. 이러한 법적 전략은 헌법 조항과 결합하여 건강한 환경에 대한 보편적으로 인정된 권리, 즉 지구건강 윤리의 실질적인 적용을 보여준다.

(현재와 미래 세대를 위한) 건강한 환경에 대한 권리는 전통적인 윤리적 사고가 크게 확장되었음을 나타낸다. 지구건강을 위해서는 보다 극적인 발상의 전환이 필요할 수 있다. 즉 첫째, 기존의 지식을 새로운 방식으로 받아들이고, 둘째, 합리주의, 개인주의 및 주류의식에 덜 얽매이며, 셋째, 감각적 인식과 연대와 호혜에 좀 더 비중을 둠으로써, 결과적으로 윤리적 약속에 더 부합하는 것이다. 여기에는 프랑스 철학자 브뤼노 라투르(Bruno Latour)의 "영향을 받는 법을 배우는 것"이 포함된다.[87] 마일스와 크래독이 지적했듯이, 영향을 받는 법을 배우는 것은 "자연과 인간, 생태계의 연결성에 대한 인식뿐 아니라 그 연결성과 공존에 의한 전환을 경험하는 것"이다.[8] 이것은 "모든 생명체를 포괄할 수 있도록 인간이 마음을 열어 연민을 발휘하는 것"을 포함한다. 이러한 방식으로 권리와 의무의 언어로 구성된 전통적인 윤리는 다음과 같은 관점에서 새롭게 재구성될 수 있다. 즉, 지구와 인간의 연대, 인간을 넘어선 존재들과의 상호성, 인류의 진화적 기원에 대한 인식, 그리고 번성하는 생태계와의 다양한 접촉이 줄 수 있는 이점을 염두에 둔 연대의 관점이 그것이다.

지구건강의 기초가 된 문서는 이러한 분야의 필요성을 제시하고 사회운동, 과학적 체계, 삶에 대한 태도, 그리고 회복력과 적응력을 키우는 삶의 철학 등 이 분야가 갖춰야 할 속성에 대해 설명했다. 그러나 이 분야를 만들어 가는 데 필요한 모든 단계를 설명하지는 않았다. 윤리 원칙은 인간과 비인간을 막론하고 개인과 공동체가 문제를 파악하고 해결책을 마련하도록 도움을 준다. 이 장에서는 세대 간 책임, 인권 이상의 가치, 분배 정의, 사전예방 원칙, 알 권리 등 지구건강이 지향할 수 있는 다섯 가지 입장에 대해 논의했다. 그러나 어느 한 가지 입장만으로는 지구건강을 설명하기에는 충분하지 않다. 예를 들어, 분배 정의와 인권이라는 가치를 배제한 세대 간 책임은 사람들이 자기 가족에게만 책임을 지고, 상대가 인간이든 아니든 다른 사람이나 다른 존재의 가족에게는 책임지지 않을 위험이 있다. 여기서 설명된 윤리적 참여가 지구건강 전문가와 그들이 봉사하는 지역사회가 지구건강의 대업인 인류와 인류가 의존하는 자연계 모두가 높은 수준의 건강을 달성하는 데 도움이 되기를 바란다.

저자

알렉산더(알렉스) 포스터(Alex Foster)는 옥스퍼드대학교 인류학 및 박물관 민족학 대학원에서 의료 인류학 박사과정을 밟고 있으며, 옥스퍼드대학교 지리학과를 수석졸업하였다. 그의 연구분야는 지구건강을 향상시킴과 동시에 인체에 대한 문화적 개념에 도전하는 저비용의 탈탄소 구현 방안을 개발하는 것이다.

제니퍼 콜(Jennifer Cole, PhD)는 런던대학교 지속가능성 및 환경 대학원의 로열 홀러웨이 지리학과 연구원이자 옥스퍼드대학교 옥스퍼드 마틴 스쿨의 록펠러 재단 지구건강 경제위원회의 공중보건 정책 자문위원이다. 케임브리지대학교에서 생물인류학을 전공하고 로열 홀러웨이에서 컴퓨터 과학 및 지리학 박사 학위를 받았다.

이비카 페트리코바(Ivica Petrikova, PhD) 박사는 런던대학교 로열 홀러웨이의 국제관계학 선임 강사이다. 또한 아프리카, 아시아, 라틴 아메리카, 중동 정치 센터의 공동 디렉터이기도 하다. 그녀의 연구는 주로 개발이란 무엇이며 어떻게 달성하고 달성 못하는지에 초점을 맞추고 있으며, 국내 및 외부의 개발 개입 효과를 연구한다.

앤드루 팔로(Andrew Farlow, MPhil)는 21세기의 큰 과제를 해결하기 위한 학제 융합 학교인 옥스퍼드 마틴 스쿨의 선임 연구원이다. 그는 베를린 이니셔티브에서 옥스포드의 지구건강 활동을 지원하고 있으며, 이 이니셔티브는 베를린 및 기타 유럽의 연구자들이 아프리카, 인도, 중국, 브라질 등의 연구자들과 협력하여 지구와 인류의 건강과 복지를 보호할 수 있는 해결책을 찾는 것을 목표로 한다.

하워드 프럼킨(Howard Frumkin, MD, DrPH)은 워싱턴대학교 보건대학원의 환경 및 산업보건학 명예교수이자 전 학장이다.

참고문헌

1. Gillon R. Medical ethics: four principles plus attention to scope. *BMJ*. 1994; 309(6948): 184–188.
2. Beauchamp T, Childress J. *Principles of Biomedical Ethics*. 7th ed. New York, NY: Oxford University Press; 2013.
3. Potter V. Bioethics, the science of survival. *Perspect Biol Med*. 1970; 14(1): 127.
4. Meadows DH, Meadows DL, Randers J, Behrens WW III. The Limits to *Growth: A Report for the Club of Rome's Project on the Predicament of Mankind*. New York, NY: Universe Books; 1972:195.
5. Hardin G. The tragedy of the commons. *Science*. 1968; 162(3859): 1243–1248.
6. Ostrom E. *Governing the Commons: The Evolution of Institutions for Collective Action (Political Economy of Institutions and Decisions)*. Cambridge, UK: Cambridge University Press; 1990.
7. Rolston H. Earth Ethics: a challenge to liberal education. In: Callicott JB, da Rocha FJR, eds. *Earth Summit Ethics: Toward a Reconstructive Postmodern Philosophy of Environmental Education*. Albany, NY: State University of New York Press; 1996:161–192.
8. Miles S, Craddock S. Ethics for the Anthropocene. In: DellaSala D, Goldstein M, eds. *The Encyclopedia of the Anthropocene*. Vol 4. Oxford, UK: Elsevier; 2018:21–27.
9. Mickey S. Cosmology and ecology. In: DellaSala D, Goldstein M, eds. *The Encyclopedia of the Anthropocene*. Vol 4. Oxford, UK: Elsevier; 2018:151–157.
10. World Commission on the Ethics of Scientific Knowledge and Technology. *The Ethical Implications of Global Climate Change: Report by the World Commission on the Ethics of Scientific Knowledge and Technology(COMEST)*. UNESCO; 2010. https://unesdoc.unesco.org/ark:/48223/pf0000188198.
11. Foster A, Cole J, Farlow A, Petrikova I. Planetary health ethics: beyond first principle. *Challenges*. 2019; 10(1): 14.
12. Prescott S, Logan A, Albrecht G, et al. The Canmore Declaration: statement of principles for planetary health. *Challenges*. 2018; 9(2): 31.
13. Potvin L, Jones C. Twenty-five years after the Ottawa Charter: the critical role of health promotion for public health. *Can J Public Health*. 2011; 102(4): 244–248.
14. Knapp S, VandeCreek L. *A Guide to the 2002 Revision of the American Psychological Association's Ethics Code*. Sarasota, FL: Professional Resource Press; 2003.
15. Singer P. *Practical Ethics*. 2nd ed. Cambridge,UK: Cambridge University Press; 1993.
16. Gray B. (Bio)Ethics in a pluralistic society. *Challenges*. 2019; 10(1): 12.

17. Sen A. Maximization and the act of choice. *Econometrica*. 1997; 65(4): 745–779.
18. Tremmel J. *A Theory of Intergenerational Justice*. Sterling, VA: Earthscan; 2009.
19. Boersema J. How to prepare for the unknown? On the significance of future generations and future studies in environmental policy. *Environ Values*. 2001; 10(1): 35–58.
20. White J. Climate change and the generational timescape. *Sociological Rev*. 2017; 65(4): 763–778.
21. Gaba J. Environmental ethics and our moral relationship to future generations: future rights and present virtue. *Columbia J Environ Law*. 1999; 24:249–288.
22. Gardiner SM. A Perfect moral storm: climate change, intergenerational ethics and the problem of moral corruption. *Environ Values*. 2006; 15(3): 397–413.
23. Weston B. Climate change and intergenerational justice: foundational reflections. *Vermont J Environ Law*. 2008; 9(3): 375–430.
24. Peel J, Osofsky H. A rights turn in climate change litigation? *Transnational Environmental Law*. 2018; 7(1): 37–67.
25. Pearson R. Reasons to conserve nature. *Trends Ecol Evol*. 2016; 31(5): 366–371.
26. Jax K, Barton DN, Chan KMA, et al. Ecosystem services and ethics. *Ecol Econ*. 2013; 93:260–268.
27. Brennan A, Lo Y-S. Environmental ethics. In: Zalta EN, ed. *The Stanford Encyclopedia of Philosophy*(Winter 2016 Edition). 2016. https://plato.stanford.edu/archives/win2016/entries/ethics-environmental/.
28. Aristotle. *Politics*. Book 1, Chapter 8.
29. Heidegger M. *Being and Time*. Part 1, Chapter 3. 1927.
30. Singer P. *Animal Liberation: The Definitive Classic of the Animal Movement*. New York, NY: Harper Perennial; 2009.
31. Regan T. *The Case for Animal Rights*. 2004 ed. Berkeley: University of California Press; 2004.
32. Rowlands M. Tom Regan: animal rights as natural rights. In: *Animal Rights*. London, UK: Palgrave Macmilan; 2009.
33. Latour B. *Facing Gaia: Eight Lectures on the New Climatic Regime*. Medford, MA: Polity; 2017.
34. Haraway D. *When Species Meet*. Minneapolis, MN: University of Minnesota Press; 2008.
35. Nussbaum M. Working with and for animals: getting the theoretical framework right. *Denver Law Rev*. 2017; 94(4): 605–625.
36. Sunstein C. Standing for animals (with notes on animal rights). *UCLA Law Rev*. 2000; 47(1333): 1333–1168.
37. Tribe L. Ten lessons our constitutional experience can teach us about the puzzle of animal rights: the work of Steven M. Wise. *Anim Law Rev*. 2001; 7(1).
38. Eisen J. Animals in the constitutional state. *Int J Const Law*. 2018; 15(4): 909–954.
39. Diaz S, Demissew S, Carabias J, et al. The IPBES Conceptual Framework—connecting nature and people. *Curr Opin Env Sust*. 2015; 14:1–16.

40. Chan KM, Guerry A, Balvanera P, et al. Where are cultural and social in ecosystem services? A framework for constructive engagement. *BioScience*. 2012; 62(8): 744-756.
41. Pascual U, Balvanera P, Diaz S, et al. Valuing nature's contributions to people: the IPBES approach. *Curr Opin Env Sust*. 2017; 26-27:7-16.
42. Arias-Arevalo P, Martin-Lopez B, Gomez-Baggethun E. Exploring intrinsic, instrumental, and relational values for sustainable management of social-ecological systems. *Ecol Soc*. 2017; 22(4): 43.
43. Chapron G, Epstein Y, Lopez-Bao J. A rights revolution for nature. *Science*. 2019; 363(6434): 1392-1393.
44. Kauffman C, Martin P. Constructing rights of nature norms in the US, Ecuador, and New Zealand. *Glob Environ Politics*. 2018; 18(4): 43-62.
45. Tanasescu M. The rights of nature in Ecuador. In: Tanasescu M, ed. *Environment, Political Representation, and the Challenge of Rights: Speaking for Nature*. London, UK: Palgrace Macmillan; 2016:85-106.
46. Borras S. New transitions from human rights to the environment to the rights of nature. *Trasnational Environmental Law*. 2016; 5(1): 113-143.
47. Boyd DR. *The Rights of Nature: A Legal Revolution That Could Save the World*. Toronto, ON, Canada: ECW Press; 2017.
48. Peters G, Davis S, Andrew R. A synthesis of carbon in international trade. *Biogeosciences*. 2012; 9 :3247-3276.
49. Chakrabarty D. The climate of history: four theses. Crit Inq. 2009; 35(2): 197-222.
50. Shaw D, Carrington M, Chatzidakis A. *Ethics and Morality in Consumption: Interdisciplinary Perspectives*. New York, NY: Routledge; 2016.
51. Schwartz D. *Consuming Choices: Ethics in a Global Consumer Age*. 2nd ed. Lanham, MD: Rowan & Littlefield; 2017.
52. Stott R. Contraction and convergence: the best possible solution to the twin problems of climate change and inequity. *BMJ*. 2012; 344:e1765.
53. Baatz C. Climate change and individual duties to reduce GHG emissions. Ethics Policy *Environ*. 2014; 17(1): 1-19.
54. Bowman P. *Fair shares and decent lives. Ethics Policy Environ*. 2014; 17:24-26.
55. Lazrus H. Sea change: island communities and climate change. *Annu Rev Anthropol*. 2012; 41(1): 285-301.
56. Pal J, Eltahir E. Future temperature in southwest Asia projected to exceed a threshold for human adaptability. *Nat Clim Change*. 2016; 6:197-200.
57. Leichenko R, Silva JA. Climate change and poverty: vulnerability, impacts, and alleviation strategies. *Wiley Interdiscip Rev Clim Change*. 2014; 5(4): 539-556.
58. Crate S, Nuttall M, eds. *Anthropology and Climate Change: From Encounters to Actions*. Walnut Creek, CA: Left Coast Press; 2009.
59. Diffenbaugh NS, Burke M. Global warming has increased global economic inequality. *PNAS*. 2019; 116(20): 9808-9813.
60. McElwee P. From Conservation and development to climate: anthropological

engagements with REDD+ in Vietnam. In: Barnes J, Dove M, eds. *Climate Cultures: Anthropological Perspectives on Climate Change*. New Haven, CT: Yale University Press; 2015.
61. Beymer-Farris B, Bassett T. The REDD menace: resurgent protectionism in Tanzania's mangrove forests. *Glob Environ Change*. 2012; 22(2): 332–341.
62. Mechler R, Bouwer L, Schinko T, Surminski S, Linnerooth-Bayer J, eds. *Loss and Damage from Climate Change: Concepts, Methods and Policy Options*. New York, NY: Springer; 2019.
63. Mechler R, Schinko T. Identifying the policy space for climate loss and damage. *Science*. 2016; 354(6310): 290–292.
64. Drydyk J. Development ethics and the "climate migrants." *Ethics Policy Environ*. 2013; 16(1): 43–55.
65. Nawrotzki RJ. Climate migration and moral responsibility. *Ethics Policy Environ*. 2014; 17(1): 69–87.
66. Eckersley R. The common but differentiated responsibilities of states to assist and receive "climate refugees." *Eur J Political Theory*. 2015; 14(4): 481–500.
67. Marshall N. Forced environmental migration: ethical considerations for emerging migration policy. *Ethics Policy Environ*. 2016; 19(1): 1–18.
68. Farbotko C, Lazrus H. The first climate refugees? Contesting global narratives of climate change in Tuvalu. *Glob Environ Change*. 2012; 22(2): 382–390.
69. Kriebel D, Tickner J, Epstein P, et al. The precautionary principle in environmental science. *Environ Health Perspect*. 2001; 109(9): 871–876.
70. Lambert TW, Soskolne C, Bergum V, Howell J, Dossetor JB. Ethical perspectives for public and environmental health: fostering autonomy and the right to know. *Environ Health Perspect*. 2003; 111(2): 133–137.
71. Keyes R. *The Post-Truth Era: Dishonesty and Deception in Contemporary Life*. New York, NY: St. Martin's Press; 2004.
72. Oreskes N, Conway EM. *Merchants of Doubt: How a Handful of Scientists Obscured the Truth on Issues from Tobacco Smoke to Global Warming*. London, UK: Bloomsbury; 2010.
73. Thorson E. Belief echoes: the persistent effects of corrected misinformation. *Polit Commun*. 2016; 33(3): 460–480.
74. Stengers I. *Cosmopolitics(Posthumanities)*. Vols 9–10. Minneapolis, MN: University of Minnesota Press; 2010.
75. Blaser M. Is another cosmopolitics possible? *Cult Anthropol*. 2016; 31(4): 545–570.
76. Berry T. *The Great Work: Our Way into the Future*. New York, NY: Bell Tower; 1999.
77. Gifford R. The dragons of inaction: psychological barriers that limit climate change mitigation and adaptation. *Am Psychol*. 2011; 66(4): 290–302.
78. Shelton D. Human rights, environmental rights, and the right to environment. *Stanf J Environ Law*. 1991; 92(28): 103–138.
79. Boyle A. Human rights and the environment: where next? *Eur J Int Law*. 2012; 23(3): 613–462.

80. Leib L. *Human Rights and the Environment: Philosophical, Theoretical and Legal Perspectives*. Leiden, Netherlands: Brill; 2011.
81. May J, Daly E, eds. *Human Rights and the Environment: Legality, Indivisibility, Dignity and Geography*. Cheltenham, UK: Edward Elgar; 2019.
82. May J, Daly E. *Global Environmental Constitutionalism*. Cambridge, UK: Cambridge University Press; 2015.
83. Jeffords C, Gellers G. Constitutionalizing environmental rights: a practical guide. *J Hum Rights Pract*. 2017; 9(1): 136–145.
84. Mijatović D. Living in a clean environment: a neglected human rights concern for all of us. 2019. https://www.coe.int/en/web/commissioner/-/living-in-a-clean-environment-a-neglected-human-rights-concern-for-all-of-us.
85. Urgenda. The Urgenda case against the Dutch government. 2019. https://www.urgenda.nl/en/themas/climate-case/. Accessed April 2020.
86. Our Children's Trust. Juliana v. United States. 2019. https://www.ourchildrenstrust.org/juliana-v-us. Accessed April 2020.
87. Latour B. How to talk about the body? The normative dimension of science studies. *Body Soc*. 2004; 10(2–3): 205–229.

18 지구건강을 위한 밝은 미래

새뮤얼 마이어스 · 하워드 프럼킨 지음
김록호 번역/ 권호장 감수

2019년 9월 23일, 16세의 스웨덴 기후 활동가 그레타 툰베리(**그림 18.1**)는 유엔 총회를 위해 모인 세계 지도자들에게 연설했다. "이 모든 것이 잘못되었다"고 그녀는 말했다. "나는 여기에 있어서는 안 된다. 나는 바다 건너편 학교에 있어야 한다. 그런데도 여러분은 젊은이들에게 희망을 찾나? 어떻게 감히! 여러분은 공허한 약속으로 내 꿈과 어린 시절을 도둑질했다. 그래도 나는 운이 좋은 편이다. 사람들이 고통 받고 있다. 사람들이 죽고 있다. 전체 생태계가 붕괴되고 있다. 우리는 대멸종의 시작에 있다. 그리고 여러분이 할 수 있는 말은 오직 돈과 영원한 경제성장의 동화에 대해서 뿐이다. 어떻게 감히! 여러분은 우리를 실망시키고 있다. 하지만 젊은이들은 여러분의 배신을 깨닫기 시작했다. 모든 미래 세대의 눈이 여러분을 주시하고 있다. 그리고 여러분이 우리를 실망시키기로 선택한다면, 우리는 여러분을 절대 용서하지 않을 것이다. 우리는 이것을 그냥 넘어가지 않을 것이다. 바로 여기, 바로 지금이 우리가 선을 그을 곳이다. 세계는 깨어나고 있다. 그리고 변화가 오고 있다, 여러분이 좋아하든 싫어하든."

그렇게 우리는 인간 역사의 결정적인 순간에 서 있다. 수백만 년의 생물

그림 18.1 16살의 스웨덴 기후활동가 그레타 툰베리. "기후를 위한 학교 파업"의 팻말을 들고 있다. 2019년 툰베리의 기후운동은 전 세계에서 수십만 명의 학생들이 그들이 살 수 있는 미래를 위해서 거의 아무 것도 하고 있지 않은 정부와 학교에 저항하여 파업을 하게 자극하였다.
자료: Photo by Anders Hellberg (Wikimedia), Creative Commons, license CC BY-SA 4.0

학적 진화와 수천 년의 사회적 진화 끝에, 우리는 우리와 모든 생명체를 지탱해주는 자연계를 눈 깜짝할 사이에 위태롭게 할 정도로 인구수와 자원 소비를 늘렸다. 우리의 부, 건강, 교육, 그리고 기회는 과거 어느 때보다 좋아졌지만, 그것들은 무너지는 생물계의 신음 소리와 함께 진행되었다.[1] 우리 현재의 궤도는 생태계 붕괴와 우리의 많은 성취의 해체로 이어진다. 이제 모든 미래 세대의 눈이 우리를 주시하고 있으며, 멸종에서 부흥으로 새로운 방향을 설정

글상자 18.1 세계를 구하는 열 가지 길

- 재생가능 에너지로의 전환
- 삼림 보존
- 토양 악화 중단
- 물 관리 개선
- 생물다양성 보호
- 수산물 남획과 해양오염 중단
- 도시 녹색공간 확보
- 쓰레기 감소 및 재활용 개선
- 피임 등의 산부인과 서비스 강화
- 육식에서 채식으로 전환

참고 자료

Davey E. *Given Half a Chance: Ten Ways to Save the World*. London, UK: Unbound Publishing; 2019.

해야 하는 몇 십 년의 시간이 우리에게 주어졌다. 우리는 긴급함 속에서 형성된 공동체다.

이러한 도전들 앞에서, 희망을 찾기는 쉽지 않다. 많은 지구 시스템의 추세들이 암울하고, 대중 및 과학 문헌은 종말적 시나리오로 가득 차 있으며,[2,3] 지금까지의 진전은 더디다. 하지만 툰베리와 그녀의 세대가 강조하듯이, 우리에게는 선택권이 있다. 우리 손에는 약속으로 빛나는 미래가 있다. 인류가 건강하고, 교육을 더 잘 받으며, 행복하고, 모든 성별, 인종, 민족, 종교의 사람들에게 기회가 이전보다 더 접근하기 쉬운 세계다.

이 책의 장들은 그레타 툰베리와 그녀의 세대에게 물려주고 싶은 세계의 핵심 요소들을 제시했으며, 그들이 기꺼이 물려받을 세계다. 그 세계에서는 인구가 안정화되어 자연스럽게 감소하기 시작하며, 식량은 훨씬 더 효율적으로 생산되어 땅, 물, 농약, 에너지의 사용량이 줄어든다. 에너지는 이산화탄소 수준이 감소하기 시작하는 탈연소(post-combustion) 세계에서 재생 가능하게 생산된다. 사람들은 주로 신체적, 정신적 건강을 최적화하고, 사회적 연결을 장려하며, 생태발자국을 최소화하도록 설계된 도시에서 살게 된다. 각 세대가 지나갈수록 생물권의 나머지 부분을 위한 여지가 더 많아지며, 인간의 복지는 상승하고 우리는 자연 세계와 조화롭게 살아간다. 이러한 해결책의 목록은 많은 곳에서 나타났다(**글상자 18.1**). 다음 문단에서는 요약을 제공한다.

바로 잡기

인구

3장에서 설명했듯이, 인간이 자연계에 미치는 영향은 사람 수, 그들의 소비 패턴, 그리고 상품을 생산하거나 폐기물을 처리하는 데 사용하는 기술의 산물이다. 미래의 인구 규모가 작아지면 비슷한 삶을 사는 더 큰 인구 집단보다 에너지, 식량, 자원이 조금 필요하고 쓰레기도 적게 생산할 것이다. 다행히도, 출산율과 인구 성장을 줄이는 개입은 그 자체로 가치가 있다. 여성 교육, 여성에 대한 경제적 기회 제공, 그리고 커플에게 피임 수단을 제공하는 것은 성 평등과 여성 권리를 촉진하는 동시에 모성 및 유아 사망률을 줄이고 인구 성장을 늦춘다. 이러한 개입이 전 세계적으로 보편화되어 커플이 더 작은 가족을 선택하게 되면 인구가 안정화되고 시간이 지남에 따라 감소하는 세계가 올 것이다.

식량 시스템

제4장과 제5장에서 논의한 바와 같이, 전 세계 식량 시스템은 생물다양성 소실, 토지이용 변화, 물 부족의 주요 원인이며 오염과 기후변화에 대한 주요 기여자이다. 이 시스템은 또한 엄청나게 비효율적이다. 제5장에서는 식품 낭비를 줄이고 토지, 물, 에너지, 농약의 훨씬 적은 투입으로 식품을 생산할 수

있는 일련의 개입 방안을 논의한다. 이러한 개입 방안들은 정밀 농업이나 인공 고기와 같은 혁신적인 기술부터 농생태학적 실천에 이르기까지 이미 전면적으로 시행되고 있으며 정부와 산업의 지원을 통해 그 속도를 가속화하고 확장하는 것이 필요하다. 우리의 식단을 바꾸는 것(예를 들어, 적색 육류와 가공 식품 소비를 줄이는 것)은, 피임 접근성 제공과 마찬가지로, 글로벌 환경에 도움이 되는 것인 동시에 개인에게도 큰 건강 이득을 가져다주는 또 다른 영역이다. 정책 영역에 중요한 기회들이 있다: 역기능적 보조금은 제거하고, 건강에 안 좋은 식품은 건강 외부효과를 반영하여 가격을 높이고, 건강한 식품에 대해서는 지원을 하면 건강하고 지속가능한 식단으로의 변화를 촉진할 것이다. 이러한 변화가 전개되는 과정에서 공평성과 접근성에 대한 세심한 관심을 기울이는 것이 중요하다. 이러한 다양한 유형의 개입을 결합함으로써, 인류가 필요한 식량을 생산하면서 발생하는 생태발자국이 오늘날보다 훨씬 작은 세상을 쉽게 만들 수 있으며, 이러한 식량 공급의 건강 이점은 더욱 클 것이다.

에너지

툰베리 세대와 그 이후 세대에게 우리가 물려주어야 할 세계는 탈연소 시대의 세계이다. 제12장에서 논의했듯이, 세계에 재생 가능하고 탄소 없는 에너지를 공급할 기술은 이미 존재하며, 화석연료와 경제적으로 경쟁할 수 있는 수준이다. 그러나 이러한 기술을 대규모로 확대하고, 모든 사람에게 재생 가능 에너지를 공급할 수 있는 에너지 인프라를 구축하는 것은 거대한 도전 과제이다. 이러한 전환은 즉각적으로 시작해야 하는 대규모 전 지구적 동원을 필요로 한다. 다른 지구건강 개입과 마찬가지로, 이와 같은 에너지 전환은 공기오염을 줄여 수백만 명의 조기 사망을 예방할 수 있는 엄청난 건강상의 공동 편익을 제공한다. 제10장에서 설명했듯이, 기후변화가 심화될수록 가장 취약한 계층이 더 큰 고통을 받게 되며, 하루하루의 지연이 이들의 희생을 키우는 결과를 초래한다. 많은 지구건강 문제와 마찬가지로, 이는 전문성의 부족이 아니라 정치적 의지의 문제이며, 긴급한 조치를 요구하는 전 세계 시민들의 적극적인 움직임이 필요하다.

도시 환경

미래에는 대부분의 인구가 도시에서 생활하게 될 것이다. 이러한 도시를 설계할 때 신체적·정신적 건강을 최적화하면서 생태적 발자국을 최소화할 수 있는 엄청난 가능성이 열려 있다. 우리는 깨끗하고 안전하며 지속 가능하게 생산된 재료로 지어진 건물에서 살게 될 것이다. 이들 건물은 에너지 사용 면에서 오늘날의 건물보다 훨씬 효율적일 것이다. 또한 폐수를 재활용하고 정화하며, 자체적으로 에너지를 생산하고, 수직 정원과 옥상 정원을 갖추어 건물을 시원하게 유지하는 동시에 식량을 생산하고, 정신건강을 증진하며, 사회적 유대감을 강화할 것이다.

우리의 주거 지역은 자동차 중심이 아니라 보행과 자전거 이용을 중심으로 설계될 것이다. 혼합 용도 구역(mixed-use zoning)을 도입해 사람들이 같은 지역에서 거주, 근무, 여가 활동을 할 수 있도록 할 것이다. 또한 공원과 녹지 공간이 포함되어, 자연과 연결되고 서로 소통할 수 있는 환경이 조성될 것이다. 건물과 도시 설계 원칙은 수백만 년 동안 자연이 실험해 온 해결책에서 영감을 받는데 이를 바이오필릭 디자인(biophilic design)이라 한다.[4-6] 또한 편리하고 저렴한 대중교통 시스템이 구축되어 도시 내 이동이 훨씬 쉬워질 것이다. 대도시 지역은 고형폐기물을 에너지, 물, 비료로 전환할 것이며, 이는 제16장에서 소개된 칠레 산티아고 사례에서도 볼 수 있다.

산업과 비즈니스

미래의 기업들은 과거의 기업들과 매우 다른 방식으로 운영될 것이다. 주주뿐만 아니라 다양한 이해관계자들이 기업이 제공하는 상품과 서비스가 환경과 인간의 건강에 미치는 전체 생애주기 영향에 대해 기업의 책임을 묻게 될 것이다. 기업들은 순환경제(circular economy) 원칙에 따라 운영될 것이며, 제품을 가능한 한 오랫동안 사용하고, 에너지와 자원의 사용을 줄이며, 폐기물을 최소화하고, 폐기물을 다른 공정의 투입 자원으로 활용할 것이다.[7] 대기업은 여전히 존재하겠지만, 생산과 소비의 지역화가 광범위하게 진행될 것이며, 많은 소규모 기업들이 지역 사회에서 생산과 판매를 담당하게 될 것이다. 이러한 변화는 기업의 리더와 직원들이 자신이 거주하는 지역에서 직접 비즈니스를 운영하도록 유도할 것이다.[8,9] 산업 디자인은 자연에서 영감을 얻는 생체모방 기술(biomimicry)을 활용할 것이며, 비단, 도마뱀 발(gecko feet), 그리고 자벌레의 이동방식 같은 자연의 뛰어난 원리를 적용할 것이다.[10,11] 제14장에서 설명했듯이, 지속적으로 환경에 축적되거나 독성이 있는 물질은 더 이상 생산되거나 환경에 배출되지 않을 것이다. 공유 경제도 더욱 확대되어 차량에서 전동 공구에 이르기까지[12] 개인이 소유하는 물건의 수가 줄어들 것이며, 이를 통해 자원을 소비해 물건을 생산할 필요성이 감소할 것이다. 민간부문은 과거와 마찬가지로 혁신의 강력한 엔진 역할을 하겠지만, 이제는 환경 영향을 최소화하면서 지속 가능하게 생산된 제품에 대한 급증하는 수요를 해결하는 데 집중할 것이다. 이는 제로 폐기물 소비재, 재생 가능 에너지, 정밀 농업, 지속 가능한 식품 기술 등의 발전으로 이어질 것이다.

경제학

상품과 서비스의 생산과 소비 방식이 변화함에 따라, 경제 이론도 함께 발전할 것이다. 제15장에서 설명했듯이, 기존의 영구적인 경제 성장이라는 교리는 인간의 행복과 복지의 지속적 성장이라는 새로운 개념으로 대체될 것이다. 이러한 성장 방식은 에너지와 원자재의 지속적인 소비 증가를 필요로 하지 않는 형태가 될 것이다. 이를 평가하기 위해 새로운 지표가 필요할 것이다. 국내총생산(GDP)은 더 이상 적절한 지표가 아니게 되며, 대신 인간과 환경의 복지를 측정하는 새로운 지표가 도입될 것이다. 또한, 외부효과는 내부화될 것이며, 상품과 서비스의 가격은 그것이 사회와 지구에 미치는 실제 비용을 반영하게 될 것이다. 이를 통해 보조금과 같은 공공 정책이 보다 합리적으로 설계될 것이다. 무엇보다도, 기회와 부의 불평등을 방지하기 위한 메커니즘이 도입될 것이다. 이러한 접근 방식에는 강화된 노동법, 보편적 의료보장과 같은 전통적인 정책뿐만 아니라, 부유세, 기본소득제와 같은 혁신적인 정책도 포함될 수 있다.

여기서부터 거기까지

이 책의 저자들은 일관되게 우리가 갈림길에 서 있다고 강조했다. 이대로의 길은 툰베리가 "사람들이 고통 받고 있다. 사람들이 죽고 있다. 전체 생태계가 붕괴하고 있다"고 오싹하게 묘사한 세계에서 우리가 더욱 완전히 살아가도록 만든다: 다른 길은 우리가 묘사한 이상적인 세계로 우리를 이끈다. 그 세계의 윤곽은 이미 우리 앞에 형성되고 있으며, 손에 닿을 수 있다. 문제는 "우리가 그러한 미래를 달성할 수 있느냐"가 아니라 "우리가 그렇게 할 것이냐"이다. 위에서 설명한 해결책의 기술적 요소만큼 중요한 것은 이 모든 중요한 "우리가 그렇게 할 것인가"라는 질문에 대답할 문화적 요소들이다.

2016년 지속가능성 연구자들과 미래학자들의 글로벌 그룹은 "미래는 암울할 필요가 없다"라고 썼다. "새로운 생각, 삶의 혁신적인 방식, 사람들과 자연을 연결하는 여러 가지 수단의 지속적인 출현은 지속가능한 지구 관리를 제한하는 중요한 지역 및 글로벌 도전 과제를 극복하는 데 필수적이다."[13] 이론적으로 우리 인류는 지구건강의 거대한 도전에 맞서기 위해 필요한 것을 가지고 있다. 바로 근거기반 추론과 논리적 분석의 능력, 장기 계획을 세울 수 있는 능력, 도덕적 판단의 능력, 혁신에 대한 뛰어난 재능, 서로 그리고 다른 종과도 연민을 느낄 수 있는 능력 등이다.[14] 희망과 낙관주의를 촉진하는 강력한 공유 비전, 지식을 생성하고 공유하는 방식을 변경하는 것, 자연 세계와의 인간관계를 심화시키는 것, 그리고 필요한 변화를 촉진하기 위해 사회 행동을 위한 운동을 구축하는 것이 필요한 변혁의 네 가지 중요한 요소가 될 것이다.

공유된 비전

사람들이 모이게 하고, 희생하고, 필요하다면 시민 불복종 행위를 하며, 자신의 목소리가 들리길 주장하는 동기의 일부는 미래에 대한 공유된 비전이다. 이상적인 비전은 우리의 미래에 대해 스스로에게 들려주는 이야기들이다. 이들은 우리가 누구인지, 서로와의 관계, 그리고 우리가 세상에서 차지하는 자리에 대한 이야기들과 연결되어 있다.

야심 찬 비전은 많은 원천에서 생겨난다. 젊은이들의 희망과 꿈. 원주민들의 고대 지혜. 돌봄, 정의, 대대로 물려받은 생각의 윤리를 기초로 조직된 종교들. 예술가와 작가들의 상상력; 과학자와 엔지니어들의 창조물. 그리고 우리 최고의 지도자와 사상가들의 영감. 이 모든 것이 건강한 지구로의 전환에 필요하다.

단 하나의 비전이 모든 사람에게 동기를 부여할 수는 없다; 사람들은 문화, 신앙, 교육, 가족, 그리고 친구들의 렌즈를 통해 세상을 보고 그들의 희망을 형성한다. 하지만 어떤 비전들은 다른 것들보다 더 잘 작동한다. 미래의 지구건강 비전은 지금의 현실과는 근본적으로 다르면서도 실용적이어야 한다. 멀리 내다보는 동시에 시스템에 기반해야 하고 영감을 줘야 한다. 사회과학 연구는 자연과의 밀접한 관계, 집단행동, 그리고 도덕적 차원을 불러일으킬 때 미래를 위한 야심 찬 비전에 특별한 활력이 생긴다고 제안한다.[15] 광범위한 글로벌 집단행동의 동기를 부여하기 위해 미래에 대한 공유된 비전은 평등과 사회정의를 강조해야 한다. '질 좋은 비전'의 특징들은 지속가능성 연구자들인 아르님 비이크(Arnim Wiek)과 데이비드 이와니에크(David Iwaniec)에 의해 개요가 설명되었다(**표 18.1**).

표 18.1 지속가능한 미래에 대한 양질의 비전 기준

기준	설명
비전성 (Visionary)	바람직하고 열망할 만한 미래 상태로, 놀라움, 유토피아적 사고, 선견지명, 전체론적 관점을 포함함.
지속 가능성 (Sustainable)	지속 가능성 원칙을 준수하며, 근본적으로 변형된 구조와 과정을 특징으로 함.
체계성 (Systemic)	전체론적 표현을 갖추고 있으며, 비전 요소 간의 연계성과 복잡한 구조를 포함함.
일관성(Coherent)	상호 양립 가능한 목표로 구성되며, 해결할 수 없는 모순이 없음.
개연성(Plausible)	증거 기반이며, 실증적 사례, 이론적 모델, 시범 프로젝트 등을 반영함.
구체성(Tangible)	명확하게 표현된 세부 목표로 구성됨.
관련성(Relevant)	증거 기반이며, 실증적 사례, 이론적 모델, 시범 프로젝트 등을 반영함
세분화(Nuanced)	다양한 가치(바람직함)에 기반한 세부적인 우선순위를 포함함.
동기 부여(Motivational)	상상하는 변화를 향해 영감을 주고 동기를 부여함.
공유성(Shared)	관련 이해관계자들 간의 수렴, 합의, 지지를 포함함.

Wiek A, iwaniec D. Quality criteria for visions and visioning in sustainability science. *Sustain Sci.* 2014;9:497-512.

이러한 비전을 형성하고 옹호하는 것은 규율, 지적 엄격함, 그리고 용기를 필요로 한다. 다행히도 대담하고 명확하며 창의적인 리더들과 차세대 리더들이 더 나은 미래를 위한 비전을 만드는 데 도움을 주고 있다.

과학

미래에는 지식을 위한 자금 지원과 지식이 생성, 조직, 공유되고, 배우는 방식이 20세기 동안 대학에서 전통적으로 하던 것과는 달라질 것이다. 문제를 중심으로 조직된 대학과 같은 새로운 기관 형태가 생겨날 것이다. 연구가 '상아탑'에 머물지 않고, 연구자들은 지역사회, 정책 입안자, 민간 부문, 그리고 다른 이해관계자들과 함께 연구를 구성하고 수행하는 데 정기적으로 협력

할 것이다.[16,17] 각자 시기하며 담장을 쌓던 학문 분야들은 세계의 큰 문제들을 해결하기 위해 조직된 융합학문적(transdisciplinary) 연구와 교육에 자리를 내줄 것이다.[18,19] 지식은 긴박한 글로벌 문제를 해결할 필요가 있는 모든 사람들이 자유롭게 이용할 수 있을 것이다.[20,21] 학계에서 교사와 연구자들은 더 이상 출판물의 수와 같은 전통적인 지표를 기반으로 평가되지 않고, 실제 세계 문제를 해결하는 데 기여한 성과를 기반으로 평가될 것이며, 이는 자연스럽게 학문 분야를 넘나드는 초학문성을 강조하는 결과를 가져올 것이다.[22,23] 이러한 방식으로 대학 및 연구 기관은 지구건강을 보장하는 데 필요한 지식을 발전시킬 것이다.

자연 세계와 인간의 유대

서문에서 우리가 경험하고 있는 생태 위기와 그것이 위협하는 공중보건 위기 아래에, 우리가 또한 영적 위기와 마주치고 있을지도 모른다고 물었다. 지구건강을 달성하기 위해서는 이 영적 차원을 다루는 것이 필요할 수도 있다. 많은 사람들이 느끼는 것처럼, 자연 세계와의 영적 연결을 재확인할 필요가 있을 수 있다. 오랜 시간 동안 전 세계에 걸쳐 문화와 전통은 자연 세계에 대한 경외심을 포용한다. 실제로, 번성하는 산호초, 오래된 숲, 또는 사막의 붉은 바위 협곡의 고요함을 관찰하고 자신을 초월한 경외감을 느끼지 않는 사람이 어디 있겠는가?

많은 조직된 종교들은 이러한 유대를 명확하게 밝힌다.[24,25] 정교회 바르톨로메오 총대주교는 "우리는 부름을 받았다. ― 실제로, 우리는 인류에게 사랑하는 창조주에 의해 제공된 선물과 자원으로서 지구를 보존하는 우리의 역할을 받아들일 의무가 있다"고 말했다.[26] 프란치스코 교황은 그의 유명한 회칙 『*라우다토 시*(*Laudato Sí*)』에서 생태 원칙에 대한 감동적인 헌사에서 창조는 "모든 것의 아버지의 뻗은 손에서 나온 선물로, 우리를 보편적 공동체로 부르는 사랑에 의해 밝혀진 현실로만 이해될 수 있다"고 썼다.[27] 복음주의자들은 "창조물 보호"를,[28] 유대인들은 *티쿤 올람*(*tikkun olam, 지구 치유*)을[29] 언급한다. 2015년 이슬람 기후변화 선언은 "우리는 신성한 질서의 아주 작은 부분일 뿐"이며 "창조물을 학대하거나 손상시킬 권리가 없다"고 하며, 사람들이 "무함마드 예언자의 예를 따라 기후변화, 환경 파괴, 그리고 생물다양성 소실의 근본 원인들, 습관, 사고방식과 싸울 것"을 촉구한다.

지구건강으로 가는 길에서 중요한 한 단계는 자연에 대한 경외와 존경의 권위를 재확인하고, 지구상의 생명을 돌보는 것과 부합하는 집단적 행동을 요구하는 것일 수 있다. 이 관점에서, 그토록 많은 종을 멸종시키거나 대기와 바다를 거대한 쓰레기통으로 취급하는 것은 심각한 도덕적 실패이다.

운동 구축 및 사회 행동

건강하고 지속가능하며 평등한 세계로의 이동은 "인간의 가치, 가정, 문화, 세계관, 그리고 행동을 지배하는 사회적 규범과 기관에 영향을 미치는 권력 관계에서 근본적인 변화를 포함할 것으로 예상된다".[13] 이러한 광범위한 변화 세트는 "위대한 전환"이라고 불렸다.[30,31] 이는 쉬운 전환은 아닐 것이다. 기존의 권력 관계, 습관, 기대, 그리고 기술은 전면적인 개편이 필요하다. 위대한 노예 폐지론자 프레더릭 더글러스(Frederick Douglass)가 썼듯이, "권력은 요구 없이는 아무것도 양보하지 않는다. 그랬던 적도 없고 앞으로도 그럴 것이다".

더글러스가 쓴 '요구'는 이제 매일 더 강하게, 전 세계에서 일어나는 사회운동에서 들릴 수 있다. ― 안전한 미래를 요구하는 젊은이들, 토지 권리를 요구하는 원주민들, 그들이 당면한 위험을 인식하길 요구하는 군소도서국들, 깨끗한 공기를 마시길 요구하는 도시 거주민들, 사회 및 환경 정의를 요구하는 소외된 사람들. 위대한 전환으로의 지구건강은 전 세계 사람들이 집단행동을 함께하고, 그들의 정부와 산업을 책임지게 하며, 지구의 파괴를 받아들이지 않도록 요구해야만 달성될 것이다.

지구건강을 달성하기 – 자연을 보호함으로써 우리 자신을 보호하기 – 는 많은 것을 요구할 것이다. 달성 가능한 세계에 대한 이상적 공유 비전, 생물권의 복잡성에 대해 깨우쳐 줄 견고한 과학 기반, 단호한 행동주의에 의해 추진되는 사회 및 경제적 조직에서의 깊은 변화, 그리고 자연 세계와의 우리의 연결에 대한 새로운 인식. 이러한 변화에 기여할 수많은 목소리가 있을 것이며, 우리의 도시를 다르게 건설하고, 에너지 시스템을 다르게 구성하고, 식량을 다르게 재배하며, 제품을 다르게 만들고 소비하도록 권한을 사용하여 지구상의 생명이 우리를 돌보듯 우리가 그들을 돌보도록 해야 한다. 툰베리는 우리에게 "모든 미래 세대의 눈이 당신을 바라보고 있다"고 상기시킨다. 우리는 해야 할 일을 많이 알고 있다. 우리는 그것을 실행에 옮겨야 한다, 건강한 지구로의 위대한 전환을 추동하기 위해.

저자

새뮤얼 마이어스 Samuel Myers, MD, MPH)는 하버드 T.H. 챈 보건대학원의 주요 연구 과학자이자 지구건강연맹의 디렉터이다.

하워드 프럼킨(Howard Frumkin, MD, DrPH)은 환경 및 직업 보건 과학의 명예 교수이며, 워싱턴대학교 보건대학원의 전 학장이다.

참고문헌

1. Raudsepp-Hearne C, Peterson GD, Tengö M, et al. Untangling the environmentalist's paradox: WHY is human well-being increasing as ecosystem services degrade? *BioScience*. 2010; 60(8): 576–589.
2. Franzen J. What if we stopped pretending? *New Yorker*. 2019. https://www.newyorker.com/culture/cultural-comment/what-if-we-stopped-pretending. Accessed September 2019.
3. Wallace-Wells D. The uninhabitable Earth. *New York*. 2017. http://nymag.com/daily/intelligencer/2017/07/climate-change-earth-too-hot-for-humans.html. Accessed September 2019.
4. Beatley T. *Biophilic Cities: Integrating Nature into Urban Design and Planning*.

Washington, DC: Island Press; 2011.
5. Kellert S, Calabrese E. *The Practice of Biophilic Design.* 2015. www.biophilic-design.com.
6. Alberti M. *Cities That Think Like Planets: Complexity, Resilience, and Innovation in Hybrid Ecosystems.* Seattle, WA: University of Washington Press; 2016.
7. Braungart M, McDonough W. *Cradle to Cradle: Remaking the Way We Make Things.* New York, NY: North Point Press; 2002.
8. De Young R, Princen T, eds. *The Localization Reader: Adapting to the Coming Downshift.* Cambridge MA: MIT Press; 2012.
9. Shuman MH. *The Local Economy Solution: How Innovative, Self-Financing "Pollinator" Enterprises Can Grow Jobs and Prosperity.* White River Junction, VT: Chelsea Green Publishing; 2015.
10. Benyus JM. *Biomimicry: Innovation Inspired by Nature.* NewYork, NY: William Morrow; 1997.
11. Lakhtakia A, Martîn-Palma RJ. *Engineered Biomimicry.* Amsterdam, The Netherlands: Elsevier; 2013.
12. Heinrichs H. Sharing economy: a potential new pathway to sustainability. *Gaia.* 2013; 22(4): 228–231.
13. Bennett EM, Solan M, Biggs R, et al. Bright spots: seeds of a good Anthropocene. *Front Ecol Environ.* 2016; 14(8): 441–448.
14. Rees WE. The way forward: Survival 2100. In: Costanza R, Kubiszewski I, eds. *Creating a Sustainable and Desirable Future.* Singapore: World Scientific; 2014: 191–200.
15. Fernando JW, O'Brien LV, Judge M, Kashima Y. More than idyll speculation: utopian thinking for planetary health. *Challenges.* 2019; 10(1): 16.
16. Hickey DG. The potential for coproduction to add value to research. *Health Expect.* 2018; 21(4): 693–694.
17. Beebeejaun Y, Durose C, Rees J, Richardson J, Richardson L. Public harm or public value? Towards coproduction in research with communities. *Environ Plann C.* 2015; 33(3): 552–565.
18. Kirst M, Schaefer-Mcdaniel N, Hwang S, et al. *Converging Disciplines: A Transdisciplinary Research Approach to Urban Health Problems.* New York, NY: Springer; 2011.
19. Ciesielski TH, Aldrich MC, Marsit CJ, Hiatt RA, Williams SM. Transdisciplinary approaches enhance the production of translational knowledge. *Transl Res.* 2017; 182: 123–134.
20. Joseph H. The open access movement grows up: taking stock of a revolution. *PLoS Biol.* 2013; 11(10): e1001686.
21. Björk B-C. Open access to scientific articles: a review of benefits and challenges. *Intern Emerg Med.* 2017; 12(2): 247–253.
22. Schimanski LA, Alperin JP. The evaluation of scholarship in academic promotion and tenure processes: past, present, and future. *F1000Res.* 2018; 7: 1605–1605.
23. Klein JT, Falk-Krzesinski HJ. Interdisciplinary and collaborative work: framing

promotion and tenure practices and policies. *Res Policy.* 2017; 46(6): 1055–1061.
24. Jenkins W, Berry E, Kreider LB. Religion and climate change. *Annu Rev Environ Res.* 2018; 43(1): 85–108.
25. Chaplin J. The global greening of religion. *Palgrave Commun.* 2016; 2(1): 16047. 26. Chryssavgis J, ed. *On Earth as in Heaven: Ecological Vision and Initiatives of Ecumenical Patriarch Bartholomew.* Bronx, NY: Fordham University; 2012.
27. Pope Francis. *Laudato Sí.* Rome, Italy: The Vatican; 2015.
28. Hescox M, Douglas P. *Caring for Creation.* Bloomington, MN: Bethany House Publishers; 2016.
29. Bernstein E. *Ecology & the Jewish Spirit: Where Nature & the Sacred Meet.* Woodstock, VT: Jewish Lights Publishing; 2000.
30. Raskin P. *Journey to Earthland: the Great Transition to Planetary Civilisation.* Boston, MA: Tellus Institute; 2016.
31. Spratt S, Simms A, Neitzert E, Ryan-Collins J. *The Great Transition: A Tale of How It Turned Out Right.* London, UK: New Economics Foundation; 2010.

후기 코로나바이러스와 지구건강

하워드 프럼킨 · 새뮤얼 마이어스 지음
김록호 번역/ 하미나 감수

이 책이 태어나기까지 두 해 동안, 지구는 점점 더 긴박하게 경고음을 울리고 있었다. 강력한 허리케인이 카리브해를 황폐화시켰고, 캘리포니아와 호주, 시베리아, 아마존에는 산불이 휩쓸었으며, 가뭄과 내란으로 사헬지대에 기근이 닥쳤고, 70년 만에 발생한 최악의 메뚜기 떼는 동아프리카의 농작물을 황폐화시켰다. 이러한 지구의 신호들은 인류가 자연계와 근본적으로 위험한 관계에 놓여 있음을 경고하는 것이었다.

새로운 코로나바이러스

하지만 책이 출간되기 전날 중국 후베이성의 수도인 우한에서 새로운 코로나바이러스가 발생했을 때 아마도 가장 큰 경고음이 울렸을 것이다(그림 A.1). 첫 번째 희생자는 2019년 11월 우한의 화난 해산물 도매시장에서 감염된 것으로 추정된다. 12월 중순까지 중국에서 27건의 사례가 확인되었고, 연말에는 381건이 확인되었다. 3주 안에 한국, 태국, 일본에서 새로운 감염 사

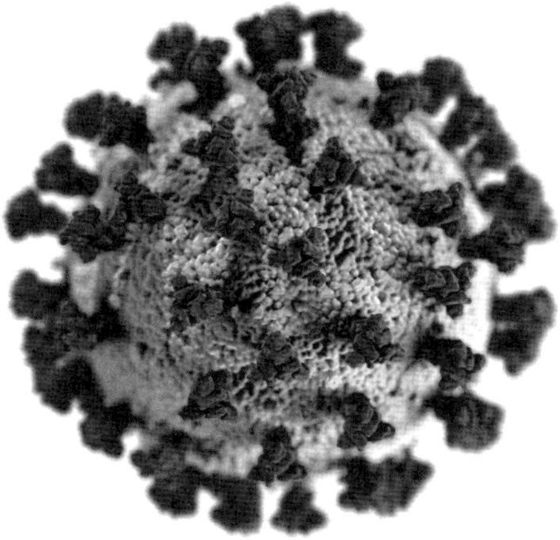

그림 A.1 전자 현미경으로 본 코로나 바이러스의 이미지로, 표면에 당단백질이 박혀 있어 왕관처럼 보이므로 그 이름이 붙여졌다.
자료: Centers for Disease Control and Prevention, Public Health Image Library. Image 23311. https://phil.cdc.gov/Details.aspx?pid=23312

례가 보고되었고, 일주일 후에는 유럽과 북미에서도 사례가 나타났다. 새로운 코로나바이러스는 곧이어 SARS-CoV-2로 명명되고 염기서열이 분석되었다. 1월 말까지 21개국에서 1만 1950건의 사례가 보고되었다. 2월 말까지 새로운 질병의 이름은 Covid-19(한국에서는 코로나19)로 공식화되었고, 사례 수는 8만 4615건에 달했다. 한 달 후인 3월 말에는 사례 수가 10배로 늘어나 85만 9798건이 되었다. 의미심장하게도 50번째 지구의 날인 4월 22일에는 200만 5000건 이상의 사례가 진단되었고, 약 18만 명이 사망했으며, 그 수는 계속 증가하고 있었다. 전 세계 사람들이 자가 격리되었다. 세계경제는 피폐해졌다. 그리고 델리에서 마푸토, 그리고 카이로에서 상파울루에 이르기까지 글로벌 남부의 혼잡한 도시나 베네수엘라에서 리비아에 이르는 실패 국가에서는 아직 이 질병이 미칠 총충격이 나타나기 시작하지도 않았다.

이 후문을 쓰는 2020년 4월 말,코로나19가 최종적으로 어디로 향할지 예측하기 어렵다. 그러나 지구건강이라는 관점에서 이 책에서 살펴본 많은 주제들의 맥락을 좀 더 넓혀보면 팬데믹을 이와 연관시켜 이해할 수 있다.

동물에서 인간으로 감염병이 '확산'된다는 것은 6장에서 설명된 바와 같이 잘 알려져 있다. 14세기에 전 세계인구의 거의 4분의 1을 쓸어간 흑사병의 원인인 *페스트균*(*Yersinia pestis*)은 설치류가 운반한 벼룩이 인간에게 전달한다. 1976년에 지금의 콩고 민주 공화국과 남수단의 집단 발병에서 확인된 에볼라 바이러스는 박쥐가 자연 저장소로 추정되며 중간 숙주는 여러 종의 영장류다. 니파 바이러스는 1998년 말레이시아에서 발생했는데, 과일 박쥐에서 비롯되어 돼지를 거쳐 사람에게 전염된 것으로 추정된다. 후천성면역결핍증(에이즈)의 원인인 인간면역결핍바이러스는 중앙 아프리카 침팬지의 시미안 면역결핍 바이러스에서 비롯되었다. 인플루엔자 바이러스는 새(1918년 독감의 경우)와 돼지(2009년 H1N1 집단발병의 경우)에서 유래하였다. 이전 코로나바이러스는 중간 포유류 숙주를 통해 박쥐에서 인간으로 옮겨왔는데 – SARS(2002년)의 경우는 사향고양이가, MERS(2012년)의 경우는 낙타가 그 예이다. SARS-CoV-2는 아마도 박쥐에서 기원하여 천산갑과 같은 중간 숙주를 통해 인간으로 옮겨 탔을 것이다. 실제로, 새로운 감염병의 대다수는 야생동물에서 비롯된 인수공통 감염병이다(Jones et al., 2008).

이들 각각의 경우 많은 요인들이 동물에서 사람으로 병원균이 옮겨가고 또 다른 사람으로 전파되는 것을 도왔다. 강우 패턴의 변화부터 숲의 분절화 및 개간까지 환경 조건이 중요한 역할을 하는 경우가 많다. 농업, 벌목, 광물 채굴, 야생동물 사냥을 위해 동물 서식지에 인간이 침입하는 것이 일반적인 원인이다. 글로벌 무역과 여행, 혼잡한 도시는 다음과 같은 기여를 한다. SARS-CoV-2가 등장한 중국, 그리고 아시아 및 아프리카의 다른 지역에서는 박쥐와 쥐, 고슴도치와 천산갑, 사향고양이, 전갈, 다람쥐, 거북이, 다양한 조류 등 야생동물을 식용으로 활발히 거래하고 있으며 붐비는 시장에서 좁은 공간에 밀집된 동물들을 볼 수 있다.

"우리가 코로나바이러스 유행을 만들었다"고 『*확산: 동물감염과 다음 팬데믹*(*Spillover: Animal Infections and the Next Human Pandemic*)』의 저자인 데이비드 콰멘은 이렇게 썼다. "우리는 수많은 동식물이 서식하는 열대림과 야생 환경을 침범하고, 그 안에는 수많은 미지의 바이러스가 서식하고 있다. 우리는 나무를 베고; 동물을 죽이거나 우리에 가둬 시장으로 보낸다. 우리는 생태계를 교란하고, 바이러스를 자연 숙주에서 떼 낸다. 그렇게 되면 바이러스는 새로운 숙주가 필요하다. 종종 우리가 바로 그 숙주이다"(Quammen, 2020).

하지만 야생 지역을 침범하는 것만이 감염을 촉진하는 것은 아니다. 우리가 식량을 생산하는 방식도 감염을 촉진한다. MIT의 케이트 브라운 교수는 신종 코로나바이러스에 대해 "팬데믹은 자연재해가 아니다"라고 말했다. 초기 농업으로 인구가 증가하고 도시가 형성되고 번성할 수 있었지만, 브라운 교수는 "농작물과 가축이 한 곳에 집중되어 단일 재배되면서 질병에 취약해졌다"고 지적했다. 도시와 농장의 규모가 커지면서 사람과 동물이 더 가까이 밀집하게 되었다. 그 결과 동물에서 사람으로 옮겨 갈 수 있는 인수공통 감염병이 번성하는 새로운 역학적 질서가 만들어졌다"(Brown, 2020). 인구 밀도가 높아지면서 단일 작물 재배가 시작되었고, 이는 농사를 단순화했지만 하나의 병원체가 전체 수확을 파괴할 수 있게 되었다. 역사를 보면 사람과 농작물에 재앙적 결과를 초래한 사건들이 아주 많다. 19세기 중반 백만 명의 아일랜드 사람들을 죽인 감자 역병(아일랜드의 인구는 아직도 회복되지 않았다), 19세기 말 프랑스 와인 산업을 거의 전멸시킬 뻔한 포도 필록세라 전염병, 20세기 중반 인기 많았던 그로 미셸 바나나를 멸종시킨 파나마병, 밀 녹병과 줄기 녹병은 수세기 동안 기근을 일으켰고 현재 아프리카에서 증가하고 있다. 커피 녹병은 현재 라틴 아메리카 커피 산업을 황폐화시키고 있으며 미국으로 이민을 촉진하는 데 일조하고 있다.

인류세, 특히 지난 세기 동안 인류의 기업 활동은 크게 강화되었다. 이에 따라, 신종 및 재출현 감염병이 점점 더 자주 등장하고 있다.

지구건강 문제로서 코로나19

코로나19 집단 발병은 이 책 전반에 걸쳐 강조된 많은 주제를 잘 보여준다. 실제로, 코로나19는 전형적인 지구건강 문제이다.

복잡계: 1971년 배리 커머너가 쓴 생태학의 첫 번째 법칙은 모든 것은 서로 연결되어 있다는 것이다. 코로나19에 대한 대응이 이를 잘 보여준다. 방역계획을 수립하는 사람은 사람들이 서로 마주치는 빈도, 보호 장비 사용 정도, 그리고 기타 요인에 따라 질병 확산 속도를 예측해야 한다. 코로나바이러스의 독성, 인구의 연령 분포 및 기저 건강 상태, 그리고 약물과 백신의 효과에 따라 달라지는 질병부담을 예측해야 한다. 기존 시설, 공급망, 인력(질병 자체의 인력 배치에 미치는 영향 포함)의 기능인 의료 시스템의 수용능력을 예측해야 한다. 이러한 일을 하는 동안, 2차, 3차 효과와 피드백 루프를 예측해야 한다. 예를 들어, 학교가 문을 닫으면 의사와 간호사가 자녀를 돌봐야 하므로 의료 시스템의 수용능력이 감소한다. 이런 복잡성은 지구건강 문제에서 예외가 아닌 규칙이다.

지리적 범위: 글로벌화된 세상에서 시스템 연결은 방대한 거리를 커버할 수 있다. 바이러스가 멀리 이동한 것처럼, 사람과 세계 무역도 마찬가지다. 미국의 마스크와 진단 시약의 부족은 중국으로부터 이어지는 공급망과 관련되어 있다. 델리에서 경찰이 보행자를 곤봉으로 구타하거나 나이로비에서 13세 소년이 경찰의 총에 맞아 사망한 사건은 말할 것도 없고, 보스턴 마라톤 대회가 취소되거나 내슈빌에서 포크 가수 존 프라인이 사망하거나 덴버에서 화이팅 석유가 파산할 수도 있는 일들이 우한의 미지의 시장에서 우연히 발생한 사건으로 인해 일어날 수 있다고 생각하는 것은 지나친 것처럼 보일 수 있다. 하지만 이처럼 광범위하게 미치는 영향은 인간과 자연계를 특징짓는 전 지구적 연결 수준을 보여준다.

놀라움: 복잡계는 안정성을 유지하려는 경향과 갑작스러운 변화를 수용할 수 있는 능력을 모두 가지고 있다. 감염병 전문가들은 오랫동안 코로나19와 같은 팬데믹의 가능성을 경고해 왔지만, 이 바이러스의 출현과 놀랍도록 빠른 전 세계적 확산은 갑작스럽고 충격적인 "예측 가능한 놀라움"이었다. 결정적 계기는 바이러스 유전체가 전염성이 높고 치명적인 형태로 변화하는 방향으로 변이가 일어났기 때문일 수 있다. 다른 대규모 사건들도 – 사이클론이나 홍수처럼 갑작스럽게 발생하는 경우도 있고 꽃가루 매개자 손실이나 농작물 흉작처럼 점진적으로 발생하는 경우도 있지만 – 역시 "평상시와 다름없는 삶(business as usual)"을 완전히 뒤엎어서 인간의 건강과 웰빙에 광범위한 충격을 미칠 수 있는 잠재력을 보여주는 사례가 된다.

형평성: 코로나19(또는 태풍, 폭염)와 같은 재난은 일반적으로 소득 불평등, 구조적 인종 차별, 정부의 기능장애와 같은 진행 중인 재난을 배경으로 발생한다. 코로나19가 미국을 휩쓸면서, 극명한 인종 격차의 양상이 드러났다. 많은 주와 도시에서, 아프리카계 미국인은 인구 비율에 비해 코로나19 확진자 및 사망자 수에서 2~3배 더 많았다. 이것은 고혈압과 당뇨병 등 인종 차별로 인한 스트레스와 관련된 질병처럼 취약성을 높일 수 있는 기저질환 유병률이 높다는 것으로 설명되기도 한다. 마찬가지로, 아프리카계 미국인들은 대중교통 및 배달 기사, 개인 간병인, 병원 청소 직원, 그리고 노출 위험이 있는 다른 직종에 불균형적으로 많이 근무하고 있는데, 이들 직종에서는 개인 보호 장비가 불충분하고 재택근무 중 격리가 허용되지 않을 수 있다. 소수 인종과 소수 민족의 구성원은 불균형적으로 가난할 가능성이 높기 때문에 질병 전파를 촉진하는 밀집된 공간에 거주할 가능성이 더 높다. 아프리카계 미국인들은 백인들보다 건강보험이 없을 가능성이 훨씬 더 높다. 미국 가구 10곳 중 4곳은 차량 수리나 고장 난 가전제품 교체 등 예상치 못한 400달러의 지출을 감당할 수 있는 현금이 없으며, 아프리카계 미국인 가구는 이러한 현금 부족 상황에 처할 가능성이 백인 가구보다 2~3배 더 높다(연방준비은행, 2019). 팬데믹으로

그림 A.2 콩고민주공화국 양암비의 주간 시장에서 판매되는 야생동물 고기. 주로 판매되는 동물은 멧돼지, 원숭이, 감비아 쥐이다.
자료: Photography by Axel Fassio, CIFOR (Center for International Forestry Research)

인해 급여 지급이 중단되면 현금 부족으로 큰 타격을 입는다. 재난은 이러한 불평등을 드러내면서, 건강, 복지, 지속가능성을 달성하는 장기적인 해결책에는 반드시 사회 정의도 포함되어야 한다는 것을 알려준다.

자연과 인간의 관계: 코로나19의 등장은 인간과 자연 세계의 관계에 균열이 생겼음을 나타낸다. 전 세계적으로 이뤄지는 야생동물 고기(bushmeat) 거래는 일부 환경에서는 중요한 영양 공급원 역할을 하지만, 수백 종의 동물을 멸종 위기에 빠뜨리고(Ripple et al., 2016), 심각한 감염으로 인류에게 위협을 가한다(Johnson et al., 2020). 게다가, 이 관행의 근간이 되는 무분별한 잔인성은(**그림 A.2**) 인간사회 너머의 세상의 아름다움과 존재 가치에 대해 사람들을 무감각하게 만들 수 있다. 또한 우리 인간은 지구의 다른 존재들과 관계 속에서 존재하며, 그들을 연민과 존엄성으로 대해야 할 도덕적 의무가 있다는 세계 여러 종교와 원주민 전통의 영적 교리와도 일치하지 않는다(Tucker and

그림 A.3 2020년 4월 뉴저지 주 클린턴 타운십의 한 공원이 코로나19로 인해 폐쇄되었다. 자연과의 접촉이 그 어느 때보다 필요한 지금, 공원에 대한 접근이 제한되고 있다.
자료: Ed Murray / NJ Advance Media. Used with permission

Grim, 2020). 아이러니하게도, 미국 전역에 사회적 거리두기와 자택 대피령이 점점 더 강화되면서, 사람들은 팬데믹의 영향으로부터 안도감과 위안을 찾기 위해 지역공원과 국립공원으로 몰려들었다. 공원 관리자들은 처음에는 공원이 제공하는 필수 서비스로 생각하여 공원을 개방했지만, 방문객이 너무 많아 사회적 거리두기를 유지하기 어렵게 되자 곧 문을 닫았다(**그림 A.3**). 코로나19는 우리에게 다시 한번, 지배 대신 청지기 정신, 오만 대신 경외심, 정복 대신 공존을 통한 자연 세계와의 균형 잡힌 관계가 필요하다는 것을 일깨워준다.

회복탄력성 구축, 재난 대비: 코로나19는 각국이 초기 경고에 얼마나 주의를 기울이고 대비했는지를 드러냈다. 최근에 SARS를 겪었던 한국과 대만 같은 국가는 상대적으로 강력한 대응을 펼쳤다. 반면, 미국은 무모하고 태평하다고밖에 표현할 수 없는 모습을 보여주었다. 미국에서 곧바로 드러난 문제로 빈약한 공중보건 인프라, 인공호흡기와 보호 마스크와 같은 필수 물품과 장비의 취약한 공급망, 팬데믹 대응에서 중앙조정 부재, 대폭적인 검사나 백신 제조 능력의 부재, 일자리를 잃은 사람들을 보호할 적절한 사회 안전망의 부재가 있다. 재난이 점점 더 잦아지는 시대에, 지역 수준부터 국가 수준에 이르기까지 회복탄력성을 구축하는 것이 필수적이다(국립연구위원회, 2010).

과학에 귀 기울이기: 과학이 문명의 도전에 대해 모든 답을 주는 것은 아니지만 필수적인 지침을 제공한다. 일부 정치 지도자들, 우파 미디어 인물들, 그리고 인터넷에서 떠드는 사람들 사이에서 과학을 무시하고, 모호하게 만들고, 심지어 조롱하는 것이 일반화되었다(Michaels, 2020). 이것은 기후변화, 생태계 보호, 오염 관리, 그리고 기타 지구건강 문제에 관한 현명한 의사결정을 크게 방해하고 있다. 소셜 미디어에서 잘못된 정보가 빠르게 확산되고 (Rutschman, 2020), 미국 대통령이 질병에 대해 검증되지 않은 위험한 치료법을 어리석게도 권장하고, 주지사들이 의료 및 공중보건 조언에 반하여 조기에 상업 활동을 재개하는 등 코로나19의 상황에서 이러한 문제가 발생한 것은 어쩌면 당연한 결과일지 모른다. 과학에 대한 대중의 신뢰를 회복하고, 반과학적 수사에 맞서며, 공중보건 및 환경 정책 결정에 과학을 통합하는 것이 필수적이다(Oreskes, 2019).

정부가 선한 힘이 될 것인가: 코로나바이러스 발병은 대규모의 집단적 해결책이 필요한 과제를 상징적으로 보여준다. 모든 국가에서 정부가 시민 사회, 민간 부문, 학계 등과 협력하여 대응을 이끌고 있다. 각국 정부는 세계보건기구와 같은 다자간 기구를 통해 일부 대응책을 조율하고 있다. 잘만 관리하면 이와 같은 대응이 팬데믹뿐만 아니라 기후변화, 과잉 어업, 오존층 파괴 등 대규모 집단행동 문제를 해결할 수 있는 유일한 길이다. 성공의 주요 요인으로는 충분한 재정과 인적 및 기술적 자원을 가진 정부, 투명하고 유능한 거버넌스, 명확한 책임, 대중과의 효과적인 소통, 그리고 정부에 대한 대중의 믿음과 신뢰를 들 수 있다. 반면, 재난은 권력자들이 자신들의 지위가 위협받는다고 느낄 때 "엘리트 패닉"을 초래할 수 있다(Clarke and Chess, 2008). 코로나19 팬데믹 대응과정에서 헝가리, 브라질, 필리핀 등 다양한 국가에서 독재 통치가 강화되고 있다. 미국에서는 낙태권, 이민, 환경 규제, 정부 감독에 대해 과감하게 제한을 가함과 동시에 석유 및 가스 산업을 과감하게 살려주는 트럼프 행정부의 극단적인 의제 확장을 목격했다. 팬데믹은 다른 지구적 위기와 마찬가지로, 효과적이고 책임감 있는 정부의 필요성을 생생하게 보여준다.

희망의 근거: 하지만 전 세계가 팬데믹으로 어려움을 겪고 있는 상황에서도 희망의 이유는 충분하다. 엄청난 혼란과 고통 속에서도 팬데믹 대응은 어떤 면에서는 삶을 개선했다. 전 세계 도시에서 공기가 깨끗해 졌고, 소음 수준이 줄었으며, 더 이상 차가 막히지 않은 도로가 보행자와 자전거 타는 사람들 차지가 되는 등 탄소 이후의 미래가 어떤 모습일지 미리 엿볼 수 있었다. 재난 상황의 사람들이 종종 보여주는 친절과 연대로 도처의 도시와 마을에서 자원봉사가 꽃을 피웠다(Solnit, 2009). 비즈니스 회의, 교실 수업, 가족 방문이 대면 대신 가상으로 이루어져 이들 활동과 관련된 탄소 발자국을 줄였다. 수많은 기사와 소셜 미디어 게시물에서 자연 세계와 인간의 관계, 그리고 이를 회복하는 방법에 대한 심도 있는 질문이 제기되었다(Goodall, 2020). 소설가 찰스 유(Charles Yu)는 ≪*애틀랜틱*≫지에 기고한 글에서 팬데믹 이전의 '정상'은 허구에 기반한 것이므로 팬데믹 이후의 '정상으로 복귀'가 목표가 되어서는 안 된다고 주장했다. "우리가 자연과 분리되어 있다는 거대하고 공유된 착각. 지구의 생명체는 일반적으로 위태롭지 않고 안정적이라는 착각. 역사적, 지질학적, 생물학적 기록을 통해 우리가 알고 있는 것과는 달리 인류 문명은 – 과학과 의학, 그리고 사회와 정부 구조의 진보 덕분에 – 현재 우리가 겪고 있는 것 같은 대 재앙으로부터 우리를 보호하는 거품 안에 존재한다." 코로나바이러스는 지구건강을 위해 필요한 광범위한 변화에 대해 다시 생각하게 하고, 그 변화를 이끌어내는 데 도움이 될 수 있다.

무엇보다도 팬데믹 대응은 정부, 민간 기업, 시민사회, 가족들 모두의 행동이 필요한 대규모의 신속한 변화가 가능하다는 것을 증명했다. 팬데믹으로 그 점을 증명하는 것이 적절한 방식이라 할 순 없겠지만, 대규모 변화가 가능하다는 사실을 알게 된 것은 지구건강의 보다 밝은 미래에 대해 커다란 희망을 준다.

RNA염기서열에서 일어난 미세한 돌연변이 때문에 세상이 잠시 멈췄다. 다음 단계에서는, 이 멈춤과 성찰의 순간이 우리를 새로운 길로 이끌어야 한다. 전 세계에서 수조 달러 규모의 경기 부양책에 세금이 투입되어 세계경제를 다시 부양할 것이다. 우리의 목표는 지구에서 오래된 우리 생활방식을 유지하는 것이 아니라 자연 세계와 새로운 관계를 맺는 방향으로 대전환을 촉진하는 것이어야 한다. 이 어둠과 고통의 순간을 부활과 재생의 기회로 바꾸자.

참고문헌

Brown K. The pandemic is not a natural disaster. *New Yorker*, April 13 2020. https://www.newyorker.com/culture/annals-of-inquiry/the-pandemic-is-not-a-natural-disaster

Clarke L, Chess C. Elites and Panic: More to Fear than Fear Itself. *Social Forces*. 2008; 87(2): 993-1014.

Commoner B. *The Closing Circle: Nature, Man, and Technology*. New York: Knopf, 1971.

Federal Reserve Board. *Report on the Economic Well-Being of U.S. Households in 2018*. Washington: Board of Governors of the Federal Reserve System, 2019. https://www.federalreserve.gov/publications/report-economic-well-being-us-households.htm

Goodall J. COVID-19 should make us rethink our destructive relationship with the natural world. *Slate*, 6 April 2020. https://slate.com/technology/2020/04/jane-goodall-coronavirus-species.html

Jones KE, Patel NG, Levy MA, Storeygard A, Balk D, Gittleman JL, et al. Global trends in emerging infectious diseases. *Nature*. 2008; 451(7181): 990-3.

Michaels D. *The Triumph of Doubt: Dark Money and the Science of Deception*. Oxford and New York: Oxford University Press; 2020.

National Research Council. *Disaster Resilience: A National Imperative*. Washington, DC: The National Academies Press, 2012. https://doi.org/10.17226/13457.

Oreskes N. Why Trust Science? Princeton: Princeton University Press; 2019. Quammen D. We made the coronavirus epidemic. *New York Times*, 28 January 2020. https://www.

nytimes.com/2020/01/28/opinion/coronavirus-china.html.

Ripple WJ, Abernethy K, Betts MG, Chapron G, Dirzo R, Galetti M, et al. Bushmeat hunting and extinction risk to the world's mammals. *Royal Society Open Science*. 2016; 3(10): 160498.

Roberts D. How to make a city livable during lockdown. *Vox* 13 April 2020. https://www.vox.com/cities-and-urbanism/2020/4/13/21218759/coronavirus-cities-lockdown-covid-19-brent-toderian.

Rutschman AS. Mapping misinformation In the coronavirus outbreak: *Health Affairs Blog*; 10 March 2020 [Available: https://www.healthaffairs.org/do/10.1377/hblog20200309.826956/full/].

Solnit R. *A Paradise Built in Hell: The Extraordinary Communities that Arise in Disasters*. London and New York: Penguin, 2009.

Tucker ME, Grim J. The Crisis of Planetary Health: Reflections from the World Religions. April 17, 2020. Berkley Center for Religion, Peace, and World Affairs, Berkley Forum. Available: https://berkleycenter.georgetown.edu/responses/the-crisis-of-planetary-health-reflections-from-the-world-religions. Accessed 24 April, 2020.

Yu C. The pre-pandemic universe was the fiction. *The Atlantic*, 15 April 2020. https://www.theatlantic.com/culture/archive/2020/04/charles-yu-science-fiction-reality-life-pandemic/609985/

찾아보기

ㄱ

가뭄 ⇨ 물 부족 및 가뭄 참조
가장 중요한 주제 60
가정 내 공기오염 403~406, 407(그림)
가족계획 및 보건 서비스 프로젝트 123(상자)
가족계획 프로그램 118~122, 123(상자), 125
가치사슬 582~585
가치 이전 561
간선급행버스(BRT) 460
갇힌 인구 293
갈등
· 갈등 대신 협력 301
· 건강에 미치는 영향 303, 304
· 기후변화 359, 390
· 다르푸르 283, 284, 359
· 발생 건수 296(그림)
· 선대 푸에블로족 281
· 용어 정의 292
· 이주와 연관 302, 303
· 이주와의 연관 302
· 일차 요인 대 이차 요인 286
· 자원 부족 298~301
· 점진적인 동인 대 급격한 동인 287
· 해결방안 308, 309
· 환경변화 298
감가상각 534
감염병
· 기후변화 222, 223(그림), 224, 227(그림), 356
· 도시 455
· 분류 221(표)
· 생물다양성 소실 228~231
· 수력 발전 댐 426
· 수인성 및 식품 매개 질병 356
· 신종 감염병 및 인수공통 감염병 90, 220, 222
· 연구 방법 221
· 오염과 변화된 생지화학적 순환 237~241
· 오염, 생지화학 순환 변화 240, 243
· 용어 및 정의 218, 219(상자)
· 이주 307
· 정책 및 관리에 대한 시사점 241
· 토지이용 변화 233~237, 242
감자 역병 282
개발경제학 548
거버넌스
· 감염병 243
· 경제학 548
· 공공재 553
· 도시 446
· 독성화학물질 관련 데이터 부족 502, 503, 504(상자)
· 비즈니스 602
· 이론적·실천적 문제 575
· 이주 310
· 정치권력의 역할 66
· 지구건강 573, 574, 580
· 현재 글로벌 맥락 578, 579
건강 ⇨ 감염병, 정신건강 참조
건강기대수명 541, 543
건강기대수명(HALE) 568
건강수명연수(HLY) 568
건강한 식단을 위한 EAT-란셋 위원회 209

게일, 얀(Jan Gehl) 50
경작지 152, 154, 158, 165, 166, 190, 191, 198
경제발전
· 빈곤 106, 112
· 빈곤 퇴치와 지속가능한 발전 622
· 새천년개발목표 401
· 생태경제학 546
· 식민주의 90
· 어두운 면 91
· 에너지 119
· 에너지 403, 431
· 인간 개발 향상 측정 54, 55
· 인간개발지수 373, 538
· 임신, 출산, 가족계획 117, 119, 120, 125(상자), 129(상자)
· 지속가능발전목표 268(그림), 401, 402, 538, 578, 579(그림)
· 질병 242, 250
· 탈탄소화 141
· PHE 프로젝트(상자) 126, 127
경제발전 대 웰빙 531, 641
경제적 가치평가 558~560
경제학 ⇨ 비즈니스 참조
· 가치평가 567, 569, 570
· 건강의 측정 및 가치평가 567, 568(그림)
· 경제 이론 대 경제적 독단 527, 528
· 공공재 552
· 다중자본 프레임워크와 자연자본 556(그림), 557
· 불충분한 지표로서의 GDP 531~535
· 보이지 않는 손 528
· 생물권과 크기 비교 525(그림), 523
· 생태계 기능 554(그림)
· 생태계 서비스 553
· 수요 공급 균형 549(그림), 550(그림)
· 순환경제 운동 592
· 외부효과 528, 529, 533, 534, 549, 551
· 웰빙의 측정 및 가치평가 569
· 총건강 기대수명 및 총복지 541, 543
· 할인율 564, 565(표)
· 협력, 조정, 인센티브 576
· 후생경제학과 수요·공급 549, 550
· 3요소/2요소 모델 528, 529
· GDP의 대안지표 537, 538, 540
경제학의 유형
· 개발경제학 548
· 고전·신고전학파 528~530, 549
· 규범경제학 544
· 보건경제학 547
· 생태경제학 546, 553
· 실증경제학 544
· 웰빙경제학 547
· 자연자원경제학 545
· 천연자원경제학 545
· 행동경제학 547
· 환경경제학 545
· 후생경제학 549~551
경제 환경 계정 537
고온
· 건강 영향 255
· 기후변화 352(그림), 353
· 도시 열섬 효과 261, 352, 448, 449, 451, 455, 456, 464
· 정신건강 323, 324(그림)
곤충 192, 490 ⇨ 살충제, 꽃가루 매개자 참조
곤충학적 접종률/ 감염모기 인체접촉률 227 (그림)
공공재 552
공기오염 ⇨ 이산화탄소 참조
· 가정 내 공기오염 403, 405, 407(그림), 431
· 기후 변화 354
· 도시 258, 448
· 배출(화석연료) 169, 170
· 비감염성질환 252, 253, 255
· 식량 생산 197
· 오존 252, 254, 353, 354
· 정신건강 325
· 화석연료 및 실외 오염 169, 408, 411, 412

공유자원 386, 552, 574
공유지의 비극 553, 574, 609 ⇨ 공유자원 참조
과학 기반 목표 583
관계적 가치 615
교통 258, 260, 434, 453, 454, 458~463
국내 이재민 292
국내총생산(GDP) 91, 107(그림), 370~373, 531~537
국민계정 537
국민총행복(GNH) 115, 371
규범경제학 544
규폐증 415
금속 오염 266, 494
기생충 정의 219(상자)
기후변화 ⇨ 이산화탄소 배출, 온실가스, 해수면 상승 참조
· 감염병 224, 227(그림), 228
· 개요 349, 350
· 건강 결과 및 경로 350(그림), 351(그림), 352
· 건강과 기후를 연결하는 원칙 360, 361
· 견해 334(그림)
· 공기 질 354
· 국가 안보 299
· 국가별 사망률 618(그림)
· 기상재해 255, 352, 353
· 꽃가루 매개자 193
· 내전 및 시민 갈등 359
· 놀라운 일들 360
· 농업 198, 206, 262, 263, 357, 358
· 도시 447~449
· 부정 또는 부인 337
· 분배 정의 617, 622, 623, 628, 629
· 분쟁 359
· 비감염성질환 255, 256
· 식량 생산 및 영양 193, 198, 199, 349, 350
· 알레르기 354, 355(그림)
· 어업 190
· 영양 357, 358
· 영향 138
· 온도 영향 350, 351, 352(그림)
· 완화와 적응 140, 200, 338, 620, 621, 625
· 유엔기후변화협약(UNFCCC) 576, 578, 621
· 윤리 608
· 이주 261, 280, 281, 284~288, 290, 291, 293, 358
· 인구 이동 228
· 적응 340
· 전 세계 평균기온 137, 138(그림), 139, 140
· 정신건강 333, 358, 359
· 질소 순환 145
· 탠지어 제도 286
· 티핑 포인트 139(그림)
· 화석연료 412, 414, 415, 417
기후와 에너지를 위한 세계시장협약 472
꽃가루 355(그림), 356
꽃가루 매개자 167, 193, 194, 267, 491

ㄴ

나노물질 504(상자)
낙태 121(상자)
난민 292(상자)
난민 캠프 228, 305(상자), 306(상자), 307 ⇨ 이주 및 이재민 참조
납 페인트 501
내분비 교란에 대한 계층별 검사법(TiPED) 512
내분비교란물질 265, 488, 497, 504, 512
내재적 가치 615
내전 ⇨ 갈등 참조
노동자 및 직업적 위험
· 독성 화학물질 495, 496
· 바이오 연료 428
· 원자력 에너지 417

· 정신건강 337
· 화석연료 415, 416
노인
· 공기오염 253
· 기후변화 139
· 인구 추세 100
· 자연 노출 329
· 정신 건강 337
· 취약성 337, 351, 353
노출-반응 통합 곡선 407
녹색 도시주의 458
녹색 체육관 388
녹색기후기금 576
녹색화학 513, 514(상자), 515, 516
농산물 직판장 465
농생태학 200, 207
농업 ⇨ 식량 시스템 참조
· 간작법, 피복 작물, 작물 순환, 꽃가루 매개자 친화적 재배 방식 205
· 경작 면적(1800년 및 2016년) 524(표)
· 곡물의 영양소 264
· 농생태학 638
· 다양성 소실 193
· 도시 농업 465
· 무경운 농업 155, 206
· 발자국 줄이기 189
· 비료 142(그림), 143, 145, 146, 150, 152, 154, 155, 168, 201, 203
· 세계 지역별 곡물 생산량 추이 191(그림)
· 수경 재배, 분무 수경 재배, 수직 재배 203, 204(그림)
· 온실가스 배출 189
· 유전자 기술 203
· 작물 수확량 263
· 재생 농법 158
· 점적 관개 시스템 203
· 정밀 농업 201, 202(그림), 207
· 집약화 144, 201
· 토양 황폐화 153, 189
· 토지이용 변화 146, 148~150

ㄷ

다르푸르 갈등 283, 284, 287
다염화이중페닐(PCB) 492, 496, 501
다중자본 프레임워크 555, 556(그림), 557
대사질환 186(상자)
대중교통 지향형 도시개발 464
대체육 211, 600, 602
댐, 수력 발전 149, 425, 426
도구적 가치 615
도넛 경제 모델 539(그림), 540
도시 밀도 454, 456, 460
도시 열섬 448, 449, 451, 455, 456
도시화 및 도시 환경
· 감염병 234, 236, 237
· 건강 452, 453, 454(그림)
· 고밀도 개발 454
· 구역 설정 456
· 녹색 도시주의 458, 459
· 더 나은 건축물 456
· 도시 과학과 근거 기반 467
· 도시 열섬효과 352, 448, 449, 451, 455
· 미래 전망 640
· 부적절한 주거환경 260
· 비감염성질환 257~261
· 사회적 도시주의 470
· 생물권에 미치는 영향 450
· 소비 450
· 소음 260
· 식량 시스템과 도시 농업 465, 466
· 인구 100(그림)
· 인구밀집 260
· 자연 및 녹지 단절 260
· 정신건강 327
· 젠트리피케이션 461, 462, 469, 471
· 지구의 미래 446
· 지속가능 교통 459~462
· 토양 황폐화 155
· 토지 이용 155
· 파트너십, 네트워크 및 연대 472

- 혁신의 보급과 적용 470
- 형평성 459, 461, 463, 465, 468
- 환경 변화의 영향 258, 260, 261, 450~452

도시 확산 453
독성물질관리법 510
독성화학물질
- 거버넌스와 일관성 있는 화학물질 정책의 부재 502, 503
- 거버넌스와 일관성 있는 화학물질 정책의 부재(상자) 504
- 곤충 491
- 금속 오염 266
- 내분비교란물질 265, 487~489, 497, 498, 502
- 내분비교란물질(상자) 504
- 노동자 및 지역사회 영향 495, 496
- 녹색화학 513, 514(상자), 515, 516
- 독성정보의 부재 505, 506(그림), 507
- 문제의 역사적 기원과 조기 경고 무시 501, 502
- 북극 해양 포유류 492~494
- 비전통적 석유 및 가스 개발(상자) 419
- 산호초 490
- 생물농축, 생체농축 및 집약화 487
- 시험 및 정책 504(상자), 509~511
- 식품 품질 357
- 어린이 497
- 용량-반응 관계 489
- 잔류성 유기오염물질 265, 487
- 저농도 독성 488~490, 511, 512
- 조류 491
- 질소 순환 145, 490
- 호수 및 습지 492
- 혼합물 487, 488
- 화학 산업 172, 173, 485
- 화학 산업 486

뒤보, 르네(René Dubos) 79, 80(그림), 81, 82
드러난 선호도 기법 560
딥워터 호라이즌 416

ㄹ

라우텐버그법 510
라임병 223(그림), 228, 356
랜싯 위원회 60, 88, 89, 174, 270
레이워스, 케이트(Kate Raworth) 539
로마클럽 79, 86
로젠버그, 찰스 E.(Charles E. Rosenberg) 76
록펠러 재단 60, 75
록펠러 재단-랜싯 지구건강위원회 60
롤, 데이비드(David Rall) 507
루마니아 110
리우 협약 578

ㅁ

마틴 루터 킹 주니어(Martin Luther King Jr.) 68
말라리아 221, 224~228, 234, 235, 238, 239, 426
말라위 호수 239
매개체 매개 감염병 220(표), 221(표), 224, 356
맥마이클, 앤서니 J.(Anthony J. McMichael) 71, 72(그림), 73, 75, 83, 84, 87, 88
맬서스, 토머스(Thomas Malthus) 109, 184
맹그로브숲 파괴 149
메데인 469, 470
멕시코만의 데드 존 144, 145(그림)
멸종 반란 331
멸종률 165(그림), 166
모기 220, 221, 225, 226, 234, 237, 356
몬트리올 의정서 576
무독성 관찰수준 또는 무유해영향 관찰용량(NOAEL) 489, 512
무임승차 문제 386, 575
물 부족 및 가뭄 ⇨ 홍수 참조
- 갈등 301
- 기후변화 198
- 도시 452, 453

· 물부족 159~161, 163, 164
· 수요 예측 162(그림), 163(표)
· 식량 생산 191
· 이주, 갈등 283~285
· 정신건강 325
뮤어, 존(John Muir) 609
미국 환경보호청 510, 511, 515
미도즈, 도넬라(Donella Meadows) 86, 92
미세먼지(PM) 169
· 가정 내 공기오염 403, 405
· 통합 노출-반응 곡선(그림) 407
· 석유 연소 411
· 축산업 145
· 토양 172
밀라노 도시먹거리 정책협약 465
밀레니엄 생태계 평가 553

ㅂ

바이오매스 연소 400(그림), 401, 405, 411
바이오 연료 426, 427
바이오 연료 에탄올 426
바이오 팩토리 599
발육부진 263
방글라데시 122, 123(상자), 302, 357, 360, 619, 622
배출권 거래제 581, 619
배터리 기술 424
벤젠 495
병원소 숙주 219
병원체 정의 219(상자), 220(상자) ⇨ 감염병 참조
보이던, 스티븐 V.(Stephen V. Boyden) 81
보전
· 물 163
· 토양 158
보존
· 산림 207, 620
· 생태계 91, 117, 126(상자), 150, 380, 381, 616
· 에너지 107(그림), 431, 432
· 토양 206
복잡계에서의 놀라운 일들 360, 654
부영양화 144, 145
부적절한 주거환경 260
부처 369
부탄 371, 372
북극 해양포유류 493
분배 정의 617, 622, 623
불
· 산불 137, 320, 350, 353
· 요리용 402, 406
· 토지 개간 66, 152, 264
불평등 ⇨ 형평성, 빈곤 참조
브라운, 케이트(Kate Brown) 653
브라질 쿠리치바 459, 460(그림), 464
비감염성 질환
· 개요 250, 251(그림)
· 기후변화 256
· 노출-반응 통합 곡선 407(그림)
· 대사질환 185, 186
· 당뇨병 308
· 도시화 257~261
· 독성화학물질 495
· 백혈병 422
· 비감염성질병연합 579
· 생물다양성 264
· 식단 210
· 식품, 영양, 농업 262~264
· 신장질환 255
· 심혈관질환 256
· 암 위험 256, 262
· 에너지, 공기오염 및 기후변화 252~254
· 이주 308
· 지속가능발전목표 268(그림)
비감염성질환 250~267, 269, 270
비료 142(그림), 143, 145, 189, 237, 239
비욘드 미트 211, 212, 600, 601
비용편익분석 503, 545
비즈니스

· 미래 전망 640
· 비욘드 미트 600
· 비즈니스 모델 분류 584
· 새로운 형태 592, 593
· 아과스 안디나스 바이오 팩토리 사례 599
· 외부효과의 내부화 580, 581(표), 586, 588(그림)
· 의존성 586, 591
· 저항 602
· 지구건강 비즈니스 582, 583
· 지구건강 비즈니스 청사진 594
· 케링 EP&L 사례 595, 596(그림), 597(그림)
빈곤 ⇨ 형평성 참조
· 갈등 300
· 경제발전 105, 112
· 극심한 빈곤 상태의 인구수 54
· 기후변화 294(그림)
· 도시화 257
· 비감염성질환 251
· 이주 286, 293
· 정신건강 318
· 근절 622
빈민가, 슬럼 468, 469

ㅅ

사전예방 원칙 623
사회 네트워크 및 연결성
· 미래 전망 627, 628
· 윤리 608
· 이주 290, 293, 327
· 정신건강 308, 320, 322
· 지역사회 주도적 활동 338
· 행복 383, 384
사회운동 구축 67
사회적 도시주의 470
사회적 행동 ⇨ 사회운동 구축 참조
사회적 자본 384, 385(그림), 557
사회적 책임을 실천하는 의사회(PSR) 84, 85, 86
산림농업 206
산림 파괴 및 산림 황폐화 방지를 통한 온실감수 감축/ 산림 파괴 방지 플러스(REDD 및 REDD+) 620, 621
산업적 소고기 생산 600
산호초 137, 451, 490
살충제 ⇨ 화학물질, 독성화학물질 참조
· 감염병 237, 238
· 거버넌스 부재 502
· 규제 488
· 기후변화 225, 226, 357
· 꽃가루 매개자 167, 491
· 내분비교란물질 265
· 농업 169, 357
· 보팔 참사 496
· 생산 172
· 신경독성물질 492, 504(상자)
· 영유아 식단에 포함된 살충제 497
· 오염 169, 172
· 인체 독성 508
· 환경 보건 역사 81
· DDT 225, 501
삶의 평가 370
새천년개발목표 401
생명윤리 608 ⇨ 윤리 참조
생물군계 분포 147(그림)
생물농축 및 생체농축 486, 487
생물다양성 소실 164
생물다양성 협약 166, 578
생물다양성 및 생태계 서비스 정부 간 협의체(IPBES) 331, 554(주), 615
생물다양성 소실 228~231 ⇨ 종 다양성 참조
생식보건 프로그램 122, 123(상자), 128, 305(상자)
생애주기 분석 209
생애주기분석 209(그림), 408, 412, 413(그림), 416, 424, 427, 448, 582, 601, 640
생지화학적 순환 136, 137, 237

생체독성학 490~492, 493(그림)
생체모방 641
생태경제학 546
생태계 기능
・규제 587
・농업 242
・문화 381
・보조금 580
・분류 148(주), 554
・비용 기반 가치평가 562
・비즈니스 의존성 590
・생물다양성 165
・열대우림 보존 236
・외부효과 589
・자연자본 555
・정의 61
・화학 오염 및 영향 491
생태계 서비스
・웰빙 553, 554(그림)
생태권 515, 516(그림), 517
생태독성학 487
생태발자국
・글로벌 발자국 네트워크 112
・글로벌 생태발자국 네트워크 523
・글로벌 헥타르 및 지구 생태용량 초과의 날 523
・도시 445, 447, 453, 456, 469, 473, 640
・민간 부분 639
・세계화 104
・소비, 인구증가 102
・에너지 산업 412
・인류 역사 97, 101(그림)
・팽창 56
생태불안 330
생태심리학 329
생태학적 슬픔 330
샤가스병 228, 232
서식지 파괴 및 파편화 230
석면 168, 496
석탄 399, 404, 408, 412~415, 416(그림)
・석탄 노동자 규폐증 415
선대 푸에블로족 281
원주민 지역사회 380, 617
선주원주민 공동체 335
설사병 356
성교육 129
성병, 성매개감염 121(상자), 305(상자)
성폭력 304, 305(상자), 324(그림)
세계 인권 선언 626
세계 질병부담 연구 186(상자), 250, 252, 254, 403(주)
세계무역기구 577
세계보건기구(WHO)
・공기오염 및 건강 컨퍼런스 578
・국제암연구소 496
・기후변화 71, 73, 350
・말라리아 추정 224
・비감염성질환 250, 251(그림)
・세계질병부담 추정 403(주)
・오염 169, 170, 253, 258, 405, 448
・정신건강 318
세계인권선언 627
세계행복보고서 372
세계화 104, 577, 651, 654, 659
세계환경개발위원회 91
세금 115, 580, 581(표)
세대 간 책임 613
세피안-세남노이 수력 발전 프로젝트 426
소비
・GDP 대비 디커플링 107
・I = PAT 등식 96, 115
・국가별 편차 102, 103(그림), 104~106
・누적 97
・도시 449
・로제토 105
・성장 101(그림), 102
・성장 지표 56(그림)
・전략 113, 115
・정책 111~113

· 행복 105, 112, 115, 368, 372, 538
소음 257, 260, 418(상자), 425
손실 및 피해(L&D) 621
수력 발전 149, 425
수압파쇄 415, 418(그림)
수용능력 76, 523
수은 오염 266, 496, 497
수인성 감염병 356
수자원 ⇨ 폐수, 보존 전략 참조
· 댐, 저수지 207
· 도시 448, 455
· 수요 관리 160, 161, 163
· 수요 예측 162(그림), 163
· 식량 시스템 191
· 전 세계 저장량 159(표), 160
· 지속 가능 전략 164
· 지역별 수자원 스트레스 160, 161(그림)
수직 정원 456
수직 정원, 옥상 정원 456, 457(그림)
수질오염 170, 171(그림)
수축과 수렴 619
순환경제 운동 108, 592
숲 전환 151
스마트 그리드 430
스미스, 애덤(Adam Smith) 528
스튜어드십 66, 67, 583
스트레스 회복 이론 329
스티글리츠, 조지프(Joseph Stiglitz) 370
습지 149, 234, 238, 591
시민사회 579, 580
시스템 사고 61, 75, 82, 83, 269, 454(그림), 467, 546, 654
식단 ⇨ 식량 시스템 참조
식량 시스템 ⇨ 농업 참조
· 과거 및 미래 식이 에너지 공급 188(그림)
· 기술 혁신 201, 203, 204
· 기후변화 영향 198, 199, 264
· 꽃가루 매개자 192~194, 264
· 남획 및 접근성 192
· 대기 중 이산화탄소 영향 194, 195(상자), 199, 264
· 도시 455, 465, 466
· 물 부족 191
· 미래 전망 638
· 세 가지 도전 과제 200
· 식단 전환 185, 210, 262
· 식단 전환의 필요성 209~211
· 식품원에 따른 온실가스 배출 209(그림)
· 쓰레기 208, 465
· 영양, 영양실조, 기아 185, 186(상자), 188, 262
· 오염 197, 198
· 이주 307
· 인구 증가와 1인당 식량 생산 184, 201
· 자연계에 미치는 영향 188
· 정부 정책, 민간 부분과 함께 212
· 토양 황폐화 190
· 폭력 및 식량 불안정 303
· 해충 192
· 형평성 199, 210
식중독 357
신경발달독성 504(상자), 507
신경독성화학물질 492, 504(상자)
신니코틴계 살충제 491, 504(상자)
신뢰와 행복 382, 384, 385(그림)
신맬서스주의적 접근 299
신장질환 256
신체 활동 259
실증경제학 544
심층생태학 61
싱가포르 390
쓰레기 ⇨ 폐기물

ㅇ

아과스 안디나스 599
아닐린 염료 495
아동
· 공기오염 253
· 난민 캠프 306(상자), 307

· 백혈병 422
· 세대 간 책임 613
· 신경독성물질 504(상자), 507
· 외상 후 스트레스 증후군 336
· 자연에 노출 329
· 전자 폐기물 497
· 철분 결핍 195
· 출산파업 운동 331, 332(그림)
· 취약성 261, 336, 351, 464, 497
· 친사회적 행동 376, 381
· 화학물질 노출 497, 498
아리스토텔레스 369, 370, 375, 615, 617
아일랜드 감자 기근 282, 653
알 권리 512, 612, 624
알레르기 350, 355(그림)
암 ⇨ 감염병, 비감염성질환 참조
· 기후변화 256
· 독성 화학물질 496, 504(상자)
· 원자력 417, 422
· 잔류성 유기오염물질(POPs) 266, 493
· 항암제 486
· 화석연료 417, 418(상자), 419(상자)
앞에 나선 엄마들 339
액화석유가스(LPG) 409(상자)
야생 지역(토지) 524(표)
야생동물 고기 656(그림)
야자유 264
야자유나무 재배 264
양식업 203, 205
어느 문으로 들어와도 연결되는 서비스 체계, "노 롱 도어"(NWD) 390
어업
· 기후변화 192, 358
· 남획 및 고갈 167, 192, 239, 240, 267
· 대형포식어류 생물량 524(표)
· 양식업 204, 205, 358
얼룩날개모기 224~226, 234, 235
에너지 ⇨ 이산화탄소 배출, 화석연료 연소, 온실가스 참조
· 건강과 연계(개요) 398, 399(그림)
· 바이오 연료 426~428
· 바이오매스 연소 및 가정 내 공기오염 405, 406, 407(그림), 411, 432
· 보존 및 효율성 430
· 비감염성질환 252~255
· 선택 398
· 수력 149, 425, 426
· 스마트 그리드 430
· 실외 공기오염 403, 408, 411
· 원자력 417, 423
· 인도 LPG 보조금 및 사회 투자 409(상자)
· 저장 기술 429, 430
· 전 세계 주요 에너지원(1800-2017) 400(그림)
· 전망 639
· 접근성 402
· 지구건강을 위한 431~434
· 집약도 107(그림)
· 태양 423, 424
· 풍력 424
· 화석연료 대 재생 및 탈연소 세계 398~401
· 화석연료의 기후변화와 직업 관련 영향 412~415, 417
· GDP 대비 107(그림)
에를리히, 폴(Paul Ehrlich) 50, 78, 96
엘살바도르 285, 302, 307
여성
· 가족계획 및 인구 조절 110, 117, 118, 131, 121(상자), 123(상자), 409, 638
· 기후변화 취약성 336, 357, 360
· 난민 캠프 305
· 바이오매스 연료 406, 431
· 지속가능발전목표 402
· 철분 결핍(상자) 196
· 출산율 113, 116, 119, 331
· PHE 프로젝트 126(상자), 127(상자)
역학적 변천 250
연료 스태킹 404
열대림 파괴 165, 234, 235, 264, 405

열대우림 151, 153, 165, 189, 234, 235, 264
염분 섭취 255
염분 침입 62, 155, 190, 255, 256, 357, 453
염화불화탄소 169, 502
영양 ⇨ 식량 시스템 참조
영양 결핍 305(상자), 307
영유아 사망률 121(상자)
영적 차원 67, 131, 645
오스트롬, 엘리너(Elinor Ostrom) 387, 388, 574, 609
오염 ⇨ 공기오염,
· 감염병 237, 238, 240
· 도시 446
· 물 170, 191, 197
· 부영양화 144, 145
· 식량생산 198
· 역사적 통계 524(표)
· 오염원 168, 169
· 정의 168
· 토양 171, 190, 197
· 화학물질 168, 170, 172
오존 252, 354
오클라호마 모래폭풍 282
온실가스 ⇨ 이산화탄소, 기후변화 참조
· 건강 영향 71
· 건물 448
· 고형폐기물 449, 455
· 국가별 1인당 배출량 편차 103
· 농업 189
· 도시 258, 446, 449, 450, 456
· 바이오 연료 427
· 부가적 문제 610
· 불평등 65, 592
· 비즈니스 582, 584, 585, 601
· 석탄 253(그림)
· 소비 111
· 수력발전 426
· 식량 시스템 208, 209(그림)
· 완화 140
· 원자력의 이점 417
· 자연 생물권에서 유래 139
· 정책 113
· 질소산화물 145
외부효과
· 긍정적 외부효과 포착 589, 590(그림)
· 내부화 586, 587, 588(그림), 589
· 부정적 생산 외부효과 551, 552(그림)
· 부정적 외부효과, 수출 534
· 비즈니스를 위한 청사진 594
· 스미스의 '보이지 않는 손'과 시장 실패 528
· 정량화 66
· 친사회적 행동 386
· GDP에서 누락 532
외상 후 스트레스 증후군(PTSD) 322
우라늄 채굴 417, 422
우생학 109, 110
워드, 바버라 78, 79, 92
원대한 비전 643, 644(표)
원자력 에너지 417, 423
원치 않는 임신 118, 120
웰빙 ⇨ 행복 참조
· GDP 대비 531~536
· 생태계 서비스 553, 554(그림)
· 주관적 평가 338, 369, 370, 374(상자), 569
· 총합적, 극대화 접근 541, 542
· 측정과 평가 567, 568
· 포용적 안녕지수 538
웰빙경제학 547
웰컴 트러스트 664
웰컴트러스트 89
위기 상황에서 생식 보건을 위한 기관 간 실무 그룹(IAWG) 305(상자)
위대한 전환 646
유독성 노출 ⇨ 화학물질 참조
유류 오염 416
유럽 화학물질 등록, 평가, 허가 및 제한에 관

한 규정(REACH) 509
유럽 화학물질청 509
유럽인권협약 628
유엔/국제연합
・기후변화협약 576, 578, 621
・세계행복보고서 372
・인간개발지수(HDI) 373, 538
・인권이사회 627
・ 지속가능발전목표(SDGs) 268(그림), 402, 538, 578, 579(그림)
유전자 변형 작물 203
유, 찰스(Charles Yu) 659
윤리
・기준 및 판단 611, 612
・기후변화 65, 609~611
・비인간 생명까지 확장된 권리 615, 616
・사전예방 원칙 623
・새로운 윤리적 영역 65
・생명윤리 4대 원칙 608
・세대 간 책임 613
・알 권리 624~626
・용어 정의 611
・윤리적 틀의 역사 609
・인권 626~628
・지구건강 윤리의 기초 612
윤리적 가치 615 ⇨ 도구적 가치, 내재적 가치, 관계적 가치 참조
의료지리학 73
이누이트 공동체 330
이라크 전쟁 304
이마누엘, 칸트 617
이산화질소 403
이산화탄소 배출 ⇨ 기후변화, 온실가스 참조
・국가별 103(그림), 104, 618(그림)
・국가별 1인당 배출량 103, 104
・석유 412
・석탄 412
・ 식량 생산에 미치는 영향 194, 195(상자), 199, 264
・에너지원별 생애주기 413(그림)
・ 역사적 배출(1800, 1900, 2016년) 524(표)
・탈탄소화, 적응 및 경제 발전 141
이슬람 기후변화 선언 645
이주 및 이재민
・갇힌 인구 294(그림)
・갈등 296~298
・갈등과의 인과관계 296, 297
・건강 영향 304, 308, 309
・관리된 이주 257, 292(상자), 293
・급격한 동인 대 점진적 동인 287
・기후변화 228, 295, 358
・농촌지역에서 도시로 261
・다르푸르 갈등 283
・댐 건설 426
・사회적 네트워크 연계 293
・선대 푸에블로족 281, 284
・아일랜드 감자 기근 282
・양상 291(그림), 294(그림)
・여성 건강 305
・영양 307
・오클라호마 모래폭풍 282
・용어 정의 292
・적응적/부적응적 293
・정신건강 326
・중앙아메리카 285
・질병 228
・갈등 298
・ 출신 지역 및 도착 지역 289(그림)(표), 290
・해결방안 308, 309
・ 해수면 상승 280, 286, 287, 292(상자), 622
・환경 난민 619
이탄지 149
인(P) 141, 142, 185
인간 환경에 관한 스톡홀름 선언 627
인간개발지수(HDI) 373, 538
인공지능(AI) 593
인구 ⇨ 이주 및 이재민 참조

· 가족계획 및 생식보건 프로그램 117, 119, 120, 121(상자), 128, 129
· 갈등 280, 300
· 논쟁적 토론 109, 110
· 도시화 99, 100(그림)
· 미래 전망 637
· 식량 생산 184, 199
· 예측 98, 99
· 인구 모멘텀 98
· 인구 성장 역사 97, 98
· 인구통계학적 배당 128
· 정책 109~111, 113
· 출산율 116, 117
· I = PAT 등식 96, 115
인구밀집 260
인권 627, 628
인도
· LPG 사회 투자 사업 409(상자)
· 갠지스강과 야무나강에 부여된 권리 616
· 뭄바이 해변 정화 캠페인 386
· 보팔 화학 참사 496
· 빈민가 네트워크 사업 469
· 석탄 연소 408
· 실내외 공기오염 405
· 인구 조절 정책 109
· 캐랄라 병입 공장 중단 589
인수공통 감염병 219(상자), 220, 221(표), 228~232, 236, 243, 652
인적 자본 555
일산화탄소 403

ㅈ

자동차 의존도 258, 259
자산 및 취약성 분석 340
자연과 인간의 관계
· 건강 편익 260
· 도시 접근성 454
· 사회적 결속력 379
· 생태학적 슬픔 330
· 영적 연결 645
· 인간 세계 너머로 권리의 확장 615
· 정신건강과 자연과의 접촉 327~330, 656, 657
· 행복과 자연과의 접촉 378, 379
자연자본 542, 546, 555, 556, 562
자연자본연합 571
자연자원 경제학 545
자연자원경제학 546
자원전쟁 297
자유 대기 이산화탄소 농축(FACE) 196(상자)
자전거 이용 장려 454
자전거 이용 활성화 461
자카르타 451
잔류성 유기오염물질(POPs) 265, 487
장거리 월경성 공기오염 협약 576
장애보정 생존연수 567, 568(그림)
재난 및 사고 ⇨ 불, 홍수 참조
· 기후변화 138, 139, 255, 350, 352, 353
· 댐 붕괴 426
· 도시 450, 451
· 빈곤 293, 294
· 아동 336
· 아일랜드 감자 기근 282
· 오클라호마 모래폭풍 282, 283
· 이주 287~291, 292(상자), 307, 309
· 인도 포팔 화학 참사 496
· 정신건강 308~321, 359
· 핵 사고 422
재난·이재 이주 플랫폼 292
재생 에너지 141, 433
재활용
· 다운사이클링 592
· 도시 고형폐기물 448
· 배터리 424, 429
· 식량 프로그램 466
· 재활용품 재료로 대체 596, 598
· 저소득국가에 위치한 전자 폐기물 센터 497
· 태양에너지 424

· GDP에 반영되지 않음 533
전력망 401, 430, 433
전쟁 ⇨ 갈등 참조
전환마을 472
점적 관계 시스템 203
정부 정책 ⇨ 정책 참조
정신건강
· 가뭄 325
· 고온 323, 324(그림)
· 공기오염 324, 325
· 기저질환 321
· 기후변화 359
· 도시화 327
· 불평등 333~335
· 사회적 네트워크 319
· 신체건강과 연관 319
· 완화·적응·집단행동 337~339
· 외상 후 스트레스 증후군(PTSD) 320~322, 329
· 우울증 319
· 이주 309, 325, 326
· 자연에 대한 접근성 327~330, 657
· 재난 320~322
· 환경 변화에 대한 인식 및 영향 330, 332, 333, 334(그림)
정책
· 감염병 243
· 기족계획 및 생식보건 프로그램 117~120, 122, 125, 128, 129
· 기족계획 및 생식보건 프로그램(상자) 121, 123
· 독성화학물질 502, 503, 507
· 독성화학물질(상자) 504
· 식단 212
· 알 권리 법률 512
· 인구 및 소비 109
· 정치적 리더십 577
· 지구건강을 위한 경제 정책 수단 580, 581(표)
· GDP 536
· "No Wrong Door" 이니셔티브 390
제초제 168, 357, 504(상자)
젠트리피케이션 461
조정순저축 537
존재 가치 381
종간 감염 확산 652
종 다양성 222, 231 ⇨ 생물다양성 소실 참조
종말 숙주/막다른 숙주 219(상자)
주의력 회복 이론 329
주혈흡충증 228, 233, 239, 240(그림), 426
중국 109, 236, 254, 264, 325, 379
중앙아메리카 이주 285
지구건강 87, 88
『지구건강 사례 연구: 해결방안 모음』 60, 122, 152, 211, 241, 264, 600
지구건강연맹 87, 88
지구건강의 시간적 차원 574
지구건강의 역사
· 개념 프레임워크 구성 87, 88
· 국제보건 90
· 맥마이클, 앤서니 J. 71~73, 75, 83, 84, 87, 88
· 시스템 사고 61
· 의료지리학 73, 74
· 제2차 세계대전 이후의 환경 인식 73~76
· 핵무기와 사회적 책임을 실천하는 의사회 84
지구 생태용량 초과의 날 523
지구위험한계 프레임워크 88, 525, 526(그림), 582, 583, 594
지속가능발전목표 268(그림), 402, 538, 578, 579(그림)
지속가능성을 위한 지방정부 네트워크 472
지속가능한 경제 복지 지수(ISEW) 537
지역사회 주도적 행동 338, 339
· 미래 전망 637, 640
· 윤리 611
· 이주 291, 293, 326
· 정신건강 308, 319, 322
· 행복 380, 381

지적 자본 555
지그메 싱예 왕축, 부탄 국왕 371
직업 ⇨ 노동자 및 직업적 위험 참조
진정한 발전 지표(GPI) 537
진화 81, 636
질보정 생존연수(QALY) 567, 568(그림)
질소 순환 142(그림), 145, 490 ⇨ 비료 참조
집중식 가축 사육장 210

ㅊ, ㅋ, ㅌ

천연가스 414, 415, 418(상자)
철분 결핍 195
청정개발체제 576
체서피크만 286
초소형 정원 465
최소 초기 서비스 패키지 305
최저 유해효과 관찰 수준(LOAEL) 512
출산율 116~119, 332
출산파업 운동 331
친사회적 행동 376
칠레 산티아고 469, 599
카슨, 레이철 75
캔모어 선언 611
커머너, 배리 78
케네디, 로버트 531, 532
케링 595, 596(그림) , 597
케이프타운(남아공) 452
코로나19 48, 654~659
코로나바이러스 650~654
코펜하겐 458, 459, 461
콰멘, 데이비드(David Quammen) 652
쿠즈네츠, 사이먼(Simon Kuznets) 371
타르 샌드 석유 생산 413
탄소 집약도 412, 413(그림), 414
탄소 포집 및 격리 428, 433
탄소세 580
탈리도마이드 497, 501, 507, 508
탈연소 세계 400, 637, 639
태양 에너지 448
태양광 발전 423, 424
탠지어 제도, 체서피크만 286
토양
- 금속 오염 266
- 무경운 농법, 토양 재생 206, 207
- 미생물 연구 203
- 손실 154
- 오염 171, 172, 198
- 재생 농업 158
- 황폐화 153, 154, 190
토지이용 및 토지피복
- 감염병 233~237
- 도시 447, 454
- 미래 경향 153
- 변화 요인 150, 151
- 보존 노력 151
- 생물군계의 공간 분포 147(그림), 148
- 역사 통계 524(표)
- 전 세계적 패턴 148, 149
- 정의 146
- 토지 경영의 변화 152
툰베리, 그레타(Greta Thunberg) 635, 636(그림), 637, 639, 642, 647

ㅍ

파리협정 472, 579
팬데믹 651~660
폐기물
- 고형폐기물 448, 524(표), 640
- 도시 448, 449
- 배터리 430
- 비전통적 석유 및 가스 개발 418(상자), 419(상자)
- 원자력 422
- 음식물 쓰레기 208, 465
- 의약품 504(상자)
- 전자 497
- 폐기물 제로 접근 459, 599
폐수 419(상자), 449, 453, 455, 490, 492,

599
포용적 안녕지수 538
폭력 ⇨ 갈등 참조
· 고온 324
· 대인 폭력 299, 305
풍력 399
프란치스코 교황 645
플라스틱 생산과 수질오염 170, 171
피임 120, 121(상자), 125

ㅎ

하딘, 개릿(Garrett Hardin) 574
하이데거, 마르틴(Martin Heidegger) 615
하트윅의 법칙 546
학교 파업 운동 614, 636(그림)
한타바이러스 232, 236, 237
할인율 564, 565(표)
해수면 상승
· 경작지 87, 198
· 도시 홍수 451
· 비감염성질환 255
· 염분 침입 62, 155, 255, 357, 360, 453
· 원인 350
· 이주 280, 286, 292(상자), 622
· 자카르타 451
· 체서피크만 탠지어 제도 286
· 티핑포인트 139(그림)
핵무기 75, 84, 422
핵전쟁 방지를 위한 국제 의사회(IPPNW) 85, 86
햇살 향수, 솔라스탤지어 330
행동경제학 547
행복
· 국민총행복 115, 371, 372
· 부처와 아리스토텔레스 369
· 사회 규범 및 상호 협력 386~389
· 신뢰 384, 385(그림), 388
· 신체 건강 377, 378
· 자연 접근성 378
· 자원 집약도 대 사회적 요인 376, 377
· 정의 369
· 정책 설계 및 집행 390
· 주관적 자기평가 373, 374(상자)
· 지구행복지수(HPI) 538
· 지속가능한 행동 338
· 측정 및 지표 372~375
· 친사회적 행동 381~385
· 환경 보전 380
· 환경 보존 379
허리케인 280, 287, 620(그림)
허혈성심장질환 251, 253, 267
현시 선호 기법 560
형평성 ⇨ 저소득 및 중간소득 국가 참조
· 감염병 655
· 경제적 가치 평가 및 분배 형평성 562
· 교통 461, 462
· 도시 468~470, 473
· 미래 전망 641~643
· 분배 정의 617, 620, 622, 623, 629
· 불평등에 무감한 GDP 535
· 성공의 정의 541
· 소비 102, 103(그림), 104~106
· 식량 자원 200, 210~212
· 윤리 65, 66
· 정신건강 333~337
호주 원주민 고향 지역 380
호턴, 리처드(Richard Horton) 88
호텔링의 법칙 546
홀드런, 존 P.(John P. Holdren) 96
홍수
· 건강 영향 353
· 댐 붕괴 426
· 도시 447, 449, 451, 452
· 해수면 상승 62, 138
· 허리케인 카트리나 287
· 형평성 455, 468
화석연료 연소 ⇨ 이산화탄소, 온실가스 참조
· 공기오염 169, 408, 411, 412, 414
· 기후변화 411, 414, 432, 433

· 누출 및 유출 416
· 비감염성질환 252~254, 256
· 비전통적 석유 및 가스 생산 417, 418(상자), 419(상자)
· 석유 411, 415
· 석탄 408, 411, 412, 416(그림)
· 수압파쇄 415, 418(상자)
· 액화석유가스 409(상자)
· 연간 산출량 524(표)
· 직업적 위험 및 지역 환경영향 415~417
· 질소 142
· 타르 샌드 석유 생산 413, 414
· 탄소 집약도 413
· 탈연소 세계 및 재생 에너지 398, 400, 401, 637, 639
화학물질 등록, 평가, 허가 및 제한에 관한 EU 규정(REACH (EU)) 509
환경경제학 545
환경 손익 595, 596(그림), 597, 598
환경영향평가 242
환경을 고려한 상한선 및 거래 허가 581(상자)
환경적 영향 부정 337
환경적 정체성 329, 330
황무지 148
회복탄력성 339, 350, 657, 658
효율성
· 건물 473
· 경제 547, 549, 551, 594
· 교통, 운송 463, 464
· 독성시험 511
· 물 사용 162(그림), 163, 164
· 식량 시스템 203, 205, 207, 208, 465, 638
· 에너지 107(그림), 402, 430, 448, 449, 458, 472, 514(상자)
· 자원 이용 146, 546, 592
희망 68, 659

기타

100개의 회복력 있는 도시 네트워크 472
4차 산업혁명 593
DDT(dichloro-diphenyl-trichloroethane) 225, 501
GIU 인도 캠페인 410(상자)
I = PAT 등식 96, 115
PAHAL 직접적 혜택 이전, 인도 409
PHE 프로젝트 126(상자)
WHO ⇨ 세계보건기구

Photo by Kelsey Wirth

편집자 소개

새뮤얼 마이어스(Samuel Myers), 의학박사(MD), 공중보건학석사(MPH)는 하버드 T.H. 챈 보건대학원의 수석 연구원이자 지구건강연맹(Planetary Health Alliance)의 창립 이사이다. 마이어스 박사는 랜싯-록펠러(Lancet- Rockefeller) 재단의 지구건강 위원회에서 위원으로 활동하였다. 그는 환경 변화가 인간 영양에 미치는 영향을 정량화하는 연구로 2018년 Arrell 국제식품 혁신상을 최초로 수상하였다. 또한, 전 세계 환경 변화와 인간 건강의 접점에서 연구를 수행한 공로로 모나코의 앨버트 2세 왕자-파스퇴르 연구소 상을 수상하였다.

하워드 프럼킨(Howard Frumkin), 의학박사(MD), 공중보건학박사(DrPH)는 워싱턴 대학교 보건대학원의 환경 및 직업보건학 명예 교수이며, 2010-2016년 동안 학장을 역임하였다. 그는 이전에 웰컴 트러스트(Wellcome Trust)의 '우리의 지구, 우리의 건강(Our Planet, Our Health)' 프로그램의 책임자였고, 미국 질병통제예방센터(CDC)의 국가 환경보건센터(National Center for Environmental Health)와 독성 물질 및 질병 등록국(Agency for Toxic Substances and Disease Registry)의 국장을 역임하였다. 그의 다른 저서로는 『환경보건: 전 세계에서 지역으로(Environmental Health: From Global to Local)』(3판, 2016)과 『건강한 장소 만들기: 건강, 웰빙 및 지속가능성을 위한 설계와 건축(Making Healthy Places: Designing and Building for Health, Well-being, and Sustainability)』(2011)이 있다.

한국 지구건강연맹 창립준비모임

“이 책을 번역한 한국 지구건강연맹 창립준비모임은 2022년부터 세계보건기구(WHO) 전문가, 국내외 교수, 석박사 학생들이 함께 모여 ‘지구건강(Planetary Health)’을 공부하고 실천하는 공동체입니다. 지구와 인류의 미래를 함께 고민하며, 이 책을 누구보다 먼저 읽고 토론하고 번역했습니다. 지구건강의 위기 앞에서 우리는 무엇을 해야 할까요? 이 질문에 답을 찾고자 하는 독자에게, 이 책은 새로운 길을 제시합니다. 함께 읽고, 함께 손잡고 나아가길 바랍니다.”

한울아카데미 2597

지구건강: 자연과 인간이 함께 잘 사는 길

엮은이 새뮤얼 마이어스·하워드 프럼킨
옮긴이 한국 지구건강연맹 창립준비모임
총괄감수 김록호
감수 권호장·정해관·하미나·홍윤철
펴낸이 김종수
펴낸곳 한울엠플러스(주)
편집책임 조수임

초판 1쇄 인쇄 2025년 9월 10일
초판 1쇄 발행 2025년 9월 30일

주소 10881 경기도 파주시 광인사길 153 한울시소빌딩 3층
전화 031-955-0655
팩스 031-955-0656
홈페이지 www.hanulmplus.kr
등록번호 제406-2015-000143호

Printed in Korea.
ISBN 978-89-460-7597-9 93000(양장)
978-89-460-8394-3 93000(무선)

※ 책값은 겉표지에 표시되어 있습니다.
* 무선 제본 책을 교재로 사용하시려면 본사로 연락해 주시기 바랍니다.